L'AUDACE ECONOMIQUE

Propositions pour un capitalisme éclairé

ISBN : 2-7475-1352-1

STEPHANE JACQUEMET

L'AUDACE ECONOMIQUE

Propositions pour un capitalisme éclairé

Préface d'Alain Juppé
Ancien Premier Ministre

L'Harmattan
5-7, rue de l'École-Polytechnique
75005 Paris
France

L'Harmattan Hongrie
Hargita u. 3
1026 Budapest
HONGRIE

L'Harmattan Italia
Via Bava, 37
10214 Torino
ITALIE

Avertissements

Le présent ouvrage se présente comme un essai de réflexion économique. Pour illustrer les idées développées et rendre le texte plus vivant, l'auteur a délibérément procédé à une cinquantaine d'interviews. Des économistes, des historiens, des chefs d'entreprises, des financiers, des professionnels du capital-investissement et de la Bourse, des responsables associatifs, des élus locaux, des parlementaires, et deux anciens ministres ont accepté de confier leur expérience comme leur point de vue.

Leur avis apparaît à plusieurs reprises au fil du texte sous forme de citations, appuyant de la sorte le raisonnement général. Le lecteur pourra d'ailleurs consulter en annexe une présentation succincte de chacun de ces intervenants. Les citations qui ne figurent pas en italique proviennent des entretiens personnels que l'auteur a eu avec chacune des personnes concernées.

Afin d'éviter tout malentendu ou confusion de genres, l'auteur tient à préciser que ses idées personnelles et les propositions développées dans cet ouvrage, n'engagent que lui. Toutes ne sont pas forcément partagées par l'ensemble des personnalités interrogées ; le pluralisme recherché dès la conception de ce livre tient en grande partie à cette stricte séparation entre l'exemple et l'analyse.

En conséquence, les opinions et propos tenus sont placés sous la seule responsabilité de l'auteur.

« Après l'ère du nazisme et du communisme, notre nouveau danger est le pessimisme envers notre propre destin. » (1)

Richard Nixon
ancien Président des Etats-Unis

(1) Citation rapportée de la dernière conversation qu'eut Richard Nixon avec Mao Zedong en 1976

PREFACE

par Alain Juppé, ancien Premier Ministre

Il pouvait sembler bien hasardeux d'intituler cet ouvrage « l'audace économique », tant ces deux termes paraissent contradictoires.

L'audace est, certes, une notion positive et la jeunesse de l'auteur peut expliquer en soi son emploi. Mais notre héritage catholique, latin et paysan nous faisant aborder les choses de l'économie prudemment, sinon avec méfiance, la première audace de Stéphane Jacquemet est sans doute dans le choix de ce titre.

La contradiction n'est pourtant qu'apparente et il serait faux d'opposer l'investissement, dynamique, créatif et imaginatif à la gestion en « bon père de famille » que l'on conçoit prudente, pour ne pas dire timorée, réticente à la nouveauté et au risque calculé. L'exemple du Second Empire, longuement évoqué dans cet ouvrage, est bien la preuve qu'une société terrienne et rentière - cette France du « bas de laine » qui saura, après 1871, donner les milliards libérateurs de l'occupation prussienne - a fourni la masse énorme des capitaux nécessaires à l'équipement et à la modernisation du territoire. C'est encore l'argent français qui, trente ans après, contribuera à faire de la Russie le pays en plein essor industriel, économique et social, qu'elle était à la veille de la Guerre.

Ces simples rappels historiques devraient être une leçon pour tous ceux qui craignent les conséquences de la révolution que nous connaissons depuis vingt ans : révolution dans les esprits puisqu'il n'est plus sérieusement question d'opposer recherche du profit et justice sociale ; révolution dans les technologies de la communication dont l'efficacité et la rapidité se sont accrues dans des proportions gigantesques ; révolution, enfin, dans la façon de travailler et de produire dans un monde en réseau.

Notre pays survivra-t-il à la mondialisation ? Notre société est-elle capable de tirer profit de la nouvelle économie ou d'y trouver seulement sa place ? Voilà les questions que l'on entend fréquemment et cet ouvrage propose d'y répondre.

L'entreprise a été réhabilitée. Il faut maintenant, nous dit Stéphane Jacquemet, réhabiliter l'épargne et la mettre au service de l'entreprise.

Ce plaidoyer pour l'épargne industrieuse, pour l'investissement créatif, n'est pas qu'une réflexion théorique ; il est surtout un appel à l'action et l'espoir d'une nouvelle audace politique.

Ce livre est dédié à la mémoire de François Mazoyer, ancien maire d'Andrézieux-Bouthéon (42), décédé tragiquement le 20 avril 1995 à la suite d'un accident de voiture, et dont le souvenir m'a toujours invité à la persévérance.

INTRODUCTION

Qu'est-ce que l'audace économique ?

« *Agissez en hommes de pensée, et pensez en hommes d'actions !* »

Henri Bergson

En 1898, Geoffroy Guichard n'avait pas encore laissé son nom au très célèbre stade de football qui fit la gloire de Saint-Etienne durant les années soixante-dix. Simple fils d'épicier, il avait voulu à son entrée dans la vie active fonder une banque à Feurs, sa ville natale. Préférant la continuité au changement, Geoffroy Guichard s'était finalement rabattu sur un autre projet professionnel, et avait racheté le vieux casino lyrique du centre-ville de Saint-Etienne, pour le transformer en épicerie. Mais le goût de l'aventure et du défi l'envahit à nouveau, après un bref voyage d'étude à Reims, où il prit conscience de l'avenir prospère du commerce en succursales. Ainsi naquit l'enseigne Casino, le groupe français de grande distribution qui, en 1999, a atteint un chiffre d'affaires consolidé de 102 milliards de francs.

Soixante-huit ans plus tard à Grenoble, le plus jeune directeur régional du groupe d'informatique français Bull démissionne à l'âge de 29 ans, en claquant la porte au nez de sa direction. Lui aussi n'est encore à l'époque qu'un inconnu. Il s'appelle Serge Kampf et s'apprêtait en 1967 à fonder une entreprise qui allait en moins de trente ans devenir le leader européen du conseil en informatique : Cap Gémini.

Quel lien peut-il exister entre ces deux hommes qui, du fait de leur différence de générations, n'ont jamais pu se rencontrer ? Certes, l'un comme l'autre devinrent entrepreneurs et qui plus est dans la même région. Mais la comparaison s'arrête là si l'on ne va pas chercher au plus profond de leurs motivations intellectuelles. Ont-ils un trait commun qui pourrait les rapprocher d'élus ruraux dont le bons sens prime sur les raisonnements économiques, de professionnels de la haute finance installés boulevard Hausseman à Paris, de quelques sénateurs qui ont décidé de faire du Palais du Luxembourg un lieu d'intermédiation financière, de créateurs de start-up au cœur de la Sillicon Valley désireux d'entrer au NASDAQ, et de chefs d'Etat aussi différents que Georges Pompidou et Napoléon III ?

A moins qu'un historien ne me contredise, ni Georges Pompidou ni Napoléon III n'a, à ma connaissance, créé au cours de sa vie une entreprise. La seule similitude que l'on peut trouver entre les membres d'une population aussi hétérogène - pour ne pas dire hétéroclite - est d'ordre conceptuel. Geoffroy Guichard, Serge Kampf ainsi que l'ensemble des personnalités précédemment évoquées ont tous su, à un moment précis de leur existence, faire preuve d'une attitude imperceptible sur le plan macro-économique, mais dont dépend pourtant en grande partie la prospérité collective : *l'audace économique.*

Qu'est-ce que *l'audace économique* ? Bien que le terme puisse dérouter, l'audace économique est tout sauf un concept abstrait, dont l'étude à coup de chiffres et de statistiques, ferait le bonheur de nos élites. L'audace économique est une notion palpable, une réalité tangible qui se mesure en nombre d'emplois créés. En fondant respectivement Casino et Cap Génimi, Geoffroy Guichard et Serge Kampf se sont lancés dans un pari industriel, qui a finalement débouché dans chacune des deux entreprises sur des milliers d'emplois durablement créés.

Gérer une entreprise est déjà en soi une audace, tant le statut d'entrepreneur peut s'avérer inconfortable, les exigences de la compétitivité impitoyables et les risques de péricliter à tout moment effrayants. Mais bien avant d'être au poste de commande de leur entreprise et de faire face à ces contraintes, il a fallu à Serge Kampf comme à Geoffroy Guichard prendre des risques en amont de la création de leur société, et réunir des fonds financiers dont ils ne disposaient pas. Ils étaient des entrepreneurs sans argent parmi tant d'autres, dépourvus de patrimoine et de fortune personnelle.

Le fondateur de Cap Gémini avait juste besoin de 100 000 francs (1), le minimum légal pour fonder à l'époque une société anonyme. Quant au fondateur du groupe Casino, son besoin financier s'élevait à plus d'un million de francs, ce qui représente, si l'on tient compte de l'inflation sur un siècle, pratiquement 20 millions de francs actuels ! N'étant pas suffisamment attractif pour une banque ou un fonds de capital-risque, l'un comme l'autre ont joué la dernière carte qui restait en leur possession : aller directement solliciter l'épargne personnelle de quelques-uns de leurs amis, en les convaincant de devenir actionnaires de leur société.

Un pari fou, mais un pari gagné dans les deux exemples présentés. Serge Kampf réunit les deux tiers des 100 000 francs nécessaires au lancement de Cap Gémini en en appelant à onze personnes, des techniciens et des commerciaux, tous provinciaux et inconnus. Grâce à un « porte à porte » mené tambour battant par Geoffroy Guichard, 650 000 francs de l'époque furent apportés au capital de démarrage de la société des établissements du casino, le 2 août 1898, par 77 souscripteurs locaux. Parmi ces souscripteurs, on retrouvait certes d'éminents membres de la bourgeoisie stéphanoise, mais également des employés de voirie, des secrétaires et même des cafetiers. Non sans humour, les Américains désignent cette population d'actionnaires potentiels par l'expression *fools, friends and family (FFF)*, traduite par certains journalistes français par la formule suivante : *les cousins, les copains et les cinglés (CCC).*

(1) 100 000 francs de 1967 qui représentent 630 000 francs après actualisation en francs 1999

Quoi qu'il en soit, à Saint-Etienne en 1898 puis à Grenoble en 1967, l'audace économique a payé. Certes, les montants financiers étaient différents d'une opération à l'autre, mais deux capitaines d'industries avaient pris conscience de la puissance financière populaire.

Finalement, l'audace économique s'apparente à une méthode, dont la finalité consiste à transformer de l'argent provenant de l'environnement local en entreprises dynamiques, sans passer par les marchés boursiers. Tout cela ne va pas bien évidemment sans risque, ce qui justifie l'emploi du terme *audace* pour désigner une telle méthode. Mais l'audace économique ne signifie pas pour autant le « n'importe quoi économique », à l'inverse de la déraison qui a caractérisé au début de l'année 2000 certains investissements à risque dans la Net-économie.

A leurs époques respectives, Geoffroy Guichard et Serge Kampf ont eu la sagesse d'admettre que les pertes et la rentabilité à très long terme ne pouvaient être une réponse digne de ce nom au courage des investisseurs de proximité. Une fois les capitaux réunis, le manager doit savoir les rentabiliser et ne pas oublier que ses actionnaires attendent de lui un retour sur investissement. Le moindre échec condamnerait irrémédiablement l'audace économique et le recours à l'épargne populaire. C'est pourquoi, si l'audace économique sans risque est un leurre, seul le risque calculé s'inscrit dans le domaine du possible.

En fait, l'audace économique est triple. Elle ne se limite pas à la seule création d'entreprises. Bien évidemment, il existe une audace entrepreneuriale par laquelle tout commence. Mais pour que cette audace entrepreneuriale se mue en une réalité concrète, c'est-à-dire en une entreprise qui fonctionne, elle doit au préalable obtenir l'appui d'une audace financière, prête à partager une partie du risque pécuniaire de l'affaire. Or cette audace financière sera d'autant plus grande, qu'elle mettra en scène des individus multiples et divers, au lieu d'une institution ayant pignon sur rue.

Sans fortune, ces individus désireux de réaliser simultanément une bonne action et un placement nous apportent la preuve vivante que l'épargne ne se résume pas à de l'argent qui dort. L'épargne est-elle condamnée à être statique par opposition à la consommation qui évoque le mouvement et le positivisme économique ? L'épargne peut-elle jouer un rôle moteur dans l'économie locale voire nationale ? Est-elle en mesure d'amener vigueur, dynamisme et créativité à l'entrepreneuriat français ? Oui, répondent avec passion les quelques milliers d'actionnaires de proximité, dont l'audace n'a d'égal que le degré du risque qu'ils ont consenti.

Pour autant, l'audace économique naît d'un rapprochement. Elle s'apparente à la résultante de l'alchimie des audaces entrepreneuriale et financière. Pour que cette alchimie se produise, les deux audaces doivent se rencontrer et malheureusement cette rencontre n'est pas une des plus instinctives. Dans les cas de Casino et de Cap Gémini, la rencontre a eu lieu d'elle-même, d'une façon quasiment naturelle. Elle n'a pas eu besoin d'intermédiaires, mais il faut bien reconnaître que cette situation n'est pas la plus coutumière. Souvent, la matérialisation du défi entrepreneurial dépend d'une troisième audace : l'audace de l'interface. Dans ce domaine, diversité et pluralisme s'affirment comme les règles de rigueur. Elus locaux, maires, clubs d'investissements, *fund raisers* et autres intermédiaires à but lucratif : on assiste à l'émergence de vocations inattendues, voire de nouveaux métiers, au rythme de l'avènement de ce qu'on peut désormais appeler un capitalisme de proximité.

Capitalisme populaire ou épargne de proximité : quel que soit le terme, l'idée à la base de ce concept figure parmi les plus simples que la pensée économique ait pu produire. Elle se résume en trois phrases à la manière des schémas auxquels les économistes ont recours pour démontrer leurs théories : pour créer des emplois, créons des entreprises ; pour créer des entreprises, cherchons de l'argent frais ; trouvons cet indispensable capital, condition *sine qua non* à la créativité économique, dans l'épargne des particuliers. A-t-on besoin d'un doctorat d'économie pour comprendre ce qui à première vue relève plus de l'évidence que de la modélisation scientifique ?

Ayant décidé d'écrire ce livre, je partais déjà du postulat que cette question contemporaine concerne le plus grand nombre, avec l'intime conviction que les raisonnements techniques entraînés par celle-ci demeurent accessibles à tous, que l'on soit titulaire ou non d'un diplôme d'économie. Cela étant dit, la simplicité apparente de la réflexion à la source du capitalisme populaire ne doit pas nous induire en erreur : l'actionnariat de proximité est une question hautement complexe. Elle ne peut se passer d'une étude rigoureuse procédant d'une démarche quasiment scientifique, tant les interrogations suscitées et les limites techniques de l'audace économique font légions.

Développer le capitalisme de proximité suppose notamment de résoudre le risque de saturation des potentialités d'épargne locale, de surveiller la concurrence souvent stérile entre leveurs de fonds, de trouver une solution au dilemme de l'absence de liquidité qui caractérise par définition une action non cotée en bourse, sans oublier la nécessité de respecter la déontologie de l'appel public à l'épargne, en gardant pour première vertu la protection du petit épargnant. D'autres problématiques sous-jacentes et moins évidentes freinent également le développement de ce capitalisme des temps nouveaux. Je pense notamment à la concurrence indirecte qui s'est établie entre les entreprises en croissance et l'Etat qui lorgne avec la même vigueur cette épargne populaire, capable de couvrir ses besoins de financement grandissants.

Reste enfin l'extraordinaire difficulté de passer du niveau local au niveau de la politique économique globale, qu'elle soit nationale ou transfrontalière. Trop d'écrits sur la création d'entreprises et sur l'investissement à risque se sont cantonnés dans le registre de l'exemple, l'aspect narratif l'emportant sur l'analyse conceptuelle. Pourtant, la réflexion sur le capitalisme de proximité doit pouvoir s'élever, si l'on désire sincèrement qu'elle inspire les décideurs de la politique économique de demain. L'enjeu de l'intégration du sujet à la réflexion macro-économique n'est autre que la création d'emplois. Ce qu'il y a effectivement de plus frappant dans tous les cas d'audaces économiques déjà vus et exemples futurs, c'est la fantastique chaîne de valeur qui se met en place à partir de l'acquisition d'actions non cotées, et qui débouche *in fine* sur des créations d'emplois en nombre. Quoi que de plus rassurant que de voir les expériences d'épargne de proximité redonner un aspect plus concret ainsi qu'une nouvelle vigueur, à la vieille loi d'Adam Smith : l'accomplissement de l'intérêt général au travers des intérêts particuliers.

Réfléchir au niveau macro-économique ne sera pas un exercice vain. L'aspect anecdotique des quelques exemples connus d'épargne de proximité a pendant trop longtemps conduit les analystes à négliger l'ampleur et les potentialités du phénomène. Le capitalisme de proximité ne peut être réduit à la somme de quelques expériences isolées aux effets supposés insignifiants. Grave erreur probablement due à l'ambivalence intrinsèque du terme *proximité* ! L'actionnariat non coté pèse au niveau global, et peut se transformer en une véritable puissance financière à même de concurrencer la haute finance internationale.

Ce que les Américains appellent le Love Money a représenté, dans les années quatre-vingt, jusqu'à 2,2 milliards de dollars de collecte au Québec, et 10 milliards de dollars aux Etats-Unis sous la présidence de Ronald Reagan. Quant aux Business Angels - une autre catégorie d'actionnaires de proximité - l'ensemble des instituts de statistiques s'accorde pour évaluer à 30 milliards de dollars la manne financière apportée chaque année à l'économie américaine par ces investisseurs providentiels. Face à cette finance du terrain, les fonds de capital-risque gérés par les institutions financières américaines n'auraient investi en 1998 « que » 8 milliards de dollars dans les opérations de créations entreprises, c'est-à-dire pratiquement quatre fois moins. *Les petits ruisseaux forment les grandes rivières*, avons-nous tous appris durant notre enfance. L'épargne de proximité nous offre l'illustration parfaite, sur le plan économique, de ce célèbre proverbe.

En fait, le capitalisme de proximité s'apparente à un phénomène invisible, ce qui explique qu'il ait été jusqu'à présent assez peu médiatisé. Il s'assimile à la partie immergée de l'iceberg qu'est la finance d'entreprise, la partie visible représentant le financement institutionnel. Bien évidemment, certaines économies ont réussi mieux que d'autres à développer leur capitalisme de proximité et, comme on pouvait s'y attendre, la France ne fait pas partie du peloton de tête. Pourtant, avec un patrimoine des ménages supérieur à 30 000 milliards de francs et 1 500 milliards de francs épargnés en plus chaque année, les particuliers disposent aujourd'hui en France de l'argent nécessaire pour concrétiser eux aussi l'audace financière populaire. Il y a donc matière à mettre en oeuvre une stratégie de développement économique à échelle nationale, à partir de cette finance invisible. Encore faut-il que l'Etat en ait conscience, le veuille et procède aux réformes indispensables à l'épanouissement de ces nouvelles audaces économiques.

D'où la nécessité d'une réflexion d'ensemble et ce livre aspire à son modeste niveau à y participer. Pour que ce travail soit efficace, il s'agira de lancer une réflexion pluri-disciplinaire aux facettes multiples, qui nous mènera de la science économique à la fiscalité et de l'histoire à l'actualité. Une première analyse macro-économique doit permettre de discerner les liens existant entre l'achat d'actions non cotées et la baisse du chômage. Ces chaînons, parfois manquants, s'appellent investissement, fonds propres et création d'entreprises. Surtout, il convient de comprendre leurs articulations dans le contexte mondial actuel, où la croissance s'essouffle et où la France éprouve de plus en plus de mal à rester concurrentielle par rapport à des puissances économiques comme les Etats-Unis ou la Grande Bretagne.

Une fois cette analyse accomplie, la seconde étape devrait permettre de distinguer les différentes formes revêtues par le capitalisme de proximité. De la méthode municipale aux Business Angels en passant par le Love Money, les épargnants de proximité ne se ressemblent pas. Une étude qui ne prendrait pas en compte ces différences parfois majeures, tant au niveau des motivations qu'au niveau des résultats, ne permettrait pas de comprendre comment activer demain cette finance de proximité. Cette étude doit être l'occasion d'aborder le plus d'initiatives concrètes et d'exemples possibles, en suivant une progression partant du micro-local et allant jusqu'au fait global. C'est également à ce niveau là que les différentes techniques utilisées, les difficultés et barrières rencontrées ainsi que la pluralité des intervenants en présence, doivent être abordées au cas par cas.

A partir de ce moment là, il sera possible de comprendre à quel point l'Etat peut intervenir pour faciliter l'avènement du capitalisme de proximité, d'autant plus qu'il a déjà su le faire par le passé. La réussite des politiques menées de leur temps par Georges Pompidou et Napoléon III reviendra à la mémoire collective, pour rappeler que la France a déjà été capable de relever ce défi économique. Alors, pourquoi n'en serions-nous pas capables demain ? De la réponse à cette question dépend l'objectif principal de cet ouvrage : déboucher sur une série de propositions de réformes concrètes, qui n'attendent plus que l'action du législateur pour se voir mises en œuvre.

Cependant, l'analyse du capitalisme de proximité français ne peut pas s'achever sur de simples dispositions techniques. Au-delà des indispensables réformes qui deviennent chaque jour de plus en plus urgentes, se posent des questions d'ordre supérieur qui, si elles doivent se défier de toute tentation métaphysique, ne relèvent pas moins d'une réflexion philosophique. Dans quelle société voulons-nous vivre ? Aspirons-nous à une société d'entrepreneurs où l'on ne parle que de stock-options et où le culte de l'argent prime sur tout ? Voulons-nous à l'inverse une société qui n'arrive pas à se défaire de ses tabous les plus anciens, une société qui refuse la modernité ? Devons-nous nous contenter de cette France connue pour se tétaniser face au changement ?

Entre ces deux choix de société, existe un juste milieu qu'il convient d'identifier. Un équilibre sain peut être trouvé, ce qui nous amène sur le plan économique à la notion de capitalisme éclairé et à l'idée d'une société de mouvement sur le plan social, à laquelle nos audaces économiques doivent nous conduire.

On l'aura compris, ce livre n'est pas une simple ode à la création d'entreprises. On n'y trouvera pas de message messianique promettant mondes et merveilles, à l'inverse de ce que certains publicitaires ont voulu faire croire avec la mode Internet. Ce livre n'est qu'une invitation à la réforme et au changement, visant à montrer les quelques chemins possibles.

Mais après tout, pourquoi cette invitation doit être formulée aujourd'hui en 2001, alors que les déceptions capitalistiques de la nouvelle économie alimentent chaque jour les tribunes de la presse écrite ? Il n'aura échappé à personne qu'un grand débat public s'annonce avec le rendez-vous électoral du printemps 2002. Si je souhaite avant toute chose que cette réflexion ne s'inscrive pas dans un cadre partisan, elle doit également pouvoir trouver sa place au sein du débat de société, dans lequel les Français vont, dans les jours à venir, de plus en plus s'impliquer. Voilà une occasion inespérée pour démocratiser ces notions d'audace économique et d'épargne de proximité qui, jusqu'à présent, étaient plus ou moins restées dans la confidentialité.

En outre, la croissance est en train progressivement d'abandonner la Maison France. Alors que l'hypothèse de 3,3% avait été retenue pour l'élaboration du budget 2001, l'INSEE a affirmé en juin 2001 que la croissance annuelle ne dépasserait pas les 2,3%. Entre-temps, les plans sociaux se sont mis à monopoliser l'actualité. Les Français s'inquiètent. Le moment ne serait-il donc pas venu de nous demander comment relancer, ou tout au moins fortifier, cette croissance garante de nos emplois ? A l'évidence, le capitalisme de proximité est une des opportunités à saisir.

L'élaboration et la rédaction de ce livre m'auront pris pratiquement deux années. Pendant que j'écrivais, j'ai assisté à la montée en puissance de la croissance et ai vécu chaque soubresaut de la nouvelle économie. J'ai commencé à écrire en me disant que l'année 1998 n'était peut-être qu'une exception en terme de croissance, par rapport à la décennie de morosité économique que nous venions de vivre. Au moment où j'ai posé ma plume, la tendance commençait à s'infléchir. La conjoncture économique se renversait, après trois années d'une croissance inattendue qui avait autorisé les discours les plus optimistes et l'espoir d'un retour au plein-emploi. Comme beaucoup, je suis aujourd'hui inquiet par rapport à une conjoncture qui s'annonce moins faste, sans pour autant tomber dans un pessimisme exagéré. Pour autant, cette évolution sinusoïdale de la conjoncture française me conforte dans ma foi en l'utilité actuelle des propositions dont ce livre veut faire l'écho.

Ces caprices de la conjoncture rappellent également à mon souvenir les débats économiques qui animaient la France du milieu des années quatre-vingt-dix. A cette époque, *l'horreur économique* de Viviane Forrester était considérée par les média comme la référence suprême. Aucun optimisme ne nous était autorisé par cette pensée unique misérabiliste, quant à l'avenir de l'économie française, la baisse du chômage et la prospérité pour tous. Le club de Rome et la théorie de la croissance zéro faisaient déjà leur grand retour, anticipant l'émergence des nouvelles organisations contestataires du style ATTAC.

Pourtant, c'est bien durant cette même année 1996 que j'ai rencontré par accident la synthèse parfaite des trois audaces économiques : l'audace entrepreneuriale, l'audace financière et l'audace de l'interface. Cette synthèse s'était incarnée en une petite commune rurale de Bretagne du nom de Pleucadeuc où des hommes, pour la plupart humbles, avaient préféré se retrousser les manches plutôt que de gémir. Impressionné par l'audace de cette France rurale trop souvent oubliée, j'ai trouvé qu'elle représentait la plus belle réponse, la réponse la plus percutante, à ce qui s'apparente non pas à une *horreur économique*, mais à un *nihilisme économique*.

Se battre contre les excès du capitalisme sauvage est un combat tout à fait respectable. Mais comme l'a expliqué Laurent Fabius en juin 2001 (1), il nous faudra apprendre à vivre avec l'économie de marché. Cherchons donc à humaniser le capitalisme ; cherchons à constituer ce capitalisme éclairé, dont la philosophie consiste à accroître en permanence le niveau de richesses à partager, en vue d'une meilleure justice sociale.

Chère Viviane Forrester, j'ai eu envie de vous répondre.

 (1) France 3 - émission *France Europe express* du dimanche 24 juin 2001

PREMIERE PARTIE

L'actionnariat, source de l'emploi

« Mon rêve est une démocratie d'actionnaires et de petits propriétaires. Chaque travailleur doit être propriétaire ; chaque propriétaire doit gagner de l'argent ».

Margaret Thatcher

Réduire le chômage ; il avait semblé que le pari était en passe d'être gagné ! Si l'on en croit le discours des trois dernières années, la pompe de la création d'emplois serait définitivement amorcée, la morosité économique du début des années quatre-vingt-dix un phénomène appartenant au passé, et l'emploi pour tous un combat d'arrière-garde. « *Le plein-emploi n'est plus une utopie* », écrivait en mars 2000 Romano Prodi, le Président de la Commission de Bruxelles, dans les colonnes de *la Tribune* avec une satisfaction non feinte. Même le grand économiste Jean Boissonnat a consacré un ouvrage à cette thèse, en prenant le soin cependant de formuler son titre sous le mode interrogatif. Vivons nous *la fin du chômage* ? Sans tomber dans un pessimisme exagéré, je ne suis pas si sûr que le moment soit enfin venu de reléguer la question de l'emploi au second rang de nos préoccupations quotidiennes.

Certes, depuis 1998, la croissance économique a été au rendez-vous, et nous ne pouvons que nous en féliciter. Alors qu'en 1997 notre pays devait se contenter de seulement un petit pour-cent de croissance, le PIB français a cru de 3,2% durant l'année 1998, 2,9% en 1999 et enfin 3,2% en l'an 2000. Pour l'année 2001, les prévisions de croissance s'approchaient même des 3,3%. C'est en tout cas l'hypothèse qu'avait retenu le Ministère des Finances pour établir le budget de l'année 2001, bien qu'en juin 2001 le même ministre dû reconnaître que la croissance n'atteindrait pas les 2,5%. Les faits sont là, et il est clair qu'à l'aube du 21ème siècle, la France vient de vivre des jours de prospérité comme elle en avait rarement connu depuis les chocs pétroliers.

Bien que satisfaisante, la bonne santé apparente de notre économie mérite une analyse plus profonde. Il ne serait pas impossible que nos dirigeants aient tendance à amplifier leur perception du « phénomène croissance », au lieu de constater froidement et rationnellement son existence. D'un pessimisme abusif caractéristique des années quatre-vingt dix, la France est passée en quelques années à un optimisme exagéré. Méfions-nous des conclusions trop hâtives, pour ne pas décevoir demain des espérances nées aujourd'hui de notre faculté à recourir à la méthode Coué. Pour prendre du recul, demandons-nous déjà quels sont les effets concrets du retour de la croissance sur la question qui nous préoccupe tous : l'emploi.

Depuis plus de trois ans, le chômage s'affiche significativement à la baisse : 15% de diminution effective entre juin 1999 et juin 2000.

Toutefois, cette baisse que les Français n'auraient pas osé imaginer il y a seulement cinq ans, ne doit pas nous conduire ni à l'autosatisfaction ni à l'orgueil gaulois. Pour être très précis, entre 1990 et 2000, le chômage a oscillé dans une fourchette comprise entre 9,2% et 12,3% de la population active. Finalement, notre taux de chômage au début de l'année 2001 équivalait à celui de l'année 1990. Même si l'on se rapproche des taux de chômage à un chiffre caractéristique des Trente Glorieuses, la situation de l'emploi français en l'an 2001 ressemble plus à celle des années quatre-vingt qu'à celle des années soixante.

En outre, la modestie est encore plus de rigueur lorsqu'on observe la décrue du chômage du point de vue des hommes. « *La France vient de clôturer la meilleure année du siècle en matière de créations d'emplois* », commentait le Ministre Elisabeth Guigou à la publication des chiffres du chômage en décembre 2000 (1). Attention au lyrisme ! 2, 175 millions de personnes sont encore à la recherche d'un emploi, bien que la baisse en l'an 2000 ait été exceptionnelle. Amorcée à partir du taux record de 12,3% en Mars 1997, la diminution du chômage se traduisait finalement par 962 000 chômeurs de moins entre juin 1997 et décembre 2000. Aussi heureuse soit la nouvelle pour le million de Français concernés, le plein-emploi relève encore, à l'heure actuelle, de l'abstraction.

Malgré la baisse en France du nombre de demandeurs d'emploi, notre taux se situe au dessus de la moyenne européenne. Rappelons que seules l'Espagne, l'Italie et la Finlande affichent un taux de chômage encore plus alarmant que le nôtre, au sein de l'Union Européenne. Que dire des 8,2% allemands, des 6% britanniques et des 5,4% suédois, recensés en octobre 2000. Ne parlons pas des 4% américains exprimant le taux de chômage le plus bas qu'aient connu les Etats-Unis depuis 1970, et encore moins des 2,4% hollandais ! Ces pays affichent des taux de chômage comparables à ceux des Trente Glorieuses. Nous, pas encore.

Rappelons de la même manière qu'une économie étrangère caractérisée par un nombre élevé de demandeurs d'emplois peut cacher un taux de chômage plus faible que le nôtre. Tout dépend en fait du niveau de la population active, et on retrouve par exemple cette distortion chez notre voisin allemand. En effet, on oublie parfois par chauvinisme que les 3,863 millions d'Allemands victimes du chômage représentaient en 1997, 9,9% de la population active. Ce taux de 9,9% équivalait à 2,4 points de moins que le nôtre à la même époque. Il y a donc matière à relativiser la contre performance germanique, d'autant plus que l'Allemagne a dû, pendant dix ans, répondre à une ambition de taille : achever sa réunification en modernisant une économie marquée par trente années de collectivisme. A l'inverse, notre pays n'a pas eu à relever de tels défis économiques, c'est pourquoi il nous appartient de modérer notre autosatisfaction actuelle. Sensiblement à la baisse depuis seulement trois

 (1) *Le Figaro économie* - numéro du samedi 30 décembre 2000

ans, le chômage en diminution est un phénomène récent, face à un niveau qui souffre toujours des comparaisons internationales. En clair, oui l'hémorragie vient d'être stoppée, mais la décrue ne fait que commencer.

Par ailleurs, se pose l'épineux et éternel débat de la fiabilité des statistiques officielles. Pour ce qui est du chômage, cette interrogation suscite depuis bien des années bons nombres de polémiques, puisqu'il existe deux comptages différents du volume de demandeurs d'emplois. Sans tomber dans une remise en cause trop facile des statistiques, il est clair qu'on ne peut observer l'évolution du chômage, sans prendre en compte les emplois précaires.

Force est de constater que ces derniers ont explosé depuis 1985, année où nous avions encore la chance d'en dénombrer « seulement » 752 000. En janvier 1999, pas moins de 2 039 000 personnes faisaient partie du monde du travail grâce à l'apprentissage, au travail intérimaire, aux contrats à durée déterminée, et aux contrats « aidés » du type CES, soit 10,1% de l'ensemble des salariés. Nous pourrions nous en féliciter, puisque selon toute apparence, ces contrats spéciaux sont un facteur d'intégration. Cela étant, si ces deux millions de personnes étaient peut-être restées au chômage en l'absence de ces dispositifs, il n'en reste pas moins, qu'elles ne savent pas toutes si, demain, elles pourront poursuivre leur intégration dans le monde du travail. Il faudrait également prendre en compte dans nos réflexions les 350 000 emplois jeunes, dont l'échéance initiale se situait à l'horizon 2002-2003, et qui finalement a été reconduite, renforçant encore davantage le poids de l'emploi public dans l'économie française.

Loin de toutes tentations démagogiques, l'objectivité nous pousse à reconnaître qu'à l'heure actuelle, environ cinq millions de Français restent concernés en permanence par la question de l'emploi. Comme cette part de la population représente tout de même un actif sur six, il nous reste encore suffisamment de raisons pour réfléchir sur la question. La lutte pour l'emploi n'est pas encore achevée ; elle ne fait que commencer à porter ses premiers fruits.

Trois années pleines se sont écoulées depuis l'installation de la croissance dans le paysage économique français. Des statistiques sur l'emploi en période d'expansion sont donc désormais disponibles, et peuvent faire l'objet d'une première analyse. De cette analyse, deux conclusions provisoires semblent émerger.

Tout d'abord, notre bon positionnement en terme de croissance du PIB ne doit pas nous inviter à penser que notre économie n'a plus rien à prouver. Certes, pour ce qui est de la croissance, la France devance très largement des pays comparables comme l'Allemagne ou le Royaume-Uni. Pour autant, nous n'arrivions en 1998 qu'à la neuvième place au palmarès de la croissance économique dans l'Europe des Quinze.

Loin devant nous, se situent des pays de moindre puissance économique, comme l'Irlande ou la Grèce. Ceux-ci nous distancent avec des taux de croissance respectivement de 10 et de 4%. Il est fort probable que la perspective de se qualifier à l'Union Economique et Monétaire a motivé depuis plus de deux ans, la volonté de redressement économique affichée par les Grecs. De la même manière, la jeunesse de la population irlandaise explique certainement en grande partie, l'aspiration de cette nation à grandir économiquement plus rapidement. Toutefois, les faits sont là et confirment qu'en matière de croissance économique, la France n'a accompli jusqu'à présent qu'une partie du chemin.

Parallèlement, il n'y a aujourd'hui plus de doute à avoir sur le fait, qu'à croissance égale, la France génère moins d'emplois que ses voisins. La période située entre 1996 et 1999 nous montre clairement qu'il a fallu atteindre la barre des 2% de croissance annuelle, pour que le chômage amorce une décrue sensible. A moins de 2%, la croissance semble ne produire aucun effet sur le taux de chômage. Certes, *la Tribune* faisait remarquer le 18 février 2000, que le nombre d'emplois s'est accru en France au cours de l'année 1999 au même rythme qu'aux Etats-Unis, c'est-à-dire 2,5% par an. De l'ordre de 4% en 2000, la croissance économique américaine a été largement plus soutenue qu'en France. Il est vrai qu'en France, lorsqu'on fait mieux que les Américains, on se complaît à le rappeler. Toutefois, si la croissance américaine garde un impact moindre sur l'emploi, notons déjà que les Etats-Unis ont au moins réussi à lui faire franchir la barre des 3,5 points annuels, ce que nous n'avons pas su accomplir depuis 1989.

En outre, au sein de l'Union Européenne, les comparaisons internationales prouvent que les Etats-Unis ne doivent pas être observés comme une exception. A titre d'exemple, le Royaume-Uni, malgré un taux de croissance modéré (2% en 1999), affiche aujourd'hui une performance enviée ; celle d'être la seule économie européenne, membre du G8, où le chômage touche « à peine » un million de personnes. Il n'y a donc pas lieu de s'étonner, qu'avec une croissance aussi fertile en emplois, le Royaume-Uni nous ait enlevé en mars 2000 le titre de quatrième puissance économique mondiale. Ce titre faisait notre fierté depuis les années soixante, et curieusement sa perte fut peu relatée par la presse économique et le monde politique. Certes, la surévaluation de la Livre sterling par rapport à l'euro a joué pour beaucoup dans cette conquête de position économique. De la même manière, il est nécessaire de rappeler que nos voisins insulaires vivent individuellement une insécurité économique et sociale bien plus forte que la nôtre. Il n'empêche, le réveil est on ne peut plus douloureux pour la maison France, qui doit en plus aujourd'hui faire face à « l'atterrissage » de l'économie américaine.

En conséquence, retenons trois enseignements forts sur l'évolution économique du pays au cours des trois dernières années. Premièrement, nous pouvons être satisfaits du retour de la croissance qui doit tout de même se confirmer. Persévérons ! De toute façon, un regain de croissance ne desservira jamais l'emploi. Ensuite, aussi créatrice d'emplois que soit notre économie, nous sommes loin d'en avoir fini avec le chômage. Les causes du mal, si mal il y a, ne sont plus d'ordre conjoncturel, mais structurel. Enfin, la conduite prochaine de la politique économique consistera à orchestrer cette croissance, de telle manière qu'elle génère un niveau plus conséquent d'emplois nouveaux.

Surtout ne pêchons jamais par excès d'optimisme, pour ne pas perdre de vue notre suprême objectif économique. Certes, nous ne devons pas hésiter à être fiers des résultats dégagés par notre économie durant ces dernières années. Mais la croissance et l'emploi ne sont jamais immuables. Il n'y a jamais « trop » de croissance, sauf quand l'inflation s'invite au ban des réjouissances économiques. Le rapport du Conseil d'Analyse Economique (CAE) remis au Premier Ministre début décembre 2000, le faisait allègrement remarquer. Pour atteindre un taux de chômage inférieur à 5% en 2010, il faudra que notre économie dégage 300 000 à 400 000 emplois nouveaux par an, ce qui suppose un taux de croissance ininterrompu de 3% par an pendant dix ans ! Selon les calculs de l'INSEE en juin 2001, l'économie française était déjà largement en dessous de cette barre fatidique.

Pour maintenir cette croissance et la rendre plus fertile en emplois, le CAE demandait au gouvernement de procéder à d'importantes réformes structurelles. En 1989, la croissance française avait atteint les 3,9%, un niveau que nous n'avons jamais connu depuis. Faute de réformes profondes, elle n'a pas duré. Ne renouvelons pas aujourd'hui la même erreur et gardons à l'esprit cette remarque de l'ancien Président du Sénat, René Monory : « Dire qu'on a trois années de croissance assurée devant nous est un non-sens. Aujourd'hui, toutes les conditions ne sont pas réunies pour que l'optimisme dure ». En clair, l'optimum économique n'est pas pour demain.

Pour parvenir à l'objectif du plein-emploi qui relève à première vue d'un jeu d'équilibriste, nous trouverons l'audace nécessaire en revenant à des logiques économiques simples et emprises de bon sens. Face à des interdépendances complexes, il faut bien évidemment éviter le piège des logiques trop simplistes. Cependant, le bon sens n'ayant jamais été l'ennemi de l'efficacité, commençons par nous poser deux questions essentielles, avant de nous lancer dans l'élaboration d'une stratégie économique à proprement parler. Par quels vecteurs pouvons nous soutenir financièrement la création d'emplois ? Dans quelle sphère de l'économie se crée cet emploi, valeur rare de notre société postindustrielle ?

Chapitre 1

La création d'entreprises, une impérieuse nécessité

Les perturbations économiques apparues dès 1975 auront au moins eu l'avantage de nous montrer que l'Etat ne dispose pas d'un nombre considérable de leviers pour activer le retour de l'emploi. Très schématiquement, on distingue deux types de mesures. D'un côté, les aides directes à l'emploi qui correspondent généralement à des contrats de travail aidés financièrement par l'Etat. De l'autre, des mesures indirectes aussi diverses que variées.

Les aides directes visent au renforcement de ce qu'on appelle « l'employabilté » des chômeurs. Sous cette définition, on retrouvera l'ensemble des actions en formation des demandeurs d'emplois, quelques baisses ciblées des charges sociales visant à réduire le coût du travail pour l'entrepreneur, et surtout les contrats de travail aidés du type Contrat Initiative Emploi (CIE) ou Contrat Emploi Solidarité (CES).

A l'opposé, les mesures qualifiées d'indirectes ne concernent pas aux premiers abords l'emploi. Il s'agit avant tout de mesures de portée générale visant à stimuler l'économie. Elles peuvent prendre la forme de réformes ou de décisions relatives notamment à la politique monétaire, fiscale, administrative, sociale et des revenus ; la réforme des impôts comme la hausse des minima sociaux, l'ajustement des taux d'intérêt, ou encore la limitation des formalités administratives pour l'entreprise, doivent être classées dans cette catégorie des mesures dites indirectes.

Les vertus trompeuses de l'aide directe à l'emploi

En mettant en œuvre des mesures indirectes, le décideur garde à l'esprit un siècle d'histoire économique, où un regain durable de croissance a toujours précédé la reprise de l'emploi. Il est vrai qu'un non-économiste a parfois du mal à comprendre qu'une baisse des taux d'intérêt à moyen terme aura, par exemple, en bout de chaîne un impact positif sur le chômage. En fait, la baisse des taux d'intérêt rend le prix de l'argent moins cher. Dès lors, plus de liquidités sont injectées dans le système, et vont par ce biais soutenir l'investissement et la consommation. L'emploi en tire donc les effets bénéfiques escomptés.

Bien évidemment, aucune politique sérieuse pour l'emploi ne peut reposer uniquement sur une batterie de mesures directes ou inversement. A l'évidence, les approches directes et indirectes de la lutte contre le chômage demeurent complémentaires.

Cependant, les politiques économiques des dernières années semblent avoir largement privilégié les aides directes à l'emploi. Les statistiques ne nous permettent plus aujourd'hui d'en douter, puisqu'en 1998, 2 263 676 actifs sont rentrés dans les différents dispositifs d'aides à l'emploi. Bien évidemment, ce chiffre traduit une hausse annuelle, évaluée à 1%, du recours aux mécanismes d'aide. En tout et pour tout, plus d'un million et demi de Français travaillent aujourd'hui grâce aux contrats initiative-emploi, aux contrats emploi-solidarité, et aux emplois-jeunes.

Dans un tel contexte, on peut légitimement s'interroger sur le poids financier de ces mécanismes d'aide directe à l'emploi. Ici encore, l'énormité des volumes financiers alloués relève du gargantuesque : 161 milliards de francs ont été injectés par la collectivité en 1998 au titre des dépenses dites « actives » pour l'emploi ; 1,97% du PIB, une proportion tout sauf négligeable ! Face à de telles dépenses engagées, l'efficacité réelle de ces mesures pour l'emploi pourrait nous interpeller. L'INSEE, dans son étude parue en janvier 1999 sur *l'évaluation des politiques à l'emploi depuis 1973*, estime pour l'année 1997 à 26 000, le nombre d'emplois marchands créés par les dispositifs directs, hors mesures de portée générale, du type baisse des charges sociales. On aurait pu attendre d'un financement aussi soutenu, des rendements bien plus forts.

Dans un tel contexte, une question cruciale viendra bientôt se poser à nous : les dispositifs d'aides directes correspondent-ils à la piste la plus efficace pour faire de la France une économie de plein-emploi ? A ce stade de la réflexion, il est évident que l'aide directe à l'emploi ne se distingue pas par son efficacité. Ne tombons pas pour autant dans des raisonnements réducteurs qui nous conduiraient à prôner des coupes budgétaires dans des dépenses vitales, pour le retour des oubliés de la croissance dans le monde du travail. Aussi lourd en soit le coût financier pour la collectivité, l'existence sociale et économique de plusieurs milliers de personnes en dépend. Les élans d'un libéralisme aussi doctrinaire nous conduiraient malheureusement à commettre l'irréparable en matière sociale. Nous ne pouvons décemment tirer qu'une seule conclusion de cette analyse succincte : l'aide directe à l'emploi est nécessaire, mais loin d'être suffisante. Aussi, sans remettre en cause l'existant, il convient d'axer le plus rapidement possible notre stratégie de retour au plein-emploi essentiellement sur des mesures indirectes.

Si ces mesures indirectes sont aujourd'hui attendues, a quoi correspondent-elles exactement ? Face à la multitude des paramètres économiques qui influencent le niveau global d'emploi, on pourrait intervenir dans une multitude de domaines. On pourrait jouer sur la monnaie en laissant l'euro se déprécier, jouer sur la fiscalité en baissant l'impôt, jouer sur la consommation par une politique des revenus plus soutenue... Sans aucun doute, les moyens d'intervention ne manquent pas. Cela étant dit, s'il y avait une sphère d'intervention à privilégier, ne serait ce pas celle où réside le cœur de la création d'emplois et de richesses ? Or, l'emploi ne se crée-t-il pas avant tout dans l'entreprise privée, et plus particulièrement dans l'entreprise nouvelle, certes encore petite, mais prête à relever les défis de son marché ?

L'entreprise nouvelle : le cœur de l'emploi

Indéniablement, la création d'emplois reste fonction du nombre d'entreprises existantes dans un pays, un nombre que l'on désigne par le terme quelque peu terne de *parc d'entreprises*. Ce parc d'entreprises s'élèverait, selon les statistiques de l'INSEE, à 2 300 000 unités distinctes, qu'il s'agisse d'entreprises individuelles ou de sociétés à proprement parler. 2 355 889, comptabilise précisément l'Agence pour la création d'entreprises (APCE), pour l'année 1999. La logique même nous invite à penser qu'une augmentation de ce parc de 500 000 entreprises supplémentaires, serait loin d'être neutre en matière de créations d'emplois. D'ailleurs, la comparaison de notre parc d'entreprises par rapport au parc américain, confirme cette anticipation.

Le parc d'entreprises américain reste certainement celui qui a le plus augmenté durant ces dernières années. Selon les études de l'IFRAP, ce dernier serait passé de 5 millions d'entreprises existantes en 1984, à 9 millions à la fin de l'année 1993. Sur la même période, le nombre de citoyens américains exerçant un emploi aurait augmenté de plus de 10 millions, soit 12 % de créations nettes aux Etats-Unis en dix ans. Peut-être que ces 12% apparaissent bien faibles au regard des 80% de croissance du parc d'entreprises. Il n'en reste pas moins que l'exemple américain indique une corrélation claire ; pour huit entreprises supplémentaires, un emploi de plus se voit créé en termes nets, c'est-à-dire déduction faite des disparitions d'emplois liés aux licenciements et faillites d'entreprises. Bien qu'une corrélation ne peut pas être assimilée à une relation de cause à effet, la liaison apparente entre volume d'entreprises et volume d'emplois est saisissante dans le cas américain.

Se pose maintenant la question de savoir comment contribuer à l'augmentation du nombre d'entreprises en France. Le parc d'entreprises n'étant rien d'autre qu'un stock, il faut jouer sur les flux d'entrée et de sortie pour le faire évoluer. Nous pouvons faire croître notre « stock » d'entreprises, soit en augmentant le nombre de créations, soit en limitant le nombre de disparitions.

Autant le dire toute suite, cette dernière alternative n'apparaît plus aujourd'hui comme la mieux adaptée, bien qu'elle ait connu son heure de gloire dans la France des années soixante-dix. Certes, beaucoup de décideurs rappellent aujourd'hui qu'une entreprise sur deux ne franchit pas le cap de son cinquième anniversaire : 49% exactement à la fin 1994, selon les résultats de l'étude menée par l'INSEE sur la création d'entreprises entre 1987 et 1995. Il y a de quoi décourager le moral des candidats à la création !

Pourtant, notre taux de disparition d'entreprises n'est guère plus excessif qu'ailleurs. Sur ce point, le pH group, une société de conseil basée à Paris, a réalisé plusieurs études révélatrices des mouvements de créations et de disparitions d'entreprises. Selon le pH group, notre taux de disparition d'entreprises demeure en France pratiquement comparable à celui des Etats-Unis, sur la période 1991-1999.

De la même manière, Bernard Zimmern, le Président fondateur de l'IFRAP rappelait dans son livre paru en 1998, quelques chiffres allant dans le même sens. Selon ses investigations, les disparitions d'entreprises représentaient respectivement en France, aux Etats-Unis et en Allemagne 13,4%, 14,1% et 12,6% du parc d'entreprises. En clair, aucune disparité fondamentale n'est apparente. A l'inverse, le taux de créations d'entreprises s'élèverait, selon les mêmes sources, à 13,8% en France (12% en 1999 selon l'APCE), alors qu'il atteindrait en Allemagne 15,9%, et 17,7% aux Etats-Unis. Certes, ces comparaisons internationales n'ont pas pu être accomplies exactement sur les mêmes années. Toutefois, comprenons bien que notre écart entre créations et disparitions d'entreprises s'est limité entre 1987 et 1995 à seulement 0,4%. Au même moment, les Etats-Unis ont réussi à creuser sur la période 1982-1995 un écart de 3,6%. Passant par la création de sociétés nouvelles, le renouvellement du parc d'entreprises fait de la sorte la différence entre la puissance américaine et la stagnation française.

L'avenir de l'emploi résiderait-il donc dans la création d'entreprises ? Très probablement. Toutes les études menées par nos organismes statistiques, privés ou publics, tendent aujourd'hui à le démontrer. Pourtant, cette idée est loin d'être nouvelle. Déjà, aux lendemains de la Seconde Guerre mondiale, les Américains se demandaient si la création d'entreprises n'était pas la source du plein-emploi. Le sénateur Ralph Flanders, qui lança par la suite l'ARD (American Research & Development Corporation), véritable embryon du capital-risque américain, s'adressait en juin 1946 à ses confrères du Capitole, dans les termes suivants :

« *La prospérité des Etats-Unis dans cet après-guerre dépend en grande partie du soutien financier apporté à ce petit pourcentage de nouvelles idées qui promettent une augmentation de la production et de l'emploi, et un meilleur niveau de vie pour le peuple américain* ».

« *Pour espérer être dans une économie de croissance, au lieu d'être figés, nous devons assurer un taux raisonnablement élevé de naissances d'entreprises* » (1).

La messe était donc déjà dite. Surtout, vus les chiffres que nous venons de parcourir, le temps et la réalité économique ont confirmé cette vision. Vis-à-vis de l'emploi, la création d'entreprises nouvelles bénéficie déjà d'un premier atout. Elle permet de combler les effets négatifs qu'entraînent mécaniquement les disparitions inévitables d'entreprises déjà existantes. A ce sujet, les études menées en France par le pH group gagnent à être connues. Sous l'égide de Rolf Hickmann, ce groupe de conseil établit de manière régulière un indicateur sur la création d'entreprises, appelé Radioscope. Ce Radioscope est utilisé depuis quatorze ans dans les milieux financiers et bancaires, mais aussi par l'industrie du capital-risque.

L'édition 1998 du Radioscope indiquait que sur les 2 372 477 entreprises recensées en 1998, 1 124 963 d'entre elles, soit 47% du total, étaient nées après 1991. Ainsi, sans ce million d'entreprises nouvelles créées sur sept ans, le parc d'entreprises français aurait diminué de 48% du fait des 1 154 252 entreprises mortes entre 1991 et 1998. En clair, en l'absence de création d'entreprises, la France aurait perdu la moitié de son vivier d'initiatives... avec les conséquences que l'on peut imaginer sur l'emploi : 3 949 170 emplois ont été touchés, toujours selon le Radioscope, par les 48% de disparitions d'entreprises.

En outre, la création d'entreprises nouvelles n'a pas uniquement vocation à combler des disparitions inévitables. Elle permet surtout, dès la première journée d'activité, de créer immédiatement des centaines de milliers d'emplois. Certes, 80% des créations pures d'entreprises n'embauchent selon l'APCE aucun salarié durant leur première année d'activité. Certes, les entreprises d'un effectif inférieur à dix embauchent aujourd'hui seulement 23% des 12,2 millions de salariés français.

En revanche, chaque entreprise naissante garde au moins le mérite de créer dans l'immédiat un emploi : celui de son dirigeant. 47 250 personnes étaient déjà dans ce cas au cours de l'année 1997. Comme un quart des entreprises nouvelles engage tout de même du personnel salarié dès la première année, 74 280 personnes ont pu en 1997 bénéficier grâce à un contrat de travail, de la prise de risques de nos nouveaux entrepreneurs. Au total, on dénombrait en 1997, 121 530 personnes travaillant dans des entreprises créées au cours de l'année (hors reprises et réactivations d'entreprises). Ne voyons donc rien d'insignifiant dans ce phénomène, surtout quand on sait qu'au cours de cette même année 1997, le chômage

(1) *Le capital-risque*, de Marc Bertonèche et Lister Vickéry - Editions PUF - collection *Que sais-je ?* - 1987

a décru légèrement, passant de 3, 162 millions à 3, 152 millions de Français.

Ce qui était vrai en 1997 l'est encore plus dans la France de l'an 2001. Le nombre d'emplois nouveaux dépendant directement des créations pures d'entreprises, aurait plus que doublé en l'espace de deux années ; il s'est élevé à 293 117 en 1999 selon les estimations de l'APCE. Si l'on étend l'analyse aux reprises et aux réactivations d'entreprises, 533 000 emplois nouveaux ont été dégagés par les créations d'entreprises en 1999. La même année, le chômage diminuait de 333 640 personnes. Une coïncidence ? Le lecteur, seul, en jugera.

D'une manière global, le pH group évaluait en 1999 que les créations d'entreprises sur les sept dernières années, avaient généré 3 263 327 emplois nouveaux. Sachant que notre taux de création d'entreprises demeure inférieur de 40% par rapport au taux américain, le simple rattrapage pour moitié de notre retard conduirait à la création de 650 000 emplois nouveaux. A la vue de telles projections, on ne peut s'empêcher de penser à l'interrogation de François Hurel, le Délégué Général de l'Agence pour la Création d'Entreprises (APCE) :

« Est-ce que la France peut se contenter de 2,3 millions d'entreprises en stock, alors qu'en réalité si elle avait la dimension entrepreneuriale de la Grande-Bretagne, elle en aurait 3,4 millions. Si elle avait cette même densité entrepreneuriale maintenant par rapport aux Etats-Unis, elle en aurait 4,6 millions. L'enjeu d'aujourd'hui consiste donc à savoir quelle est la richesse que l'on produit et que l'on apporte au PIB, si l'on ajoute un million d'entreprises ».

Après pratiquement deux ans, l'analyse du délégué général de l'APCE adhère de plus en plus à la réalité. Depuis, chaque étude publiée lève une à une les dernières objections relatives à une politique d'accroissement de l'offre d'emplois, à travers la création d'entreprises. Par exemple, les tenants d'un plus fort taux de création d'entreprises se sont vus pendant longtemps opposer les risques d'un soutien abusif aux projets d'entreprises nouvelles. Il est vrai qu'avec un taux de survie de 49% à cinq ans, on peut se demander quel serait l'intérêt d'une politique qui soutiendrait, en fait, beaucoup de projets condamnés dès l'origine, pour ne pas dire douteux. L'argument des détracteurs de la création d'entreprises se résume en une phrase : rien ne sert d'aider des entreprises qui, de toute façon, n'existeront plus d'ici à quelques années.

Pourtant, ici encore, les derniers chiffres connus montrent que l'objection ne tient pas la route. On sait par exemple aujourd'hui que sur les 3 981 331 entreprises actives entre 1991 et 1998, seules 11% d'entre elles sont nées puis mortes au cours de la période (1). 11%, n'est-ce pas le prix à payer pour maintenir l'emploi au niveau global ?

 (1) Source : radioscope 1998 - pH group

En plus, une mauvaise interprétation des statistiques a été à l'origine d'une grande méprise. La mort d'une entreprise sur deux au bout de sa cinquième année d'existence, est un leurre, une simple vue de l'esprit. François Hurel, le Délégué Général de l'APCE s'en explique : « *Comme chaque citoyen, une entreprise possède un numéro d'immatriculation. S'il est vrai qu'au bout de cinq ans 50% des numéros ont disparu, il est faux de dire qu'une entreprise nouvelle sur deux échoue. La majorité connaît simplement une modification substantielle de statut ou d'activité (déménagement, rachat, fusion, changement d'activité...) Seuls 19% des entreprises créées connaissent un échec économique. Les chiffres de liquidation diffusés par les tribunaux de commerce le prouvent* » (1).

Il faudra donc s'habituer à distinguer dans l'analyse de la mortalité des entreprises, l'échec par rapport au taux de pérennité. Par exemple, les rachats d'entreprises n'intègrent pas le calcul du fameux taux de pérennité à cinq ans. La transformation d'une entreprise individuelle en une société de capitaux, se traduit statistiquement par une disparition d'entreprise, suivie d'une création nouvelle. Le taux de mortalité d'entreprises - comme le taux de natalité d'ailleurs - s'en trouve augmenté, alors que l'entreprise a tout simplement continué son activité. Globalement, l'APCE distingue 42 000 jugements de défaillance d'entreprise prononcés au cour de l'année 1999, sur les 280 000 cessations d'activité, volontaires ou judiciaires, évaluées pour chaque année sur la période 1987-1995.

Dès lors que les chiffres exacts sont connus, la proportion de l'échec sort de l'ubuesque. En conséquence, le risque d'éveiller des vocations chez des personnes peu rigoureuses et qui n'auraient point conscience des responsabilités afférentes à la création d'entreprises, tient plus de l'angoisse que de la réalité.

Exemple ô combien instructif, l'ADIE (Association pour le Droit à l'Initiative Economique), une institution en charge du financement des créateurs d'entreprises exclus du système bancaire, rappelait que 70% des projets qu'elle soutient, existent encore au bout de deux ans. Quand on sait que 29,5% des projets financés par l'ADIE sont conduits par des chômeurs de longue durée, et même 38,8% par des RMistes, on voit bien que le soutien à la création d'entreprises ne déresponsabilise pas les créateurs. Au contraire, il encourage les créateurs d'origines défavorisées à persévérer, malgré des erreurs de gestion toujours possibles. Les créateurs « aidés » apprendront de leur erreurs, car être « tiré vers le haut » n'a jamais invité qui que ce soit à l'irresponsabilité.

De la même manière, les opposants au soutien à la création d'entreprises ont toujours émis des réserves sur la pérennité des emplois dans les entreprises nouvelles. Pourtant, même l'INSEE a indiqué au cours de son enquête SINE, que les emplois engendrés par les créations d'entreprises sont stables à 85% sur trois ans.

(1) Magazine *L'Entreprise* - n°177 - juin 2000 - Propos recueillis par Etienne Gless et Guillaume Roquette

Une zone d'ombre dans l'euphorie française

Une à une, tombent les objections à une politique plus audacieuse en faveur de la création d'entreprises. A l'évidence, peu d'analystes se risquent aujourd'hui à refuser une telle politique de soutien. Alors, si la création d'entreprises représente un tel vivier de richesses pour l'économie réelle, pourquoi hésiter à vouloir accélérer le mouvement ? D'ailleurs, à 3% de croissance, les candidats à la création d'entreprises ne devraient pas manquer. En pleine croissance, notre économie leur offre des probabilités de réussites incontestablement plus grandes.

Malheureusement, la croissance ne rend pas la France aussi entreprenante qu'on aurait pu le penser. Il s'agit peut-être du drame de notre économie moderne. Aujourd'hui, la faiblesse du renouvellement de notre parc d'entreprises apparaît comme le point noir de l'économie française. La croissance a beau être au rendez-vous, la création d'entreprise ne repart pas. Curieux ! Alors que Dominique Strauss-Kahn lui remettait l'ordre national de légion d'honneur, Maria Nowak, Présidente fondatrice de l'ADIE, rappelait que la création d'entreprises avait baissé en France de 12% en dix ans. En effet, à la fin des années quatre-vingt, la création pure d'entreprises représentait un volume d'environ 200 000 sociétés nouvelles. Année après année, nous nous rapprochons dangereusement de la barre des 150 000 créations.

Des chiffres différents ont pu être avancés, mais tous vont en tout cas dans le même sens. Lors de son forum du 2 décembre 1999, l'IFRAP évaluait la baisse à 17% entre 1989 et 1998. Ce chiffre pourrait même être porté à 22%, selon les mêmes sources, si l'on ne tient pas compte des réactivations ou des reprises d'entreprises déjà existantes. Sur un plan plus institutionnel, l'INSEE confirme également la tendance à la baisse : de 305 097 créations d'entreprises en 1988, nous serions passés, toutes catégories confondues, à 266 447 dix ans plus tard.

Cette baisse de la création d'entreprise est d'autant plus inquiétante que, d'une part la croissance économique devrait logiquement susciter des vocations, et que d'autre part les Français ne sont pas culturellement aussi peu entreprenants qu'on voudrait bien nous le faire croire. Publié en janvier 2000, un sondage réalisé par IPSOS pour le compte de l'APCE indiquait que treize millions de Français ont envie d'entreprendre, et que trois millions d'entre eux disposent d'un véritable projet en vue d'une concrétisation sur les deux années à venir. En 1992, ils étaient deux fois moins à ressentir une telle envie. Et pourtant, à peine 270 000 individus sur ces trois millions franchissent le pas chaque année. Il existe donc bien un problème en France ; des barrières annihilent le goût d'entreprendre.

Fort heureusement, l'année 1999 a été marquée par une reprise de la création d'entreprises confirmée pour l'année 2000. Avec 169 674 créations pures pour 269 000 créations totales, l'APCE estime à 2,1% l'augmentation du nombre de créations en 1999 par rapport à l'année 1998. Le sursaut se révèle même légèrement plus sensible pour les créations pures, que pour les reprises et réactivations. Nous pouvons donc enfin nous réjouir de voir notre pays, et notamment sa jeunesse, reprendre le goût d'entreprendre. Mais le chemin s'avérera long au regard des dix années de baisse pratiquement continue.

Bien qu'encourageant, le sursaut de la création d'entreprise en 1999 reste modeste par rapport aux besoins. L'APCE le qualifie elle-même de « *frémissement* ». Après tout, le nombre de créations d'entreprises en 1999 est à peu près équivalent à celui de l'année 1995, une des « années plancher ». Malgré la hausse de 1999, les Français ont créé cette année là 11% d'entreprises de moins qu'en 1989 ; la baisse de 10% en dix ans est donc encore très loin d'être rattrapée.

Ensuite, on peut se demander si la reprise des créations d'entreprises va se prolonger et se confirmer dans le temps. A l'heure où j'écris ses quelques remarques, les statistiques de l'année 2000 indiquent une poursuite de l'augmentation. Adoptons toutefois la plus grande prudence, puisque des précédents historiques ont montré qu'une reprise de la création d'entreprises ne pouvait être qu'un épiphénomène et ne pas affecter la tendance générale à la baisse. Ce fut le cas en 1994, année prometteuse où le nombre de créations avait bondi de plus de 8% en douze mois ; cette reprise des créations au milieu des années quatre-vingt-dix, fut quatre fois plus importante que celle de 1999 ! Pourtant, dès l'année suivante, le mouvement repartit à la baisse pour quatre ans. Gageons que la reprise des année 1999 et 2000 ne subisse pas le même sort et ne soit pas finalement qu'un feu de paille.

Au-delà des disparités, les chiffres sont là pour nous indiquer le véritable manque pour l'emploi, induit par cette baisse indiscutable de la création d'entreprises. En préambule, nous remarquions qu'avec 3% de croissance et un nombre impressionnant de créations d'emplois, notre niveau de chômage est encore loin d'être acceptable. Or le manque en créations d'entreprises en est peut-être une des explications. Il s'agit probablement de la « pompe » qui nous fait aujourd'hui défaut pour accélérer le retour au plein-emploi.

En doublant pratiquement leur parc d'entreprises entre 1984 et 1993, les Etats-Unis sont arrivés en dix ans à une création nette de pratiquement dix millions d'emplois nouveaux. Face à cette dynamique, la France est restée globalement statique, au moins jusqu'à l'année dernière. Si l'emploi s'est mis à bouger, notre parc d'entreprises n'affiche qu'une très légère augmentation en dix ans. Réactiver cette pompe à emplois que demeure la création d'entreprises, reste donc un enjeu de taille et surtout de plus en plus urgent. Au-delà du constat, il convient maintenant de s'interroger sur les causes de notre carence structurelle en créations d'entreprises. Quelles en sont les raisons ? Nous ne pourrons résoudre le paradoxe d'une création d'entreprises timorée en période de croissance, sans accomplir l'effort de se poser cette question décisive.

Chapitre 2

L'argent comme nerf de la guerre

Comprendre les raisons de notre carence, implique de savoir avant tout quels sont les différents facteurs qui, réunis, font d'un projet d'entreprise une réalité économique. En clair, quels sont les différents ingrédients à réunir pour créer, de manière viable, une entreprise ?

En novembre 1999, j'eus l'occasion de poser cette question à Monsieur André Marcon, entrepreneur en milieu rural et Président de la Chambre de Commerce du Puy-en-Velay-Yssingeaux. Ce dernier tint à me rappeler que dans notre approche de la création d'entreprises, « nous devrions retourner à un principe de base : le concept ». Or, le concept, ce n'est point un facteur essentiel parmi d'autres, mais la combinaison de facteurs multiples. Pour l'entreprise, André Marcon en voit trois : « un homme, une idée et un marché ».

Simple et limpide, cette vision nous permet de mieux comprendre le mystère de la création de l'entreprise. Toutefois, nous pourrions affiner cette analyse sur les deux derniers facteurs choisis : l'idée et le marché. En effet, pour une entreprise, il ne peut y avoir une idée sans un marché. Bien évidemment, celui qui créera son entreprise dans l'idée de produire un nouveau bien de consommation dont personne ne veut, ne peut que porter une innovation mauvaise. Il lui faudra alors la changer, pour éviter la catastrophe. Comme idée et marché demeurent indissociables, nous pourrions les réunir en fait en un seul et même facteur : le projet. Ainsi, le concept « entreprise » consisterait en la réunion de deux facteurs essentiels : l'homme et le projet.

En revanche, si l'on parle maintenant de création d'entreprise et non plus d'entreprise tout court, rajoutons un troisième facteur : les moyens financiers. Associée au projet d'entreprise, l'idée de marché évoque les perspectives de ventes du bien ou du service choisi par la société, en fonction de la demande exprimée par les consommateurs potentiels. Pour réaliser ces ventes, encore faut-il, en amont, mettre en œuvre les moyens techniques de production et de distribution. La réalité économique est là pour nous rappeler que les deux démarches ont chacune un coût. En effet, l'entreprise doit financer dès sa création l'achat de ses premières machines en vue de produire, ainsi que la rémunération des commerciaux chargés d'écouler la production future.

Dès lors, on ne peut pas créer une entreprise sans réunir, avant de réaliser le moindre centime de chiffre d'affaires, les moyens financiers nécessaires à son activité. Pour transposer le raisonnement d'André Marcon sur l'entreprise en général, disons qu'une création d'entreprise reste avant tout la réunion d'un homme, d'un projet et de moyens financiers.

Avec de tels paramètres, il est bien évident que toute politique visant à accélérer la création d'entreprises en France, devra intervenir autant sur l'homme, que sur le projet et les moyens financiers. Les choix d'ordre politique consisteront à privilégier un des facteurs en particulier ou agir sur l'ensemble du triptyque. Encore faut-il savoir quel est le facteur le plus déterminant dans la décision d'entreprendre. D'autant plus que le droit et l'efficacité économique ne nous permettront peut-être pas d'agir sur certains de ces trois facteurs.

Certains voudront agir directement sur la personne du créateur, en essayant de convaincre plus d'hommes et de femmes à passer d'un statut de salarié à celui de chef d'entreprise. Faire que notre société soit davantage productive en terme d'entrepreneurs implique de créer un environnement plus favorable à la prise d'initiatives. Par environnement favorable, comprenons notamment un statut social moins aventureux pour le créateur, ainsi qu'une fiscalité plus souple et surtout non confiscatoire. Cette logique visant à agir directement sur le candidat à la création d'entreprise garde indéniablement toute sa valeur. D'ailleurs, la fameuse « fuite des cerveaux » nous en rappelle la gravité, à chaque fois qu'enfle la statistique des départs pour l'étranger des jeunes diplômés français. A l'évidence, notre taux de créations d'entreprises ne se relèvera pas tant que le cadre administratif et fiscal fera en sorte qu'il est plus difficile d'entreprendre en France qu'ailleurs. Néanmoins, cette stratégie qui consiste consacrer l'essentiel de nos efforts sur l'homme et non sur les autres paramètres, garde de grandes limites.

Le 2 décembre 1999, Monsieur Paul Dubrule, co-fondateur du Groupe ACCOR, le géant européen de l'hôtellerie, rappelait, en connaissance de cause, qu'un « jeune entrepreneur (...) n'est pas attaché à ces problèmes de fiscalité ». « Ce n'est pas son problème ; il commence par se dire : *il faut d'abord que je gagne de l'argent, je verrai après* » (1). L'avis ne manque pas de clairvoyance, même s'il concerne davantage les entreprises traditionnelles que les créateurs de la Net-économie, pour lesquels la contrainte fiscale peut se poser rapidement. Un jeune entrepreneur tient avant tout à concrétiser son rêve par l'acte de la création de sa propre société. Ce dernier va-t-il renoncer à son rêve et stopper net sa soif d'entreprendre, pour un chèque un peu trop élevé à l'ordre du Trésor Public, ou pour quelques tracasseries administratives de second ordre ?

(1) Forum *L'épargne des particuliers pour vaincre le chômage* organisé par l'IFRAP et *Entreprise et Progrès* - 2 décembre 1999 - Assemblée Nationale

D'ailleurs, la décision d'entreprendre sera prise depuis bien longtemps, quand le créateur se rendra réellement compte du poids de l'environnement sur sa profession. Généralement, quand le projet et les moyens financiers sont réunis, le jeune entrepreneur « fonce », pour reprendre une expression populaire. A l'inverse, le candidat à la création d'entreprise qui n'aurait réuni ni un projet viable, ni les moyens financiers en adéquation, ne lancera pas sa société contre vents et marées, sauf si, bien évidemment, il s'agit d'un doux rêveur. Ce n'est point un statut fiscal plus favorable qui l'invitera à franchir tout de même le pas, malgré un projet discutable et des financements insuffisants. Fiscalité avantageuse ou pas, la peur de l'échec bloquera tout.

Si aider l'homme n'est point une méthode aux effets immédiats, peut-on alors intervenir sur le paramètre « projet », pour dynamiser la création d'entreprises dans ce pays ? Sincèrement, que peut faire l'administration sur ce point ? Peu de choses à vrai dire ! A l'évidence, le choix d'un projet appartient au créateur et à lui seul. Aucun tiers, et encore moins l'Etat, n'est assez visionnaire pour juger, au-delà de la rentabilité immédiate, des forces à venir d'un projet d'entreprise. Seul le créateur d'entreprise reste à même d'anticiper la naissance, dans un proche avenir, de nouveaux besoins encore inexistants et auxquels il faudra répondre par une offre commerciale.

Pour faire d'un projet une entreprise, encore faut-il y croire. Encore faut-il que ce projet invite au rêve. Un individu ou un organisme peut dégager une dimension aussi subjective, seulement s'il y va de son propre intérêt financier. Aussi, mettre en place un système du type *banque de données de projets à destination des entrepreneurs en herbe* serait vraisemblablement une profonde erreur qui conduirait à bien des échecs. La seule perspective de réussite d'un tel modèle résiderait dans la capacité de l'organisme, à assumer financièrement le temps de latence des projet en réserve...pas impossible, mais difficile ! Par ailleurs, si un aspirant à la création d'entreprise n'a pas été capable de monter par lui-même son propre projet, on peut se demander s'il est réellement préparé à entreprendre...

Je sais que certains diront qu'il est très facile de trouver une idée nouvelle, mais qu'il est autrement plus ardu de trouver une idée qui réponde à un marché réel. Rare et précieuse est l'idée nouvelle, attendue par des consommateurs prêts à en payer le prix pour satisfaire leur besoin. Pourtant, « des besoins solvables non résolus existent », rappelle à ce sujet Bernard Zimmern, le Président de l'IFRAP. « Il y en a une foule, mais il s'agit de les découvrir et de trouver les moyens de bien les remplir ». Ceux qui ne seront pas convaincus par l'existence d'un tel potentiel, pourront par exemple s'en référer au Lyonnais Bruno Bonnel d'INFOGRAMM, parti il y a quelques années de pratiquement rien et devenu aujourd'hui leader européen du jeux vidéo.

En outre, les consommateurs n'attendent pas seulement de nouveaux produits et services dans le domaine des technologies nouvelles. Par exemple, Pasquier a fait fortune en quelques années dans une activité aussi basique que la fabrication de brioches industrielles. On pourrait également parler de la réussite de Lionel Poîlane, dont le pain de campagne produit à grande échelle a conquis les marchés européens. Aux Etats-Unis, des entreprises créées durant les trente dernières années comme Fedex (transport urgent) et Häagen-Dazs, le fabriquant de glaces, nous rappellent, comme le constate Bernard Zimmern, qu'il n'y a point de pénurie de besoins solvables en produits et services traditionnels.

Investir au bénéfice de l'homme et du projet

Comme l'homme et le projet ne représentent plus des sphères d'actions en vue d'une création d'entreprises revigorée, il ne nous reste plus qu'un seul facteur pour agir : les moyens financiers. S'agissant avant tout d'un problème de fonds et donc d'argent, il est déjà plus facile d'intervenir sur le levier financier, plutôt que sur l'homme ou le projet. Force est de reconnaître que, sur ce point précis, il nous reste encore un chantier gigantesque à entreprendre, même si la France vit aujourd'hui à l'heure d'une abondance massive de capitaux. Très médiatisées, les levées de fonds de quelques entreprises vedettes en Bourse, qui appartiennent désormais au passé, ne doivent pas faire oublier la réalité du financement de la création d'entreprises.

Pour s'en assurer, la Banque de Développement des PME (BDPME) a mené au début de l'année 2000 une enquête auprès de ses clients. Celle-ci révéla que 64% des créateurs contactés considéraient la recherche de financement comme la plus grande difficulté qu'ils avaient rencontrée. Nous pouvons en effet accomplir encore beaucoup, pour que les créateurs d'entreprises puissent se donner les moyens financiers de leurs ambitions. A ce sujet, nous disposons aujourd'hui d'indicateurs fiables mesurant la faiblesse de notre économie à mettre à disposition de l'entreprise, un financement adéquat.

Même s'il ne mesure pas à proprement parler le financement de l'économie, le taux d'investissement reste à mes yeux le meilleur de ces indicateurs. Il mesure la part des richesses nouvelles qui est réinvestie dans l'économie par les entreprises, les ménages et bien évidemment les pouvoirs publics. Si l'entreprise n'investit pas, cela signifie soit qu'elle n'a plus en réserve de projets de croissance, soit qu'elle n'en a pas les moyens financiers. A l'inverse, un fort taux d'investissement signifie notamment que nos entreprises n'hésitent pas à affecter leurs bénéfices ou des fonds en provenance de l'extérieur, à des projets nouveaux.

Grâce à cet investissement en hausse, elles vont pouvoir s'équiper en matériels nouveaux et employer davantage pour atteindre les objectifs qu'elles se sont fixés. Parfois, l'investissement matériel va se réaliser au détriment du facteur travail. Le vieil antagonisme entre travail et capital se retrouve également au niveau de l'investissement, pour lequel on distingue le *labour saving investment* et le *capital saving investment*. Mais d'une manière globale, même s'il existe parfois des investissement de productivité destructeurs d'emplois, une augmentation du taux d'investissement tire globalement la croissance économique vers le haut. Or, une forte augmentation de la croissance n'est rarement sans effets bénéfiques sur l'emploi.

Professeur émérite à l'université de Paris-Dauphine, André Babeau, que l'on n'hésite plus aujourd'hui à présenter comme le spécialiste de l'épargne en France, ne contredirait point cette analyse. Pour celui qui a été le professeur d'économie de Dominique Strauss-Kahn, « la liaison investissement - création d'emplois - évolution du taux de chômage, n'est probablement pas une liaison immédiate ». Il n'en reste pas moins, du point de vue de l'universitaire, que « sur une moyenne période, c'est-à-dire un cycle de cinq à sept ans, cette liaison finit par se manifester ».

Ce schéma entre investissement croissance et emploi pourrait faire l'objet d'un véritable débat entre universitaires. Pourtant, l'histoire économique récente semble lui donner raison. En France, une montée du taux d'investissement a toujours anticipé un regain de croissance. Réciproquement, une chute de l'investissement fut à maintes reprises, le signe avant-coureur d'un retour à la morosité économique, ainsi qu'au chômage en hausse. Pour s'en convaincre, revenons simplement une dizaine d'années auparavant.

En 1989, la France vivait la fierté d'une croissance qui n'avait jamais été aussi vigoureuse depuis les chocs pétroliers : 3,9% d'augmentation du PIB, soit un taux record que l'euphorie économique de l'année 2000 ne nous a même pas permis de renouveler. Cette croissance revenue d'une manière insoupçonnée portait en elle des espérances fortes de retour à une économie plus prospère. Pourtant seulement un an plus tard, le taux d'investissement commença à indiquer quelques faiblesses, atteignant 17,9%. La chute s'amorça alors inéluctablement. Le taux continua de reculer au niveau de 16,1% en 1992, pour poursuivre sa baisse avec seulement 14,8% d'investissement en 1993.

Ce qu'il faut retenir, c'est que durant cette période les taux de croissance ont, dès 1991, commencé à se tasser. En 1992, la richesse nationale ne s'est accrue que de 1,2% en l'espace d'un an. Au final, 1993 restera dans nos mémoires comme la seule année de récession économique de l'après-guerre, hormis 1975, l'année du contrecoup du premier choc pétrolier. Parallèlement, rappelons que c'est sur la décennie 89-98 que la création d'entreprises a chuté de 12% en France. Surtout, entre 1991 et 1993, le chômage est passé de 2 250 000 personnes à près de 3 millions.

A la vue de ces agrégats économiques, gardons à l'esprit une conviction forte : le taux d'investissement conditionne non seulement notre croissance future, mais également la création d'entreprises et celle d'emplois. D'ailleurs, le début des années soixante-dix où les effectifs du chômage se comptaient encore en quelques centaines de milliers, connut un taux d'investissement compris entre 20 et 23% du PIB. Sans pouvoir affirmer qu'il existe une relation directe de cause à effet, ce parallélisme n'est-il pas, dans une certaine mesure, révélateur sinon instructif ? Pour le professeur Babeau, il est indéniable que « par rapport au milieu des années soixante-dix, nous avons perdu quatre à cinq points de taux d'investissement ».

Cependant, la rigueur de l'analyse économique pousse à affiner notre jugement. Le taux d'investissement demeure un indicateur trop global, pour apprécier si les entreprises veulent - ou peuvent - se donner les moyens financiers de leurs ambitions. En effet, le taux d'investissement n'intègre pas seulement l'investissement productif des entreprises, mais aussi celui des ménages et de l'Etat. Rappelons que les ménages investissent en acquérant leur logement et que l'Etat reste le financier de bons nombres d'infrastructures, au premier rang desquelles routes et moyens de communication. Parmi les investissements effectués par les entreprises, il faudrait distinguer la part des investissements de renouvellement, par rapport aux investissements de capacité et aux investissements d'innovation. Seules ces deux dernières catégories d'investissements peuvent être réellement considérées comme des générateurs de richesses nouvelles.

Tous ces ajustements sont nécessaires pour garantir, avec le plus de précision et d'objectivité possible, la liaison entre l'investissement et la croissance. André Babeau invitait d'ailleurs à se défier de toute conclusion hâtive, en rappelant qu'il « faudrait pouvoir étudier les véritables raisons du tassement de l'investissement en France, qui [par définition] ne peuvent être que complexes ». Toutefois, toutes les explications que nous pourrons fournir ne remettront pas en cause la tendance générale à la baisse de l'investissement en France.

Par exemple, on pourrait s'intéresser au taux d'investissement spécifique des sociétés non financières et des entreprises individuelles. Après tout, cet indicateur concerne la principale catégorie des entreprises au coeur de l'activité économique réelle. Du taux de 17,6% en 1997, on pourrait déduire un investissement plus soutenu chez les entreprises, que pour la nation en général. Cependant, ce taux d'investissement catégoriel affiche lui aussi une baisse constante depuis le début des années quatre-vingt dix. Rappelons à ce sujet qu'il représentait en 1992, 20,4% de la valeur ajoutée produite par nos entreprises.

De la même manière, on ne peut pas sincèrement estimer que l'investissement global ait été tiré vers le bas par les ménages. Lors de la récession économique de 1993, la ralentissement de l'investissement des ménages en logement a entraîné la croissance à la baisse pour seulement 0,3 point. Réciproquement, l'absence d'investissement dans les entreprises serait responsable de 0,9 point de croissance en moins. Le renoncement des entreprises à investir en 1993 aura donc contribué trois fois plus que les ménages, à conduire le pays dans la récession économique. Quant à l'investissement des administrations, sa quasi disparition depuis plus de dix ans ne justifie plus vraiment qu'il soit pris en compte dans notre analyse.

La France vit depuis une décennie au rythme de la tiédeur de l'investissement productif. Etant devenu une constante en vingt ans d'histoire économique, cette fragilité de l'investissement peut être considérée aujourd'hui comme une donnée non plus conjoncturelle, mais structurelle de notre économie. Selon le Professeur Babeau, « l'insuffisance de l'investissement va de paire avec une insuffisance de la création d'emplois et, à ce moment là, le chômage monte ». N'est-ce pas ici le phénomène que les chiffres de la décennie confirment ? Probablement, faut-il y voir le deuxième point noir de la nouvelle économie française, après la chute de la création d'entreprises ? Or, si l'on raisonne *a contrario*, on peut dire en toute objectivité qu'un investissement plus vigoureux accélérerait la croissance économique. Soyons convaincus que la seule reprise économique durable qui vaille pour l'emploi reste la reprise de l'investissement.

Heureusement, l'investissement semble depuis quelques temps repartir en France. Il est vrai que ce tout nouveau regain nous autorise à un certain optimisme quant à notre avenir économique. Au cours de l'année 1998, l'investissement global a en effet gagné 0,4 point, ce qui était déjà en soi un bon début. Pour le seul investissement industriel, la hausse annuelle a depuis atteint les 6 %. L'INSEE indiquait en février 2000 que les industriels français prévoyaient une hausse de 9% de leurs investissements sur un an.

Toutefois, qu'est-ce qui nous empêche de faire plus ? Rien. Au contraire, il serait utile d'accélérer le mouvement, ne serait ce que pour une seule raison. Le passé nous a enseigné qu'une reprise de l'investissement pouvait n'être qu'un feu de paille momentané et ne pas se confirmer d'une année sur l'autre. Ainsi en 1994-95, on s'attendait à une reprise économique qui, selon le Professeur Babeau, « a été repoussée dans le temps et s'est avérée plus fragile qu'on ne le pensait ». Avec une hausse de 9% en 1995 - autrement dit équivalente à celle prévue pour l'an 2000 - l'investissement industriel témoignait de cet optimisme envahissant les chefs d'entreprises de l'époque. Hélas, les espoirs furent déçus puisque la hausse de l'investissement industriel s'est limitée à 1% l'année suivante. Celui-ci a même diminué à proportion égale en 1997... avec les conséquences que l'on connaît : seulement 1,1% de croissance du PIB en 1996.

Par ailleurs, il faudrait remarquer que la reprise de l'investissement du milieu de la décennie quatre-vingt dix s'était traduite par une hausse du nombre de créations d'entreprises : seulement 170 000 créations pures en 1993 contre pratiquement 190 000 en 1994. Or, pour ce qui est de la période actuelle, les reprises de la croissance et de l'investissement, toutes deux amorcées à partir de la fin 1997, ont mis deux ans pour déboucher sur une augmentation des créations d'entreprises. De taille, cette différence laisse à penser que la reprise actuelle de l'investissement se déroule plutôt dans des entreprises déjà existantes, et très probablement dans les plus importantes d'entre elles. Cette variante par rapport à la reprise de 1994 devrait peut-être nous préoccuper davantage, quand on sait que l'emploi dépend pour beaucoup de la création d'entreprises.

Malgré le sursaut de l'investissement, il ne serait donc pas inutile de vouloir accentuer cette reprise et veiller à ce qu'elle ait davantage lieu au travers de créations d'entreprises. Si l'on veut accroître notre volume d'investissement, encore faut-il se demander en fonction de quels critères les entreprises décident d'investir. Il n'existe pas une multitude de déterminants de l'investissement. D'une manière schématique, on peut en distinguer deux principaux : les perspectives de rentabilité de l'investissement et les moyens dont dispose l'entreprise pour financer cet investissement.

Je ne m'attarderai pas sur ce premier discriminant à la décision d'investissement. A 3% d'augmentation du PIB et même à 2%, nos entreprises bénéficient d'une multitude de perspectives de croissance dans leur propre secteur d'activité. D'ailleurs, il suffit de regarder les sociétés de l'Internet qui sont allées chercher des moyens financiers en bourse, pour comprendre que les perspectives de croissance ne manquent pas en ce début de 21ème siècle. Une grande majorité de ces sociétés Internet affichait pourtant des résultats annuels déficitaires. Faute de résultat, Amazon.com a même été contraint, comme bons nombres de start-up, de licencier une partie de son personnel dès le début de l'année 2000, alors que son cours boursier atteignait son optimum.

Pourtant, pratiquement toutes ces sociétés sont arrivées jusqu'au krach d'avril 2000 à lever des fonds en bourse. Pourquoi ? Tout simplement, parce qu'elles promettaient à leurs actionnaires, études de marché à l'appui, une croissance exponentielle de leur chiffre d'affaires. L'idée de partir à la conquête de part de marché sur un secteur émergeant lève les dernières objections des « boursicoteurs ». Ainsi, les « start-up du net » arrivaient jusqu'à récemment à convaincre de nouveaux actionnaires, non pas par leurs bénéfices du moment, mais par le chiffre d'affaires qu'elles escomptaient dans le futur. Certes, l'Internet n'est peut-être pas le secteur le plus représentatif de l'économie en général. En revanche, sa capacité à lever d'importants fonds en bourse, malgré des résultats déficitaires, montre bien que les perspectives de croissance ne sont plus le problème de l'investissement, dans l'économie française du début du 21ème siècle.

Même l'ancienne économie et les petites entreprises ont été gagnées par l'optimisme économique. En octobre 2000, 57% d'entre elles déclaraient dans le cadre de baromètre Agefos-Pme, vivre une hausse de leur niveau d'activité. Surtout, 49% des PME interrogées affirmaient avoir l'intention de recruter dans les six prochains mois. Pour vouloir embaucher, les petites entreprises ne doutent plus de leurs perspectives de croissance.

Celles-ci ne faisant plus défaut, c'est donc bien la problématique du financement de l'investissement qui se pose aujourd'hui. Avoir des projets d'investissement est une chose ; avoir les moyens financiers pour investir en est une autre. Cette contrainte vaut pour les entreprises comme pour les ménages. Pour revenir à l'Internet, considérons que ce secteur reste en quelque sorte l'exception qui confirme la règle.

Pour l'artisan plombier au chômage, qui a besoin de seulement 30 000 francs afin d'acheter le matériel nécessaire à son activité, les investisseurs se font rares... et ce n'est pas avec un prévisionnel déficitaire et des perspectives de croissance illusoires, qu'il va réussir à collecter des fonds. Pourtant, s'il réunit les 30 000 francs nécessaires à son activité, cet artisan créera peut-être un, deux, voire trois emplois. Maintenant, aidons financièrement mille plombiers à créer leur propre activité et l'on voit les incidences que notre soutien peut avoir sur l'emploi. Or sans les 30 000 francs à l'origine, aucun d'entre eux ne pourra se lancer. Voilà en quoi le financement de l'investissement demeure dans bien des cas, le premier discriminant à la création d'entreprises.

Des fonds propres salutaires

L'évolution de l'économie au fil du temps n'a pas vu apparaître un nouveau type de financement de l'investissement. Au-delà des multiples innovations techniques les ayant affectés, seuls le crédit et les fonds propres perdurent. Depuis aussi longtemps que se pose la difficulté de financer les créations d'entreprises, les hommes qui ont dû faire face aux portes fermées, ne peuvent s'en prendre qu'à l'une ou l'autre de ces deux méthodes de financement, sinon à eux-mêmes. Souvent, c'est le crédit bancaire qui canalise l'opprobre des entreprises en mal de financement. Certains poussent même l'humour jusqu'à qualifier la banque de « capital non-risque ». *Les banques ne prennent pas de risques, les banques ne prêtent pas aux créateurs* ; combien de fois a-t-on entendu ce discours emprunt d'amertume ?

Pourtant, la banque n'a jamais eu vocation à devenir le premier financier de la création d'entreprises. Selon toute logique financière, une entreprise financée à 100% par le crédit bancaire, aurait toutes les chances de se solder par une faillite. C'est dans ce sens que Bernard Zimmern de l'IFRAP n'hésitait pas à affirmer que « *les banquiers font justement ce qu'ils doivent faire, en n'avançant pas d'argent à des entreprises en création* » (1). Pour simplifier, n'oublions pas que l'argent prêté par les banques aux entreprises, provient de la somme des dépôts en compte à vue ou en épargne bloquée. Aussi, Bernard Zimmern ne fait que rappeler que les banquiers sont responsables vis-à-vis des épargnants, des fonds qu'ils prêtent. Or une entreprise demeure pas essence un placement risqué. C'est la raison pour laquelle « *prêter à une entreprise en création* [devient] *sauf exception, une faute professionnelle* » (2).

La limite du prêt bancaire se pose avant tout du point de vue de la banque. Avec une probabilité sur cinq que l'entreprise subisse un échec fatal avant son cinquième anniversaire, la création d'entreprise apparaît beaucoup trop risquée pour des banques, qui ne peuvent pas disposer à leur convenance des sommes dont elles ont la gestion. Les banques doivent rendre des comptes.

Par ailleurs, se pose un problème d'incompatibilité entre la durée du prêt aux entreprises et celle des dépôts en banques des particuliers. Du point de vue de la banque, les dépôts des particuliers sont des ressources courtes, alors que les prêts aux entreprises sont des emplois longs. En effet, pour que l'entreprise puisse rembourser ses emprunts, elle doit accroître ses ventes et ses résultats, ce qui suppose du temps ; le remboursement ne peut que s'inscrire dans la durée. A l'inverse, hormis les formules d'épargne bloquée du type plan d'épargne populaire, les épargnants peuvent retirer à n'importe quel moment l'argent qu'ils ont confié à leur banque. Dès lors, on voit bien que le principe même des dépôts à vue ne peut financer des apports aux entreprises, liquides seulement à cinq ou sept ans.

En outre, le prêt à la création d'entreprises n'apparaît pas non plus comme la solution la mieux adaptée, si l'on se place maintenant du point de vue de l'entrepreneur. L'entreprise doit en effet respecter vis-à-vis de sa banque les mêmes obligations qu'un ménage empruntant pour acquérir son logement : elle doit rembourser à la banque, sur une période donnée, l'ensemble des sommes empruntées augmentées des intérêts financiers.

 (1) (2) *Les dossiers de l'IFRAP* - n°54 - novembre/décembre 1997 - *Anges et fiscalité : un secret du plein emploi américain*

Or, rien ne garantit au chef d'entreprise que sa société réalisera suffisamment de bénéfices au cours de cette période, pour rembourser intégralement ses dettes.

A l'opposé, l'entrepreneur n'a pas à rembourser ce qu'on appelle les fonds propres, c'est-à-dire le capital, aux personnes qui ont décidé d'investir dans sa société. Ses actionnaires retrouveront leur mise de départ en vendant, quelques années plus tard, à une tierce personne la part qu'ils détiennent dans le capital de la société... avec l'espoir qu'ils vendront leurs actions plus cher qu'ils ont investi dans la société. C'est donc celui qui souhaite rentrer au capital de la société, et non l'entreprise, qui paye. Voilà quel est le grand avantage pour l'entreprise du financement en fonds propres ; elle n'a pas à rembourser le capital.

En plus, la rémunération des investisseurs d'origine intervient, à l'inverse du prêt bancaire, uniquement dans le cas où l'entreprise réalise des bénéfices. C'est toute la différence entre l'intérêt lié au prêt bancaire et le dividende attaché aux actions. Les investisseurs en capital se rémunéreront à hauteur de leur participation au capital, uniquement sur la partie des bénéfices que l'entreprise aura décidé de consacrer au paiement des dividendes. Il faut donc que l'entreprise réalise des bénéfices, pour que les actionnaires envisagent de toucher un quelconque dividende. En quelque sorte, la rémunération des investisseurs est indexée, ou plutôt proportionnelle aux performances de l'entreprise, alors que celle des prêteurs est garantie par contrat qu'elle que soit la santé de l'entreprise.

L'assemblée générale des actionnaires peut en outre décider de ne pas distribuer les bénéfices de l'année, pour les garder au sein de l'entreprise et les consacrer au financement de nouveaux projets. A l'inverse, l'entreprise se trouvera toujours dans l'obligation de payer l'intérêt financier dû à son banquier, qu'elle réalise ou non des bénéfices. Par ailleurs, l'intérêt du prêt étant, comptablement parlant, considéré comme charge, il vient en déduction du chiffre d'affaires réalisé. Mécaniquement, il entraîne une diminution du bénéfice final de la société et prouve une règle d'or de la finance d'entreprise : une entreprise trop endettée ne peut être compétitive vis-à-vis de ses concurrents.

Enfin, les créateurs d'entreprises ne souhaitent pas avoir recours de manière abusive au crédit bancaire, car ce dernier, malgré toutes les lois qui ont pu être votées, hypothèque leur avenir. Pourtant, depuis l'instauration en 1867 de la loi sur les sociétés anonymes, les principes juridiques veulent que l'entreprise en faillite rembourse ses dettes uniquement à hauteur de son capital. Les dettes, notamment bancaires, sont honorées par la vente des actifs, c'est-à-dire les équipements et les créances que l'entreprise possède. Si le produit de la liquidation ne suffit pas à tout rembourser, le chef d'entreprise n'a pas la responsabilité de payer la différence. On appelle ce principe la responsabilité limitée aux apports.

Mais au-delà des grands principes du droit, priment les réalités économiques avec toutes les exigences qu'elles supposent. Tout d'abord, la responsabilité limitée aux apports existe uniquement pour deux formes juridiques d'entreprise : les sociétés anonymes (SA et SAS) et les sociétés à responsabilité limitée (SARL). Or, selon les chiffres de l'INSEE, sur les 266 447 entreprises créées en 1998, 62,5% d'entre elles prenaient la forme d'entreprises individuelles, c'est-à-dire des sociétés où le principe de la responsabilité limitée aux apports ne s'applique pas.

Par ailleurs, le législateur a inventé deux notions juridiques appelées, «l'extension» et le « comblement de passif », deux véritables remises en cause de la loi de 1867. Ces nouvelles notions permettent tout simplement aux créanciers de l'entreprise, en cas de faillite, de se rembourser sur le patrimoine personnel de l'entrepreneur, lorsque le capital ne suffit plus. En outre, malgré l'existence de ces deux principes, les banques n'hésitent plus depuis vingt ans à se couvrir à l'avance. Pour cela, elles demandent à l'entrepreneur au moment de l'octroi du prêt, une garantie sur son patrimoine personnel. C'est ainsi que dans trop de cas, l'entrepreneur qui n'a pu rencontrer le succès, se voit obligé de vendre sa maison pour rembourser ses dettes ; les rêves nés de la création d'entreprises tournent vite au cauchemar.

L'enquête Ifop-APCE de janvier 2000 avait justement désigné la peur du risque comme le principal handicap à la création d'entreprises. Citons en un court extrait : « *La principale raison invoquée au refus de création se cristallise autour de la notion de risque : créer son entreprise fait peur, car pour certains les risques encourus sont trop importants* » (1). Selon l'enquête, 37% des chefs d'entreprises interrogés partageaient cet avis, et ont déclaré ne pas avoir envie pour cette raison précise de créer.

On comprend vite comment ce risque de déroute personnelle peut freiner les ardeurs du créateur potentiel. L'existence de ce qu'on pourrait désigner comme un gage général sur le patrimoine personnel de l'entrepreneur, décourage. Il invite bons nombres de candidats à la création d'entreprises à renoncer, car derrière ces hommes il y a - il ne faudrait pas l'oublier - toute une famille, souvent jeune, qui ne veut pas se condamner à peine entrée dans la vie active.

Le risque sur le patrimoine personnel du créateur témoigne surtout d'une grande méprise : le crédit bancaire ne peut être, par définition, considéré comme le mode de financement le mieux adapté à la création d'entreprises. D'ailleurs, le monde de l'entreprise comme le milieu bancaire, l'a compris depuis bien longtemps, puisqu'au fil du temps s'est établi un principe fort : la banque prête seulement un franc de crédit, pour un franc de fonds propres réunis par l'entreprise. Sans fonds propres,

 (1) Site Internet de l'Agence Pour la Création d'Entreprises : www.apce.com

c'est-à-dire sans capital, l'entreprise en gestation ne trouvera aucune solution de financement auprès de sa banque. Conformément à notre première analyse, cet état de fait confirme que la problématique du financement de la jeune entreprise, se pose avant tout en terme de fonds propres.

La frilosité reprochée aux banques est indéniablement un faux procès. La solution réside du côté des fonds propres. Dès lors, quels types de fonds propres permettent au créateur d'entreprise de résoudre l'épineux problème du financement de sa propre activité ? Sur ce point, la solution sera vite trouvée, puisqu'il existe en tout et pour tout, seulement deux formes de fonds propres : les fonds propres de départ et ceux générés par l'activité de l'entreprise.

Ce qu'on appelle fonds propres de démarrage représente tout simplement le capital que les actionnaires mettent à disposition de la société le jour de sa constitution. Comme leur nom l'indique, ils sont destinés à financer le démarrage de l'activité. Grâce à cet argent, les premiers équipements, comme les machines, pourront être acquis, les premiers stocks de marchandises constitués, et les premiers salaires versés. Surtout, les fonds propres de démarrage confèrent à la société en création une réelle marge de sécurité, que les financiers appellent fonds de roulement. En effet, le capital de démarrage permet essentiellement à la nouvelle société de faire face à ses échéances, comme les salaires, en attendant que chiffre d'affaires et résultat prennent le relais.

A partir de ce moment là, les fonds propres se génèrent par eux-mêmes, puisque l'argent entre dans l'entreprise. Si bonne gestion il y a, les ventes doivent selon toute logique permettre de dégager un chiffre d'affaires suffisant pour combler les charges inhérentes à l'activité. Une fois ce bénéfice dégagé, une partie est accordée aux actionnaires pour rémunérer leurs investissements à l'origine de la société, sous la forme d'un dividende. L'autre partie constitue ce que l'on appelle des réserves et reste au sein de la société. C'est pourquoi l'affectation du résultat en réserve représente des fonds propres générés par l'activité.

L'ancien Ministre du Commerce, Georges Chavanes, dirigea pendant près de trente ans le groupe industriel charentais, Leroy Somer. Il résuma très clairement le processus auto-entretenu de renouvellement des fonds propres : « Les fonds propres, ils existent dès que l'on fait de la marge. (...) Laissons donc le soin à l'entreprise de les réaliser par elle-même. Jamais je n'ai eu à Leroy Somer le moindre besoin de fonds propres. Pourquoi ? Parce que Leroy Somer a gagné de l'argent tout le temps et que, chaque année, on remettait dans le circuit financier de l'entreprise l'essentiel des résultats, tout en ayant versé aux salariés l'intéressement ».

La logique parle d'elle-même ! D'ailleurs, les fonds propres générés par l'activité peuvent représenter jusqu'à 100% du financement de certaines entreprises. C'est ce phénomène que les économistes appellent l'autofinancement. Bien évidemment, cet autofinancement doit être encouragé. Pour y contribuer, l'Etat a tout intérêt à agir en faveur d'une baisse des taux d'intérêt, des charges sociales et de l'ensemble des prélèvements obligatoires pesant sur la rentabilité des entreprises. Ainsi, pour un chiffre d'affaires égal, l'entreprise réaliserait des bénéfices plus conséquents, qui pourraient être consacrés à l'investissement et donc à l'emploi. Si déjà l'Etat entreprenait cette vaste politique de minoration de charges fiscales et bancaires, un grand chemin serait parcouru.

Toutefois, il faudrait nous replacer dans la perspective de notre première étude, c'est-à-dire la création d'entreprises. Bien évidemment, lorsqu'une entreprise se crée, elle n'a pas encore débuté son activité ; aucune vente n'a été réalisée. L'entreprise nouvellement créée n'est pas encore en mesure de se servir de sa marge pour dégager des fonds propres. Selon le bon sens, il ne peut y avoir de fonds propres générés par l'activité dans une entreprise tout juste constituée. Voici tout le dilemme de la création d'entreprises qui, d'une manière ou d'une autre, trouvera des fonds propres uniquement dans le capital que les associés auront bien voulu lui confier.

Dès lors, il ne reste à l'entreprise en création qu'une seule perspective financière : réunir suffisamment de capital à sa création, pour pouvoir tenir jusqu'au jour où les ventes viendront renforcer ses fonds propres. Ainsi, seuls les fonds propres de démarrage, autrement dit le capital social, peuvent venir abonder financièrement la création d'entreprises. Il s'agit de l'unique levier qui nous reste en main, pour inverser durablement la tendance à la baisse de la création d'entreprises en France.

Sur ce point, aucune étude n'est venue contredire ce qui, au fil du temps, est devenu une carence de l'économie française. Nos entreprises sont « sous-capitalisées », par rapport à leurs projets de développement. Elles affichent un manque chronique de fonds propres pour pouvoir espérer raisonnablement se pérenniser à moyen terme. A ce sujet, le radioscope 1999 du pH group faisait remarquer que, sur 128 125 entreprises nouvellement créées, 85 000 - autrement dit les deux tiers - optent pour la forme juridique de l'entreprise individuelle. Plus nuancée, l'APCE estime que 54% des entreprises créées en 1999 le sont sous cette forme dépourvue de la personnalité juridique.

En apparence anodin, ce choix de statut juridique n'en garde pas moins de lourdes implications financières. Il faudrait en effet rappeler que la loi n'exige pas des entreprises individuelles un capital minimal de départ. Dans l'absolu, il est tout à fait possible de constituer dans le plus strict respect du droit, une entreprise individuelle sans un seul franc de capital. A ce niveau là, on ne peut même plus parler de carence en fonds propres, mais d'une absence totale de financement durable ; l'entreprise fonctionne sous perfusion des banques... avec tous les risques que cela suppose !

Certes, un tiers des entreprises se constitue, selon la même source, sous la forme de personnes morales. Hormis les SNC et les sociétés en commandite, ces personnes morales doivent respecter une obligation de capital minimum. Pourtant, 88% des sociétés personnes morales ont moins de 500 000 francs de capital, et seulement 10% ont réussi à lever entre 500 000 et 5 millions de francs. Quant aux sociétés créées avec plus de 5 millions de capitaux, elles ne représentent que 0,7% de la création globale, hors entreprises individuelles. Finalement, il y aurait eu selon l'APCE seulement 5 700 SA (Sociétés Anonymes) créées en France au cours de l'année 1999. Plus le capital augmente, plus le nombre de créations d'entreprises devient infinitésimal !

Pour savoir si ces ratios témoignent d'une spécificité française, des comparaisons internationales s'avéreraient utiles. Elles nous permettraient de savoir si la France affiche un retard. Pourtant, ces dernières ne seront guère nécessaires, puisque les chiffres intérieurs parlent d'eux-mêmes. Les entreprises bénéficiant de fonds propres compris entre 500 000 et 5 millions de francs, affichent un taux annuel de disparition égal à 7%. A moins de 500 000 francs de fonds propres, ce même taux double et atteint 14%. Il n'y a donc plus de doutes à avoir sur le rôle crucial que jouent les fonds propres, tant dans la création que dans la survie de l'entreprise.

Comme il y va de nos emplois, le débat mérite d'être soulevé. Trouver des propositions pour un meilleur financement de la création d'entreprises, ne sera pas peine perdue. D'ailleurs, cette constatation statistique confirme l'impression de Dominique Nouvellet, co-fondateur de SIPAREX, une des premières sociétés françaises de capital-risque : « Une entreprise convenablement capitalisée affronte beaucoup mieux les risques de la vie ; les fonds propres amènent du confort ».

A ce titre, l'histoire américaine de la finance d'entreprise témoigne des bienfaits d'une meilleure dotation en fonds propres. Entre 1969 et 1977, les différents fonds de capital-risque existant outre atlantique ont investi chaque année entre 250 et 450 millions de dollars dans les jeunes entreprises. En 1977, suite à différents aménagements fiscaux, il devenait moins coûteux pour le contribuable américain de retirer une plus-value sur ses investissements dans une PME. Après quelques balbutiements en 1978, l'investissement réalisé par les fonds de capital-risque « explosait » en atteignant dès 1978 le milliard de dollars. Seulement cinq années plus tard, ces mêmes investissements s'élevaient pour la seule année 1984 à 3,2 milliards de dollars.

Pour ceux qui s'en souviennent, c'est à partir de l'année 1984 que la création d'entreprises et l'emploi se sont mis à décoller aux Etats-Unis. De 1984 à 1993, le nombre d'entreprises employant au moins une personne, est passé de 4,9 millions à 8,9 millions, tandis que les 105 millions d'Américains employés devinrent pratiquement 120. Si l'on s'en réfère à l'explosion en 1979 de l'investissement dans la jeune entreprise, l'utilité des fonds propres pour l'emploi n'est plus à démontrer.

Indéniablement, l'argent reste le nerf de la guerre. L'enjeu se situe donc ici et pas ailleurs. On ne peut pas raisonnablement accroître le nombre global de créations d'entreprises, sans trouver au préalable les fonds nécessaires. Ceci d'autant plus que le capitalisme a beaucoup évolué depuis la révolution industrielle. A l'inverse des Anglo-saxons, la tradition française du capital s'est inscrite pendant trop longtemps dans une vision patrimoniale de l'entreprise. Il y a seulement vingt ans, il était encore difficile de faire admettre en France, que les rôles d'investisseur et de dirigeant pouvaient incomber à des personnes différentes.

Depuis, le capitalisme est devenu plus « managérial » que patrimonial. Dans un tel contexte, « l'entrepreneur sans argent », pour reprendre le terme d'André Marcon, existe dans notre société contemporaine. Comme l'estime François Hurel, le Délégué Général de l'APCE, « on peut parfaitement avoir deux jambes, deux bras et l'envie d'entreprendre, et ne pas avoir un seul centime devant soi ! ». « A ce moment là, qu'est-ce que l'on fait ? Est-on rejeté par le système ? ». Des milliers d'individus débordent d'une soif d'entreprendre. Hélas, du fait de leur jeunesse ou de leur passé de salarié, ils n'ont pu constituer, grâce à leur épargne personnelle, les 50 000 francs généralement indispensables à tout projet d'entreprise.

L'entrepreneur moderne a aujourd'hui beaucoup moins besoin de banquiers que d'actionnaires. « Vous ne faites rien sans argent durable », me rappelait Dominique Sénéquier, Président du directoire d'AXA Private Equity : « Si vous savez qu'au moindre coup de vent tout le monde s'en va comme des oiseaux, vous n'entreprenez pas. L'envie d'entreprendre est liée à l'argent disponible ». Le départ d'un actionnaire n'entraîne pas la réduction du capital de la société ; un autre actionnaire prend le relais. Un actionnaire demeure un partenaire, quelqu'un qui partage le risque avec l'entrepreneur, alors que rien ne l'assure d'une rémunération de son effort financier. Voilà ce qu'on appelle l'argent long ; voici un partenaire de confiance qui croit dans ce que j'appellerais les « *rêves empreints de rationnel* » du chef d'entreprise.

Rappelons que l'action n'est que la division du capital. C'est en offrant en contrepartie de l'investissement reçu des actions à ses partenaires, que l'entrepreneur forme cette denrée rare que nous appelons fonds propres. Plus nous aurons d'actionnaires, plus les fonds propres soutiendront la création d'entreprises et plus nous aurons l'assurance d'offrir dans l'avenir un emploi pour tous. Le raisonnement a beau être ici simplifié, il prouve dans quelle mesure l'actionnaire est utile à la collectivité. L'enjeu consiste donc maintenant à savoir où trouver ces nouveaux actionnaires, pour que l'argent vienne plus amplement abonder demain la créativité de nos entrepreneurs d'aujourd'hui. En clair, où pouvons nous trouver les finances susceptibles de se transformer en fonds propres pour l'entreprise ? A cette interrogation, une seule réponse persiste et nos regards devraient aujourd'hui tous se tourner vers une direction unique : l'épargne des ménages.

Chapitre 3

Notre épargne : l'audace d'un atout insoupçonné

L'acquisition d'actions suppose bien évidemment une épargne au préalable. En effet, ce n'est pas en consommant l'intégralité de notre revenu, que nous arriverons à dégager une capacité financière suffisante pour pouvoir acquérir des actions. Aussi, le développement de l'actionnariat en France implique que nous nous tournions, dès à présent, vers les trois catégories d'épargnants qui ne changeront jamais : les ménages, les entreprises et les administrations.

Les fonds propres de nos entreprises dépendent bel et bien de la propension de ces trois catégories d'épargnants à dégager un surplus de richesses, susceptible d'être réinvesti par la suite. Il ne saurait y avoir d'actionnaires dans un pays qui privilégie la dépense au détriment de l'épargne. L'après-guerre confirme, on ne peut plus clairement, que l'épargne d'un pays équivaut au carburant de son économie.

Durant la période prospère des années 1959 à 1978, l'investissement fort et le plein-emploi faisaient office de règle. L'augmentation durant cette période de plus d'un tiers du taux d'épargne français, ne doit pas être perçue comme un hasard, puisque la réciproque s'est confirmée par la suite. En effet, le taux d'épargne français est passé de 20% en 1978 à 11% en 1987, pendant que le chômage s'installait durablement dans le pays. Ce n'est qu'à partir de 1988 que l'épargne se mit en France à remonter, annonçant ainsi la reprise économique de la fin des années quatre-vingt : 3,9% de croissance du PIB en 1989.

Je veux bien concéder à mes détracteurs que l'exercice est facile. Il serait aisé d'appliquer à la relation entre l'épargne et la croissance, le dilemme de la poule et de l'œuf. Est-ce l'épargne qui généra la croissance des Trente Glorieuses, ou est-ce la prospérité économique qui invita les Français à mettre des liquidités de côté ? Bien courageux serait celui qui tenterait d'apporter une réponse démontrée à cette interrogation. En tout cas, reconnaissons au moins que le parallélisme entre l'évolution de la croissance et de l'épargne a de quoi nous interpeller.

D'ailleurs, l'avis du Professeur Babeau est à ce sujet très tranché, puisque pour celui-ci « on ne peut avoir un taux d'investissement fort avec un taux d'épargne faible, sans être une économie réellement dominante ». Par économie dominante, le Professeur Babeau pense tout bonnement aux

Etats-Unis. Celui-ci voit dans l'exemple américain « une économie ayant un tel poids, qu'elle inspire confiance sur une longue durée et par cette confiance se donne une capacité d'emprunt, qui se traduit par une accumulation de dettes considérables ».

Cependant, les Etats-Unis restent à l'heure d'aujourd'hui le seul pays où l'investissement peut se passer d'épargne nationale. En effet, si l'épargne nationale s'avère insuffisante pour financer l'investissement, alors il faut en appeler à l'épargne étrangère. Forte d'une croissance structurelle de plus de dix ans, les Etats-Unis sont devenus suffisamment attractifs pour attirer les investisseurs japonais, qui financent *de facto* depuis des années le déficit américain.

Il serait bien difficile à la France d'arriver à une telle puissance d'investissement, sans accomplir un réel effort d'épargne. Ceux qui estimeront que l'inverse s'inscrit toujours dans le domaine du possible, devront alors répondre par l'affirmative à la question suivante : pouvons-nous décemment nous qualifier d'économie dominante ? Sachant que le PIB de la France représente environ le sixième de celui des Etats-Unis, la question ne se pose pas. Oui, la France doit, si elle veut accroître sa capacité d'investissement et son vivier d'entreprises, épargner comme toutes les nations de rang économique comparable.

Heureusement, sur ce point, nous n'avons pas à rougir. A l'aube du troisième millénaire, la France fait figure de terre d'épargnants. Dans l'hexagone, l'épargne est restée au fil du temps une valeur forte de nos concitoyens. En témoigne notre taux d'épargne brute qui, en 1998, s'élevait à 14,1% du PIB, un niveau confirmé l'année suivante. Selon le Professeur Babeau, « nous avons un surplus d'épargne qui apparaît dans notre balance des paiements, pour un montant de l'ordre de 100 à 150 milliards de francs d'une année sur l'autre ».

Avec un taux de 15%, seuls les Belges faisaient mieux que nous en 1998 au sein de l'Europe des Quinze, alors que les Allemands arrivaient rigoureusement à la même position que la France. Même des économies dynamiques comme le Royaume-Uni, affichent une propension à épargner aux antipodes de la sagesse française : 7,8%, c'est-à-dire pratiquement deux fois moins que la France. Relativisons toutefois cette disparité en nous souvenant, que ce niveau extraordinairement bas témoigne d'une tradition anglo-saxonne très favorable à l'endettement.

En fait, les Français sont riches, même si souvent ils l'ignorent. L'observatoire des marchés et de l'épargne évaluait le patrimoine total des ménages français en l'an 2000 à exactement 30 786 milliards de francs. Selon les analyses de l'Observatoire, ce patrimoine se développe actuellement puisque sur l'année 2000, il affiche une croissance de 6%. Un autre organisme, l'institut Bipe prévoit même une augmentation supplémentaire de 1 500 milliards de francs en 2001, preuve que nous poursuivons tous en France notre effort d'épargne. D'ailleurs, notre taux d'épargne est monté à 15,6% en l'an 2000, nous positionnant ainsi leader parmi les grands pays occidentaux.

Epargne rentière contre épargne industrieuse

Dans un contexte de guerre économique mondiale, la vigueur de notre épargne demeure certainement un de nos avantages concurrentiels les plus forts. Pourtant, aussi curieux que cela puisse paraître, nos entreprises attirent chaque jour l'attention de l'opinion publique pour leur manque structurel de fonds propres. Il y aurait donc une défaillance dans le système qui assure naturellement la relation entre l'épargne et l'investissement.

André Babeau observe à ce sujet que notre excédent en épargne, évalué à 100 milliards de francs, « se traduit d'une part par des investissements à l'étranger, ce dont nous ne pouvons que nous féliciter, mais aussi par une certaine insuffisance de l'investissement en France ». Serait-ce donc la conséquence d'une épargne qui sort de l'Hexagone pour aller s'investir ailleurs ? Probablement. En tout état de cause, notre épargne, aussi volumineuse soit elle, a du mal à se transformer dans notre pays en fonds propres pour l'entreprise et l'emploi.

Face à un tel contexte, adoptons la prudence du Professeur Babeau, qui estime que l'allure des agrégats peut nous induire en erreur et que « c'est là où la macro-économie affiche ses limites ». En fait, l'enjeu n'est pas tant d'épargner plus, mais d'épargner mieux. Si notre niveau d'épargne a de quoi nous satisfaire, l'affectation que nous faisons de cette épargne peut faire l'objet de plusieurs réserves. C'est ici que le bât blesse et que nous trouverons très certainement une raison fondamentale de la faiblesse de nos fonds propres.

Président en 1999 du conseil de surveillance de Banque Populaire Asset Management, Jean-Pierre Ferretjans a beaucoup réfléchi à la question. Au service de l'association *Entreprise et Progrès,* ce spécialiste des questions financières et fiscales estime qu'il « y a trop de flux financiers qui vont vers une épargne non risquée ; une épargne de rente ». « L'épargne en France est mal répartie par rapport à des projets économiques, des projets rentables, des projets intéressants en matière de création de valeur et d'emplois ». Il n'y aurait, selon ce décideur bancaire, qu'un seul responsable : « la fiscalité qui a orienté les flux d'épargne vers une destination, plutôt qu'une autre ».

A ce stade de la démonstration, peut-être faudrait-il rappeler que l'épargne ne se place pas forcément uniquement en actions. Les particuliers, comme les entreprises et les administrations, ont le choix entre une multitude de produits financiers, pour pouvoir faire fructifier leur épargne. Du Livret A jusqu'aux SICAV monétaires, en passant par les contrats d'assurance vie et les bons du Trésor, la palette des placements n'a jamais été si diversifiée qu'aujourd'hui. De nos jours, on peut aisément placer son épargne, sans passer par l'achat d'une seule action de société.

Sans tomber dans un détail fastidieux, il faut distinguer deux grandes familles de produits de placement : les produits à taux et les produits risqués. La famille des produits à taux réunit l'ensemble des placements bénéficiant d'une garantie plus ou moins forte du capital et des intérêts. Cela va du Livret A avec ses 3% d'intérêts annuels garantis et défiscalisés, jusqu'aux obligations, qu'elles soient d'Etat ou émises par des entreprises privées. En fait, la catégorie de l'épargne à taux intègre une multitude de produits. Du plus sûr au plus risqué, on y retrouvera les livrets d'épargne populaire, les plans et comptes d'épargne logement et les obligations.

Le premier principe des produits à taux consiste à garantir à l'épargnant la liquidité de son placement, autrement dit le remboursement à terme des sommes placées. Cette garantie joue au profit de l'épargnant quoi qu'il advienne, même si l'organisme financier, la banque, a commis des erreurs de gestion. D'autre part, la rémunération du placement prend la forme d'intérêts proportionnels à l'épargne placée et, dans la plupart des cas, fixés à l'avance et garantis.

En plus du niveau du taux d'intérêt et des exonérations fiscales possibles, les produits d'épargne se différencient par la durée de blocage de l'argent placé. Pour utiliser un vocabulaire plus technique, cette période correspond à la liquidité de l'épargne. Plus simplement, lorsqu'un épargnant abonde un livret A, il peut retirer son argent à tout moment. Nous pourrions alors parler pratiquement d'épargne à vue, ce qui n'est pas le cas par exemple d'un plan d'épargne logement. Dans ce produit, comme dans les plans d'épargne populaire (PEP), le capital ne peut être retiré sans pénalité ou perte d'avantages, avant une certaine date convenue à l'avance et qui correspond généralement à plusieurs années. Mis à part cette dernière contrainte, les produits à taux restent le moyen le plus liquide et le plus sécurisant pour épargner.

A l'opposé, la famille des placements risqués, dont l'action reste la valeur de référence, n'apporte pas les mêmes garanties à l'épargnant. Rien ne garantit celui qui investit dans une PME locale, qu'il ne va pas perdre l'intégralité de son placement, puisqu'à tout moment l'entreprise peut faire faillite. Du risque zéro des produits à taux, on passe ici au risque absolu. Avec l'action, même la rémunération de l'investissement n'est pas garantie. Dans l'investissement en capital, le dividende remplace les intérêts et il ne saurait y avoir de dividendes, durant les années où l'entreprise ne réalise aucun bénéfice. Même dans le cas inverse, l'assemblée générale des actionnaires peut très bien décider de ne pas distribuer de dividendes, pour garder les bénéfices au sein de l'entreprise.

Enfin, l'investissement en capital est essentiellement freiné par la difficulté pour l'épargnant de récupérer concrètement sur son compte bancaire, l'épargne qu'il a investie à l'origine. C'est tout le problème de la liquidité de l'investissement en fonds propres. Comme nous l'avons vu, l'entreprise n'a pas à rembourser le capital à ses actionnaires, ce qui fait d'ailleurs toute l'ingéniosité de ce système de financement. Pour retrouver leur argent, les investisseurs doivent vendre leurs actions à des tierces personnes désireuses de rentrer au capital, alors qu'eux souhaitent en sortir. Cette problématique exige tout un système de mise en relation entre vendeurs et acheteurs d'actions, dont le rôle incombe à la bourse. Hélas, toutes les entreprises ne peuvent pas rentrer en Bourse. D'ailleurs, même si c'était le cas - techniquement impossible - la recherche de la liquidité de l'épargne en actions exige un suivi et une gestion de placement, autrement plus complexes que dans le cas des produits à taux.

Face à ces différences de contraintes, les Français ont depuis bien longtemps fait leur choix entre actions et placements à taux. Michel Refait dans son *Que sais-je ?* intitulé *Epargne et investissement*, rappelait que les individus déterminent le placement de leur épargne en fonction de huit paramètres. Parmi ceux-ci, on retrouve notamment la rentabilité, la liquidité, la durée et la sécurité des produits qui leur sont proposés. En comparant, grâce à cette grille de critères, les actions et les produits à taux, il n'y a plus l'once d'un doute à avoir sur la préférence des épargnants français.

Plus le temps passe, plus nous semblons nous défier du placement en actions, pour privilégier ce que les économistes appellent « l'épargne bon père de famille ». Les agrégats monétaires actuels confirment cette tendance historique. Selon la Banque de France, l'émission d'actions représentait fin 1998 dans notre pays, 291 milliards de Francs. A titre de comparaison, M2, c'est-à-dire l'en-cours de l'ensemble des placements à vue, représenterait fin 1998, 3 781 milliards de francs. Si maintenant, on considère l'ensemble des placements à taux (M2+M3+M4+P1), l'en-cours atteignait à la même époque 11 658 milliards de francs !

Jean-Pierre Ferretjans trouve « anormal que, dans un pays avec un taux d'épargne aussi important, le taux de détention d'actions soit en baisse et ne représente rien par rapport à d'autres pays ». La préférence de nos concitoyens se distingue clairement pour l'épargne sécurisée et garantie, si bien que la place financière considère depuis longtemps la France, comme un « peuple d'obligataires ». Les statistiques sont à ce sujet sans appel.

Selon une enquête réalisée par la SOFRES en 1997, seulement 2,4 millions de Français possèdaient directement des actions de sociétés cotées en Bourse. Parallèlement, 10,4 millions de nos concitoyens ont complété leur patrimoine par des produits d'assurance-vie. La Banque de France confirme d'ailleurs la tendance. Selon l'institution du Palais Royal, l'assurance vie aurait pesé, en 1998, 3500 milliards de francs dans l'économie française, et les actions cotées seulement 1 000 milliards. Le rapport se situe donc à trois contre un. Le Professeur Babeau en déduit que l'on « va certainement encore au travers de l'assurance vie, vers une captation de l'épargne par des produits de taux ». « Or en terme de flux, l'épargne des ménages a été pour plus des deux tiers, placée dans des contrats d'assurance vie ». En 1998, 424 milliards de francs de cotisations ont été effectivement versés en France par les souscripteurs d'assurance-vie, nous plaçant ainsi second en Europe, juste derrière la Grande Bretagne.

La prédominance des produits d'assurance vie sur l'investissement en actions est connue depuis bien longtemps. Toutefois, elle ne poserait aucun problème au financement de l'entreprise, si elle ne se faisait pas au détriment des actions. D'ailleurs, les produits d'assurance vie s'investissent de plus en plus en actions. Mais jusqu'à récemment, l'assurance vie s'est faite en grande partie au détriment de l'action. Depuis plusieurs années, on assiste effectivement en France à un désinvestissement en actions, en volume. Même si d'un côté le nombre d'actionnaires augmente, les sommes investies par épargnant baissent, entraînant la diminution de l'épargne globale placée en actions, malgré l'arrivée de nouveaux actionnaires. Oui, l'investissement en actions régresse en France, au moment où nos entreprises ont besoin plus que jamais de fonds propres ! Voici un fait qu'il convient dorénavant de prendre en considération, puisqu'il relève d'une tendance nouvelle.

Depuis 1993, et seulement depuis 1993, les Français vendent plus d'actions qu'ils n'en achètent. En 1995, la différence entre les acquisitions et les cessions d'actions, se traduisait par un solde net négatif de 250 milliards de francs. Pourtant, en 1991 au cœur de la crise, les Français faisaient figures d'acquéreurs nets d'actions. Cette année là, nous achetions plus d'actions que nous en vendions, pour 250 milliards de francs. Depuis 1995, la tendance s'améliore, mais n'est pas allée jusqu'à s'inverser, si l'on en croit les derniers chiffres connus. En 1998, le solde en France des acquisitions et des cessions d'actions, se traduisait encore par une cession nette, représentant 1% du volume d'échange total. En Europe, seule l'Italie faisait moins bien que nous, avec 2% de cession nette d'actions.

Même si l'actualité confirme la tendance, le désamour des Français pour l'actionnariat ne doit pas être considéré comme un phénomène nouveau. Pour Bernard Esambert de la banque ARJIL, cette défiance s'inscrit dans une longue tradition de placement, forgée au fil du temps.

Cette défiance relèverait d'une dimension pratiquement culturelle, puisque nous aurions une vision tronquée en terme de durée et de rémunération, de l'investissement en actions.

« Les Français n'ont pas du tout la perception, comme les Américains, que sur une très longue durée, c'est-à-dire plusieurs décennies, avoir des actions est autrement plus rémunérateur qu'avoir des obligations, et encore davantage que d'avoir des SICAV monétaires », me rappelait ce banquier du groupe Lagardère. « Le problème, c'est qu'il faut savoir garder ses actions très longtemps, car il peut y avoir des accidents de parcours au cours de ces très longues périodes ».

Au lieu d'un placement à très long terme, nous voyons en France l'achat d'actions, comme la possibilité de réaliser une plus-value, en revendant son titre quelques jours après l'avoir acheté. Depuis les premières vagues de privatisations, les épargnants français sont devenus très friands de ce qu'on appelle les « aller-retour » en Bourse : acheter pour vendre dans les jours qui suivent. Or, la spéculation à court terme ne bénéficie pas dans notre pays d'une image méliorative. Au contraire, elle est considérée comme une attitude pratiquement amorale, vis-à-vis de notre culture judéo-chrétienne. Nous pouvons donc y voir une des explications de la frilosité des Français pour l'investissement en actions.

Pourtant, comme l'explique Bernard Esambert, l'investissement en actions ne peut être résumé à une simple spéculation à court terme. Si ce procédé est utile au bon fonctionnement du marché boursier, il ne représente pas forcément ce qu'attendent les entreprises françaises pour se financer. Bien au contraire, ces dernières recherchent, pour reprendre les termes du Professeur Sohl, « une épargne patiente ». En clair, une épargne qui partagerait avec l'entreprise les risques inhérents à l'activité, pendant une dizaine d'années. Or, ce temps d'immobilisation et de partage du risque a un prix. C'est pourquoi « l'épargne patiente » partagera également une croissance, qu'aucun produit à taux ou « aller-retour » en Bourse ne saurait garantir.

Enfin, la faiblesse de l'actionnariat en France trouve un dernier révélateur dans la nature des possesseurs d'actions cotées. Parmi les catégories d'épargnants susceptibles d'acquérir des actions, seuls les institutionnels, c'est-à-dire les banques et les compagnies d'assurance, se démarquent en possédant à la fin mars 1998, 25,9% des actions françaises cotées. Plus préoccupant encore, les non-résidents, autrement dit les fonds financiers étrangers, sont devenus les premiers possesseurs d'actions en France. En 1999, ils détenaient 35,3% des actions cotées françaises. Qu'y a-t-il à déduire de ce flot de statistiques, sinon la conclusion suivante : sans l'investissement étranger, sans celui des banques et des compagnies d'assurance, l'acquisition d'actions s'effondrerait en France, malgré une insuffisance déjà constatée et un taux d'épargne parmi les plus forts du monde.

En effet, aucune autre catégorie d'épargnants français ne semble vouloir prendre le relais. Si les entreprises détiennent encore timidement 15,6% des actions cotées à la Bourse de Paris, c'est essentiellement l'épargne des ménages qui s'éloigne du placement en actions. Avec seulement 10,3% des actions françaises possédées par les ménages en 1999, on voit bien où se situe l'origine de l'insuffisance en fonds propres, dont souffrent les entreprises privées. L'épargne des ménages fait effectivement défaut à l'investissement direct en actions.

Point de salut dans l'obligation

Seule la famille des actions et de ses corollaires comme les PEA et les OPCVM actions, permet de transformer l'épargne des particuliers en fonds propres pour les entreprises. Dans les produits à taux, la relation entre la collecte d'épargne et le financement de l'entreprise est assurée par la banque. Malheureusement, cette intermédiation apparaît de moins en moins évidente. Tout d'abord, une grande partie des produits de taux, aux premiers rangs desquels les livrets d'épargne réglementée, ne servent aucunement à financer l'entreprise, et encore moins la création. L'exemple de référence en la matière demeure le livret A dont l'en-cours est théoriquement destiné au financement du logement social.

Toutefois, il existe des produits de taux dont la destination demeure bien évidemment le financement de l'entreprise. Parmi ceux-ci, on retrouve notamment le CODEVI et surtout les obligations émises par les entreprises. Dès lors, nous pourrions penser que l'épargne garantie et rémunérée par un taux d'intérêt serait aussi utile que les actions, au développement de l'entreprise.

Ce serait sans compter sur une des règles d'or de l'économie financière. L'obligation a beau concourir au financement de l'entreprise, il n'en reste pas moins qu'elle ne peut, en aucun cas, être assimilée à des fonds propres. En fait, l'obligation représente une dette pour l'entreprise. Qui dit dette, dit remboursement, et cette règle ne vaut pas uniquement pour les emprunts bancaires. En plus du versement des intérêts, l'entreprise devra rembourser au porteur la valeur de l'obligation à l'origine. Autrement dit, quoi qu'il advienne, l'entreprise devra rembourser l'intégralité des fonds qu'elle aura collectés grâce aux obligations, majorée des intérêts financiers. Finalement, l'épargnant ne prend qu'un seul risque en acquérant des obligations ; celui d'une faillite de l'entreprise dans laquelle il a investi.

En fait, le financement par l'obligation est une forme de crédit « déguisé » pour l'entreprise. Il s'agit d'un crédit non bancaire, c'est-à-dire contracté directement entre l'épargnant et l'entreprise, sans que la banque fasse l'interface. Tout simplement, l'entreprise se trouve directement débitrice auprès des épargnants ayant souscrit ses obligations. Aussi utile soit-il, ce système de financement par l'obligation reste fort contraignant pour l'entreprise. Cette dernière devra respecter les échéances de remboursement de l'épargne consentie. Comme pour l'échéance des intérêts à verser, l'entreprise ne pourra y déroger.

Enfin, les fonds collectés par l'entreprise grâce aux obligations ne permettent pas de lever auprès de la banque l'équivalent en terme crédit. Nous avons vu que le ratio d'autonomie financière se situe pour la jeune entreprise aux environs de un ; la banque prête un franc, pour un franc de fonds propres réunis. Comme l'obligation équivaut déjà à du crédit et non à des fonds propres, les banques ne suivent pas forcément l'émission d'obligations. Pour l'entreprise, le niveau de financement, fonds propres et dettes réunis, s'en trouve automatiquement minoré.

Si le financement de l'entreprise par l'obligation affiche déjà ses propres limites, il faut bien voir que les entreprises ne détiennent pas à elles seules le monopole de l'émission d'obligations. L'administration, les collectivités locales et l'Etat en gardent aussi la possibilité. L'émission par l'Etat des fameuses OAT (Obligations Assimilables au Trésor), nous rappelle que bons nombres d'obligations servent d'avantage à financer l'Etat, plutôt que l'entreprise. Or l'épargnant gagne en sécurité lorsqu'il détient une créance sur l'Etat, au lieu d'une créance sur une entreprise privée. En effet, même si l'obligation demeure l'investissement dans l'entreprise le moins risqué, il n'en reste pas moins qu'un risque ultime demeure : l'entreprise peut faire faillite et se trouver ainsi dans l'impossibilité de rembourser le crédit consenti par ses créanciers, dont font parties les détenteurs d'obligations.

A l'inverse, l'Etat ne se trouvera jamais en situation de cessation de paiements ; les épargnants le savent bien. Par exemple, on peut y voir une des raisons du succès du fameux « emprunt Balladur », qui permit à l'Etat en 1993 de réunir 110 milliards de francs, alors qu'il s'attendait à seulement 40 milliards de collecte. Quel autre facteur pourrait expliquer ce succès inattendu, si ce n'est l'annonce faite par Bercy quelques jours avant le début de la collecte : l'emprunt d'Etat anticipait sur les recettes des privatisations futures. Cette annonce du Ministère de l'Economie et des Finances confirmait aux Français que le placement était sans risque.

En effet, même s'il était amené à traverser une situation financière délicate, l'Etat aurait toujours la possibilité de relever les taux d'impôts. Cette hausse possible des prélèvements obligatoires lui permettrait d'engendrer des recettes fiscales complémentaires, susceptibles de rembourser les obligations émises par le Trésor. D'ailleurs, l'Etat Français consacre aujourd'hui près de 20% de son budget annuel au remboursement de ses dettes intérieures et extérieures. Encore une preuve s'il en est que les porteurs d'obligations du Trésor n'ont aucun souci à avoir sur la solvabilité de l'Etat !

L'actionnaire providentiel vient-il de la Bourse ?

Pour toutes ces raisons, l'obligation ne peut pas être considérée comme la solution pour accroître les fonds propres de nos entreprises et donc l'emploi. Au contraire, la seule valeur financière à même de drainer l'épargne vers les fonds propres des entreprises, reste indéniablement l'action.

Afin d'affiner notre raisonnement, nous devrions toutefois préciser qu'il s'agit de l'action non cotée. Nous avons effectivement vu que l'essentiel de la création d'emplois, résidait dans la création d'entreprise et, plus particulièrement, dans la petite entreprise. Or, rares sont les entreprises qui vont se faire coter en Bourse dès leur création. Seuls quelques fameuses start-up de l'Internet et de l'informatique, arrivent à faire coïncider le moment de leur création et celui de leur introduction en Bourse. Ce fut le cas notamment de la société Infonie, un fournisseur d'accès Internet qui, à peine créée, devînt le 20 mars 1996 la première société introduite au Nouveau Marché de la Bourse de Paris.

Pour autant, les exemples à l'image d'Infonie doivent être considérés comme des exceptions, au regard de certaines évidences relatives à la taille et à l'âge des sociétés introduites en Bourse. Le Nouveau Marché dont l'utilité économique est évidente, reste le marché réglementé le plus souple en matière de conditions d'introduction. Pour pourvoir faire coter ses actions au Nouveau Marché, l'entreprise candidate doit tout de même peser 1,5 millions d'euros de fonds propres, c'est-à-dire pratiquement 10 millions de francs. On est bien loin de la moyenne des fonds propres des entreprises au moment de leur création ! Faut-il rappeler que, selon le pH group, sur 128 125 créations d'entreprises nouvelles, seulement 625 d'entre elles, avaient réuni en 1998 plus de 5 millions de francs de fonds propres !

Ne tombons pas cependant dans des raisonnements poujadistes estimant que les marchés boursiers doivent alléger leurs conditions financières d'admission. Techniquement, un marché boursier ne pourra jamais répondre au besoin en fonds propres de la majorité des créations d'entreprises. Sur des actions représentant des capitaux sociaux inférieurs à un million de francs, le volume quotidien d'échanges s'avérerait insuffisant ; leur cour varierait trop. Déjà, le Nouveau Marché de la Bourse de Paris est en lui-même une grande avancée. Aussi, tenons-nous en à une simple constatation : si je veux investir dans des créations d'entreprises, ce n'est pas vers la Bourse que je dois me tourner.

Si l'on s'en tient à l'aspect pratique des choses, il est plus facile pour un épargnant d'acheter une action cotée en bourse, plutôt qu'une action non cotée. En effet, celui qui veut investir en bourse peut tout simplement se rendre dans sa banque habituelle, pour voir une multitude de perspectives d'investissements boursiers s'offrir à lui. Aujourd'hui, l'épargnant peut même aller plus vite, en se connectant directement sur Internet.

A l'inverse, celui qui veut investir dans une société non cotée en Bourse, ne peut pas passer par sa banque, pour identifier des entreprises intéressantes. Il devra observer autour de lui à l'échelle micro-locale, c'est-à-dire sa commune, voire son département, pour savoir où se créent les entreprises intéressantes. Voilà un travail de prospection qui n'a rien d'évident. Ce travail ne peut que s'inscrire dans la durée, puisqu'il suppose la constitution d'un véritable réseau personnel. En effet, comment réussir à identifier les projets de créations d'entreprises, sans relations dans le milieu du patronat local ou avec des experts-comptables ? Or paradoxalement, il est fort probable que ces créations d'entreprises, faute de financements suffisants, recherchent désespérément des actionnaires supplémentaires.

Il est évident qu'aujourd'hui se pose un problème de connexion à l'échelle micro-locale, entre les créateurs d'entreprises et les épargnants désireux d'investir dans le non coté. D'autres problèmes existent, comme ceux de la liquidité, de la durée, et de l'imposition de l'investissement dans la PME. Toutefois, l'absence de connexion apparaît déjà fondamentale. En tout état de cause, le travail de prospection et d'identification à la charge de l'épargnant suppose l'existence, chez lui, d'un véritable intérêt intellectuel pour la création d'entreprises. Bien évidemment, il ne s'agit point, par nature, de notre première préoccupation à tous, ni même de celle des « boursicoteurs » dans l'âme.

C'est la raison pour laquelle l'épargne en actions non cotées a toujours eu du mal à prendre dans notre pays, bien que les agrégats économiques laissent supposer le contraire. Selon les comptes nationaux établis par l'INSEE en 1997, les actions non cotées représenteraient 21% du patrimoine financier des ménages français. Les actions cotées en bourse en représenteraient seulement 9%. Comme l'explique le Professeur Babeau, « on a l'impression que nous sommes forts au niveau actions ». « En réalité, cette force provient tout simplement du fait que nous valorisons correctement les actions non cotées, alors que les autres pays commencent seulement à le faire ». En quelque sorte, le professionnalisme de nos comptables nationaux rend difficiles les comparaisons internationales. Nous n'allons tout de même pas leur reprocher d'être en avance sur leurs confrères étrangers. Prenons simplement en considération le fait que cette avance en matière de valorisation des actions non cotées, embellit quelque peu la réalité.

Aussi, pour se rendre compte de la réalité de notre insuffisance d'épargne en actions non cotées, la comptabilité nationale ne suffit plus. Une seule méthode fiable subsiste : interroger directement les Français pour savoir s'ils possèdent oui ou non des actions non cotées. Telle fut la démarche entreprise par l'INSEE, en réalisant en 1998 son enquête sur *les taux de possession de patrimoine par les ménages*. Cette dernière révèle que 12,4% des personnes interrogées déclarent posséder des actions cotées en Bourse. A l'opposé, la possession d'actions non cotées se limite à seulement... 1,5% des personnes interrogées !

Autrement dit, la possession d'actions non cotées reste en France un phénomène marginal, même par rapport à un investissement boursier déjà bien modeste. Cela étant dit, on ne réussira pas à convaincre toute une population de s'intéresser au non coté, au détriment de l'investissement en Bourse. Rien ne sert d'opposer ces deux types de placements et d'investissements complémentaires. De toute façon, l'émission des actions, qu'elles soient cotées en Bourse ou non, affiche globalement à la baisse. Citons en guise d'illustration un extrait du rapport du gouverneur de la Banque de France, adressé au Président de la République et au Parlement en l'an 2000 :

« *Les émissions d'actions et de certificats d'investissement ont diminué de 32,7% en 1999, revenant de 49 milliards d'euros en 1998 à 33 milliards. Cette évolution provient, essentiellement, d'une moindre intervention des sociétés non financières, principaux acteurs de ce marché. Pour leur part, les émissions d'actions cotées ont baissé d'environ 21% s'établissant à 8,7 milliards d'euros en 1999, contre 10,5 milliards en 1998* ».

Persuader les Français d'investir dans le non coté, appelle à une modification sans précédent de nos habitudes culturelles, historiquement favorables à l'épargne de rente. Convaincre les Français de commencer à s'intéresser à l'action en général est déjà un grand pas un avant. Franchissons le dès à présent, pour que l'investissement en actions ne soit plus, en France, un phénomène à contre-culture. Seulement ensuite, l'intérêt plus particulier pour l'action non cotée naîtra. C'est pourquoi je partage pleinement l'avis du Professeur Babeau qui estime qu'il convient aujourd'hui de « faire bouger la culture action » dans son ensemble.

Déjà, la culture action commence à bouger en France. L'an 2000 aura été l'année du sursaut autant pour l'actionnariat français que pour la création d'entreprises. Le nombre d'actionnaires a effectivement augmenté en France au cours de l'année dernière. En juillet 2000, la Sofres indiquait que 5,6 millions de Français détenaient en direct des actions de sociétés cotées, alors qu'entre 1996 et 1999 ce même nombre aurait stagné au niveau de 5,2 millions. Bonne nouvelle par rapport à ce que la Banque de France indiquait pour l'année 1999 ! Le fait est nouveau ; il mérite donc d'être souligné. Autre bonne nouvelle, le nombre de PEA (Plan d'Epargne en Actions) a augmenté entre septembre 1999 et septembre 2000 de 34%, passant ainsi à 6,2 millions.

Mais une fois de plus, gardons pour attitude la plus grande prudence. Tout d'abord, ce chiffre ne concerne que les actions cotées en Bourse ; il ne concerne donc ni les petites entreprises ni les créations. Ensuite, cette légère augmentation de 7,7% en l'espace d'un an ne représente finalement « que » 400 000 actionnaires nouveaux. Elle n'a en tout cas pas permis de rattraper, en mars 2001, le niveau historique des 6,2 millions d'actionnaires français de l'année 1987.

Enfin, une augmentation du nombre d'actionnaires ne signifie pas forcément que les particuliers alimentent davantage l'entreprise par un plus grand volume d'épargne. On peut très bien assister à l'arrivée de nouveaux d'actionnaires, mais en parallèle au fait que ces nouveaux actionnaires consacrent chacun moins d'argent à leurs investissements, entraînant ainsi globalement une baisse de la masse d'argent épargnée sous forme d'actions. Qui plus est, ces nouveaux actionnaires peuvent d'avantage s'intéresser au marché secondaire, autrement dit le « marché de l'occasion », celui où l'on spécule en rachetant une action à une autre actionnaire. Cette stratégie de placement ne relève pas de la même attitude que celle de l'épargnant qui souscrit à une augmentation de capital. Seul le marché primaire permet à l'épargne d'arriver jusqu'au capital de l'entreprise.

Enfin, nos cinq millions d'actionnaires actuels souffrent de la comparaison avec les 13 millions d'Allemands qui déclaraient en l'an 2000 posséder des actions. Sans parler de cette autre comparaison internationale mise en avant en octobre 2000 par l'OEE, l'organisme présidé par Jacques de Larrosière : le patrimoine des ménages britanniques se compose pour 30% d'actions cotées, alors que celles-ci ne représentent que 10% de la richesse des Français.

On le voit, il reste encore beaucoup à accomplir pour faire bouger à la culture action dans notre pays. L'utra-médiatisation des courtiers en ligne et de l'achat d'actions sur Internet, ne doit pas nous induire en erreur. L'actionnariat français est loin d'être arrivé à son optimum ; il en faudra plus pour que l'épargne arrive jusqu'à l'entreprise en création.

Tout l'enjeu de la politique économique de demain consistera à réorienter les flux d'épargne vers les actions, et plus particulièrement vers les actions non cotées. Ainsi et seulement ainsi, nous pourrons avoir l'assurance que notre épargne sera injectée dans le développement des entreprises locales, alimentant de la sorte la création d'emplois. Or à grande échelle, force est de constater que cette politique marche. Je ne prendrai qu'un seul exemple pour le démontrer.

Depuis la réélection de José-Maria Aznar au poste de premier ministre le dimanche 12 mars 2000, on parle beaucoup en France du miracle économique espagnol. Il est vrai que les indicateurs économiques sont éloquents sur la bonne santé de notre voisine ibérique. Souvenons-nous quelques instants de l'Espagne du début des années quatre-vingt-dix ; une croissance négative pour 1% du PIB en 1993, un déficit public équivalant à 7,1% du PIB en 1995, et 6,5% d'augmentation annuelle des prix en 1990. En clair, la carte d'identité économique de l'Espagne n'avait pas de quoi briller, au crépuscule du vingtième siècle. Au-delà des chiffres, cette mauvaise santé économique touchait de plein fouet les hommes, puisqu'elle s'est traduite en 1997 par le plus fort taux de chômage de l'Union Européenne : 20,9% de la population active espagnole, soit environ 3,3 millions de personnes. Avec nos 12,3% de chômeurs, nous n'avions donc, à l'époque, rien à envier à notre voisine d'Outre Pyrénées.

Mais c'était il y a trois ans. Depuis, tous les voyants de l'économie espagnole sont progressivement passés au vert. En effet, l'Espagne a réalisé en 1999 3,7% de croissance économique annuelle, et en a profité pour équilibrer son budget public ; un objectif de bonne gestion publique que Bercy estime impossible pour la France avant 2004 ! Pour l'année 2000, l'Espagne estimait sa croissance économique à 4%, avec une inflation équivalente.

Le retournement relève du spectaculaire ! Surtout, il mérite notre attention, car la mutation de l'économie espagnole a indéniablement tiré l'emploi vers le haut. Du taux record de chômage en 1995 (20,9%), l'Espagne est passée selon les critères de l'OIT (Organisation Internationale du Travail) à un taux plus raisonnable, évalué à 13,72% de la population active au troisième trimestre 2000. Les Espagnols ont donc su tirer parti de la croissance, pour réduire leur chômage de plus du tiers. 1,8 millions d'emplois nouveaux ont été créés en l'espace de quatre ans ; voilà ce que l'on peut appeler des résultats tangibles. D'autant plus, le phénomène va en s'accélérant puisque sur la seule année 1999, le nombre d'emplois nouveaux s'élevait à 700 000.

A titre de comparaison, Martine Aubry se félicitait en février 2000 de la capacité de l'économie française à générer de la création d'emplois. 962 000 emplois ont été effectivement créés en France entre 1997 et décembre 2000. Bien qu'il faille saluer de tels résultats intrinsèquement positifs, il nous appartient de modérer notre autosatisfaction. Au regard de ces 962 000 postes de travail créés, l'emploi croît pratiquement deux fois moins en France qu'en Espagne. C'est pourquoi, incontestablement, les performances sociales espagnoles forcent l'admiration. Elles permettent même à Paribas de déduire que sur trois ans « *l'Espagne a créé 2,5 fois plus d'emplois que dans le reste de la zone euro* » (1).

Il est vrai qu'il existe une multitude de raisons expliquant le redressement économique espagnol. Parmi celles-ci, il faudrait non seulement prendre en compte la réduction du déficit public, mais également la baisse de la fiscalité, l'innovation technologique et bien évidemment la qualification de l'Espagne à l'euro. Par ailleurs, il est bien difficile d'affirmer qu'un de ces facteurs a joué un rôle prédominant par rapport aux autres dans le sursaut espagnol. Toutefois, au regard de notre conviction sur l'affectation de l'épargne, on se rend compte que l'Espagne a su relever le pari d'un actionnariat fort pour l'emploi.

Certes, l'Espagne affichait en 1998 un taux d'épargne brute qui, à 7,8%, était pratiquement deux fois inférieur au nôtre. Cela étant dit, l'Espagne se plaçait en 1998 comme le premier pays européen acquéreur d'actions, avec un solde net d'acquisitions représentant 15% des échanges totaux. A-t-on réellement besoin de comparer cette performance à notre 1% français de cessions nettes d'actions, pour tirer toutes les conclusions qui s'imposent ? Si ce facteur ne peut pas être honnêtement considéré comme l'explication numéro un du redressement espagnol, il ne peut pas être sans influence sur la vigueur actuelle de l'économie ibérique.

Quoi qu'il en soit, l'exemple espagnol apparaît comme une confirmation à l'échelle d'une nation, de la conception industrieuse de l'épargne. Finalement, au-delà des chiffres, des agrégats économiques et des comparaisons internationales, notre raisonnement ne relève-t-il pas principalement du bon sens ? Ne s'apparente-t-il pas à la conclusion logique de trois idées simples, et pour autant aussi fortes que vraies. Pour créer des emplois, il nous faut avant tout créer des entreprises et qu'elles investissent. Pour créer ces entreprises, nous devons tout faire pour faciliter leurs financement en fonds propres. Enfin, nous ne pourrons trouver ces fonds propres, ailleurs que dans notre épargne individuelle.

L'enjeu numéro un consiste donc à allouer nos ressources globales en épargne, d'une façon socialement plus efficiente. En tant que liaison la plus directe entre épargne et fonds propres, l'action non cotée apparaît dans un tel contexte, comme la valeur financière la plus utile à l'emploi.

Malheureusement, la fiscalité, les règles de bonne gestion de patrimoine et la délicate interconnexion entre l'offre et la demande de financements, ne facilite pas cette nouvelle allocation de l'épargne au travers de l'action. A l'heure actuelle, l'investissement en fonds propres n'est pas en France, le placement le plus aisé à réaliser pour un particulier. C'est pourquoi il faudrait rajouter une dernière constatation pour parachever notre raisonnement économique : plus la liaison entre l'épargnant et le créateur d'entreprise se situe à un niveau local, plus l'investissement a de chance de se réaliser. Créer une énième structure

(1) *Le Figaro économie* - numéro du Samedi 11 mars 2001

nationale et centralisée visant à assurer cette liaison ne conduira à rien, sinon à l'impasse. D'ailleurs, si une telle organisation s'était avérée viable, la Bourse et l'institution bancaire l'auraient déjà, depuis très longtemps, mise en place.

En outre, celui qui souhaite investir dans la PME risquée, ne préfère-t-il pas choisir une entreprise située à quelques pas de son domicile ? Cette proximité géographique ne représente-t-elle pas pour lui, la meilleure façon de surveiller son investissement et d'en mesurer les impacts concrets sur l'emploi local ? Oui, l'adéquation entre épargne et entreprise se situe à l'échelle la plus petite ; celle de la cité. Ici, il n'est plus question de la cité au sens grec du terme, mais de la cité au sens moderne.

C'est pourquoi, à la question *quelle épargne peut venir abonder la création d'entreprises*, la réponse tient en deux mots : l'épargne de proximité. Le 2 décembre 1999, réagissant aux propositions de l'IFRAP et d'*Entreprise et Progrès*, Laurent Fabius remarquait que l'idée de l'épargne de proximité « *aurait surpris* (...) *il y a quelques années* ». « *Utiliser directement l'épargne des particuliers pour vaincre le chômage et créer des entreprises n'était alors pas la vogue* », estimait le futur ministre de l'Economie et des Finances (1). Judicieuse, l'analyse ne manquait pas de justesse.

Aussi logique que soit l'analyse économique sur laquelle repose l'épargne de proximité, l'audace de l'idée apparaît comme une nouveauté. Elle pourrait même aller jusqu'à déranger, puisqu'elle marquerait une rupture avec cinquante ans de centralisme bancaire et financier, ancré dans la tradition. Dès les lendemains de la Seconde Guerre mondiale, l'Etat a cherché pour garantir la reconstruction du pays, à organiser les circuits financiers.

Oui, la mobilisation de l'épargne de proximité appelle à un changement radical des mentalités. Or qui dit rupture, dit révolution. Le terme n'a rien d'impropre ; il est encore moins exagéré. Effectivement, il y a quelque chose de révolutionnaire dans cette réorientation de l'épargne, si l'on se souvient de la préférence marquée de nos gouvernants pour les mesures directes en faveur de l'emploi. Pourtant, malgré une tradition économique peu encline à ce bouleversement, l'épargne de proximité fait petit à petit son chemin. La révolution a déjà commencé.

(1)Forum *L'épargne des particuliers pour vaincre le chômage* organisé par l'IFRAP et *Entreprise et Progrès* - 2 décembre 1999 - Assemblée Nationale

DEUXIEME PARTIE

L'épargne de proximité, base d'une révolution économique

« Monsieur Tout-le-monde est plus riche que Monsieur de Rothschild ».

Slogan journalistique dans la France des années 1850

Une révolution ne naît pas en l'espace de quelques jours, bien que celle des Trois Glorieuses qui, en 1830, emporta Charles X nous apporta, en France, la preuve contraire. Généralement, ce sont plusieurs années, voire plusieurs décennies, que nécessitent la maturation et la diffusion d'une volonté collective forte. Dans un premiers temps, elle n'est exprimée que par quelques rares avant-gardistes. Sur un terrain plus actuel, l'épargne de proximité n'échappe point à cette loi du changement.

L'idée du recours à l'épargne locale évolue au gré du temps. Elle ne date pas d'hier, et personne en particulier ne peut en revendiquer la paternité. Pourtant, elle est encore loin d'avoir percé ; elle est encore loin d'avoir démontré par son application tout le bien qu'elle peut apporter à notre société. Entre toutes ces réapparitions de l'idée, le temps passe et le pays attend plus d'innovation dans la lutte pour la prospérité économique. En fait, l'épargne de proximité nous apparaît telle une rumeur qui naît à un endroit inattendu, s'essouffle puis meurt avant de réapparaître pour s'amplifier, comme si rien ne pouvait empêcher son long cheminement.

Comme une rumeur, l'idée change de nom à chaque fois qu'elle refait surface. Ici, on parlera de capital-populaire, là bas d'épargne solidaire, ailleurs de Business Angels. Pourtant quels que soient l'époque et le lieu, le phénomène naissant demeure le même, si bien qu'une conclusion s'impose : l'épargne de proximité résiste à l'épreuve du temps et des cultures. Ancrée dans le sens de notre évolution, la rumeur n'en est plus une ; elle se réalise et se mue alors en révolution.

L'universalité du temps et des lieux n'est pourtant pas le seul paramètre permettant de qualifier l'épargne de proximité, de révolution économique. Interfère également l'universalité des hommes, puisque les apôtres de l'épargne de proximité ne se ressemblent pas. Le concept interpella quelques maires ingénieux, comme il séduisit certaines élites de la nation en provenance de Polytechnique ou de l'ENA.

De l'autre côté de l'Atlantique, elle envahit la vie de quelques petites fortunes, qui pour reprendre les termes de Bernard Zimmern, « *s'ennuient le samedi et le dimanche, ne jouent plus au golf, ou ont maîtrisé leur passion pour le base-ball, et ont du temps pour s'intéresser à l'entreprise d'un autre* » (1). De la même manière, plusieurs hommes d'Etat qui changèrent le visage de la France ont toujours gardé à l'esprit cette idée-force, pour mieux la mettre en œuvre.

(1) *Les dossiers de l'IFRAP* - n°54 - novembre/décembre 1997 - *Anges et fiscalité : un secret du plein emploi américain*

Du fait de l'éloignement géographique, mais aussi du fait du temps qui espaça leurs parcours respectifs, les différents « inventeurs » de l'épargne de proximité ne se connaissent guère entre eux. C'est aussi ce qui fait l'universalité d'une idée, dont la découverte fut accidentelle. A l'image de la découverte de la Pénicilline fruit du hasard, l'épargne de proximité ne fut jamais spécialement recherchée. Sans rien laisser pressentir, elle apparut d'elle-même, que cela soit dans les Etats-Unis des Trente Glorieuses ou dans la France du 19ème siècle. Sans se connaître et sans imaginer un seul instant la portée des mécanismes qu'ils s'apprêtaient à mettre en œuvre, ces pionniers de l'épargne de proximité ont généré une certaine forme expérimentale de capitalisme. Peut-être que, demain, nous enlèverons l'adjectif expérimental, pour simplement parler de capitalisme éclairé.

A l'heure de la nouvelle économie, beaucoup d'intervenants du débat public français réfléchissent sur le rôle que jouera demain l'épargne de proximité dans le retour du plein-emploi. L'IFRAP, *Entreprise et Progrès*, l'APCE, le *Love Money pour l'emploi* ou encore FINANSOL, font partie de ceux-ci. Leur pluralité révèle que l'appel à l'épargne industrieuse n'est pas le monopole d'un groupe de pression en particulier, mais la résultante d'une prise de conscience récente et générale, quoique discrète.

La convergence de toutes ces énergies associatives nous rappelle aujourd'hui, que l'épargne de proximité reste avant tout un concept simple. Par ce terme étrange, il faut tout simplement entendre une épargne locale qui au lieu de partir dans les circuits financiers traditionnels, cherche à se consacrer à un investissement local. Alors, il peut s'agir d'une épargne populaire, comme il peut s'agir d'une partie du patrimoine des plus fortunés d'entre-nous. En tout cas, cette épargne locale vise à être mobilisée, d'où qu'elle vienne. Que l'épargnant soit riche ou plus modeste, elle ne prend par conviction qu'une seule destination : la création et le développement de jeunes entreprises.

La mobilisation de l'ensemble de ces intervenants nous prouve qu'un véritable mouvement est en marche. C'est pourquoi, je suis convaincu que l'épargne de proximité n'en est plus au stade des balbutiements d'une rumeur naissante. Aujourd'hui, le stade d'évolution de l'idée s'apparente à celui d'une révolution en gestation. Une révolution bien singulière au demeurant !

Singulière, parce que l'épargne de proximité s'installe peu à peu dans notre pays, sans forcément que nous nous en rendions compte. En 1998, en préfaçant l'ouvrage anniversaire des vingt ans du groupe SIPAREX, l'ancien Premier Ministre Raymond Barre parlait de « *révolution silencieuse* » (1), pour désigner l'évolution du financement en fonds propres. L'idée fait corps avec le terrain, alors que nous n'en percevons

 (1) *Financer les PME autrement* d'Alain Borederie - Editions Maxima - 1998

que l'écho, et non le signe avant coureur. D'habitude, les révolutions couvent dans un premier temps, et grondent ensuite. Dans le cas présent, elle s'apparente à une lame de fond.

Généralement, les révolutions ont lieu sur le terrain politique. Ici, l'épargne de proximité se positionne sur un terrain économique, signe des temps modernes et probablement d'une évolution de fond de la société. Faits pourtant mercantile, l'Internet et la parabole auront certainement apporté un espace de liberté à des peuples du monde entier, pour lesquels la révolution politique, celle des institutions, se fait toujours attendre. Peut-être demain en dirons-nous autant des communes et des régions qui, en finançant leurs créations d'entreprises grâce à l'épargne des habitants, auront garanti à terme leur existence comme leur indépendance économique.

Enfin, les révolutions viennent généralement des milieux urbains. Elles viennent de la ville où, par essence, se concentrent le savoir, l'avant-garde, ainsi que le bouillonnement des hommes et des idées. A l'inverse, les campagnes sont toujours par leur permanence et leur préférence pour l'ordre établi, apparues comme les contrepoids des révolutions. Quand le Paris de 1848 célébrait la chute de la Monarchie de Juillet et instituait solennellement la Deuxième République, les campagnes envoyaient par leur suffrage un Bonaparte à la tête de l'Etat. Pourtant, avec l'épargne de proximité, la révolution vient bien pour une fois de nos campagnes. Pendant ce temps, notre métropole parisienne, temple des sièges sociaux et des méga-administrations, observe curieusement le phénomène. Déconcertée par l'audace de l'idée, la ville semble apparemment désireuse de se situer à l'arrière-garde du mouvement.

Oui, la rumeur envahit les campagnes qui veulent assurer leur avenir et l'emploi de leurs membres, et nous entendons la rumeur monter progressivement jusqu'à la capitale. Celui qui voudra l'entendre pour mieux la comprendre, n'aura pas à se déplacer jusqu'au Kansas ou au Michigan. Pour saisir le mouvement économique qui anime nos campagnes, rien ne sert en effet d'aller bien loin.

Chapitre 4

Une révolution venant des campagnes

« *Il faut aller en Amérique, c'est là que les choses se passent. Ce pays reste le formidable laboratoire social, économique, politique de l'Europe. Français et Européens ne cessent de chercher aux Etats-Unis un pressentiment, les frémissements de leur propre avenir* » (1). Ainsi, débutait en 1983, *La révolution conservatrice américaine* un ouvrage de l'économiste français Guy Sorman, ouvrage qui allait vite faire parler de lui.

Comme beaucoup, je partage en grande partie cet avis assez clairvoyant pour son époque. Au regard de notre sujet, cette réflexion apparaît encore plus vraie, puisque nos économistes français évoquent de manière récurrente, et à juste titre, l'avancée économique et financière américaine. La référence qui s'impose en la matière demeure la Sillicon Valley, située à proximité de San Francisco, où chaque jour ces fameuses start-up à la pointe de l'innovation technologique sortent de terre, grâce à un afflux massif de capitaux.

Bien évidemment, nous n'omettrons pas de traiter au cours des prochaines pages cette fameuse avance américaine, pour mieux évaluer notre capacité à la reproduire en Europe.

Mais pour l'instant, restons en France. Bien que les rigidités françaises à l'émergence d'entreprises nouvelles sont tout sauf un leurre, certains décideurs, disséminés sur le territoire français, n'ont pas attendu une quelconque et hypothétique évolution de l'Etat pour agir. Trop souvent, on a tendance à oublier de mentionner leur expérience, leur réussite et leur courage, dans les diverses réflexions qui animent aussi bien la vie politique que la presse économique.

En outre, l'étude de ces expériences devient autrement plus intéressante, au regard de leur situation géographique. Ayant eu lieu en France, elles nous apportent la preuve vivante que la mobilisation de l'épargne populaire en vue d'un investissement risqué est possible, même dans un Etat aussi rigide que le nôtre. Après avoir observé ces expériences, l'idée de transposer à l'identique le modèle américain du *laisser-faire, laisser-aller*, et les renonciations du style « *rien n'est possible sur cette terre* », « *la vérité absolue se situe outre atlantique* », ne rencontreront plus en France la même audience.

(1) *La révolution conservatrice américaine* de Guy Sorman - Editions Fayard - 1983

Oui, l'audace financière populaire peut exister en France et cette possibilité a déjà été prouvée par le passé. Bien qu'il existe très probablement une multitude d'expériences intéressantes sur les 36 000 communes formant notre territoire, trois d'entre elles, rurales et enclavées, méritent à mon sens une attention toute particulière : il s'agit de Saint-Bonnet-le-Froid en Haute-Loire, Lalouvesc située en Ardèche et la bretonne Pleucadeuc.

Aussi étrange que cela puisse paraître, il semble que les habitants de ces trois communes aient en commun une intime conviction, pour ne pas dire un précieux secret en matière économique. Ces communes semblent avoir redécouvert les pleines vertus de l'épargne, parfois oubliées, et compris que drainer les économies de chacun vers la création d'entreprises permet de générer un nombre insoupçonnable d'emplois sur place. Le terme barbare « d'épargne de proximité » n'est pas autre chose que la traduction conceptuelle de cette idée pourtant si simple.

Certains ont préféré la dénomination « capital-populaire ». L'invention de ce nom peut d'ailleurs être portée à l'actif de Joseph Briend, le maire de Pleucadeuc. Si j'ai pris le parti de débuter mon analyse sur cet exemple breton, c'est qu'en bien des points, il apparaît comme une référence incontournable. Bien qu'il ne s'agisse pas de la première expérience d'épargne de proximité qui ait eu lieu en France, elle demeure en tout cas à l'heure d'aujourd'hui la plus réussie. En sollicitant l'épargne de ses voisins, le maire de Pleucadeuc est parvenu à créer en moins de vingt ans plus de 850 emplois directs privés. L'exploit n'est donc pas des moindres.

Ensuite, il est indéniable que l'expérience de Pleucadeuc présente des mécanismes simples et compréhensibles, pour ne pas dire accessibles à tous. Ici, il ne saurait être question de ratios, de PER, de « goodwill », ou de création de valeur boursière. Bien au contraire, le dynamisme de Joseph Briend ne relève pas de la technique financière, mais simplement d'un certain bon sens mêlé à une bonne dose de générosité. Des agriculteurs qui n'avaient jamais assisté à un seul cours d'économie de leur vie, ont compris à quel fantastique pari, Joseph Briend voulait les associer. Alors, pourquoi pas nous ?

En outre, celui qui comprendra la logique de Joseph Briend, bénéficiera de toutes les clés, pour comprendre l'ensemble des institutions et mécanismes plus complexes, qui seront présentés par la suite dans ce livre. Rien de fondamental ne différencie la logique économique de l'épargne de proximité « façon bretonne », de celle de la diversification des risques financiers, ou encore de celle du Nouveau Marché de la Bourse de Paris. Seuls changent le volume de la masse financière brassée, la taille des structures opérantes, les risques encourus et la nécessaire administration de tels systèmes.

Alors, si l'essence reste la même, attardons-nous sur cette expérience de Pleucadeuc. Pour prendre une métaphore issue de la bande dessinée, nous y verrons peut être l'histoire d'un petit village du Massif Armoricain peuplé d'irréductibles Gaulois, qui en résistant toujours à un envahisseur du nom de mondialisation, a donné une belle leçon d'économie appliquée à un pays enclin au fatalisme. Cette leçon peut d'ailleurs se résumer en quelques mots : les emplois de demain résident dans l'épargne individuelle et populaire de tout un chacun.

Avant-gardisme économique à Pleucadeuc

Parce qu'elle se situe à une échelle communale, l'expérience de Pleucadeuc est avant tout l'histoire d'une bourgade, et celle d'un homme qui ne pouvait se résigner à la voir s'éteindre. Sur une carte de France, on trouvera Pleucadeuc en Bretagne, plus précisément dans le Morbihan au sud-est du Massif Armoricain. Si l'on ne peut réellement parler de zone de montagne, Pleucadeuc se situe sur un relief particulièrement accidenté, la rendant peu encline au développement économique.

Par le passé, Pleucadeuc avait connu un certain rayonnement, sinon une existence, l'agriculture et plus particulièrement l'élevage y ayant contribué. De la sorte, la population de la bourgade bretonne s'élevait à la fin du 19ème siècle à pas moins de 1700 habitants, ce qui faisait d'elle un centre local agricole dynamique et peuplé. Malheureusement, la situation géographique de la commune était tout sauf un gage de pérennité et de développement. En effet, pour rejoindre Vannes, la préfecture du Morbihan, les habitants de Pleucadeuc devaient parcourir plus de quarante kilomètres, une distance plus qu'handicapante à une époque où la généralisation de l'automobile se faisait encore attendre. Quant à Rennes, la capitale de la Bretagne, son éloignement est porté non plus à quarante kilomètres, mais à quatre-vingt. Victime de son enclavement, Pleucadeuc ne pouvait que compter sur son propre dynamisme pour continuer à se développer.

Hélas, en plus de l'enclavement, se posait dès les lendemains de la Seconde Guerre mondiale, le problème du développement intensif de l'agriculture française. Aussi nécessaire fut-il pour la modernisation de notre secteur primaire, ce développement de la productivité et du rendement agricole engendra, en France, une diminution massive du nombre d'exploitants. Comme bien d'autres communes, Pleucadeuc n'y échappa pas.

Pour une commune de cette taille, qui plus est enclavée, les conséquences de cette évolution furent catastrophiques. La population déclina et la bourgade dépérit. Déjà en 1954, le nombre d'habitants de la commune s'élevait timidement à 1 440 personnes. Au recensement de

1961, on en dénombrait déjà cent de moins, et le creux de la vague fut atteint sept années plus tard : les résultats du recensement de 1968 affichait une baisse alarmante de 12% de la population. Avec seulement 1.182 habitants, Pleucadeuc se positionnait comme la troisième commune du Morbihan la plus touchée par l'exode rural. Si la tendance au déclin n'était pas inversée rapidement, la population de Pleucadeuc risquait de se retrouver à peine au niveau de 400 habitants.

C'est dans ces heures difficiles que l'histoire de Pleucadeuc croisa celle d'un des siens : Joseph Briend, un jeune éleveur de porcs installé sur la commune. A l'époque tout juste âgé de trente ans, Joseph Briend avait depuis plusieurs années fait parler de lui. Sa formation à la JAC (Jeunesse Agricole Catholique) l'ayant poussé à la fin des années soixante à créer avec plusieurs de ses collègues une coopérative agricole, son nom ne passait plus tout à fait inaperçu à Pleucadeuc. Née de la réunion de quarante deux agriculteurs, cette coopérative demeure en grande partie l'œuvre d'un Joseph Briend qui n'aura pas compté ses efforts. C'est la raison pour laquelle, il en prit la première présidence pour la production animale. D'ailleurs, sans le savoir, nous connaissons tous aujourd'hui cette coopérative, devenue depuis le deuxième groupe légumier européen sous le nom de... Daucy !

Cette première réussite dans le domaine agricole poussait de plus en plus Joseph Briend à s'intéresser à l'économie, et plus particulièrement l'économie locale. Or, comme nous l'avons vu, Pleucadeuc avait plus que besoin à la fin des années soixante, que quelqu'un s'inquiète de son avenir. Malgré sa naissance dans les Côtes d'Armor, Joseph Briend demeurait l'enfant du pays. Or, pour l'enfant du pays, votre l'amour pour la terre de ses racines l'emporte sur la réalité de la commune, aussi triste soit elle. D'ailleurs, Joseph Briend ne s'en cache point lorsqu'il affirme aujourd'hui que « Pleucadeuc était peut être la plus vilaine commune rurale qui existe », mais que, pour lui, elle demeure « la plus belle ».

L'affectif l'emportant sur la raison, Joseph Briend décida de se présenter aux élections municipales de 1971, pour sortir Pleucadeuc de l'impasse de l'exode rural. Par son obstination et malgré s'être présenté en opposition à l'équipe municipale sortante, Joseph Briend parvint à faire élire dix de ses treize colistiers. Il devint ainsi à trente quatre ans, le plus jeune maire qu'ait connu la commune.

Aussi remarquable que soit la performance sur le plan électoral, les incertitudes sur l'avenir de Pleucadeuc étaient encore loin d'être réglées. Gagner une élection locale est une chose. Sauver une commune de l'extinction en est une autre. Le pied à l'étrier, Joseph Briend se lança avec acharnement dans la recherche d'un plan de sauvetage de son village. Une stratégie devait être établie, et pendant un temps, la petite équipe municipale pensa l'avoir trouvée dans le tourisme rural, appelé plus communément tourisme vert. Très vite, Joseph Briend comprit que le salut de sa commune ne résidait point dans ce secteur, car Pleucadeuc n'avait aucun attrait particulier à avancer. Certes, la construction d'un centre de loisirs relayée par une active campagne de promotion extérieure, aurait peut-être permis la création de quelques emplois. Elle n'aurait pas pour autant impulsé un « électrochoc » démographique.

Après avoir écarté la voie du tourisme vert, l'équipe municipale s'accorda sur une autre stratégie de développement communal : celle de l'industrialisation. Sans aucune hésitation, les conseillers municipaux voyaient bien que pour maintenir la population à Pleucadeuc, la commune devait être en mesure d'offrir un volume substantiel d'emplois sur place. Mais aussi cohérente soit la stratégie adoptée, il n'en reste pas moins que Pleucadeuc n'avait, au début des années soixante-dix, aucun avantage susceptible d'attirer des entreprises. Elle était restée une simple commune rurale à dominante agricole parmi tant d'autres. « Routes, zones industrielles, stations d'épurations... tous ces équipements faisaient défaut », me confiait Joseph Briend. Pourtant, cette faiblesse des infrastructures ne découragea pas le jeune maire, qui partit à la « pêche aux entreprises ».

Lors de la crise économique de 1929, le Président américain Herbert Hoover déclarait que la prospérité se trouvait « au coin de la rue ». A une échelle beaucoup plus réduite, Joseph Briend rencontra cette prospérité sur une route nationale. Le hasard faisant bien les choses, Joseph Briend croisa sur la RN 774 un jour de l'année 1973, une vieille connaissance : Jacques Hervieu. A l'époque, Jacques Hervieu faisait partie de ces industriels bretons ayant réussi dans l'agro-alimentaire. Il avait créé pour le compte du groupe Guyomarc'h, le groupe de volailles Père Dodu, et en assurait, au moment des faits, la direction générale.

Les deux hommes s'étaient connus à la fin des années soixante, au cours d'une confrontation sociale. Alors jeune syndicaliste, Joseph Briend avait organisé une grève des producteurs de viandes. L'envenimement du conflit avait conduit les protagonistes, autrement dit les producteurs et distributeurs de viande, autour de la table des négociations. Côté producteurs : Joseph Briend. Côté distributeurs : Jacques Hervieu. Alors que le face-à-face s'éternisait, un incident grave eut lieu, et c'est ainsi qu'au lieu de poursuivre leur affrontement, Joseph Briend et Jacques Hervieu mirent leurs revendications de côté, pour trouver ensemble une issue à la crise. De cette coopération, était née une grande complicité entre les deux hommes. « Tout en étant face-à-face, nous étions devenus de véritables copains, des frères à la limite », n'hésite pas affirmer Joseph Briend.

Pour autant, ces deux complices s'étaient depuis quelques temps perdus de vue. Aussi, quelle fut la joie de Joseph Briend lorsqu'il apprit au moment des retrouvailles sur la RN 774, de la bouche de Jacques Hervieu, que le groupe Père Dodu prospectait diverses communes en vue de la construction d'un abattoir de volailles. Sans hésiter, Joseph Briend proposa la candidature de sa commune, sans pour autant susciter l'enthousiasme d'un Jacques Hervieu lui rappelant toutes les objections que l'on peut imaginer : enclavement de la commune, inexistence de terrain viabilisé... en clair, l'absence totale des équipements collectifs indispensables à une implantation industrielle.

« Je me suis collé à lui comme une pieuvre », explique aujourd'hui avec un certain humour Joseph Briend. « Finalement, au bout de trois semaines, il est venu discuter avec moi et mon conseil municipal, puis il a décidé de venir s'implanter à Pleucadeuc ». Ainsi, à la fin 1973, Joseph Briend était en passe de réussir le pari qui l'avait mené jusqu'à la mairie ; créer à Pleucadeuc une centaine d'emplois qui allait permettre de maintenir la population sur place et juguler de la sorte l'exode rural. A ce moment précis, il ne restait à l'équipe municipale qu'un seul frein à lever. Une station d'épuration était en effet nécessaire à l'activité industrielle. Aux vues des perspectives de créations d'emplois, Joseph Briend avait pris l'engagement de satisfaire toutes les demandes d'équipements émises par le groupe Père Dodu.

En conséquence, le 6 avril 1973, le jeune maire fit voter par son conseil municipal la construction de la nécessaire station d'épuration, pour un équivalent de 15 000 habitants. Coût de l'opération : 900 000 francs ; un coût élevé pour l'époque, si l'on tient compte de l'inflation. Cependant, selon la stratégie municipale, ce coût devait être à moyen terme absorbé par les rentrées de taxes professionnelles et les redevances versées par l'abattoir.

A la fin de l'année 1973, tout était donc prêt à Pleucadeuc pour accueillir le nouvel abattoir du groupe Père Dodu. Pourquoi alors évoquer aujourd'hui cette expérience d'implantation industrielle qui ressemble à tant d'autres ? En fait, il y a un intérêt à ce petit rappel, puisqu'en fait, l'implantation industrielle n'eut jamais lieu !

La conjoncture de l'année 1974 déjoua tous les plans du duo Briend-Hervieu. La progression du récit l'avait peut être fait oublier, mais l'année 1974, c'est-à-dire celle où se décide la création de l'abattoir de Pleucadeuc, est aussi celle du premier choc pétrolier. Sans rentrer dans des analyses d'ordre macro-économique, ce premier choc pétrolier fut le détonateur, sinon le signe avant-coureur, de la première récession économique qu'ait connue la France depuis le Libération. Subissant ses contrecoups, l'année 1975 se caractérisa par une croissance négative de l'ordre de 0,5% du PIB, qui se répercuta bien évidemment sur le taux investissement, lui aussi en recul d'environ 6%. Le moment était donc mal choisi pour la construction de l'abattoir à Pleucadeuc. A l'instar de tous les grands groupes industriels français, le Père Dodu était touché par cette crise générale de l'investissement.

Hélas, dans le cas particulier de Pleucadeuc, venait se greffer à la chute nationale de l'investissement, une crise de surproduction spécifique au secteur de la volaille. La corrélation de la crise générale et de la saturation des débouchés dans la production animale poussait le groupe Père Dodu à la plus grande prudence financière. Les investissements se voyaient revus à la baisse, si bien que le projet d'abattoir de Pleucadeuc, dont la construction était pourtant imminente, devenait caduque et reporté aux calendes grecques.

La naissance du capital-populaire

Au début de l'année 1975, Pleucadeuc se trouvait donc au bord du gouffre. Pourtant, c'est bien dans ce climat de déception et d'amertume, que le maire Joseph Briend trouva une idée révolutionnaire. « Jacques Hervieu était conscient de la situation dans laquelle je me trouvais. Il a essayé de trouver avec moi d'autres investisseurs potentiels », rappelle Joseph Briend. Plus que de prospecter des investisseurs de substitution, de toute façon introuvables dans le contexte des chocs pétroliers, les deux hommes réfléchirent ensemble à un nouveau projet d'entreprise. Un projet moins ambitieux certes, mais qui aurait eu au moins l'avantage de créer quelques emplois sur la commune, et d'amortir en partie la station d'épuration.

Très vite, ce nouveau projet prit forme. Ce n'était plus d'un abattoir de volailles dont il était question, mais d'une entreprise visant à produire la barde, c'est-à-dire la matière comestible destinée à entourer les rôtis de viandes. Malheureusement, la même problématique se posa à nouveau. Ni Jacques Hervieu, ni Joseph Briend, ne disposait des moyens financiers personnels nécessaires au lancement de l'entreprise. Or, le besoin en capital de la société en gestation s'élevait à 250 000 francs.

Face à ce manque de capitaux, Joseph Briend se remémora son expérience dans la coopération agricole : « Je m'étais dit que quarante-deux agriculteurs avaient été capables de mettre en commun de l'argent pour créer de la production et de la transformation de viande dans le département du Morbihan. Pourquoi une coopération agricole ? Pourquoi pas une certaine forme de coopération rurale ? ».

Issue de l'expérience agricole de Joseph Briend, l'idée de solliciter l'épargne des habitants de la commune commençait à germer. Séduits, Joseph Briend et Jacques Hervieu arrêtèrent la stratégie suivante. Première étape : trouver au sein du groupe Père Dodu un jeune cadre qui accepterait la direction générale de la future entreprise. Ensuite, partir à la rencontre des habitants de la commune pour leur proposer de souscrire au capital de la future entreprise, et rendre ainsi son financement de démarrage possible. Jacques Hervieu se chargea de la première étape, Joseph Briend prit la responsabilité de la seconde.

Pour le maire de Pleucadeuc, le pari était tout sauf gagné d'avance. En effet, il ne disposait d'aucun moyen pour garantir et sécuriser le placement financier qu'il se préparait à proposer à ses administrés. Ceux d'entre eux qui investiraient leurs quelques économies dans le projet de Jacques Hervieu, allaient devoir prendre le risque de perdre l'intégralité de leur mise. Une proposition difficilement acceptable, surtout du point de vue d'une population rurale friande des livrets A et des emprunts d'Etat à rendement garanti !

Dès lors, Joseph Briend choisit de jouer la carte de la clarté absolue, en retenant deux types d'arguments pour convaincre les habitants d'investir. D'ordre financier, les premiers visaient à clarifier les risques financiers encourus par les petits épargnants, ainsi que les perspectives objectives de réussite du projet. En clair, le message énonçait la possibilité que l'entreprise se solde par une faillite. Toutefois, si tel était le cas, les habitants ne perdraient pas davantage que leur mise d'origine, du fait de la responsabilité limitée aux apports. Joseph Briend se préparait donc à insister sur l'aspect limité du risque. Il allait expliquer parallèlement que si l'entreprise prenait la voie de la réussite, le gain financier à long terme dépasserait largement les intérêts qu'aurait procurés la même somme placée sur un livret d'épargne populaire.

En outre, dans la seconde partie de son argumentaire, Joseph Briend souhaitait dépasser la question de la rentabilité de l'épargne. Le maire de Pleucadeuc souhaitait en appeler non plus à l'intérêt particulier et financier des habitants du village, mais à l'intérêt général, autrement dit celui de la commune. En effet, Joseph Briend ne manquerait pas de rappeler aux Pleucadeuciens, qu'en investissant dans l'entreprise en voie de constitution, leur épargne permettrait de créer des emplois sur la commune et maintenir ainsi sur place une activité industrielle. Les actionnaires d'origine pourraient même envisager que ces emplois de demain allaient peut être devenir ceux de leurs enfants ou de leurs petits-enfants qui, travaillant sur place, mettraient fin à la mort annoncée de la commune. Ce dernier argument était de taille, car il permettrait à Joseph Briend d'expliquer qu'une telle action en faveur de la collectivité, ne pouvait pas avoir lieu par le biais d'un produit d'épargne classique, et qui plus est administré.

Une fois l'argumentaire établi, Joseph Briend partit à la rencontre des habitants de la commune, et plus particulièrement de ceux qui disposaient des ressources financières suffisantes pour investir dans le projet. Toutefois, afin que chaque habitant sans exception puisse souscrire même symboliquement au capital de la future société, les initiateurs du projet fixèrent délibérément le prix nominal de l'action à deux cent francs.

Au lieu d'une grande réunion publique, Joseph Briend préféra des rencontres individuelles. Si elles se déroulèrent à bâtons rompus, ces rencontres n'en revêtaient pas moins d'une préparation minutieuse. « Je partais du principe que j'étais vendeur. J'avais quelque chose à vendre et il fallait préparer mes arguments », explique Joseph Briend. Or, le choix des arguments pouvait être décisif. En moins de deux heures, le maire devait en même temps répondre aux objections, expliquer le risque de l'opération, et surtout faire preuve de beaucoup de pédagogie. En effet, peu d'habitants de Pleucadeuc connaissaient à l'époque les bases conceptuelles et juridiques de l'économie de marché, ce qui rendait la tâche de Joseph Briend autrement plus ardue. « Il fallait discuter avec les gens pour leur expliquer ce qu'était une société anonyme et quels étaient les risques », se souvient le maire de Pleucadeuc.

Pour répondre aux diverses objections, le maire n'eut pas la tentation de se réfugier dans des arguments techniques. Il préféra utiliser des contre-arguments imagés, qui relevaient du bon sens paysan : « Certaines fois, je prenais l'exemple de l'achat d'une voiture. Quand je rentrais dans un foyer, je voyais deux et parfois trois voitures pour seulement quatre personnes. Je totalisais, ou du moins j'essayais de savoir le montant du capital qu'ils avaient engagé dans leurs voitures. On arrivait à des sommes rondelettes. Finalement, je leur demandais s'ils avaient une bonne assurance. Même s'ils me répondaient avoir souscrit une assurance tout risque, je leur rappelais que s'ils étaient victimes d'un accident grave, ils se retrouveraient entre *cinq pierres* ». Après cette petite illustration, il ne restait plus à Joseph Briend qu'à conclure, en assurant ses interlocuteurs qu'il n'allait pas leur demander de prendre autant de risques en investissant dans l'entreprise.

Joseph Briend s'attendait à une procédure de collecte longue. Pourtant, les 250 000 francs furent réunis en seulement deux jours ! Une trentaine d'habitants de la commune avait accepté d'acquérir des actions de la future CAP (Compagnie Alimentaire Pleucadeucienne), pour des participations oscillant entre mille et 25 000 francs. La future entreprise se voyait financée uniquement par des petits porteurs locaux. Pour être le plus honnête possible, il faudrait préciser que la majorité des épargnants estimait avoir réalisé un don, plus qu'un réel placement financier. Pour reprendre les termes de Joseph Briend, ils « avaient fait une croix sur leur argent ».

Il n'empêche, les capitaux nécessaires au lancement de la CAP étaient enfin réunis. Six mois suffirent pour réaliser les différentes formalités administratives, sans oublier la construction de l'usine à proprement parler. C'est ainsi que la CAP démarra son activité en 1975 avec sept personnes employées à la production de bardes pour rôtis. En 1998, l'entreprise employait 111 personnes. Autrement dit, l'épargne des habitants de Pleucadeuc n'aura pas servi à rien, puisqu'elle aura atteint au-delà de sa finalité économique, sa finalité sociale. On pourrait même dire que l'épargne aura eu à Pleucadeuc une certaine utilité sociale.

C'est d'ailleurs cette utilité sociale qui invite Joseph Briend à se souvenir d'une anecdote touchante : « Lors de la première collecte, je suis allé voir une famille, où il y avait cinq personnes et une grand-mère. Cette dernière était allée chercher mille francs, toutes ses économies en argent liquide, sous une lamelle de son plancher. Je ne voulais pas prendre cet argent. Pourtant, elle le déposa chez le notaire pour la création de la CAP. Cette personne, qui est décédée depuis, a eu cinq de ses petits enfants qui ont travaillé dans les entreprises nées du capital-populaire ». Un bon exemple parle plus que de longs discours.

Effets d'entraînements et développement local

Avant qu'il ne conduise à une finalité sociale, le capital-populaire devait prouver son efficacité économique. Or, l'expérience de Pleucadeuc ne se limite pas à une simple opération de création d'entreprise, avec quelques emplois à la clef. Au contraire, elle engendra un vaste mouvement de développement local sans le moindre versement de subventions publiques. En 1975, c'est-à-dire au début du processus d'industrialisation de la commune, Pleucadeuc était une bourgade en voie de désertification. Aujourd'hui en l'an 2001, elle est devenue un centre local, attractif et peuplé, doublée d'un pôle industriel agro-alimentaire de renommée. En l'espace de vingt ans, la situation de la commune a été radicalement renversée et il nous appartient de comprendre, étape par étape, ce processus de développement, ainsi que ses effets d'entraînements.

Un premier élément joua un rôle déterminant dans le bon démarrage du processus de développement. Dès sa première année d'activité, la CAP réussit à verser des dividendes à ses actionnaires. Aussi modeste fut leur montant, il n'en reste pas moins que cette première réussite témoignait d'une haute valeur symbolique. Dès 1976, les habitants de la commune voyaient en effet leur placement et leur effort rémunérés. Il les invitait à persévérer. « Ce premier versement de dividende a été notre surprise. Cela a été notre chance. », reconnaît Joseph Briend avec un certain recul.

Mis en confiance, les habitants se déclaraient prêts à renouveler l'expérience. Or, la réussite rapide de la CAP n'a pas seulement rassuré les épargnants. Etonnés dans un premier temps, les dirigeants des groupes Père Dodu et Guyomarc'h se mirent à suivre l'expérience de près. Ils y voyaient clairement un excellent moyen pour partager, et donc minimiser le risque des créations de leurs filiales. L'idée ne manquait pas de les séduire, d'autant plus que la conjoncture économique avait évolué. Le modeste regain de croissance de 1977 absorbait en partie les effets du choc pétrolier, et la crise des débouchés dans le secteur de la volaille appartenait désormais au passé. En clair, l'investissement industriel local pouvait repartir.

Parallèlement, Joseph Briend n'avait point oublié le projet avorté de l'abattoir de volailles. Très rapidement, il reprit contact avec Jacques Hervieu, et fit comprendre à la direction du Père Dodu que le moment était peut-être venu de relancer le projet. Afin de rassurer ses investisseurs, le maire proposa de concrétiser l'opération avec la formule du capital-populaire. Comme le partage du risque financier rassure et lève les dernières réticences, Joseph Briend reçut de la part du groupe Guyomarc'h la réponse suivante : « Si vous réunissez un certain montant de capital-populaire, nous apporterons le reste ».

Il ne restait donc à Joseph Briend plus qu'à mettre en œuvre une deuxième fois la méthode qui avait tant réussi à la CAP. Toutefois, la barre se situait cette fois-ci à un niveau bien plus élevé. Il ne s'agissait plus de réunir 250 000 francs de capital social, mais de répondre à un besoin en fonds propres de deux millions de francs. Peu importe, les capitaux allaient être une fois de plus réunis, à concurrence de 43% par le groupe Guyomarc'h et de 57% par les petits porteurs locaux. Soulignons ici le fait que l'investissement des habitants dans le capital social de l'abattoir n'était plus le fruit de trente petits porteurs, mais de cent soixante. La réussite financière de la CAP avait bel et bien fait parler d'elle.

Dès lors, l'année 1978 qui vit la création de l'abattoir sous le nom de GALINA SA, fut également celle du renversement de la tendance à Pleucadeuc. Si GALINA SA embaucha au départ quarante-cinq personnes, le nombre total des emplois créés à Pleucadeuc s'élevait à l'aube des années quatre-vingt à presque trois cents. A partir de ce moment-là, les événements allaient s'enchaîner rapidement, accélérant le développement de Pleucadeuc en suivant un processus dit de « boule de neige ».

Tout d'abord, la formule du capital-populaire ayant fait ses preuves sur deux dossiers importants, les habitants de Pleucadeuc n'hésitèrent pas à user, voire à abuser du mécanisme. Ceci d'autant plus que la valeur de l'action de la CAP fut multipliée par dix en dix ans ! Les trente épargnants téméraires n'eurent donc aucun regret à revendre leurs actions aux groupes Père Dodu et Guyomarc'h. Pour reprendre les termes de Joseph Briend, il « était devenu particulièrement intéressant de vendre son capital, pour réaliser des investissements à titre personnel ou dans d'autres entreprises ».

Justement, ces éventuelles nouvelles entreprises se présentèrent, plusieurs créateurs en puissance étant alléchés par la facilité de la commune à lever des capitaux privés. Ainsi, jusqu'à aujourd'hui, le capital-populaire permit de financer deux autres créations d'entreprises : la SMMO (Société des Matériaux Moulés de l'Ouest) en 1982, et MTF (Morbihan Tôlerie Fine) en 1995. La création de la SMMO mobilisa soixante particuliers qui financèrent à 60% un capital social de 1,13 millions de francs. Pour Morbihan Tôlerie Fine, les chiffres sont similaires : 1,2 millions de francs financés pour moitié par les villageois.

Mais Pleucadeuc n'avait plus besoin du capital-populaire pour créer des emplois sur son territoire. En effet, l'existence récente d'entreprises sur le village impliquait la présence sur le sol communal de compétences humaines dans le secteur tertiaire et dans les services de proximité. Dès lors, la commune vit fleurir une cinquantaine d'emplois indirects, qu'il s'agisse d'artisans ou de commerçants. Même des professions libérales vinrent s'installer à Pleucadeuc, qui bénéficie aujourd'hui autant des services d'architectes et de médecins généralistes.

A l'instar des emplois tertiaires, d'autres entreprises industrielles trouvèrent des avantages suffisamment alléchants pour décider de s'y installer. Jusqu'ici, il n'aura échapper à personne que la CAP et GALINA SA évoluaient sur un même secteur : celui de agro-alimentaire animalier. Réunies, les deux entreprises formaient ainsi, à elles seules, un véritable « pôle de la volaille ». Dès lors, quoi que de plus normal pour toute entreprise bretonne travaillant dans le même secteur, que de s'installer de préférence à Pleucadeuc plutôt qu'ailleurs. Par ce phénomène d'attraction, la SPI (Société de Protéines Industrielles) créa un atelier de fabrication de composants d'aliments pour chiens et chats à Pleucadeuc plutôt qu'à Berric, autre commune du canton où était pourtant déjà installé son siège social.

Cet effet d'attraction d'entreprises atteignit son point culminant en 1985. Au cours de cette année-ci, une nouvelle entreprise choisit Pleucadeuc pour base géographique. La bonne nouvelle vint une fois de plus de la part du groupe Guyomarc'h. Joseph Briend se souvient encore point par point de l'analyse que ce « géant » de l'agro-alimentaire, aujourd'hui coté au Second Marché de la Bourse de Paris, avait alors fait : « Le groupe Guyomarc'h s'était rendu compte que la première transformation avait payé à un moment donné. La deuxième transformation, c'est-à-dire la réalisation d'un produit plus élaboré, était là aussi un créneau sur lequel il y avait beaucoup d'intervenants. Il fallait donc trouver autre chose qui allait être payant et ce fut la troisième transformation, la transformation des sous-produits ».

Après plusieurs années de recherche, le groupe Guyomarc'h trouva de quelle matière issue de la troisième transformation, pouvait naître un nouveau créneau commercial. Cette matière s'appelle la cystine. Il s'agit en fait d'acides aminés extraits des plumes de dindes et de poulets, que l'on utilise dans l'industrie pharmaceutique. Autrement dit, nous sommes ici face à une innovation technologique, pour ne pas dire à un secteur de pointe, dont le groupe Guyomarc'h n'hésita pas une seconde à se saisir en créant, en 1985, la société Bretagne Chimie Fine (BCF).

Cependant, BCF nécessitait des investissements financiers colossaux, compris entre trente et quarante millions de francs. La formule du capital-populaire ne pouvait donc pas suffir à un tel besoin financier, d'autant plus que les comptes prévisionnels de BCF annonçaient dix années de pertes avant d'atteindre la rentabilité. Ni les dirigeants du groupe Guyomarc'h et encore moins Joseph Briend, ne pouvaient se permettre de faire supporter aux épargnants de Pleucadeuc de tels risques financiers.

Dès lors, le capital-populaire n'étant plus d'aucune utilité, le groupe Guyomarc'h aurait très bien pu installer BCF ailleurs qu'à Pleucadeuc. Toutefois, avec plus de dix années de coopération avec la mairie, et vu le risque financier qu'avaient consenti les villageois pour les projets antérieurs du groupe, le cœur de Guyomarc'h penchait pour Pleucadeuc. « On connaissait le maire, les chefs d'entreprises savaient que nous serions à leur côté en toute situation », résume Joseph Briend. En outre, le groupe avait déjà une de ses filiales, la SBDD, basée sur la commune. Il était donc toujours intéressant d'y installer BCF à proximité, pour bénéficier des synergies possibles entre les différentes entités du groupe.

Pour toutes ces raisons, Pleucadeuc remporta la décision du groupe Guyomarc'h, et BCF s'installa sur la commune dès l'année 1985. Celle que Joseph Briend aime appeler le « fleuron de l'industrie locale » vint ainsi grossir le nombre d'emplois créés dans cette commune, pourtant si isolée.

Cependant, il ne faudrait pas voir dans l'industrialisation de Pleucadeuc, des conséquences uniquement en terme d'emplois. Par l'effet de levier qu'engendrent de telles opérations, les impacts sur la commune ne peuvent être que multiples. Observons en trois essentiels.

Le premier se situe au niveau de la démographie. Il est bien évident que l'arrivée de sept entreprises industrielles de taille conséquente, entraîne en moins de vingt ans un mouvement positif de population. En effet, si de nouvelles personnes viennent travailler sur une commune, il faut bien qu'elles se logent quelque part, et de préférence à faible distance de leur lieu de travail.

Si une enquête réalisée il y a quatre ans indiquait que les employés des usines pleucadeuciennes habitaient sur trente deux communes environnantes, certains se sont installés à Pleucadeuc même. Alors que la population de la commune n'avait cessé de décroître depuis la fin du siècle dernier, le mouvement s'est inversé dès le recensement de 1982.

Cette année-là, Pleucadeuc eut l'heureuse surprise de dénombrer 1331 habitants, contre 1050 trois années plus tôt, le niveau le plus bas que la commune ait atteint. Aujourd'hui, comme le confirment les chiffres du recensement de 1999, Pleucadeuc peut être fière de compter pas moins de 1 525 habitants. Avec des chiffres aussi élevés, le spectre de l'exode rural n'est plus qu'un mauvais et lointain souvenir.

La deuxième principale conséquence se fit ressentir au niveau des finances communales. Ici encore, la présence d'entreprises est tout sauf neutre. Il ne faudrait pas oublier qu'une entreprise qui s'installe, emploie et investit et représente pour la municipalité d'accueil des rentrées de taxe professionnelle supplémentaires. En 1973, aucune entreprise n'avait choisi Pleucadeuc pour base géographique, si bien que la municipalité devait se contenter d'un budget de fonctionnement plus que modeste : 428.049 francs par an. Depuis, la donne au niveau de l'aménagement industriel a changé. A titre de comparaison, le conseil municipal de Pleucadeuc vota en 1999 un budget de l'ordre 8,3 millions de francs. Autrement dit, les nouvelles ressources en taxe professionnelle versées par les entreprises ont permis de multiplier le budget municipal par vingt !

Certes, il faut reconnaître que l'exonération de taxe professionnelle pour les cinq premières années d'existence d'une entreprise, n'a pas arrangé dans un premier temps les finances locales. Pleucadeuc n'a pu bénéficier d'aucune ressource fiscale supplémentaire avant 1980. En attendant, la municipalité devait tout de même lancer la construction d'équipements collectifs considérés de première nécessité. Demeurant indispensables aux entreprises en zone rurale, les stations d'épuration, les réseaux et les zones industrielles faisaient partie de ce vaste programme d'équipements.

En attendant que la taxe professionnelle prenne en 1980 le relais, la municipalité dut augmenter les impôts locaux en jouant uniquement sur la taxe d'habitation, le foncier bâti et le non-bâti. En fait, Joseph Briend partait du « principe qu'une commune qui commence son développement correspond, trait pour trait, à une entreprise qui démarre ». « Dans notre cas, il fallait bien se donner les moyens à un moment bien précis. Il fallait dégager des fonds propres pour pouvoir investir, et les fonds propres, c'étaient les impôts ». « Donc, on les a dégagés jusqu'au jour où, bien entendu, il y eut des retombés ».

De la sorte, l'équipe de Pleucadeuc put par la suite maintenir la taxe foncière et la taxe d'habitation à un niveau raisonnable, et garantir aux entreprises une taxe professionnelle à un taux relativement faible : 6,70%. Par voie de conséquence, l'endettement de la commune s'élevait à la fin des années quatre-vingt-dix à 32% du budget de fonctionnement, un niveau plus qu'acceptable, si l'on se réfère au barème comparatif établi par l'association des maires de France. Pleucadeuc est donc parvenu à atteindre un équilibre financier tout en multipliant son budget municipal par vingt en 20 ans. Ceci provenant, et il importe de le rappeler, d'une augmentation de la base de la taxe professionnelle et non de son taux.

Enfin, le dernier impact de l'industrialisation sur le développement de Pleucadeuc est profondément lié à cette explosion des ressources fiscales. En effet, Pleucadeuc accéda grâce à ses entreprises au statut de « commune riche ». Ici encore, l'évidence invite à reconnaître qu'il est largement plus facile d'investir dans des équipements collectifs, pour une commune disposant d'un budget de fonctionnement de huit millions, que pour commune dont les ressources annuelles se limitent à 400 000 francs. A titre d'illustration, la plaquette de présentation de la commune recensait en 1997 pas moins de trente huit équipements municipaux réalisés depuis l'industrialisation. Au-delà de leur volume, il convient d'en mentionner la taille. On note plus particulièrement la construction d'une deuxième station d'épuration dès 1975, un mairie neuve, un gymnase, un restaurant scolaire ouvert aux écoles privées et publiques, ainsi qu'une maison de retraite réservée aux personnes âgées du village.

La somme des équipements collectifs construits depuis 1975, laisse quelque part rêveur. Après m'être rendu plusieurs fois en voyage d'étude à Pleucadeuc, je peux dire sans hésitation que cette commune de seulement 1500 âmes vit et possède un niveau d'équipement collectif comparable à celui d'une petite ville de 3 000 ou de 5 000 habitants. Toutefois, si le poids de cet équipement communal invite à l'admiration, il faut garder à l'esprit qu'il n'est aucunement dû à la providence. Au contraire, son origine réside dans la sagesse de l'équipe communale. Cette dernière a préféré laisser se développer les entreprises installées sur le sol communal, attendre l'accroissement naturel des ressources fiscales, pour seulement ensuite investir au niveau collectif et municipal. Joseph Briend rappelait à ce sujet qu'il « faut savoir attirer les entreprises, au lieu de les *plomber* au départ ».

D'ailleurs, l'équipement collectif rendu possible par l'industrialisation ne s'est pas traduit seulement en terme d'investissement municipal. L'effervescence de l'économie communale a convaincu le département du Morbihan de désenclaver Pleucadeuc. En tant que conseiller général du canton, Joseph Briend avait depuis longtemps l'idée de faire voter par le département la construction d'une voie expresse. Cependant, si Pleucadeuc avait présenté une telle doléance au Conseil Général en 1973, le dossier n'aurait jamais été accepté. A l'inverse, l'activité économique nouvelle sur la commune et la présence de sept entreprises industrielles dynamiques, justifiaient à elles seules la construction d'une telle infrastructure. Appuyé par « certaines demandes de la part des industriels », le conseil général du Morbihan accepta le projet, si bien qu'aujourd'hui Pleucadeuc bénéficie d'une entrée sur la route pour automobiles reliant Rennes à Vannes, permettant des échanges bien plus rapides.

Telles peuvent être résumées à la fois succinctement et exhaustivement l'industrialisation de Pleucadeuc et la réussite de ce que nous pourrions désormais appeler la « méthode Briend ». Certaines personnes hostiles à ce genre de mécanismes locaux d'épargne de proximité diront très probablement que le modèle est ici présenté de manière angélique. Il est clair que la « méthode Briend » possède ses propres limites. D'ailleurs, nous ne manquerons pas de les étudier, en les étendant aux autres expériences françaises de mobilisation d'épargne de proximité. Mais avant de passer à cette observation des autres exemples français, il m'apparaît essentiel de rappeler deux éléments à ceux qui ne croient pas en de telles expériences.

Tout d'abord, rappelons qu'en l'espace de vingt ans, les initiatives de Joseph Briend ont permis de créer au total un peu plus de 850 emplois directs et privés sur une seule commune. Qui plus est, la performance apparaît encore plus intéressante, quand on se rappelle qu'il n'y avait à Pleucadeuc aucun emploi, hors agriculture et petits commerces de proximité, avant le début de l'industrialisation. A l'heure où en France nous nous interrogeons sur la manière de créer des emplois durables, nous devrions peut-être méditer cette expérience de Pleucadeuc. Indéniablement, il y a plusieurs enseignements à extraire de cette expérience, et c'est certainement par ce type de voies que l'Etat trouvera un vecteur efficace de créations d'emplois, sans pour autant se lancer dans un plagiat intégral du modèle. Par essence, il ne peut que rester un exemple parmi d'autres, qui plus est à échelle communale.

Enfin, j'ai conscience que beaucoup d'opposants au système mettront en avant le fait que l'épargne de proximité n'a pas été, à elle seule, l'unique « machine » à créer des emplois à Pleucadeuc. Il est vrai qu'un processus global d'industrialisation eut lieu. Il est tout aussi vrai que certaines entreprises, au premier rang desquelles Bretagne Chimie Fine, ont été lancées sans aucun recours au capital-populaire. Il est toujours vrai que le département a contribué à la pérennité du processus en faisant construire la voie expresse. Cela étant dit, aussi vraies soient ces objections, il n'en reste pas moins qu'aucune de ces réalisations n'aurait été possible, si, à la base, un maire isolé n'avait pas eu l'idée de solliciter l'épargne de ses administrés, pour créer une première entreprise en guise d'amorce au futur développement.

Quelque part, l'industrialisation de Pleucadeuc est la résultante de la motivation incroyable d'un maire, d'un industriel qui avait une certaine éthique dans ses affaires, de villageois qui n'ont pas hésité à prendre un risque financier, et surtout de la trouvaille d'une idée simple mais exceptionnelle. Alors, au moment où nous réfléchirons sur la création d'entreprises en France, rappelons nous de Pleucadeuc, de Joseph Briend, et du capital-populaire. C'est d'ailleurs ce même effort qu'ont accompli d'autres maires et industriels, dans d'autres régions de notre hexagone.

Attirés par les performances de l'expérience bretonne, bons nombres de commentateurs présentent la démarche de Joseph Briend à Pleucadeuc comme l'acte de naissance de l'épargne de proximité en France. Cette conclusion hâtive est au demeurant fort tentante, du fait du succès dont est auréolée aujourd'hui l'opération de Pleucadeuc. Toutefois, sans remettre en cause la réussite ô combien remarquable de mon ami Joseph Briend, l'épargne de proximité n'est pas apparue en France pour la première fois à Pleucadeuc, mais dans les années soixante à Lalouvesc, une petite commune de haut plateau de l'Ardèche.

Lorsqu'un futur ministre passe ses vacances en Ardèche

Malgré ses 1050 mètres d'altitude, Lalouvesc affichait au début des années soixante des similitudes frappantes avec le Pleucadeuc des années soixante-dix, ne serait-ce qu'au niveau de son enclavement. Bien que située à 57 kilomètres de Saint-Etienne et à soixante de Valence, Lalouvesc se trouve écartée de tout axe routier d'importance significative, au-delà des quelques routes départementales sinueuses qui la relient à des villages de moins de deux mille habitants. Enfermée dans son relief montagnard et dépourvue d'entreprises locales, Lalouvesc ne pouvait compter, à l'aube des années soixante, que sur ses hommes, c'est-à-dire cinq cents habitants permanents. La sincérité invite toutefois à y ajouter les trois à quatre mille estivants qui choisissent, chaque année, la beauté du paysage campagnard ardéchois comme lieu de villégiature.

En définitive, Lalouvesc apparaît à l'origine des faits qui vont suivre, comme une commune encore plus isolée et moins peuplée que Pleucadeuc. Tout au moins, le tourisme vert fonctionnait ici, puisqu'il permettait d'attirer à l'occasion des vacances d'été quelques milliers de villégiateurs, et même certaines personnalités susceptibles d'amener des idées nouvelles à la commune.

Futur Ministre de Jacques Chirac, l'industriel Georges Chavanes faisait partie de celles-ci. A l'époque, Georges Chavanes dirigeait depuis Angoulême le groupe Leroy, aujourd'hui Leroy-Somer, un des leaders français de la construction de moteurs électriques. Plus tard, il devint maire du chef-lieu de Charente, avec pour première mission l'assainissement des finances communales, mises à mal par l'ancien maire Jean-Michel Boucheron. Quand un industriel de cette importance passe régulièrement ses vacances dans un village en proie au dépeuplement, la réaction des habitants ne se fait pas attendre.

« Georges, qu'est-ce que tu attends pour venir créer une usine chez nous ? », demandaient inlassablement les habitants de Lalouvesc, guidés par leur maire, Régis de l'Hermuzière. Et c'est par cette insistance estivale que débuta un véritable « pari industriel », qui allait devenir en quelque sorte, le prologue des initiatives bretonnes de Joseph Briend.

Après une réunion publique en date du 26 août 1961, Georges Chavanes et les habitants de la commune décidèrent de créer la « Société anonyme de mécanique et d'outillage du Vivarais », la SAMOV, avec pour objet social la fabrication d'outillage léger. Comme bien d'autres, ce projet était confronté à une réelle problématique financière. Pour répondre à un besoin initial de 250 000 francs, les villageois décidèrent de réunir par eux-mêmes les fonds. Sans la création de la SAMOV, Lalouvesc allait être victime du départ de ses jeunes vers les grandes agglomérations : les habitants le savaient. Voyant leur commune condamnée, quelques 220 résidants permanents et estivants souscrirent au capital de la société, par le biais d'actions au prix de cent francs. Dix ans avant Joseph Briend, ils inventaient, sans le savoir, la formule du capital-populaire.

Grâce à ces premiers moyens financiers et à la détermination de Georges Chavanes, l'usine de la SAMOV fut inaugurée dès le 15 août 1962 et l'activité put débuter le 1er septembre de la même année. Après quelques difficultés financières, la SAMOV, forte de ses dix-neuf employés, commença à faire parler d'elle... à un tel point que d'autres villages virent en elle une idée intéressante pour maintenir sur place une population en voie de migration. Dès lors, les sollicitations envers Georges Chavanes ne manquèrent pas. Voisins d'une distance de treize kilomètres, les habitants de la commune de Saint-Félicien vinrent en 1972 à la rencontre du futur ministre avec une proposition en main : racheter un atelier de textile au bord de la cessation d'activité, alors qu'il représentait la seule industrie locale. La démarche se reproduisit quatre années plus tard, en 1976, lorsque la commune d'Arcens dut, elle aussi, faire face à la fermeture de sa seule usine. Quand une quarantaine de personnes se retrouvent sur le bord de la route, il faut agir et vite.

Heureusement, ces nouvelles doléances envers Georges Chavanes rencontrèrent une évolution compatible avec les affaires et la stratégie de la SAMOV. Dans un premier temps, l'usine à capitaux populaires avait pour principal client le groupe Leroy, l'entreprise charentaise dont Georges Chavannes assurait depuis 1956 la direction. Au début des années soixante-dix, Leroy décrocha un marché dont il est facile d'estimer l'importance ; celui des moteurs électriques des bâtiments de la marine nationale. Bien que dans un premier temps la SAMOV permit à Leroy de sous-traiter les commandes publiques en question, le groupe devait faire face à une insuffisance de ses capacités de production.

Dans un tel contexte, l'idée de créer de nouvelles usines devenait non plus une doléance condamnée à l'insatisfaction, mais une réelle perspective de développement pour le groupe Leroy. Il fallait donc que la SAMOV entreprenne l'accroissement de ses capacités de production, en créant des usines à Saint-Félicien et Arcens, et pourquoi pas, par la suite, ailleurs. Comme les investissements nécessaires ne s'élevaient plus à 250.000 francs mais à trois millions, le capital de proximité n'était plus d'aucune utilité. En conséquence, le groupe Leroy racheta aux villageois la SAMOV pour un prix de 135 francs par action, et la nouvelle acquisition du groupe put mettre en œuvre successivement les reprises des usines de Saint-Félicien en 1972 et d'Arcens en 1976.

Par la suite, le développement de la SAMOV s'emballa, et deux nouvelles usines furent construites pour répondre aux commandes croissantes de l'entreprise. Afin de produire elle-même l'aluminium coulé sous pression qu'elle utilisait comme matière première, la SAMOV créa en 1979 une fonderie ultramoderne sur la commune ardéchoise de Devesset. Enfin, l'année 1985 fut celle de la dernière opération de croissance externe réalisée par la SAMOV : une usine chargée du bobinage main à Chazelles-sur-Lyon dans la Loire fut rattachée à la SAMOV.

Suivant une logique de concentration verticale, la SAMOV a donc connu une belle croissance externe, qui ici encore, il faut le rappeler, n'aurait pu être obtenue sans la mobilisation à l'origine de l'épargne de proximité des villageois de Lalouvesc. Or, ces habitants ont aujourd'hui de quoi être satisfaits au regard de l'impact de l'opération sur l'emploi local. En 1996, on dénombrait 42 salariés à Lalouvesc, 80 à Saint-Félicien, 48 à la fonderie de Devesset, 58 à Arcens et enfin 45 à Chazelles-sur-Lyon, ce qui portait l'effectif global du groupe SAMOV aux environs de 270 salariés. En 2001, ces chiffres demeurent sensiblement les mêmes, et Georges Chavanes n'hésite pas à rappeler deux indicateurs révélateurs de la performance financière de l'entreprise : 3,5 millions de francs d'investissements réalisés chaque année, pour un chiffre d'affaires s'élevant en 1996 à 58 millions de francs.

Les esprits critiques diront peut-être que le volume des emplois ici créés représente moins du tiers de ceux générer dix ans plus tard par l'expérience bretonne. Répondons à ces septiques que le plein emploi, objectif numéro un de l'opération, a été, quoi qu'on en pense, atteint : « Personne ne voulait autre chose qu'il n'y ait pas de chômeur à Lalouvesc, et à part une ou deux personnes qui sont des chômeurs conditionnels qui ne peuvent pas travailler, il n'y en a pas » tenait à me rappeler Georges Chavanes. Après tout, n'est-ce pas autrement plus important ? Au regard de sa géographie, de son enclavement et de sa faible population, Lalouvesc n'avait pas besoin pour atteindre le plein emploi, des 850 emplois de Pleucadeuc. Les quarante-deux du siège social de la SAMOV suffirent au maintien de la population sur place.

A ce stade de notre étude, nous pourrions cependant nous demander si l'expérience de Lalouvesc a fait école auprès d'autres communes. A-t-elle suscité chez d'autres maires de France, l'envie de faire preuve d'autant d'audace ? Dans le cas de Joseph Briend, nous connaissons déjà la réponse. Le maire de Pleucadeuc trouva l'idée du capital-populaire dans sa propre expérience de la coopération agricole. De toute façon, Joseph Briend n'eut connaissance des initiatives ardéchoises de Georges Chavanes que bien des années après ses propres réalisations.

Si toutefois l'écho des initiatives de Georges Chavanes n'a pu parvenir dans un premier temps jusqu'à la Bretagne, il se répercuta sur bons nombres de villages environnants. Saint-Bonnet-le-Froid, commune de 250 âmes située à l'est de la Haute-Loire, peut se considérer parmi celles-ci. Seulement onze kilomètres la séparent de Lalouvesc. Or curieusement, cette commune fit, à la fin des années quatre-vingt, appel à l'épargne et à l'énergie de ses habitants, pour créer de l'activité économique au beau milieu des forêts de sapins.

Onze kilomètres et vingt-huit ans d'écart

A Saint-Bonnet-le-Froid, le processus et le cheminement de l'opération demeurent pratiquement identiques à ceux des expériences de Joseph Briend et de Georges Chavanes ; un impératif d'aménagement du territoire, la détermination d'un maire ou d'un leader local, un projet d'entreprise aussi ambitieux que recherché et un impact final sur l'ensemble de la collectivité.

Le maire s'appelle cette fois-ci André Marcon et il s'agit d'un homme du terroir. Au moment où il est élu maire en 1989, André Marcon connaissait on ne peut mieux la commune, puisque son entreprise y exerçait déjà l'essentiel de son activité et son prédécesseur à la mairie n'était autre que son frère, Jean-Pierre Marcon.

Avant de passer la main à son frère, l'ancien maire avait impulsé une politique municipale basée sur le tourisme. En particulier grâce au développement du ski de fond, cette stratégie de développement local visait à drainer du passage sur la commune de Saint-Bonnet. Toutefois, au moment de la passation des pouvoirs, plusieurs projets d'aménagement et de développement restaient en suspend. Parmi ceux-ci, l'ancienne municipalité souhaitait racheter à une congrégation de religieuses, une maison de maître du nom de Fort du Pré, dans l'optique d'une extension du village de vacances communal.

Cependant, c'était sans compter sur la détermination d'une personnalité comme André Marcon qui croyait uniquement en des projets d'une toute autre envergure. Fonctionnant à coup de subventions, le tourisme social ne répondait pas aux ambitions que le nouveau maire envisageait pour sa commune. A peine élu, André Marcon proposa de saisir l'occasion de l'acquisition du Fort du Pré, pour l'aménager en hôtel de séminaires d'entreprises. Une étude commandée en 1987 par la mairie et le commissariat à l'aménagement du Massif Central, venait en effet de démontrer qu'il s'agissait d'un secteur en pleine évolution.

Aussi séduisante soit l'hôtellerie de séminaires, les difficultés n'allaient pourtant pas manquer pour la petite commune de Saint-Bonnet-le-Froid. Bien qu'il s'agisse d'un marché bénéficiant d'une demande forte et de perspectives de croissance tangibles, il n'en reste pas moins que l'hôtellerie de séminaires suppose des investissements lourds. Considérant que ce genre d'établissement ne peut être compétitif avec moins de trente chambres, les diverses études préparatoires évaluaient l'investissement d'origine à dix millions de francs.

L'importance des capitaux à immobiliser plaçait André Marcon au centre d'un véritable dilemme. D'une part, il apparaissait impossible de réunir de tels fonds en en appelant à l'épargne des habitants de la commune, comme Georges Chavanes l'avait fait trente ans plus tôt. D'autre part, si l'investissement privé et local ne pouvait répondre à un tel besoin, l'investissement municipal ne le pouvait pas davantage, mais cette fois-ci pour des raisons juridiques. En effet, la gestion d'un hôtel de séminaires d'entreprises s'inscrit dans une activité économique à but lucratif. Or une mairie n'a pas juridiquement vocation à entreprendre de telles initiatives, puisqu'elle a en charge l'intérêt collectif de la commune, et non les intérêts individuels et commerciaux de ses habitants.

Confronté à ce dilemme, André Marcon imagina un montage juridique qui allait transformer une impossibilité financière en une perspective d'investissement. Le mécanisme reste au demeurant fort simple. Il consistait tout simplement à séparer la rénovation des bâtiments du Fort du Pré, de l'exploitation commerciale du futur hôtel. S'agissant d'une opération d'aménagement local, la première pouvait relever de la municipalité et donc de sa compétence financière. La seconde ayant pour objectif la réalisation de bénéfices commerciaux revenait quant à elle à des gestionnaires privés. Dès lors, chacune des deux sphères, publique et privée, allait pouvoir participer au projet, par le biais d'entités juridiques séparées ; chacun réaliserait séparément son propre investissement d'origine.

Du côté municipal, André Marcon réussit à lever au cours de l'année 1990, 5 millions de francs de capitaux publiques, autant européens que départementaux. Avec la participation des banques, ces fonds propres publiques permirent de réunir 11 millions francs de travaux pour la réhabilitation du Fort du Pré. Du côté privé, la société anonyme promise à la gestion de l'hôtel, devait trouver 1,2 million de francs de fonds de départ. C'est sur ce point particulier qu'André Marcon proposa aux habitants de la commune de s'inspirer de la formule du capital-populaire, utilisée au cours des deux décennies précédentes par Georges Chavanes et Joseph Briend.

Une fois proposée par le maire, l'idée rencontra l'approbation des habitants qui avaient été invités à une première réunion publique. Le rendez-vous fut alors pris pour une seconde réunion, où était convié l'ensemble des habitants désireux de participer financièrement à la société anonyme. Lors de cette réunion, André Marcon reçut individuellement chaque personne tentée par un investissement sous forme d'actions d'une valeur de mille francs. A la clôture de la réunion, André Marcon et le futur directeur de l'hôtel du Fort du Pré avaient réussi à réunir 600 000 francs de capital, grâce à l'investissement individuel de pratiquement vingt-cinq familles. La pratique bancaire voulant que pour un franc de capital levé la banque en prête un supplémentaire, la société de gestion avait trouvé l'intégralité des fonds de démarrage nécessaires à son équilibre financier. L'hôtel de séminaire du Fort du Pré put ainsi ouvrir ses portes dès le mois de juillet 1990, avec une demi dizaine de salariés.

Après avoir traversé pendant cinq années plusieurs crises liées à leur secteur d'activité, les établissements du Fort du Pré font aujourd'hui « le plein » de leur capacité d'accueil. En réalisant 3,5 millions de chiffre d'affaires, ils emploient une dizaine de salariés, plus quelques emplois saisonniers. Dix emplois, cela paraît peu quand on les compte par centaines dans les expériences bretonnes et ardéchoises. Toutefois, l'opération du Fort du Pré à Saint-Bonnet-le-Froid aura montré que l'épargne de proximité ne se réserve pas uniquement à l'industrie ; elle peut aussi servir à financer les sociétés de services.

La « méthode municipale » ; un concept original.

Avec trente années d'écart, Joseph Briend Georges Chavanes et André Marcon ont prouvé que la mobilisation de l'épargne de proximité était possible à l'échelle micro-locale. Souvent évoquées par les médias, ces expériences témoignent d'une telle force de persuasion, qu'on les considérerait volontiers comme une démonstration rationnelle. La réussite à trois reprises du capital-populaire prouverait que l'action à l'échelle communale d'un leader local - en l'occurrence le maire - consisterait en la méthode la plus efficace pour lever des capitaux de proximité. Selon ce raisonnement, il conviendrait de motiver les 36 000 maires de France pour mobiliser à haut régime de l'épargne de proximité. Pourtant, ces expériences ne sont que des exemples. Probablement dépourvus de représentativité, ils pourraient s'avérer n'être que des cas isolés ;

l'exemple affiche une valeur seulement illustrative et certainement pas démonstrative.

Rien n'atteste en effet la possibilité de reproduire de telles expériences à l'heure actuelle dans d'autres communes françaises. Pour juger de l'efficacité d'une méthode, il faut dépasser le niveau de l'exemple pour s'élever à celui du concept. Commençons donc d'abord par donner un nom à celui qui mobilise notre attention. De son côté, Joseph Briend utilisait le terme « capital-populaire ». Pourtant, cette dénomination manque de précision. On pourrait en effet mobiliser du capital-populaire à une échelle autre que la commune. Plus étendue, cette échelle pourrait très bien se situer à un niveau national, voire européen. De la même manière, la notion de capital-populaire ne sous-entend pas explicitement que la levée de fonds passe par l'action de l'élu local, ou plus largement par celle du pouvoir politique.

Pour tenir compte de ces deux paramètres et dans un souci de concision, nous parlerons tout simplement de la « méthode municipale ». Après tout, cette mobilisation d'épargne de proximité ne demeure-t-elle pas avant toute chose le fait du maire ? Maintenant que nous l'avons dénommée, nous pourrions nous demander en quoi consiste cette fameuse méthode municipale. Essentiellement, les trois initiatives explorées nous ont présenté la mobilisation de l'épargne de proximité comme un concept à part entière, pour financer les créations d'entreprises. Novateur, il se distingue très clairement des deux procédés de financement les plus récurrents : le crédit bancaire et la subvention à la création.

L'utilisation de l'épargne de proximité s'éloigne du crédit bancaire, dans la mesure où les trois opérations étudiées se sont traduites par des augmentations de capital et par des achats d'actions. Elles correspondent à de véritables investissements en fonds propres, qui supposent que l'épargnant accepte le risque de perdre son argent en cas de dépôt de bilan. Bien évidemment, le risque financier supporté par les épargnants s'est limité dans chaque opération aux apports en capital et ne menaçait pas le reste de leur patrimoine. Les actionnaires de proximité ne pouvaient pas perdre plus qu'ils n'avaient investi dans l'entreprise, ce qui est loin d'être le cas des créateurs contraints à emprunter pour financer leur activité.

Là, le patrimoine personnel est en danger. On a même pu le vérifier dans l'opération de Lalouvesc où des prêts bancaires furent nécessaires pour compléter le plan de financement de la SAMOV. Alors que son activité avait débuté dès le 1er septembre 1962, la SAMOV ne dégagea aucune recette avant le printemps 1963. Entre-temps, le capital réuni par les épargnants de proximité se consommait de jour en jour, jusqu'à l'épuisement total de la trésorerie. Dans un tel contexte, le banquier de l'entreprise annonça à Georges Chavanes qu'il allait refuser de verser les salaires. Pour débloquer la situation, le dirigeant de la SAMOV dut accepter d'hypothéquer la maison de campagne ardéchoise, que sa famille possédait depuis plusieurs générations. Sans ce geste, la SAMOV aurait cessé son activité ; l'aventure en serait restée là et on n'en aurait jamais reparlé.

Même s'il les considère comme une pression positive sur les chefs d'entreprises, Georges Chavanes reconnaît aujourd'hui, que les garanties exigées par les banques constituent un frein énorme à l'envie d'entreprendre. Force est de constater que plus on a recours aux fonds propres, moins dirigeants et actionnaires de l'entreprise s'exposent à de tels risques ; c'est aussi une des grandes souplesses permises par le capital-populaire en temps que mode de financement de l'entreprise.

Caractéristique de l'investissement en actions, la formule offre également à l'entrepreneur l'immense avantage de ne pas avoir à rembourser les fonds collectés. S'il se distingue du crédit, le capital-populaire n'est pour autant qu'une formule d'investissement en fonds propres classique, identique aux autres. Ces opérations sont innovantes dans la mesure où les fonds propres ne proviennent pas exclusivement du créateur, mais de tierces personnes. La réussite de Joseph Briend, Georges Chavanes et André Marcon montre qu'on peut effectivement trouver de nouveaux actionnaires par l'intermédiaire des maires. Cela nous confirme que la méthode municipale peut apporter une réponse concrète aux besoins financiers des créateurs d'entreprises, en leur proposant un investissement en fonds propres et non une formule de crédit.

On ne peut pas non plus assimiler la méthode municipale à une forme de subvention publique déguisée. La présence et l'activisme du maire ne doivent pas faire l'objet d'une mauvaise interprétation. Aucune des initiatives présentées n'a bénéficié du soutien financier direct des municipalités. Pas un seul franc d'argent public n'a été dépensé au cours des opérations. Les entreprises de Lalouvesc, de Pleucadeuc et de Saint-Bonnet-le-Froid ont été exclusivement financées par l'épargne privée, celle des particuliers installés dans la proximité. L'épargne publique n'a joué aucun rôle. D'ailleurs, elle n'en a pas le droit.

Les initiateurs du capital-populaire auraient pu penser à y recourir. L'idée de subventionner les fonds propres des entreprises a pendant très longtemps séduit les milieux politiques, au point que jusqu'à récemment tout chômeur qui voulait se mettre à son compte se voyait généreusement octroyés une aide de 30 000 francs par l'Etat. En soi, l'idée paraît aussi évidente que remplie de bon sens. Et pourtant, les créateurs du capital-populaire ont eu la sagesse de ne pas envisager cette possibilité.

En réfléchissant aux effets pervers de la subvention, on se rend compte qu'elle pose la question de la responsabilité du créateur d'entreprise. Il est aisé de comprendre qu'un entrepreneur se « condamne » à la performance lorsqu'il risque son propre argent. Il éprouve moins de scrupules avec celui venu de l'administration à laquelle il n'aime pas, de toute façon, rendre des comptes. Autre élément délicat, la subvention pose le problème de la qualification de la personne en charge de son attribution. « Quel jury va dire si ce projet est viable, si celui-ci est incohérent ? », me demandait tout simplement Georges Chavanes, à l'énoncé de cette proposition. Est-ce que le fonctionnaire en charge du choix des entreprises bénéficiaires et de la distribution de l'argent public, investira dans les bons projets et pas dans les mauvais ?

Pour que l'épargne soit affectée avec efficience, il faut selon Jean-Pierre Ferretjans d'*Entreprise et Progrès*, que « les projets soient passés au crible de personnes ayant travaillé dans une entreprise, ou qui, mieux encore, en ont déjà créé une ». Autrement dit, nous avons besoin de « personnes qui ont réussi et qui bénéficient aujourd'hui d'une expérience capitalisée ». Le fonctionnaire n'est donc pas *a priori* le professionnel le mieux qualifié pour cette tâche bien précise.

La nature humaine veut malheureusement que l'on soit moins regardant avec l'argent des autres, qu'avec le sien. Finalement, l'argent public appartient à tout le monde et en même temps à personne. C'est pourquoi utiliser l'épargne publique pour la mettre à disposition des hommes et des femmes désireux d'entreprendre, peut conduire à de gigantesques gaspillages d'argent public, aux conséquences fiscales lourdes pour le contribuable.

En étudiant de près le système des aides publiques à la création d'entreprises, Bernard Zimmern, le Président de l'IFRAP, s'est convaincu de ce risque économique et financier. « La subvention est un désastre, et c'est d'abord un désastre pour l'Etat. L'Etat est convaincu d'obtenir un effet de masse par la subvention. Compte tenu des rendements que cela suppose, il faudrait des sommes prodigieuses. Mais ce qui est plus grave, c'est que la subvention étant distribuée par le fonctionnaire, celui-ci va se mettre progressivement à diriger l'économie dans la direction qu'il croit la bonne, et qui est généralement la mauvaise. En plus, il est relativement facile de *posséder* un fonctionnaire ». Investissant l'argent des autres, il ne peut avoir un sens aiguë des affaires ; ce n'est pas d'ailleurs ce qu'on lui demande. « Allez par contre *posséder* un investisseur privé qui risque son propre argent ; c'est tout autre chose ! ».

Le Président de l'IFRAP illustre son point de vue par quelques chiffres qui mériteraient d'être mieux connus. En 1998, sur un total de 8,5 milliards de concours financiers à la création d'entreprises, on dénombrait 6,8 milliards de francs d'aides publiques, qu'il s'agisse d'aides locales, nationales, sociales ou financières. Autrement dit, un franc sur huit provenait de l'impôt. Parallèlement, le nombre de créations d'entreprises en France avait à la même époque chuté de plus de 10% en dix ans. La subvention n'a pas empêché la décrue des initiatives ! Il y a donc tout de même de quoi se poser quelques questions sur l'efficacité de ce système de subventions, et matière à élaborer des mécanismes plus soucieux de la responsabilité économique. N'est-ce pas ce que nous propose le capital-populaire ?

Ne serait-ce que dans son expression géographique, le lien de proximité entre l'investisseur et le créateur responsabilise chacune des parties. L'actionnaire risque ses économies personnelles ; il ne participera donc pas outre mesure et de façon inconsidérée à l'augmentation de capital. De la même manière, le créateur cherchera encore plus à atteindre la performance afin d'éviter qu'une défaillance de l'entreprise n'entraîne une perte sèche pour ses financiers locaux. Ces actionnaires sont aussi ses voisins ; l'entrepreneur a donc tout intérêt à ce que ses projets se déroulent bien...

Finalement, le maire a simplement usé de son autorité morale et locale, pour assurer l'interface entre l'épargne des habitants et les projets des entrepreneurs venus sur sa commune. En acceptant de jouer ce rôle, le maire a pallié à l'une des difficultés fondamentales de l'investissement en actions non cotées : l'absence de rencontre naturelle entre l'épargne et les besoins financiers. En avant-propos, nous avions déjà vu d'une manière générale que l'épargne a besoin d'être guidée. Elle a besoin de canaux spécifiques pour se déverser sur l'activité. Sous l'angle de la proximité, le maire s'est proposé de jouer les intermédiaires. Limité à la seule prescription de l'opération, ce rôle atypique confirme qu'aucun argent ne transite entre les mains du maire. Les investissements s'effectuent directement de l'épargnant à l'entreprise.

En l'absence de toute dépense publique, le recours à l'épargne privée implique la nécessité d'apporter une rentabilité à l'argent sollicitée. En ce sens, la mobilisation micro-locale de l'épargne de proximité n'est pas plus assimilable à des dons privés, qu'elle ne l'était à de la subvention publique. A Pleucadeuc comme à Lalouvesc, les villageois n'ont pas donné leur argent. Ils l'ont confié à des créateurs d'entreprises, dans l'espoir de le retrouver à terme en revendant leurs actions. Certes, certains actionnaires ont eu le sentiment d'effectuer un don. Conscients des risques du placement, une minorité non négligeable a souhaité avant tout contribuer au développement de la collectivité.

Il n'empêche, pour mobiliser durablement et fréquemment l'épargne de proximité, le maire doit s'inquiéter de la rentabilité du placement, en proposant une perspective de liquidité à ses administrés. Dans le placement en actions, l'épargnant récupère sa mise en revendant ses titres. Les initiateurs du capital-populaire se trouvent donc dans l'obligation d'identifier un groupe industriel susceptible de racheter à terme les entreprises financées. C'est en tout cas la manière dont ont procédé

Joseph Briend et Georges Chavanes ; ils ont respectivement convaincu les groupes Guyomarc'h et Leroy Somer de prendre le relais des actionnaires de proximité. Pour en arriver là, les entreprises nées du capital-populaire n'ont pu faire autrement que de dégager des bénéfices affirmés.

« Il ne faut pas avoir peur de dire que l'épargne doit rapporter », avait insisté René Monory au cours de notre rencontre. « Si l'épargne ne rapporte pas, les Français ne viendront pas ». Pour pouvoir être réalisés, les investissements de proximité n'échappent pas aux exigences de performances, auxquelles reste soumise toute forme de placement. Ce n'est pas parce que des villageois sont prêts à prendre le risque d'opérations capitalistiques, qu'ils accepteront d'investir dans des entreprises déficitaires. Séduire des petits porteurs n'exempte pas l'entreprise de gagner de l'argent ; bien au contraire... Malgré ses aspirations généreuses, l'épargne de proximité n'est pas destinée à alimenter des canards boiteux. C'est la raison pour laquelle la mobilisation de l'épargne de proximité, même selon la méthode municipale, ne revient aucunement à un simili de donation.

Ni crédit bancaire, ni don, ni subvention, la mobilisation micro-locale de l'épargne de proximité fait bien figure de nouveauté dans notre système financier. Comme tout concept, la méthode municipale amène son lot d'avantages qui nous invitent à la développer, mais également plusieurs limites que l'on ne pourra éviter. Côté avantages, il n'y a guère lieu de disserter tant nous connaissons les problématiques de l'investissement en fonds propres. Le capital-populaire est bon pour la création d'entreprises, puisqu'il va chercher les fonds propres au seul endroit où l'on peut les trouver ; chez les particuliers.

Cependant, il nous appartient de mettre en évidence les principales forces de la méthode utilisée, ainsi que ses résultats les plus porteurs. Pleucadeuc, Lalouvesc et Saint-Bonnet-le-Froid ne sont pas seulement quelques initiatives sympathiques par leur atypisme. Elles vont bien plus loin. Elles apportent à notre réflexion générale sur l'investissement en fonds propres, plusieurs enseignements forts. Retenons-en simplement quatre.

Tout d'abord, nous aurons compris que l'échelle locale et l'intermédiation du maire peuvent apporter une réponse « sur mesure » aux problèmes financiers des créateurs d'entreprises. Ensuite, les trois initiatives présentées nous enseignent que la mobilisation municipale de l'épargne de proximité s'adapte à toutes les époques. Il n'aura échappé à personne que l'opération de Georges Chavanes s'est déroulée dans les années soixante, celle de Joseph Briend dans les années soixante-dix et celle d'André Marcon à l'aube des années quatre vingt dix. On peut en déduire que, non seulement le capital-populaire fonctionne en période de croissance, mais qu'il résiste également aux crises économiques. La première opération bretonne, dénouée en plein chocs pétroliers, restera à la postérité pour le confirmer.

Bien évidemment, la possibilité d'atteindre sur un plan micro-local le plein-emploi sera notre troisième enseignement. A des échelles géographiques limitées, l'utilisation de l'épargne populaire fut l'un des chemins pratiqués pour réaliser cette espérance économique qui, malgré la croissance actuelle, nous paraît toujours surréaliste.

Cependant, l'enseignement le plus fort dans ce qui vient d'être étudié, relève plus de notre conception de l'homme que de la stricte science économique. En Bretagne comme en Ardèche et en Haute-Loire, on a surtout assisté au triomphe de l'homme sur son environnement. L'attitude des trois inventeurs du capital-populaire français prouve que la volonté politique peut encore avoir raison de la fatalité économique. Certes, la primauté du politique ne s'est vérifiée qu'à l'échelle modeste du maire, mais elle doit nous inviter à regarder plus haut. Après tout, que seraient devenues Lalouvesc et Pleucadeuc si Georges Chavanes et Joseph Briend n'avaient pas dégagé le courage politique dont ils ont su faire preuve ?

Sans observer ces trois hommes avec une naïveté candide, force est de reconnaître qu'ils ont réussi à juguler l'exode rural auquel leur commune était condamnée. Finalement, le plus surprenant dans leur volontarisme touche plus à la méthode qu'aux résultats. Les inventeurs du capital-populaire français ne s'en sont pas remis à l'institution pour résoudre les maux de leur localité. Ils auraient très bien pu, comme beaucoup, demander à l'Etat une aide d'urgence. Au lieu d'attirer les enjeux vers le haut, ils ont ramené les problèmes à la base, et demander à leurs concitoyens de prendre toutes leurs responsabilités. Les habitants de ces trois communes ne doivent leur réussite qu'à eux-mêmes. La sauvegarde de leur commune apparaît aujourd'hui comme le simple fait d'hommes déterminés, des hommes qui ont osé à un moment précis prendre personnellement un risque pour la collectivité. N'est-ce pas là la plus simple expression, mais aussi la plus forte, de ce courage que nous appelons volonté politique ?

Pour insuffler une telle dynamique auprès de leur population, les leaders locaux qui ont initié le capital-populaire ne s'en sont remis ni à la technique, ni la doctrine. Seul le bon sens a primé. Aujourd'hui, Joseph Briend résume cet état d'esprit sous la forme d'une boutade : « Je n'ai jamais appris l'économie au travers des livres. Je n'ai en poche que mon certificat d'étude et une formation par correspondance dans le cadre de la jeunesse agricole catholique. Cela pousse certains de mes amis à me dire que je sors en fait de HEC : Hautes Etudes Communales ! ».

Le maire a de l'autorité morale, en tout cas suffisamment pour prescrire une opération financière. Il demeure en plus une des personnalités les mieux en prise avec la population ; il sait par conséquent mieux que quiconque où se cache l'épargnant de proximité. « Les maires sont passionnés par ce qu'il se passe chez eux », rappelle Jacques Pélissard, Vice-président de l'AMF (Association des Maires de France). « Sur le plan géographique, ils sont bien placés pour identifier les épargnants comme les projets, et éventuellement pour les passer au crible de leur jugement ».

Toutes ces caractéristiques font que le maire devient un personnage de plus en plus recherché par les défenseurs de l'épargne de proximité, au premier rang desquels François Hurel, le Délégué Général de l'APCE : « l'essor de la création d'entreprises passe nécessairement par un investissement des élus locaux qui doivent devenir les premiers collecteurs de cette épargne de proximité ».

Un modèle transposable ?

Le maire serait-il l'acteur idoine dont dépend l'avènement du capitalisme de proximité ? La réponse n'est pas aussi évidente qu'on pourrait le penser. Le capital-populaire fait de l'homme sa force ; il en fait aussi peut-être sa principale faiblesse ! En tout cas, tel est l'avis d'Yvon Jacob, un parlementaire que Matignon avait chargé en 1996 de rédiger un rapport sur la question. Breton comme Joseph Briend, l'ancien député de Rennes connaît très bien l'expérience de Pleucadeuc. Les deux hommes ont d'ailleurs sympathisé. Cependant, Yvon Jacob ne considère pas la méthode municipale comme le meilleur levier pour développer dans notre pays l'actionnariat de proximité :

« Toute la stratégie de développement de Pleucadeuc repose sur un homme, sur son implication personnelle et sur ses réseaux. Son intervention a réussi grâce à sa force de conviction, qui a pu à certains moments butter contre des réglementations nationales. C'est très bien et je reste admiratif de ce que Joseph Briend a pu accomplir. Mais quand Monsieur Briend ne sera plus là, comment cela va fonctionner ? On peut tout de même se poser quelques questions. C'est pourquoi dans mon étude sur le développement de l'épargne de proximité, je me suis moins attaché à l'homme qu'aux enjeux fiscaux ».

La prise de risque, la difficulté d'obtenir une liquidité et l'immensité des efforts pédagogiques à fournir limitaient déjà le système ingénieux mis en place par les élus locaux. Hélas, le maire reste un homme et il peut comme tout autre personne commettre des erreurs, au grand damne des épargnants. Comme le faisait remarquer Yvon Jacob, le capitalisme populaire a besoin d'un système juridique et financier pour qu'il puisse durer dans le temps, au-delà de la motivation des hommes qui l'ont initié. Il faut qu'il se développe sous la forme d'un système auto-entretenu, pour ne plus se limiter à quelques opérations ponctuelles. Les hommes innovent en créant l'exemple ou plutôt le précédent ; le droit génère l'habitude et la récurrence. Mais au-delà des facteurs humains, c'est peut-être la fonction même du maire qui forme l'obstacle majeur au développement, à grande échelle, de ce type de capitalisme de proximité.

Malgré ses intentions louables et son poids dans la vie de la cité, le maire suscite des interrogations tant sur sa formation que sur son expérience personnelle de l'économie. Est-il l'intervenant le mieux qualifié pour drainer de l'épargne vers l'entreprise ? Pour entreprendre ce qu'ont tenté Georges Chavanes, Joseph Briend et André Marcon, il faut avoir un tant soit peu pratiqué le commerce et vécu l'économie de l'intérieur. Force est de constater que tous les maires de France ne sont pas en mesure de présenter une telle expérience de l'entreprise. Tenter de reproduire le capital-populaire sans en avoir l'expérience pourrait conduire des communes à la catastrophe financière. « Quand un maire se mêle de l'économie marchande, il peut y avoir des périls », résumait tout simplement Jean-Michel Fourgous, ancien chef de fil des députés chefs d'entreprises.

Pour reprendre les termes de Pierre-Henri Gaudriot, Président régional de la Chambre de commerce et d'Industrie du Limousin Poitou-Charentes, ce sont« l'absence de contrôle et le risque de discrédit » qui inquiètent la communauté financière dans la formule du capital-populaire. La réussite des opérations de Pleucadeuc et de Lalouvesc est trompe-l'œil, dans la mesure où ces paris à haut risque auraient pu mal finir. Et la probabilité d'un échec est d'autant plus élevée, que le maire n'est pas formé à l'économie financière.

La faible prédisposition des élus à la chose économique confronte le capital-populaire à deux problématiques indissociables : la protection de l'épargnant et la responsabilité politique de l'élu local. La question de la protection de l'épargnant se posera le jour où un maire, étranger au monde de l'entreprise, sera victime des promesses mirifiques de quelques hommes d'affaires peu scrupuleux. « N'oublions jamais que nos origines latines nous ont donné le goût du jeu », rappelle Dominique Nouvellet, le dirigeant d'une importante société de capital-risque. « Il faut toujours se méfier de l'investissement « *coup de cœur* », qui transformerait le capitalisme de proximité en une économie de casinos ».

Sans trop étudier la question, on peut être assuré que les villageois ayant laissé « quelques plumes » dans un investissement « coup de cœur » se retourneront contre le maire qui aura prescrit l'opération, au nom du développement local. Dans le climat actuel de judiciarisation de la vie publique, ces dérives conduiraient à des dégâts irréversibles. Même dénuées de fondements juridiques, les poursuites judiciaires imaginables auraient à coup sûr raison de l'audace municipale.

Certes, Joseph Briend donnera son propre exemple pour affirmer rigoureusement le contraire. En 1997, les habitants de Pleucadeuc durent faire face au dépôt de bilan de Morbihan Tôlerie Fine, la dernière entreprise financée par le capital-populaire. « Certains villageois avaient investi jusqu'à 90.000 francs dans MTF ; ils les ont perdus. Pourtant, aucun actionnaire ne m'a fait la moindre remarque, ce que j'ai trouvé formidable. Je suis persuadé que s'il fallait y aller à nouveau, ils repartiraient avec moi », explique le maire.

On ne peut être qu'heureux que les villageois de Pleucadeuc aient accepté d'assumer leur risque jusqu'au bout, et qu'ils n'aient pas tenu rigueur à Joseph Briend de l'échec de l'entreprise. Mais il ne faudrait pas oublier que, dans le cas précis de Pleucadeuc, trois opérations brillamment réussies avaient précédé l'échec. Huit cents emplois avaient déjà été créés dans la commune, au moment où les actionnaires de proximité prirent le chemin du tribunal de commerce. La réussite des vingt premières années a très certainement atténué la portée de l'échec, et modifié l'image que se sont faite les amis de Joseph Briend du dépôt de bilan de MTF. Si la faillite était intervenue dès la première opération et non à la quatrième, le jugement n'aurait certainement pas été le même.

L'échec étant toujours possible, le maire qui ose mobiliser de l'épargne de proximité s'expose à un double risque : un risque politique et éventuellement un risque juridique. Or tous les maires ne sont peut-être pas aussi téméraires que Joseph Briend ou André Marcon, ce qui *de facto* limite le nombre de candidats à la mobilisation des capitaux de proximité. Le congrès de l'AMF de novembre 1999 a montré au grand jour l'agacement de nos élus municipaux, qui ne supportent plus de se voir mis en cause dans des affaires judiciaires. Les maires en étaient venus à demander au Premier Ministre Lionel Jospin un régime pénal spécial, pour se voir finalement opposer un refus. Déjà, les maires veulent tout faire pour éviter d'être mis en examen pour des délits non intentionnels. Alors, les imagine-t-on aller délibérément et sciemment collecter de l'épargne, au risque de se voir traînés devant les tribunaux, dans le cas où l'opération tourne mal ?

Cette situation d'état de rupture invite André Marcon à penser que « sur les 36 000 maires de France, moins de trois mille [seraient] prêts et capables d'entreprendre une opération d'épargne de proximité ». Bernard Zimmern le Président de l'IFRAP partage cet avis, et préfère prôner des mesures fiscales pour développer un capitalisme de proximité sans intermédiaire comme le maire : « On ne peut que dire bravo à une personnalité comme Monsieur Briend pour ses initiatives. C'est admirable. Mais là où l'on ne me convaincra pas, c'est que pour arriver au niveau national à des résultats substantiels en matière de création d'entreprises et d'emplois, il nous faudrait 10 000 maires de cette trempe, et là on ne les trouvera pas ».

L'argument est loin d'être faux. Il est difficile de développer à grande échelle, un système qui relève en fait des initiatives de quelques individus profondément atypiques. Sans dévaloriser leur fonction ni remettre en cause leur courage, on peut comprendre que les maires n'aient guère envie par les temps actuels de s'exposer davantage juridiquement et politiquement.

Quelle porte de sortie s'offre à nous pour éviter ce dilemme, où le maire est à la fois la meilleure chance et le plus grand danger de l'épargne de proximité ? Offrir à tous les maires une formation plus poussée sur l'économie en général et l'entreprise en particulier ? La piste mérite d'être explorée et les récentes initiatives de l'APCE vont dans le bon sens. S'il peut limiter le nombre d'échecs, cet effort de formation n'apportera cependant aucune solution pour ce qui est de la responsabilité juridique et politique du maire. La réponse vient peut être de Jacques Pélissard, Vice-président de l'Association des Maires de France qui, avocat de formation, s'était penché sur le problème de la responsabilité judiciaire de l'action municipale :

« Sur la démarche par laquelle le maire se mettrait à collecter de l'épargne, il n'y a pas de délit possible à l'horizon. Sauf s'il promettait un rendement financier ubuesque... A ce moment là, la qualification juridique retenue serait l'escroquerie. Mais dans le genre d'opérations en question, la caution morale du maire double sa responsabilité. Il faut donc par rapport à ce processus, que le maire soit dégagé de la responsabilité financière par un mécanisme de garantie, qui fasse en sorte que l'investisseur mécontent ne devienne pas un électeur hostile ».

Fruit d'une réflexion à haute voix, la piste proposée par Jacques Pélissard ne relève pas de l'impossible. Après tout, l'Etat, au travers d'un organisme comme la SOFARIS, pourrait très bien mettre à disposition des maires un fonds de contre-garantie, destiné à couvrir une partie du risque des opérations de capital-populaire. Toutefois, ce fonds n'existe pas encore. Il ne semble même pas faire l'objet d'une réflexion de la part de la réassurance publique. C'est pourquoi, même si demain de tels mécanismes pouvaient voir le jour, il faudra tout de même du temps pour impliquer les élus dans le dispositif. Il en faudra également tout autant pour les former à l'approche financière de la création d'entreprises.

Pour toutes ces raisons, le développement du capitalisme de proximité ne pourra s'asseoir uniquement sur l'action des maires. Celle-ci ne suffira pas. Notre imagination et notre faculté d'observation doivent nous conduire à envisager des mécanismes différents. Complémentaires de ceux déjà observés, ils n'impliqueraient plus systématiquement l'élu local et permettraient ainsi de mobiliser l'épargne de proximité durablement, fréquemment et efficacement.

Chapitre 5

Le Love Money : l'épargne de proximité sans le maire

Parce que les 36 000 maires de France ne peuvent pas tous devenir des professionnels de la finance et de l'entreprise, développer à plus grande échelle l'épargne de proximité municipale semble compromis. En plus, l'approche de l'épargne de proximité à la manière d'un Joseph Briend n'est pas limitée seulement par la personnalité et la compétence du maire. Outre la nécessité de professionnaliser la démarche, se pose surtout une question d'échelle géographique.

Selon toute logique, le maire qui souhaite jouer le rôle d'interface entre l'épargne de proximité et les créateurs d'entreprises, doit limiter sa démarche dans le cadre géographique, strictement limité, de sa commune. L'échelle de la commune apparaît bien trop restrictive pour développer l'épargne de proximité, autant en ce qui concerne le nombre d'actionnaires potentiels que la faculté d'identifier des projets dans lesquels investir.

Malgré la réussite de ses expériences, Georges Chavanes avait conscience du risque de ne plus trouver d'actionnaires au sein de la commune, après les premiers investissements dans la SAMOV. L'ancien Ministre ne parle même pas de risque de saturation de l'épargne locale, mais d'une inexistence totale de l'épargne locale. « A l'époque, Lalouvesc comptait 450 habitants, dont cinquante au seuil de la pauvreté », explique-t-il. Après la première expérience d'épargne de proximité, « il n'y avait plus aucune possibilité supplémentaire de trouver de l'argent ». C'est pourquoi, de toute façon, le capital-populaire ne peut répondre à d'importants besoins financiers.

Jean-François Prat, un expert privé en recherche d'actionnaires de proximité, abonde dans ce sens : « L'intervention du maire est toujours possible, mais on ne peut pas la généraliser. Il faut bien comprendre que notre métier de l'intermédiation financière joue sur la loi des grands nombres. Pourquoi arrivons nous à lever des fonds ? Tout simplement parce que, quand on soumet un projet d'entreprise, on le propose à plusieurs centaines d'investisseurs. Donc statistiquement, on a plus de chances d'en trouver trois, quatre ou dix qui vont s'intéresser à ce projet. Lorsque vous travaillez localement, vous avez en face de vous un nombre plus restreint d'investisseurs de proximité. La probabilité que le projet plaise un minimum, devient beaucoup plus faible ».

La question de l'échelle géographique se pose non seulement pour les actionnaires, mais également sur les projets d'entreprises susceptibles d'être « attirés » par l'épargne de proximité. Même si un créateur d'entreprise trouve intéressant de faire financer sa société par un actionnariat local, peut-être ne souhaite-t-il pas installer son siège social dans la commune où se trouve ses actionnaires. Pour des raisons d'ordre pratique et logistique, certaines entreprises doivent impérativement se situer à proximité des grands centres urbains. Malheureusement, l'épargne de proximité dite municipale semble concevable uniquement en milieu rural.

En conséquence, l'épargne de proximité doit, pour se développer, sortir de l'impasse d'une échelle géographique trop petite. Celle-ci doit s'élargir bien au-delà d'une commune, pour que le capital-populaire ne reste pas l'œuvre isolée de quelques maires téméraires. D'où l'idée de remplacer le maire par une association dont le champ d'action se situerait au minimum au niveau d'un département, sinon à celui d'une agglomération.

Vis-à-vis des expériences déjà étudiées, la forme associative présente plusieurs avantages. Tout d'abord, on peut très bien trouver pour animer le dispositif, une personnalité disposant de larges réseaux, autant soucieuse que les maires du développement local, mais qui en plus connaît l'entreprise de l'intérieur. Un tel dispositif associatif nécessite une personnalité impliquée dans la cité et consciente de la réalité du monde de l'entreprise. Par ailleurs, il sera plus aisé pour cette association d'identifier les actionnaires de proximité en puissance comme les projets latents, en couvrant toute l'étendue d'un territoire départemental.

Enfin, l'épargne de proximité sous forme associative permet au travers de la durée de professionnaliser la démarche de collecte et d'investissement. Aussi audacieux soient ils, les modèles municipaux relèvent trop souvent de l'opération ponctuelle. Le maire rencontre une seule fois l'occasion inespérée d'un créateur d'entreprise sans argent prêt à relever le pari avec lui. Pour des raisons que l'on imaginera, ce maire n'aura qu'une seule fois l'audace de solliciter les économies de ses administrés. A l'inverse, une association départementale spécialement dédiée à la mobilisation de l'épargne de proximité, peut en six années d'existence - la durée d'un mandat de maire - contribuer au financement de plusieurs entreprises. Se faisant connaître par ses premières réalisations, elle attirera de plus en plus les candidats à la création. Par sa démarche, les opérations de financement d'entreprises par capital-populaire deviendront régulières et non plus ponctuelles.

Inscrire une action dans la durée ne procure pas seulement l'avantage du nombre, mais également celui du professionnalisme. Il est bien évident que plus on réalise des opérations de capital-populaire, mieux on sait les faire. Il est donc clair qu'au bout de deux ou trois opérations, l'association saura mieux sélectionner les projets d'entreprises à financer, et apportera de cette façon une meilleure sécurité financière à ses adhérents épargnants. L'expérience aidant, l'association gagnera en efficacité pour trouver l'épargnant local dans lequel sommeille un actionnaire actif. Quand il s'agit de la première opération - la plupart des cas dans l'épargne de proximité municipale ! -, ce professionnalisme et cette efficacité font trop souvent défaut.

C'est pourquoi, l'idée de remplacer le maire par une association, est une piste à explorer. D'ailleurs, à l'image de toute bonne idée, ce nouveau concept d'épargne de proximité a déjà été mis en place depuis quelques années en France. Mais cette fois, on ne trouvera plus l'audace économique chez un élu rural en quête de développer la cité, mais chez un atypique professionnel de la Bourse, plus habitué du Palais Brongniart que des coopératives agricoles.

Jean Salwa, l'enfant terrible de la Bourse de Paris

Heureux sexagénaire des années 2000, Jean Salwa n'a pas attendu l'âge mûr pour se prendre de passion pour la Bourse. Bien au contraire, sa rencontre intellectuelle avec les milieux financiers remonte à son enfance, durant laquelle il passa chacun de ses jeudis au Palais Brongniart qui, s'il n'était pas encore ouvert aux femmes, l'était aux enfants. Jeune, c'est en observant le fonctionnement de la corbeille, que Jean Salwa comprit toute l'utilité économique de la Bourse pour le financement des entreprises. Préoccupé au-delà de la finance par l'économie, il savait que l'emploi se crée avant tout dans des Petites et Moyennes Entreprises. Jean Salwa se fixa donc pour objectif de permettre à des entreprises plus petites d'accéder à la Bourse, pouvant ainsi donner du sens social à son futur métier de financier.

Pour concrétiser cette vocation, Jean Salwa rentra à quatorze ans comme grouillot chez un agent de change parisien, et devint au fil du temps et de l'expérience, gérant de portefeuilles et intermédiaire boursier. L'expérience boursière acquise doubla ses motivations. La passion de Jean Salwa devint communicative, au point qu'il se vit associé au début des années quatre-vingt, aux travaux de la commission Dautresme. Les réflexions de cette commission débouchèrent sur la création du Second Marché, une bourse justement capable d'accueillir des entreprises plus petites. C'est en ce mois de février 1983 que Jean Salwa se sentit enfin prêt à faire de l'introduction en Bourse des PME, son métier. En effet, il bénéficiait d'une expérience indiscutable - trente cinq ans !-, doublée d'un outil qu'il avait contribué à créer ; le Second Marché.

Convaincu que le moment était venu, Jean Salwa créa en 1983 son propre cabinet d'ingénierie boursière, spécialisé dans l'introduction des Petites et Moyennes Entreprises, sous le nom de CIIB (Conseil en Ingénierie et Innovations Boursières). Par l'intermédiaire de ce cabinet de conseil, Jean Salwa réussit à introduire pas moins de cinquante-quatre sociétés en Bourse, plus précisément sur le hors-cote, un compartiment de la Bourse de Paris encore plus accessible que le Second Marché. « Sur le hors-cote, il était juridiquement possible d'introduire des sociétés ne réalisant que quatre ou cinq millions de francs de chiffre d'affaires. Mais dans les faits, le chiffre d'affaires des entreprises introduites se situait aux environs de dix ou quinze millions de francs », précise Jean Salwa.

En 1986, l'année où Jean Salwa introduit sa trentième entreprise en Bourse, son cabinet, le CIIB atteint les trois millions de francs de chiffre d'affaires. Selon son dirigeant, « les cinquante-quatre sociétés introduites sur le hors-cote par CIIB ont levé en Bourse 400 millions de francs de capital, amenés par 30 000 personnes physiques ». « Au final, les sociétés introduites ont créé plus de 3000 emplois ». Des résultats élogieux, pour une entreprise qui relevait de l'initiative privée !

Cependant, la performance des résultats obtenus ne doit pas faire oublier les grandes difficultés financières qu'ont pu vivre certaines de ces cinquante-quatre sociétés, avant d'arriver en Bourse. Aujourd'hui, Jean Salwa n'hésite pas à rappeler qu'à l'époque, l'entrée au hors-cote a été salutaire pour bons nombres des sociétés qu'il a appuyées. Sans cette providence boursière, la plupart auraient probablement dû, faute de financements, freiner leurs projets de développement, voire péricliter. En fait, « elles n'avaient que deux recours », précise Jean Salwa. Soit l'épargne de proximité, « mais la formule du Love Money n'existait pas encore », soit le capital-risque auquel elles n'avaient « pas accès, même pour les entreprises des nouvelles technologies de l'information et de la communication ».

Avec de telles analyses, on voit bien qu'au-delà de son professionnalisme, Jean Salwa a toujours gardé un esprit militant. Aussi paradoxal que cela puisse paraître, Jean Salwa est devenu un militant de la Bourse. Il pensait qu'en plus des intérêts particuliers qu'elle pouvait satisfaire, la Bourse restait un formidable moteur économique, utile à la collectivité, mais hélas sous-utilisé. Aussi, Jean Salwa chercha tout au long de sa carrière professionnelle à se servir de son métier pour faire du « lobbying » auprès des pouvoirs publics et auprès de la communauté financière, pour les convaincre de développer la Bourse jusqu'aux PME. En ce sens, l'action professionnelle de Jean Salwa prit incontestablement une dimension militante.

Différentes initiatives en témoignent. Notamment, la création d'un mensuel, *La lettre des nouvelles affaires*, permit à Jean Salwa de faire part de ses analyses en matière de réformes de place boursière. En 1991, on en comptait déjà plus de cent vingt-cinq numéros. De la même manière, Jean Salwa se prit de passion pour le développement de la finance boursière dans l'Europe de l'Est de l'après 1989. Dès 1991, ses différentes publications tentèrent d'attirer l'attention des décideurs français sur l'audace de la Pologne qui, après quarante-cinq années de collectivisme communiste, créait à Varsovie sa première Bourse. Suivit un vaste programme de « privatisations populaires » touchant plus de huit mille entreprises publiques.

L'esprit militant était donc bien présent chez un Jean Salwa qui fut indéniablement en avance sur son époque. L'effervescence des Business Angels et du Nouveau Marché ne s'était pas encore produite. Une des preuves les plus éclatantes de sa capacité d'anticipation, reste la tentative de création d'un quatrième marché d'actions sur le Minitel, une initiative qui valut à Jean Salwa les foudres de la COB en janvier 1991. On ne peut guère être plus avant-gardiste, puisque l'initiative remonte tout de même à presque dix ans !

Au milieu des années quatre-vingt-dix, Jean Salwa prenait une retraite bien méritée, après plusieurs années où il n'avait pas compté son énergie dépensée. Pour autant, il n'allait pas goûter pendant très longtemps au plaisir du temps libre retrouvé. Bien au contraire, différents événements intervenus en 1997 allaient le décider à créer cette formule associative que nous envisagions pour l'épargne de proximité. Avec le Love Money, l'action de Jean Salwa ne sera plus lucrative, mais bénévole, ce qui n'empêchera pas un dynamisme tout aussi musclé, de la part de cet enfant de la Bourse que les milieux parisiens avaient pendant un temps oublié.

La genèse du concept Love Money pour l'emploi

Pour mieux comprendre ce passage de la Bourse à l'épargne de proximité, il faut se replacer dans le contexte de l'époque. Le 2 juillet 1998, le hors-cote disparaît de la Bourse de Paris et est remplacé par un nouveau compartiment boursier, le marché libre, un marché non réglementé à l'inverse du précédent. Cette évolution intègre en fait une vaste réforme de la Bourse de Paris, prévue depuis quelques années, et qui doit conduire à une informatisation et une privatisation totale des marchés boursiers français. La réforme étant d'une réelle ampleur, la place financière parisienne en parlait depuis longtemps, même si tous les éléments techniques n'en étaient pas forcément connus. C'est notamment le cas du remplacement du hors-cote, puisqu'en 1996-97, personne ne savait vraiment si le marché libre allait offrir la même liquidité et la même accessibilité aux PME que le hors-cote. Bien évidemment, Jean Salwa s'en inquiétait. A la fin de l'année 1997, il se demandait si les 900 sociétés présentes au hors-cote allaient toutes pouvoir rejoindre le marché libre.

« La COB, le Ministère des Finances, et la Société des Bourses Françaises affirmaient accepter l'arrivée sur le marché libre de chacune des 900 sociétés qui allaient être rayées du hors-cote et qui le désiraient. Seulement ainsi, elles pourraient continuer leur carrière boursière », explique Jean Salwa. « Finalement, on s'est aperçu que sur ces 900 sociétés, seulement une centaine a pu réellement accéder au marché libre. Huit cents sont restées sur le bas côté de la route. Elles n'étaient plus cotées nulle part ! Cela signifiait qu'il y avait des personnes qui avaient acheté des actions sur le hors-cote par l'intermédiaire de banques ou d'agents de change, et qui se sont retrouvées d'un seul coup piégées, dans l'impossibilité de revendre leurs actions ».

Jean Salwa ressentit alors une responsabilité morale auprès des cinquante-quatre sociétés que son cabinet de conseil avait introduites sur le hors-cote. « Je me sentais mal dans ma peau », confie-t-il aujourd'hui. Assumant cette responsabilité, il décida de se battre auprès des pouvoirs publics, pour obtenir le maintient du hors-cote, ou tout au moins le transfert intégral de ses 900 sociétés vers le Marché Libre. Conformément à cet objectif, Jean Salwa réunit dans l'urgence deux cents personnes et créa avec son fils, Didier, une association intitulé *SOS hors-cote*. Face à cette mobilisation soudaine, le Ministère de l'Economie et des Finances, la COB et la Bourse acceptèrent de recevoir Jean Salwa à la fin 1997, pour l'entendre plaider la cause des actionnaires minoritaires.

« On n'a pas pu faire grand chose », reconnaît Jean Salwa face à l'évidence. Toutefois, la délégation reçue à Bercy ne repartit pas tout à fait les mains vides. Sans promettre concrètement un appui aux anciennes sociétés du hors-cote, les autorités publiques avaient suggéré à Jean Salwa une précieuse idée. « Le directeur de cabinet de Dominique Strauss-Kahn comme le directeur de la COB, nous ont fait la même proposition », explique l'intéressé. « Ils nous ont affirmé que nous disposions d'un savoir-faire dans le domaine de l'actionnariat, et demandé pourquoi nous ne le mettrions pas en œuvre pour nous occuper des petites sociétés non cotées ».

C'est ainsi, à partir de cette rencontre avec les autorités financières et publiques, que l'idée du Love Money allait germer dans l'esprit de Jean Salwa. Qui plus est, un constat de Didier Salwa qui, petit à petit, prenait la relève de son père, recoupa l'analyse du Ministère des Finances. Jean Salwa explique :« A la même époque, mon fils Didier a relevé un fait très intéressant dans une société que nous avions inscrite en Bourse, *Horoquartz* située en Vendée. Nous tenions le registre de ses actionnaires.

Nous nous sommes aperçus avec stupeur qu'environ 30 à 40% des gens avaient acheté des actions de *Horoquartz*, uniquement parce qu'il s'agissait d'une entreprise locale. En poussant l'analyse plus loin, on s'est aperçu que ces personnes là n'avaient jamais auparavant « boursicoté » de leur vie. Elles achetaient des actions spontanément parce que c'était une entreprise locale ».

Avec l'exemple *d'Horoquartz*, la notion de proximité prenait sa place dans la réflexion des Salwa visant à offrir un savoir faire aux PME non cotées, comme le leur proposaient les institutions financières. L'analyse reposait sur l'idée que la plupart des épargnants ignorent eux-mêmes leur envie de devenir actionnaires. Des personnes qui n'auraient jamais imaginé *a priori* investir un jour en bourse, auraient été prêtes à franchir le pas, seulement si leur placement allait permettre d'aider au développement de sociétés proches de leur domicile. Jean et Didier Salwa estimaient qu'il était possible de mobiliser l'épargne de proximité, à condition que les entreprises qui en bénéficient fassent de leur mieux pour accéder un jour en Bourse. Elles rendraient ainsi liquide le placement de leurs actionnaires de proximité ; ils allaient pouvoir revendre leurs actions par la suite.

Jean et Didier Salwa croyaient en la force financière de la proximité géographique, et l'on remarquera que ce raisonnement n'est pas très éloigné de celui de Joseph Briend ou de Georges Chavanes. « Des capitaux, il y en a tout autour », assure Jean Salwa ; encore faut-il les mobiliser. « Chacun a son Love Money ». Love Money ; le mot était enfin lancé. D'origine canadienne, ce terme que l'on retrouve aussi dans la Sillicon Valley, est utilisé outre atlantique pour désigné un cas de figure très précis. En tant que fondateur du mouvement en France, Jean Salwa le résume très clairement :

« Au Canada, lorsqu'un salarié quitte son entreprise pour créer la sienne, ses collègues de travail qui le connaissent et l'estiment, ainsi que sa famille et ses autres amis, sont prêts à investir quelques économies dans son projet ». Selon Jean Salwa, ces apporteurs de *l'argent de l'amitié* (NDLR : Love Money en Français) tiennent alors au créateur le message suivant : *« Je crois que tu vas réussir, tu va peut-être faire fortune, et si tu fais fortune, moi aussi je serais un peu riche avec toi »*.

Passionné comme Jean Salwa par le développement de l'épargne de proximité, François Hurel, le délégué général de l'APCE, a pu observer l'importance prise au Canada par les clubs Love Money au cours des années quatre-vingt : *« les clubs Love Money ont été lancés au Québec en 1984 via le fonds de solidarité des travailleurs du Québec qui ont choisi de sauvegarder leur emploi devant la crise économique assez forte. En dix ans, 2,2 milliards de dollars de fonds ont été collectés avec une limite à 200 dollars par an et par famille »* (1).

(1) Quotidien *La Tribune Le Progrès* - n°47 449 - octobre 2000 - Propos recueillis par Marie-Christine Jaspard

Fort de la même analyse, Jean Salwa se remémora les conclusions d'un voyage d'étude au New York Stock Exchange (NYSE) en 1983, pour se rendre compte que finalement « le Love Money était quelque chose de relativement courant là bas ». Il n'en fallait pas plus à Jean et Didier Salwa pour prendre leur décision, et relever le défi amical et constructif que leur avait lancé Bercy. Une année de travail préparatoire fut nécessaire. Les Salwa avaient réuni un groupe de dix personnes, pour réfléchir aux techniques financières et à la forme précise qu'allait prendre ce Love Money français. A la fin de l'année 1997, une première association Love Money pour l'emploi vit le jour à leur initiative dans la commune de Neuilly-sur-Marne, en Seine-Saint-Denis. Dans la foulée, Jean et Didier Salwa créèrent le 19 juillet 1997 à Paris une fédération des associations Love Money pour l'emploi, pour qu'à terme leur mouvement puisse s'organiser et se développer dans chaque province française.

Une épargne de proximité mieux conceptualisée

La démarche établie en 1997 par Jean et Didier Salwa reste finalement assez proche de ce qu'ont pu entreprendre certains maires grâce à l'épargne de proximité. Toutefois, l'activisme du mouvement Love Money pour l'emploi a apporté des éléments nouveaux et fondamentaux à la mobilisation de cette même épargne de proximité.

En effet, Jean et Didier Salwa ont eu tout d'abord le mérite de conceptualiser l'épargne de proximité, afin de rendre son approche plus visible. Avant que le mouvement Love Money pour l'emploi n'apparaisse, l'épargne de proximité restait une notion assez vague. La plupart des financiers et des experts en développement local savaient grossièrement de quoi il s'agissait. Ils ne distinguaient pas pour autant clairement l'actionnaire de proximité du petit porteur classique, comme le désignent les équipes dirigeantes des grands groupes industriels. Ils ne distinguaient pas non plus les différentes catégories d'actionnaires de proximité existantes, et encore moins par quels leviers un créateur d'entreprise pouvait mobiliser cette épargne pour financer sa propre société. De cette vague notion, les fondateurs du Love Money en France en ont fait un concept précis.

En effet, les actionnaires de proximité ne forment pas un ensemble homogène, composé d'éléments parfaitement comparables. Certes, les actionnaires de proximité se distinguent tous, sans exception, des petits porteurs classiques. Deux dénominateurs communs les rassemblent malgré leur pluralité et les différencient par rapport à l'éclectisme de l'actionnariat français. Non seulement, ils font parties des rares épargnants français qui investissent en actions dans des sociétés encore non cotées en

Bourse, mais ils réalisent plus précisément ces investissements dans des entreprises situées dans leur proximité immédiate.

Certains trouveront peut-être que ces deux dénominateurs communs relèvent de l'évidence. Pourtant, ces précisions fournissent une quantité d'informations nouvelles, insoupçonnables aux premiers abords, et auparavant ignorées dans l'approche expérimentale de l'épargne de proximité. Avec le Love Money, nous en savons déjà un peu plus sur la notion même de proximité. Sur ce point, Jean et Didier Salwa ont rappelé par leurs études et notes d'information régulières, que la proximité n'était pas forcément géographique ; elle pouvait être également affective, relationnelle, familiale ou professionnelle.

Ainsi, la fédération Love Money pour l'emploi a eu l'habilité de segmenter la population des actionnaires de proximité potentiels. Leur analyse a permis de répartir cette population en cinq catégories différentes, telles cinq strates d'épargnants de proximité susceptibles un jour d'investir dans une création d'entreprise. En outre, la stratification réalisée suit une logique rigoureuse ; elle s'effectue selon le degré d'éloignement de l'actionnaire par rapport au créateur de l'entreprise. Ainsi, la famille du créateur forme la catégorie d'épargnants de proximité la plus immédiate, et elle n'est pas pour autant forcément la plus proche géographiquement. Viennent ensuite voisins et amis, ce qui nous ramène effectivement à une expression géographique de la proximité.

La proximité redevient professionnelle, lorsque les éventuels clients et fournisseurs du créateur trouvent intérêt à investir dans l'entreprise en formation. La proximité reste toujours professionnelle et non géographique, avec la participation au capital des anciens collaborateurs ou collègues de travail de l'entrepreneur. Ceux-ci ont pu par le passé évaluer au jour le jour la compétence professionnelle de leur collègue. Cette expérience personnelle les amène à juger plus sereinement les capacités de leur ami créateur à réussir dans son métier, sur son propre marché. Par une analyse favorable, ils se convaincront de la rationalité du placement et se décideront sûrement à investir. Grâce à un passé vécu en commun, ils sauront qu'ils confient leur argent à de bonnes mains.

Lorsque l'entreprise n'est pas nouvelle mais décide d'ouvrir son capital, l'épargne de proximité professionnelle peut également provenir de ses salariés. Leurs motivations sont facilement compréhensibles. Les salariés restent au premier rang pour pouvoir constater de leur propre chef et de l'intérieur, l'évolution de la société qui les emploie. Si cette évolution se présente comme prometteuse, on peut comprendre qu'ils soient prêts à y investir une partie de leur épargne ; les dividendes qu'ils pourront percevoir, constitueront une forme de complément de salaire.

Dans la segmentation entreprise par la fédération Love Money pour l'emploi, les deux dernières catégories d'actionnaires reviennent plus ou moins à une approche géographique de la proximité. Selon les fondateurs du Love Money, l'environnement économique local peut lui aussi vite devenir la source d'un actionnariat de proximité. Au moment où un porteur de projet entreprend les démarches juridiques et financières liées à la création de sa société, il commence à activer un environnement. Avant même la création, le réseau se forme dès que le créateur demande conseil à un avocat ou à un expert-comptable. Et le réseau continue de se développer lorsque le créateur noue des relations avec des banquiers, des chambres de commerce, et des organismes socioprofessionnels. Or, il est loin d'être improbable que certains de ces intermédiaires se soient constitué une épargne à partir de leurs revenus professionnels. Il n'est pas non plus impensable, que les personnes physiques composant ces organismes, souhaitent individuellement contribuer financièrement au lancement de la société.

Enfin, la cinquième et dernière catégorie d'épargnants de proximité ciblée par Jean Salwa se compose des associations comme Love Money, dont l'objet est exclusivement dévolu à la recherche de cet actionnariat de proximité. Finalement, les épargnants de proximité se répartissent selon la nomenclature de Jean Salwa, en cinq catégories distinctes : la famille du dirigeant, ses amis et voisins, ses clients et fournisseurs, son environnement économique local et les dispositifs similaires au Love Money. En vue d'un investissement en actions, l'épargne restera mobilisable tant qu'elle relèvera d'une proximité, soit familiale, amicale, professionnelle, ou environnementale. Bien évidemment, cette stratification de la population des épargnants de proximité pourrait faire l'objet de plusieurs ajustements.

Par exemple, la cinquième et dernière catégorie ne se restreint pas uniquement au seul dispositif Love Money créé par Jean Salwa. Elle inclut plus vraisemblablement tous les dispositifs de recherche de capitaux de proximité détenus par des personnes physiques. On doit retrouver non seulement les associations Love Money pour l'emploi, mais également les autres associations qui, sans adhérer à la fédération de Jean et Didier Salwa, poursuivent un objectif similaire. Selon toute logique, cette catégorie devrait intégrer les maires, puisque nous avons vu dans les cas de Pleucadeuc, Lalouvesc et Saint-Bonnet-le-Froid, qu'ils pouvaient faciliter la rencontre entre l'épargne et l'entreprise locale. Il ne faudrait pas non plus oublier les *fund raisers* et autres fédérateurs de Business Angels, dont ce livre abordera plus tard l'existence.

En outre, cette cinquième catégorie doit être très clairement distinguée de la quatrième : l'environnement économique local. La nuance apparaît difficilement perceptible, dans la mesure où les dispositifs dédiés exclusivement à la recherche des capitaux de proximité font eux-mêmes partie de l'environnement économique local. Cependant, très peu d'organismes de développement local « classiques » s'activent à la mobilisation de l'épargne de proximité. Ce n'est ni la mission des chambres de commerce, ni celle des groupements de dirigeants d'entreprises.

Cela n'empêche pas pour autant chacun de leurs membres d'investir à titre individuel dans les créations d'entreprises que leur fonction les amène à rencontrer. Quand la fédération Love Money pour l'emploi parle d'environnement économique, il faut l'entendre au sens strict d'une proximité institutionnelle, dont la fonction n'est pas principalement dévolue à la mobilisation de l'épargne locale. C'est en ce sens qu'elle se distingue de la cinquième catégorie d'actionnaires de proximité.

On le voit bien, la segmentation de l'actionnariat de proximité en fonction du type d'épargnant, peut encore faire l'objet de bien de discussions. Toutefois, elle a le mérite d'exister. Il ne faut surtout pas y voir un simple exercice de réflexion théorique, accompli par les passionnés de l'actionnariat populaire, que sont Jean et Didier Salwa. Cette stratification garde une utilité pratique, notamment dans l'action menée sur le terrain par le mouvement Love Money.

On ne peut en effet aspirer à lever de l'épargne de proximité, sans connaître précisant les attentes de chaque type d'épargnants. Or, les attentes de l'actionnaire familial sont souvent loin d'être identiques à celles d'un voisin ou celles d'un ancien collaborateur professionnel, qui hésiteraient à investir leur épargne personnelle dans un projet d'entreprise. En distinguant chaque catégorie d'épargnants de proximité, Jean et Didier Salwa donnent les clés indispensables pour mobiliser efficacement cette épargne de proximité au profit des créations d'entreprises. Ces leviers se résument aux arguments spécifiques, qu'il convient d'utiliser pour convaincre, une à une, chaque catégorie d'épargnants de proximité.

De la même manière, un prescripteur différent se distingue plus ou moins pour chaque catégorie d'épargnants. On imagine par exemple, que c'est le créateur lui-même qui assurera la promotion de sa recherche de capitaux auprès de son entourage familial. Seulement lui, et personne d'autre, peut parvenir à drainer de l'argent auprès de sa famille. Il est le seul à pouvoir la convaincre que son projet d'entreprise tient la route. Il reste la seule personne à même de démontrer que l'investissement proposé ne relève pas d'un risque inconsidéré, mais d'un risque calculé. En clair, le créateur en personne représente le meilleur prescripteur de sa propre opération, auprès de l'actionnariat familial éventuel.

Pour l'épargne du voisinage - nous dirons celle de la cité -, le maire reste certainement la personnalité la mieux qualifiée pour assumer ce rôle de prescripteur. Au chapitre précédent, nous avons vu que le maire fait partie, au sein de la cité, de ces rares personnalités qui connaissent à peu près l'ensemble de la population, dans la diversité de ses couches sociales.

L'élu municipal est donc capable, mieux que quiconque, d'identifier où se cache l'actionnaire de proximité. Il sait quels sont parmi ses administrés, ceux qui, culturellement et financièrement, pourraient être tentés par un investissement dans une PME.

Pour l'épargne de proximité professionnelle, la recommandation de l'ancien supérieur du créateur d'entreprise reste certainement, vu son réseau et son poids moral, la plus efficace. Elle aura encore plus d'impacts, lorsque cet ancien supérieur a lui-même réussi dans ses propres affaires, et montre l'exemple en devenant actionnaire du projet qu'il prescrit. Enfin, pour toucher les adhérents d'une association Love Money pour l'emploi, c'est à leur président qu'il convient de présenter le projet d'entreprise, avant de proposer à tous l'investissement.

Plus qu'une simple réflexion théorique, la conceptualisation de l'épargne de proximité en cinq catégories d'épargnants, nous permet d'imaginer avec plus d'efficacité, les leviers qui draineront l'argent des particulier vers les créations d'entreprises. Avant que la fédération Love Money pour l'emploi ne réalise cette conceptualisation, la mobilisation de l'épargne de proximité s'accomplissait d'une manière très empirique, pour ne pas dire expérimentale. Le prescripteur de l'opération, en général le maire, jouait plus sur l'affectif que sur la rationalité économique du placement. Il allait solliciter sans trop se poser de questions, toute personne qu'il estimait susceptible d'investir. Avec les outils d'analyse que nous propose aujourd'hui le Love Money, on passe d'une épargne de proximité artisanale, à un début d'industrialisation du système.

Une mobilisation organisée et rationalisée

En créant leur fédération nationale, Jean et Didier Salwa ont justement cherché à industrialiser cette mobilisation de l'épargne de proximité, ou tout au moins à la rationaliser. Dans leur esprit, cette rationalisation ne passe pas uniquement par l'approche segmentée de l'actionnariat de proximité, en adaptant arguments et prescripteurs à chaque catégorie d'épargnants. La professionnalisation de la démarche passe également par une série de règles et de procédures, que le créateur d'entreprise et les animateurs du Love Money pour l'emploi doivent impérativement respecter pour mobiliser de l'épargne de proximité. Bien que très procédurière, cette méticuleuse organisation du processus d'appel privé à l'épargne, singularise très clairement les opérations de Love Money, par rapport à ce qu'a pu tenter un Georges Chavanes à Lalouvesc ou un André Marcon à Saint-Bonnet-le-Froid.

Toutes ces procédures vont dans le sens d'un plus grand respect des actionnaires minoritaires, d'une meilleure protection de l'épargnant et d'une garantie de revente à terme de l'action de proximité. Le Love

Money pour l'Emploi a donc clairement pris le parti de la défense du petit épargnant comme celle du petit actionnaire. Nous ne pouvons d'ailleurs que nous en féliciter, puisqu'il est clair que nous n'arriverons pas à convaincre de petits épargnants de devenir des actionnaires de proximité, si nous ne leur offrons pas suffisamment de garanties claires.

Comment convaincre de petits épargnants d'investir leurs économies dans une entreprise, si la qualité des projets présentés, la véracité des prévisionnels transmis et le réalisme des perspectives de rendement, restent sujets au doute ? Donner suffisamment d'assurance à l'épargnant implique un minimum de procédures, qui n'ont pas été suivies, et de loin, dans toutes les opérations d'épargne de proximité hors Love Money. Pour pérenniser leur dispositif, Jean et Didier Salwa ont donc souhaité ne pas faire l'économie de ces procédures. Certes, elles ont tendance à alourdir le système et à rendre la collecte plus longue. Mais n'est-ce pas le prix à payer pour une transparence efficace ? L'idée sur laquelle repose cette collecte encadrée, vise à transformer l'investissement dans une entreprise non cotée, en un placement aussi sécurisant pour le petit épargnant, qu'un investissement boursier.

Quatre de ces règles distinguent clairement le dispositif Love Money des autres expériences d'épargne de proximité déjà abordées. La première consiste à calquer la procédure de réunion des capitaux, sur le modèle de l'appel public à l'épargne, une procédure beaucoup plus contraignante que la simple réalisation d'un placement privé.

En France, l'appel public à l'épargne est une procédure réglementée, voulue par le législateur dans un souci de protection de l'épargnant. Cela signifie que l'entreprise qui souhaite financer son développement en en appelant à un grand nombre d'épargnants, doit au préalable remplir un certain nombre d'obligations vis-à-vis de la COB, la Commission des Opérations de Bourse. Connue davantage pour son rôle de gendarme de la Bourse, cette autorité administrative indépendante se charge de vérifier la véracité et la sincérité des informations publiées par les sociétés faisant appel public à l'épargne. Cette règle s'applique également aux sociétés non cotées en Bourse, un élément que le grand public ne connaît pas forcément.

Le suivi de cette procédure suppose que la société désireuse d'augmenter son capital, rédige une note résumant les performances et les caractéristiques du placement qu'elle compte proposer à ses futurs actionnaires. La COB vérifie les informations contenues et si cette vérification s'avère concluante, elle délivre son visa en l'accompagnant d'une notice spécifique. Très schématiquement, la note comme la notice contiennent les éléments financiers et juridiques, nécessaires à l'information de l'épargnant sur la nature et les risques du placement.

Pour des raisons spécifiques, une opération de Love Money ne représente pas au niveau juridique un appel public à l'épargne, mais un appel privé. Pour comprendre la nuance, l'avis de l'homme responsable à la COB de l'examen des prospectus et de la préparation des visas, serait des plus utiles. Helman le Pas de Sécheval, le chef du service des opérations et de l'information financières, explique justement la différence entre appel public et placement privé, introduite par la loi du 2 juillet 1998 :

« La loi de 1998 repose sur le principe que la Direction du Trésor a appelé *la théorie des trois cercles*, connue également sous le nom de *théorie des trois espaces*. Le premier espace se forme de l'ensemble des opérations financières réalisées en France. A l'intérieur de ses opérations financières, vous avez un autre espace, celui des opérations par appel public à l'épargne. Ces opérations utilisent les techniques de publicité et de démarchage. Cela veut dire que vous vous adressez à un public *a priori* défini, et vous faîtes appel à son épargne. Puis à l'intérieur de ces opérations qui utilisent ces techniques, vous avez par dérogation aux règles d'appel public à l'épargne, les placement privés ».

« Les placements privés correspondent à des opérations financières, qui utilisent les méthodes de l'appel public à l'épargne, mais qui s'adressent soit à des investisseurs qualifiés, soit à un cercle restreint d'investisseurs. Les notions d'investisseur qualifié et de cercle restreint ont toutes deux été précisées par le décret d'application de la loi. On entend par investisseurs qualifiés, [certaines] personnes [dont les caractéristiques précises ont été fixées réglementairement] qui n'ont pas besoin des protections voulues par la loi en cas d'appel public à l'épargne. Elles doivent le déclarer par écrit sur la base d'une démarche volontaire, pour pouvoir bénéficier du statut d'investisseur qualifié. Le cercle restreint rassemble, quant à lui, les investisseurs qui entretiennent avec les dirigeants de la société des relations à caractère familial ou professionnel. Juridiquement, ce cercle est présumé restreint lorsqu'il est inférieur à cent personnes »

Cette nuance entre appel public et placement privé a une conséquence ; la loi n'astreint pas les animateurs du Love Money pour l'emploi à solliciter l'approbation de la COB, pour réaliser leurs opérations d'épargne de proximité. Légalement, ils pourraient très bien s'abstenir de son visa. Pour autant, les animateurs du Love Money pour l'emploi, soucieux de fournir aux épargnants une information de qualité comparable à celle d'un appel public à l'épargne, ont décidé de ne pas s'affranchir de cette contrainte. Bien au contraire, ils mènent chacune de leurs opérations comme s'ils réalisaient, en bonne et due forme, un appel public à l'épargne. Dès lors, Jean et Didier Salwa demandent à chaque entrepreneur venu les solliciter pour réunir de l'épargne de proximité, de rédiger une note de placement identique, mot pour mot, à celle demandée par la COB en cas d'appel public.

« On prépare tout comme si on accomplissait un appel public à l'épargne », explique Didier Salwa. Seulement de la sorte, ni l'épargnant ni les autorités financières ne pourra dire après un échec d'entreprise, que les risques du placement n'avaient pas été clairement énoncés. Informé comme il se doit, chaque actionnaire souscrit de manière responsable, en pleine connaissance des risques du placement. « *Au lieu de rédiger un Business Plan, nous concevons une note façon COB, c'est-à-dire un dossier d'une qualité proche d'un dossier de pré-introduction en Bourse* », précise le dirigeant national du Love Money : « *le dirigeant engage sa responsabilité sur les informations qu'il communique aux futurs actionnaires* » (1). D'ailleurs, dans chacun de leurs documents écrits, les animateurs du dispositif recommandent à leurs adhérents de ne pas investir, tant que la « note façon COB » n'a pas reçu un avis du bureau de la fédération nationale, donné par les présidents des associations locales.

Grâce aux précautions soulevées par ce document écrit, l'épargne des particuliers se trouve mieux protégée, que dans une opération plus classique d'épargne de proximité. Dans un souci de transparence, cette exigence vis-à-vis de l'entrepreneur trouve sa réciproque au niveau des épargnants. La fédération nationale Love Money pour l'emploi leur demande, systématiquement avant chaque opération, de signer une déclaration par laquelle ils se reconnaissent la qualité d'investisseur averti. En signant ce document, les adhérents déclarent bénéficier personnellement de la culture économique et financière suffisante, pour pouvoir juger eux-mêmes de la viabilité d'une entreprise et des risques encourus. Entre la note façon COB et la déclaration d'investisseur averti, l'ensemble du dispositif Love Money se met en profonde conformité avec les règlements 98-09 et 98-10 de la COB, règlements précisant les éléments caractéristiques d'une opération de placement privé.

En plus de la « note façon COB », les dirigeants des associations Love Money pour l'emploi exigent un second document signé de la main du chef d'entreprise. Il s'agit d'un pacte de bonne conduite, conclu entre le chef d'entreprise et la fédération Love Money pour l'emploi, visant au respect des actionnaires minoritaires. Bien que minoritaires, ce sont tout de même ces actionnaires de proximité qui apportent l'argent indispensable au développement et à la croissance de l'entreprise du créateur. Ils méritent en conséquence un profond respect, en tant qu'actionnaires au sens premier du terme. Le dirigeant doit les considérer comme des partenaires financiers qui ont accepté de partager les risques de ses ambitions.

(1) Magazine *Défis* - mars 2000

En demandant cet engagement au dirigeant, Jean et Didier Salwa veulent que le poids des petits actionnaires soit renforcé dans les opérations de Love Money, par rapport à ce qu'il est malheureusement pour l'instant en Bourse. Chacun le sait, l'indifférence des grands groupes cotés envers leurs petits actionnaires, a joué pour beaucoup dans la désaffection des épargnants français vis-à-vis de la Bourse. « Vous êtes actionnaire en Bourse, vous n'êtes rien ! », constatait Jean Salwa avec une certaine tristesse. Jusqu'au milieu des années quatre-vingt-dix, tant qu'un actionnaire ne possédait pas au moins un tiers du capital d'une entreprise - la minorité de blocage -, le comité de direction le considérait comme quantité négligeable.

Or, même s'il ne possède qu'une seule action, l'actionnaire a des droits reconnus par la loi : le droit de négocier son action, le droit à l'information, le droit aux bénéfices et aux réserves, le droit de contrôler la direction de l'entreprise au travers de son vote à l'assemblée générale annuelle, le droit de souscription et d'attribution, plus une quantité de droits spécifiques dont la technicité ne nous permet pas de les aborder ici.

Les rappeler a pour seul intérêt de rendre plus compréhensible la logique qui a poussé les animateurs du Love Money, à exiger des chefs d'entreprises ce fameux pacte de bonne conduite. En lui demandant de reconnaître par écrit ces droits minimaux et élémentaires, l'association pense mettre suffisamment en garde l'entrepreneur, pour éviter toute négligence à terme envers les petits porteurs. En effet, Jean et Didier Salwa ne veulent pas avoir à constater quelques années après l'investissement, que ceux qui ont apporté l'argent ne sont pas associés à la conduite de l'entreprise. Cette précaution reste la raison d'être de ce pacte de bonne conduite, dont le seul objectif consiste à rendre l'investissement de proximité attractif pour les petits porteurs. En devenant un des seuls systèmes à garantir contractuellement les droits du petit actionnaire, le Love Money pour l'emploi espère obtenir la préférence de l'épargnant moyen, par rapport à l'investissement boursier, anonyme par excellence.

De toute façon, Jean et Didier Salwa exigent que se constitue autour de chaque projet une commission d'étude, animée par les membres volontaires des association locales. Composée au minimum de dix membres, chaque commission a pour but de faire respecter l'ensemble des procédures que sous-entend une opération de Love Money. Bien évidemment, elle se charge avant toute étude de faire signer le pacte de bonne conduite, et vise au final à assister le porteur de projet pour la rédaction de la note « façon COB ».

En amont de la collecte de capitaux, la commission doit se réunir au moins quatre fois pour s'assurer de la viabilité du projet, examiner ses perspectives de croissance et confirmer la sincérité des informations transmises par le dirigeant. Et avant même d'être passé au crible d'une commission chargée de l'étude du document façon COB, tout projet d'entreprise ne peut pas se soustraire à son enregistrement par la fédération nationale. On le voit bien, le filtre a été bien conçu pour que puissent accéder aux épargnants de proximité uniquement des projets de qualité. C'est une des meilleures manières pour limiter les risques financiers de l'investissement dans le non coté.

Au-delà du pacte de bonne conduite, le Love Money se distingue toujours en ne se limitant pas à une intervention avant et pendant la phase d'investissement. L'intervention d'une association se poursuit après la réalisation de l'augmentation de capital, afin d'effectuer le suivi de l'investissement. Pour assurer ce suivi, l'association veille non seulement à ce que les actionnaires minoritaires puissent faire respecter leurs droits, mais surtout à ce qu'ils puissent vendre leurs actions ou en acheter d'autres entre eux.

C'est ce qu'on appelle en finance le marché interne d'actions, c'est-à-dire les échanges d'actions entre les actionnaires d'une même entreprise, suivis et comptabilisés par la direction de celle-ci. Selon le Professeur Babeau, « ces marchés informels au sein des entreprises fonctionnent très bien ». « Sur ces marchés internes, on arrive très bien en suivant une évolution favorable des cours, à liquider ses titres en cas de besoin ». « Mais ce sont quand même des marchés d'un type un peu particulier, où l'on retrouve à la fois des offreurs et des demandeurs, qui ont une très bonne connaissance de l'entreprise ».

Effectivement, les marchés informels doivent fonctionner pour assurer aux épargnants une liquidité de leur placement en actions, c'est-à-dire tout bonnement la faculté de pouvoir revendre leurs actions pour récupérer leur argent. Il est donc primordial que ces marchés puissent fonctionner. Dans les faits, ils semblent fonctionner correctement, mais avec plus ou moins de cohérence. Dans le non coté, le marché interne s'organise de gré à gré. Il fonctionne d'une manière totalement informelle où acheteurs et vendeurs se rencontrent en personne et négocient directement. C'est pourquoi, quand ce marché interne peine à se mettre en place par lui-même, il n'est pas inutile que l'on cherche à l'organiser plus formellement.

Justement, la fédération Love Money pour l'emploi se propose de suivre les échanges d'actions après l'investissement initial, et rendre ainsi le marché interne un peu plus formel, pour contribuer à l'indispensable liquidité du placement de leurs adhérents. Un tel rôle d'organisateur du marché interne suppose bien évidemment de réelles connaissances en ingénierie boursière et financière. Sur ce point précis, l'expérience passée de Jean Salwa sur le marché hors-cote semble s'être avérée utile. « Sans ce savoir-faire, il n'y aurait pas de Love Money », reconnaît l'intéressé, soulignant ainsi une réalité profonde : drainer de l'épargne de proximité vers des créations d'entreprises, ce n'est pas techniquement aussi simple que l'idée pourrait le laisser penser :

« Nous devons assurer le *front office* qui consiste autant à contrôler la liquidité de l'action au quotidien, qu'à suivre la communication financière de l'entreprise ; le chef d'entreprise ayant réalisé un Love Money se doit de communiquer avec ses actionnaires, comme le ferait une société au règlement mensuel ». « Parallèlement, nous tenons le *back office* qui implique principalement la tenue du registre des actionnaires. On souhaite en fait que l'entreprise mette en place elle-même un réseau interne d'achat et de vente d'actions. La fédération Love Money pour l'emploi supervise la comptabilité des titres. Cela nous conduit à l'établissement d'un carnet d'ordre, qui consiste, comme en Bourse, à centraliser des intentions de demandes et d'offres d'actions ».

On voit bien que les éléments du dispositif Love Money commencent réellement à se complexifier au niveau de la technique financière, bien que l'on soit toujours au sein d'une association, et pas encore dans une entreprise de droit privé. Ne croyons pas que Jean et Didier Salwa ont technicisé leur dispositif pour le plaisir de le rendre plus complexe. Bien au contraire, qu'il s'agisse du comité de sélection, de la « note façon COB », du pacte de bonne conduite ou du suivi du marché interne d'actions, toutes ces exigences visent à rendre la démarche Love Money plus solide, plus professionnelle et donc plus crédible.

De la sorte, les Salwa évitent que leur système ne s'effondre à cause d'entrepreneurs peu scrupuleux et d'épargnants qui, déçus d'avoir à assumer leur risque financier jusqu'au bout, soutiennent ne pas avoir été suffisamment informés. Ainsi, les choses sont claires dès le départ et une telle clarté ne pourrait être obtenue en l'absence de procédures. Entre la sélection draconienne et les impératifs de transparence, les dirigeants du Love Money pour l'emploi estiment pouvoir atteindre, grâce à la rigueur de leurs procédures, un taux de réussite de 80% parmi les entreprises financées.

D'ailleurs, Jean et Didier Salwa inscrivent leur action dans une perspective très pédagogique. Ils souhaitent à travers le développement du réseau Love Money sur le territoire français, diffuser ce savoir-faire boursier auprès de chacun de leurs adhérents. « Si l'on ne maîtrise pas un élément de l'ingénierie en introduction boursière, *front office* ou *back office*, on ne peut pas faire du Love Money », explique Jean Salwa. « Notre expérience du marché hors-cote nous sert. Mais comme nous souhaitons que le mouvement Love Money pour l'emploi prenne une dimension nationale, notre ambition suppose que nous transmettions notre savoir-faire à tout un chacun ».

En clair, Jean et Didier Salwa souhaitent que chaque adhérent puisse, au fil de sa participation à un comité d'étude et à la rédaction des « notes façon COB », acquérir les compétences techniques nécessaires pour animer l'actionnariat de proximité. L'idée ne manque pas d'originalité. En outre, cette transmission du savoir-faire financier représente une contrepartie judicieuse à l'investissement bénévole des adhérents des associations Love Money. En acceptant de consacrer du temps non rémunéré à la quête des capitaux de proximité, l'adhérent du Love Money apprend. Cette « carotte pédagogique » deviendra peut-être la source d'une meilleure motivation, et encouragera ainsi de nouveaux intéressés à adhérer au dispositif Love Money.

Des traits communs avec le capital-populaire

A travers toutes ses procédures, le système d'appel privé à l'épargne organisé par le Love Money tranche avec la vision empirique de l'épargne de proximité. Si le système de Jean Salwa se singularise par l'aspect procédurier du processus d'appel, il n'en existe pas moins un certain nombre de traits communs, avec l'épargne de proximité dans son expression classique, rurale et politique.

Les similitudes entre ces deux visions de l'épargne de proximité se révèlent tout particulièrement dans l'ambition demandée aux entreprises concernées. Le terme Love Money ne doit induire personne en erreur. Le mouvement de Jean et Didier Salwa ne cherche aucunement à financer des entreprises modestes, de petites SARL qui se contenteront de présenter en fin d'année une situation comptable bénéficiaire. Bien au contraire, le dispositif Love Money pour l'emploi se destine exclusivement aux entreprises ambitieuses, à l'image des projets retenus en 1975 et 1978 par Joseph Briend. L'ambition entrepreneuriale exigée par le Love Money n'est point une notion vague. Elle est précise et chiffrée, vu que Jean et Didier Salwa réservent leur dispositif aux seules entreprises capables de dégager de un à deux millions de francs de chiffre d'affaires, dès la première ou la seconde année.

En outre, l'ambition des entreprises faisant appel à l'épargne de proximité doit se traduire sous une forme boursière. Tous les entrepreneurs qui sollicitent l'appui d'un club Love Money, doivent prendre l'engagement moral auprès de leurs actionnaires de proximité, d'inscrire au bout de quatre à cinq ans, les actions de la société au Marché Libre de la Bourse de Paris. La perspective d'aller au Marché Libre représente, selon les créateurs du Love Money pour l'emploi, la seule garantie de liquidité que l'on puisse donner à un actionnaire de proximité.

Mais n'entre pas en Bourse qui veut. Même au Marché Libre, le plus accessible des marchés boursier français, l'entreprise doit avoir su croître et atteindre une taille critique, tant sur le plan de sa capitalisation que sur celui du chiffre d'affaires. C'est d'ailleurs la raison pour laquelle, la fédération Love Money pour l'emploi exige des entreprises appuyées, le triplement sur cinq ans de la valeur vénale des actions souscrites par les épargnants de proximité. Peu d'entrepreneurs intègrent au début de leur parcours la nécessité de dégager un rendement aussi fort, et encore moins cette volonté d'entrer un jour en Bourse. Par conséquent, le dispositif Love Money exclut *de facto* de son champs d'activité la grande majorité des créations d'entreprises françaises : celles qui se condamnent par elles-mêmes à rester des TPE (Très Petites Entreprises).

Pour autant, le Love Money deviendrait-il, au fil des entreprises sélectionnées, un dispositif élitiste ? Dans l'esprit de Jean Salwa, certainement pas. Selon le créateur du Love Money pour l'emploi, on peut communiquer à un entrepreneur, même modeste, l'envie de grandir ; il illustre même sa conviction par un exemple précis : « Roman Prochazka, le premier créateur d'entreprise à avoir sollicité notre concours, voulait au départ créer une entreprise individuelle ». En situation de recherche d'emploi, Roman Prochazka ne pouvait qu'avoir des ambitions modestes. Il était logique qu'il recherche seulement 50 000 francs pour fonder sa SARL.

Petit à petit, Jean Salwa a usé de toute sa pédagogie pour lui expliquer, que s'il souhaitait trouver ces fonds auprès d'actionnaires de proximité, il allait falloir penser à aller un jour en Bourse pour leur donner une liquidité. Par conséquent, il se trouvait contraint, dès la constitution de sa société, à manifester plus d'ambitions, en terme de nombre de salariés et de mise de fond. « *Après l'étude de son projet par les bénévoles de l'association, nous lui avons dit que ce n'était pas 50 000 francs qu'il lui faudrait, mais 500.000* », précise Didier Salwa. Pour rentrer dans la logique de leur dispositif, les animateurs du Love Money ont soutenu à Roman Prochazka « *qu'il allait créer une SA dont il serait PDG, et qu'il serait coté en Bourse* ». « *Il a accepté* » (1). Moralité, « entrer en Bourse doit être démystifié » !

Cité fréquemment par Jean Salwa, cet exemple de la société *Air Qualité* pourrait nous laisser croire en la possibilité de communiquer, même à un entrepreneur individuel, le goût d'une croissance indispensable à la collecte de capitaux de proximité. Hélas, sans vouloir décourager l'ardeur communicative des animateurs du Love Money, Air Qualité représente plus l'exception qui confirme la règle, qu'un cas hautement représentatif. L'ambition d'entrer en Bourse n'envahira jamais la globalité de la population des créateurs d'entreprises. Aussi, la démarche Love Money ne peut, par définition, que se destiner à un public restreint d'entrepreneurs.

 (1) Magazine *Défis* - mars 2000

En revanche, Love Money n'est pas la seule démarche confrontée au dilemme de l'ambition et de la liquidité. Toute épargne de proximité visant l'efficacité reste concernée par cette problématique. C'est pourquoi, nous pouvons parler ici de similitude avec la « méthode municipale ». Même si Joseph Briend ne l'avait pas expressément exigé en 1978 du créateur de GALINA SA, le rachat par le Groupe Guyomarc'h a procuré la liquidité nécessaire au placement. Qui plus est, le groupe Guyomarc'h est lui-même coté à la Bourse de Paris, au Second Marché. D'une certaine manière, GALINA SA a été « indirectement » introduite en Bourse.

A Pleucadeuc, la liquidité s'est présentée d'elle-même ; dans le Love Money, elle a été voulue dès l'origine de l'opération. Comme le rappelle avec justesse Jean Salwa, « il faut que les gens sachent dès le départ comment ils pourront récupérer leur argent, sinon ils n'investiront pas ». Le Professeur Babeau confirme : « la liquidité reste toujours un problème. Même si l'épargnant intègre que l'action est un investissement long, il ne peut pas se désintéresser de sa liquidité ». De la même manière, la revente des actions doit impérativement s'accomplir, dans une opération de Love Money, par une cotation boursière. A Pleucadeuc, la liaison avec la Bourse fut moins directe. En définitive, la forme diverge mais l'esprit demeure le même ; l'ambition des sociétés doit pouvoir se traduire en une liquidité du placement proposé aux actionnaires de proximité.

Pour autant qu'il tienne à l'ambition des entreprises sélectionnées, le dispositif Love Money ne perd pas de vue l'utilité sociale de sa démarche, qu'il envisage principalement sous le prisme de la création d'emplois. C'est également en ce sens que, malgré les différences de formes et de procédures, la démarche d'un Jean Salwa soucieux de l'intérêt général se rapproche des objectifs poursuivis par Georges Chavanes, André Marcon et Joseph Briend dans leur commune respective. « L'optique de l'emploi local est fondamentale dans l'esprit Love Money », assure Jean Salwa. D'ailleurs, il est fort intéressant de remarquer que ses associations ne s'appellent pas *club Love Money*, mais prennent la dénomination très précise *d'associations Love Money pour l'emploi*, en y ajoutant le nom de la localité et du département de leur champ d'action.

A bien y réfléchir, cet objectif guidé par l'intérêt général justifie la forme associative du dispositif. Si la création d'emplois n'était pas un des buts principaux poursuivis, Jean Salwa n'aurait pas constitué le Love Money sous la forme d'une association. Il en aurait fait une société de service, offrant aux entreprises son expertise en financement, en contrepartie d'honoraires.

« Love Money n'est pas un prestataire de services, mais un lieu de rencontre », tient à rappeler Jean Salwa. Selon lui, chacun doit pouvoir y trouver son intérêt, qu'il s'agisse d'un intérêt d'ordre général et intellectuel ou d'un intérêt personnel et patrimonial. Si certains adhérents du Love Money regardent leur propre intérêt en cherchant à faire fructifier leur épargne, d'autres regardent avant tout leur contribution au développement local, à travers la création de valeur.

Enfin, le Love Money de Jean Salwa se rapproche du modèle appliqué à Pleucadeuc, par la manière dont l'argent va de l'épargnant jusqu'à l'entreprise en création. Comme à Pleucadeuc, à Lalouvesc et à Saint-Bonnet-le-Froid, l'argent collecté ne transite pas entre les mains du dispositif de drainage. Les associations Love Money ne sont finalement que des interfaces entre des créateurs d'entreprises demandeurs de capitaux, et des épargnants locaux offreurs de capitaux. En fait, le Love Money assure surtout un rôle de prescription de l'investissement ; il le recommande, mais ne le réalise pas lui-même.

Les associations ne collectent pas de l'argent en constituant un fonds, pour que ce fonds commun devienne ensuite actionnaire des entreprises créées. Tout au contraire, les épargnants adhérents du Love Money investissent chacun à titre individuel ; ils se retrouvent directement actionnaires de la société financée, sans que l'association Love Money n'apparaisse juridiquement quelque part. L'activité du Love Money reste juridiquement et capitalistiquement transparente, se résumant finalement à une simple mise en relation, bien qu'organisée et rationalisée.

Certains estimeront peut-être que cette précision relève du détail technique. La nuance en reste pour le moins de taille. Elle nous permet en effet de classer le Love Money parmi la famille des activités d'intermédiation financière. Cette catégorie inclut autant la démarche des maires précédemment étudiée, que la mise en relation avec les Business Angels abordée plus loin. C'est en comprenant que la mobilisation de l'épargne de proximité procède d'un investissement *désintermédié* que nous comprendrons, plus tard, qu'il s'agit de l'élément fondamental la distinguant du capital-risque, l'autre source du financement en fonds propres.

D'ailleurs, Jean Salwa ne dit pas autre chose, quand il affirme que sa démarche « consiste à mettre en place un système de collecte de capitaux à répétition pour l'entreprise ». Système ; le mot résume à lui seul la manière de procéder du Love Money. En s'organisant sous la forme associative, en élargissant la base géographique de la collecte de capitaux, et en édictant des règles rigoureuses de sélection et de présentation des entreprises à financer, le Love Money se propose tout compte fait d'organiser la mobilisation de l'épargne de proximité. Il l'a rend moins expérimentale, moins aléatoire et par conséquent moins risquée, notamment en y apportant un savoir-faire financier.

Voilà comment peut se résumer l'apport fondamental du dispositif Love Money aux techniques et procédés de mobilisation de l'épargne de proximité. Cette technicité ne dénature pas pour autant la démarche essentielle, qui a poussé, ici et ailleurs, des intervenants non intéressés à devenir volontairement interfaces entre épargne locale et créateurs d'entreprises ; rester dans une perspective d'intérêt général pour le développement local. Allier l'intérêt de la collectivité à la recherche d'un nécessaire rendement pour l'épargne de proximité ; le dispositif imaginé par Jean Salwa ne manque pas d'originalité ! Mais un système ne se juge pas par son originalité ; il ne peut être jugé qu'à l'aune de ses résultats. C'est bien la question qu'il convient maintenant de se poser.

Un premier bilan réussi mais limité

Un premier bilan, les associations Love Money pour l'emploi en ont un. Pour un mouvement associatif qui n'existait pas il y a à peine quatre ans, la tangibilité de ses premiers résultats mérite toute notre attention. En l'espace de quatre années, le mouvement Love Money a appuyé six sociétés en création ou en développement, par un apport global de six millions de francs de capital de proximité, et l'équivalent en promesse de souscriptions.

Le résultat est élogieux et témoigne en tout état de cause de l'utilité économique du dispositif. Il n'y a plus lieu d'en douter, le Love Money sert effectivement à quelque chose, malgré ce que certains détracteurs ont pu penser dans un premier temps, déroutés par l'atypisme et le bénévolat du dispositif. Mais pour en arriver à de tels résultats, Jean et Didier Salwa ont dû composer avec le temps. La montée en puissance n'a pu être que progressive.

« La première entreprise s'est présentée en 1998, seulement huit mois après la création de la première association Love Money », se rappelle Didier Salwa. Comme nous l'avons vu, il s'agissait *d'Air Qualité*, une création pure pour laquelle l'initiateur Roman Prochazka, alors au chômage, n'avait pas envisagé toutes les pistes de développement possibles. Basée à Montfermeil en Seine-Saint-Denis, *Air Qualité* se consacre, en tant qu'entreprise de services, à la prévention de la pollution de l'air dans les bâtiments climatisés. En exploitant une technique innovante de nettoyage en provenance des Etats-Unis, les traitements d'Air Qualité doivent permettre d'éviter le développement sur les lieux professionnels des maladies nososcomiales, plus simplement les maladies liées à la poussière.

Malheureusement, Roman Prochazka n'avait aucun fond personnel à consacrer à la création de son entreprise. L'association Love Money pour l'emploi de Neuilly-sur-Marne lui permit de réunir auprès de 85 actionnaires de proximité un million de francs, les participations allant de 100 francs pour la plus petite, à 40 000 francs pour la plus élevée. On remarquera qu'on se retrouve ici pratiquement dans la même fourchette de prise de participation, qu'à Pleucadeuc. A la fin de l'année 1999, *Air Qualité* comptait huit salariés. Aujourd'hui, l'entreprise vise les trente employés pour l'année 2002, ce qui la sortirait clairement de la dimension de la TPE (Très Petite Entreprise).

Le seconde entreprise, *Les mains dans la Farine*, créée par Monsieur Marc Amiot, a réussi dans la foulée une souscription de 560 000 francs. Le cas de *Lorrica*, la troisième entreprise, est d'autant plus intéressant qu'il s'agit d'un développement et non d'une création, un cas de figure que nous n'avons pas encore observé au niveau de l'épargne de proximité. Spécialisé dans la création et la commercialisation de sacs à mains modernes, cette société avait été créée en 1997, avec seulement 80 000 francs, par un jeune entrepreneur de 33 ans, Frédéric Etrillard. Ce jeune chef d'entreprise fit l'expérience assez déroutante de ces créateurs qui, faute de moyens financiers suffisants, risquent d'être victime de leur croissance.

Ce cas de figure où réussite rime avec faillite, étonnera très certainement plus d'un lecteur parmi les moins habitués à ce genre de subtilité de la gestion d'entreprise. Il n'en est pourtant pas moins vrai. Plus un entrepreneur décroche de contrats, plus il doit produire. C'est à ce moment précis où la réussite commerciale et la production s'emballent, que les entreprises ont le plus besoin de fonds propres. Un nouvel apport en capital leur permet, en effet, de mieux couvrir le délai courant entre l'achat des marchandises et leurs ventes. Les comptables appellent fonds de roulement, le financement de ces décalages de paiement. Si ce fonds de roulement vient à faire défaut, l'entreprise a de grandes chances de devoir prendre le chemin du tribunal de commerce, alors que sa situation commerciale n'a jamais été aussi bonne. Telles sont les curiosités de l'économie !

« Monsieur Etrillard est venu nous voir parce qu'il avait pris trop de commandes, et n'avait pas assez de souplesse financière pour faire face à celles passées avec les Galeries Lafayette », se rappelle Jean Salwa. L'aspect très particulier de la situation n'a pas pour autant empêché l'entreprise *Lorrica* d'augmenter son capital, grâce à l'intervention du Love Money. Dans le cas présent, 600 000 francs apportés par trente-sept actionnaires ont fait en sorte que la croissance reste une chance pour *Lorrica*, au lieu de devenir paradoxalement les raisons de sa perte. Qui plus est, la preuve était enfin apportée que le Love Money pouvait fonctionner dans des entreprises en développement, en plus des créations.

La place que nous impartit ce livre ne nous permet malheureusement pas d'aborder chacune des trois autres sociétés, *Hortus technologies*, *Andines* ou *Croque la Vie*, cette dernière ayant eu l'originalité de développer un concept de restauration rapide dans l'alimentation bio. Ces trois sociétés ont chacune pu vérifier à quel point la mobilisation d'un actionnariat de proximité, même à partir de petites participations financières, pouvait transformer un projet d'entreprise en une réalité économique. Comment un entrepreneur comme Charles Hannon ne pourrait plus croire en la puissance financière populaire ? Pour créer « Croque la vie », il collecta pas moins de 1,2 million de francs par la réunion de cinquante-deux actionnaires, au cours de sa démarche de Love Money.

Avec des premiers résultats aussi prometteurs, le mouvement Love Money ne pouvait qu'être appelé à se développer, en intéressant de plus en plus de créateurs convaincus de son efficacité. Grâce à ses premières réussites, le mouvement Love Money pouvait également escompter attirer un nombre plus imposant d'épargnants, séduits notamment par l'aspect didactique de la démarche. « Les gens sont d'abord venus par curiosité ; le « bouche à oreille » a fonctionné ; notre démarche a fait tâche d'huile naturellement en deux ans », résume Didier Salwa.

Une par une, les associations se montent progressivement dans chaque département français. Après la première d'entre elles fondée en 1997 à Neuilly-sur-Marne en Seine-Saint-Denis, vint celle de Poissy quelques mois plus tard. Le mouvement sortit vite des frontières de la région parisienne, en suscitant notamment en janvier 2000 la création d'une association Love Money pour l'emploi à Rodez, au cœur de l'Aveyron. Montpellier en février 2000 permit d'atteindre le barre symbolique de la dixième association française. Poitiers, Saint-Germain-en-Laye, puis à partir de Septembre 2000 Reims, Rennes et Sophia Antipolis... le mouvement Love Money pour l'Emploi commence effectivement à prendre une dimension nationale.

Au mois d'octobre 2000, l'association de Saint-Etienne dans la Loire représentait déjà la vingtième de France, et huit projets d'entreprises se trouvaient en phase d'étude avancée sur l'ensemble du réseau français, pour la réalisation d'un investissement. Fiers de leur premiers résultats, Jean et Didier Salwa ne souhaitent pas pour autant s'en arrêter là. Ils se sont fixés pour objectif d'ici la fin de l'année 2001 de fédérer cent associations départementales Love Money pour l'emploi, pour couvrir ainsi toute l'étendue du territoire métropolitain. En attendant, le mouvement Love Money continue à se propager.

Six millions de francs déjà investis dans six entreprises distinctes, avec l'équivalent en promesses de souscription ; le bilan est loin d'être inintéressant. Ce qui est encore plus porteur, c'est qu'au début de l'année 2000, le montant de l'épargne investie ne s'élevait pas encore au-delà de 2,8 millions de francs. En outre, cette collecte plus faible se répartissait entre trois sociétés au lieu des six actuelles. Ce doublement en moins d'un an de la masse d'épargne investie et du nombre de projets appuyés, nous invite à penser que la croissance du Love Money prend une allure exponentielle.

Certains esprits critiques rétorqueront que le gonflement du nombre d'associations créées, ne doit pas faire oublier qu'au début de l'année 2000, le dispositif avait contribué à la création de seulement trente emplois. Ne rentrons pas dans ce genre de polémiques. Tout d'abord, il y aurait lieu de rappeler que les petits ruisseaux forment les grandes rivières ; trente emplois créés, cela représente déjà trente personnes qui ne se trouvent pas au chômage. Qui peut s'en plaindre, surtout lorsque que ces créations d'emplois résultent d'une démarche bénévole et militante qui, jusqu'à présent, n'a bénéficié d'aucune subvention publique ?

Quoi qu'on pense de l'efficacité du Love Money, il est indéniable qu'il a réussi à se développer et permis à des sociétés d'émerger. S'il n'y a plus lieu de douter de son utilité, une question beaucoup plus profonde quant à nos réflexions, vient à se poser : est-ce sous cette forme précise du Love Money, que l'épargne de proximité arrivera enfin à se développer d'une manière significative en France ? Est-ce le modèle le mieux approprié pour mobiliser à grande échelle l'épargne de proximité, en vue d'alimenter les projets de nos créateurs qui tardent à se faire financer ?

Le fait que, finalement, le dispositif Love Money ne puisse en aucune manière s'adresser à des entreprises dénuées d'ambition, nous donne déjà quelques éléments de réponse. Comme la méthode municipale, le Love Money garde ses propres limites, malgré toute la sympathie que nous pouvons lui porter. Cette limite, nous la trouverons en accomplissant une simple division. Nous disions plus haut que les trois millions de francs avaient été investis au début de l'année 2000 et représentaient l'apport de 250 actionnaires de proximité. Cela signifie tout simplement que l'investissement moyen en Love Money se situe aux environs de 12 500 francs, ce qui, il est vrai, ne représente pas des montants faramineux.

Mais, peut-on *a contrario* considérer qu'investir 12 500 francs équivaut à un placement d'épargne populaire ? Est-ce le fait du petit épargnant, qui, faute de grands moyens financiers, laisse la plupart du temps ces quelques économies reposer sur un livret réglementé ? Non, 12.500 francs ne représentent pas pour tous les citoyens un investissement infinitésimal, surtout quand on sait que le patrimoine moyen des Français se situe aux environs de 400 000 francs. D'autre part, la prudence patrimoniale voudrait qu'un épargnant moyen n'investisse pas plus de 10% de son patrimoine en actions non cotées. Qui plus est, ces 10% du patrimoine réservés à l'investissement risqué doivent eux-mêmes être répartis entre des séries d'actions différentes, si l'épargnant tient avec sagesse à ne pas mettre tous ses œufs dans le même panier. En suivant ces règles de prudence élémentaires, on voit de quel type de patrimoine peuvent provenir les 12 500 francs d'investissement moyen. Voilà pour la première interrogation.

Cependant, une deuxième interrogation peut se poser, si l'on envisage le problème sous son aspect pratique. Trouver deux cent cinquante épargnants et les convaincre de prendre un risque financier, ce n'est pas une mince affaire ! On imagine sans difficulté le temps qui a été nécessaire aux porteurs de projet d'entreprise, pour réunir ces épargnants et pour leur fournir toutes les informations nécessaires à la décision d'investissement. L'immensité du travail accompli ne fait l'objet d'aucun doute. Tout en gardant une attitude humble et sincère, Jean et Didier Salwa ne cachent pas le temps que leur prend leur activisme. « Love Money pour l'emploi représente 95% de mon temps, et mes moindres déplacements restent à mes frais », rappelle Didier Salwa.

Même s'il s'agit d'un poncif, rappelons que le temps n'est rien d'autre que de l'argent. Aujourd'hui à la retraite, Jean Salwa a la chance de bénéficier du temps nécessaire et d'un revenu en parallèle, pour mener à bien son activité. Sans ce temps et sans cet argent, comment arriver à motiver 250 actionnaires de proximité ? Comment assurer une action à but non lucratif qui exige un temps complet pour être réalisée d'une manière sérieuse et professionnelle ? A l'évidence, un actif ne pourrait accomplir d'une manière purement bénévole, en plus de ses heures de travail, une action d'une telle envergure. C'est pourquoi, si elle veut se pérenniser dans le temps, la recherche de capitaux de proximité doit devenir l'offre commerciale de professionnels du secteur privé. En échange du travail accompli, ces chercheurs de finances de proximité demanderont au chef d'entreprise appuyé, une rémunération de leur activité.

Du Love Money au fund raisers ; les limites du bénévolat

En passant d'une recherche de capitaux assurée par le maire, à une prospection organisée par le biais d'une association, nous prenions déjà quelques distances avec la perspective purement désintéressée du développement local. Mais en nous en remettant à des prestataires privés, nous quittons une fois pour toute la notion d'intérêt général. Lentement mais sûrement, nous entrons dans une logique totalement marchande. Dans le contexte de la Nouvelle Economie, cette recherche d'essence privée prend de l'ampleur, au point que ces prospecteurs de capitaux de proximité forment officiellement une nouvelle profession. Ils se sont même dotés d'un nom : les *fund raisers*.

Mandatés par des chefs d'entreprises, les *fund raisers* partent à la quête des investisseurs, et en cas de succès, se rémunèrent en prélevant une commission sur le montant des capitaux levés ; celle-ci est généralement comprise entre 5 et 10%. Bien que cette commission représente le prix du service, l'intervention des *fund raisers* s'avère entièrement transparente pour le chef d'entreprise. Ce dernier paiera son prestataire de service, uniquement dans le cas où il aura effectivement réussi à lui ramener de l'argent frais. Ce service rendu va bien évidemment représenter une charge pour l'entreprise. Mais comme il a justement consisté à attirer de nouveaux moyens financiers, le chef d'entreprise se retrouve plus qu'en mesure de régler la prestation de son *fund raiser*. Au bout du compte, si le *fund raiser* ne parvient pas à apporter les capitaux de proximité escomptés, il ne facture généralement aucun honoraire à son client, malgré tout le temps consacré à la recherche de l'argent.

Installé dans la région lyonnaise, Jean-François Prat exerce depuis 1995 cette nouvelle profession. Diverses expériences personnelles, dont une formation de management aux Etats-Unis, ont conduit cet ingénieur diplômé de l'école des mines de Saint-Etienne, à s'intéresser au capital de proximité. Durant les années 1993 et 1994, il organisa à Lyon deux salons consacrés à l'investissement de proximité. Organisées sur une journée, ces manifestations se fixaient pour objectif de mettre en relation des créateurs locaux avec des épargnants de proximité.

A l'image de Jean Salwa, l'implication de Jean-François Prat dans l'organisation de ce salon restait purement bénévole. Pourtant, Jean-François Prat s'est rendu compte, lors de la préparation du troisième salon en 1995, de « la nécessité de créer une structure permanente professionnalisée ». « On a alors transformé le troisième projet de salon en un projet d'entreprise ; c'est ainsi que Proxicap est née en Janvier 1996 ». Jean-François Prat dirigea pendant trois ans cette société privée d'intermédiation financière, à une époque où le mot *fund raiser* n'était pas encore utilisé. « Proxicap a financé une vingtaine de projets d'entreprises, qui allaient aussi bien de la formation par alternance à la vidéo surveillance numérique. Nous leur avons permis de lever trente millions de francs», précise ce précurseur du *fund raising* à la française. Pour mener à bien son activité, Proxicap alla jusqu'à employer cinq salariés à temps plein, preuve s'il en est que la mobilisation des capitaux de proximité peut devenir une activité privée et rentable.

En 1999, un conflit entre associés amenait Jean-François Prat à quitter la direction de Proxicap. Pour autant, il n'oublia pas ce métier qui le passionnait toujours, si bien qu'il fonda immédiatement après son départ la société Capital et Croissance. Avec deux nouveaux associés, Jean-François Prat continua de proposer aux entreprises locales exactement le même service : réunir des capitaux auprès d'une série d'investisseurs personnes physiques, qu'il comptait dans son réseau personnel.

Pratiquant ce métier depuis maintenant quelques années, Jean-François Prat s'est forgé un avis expérimenté sur les dispositifs dévoués à la mobilisation de l'épargne de proximité, qu'ils soient publiques ou privés. Au milieu des années quatre-vingt dix, il avait d'ailleurs eu l'occasion de rencontrer personnellement Jean Salwa, pour prendre conseil au moment du lancement de Proxicap. Selon Jean-François Prat, on ne peut pas durablement parvenir à mobiliser de l'épargne de proximité, dans le cadre d'une démarche associative. Il faut vite passer à une activité privée à but lucratif, pour s'y consacrer à plein temps et dégager un revenu professionnel : « Le suivi d'un projet demande beaucoup de temps et d'argent. Si l'on veut vraiment le faire, et donc correctement, on a du mal en tant que bénévole ».

Quand on lui rappelle que Jean Salwa arrive à des résultats significatifs malgré la forme associative de son dispositif, Jean-François Prat n'y voit aucune contradiction avec sa propre analyse. Il précise : « Pour moi, le dispositif de Jean Salwa n'est pas de l'associatif. C'est un professionnel qui s'y consacre à plein temps, et Love Money représente la continuité d'une activité professionnelle »... il a donc le temps nécessaire pour se consacrer à son mouvement et se permettre de proposer, bénévolement, ses services aux créateurs d'entreprises.

Cette analyse des limites du bénévolat est on ne peut plus rationnelle. Elle devient d'autant plus intéressante, quand on la relie au profil des épargnants prospectés. En tant qu'entrepreneur privé, un *fund raiser* va devoir gérer le plus efficacement possible le temps qu'il consacre à la recherche des capitaux de proximité. Tant qu'il ne lève pas le moindre centime pour ses clients, il ne peut leur facturer son service, et donc consomme petit à petit son propre capital. C'est pourquoi, plus il réunit rapidement les fonds recherchés par ses clients, plus il peut escompter vivre de son activité. Pour compresser le temps, le *fund raiser* va chercher à réunir les sommes recherchées grâce au plus petit nombre d'actionnaires possible. A l'évidence, il est bien plus facile et plus rapide de réunir 500.000 francs auprès de cinq actionnaires prêts à investir cent mille francs chacun, que d'accorder cinquante petits porteurs à apporter la même somme !

Ainsi, pour des raisons économiques, le *fund raiser* a naturellement tendance à porter son action vers les épargnants les plus riches. C'est pourquoi, en en appelant à des prestataires privés, l'épargne de proximité mobilisée ne correspond plus à de l'épargne populaire. Elle émane de personnes aisées qui, sans posséder nécessairement des fortunes colossales, ont réussi à se constituer un solide patrimoine financier, tout au long de leur carrière professionnelle.

En outre, le fait que la quête des capitaux de proximité se porte aujourd'hui sur les épargnants les plus aisés, ne s'explique pas uniquement par la facilité que procure cette méthode aux *fund raisers*. Jean Salwa a peut-être démontré qu'il était possible de faire évoluer culturellement le petit épargnant, et de l'amener à porter son intérêt sur des sociétés non cotées. Il n'en reste pas moins que le petit épargnant n'a pas les moyens financiers suffisant pour poursuivre de manière régulière ses placements, et renouveler ses investissements. Seul l'épargnant aisé en garde la faculté.

Le Professeur Babeau résume très clairement cette problématique sociologique : « En ce qui concerne, le petit épargnant qui a un patrimoine financier inférieur à 100 000 francs, ce patrimoine représente tout de même, et pour beaucoup, une épargne de précaution. 100 000 francs, c'est l'apport personnel avec lequel on peut acquérir un logement. Ce patrimoine financier trouvera de lui-même son affectation. Il faudra donc attendre plus tard dans ce cycle de vie [pour que l'épargnant s'intéresse à l'investissement en actions non cotées], puisque l'âge moyen d'accession à la propriété se situe vers 34 ou 35 ans. Disons qu'après 45 ans, on se trouve déjà bien avancé dans le remboursement de son logement, et on possède des capacités d'investissement autres ».

« Mais pour parler de diversification, il faut arriver à un patrimoine financier qui, à 45 ans, atteigne un montant entre 200 000 et 300 000 francs. On n'est pas encore dans les patrimoines imposés à l'ISF (Impôt de Solidarité sur la Fortune). On reste dans des patrimoines modestes. On peut alors diversifier son patrimoine en s'intéressant à des catégories nouvelles de placements. Je ne sais pas si le projet d'entreprise non cotée avec un risque maximum représente le meilleur choix, mais il y a des possibilités de diversification ».

« La diversification est alors envisageable, mais à condition de montrer que mettre les 300 000 francs disponibles dans un projet risqué, c'est une attitude. Décider de mettre une partie de ces 300 000 francs, disons 30 000, est une toute autre attitude, y compris pour quelqu'un qui dispose des 300 000 francs et qui, avec un groupe de copains, décide d'en risquer 30 000 sur un projet qu'ils envisagent, ensemble, de suivre de très près».

Sociologiquement parlant, Jean-François Prat appelle ces épargnants les « CSP plus », c'est-à-dire « des cadres supérieurs et des professions libérales, qui n'ont pas forcément une énorme fortune, mais qui disposent de revenus réguliers importants ». Plus simplement, nous pourrions employer le nom attribué par les Américains à cette nouvelle race d'épargnants ; des épargnants prêts à prendre le risque des créations d'entreprises, grâce à leurs solides arrières financiers. On les appelle les Business Angels.

Il s'agit bien de ces fameux « anges des affaires » importés d'un certain folklore américain et dont la presse financière française se fait de plus en plus l'écho. Sans tomber dans des effets de modes nourris d'américanisme, ces presque célèbres Business Angels représentent, grâce à leur solidité financière, la catégorie sociologique d'épargnants de proximité la plus facile à mobiliser. Arrêtons-nous donc un peu plus longuement sur le nouveau phénomène de société, que ces Business Angels contribuent petit à petit à faire émerger.

Chapitre 6

Les Business Angels : des anges providentiels pour l'entreprise ?

Business Angel ; qui n'a pas entendu ce mot au cours des dix-huit derniers mois ? Toute la presse économique et financière n'a cessé d'en parler, en recoupant l'émergence de ce nouveau profil d'épargnants avec un autre phénomène actuel : l'avènement de la nouvelle économie. Cette nouvelle économie alimentant bons nombres des discussions de Monsieur Tout le Monde, l'opinion, par assimilation voire amalgame, s'est emparée en l'espace de quelques mois du terme *Business Angel*, sans trop savoir de quoi il s'agissait. Il faut dire que le terme, hautement médiatique et marketing, est en lui-même séduisant. En général, les mots composés véhiculant une image de paradoxe plaisent à l'opinion, surtout quand ils relient deux termes *a priori* antinomiques. Le terme de Business Angel n'échappe point à cette règle. Comment ne pas s'étonner de l'existence « d'anges des affaires », dans un pays qui se plaît à opposer la vertu au profit ?

Si le mot se diffuse dans les profondeurs de la population française, il n'en va pas autant de la compréhension du concept. Plus un mot se popularise, plus il devient la source de confusions, voire de contresens pouvant virer jusqu'à la méprise. Il faut reconnaître que ce sort est réservé à tous les mots nouveaux débarquant de nulle part. Accordons donc par avance des excuses, à tous ceux qui emploient ce terme sans vraiment le connaître. Il y a à peine cinq ans, pratiquement personne n'avait eu connaissance de ce phénomène. Même un financier expérimenté comme Eric Gaillat, co-fondateur en 1997 de *Business Angels.com*, n'avait jamais entendu ce mot au cours de son parcours professionnel, et pourtant après un DESS de Finance à la Sorbonne.

« J'ai découvert le terme *Business Angel* en 1996 à New York », explique-t-il. « *Business Angel* est un terme anglais, apparu au début du siècle précédent. Il désignait quelques Américains fortunés qui finançaient des compagnies théâtrales. Ils étaient purement *Angels* ; il n'y avait pas de *Business* dans leur démarche ». En gros, il s'agissait à l'époque de simples mécènes new-yorkais, intéressés par l'art... comme tout bon mécène.

Pourtant, les Business Angels des temps modernes sont tout sauf des mécènes ; ils investissent dans des entreprises, mais comme nous le verrons plus tard, dans l'objectif d'obtenir un retour sur investissement très matériel. Toutefois, s'agissant de particuliers et non d'institutions, et comme l'investissement à risque n'a jamais été la norme comportementale des épargnants, on a choisi délibérément de leur donner ce nom. Le mérite en revient au Professeur Wetzel, de l'université du New Hampshire aux Etats-Unis, dont une grande partie des recherches universitaires fut consacrée à l'étude de ce phénomène financier.

Le concept a commencé à être connu en France dans le milieu des années quatre-vingt, grâce à un Français alors installé pour des raisons professionnelles aux Etats-Unis, et qui a justement pu accéder aux travaux du Professeur Wetzel. Ce pionnier en la matière n'est autre que Bernard Zimmern, le Président de l'IFRAP, (Institut Français pour la Recherche sur les Administrations Publiques), un haut fonctionnaire atypique qui, après avoir obtenu les diplômes de Polytechnique et de l'ENA, a choisi de rejoindre le secteur privé en créant sa propre société. Au tournant des années soixante-dix et quatre-vingt, Bernard Zimmern se trouvait aux Etats-Unis pour développer l'une de ses filiales.

« Le premier choc que j'ai eu », se souvient-il, « c'est après avoir embauché un directeur commercial pour ma filiale américaine. Je lui ai offert un bon salaire que j'ai augmenté l'année suivante. La troisième année, je l'ai convoqué pour lui proposer une nouvelle augmentation. A ma grande surprise, il m'a répondu qu'il n'en désirait pas. Etonné, je lui ai demandé ce qu'il voulait, et il m'a déclaré souhaiter que je l'aide à créer sa propre société. Il m'expliqua ensuite que créer une société était une chose que tout le monde pouvait faire aux Etats-Unis, parce que cela comportait énormément d'avantages ».

Ce petit événement, minime au regard d'une vie professionnelle, intrigua Bernard Zimmern, au point de vouloir savoir pourquoi il était apparemment si facile de créer sa propre société aux Etats-Unis. Il entreprit alors des recherches, dont le cheminement lui revient aujourd'hui à l'esprit : « De fil en aiguille, un de mes collaborateurs est arrivé à mettre la main sur les premiers rapports du Professeur Gaston du département américain du commerce, consacrés dans les années 86-88 aux Business Angels ; un phénomène que l'on ignorait à l'époque totalement en France ».

Depuis, les choses ont changé. Aujourd'hui, grâce à ces travaux et études américaines qui ont pu être diffusés en France à la fin des années quatre-vingt, on sait à quel type d'épargnants correspondent clairement les Business Angels. La communauté financière française en a pris connaissance au point de se rendre compte que, malgré les énormes différences fiscales et culturelles qui nous distinguent des Etats-Unis, il en existait quelques-uns, actifs sur le territoire hexagonal.

Profil et comportement d'une nouvelle race d'épargnants

Le Business Angel est bien évidemment un épargnant de proximité, mais pas n'importe lequel. Le fait d'être un particulier le rapproche bien entendu des autres catégories de personnes physiques qui font le pari d'investir dans des entreprises nouvellement créées. A la différence des particuliers que l'on peut retrouver dans les opérations de Love Money, sa philosophie l'amène à investir des montants beaucoup plus conséquents dans chacune des entreprises qui arrivent à retenir son intérêt. C'est bien le montant des tickets d'entrée qui différencie le Business Angel de l'épargnant de proximité classique. Là où l'adhérent d'un club Love Money achètera pour 5 000 francs d'actions, le Business Angel en investira 100 000 ou plutôt 200 000. Le comportement et le patrimoine, autant que la philosophie d'investissement, ne peuvent donc pas tout à fait être considérés comme identiques.

D'autant plus, le Business Angel qui se respecte suit les mêmes règles de prudence financière que le gestionnaire d'actifs, à l'inverse des autres épargnants de proximité dont l'investissement relève parfois d'une démarche affective. Connaissant les risques d'échec d'une création d'entreprise, le Business Angel fait en sorte de ne pas mettre tous ses œufs dans le même panier ; il diversifie son risque en investissant non pas toute son épargne dans un seul projet, mais en la répartissant entre plusieurs entreprises.

« Les Business Angels font tous ce qu'on appelle le *cluster* », explique Bernard Zimmern de l'IFRAP. « Il y a en fait un chef de file par projet qui appelle cinq de ses amis pour participer à l'investissement. Ils se répartissent donc le risque à cinq ou six, si bien qu'au final ils ont tous investi dans cinq affaires avec un chef de file différent pour chacune d'entre elles. Tout Business Angel qui se respecte sait très bien qu'il ne faut jamais prendre seul une affaire ». Seulement de la sorte, il peut être assuré que les gains réalisés par une entreprise, combleront les pertes des sociétés les moins performantes dans lesquelles il aura investi. Face à cette contrainte de diversification, on voit clairement se dessiner le profil patrimonial du Business Angel.

En prenant en considération uniquement le fait qu'un Business Angel investit cinq à dix fois plus qu'un épargnant de proximité ordinaire pour un projet identique, on comprend déjà que le Business Angel est loin d'être pauvre. En outre, si l'on considère que pour 100 000 francs investis dans un projet, l'investisseur providentiel doit, pour diversifier son risque, réaliser la même opération dans au moins cinq autres entreprises, on voit bien que seul un particulier fortuné peut se lancer dans une activité de Business Angel.

Pour pousser le raisonnement plus loin, comprenons bien que les 500.000 francs d'investissement que le Business Angel répartit entre cinq entreprises, ne doivent pas représenter plus de 25% de son patrimoine personnel, voire 10% s'il s'agit d'un Business Angel plutôt prudent. Investir l'intégralité de son patrimoine personnel dans des entreprises nouvelles, relèverait non plus du goût du risque, mais purement et simplement de l'inconscience. Or, dans le cas où les 500 000 francs d'investissement global représentent 25% de l'épargne disponible - soit l'hypothèse patrimoniale la plus basse -, le Business Angel dispose d'un patrimoine immédiatement disponible, c'est-à-dire hors immobilier, forcément supérieur à deux millions de francs.

Pour toutes ces raisons, un Business Angel est nécessairement, par la force des choses, un individu aisé. Ne s'improvise pas Business Angel qui veut et surtout pas l'épargnant populaire. « L'ouvrier de chez Renault n'est pas un Business Angel potentiel et heureusement », me rappelait Marc Wauthoz, dirigeant de la SPEF, une importante société de capital-risque française. « Les Business Angels sont des personnes situées à la bordure de l'impôt sur la fortune », précise Bernard Zimmern. « Ils ne sont pas richissimes ; leur patrimoine personnel excède rarement les cinq millions de francs ». Selon l'étude Gaston-Bell réalisée aux Etats-Unis en 1986, 39% des Business Angels auraient un patrimoine inférieur à 500.000 dollars, et ils gagneraient en moyenne 100 000 dollars par an. Ce n'est peut-être pas la fortune de François Pinault, mais on s'éloigne tout de même beaucoup du niveau de patrimoine de l'épargnant moyen.

Une fois ces réalités économiques admises, une définition assez précise du Business Angel peut être formulée. Un Business Angel correspond tout simplement à un particulier fortuné, qui a décidé d'investir sous forme d'actions dans des entreprises en création, ou en tout cas non cotées en Bourse, pour des montants unitaires de participations oscillant entre 50 000 et deux millions de francs.

Les Business Angels forment pour ainsi dire une espèce rare, mais certainement pas une espèce en voie de disparition. Bien au contraire, leur nombre a tendance à augmenter en Europe comme aux Etats-Unis. Comme toute espèce rare, le créateur d'entreprise va devoir être, à la manière d'un chasseur, suffisamment fin pour les traquer ou, pour prendre un langage plus courtois, les repérer. Une fois le Business Angel identifié, le créateur d'entreprise devra être suffisamment crédible à ses yeux, pour pouvoir l'intéresser financièrement. Le fait que les Business Angels aient réussi à se constituer un solide patrimoine financier au cours de leur carrière professionnelle, nous donne plusieurs indications sur leur comportement et profil sociologique. Nous pouvons les résumer très succinctement ; peut-être que notre liste d'identifiants aidera certains créateurs d'entreprises à mieux repérer ces investisseurs providentiels.

Par exemple, les Business Angels sont généralement des gens d'âge mûr, des retraités ou des actifs en fin de parcours professionnel. Le serveur Internet *Business Angels.com* estime au travers de différentes études réalisées aux Etats-Unis, que l'âge moyen des Business Angels se situe entre 35 et 60 ans. En fait, cet âge relativement avancé s'explique en grande partie par l'analyse précédemment exposée par le Professeur Babeau. Il faut en effet avoir travaillé un certain nombre d'années avant d'accumuler un patrimoine suffisant pour investir prudemment dans des entreprises non cotées.

Certes, certains jeunes rentiers qui ont la chance d'hériter d'une fortune familiale, se lancent aujourd'hui dans l'investissement à risque. Ce cas de figure existe. Toutefois, Jean François Prat, amené par sa profession à travailler quotidiennement avec des Business Angels, constate que ce cas de figure ne concerne que « quelques jeunes qui gagnent très bien leur vie, notamment d'excellents commerciaux dégageant des revenus réguliers importants ». Parallèlement, l'équipe de *Business Angels.com* a pu constater que 95% de ces investisseurs providentiels étaient titulaires d'un diplôme d'enseignement supérieur.

S'il faut être aisé et instruit pour devenir Business Angel, les chefs d'entreprises en activité ou à la retraite forment un puissant vivier d'investisseurs potentiels. Il s'agit en tout cas d'une réalité statistique, qu'Eric Gaillat confirme en regardant le profil type des utilisateurs de son site Internet. Les chefs d'entreprises se lancent plus que d'autres dans une activité d'investisseur en capital, pour des raisons autant économiques que culturelles. L'explication reste d'ordre économique, puisqu'un chef d'entreprises qui décide de vendre sa propre entreprise à un groupe plus important, dégage des moyens financiers suffisants pour débuter une activité d'investisseur. D'une certaine manière, le phénomène Business Angels s'auto-entretient ; nous en aborderons toutes les implications plus tard.

Surtout, des facteurs culturels expliquent que la population des Business Angels se compose essentiellement d'anciens et d'actuels entrepreneurs. Pour accepter de parier financièrement sur un homme et un projet, il faut se laisser envahir par le goût du risque. Par définition, les entrepreneurs forment la population culturellement la mieux prédisposée à prendre des risques financiers. Dominique Nouvellet, patron d'un des géants du capital-investissement français, SIPAREX, constate ce fait sociologique, en rappelant qu'il « faut être entrepreneur pour être investisseur en capital ». « L'investissement en capital résulte de la rencontre entre deux entrepreneurs : un entrepreneur financier et un entrepreneur industriel ».

En fait, cette question de la profession exercée par les Business Angels nous mène à leurs motivations. Qu'est-ce qui peut pousser un épargnant, qui plus est un ancien entrepreneur, à risquer une partie de son patrimoine dans des entreprises qui ne sont pas les siennes ? Gérard Pluvinet, dirigeant de la société de capital-investissement 21 central partners, estime que « le Business Angel recherche des pépites ». « Il cherche une présence dans des entreprises pour faire éclore des projets à fort potentiel ». Cette motivation est très certainement la plus connue du grand public. D'autant plus lorsqu'il s'agit de simples particuliers, les investisseurs en capital rêvent secrètement d'avoir parmi leurs participations le Microsoft de demain.

S'il ne remet pas en cause cette ambition récurrente, Bernard Zimmern préfère évoquer la part de ludisme qui anime les Business Angels. Selon le Président de l'IFRAP, « le Business Angel investit autant par amour du gain, que parce qu'il se rajeunit à travers son acte, sans avoir à faire des journées de travail de vingt-quatre heures ». « Il refait ce qu'il a déjà fait, sans avoir le stress d'être en première ligne ». Non sans humour, Bernard Zimmern allait jusqu'à présenter les Business Angels comme des « *individus qui, parce qu'ils s'ennuient le samedi et le dimanche, ne jouent pas au golf et ont maîtrisé leur passion pour le base-ball, ont du temps pour s'intéresser à l'entreprise d'un autre* » (1).

Sans tomber dans la caricature, cette dimension ludique de l'investissement nous renvoie d'une manière très intéressante à ce que Joseph Briend a pu constater dans ses expériences d'épargne de proximité menées en Bretagne. Au cours des assemblées générales, le maire de Pleucadeuc avait pu observer l'intérêt de plus en plus poussé des villageois, pour l'évolution de l'entreprise qu'ils avaient contribuée à financer. Ils s'inquiétaient de ses performances économiques et financières, ainsi que de ses perspectives de croissance. Cet intérêt intellectuel grandissant avait permis d'impliquer davantage les habitants de la commune dans les opérations d'épargne de proximité suivantes. L'idée de bénéficier d'un rôle actif en tant qu'investisseurs en capital, motivait les épargnants locaux pour participer aux prochaines opérations proposées.

C'est pourquoi, on se rapproche beaucoup du ludisme relevé par Bernard Zimmern et confirmé par Jean-Pierre Ferretjans d'*Entreprise et Progrès*, qui estime que « l'on peut jouer avec l'entreprise » ; il faudrait apprendre justement aux Français à jouer avec l'entreprise. S'il convient de refermer la parenthèse, ce parallèle est éloquent tant il nous montre que les fondements du capitalisme de proximité demeurent les mêmes. Business Angel à la recherche d'opportunités ou petit épargnant local désireux de contribuer à la pérennité de son village ; le rôle qu'ils veulent chacun se voir jouer est équivalant, à l'inverse du rendement qu'ils espèrent.

 (1) *Les dossiers de l'IFRAP* - n°54 - novembre/décembre 1997 - *Anges et fiscalité : un secret du plein emploi américain*

Il ne faudra donc pas oublier cette dimension ludique de l'investissement à risque, si l'on souhaite motiver les Français, Business Angels ou non, à investir dans des entreprises en création. Plus largement, les « Business Angels cherchent à vivre leur dossier », selon Eric Gaillat. Marc Wauthoz de la SPEF va plus loin en expliquant que « ces bâtisseurs de valeur ajoutée cherchent avant tout à vivre une aventure ». Recherche du ludisme ou plus simplement d'une implication, le Business Angel aspire à travers son investissement à jouer un rôle actif dans l'entreprise ; il ne cherche pas à laisser dormir son argent.

Cette attitude tout à fait nouvelle de la part des épargnants comporte plusieurs avantages non négligeables pour les créateurs d'entreprises en quête de financement. Comme me le rappelait fort justement René Monory, « il ne faut pas croire que les entrepreneurs vont uniquement chercher de l'argent ». « Par exemple, dans les technologies nouvelles, ils vont aussi chercher des réseaux, des circuits relationnels et des conseils ». L'apport n'est pas que financier. Finalement, ce n'est peut-être pas l'argent qui prime dans une intervention de Business Angel, mais plutôt cet apport immatériel d'expérience que l'investisseur peut transmettre au nouvel entrepreneur. Le Business Angel peut s'avérer être « l'œil extérieur communicant une vision à plus long terme », un regard nouveau que juge Dominique Nouvellet de SIPAREX, bénéfique et en même temps potentiellement dangereux.

Antoine Le Bourgeois de la Compagnie Financière Edmond De Rothschild estime que « ce sont des gens qui, en terme d'apport en industrie, apportent beaucoup plus que le simple million de francs qu'ils mettent dans les sociétés ». « Les Business Angels savent se retrousser les manches ». En tant qu'anciens entrepreneurs aguerris, les Business Angels investissent souvent dans des sociétés embryonnaires, c'est-à-dire des sociétés qui sont encore à l'état de projet, et que l'on peut résumer à deux éléments ; un homme dynamique et une idée innovante.

Avec seulement ces deux éléments, l'entreprise peut rester léthargique pendant très longtemps. L'apport financier conséquent du Business Angel contribue indéniablement à augmenter le volume de la production et la force commerciale de l'entreprise. En revanche, pour changer de dimension et passer de l'artisanat à l'industrie, le projet a besoin d'une intense réflexion stratégique, d'un positionnement très fin sur un marché ayant des barrières à l'entrée et d'être intégré dans un réseau de communication et de diffusion.

Généralement, le Business Angel a lui-même vécu ces problématiques au cours de son propre parcours d'entrepreneur. Il est donc la personnalité la mieux qualifiée pour conseiller le créateur afin qu'il ne commette pas d'erreurs fatales. Il peut lui ouvrir les portes utiles. Bien sûr, il est difficile de mesurer avec exactitude la valeur ajoutée de cet apport, mais l'évidence nous invite à penser qu'il n'a qualitativement guère d'équivalents. C'est ainsi que le Business Angel devient un investisseur actif, en utilisant au-delà de son argent, son expérience passée pour devenir une sorte d'entrepreneur par procuration. Inutile de réfléchir longtemps pour comprendre comment un apport aussi immatériel mais concret, peut contribuer à faire décoller une entreprise.

Faut-il voir pour autant dans le Business Angel l'image d'un parrain ? S'il n'idéalise pas leur motivation, Marc Wauthoz considère que les Business Angels tiennent dans l'entreprise « un peu le rôle du grand-père dans une famille », qui saura épauler et ouvrir son carnet d'adresse au bon moment. Professeur pendant plusieurs années en organisation des entreprises, il s'explique :

« Une entreprise est à l'image du corps humain, un équilibre permanent entre différentes fonctions. Cela ne sert à rien d'avoir d'excellents poumons, si votre cœur est en mauvais état. De la même manière, l'entreprise représente un équilibre entre une fonction de production, une fonction de commercialisation, une fonction d'administration et de gestion. Une entreprise en création affiche toujours une hypertrophie de l'une des trois fonctions. Soit le produit est exceptionnel, comme la moto VOXAN, soit il est hypercommercial comme les entreprises de commerce par Internet que l'on retrouve sur tous les panneaux d'affichage, soit l'entreprise est dirigée de manière administrative à l'image des laboratoires publics ».

« Le rôle du Business Angel consiste à maintenir l'équilibre entre les trois fonctions, et compenser la prédominance de l'une d'entre elles, propre à la formation du dirigeant. Si le président de l'entreprise est un ingénieur, il doit l'aider à commercialiser son produit. Si c'est un marchand, il doit le ramener à une logique de production ».

Un individu à la recherche d'affaires

Vu le pluralisme de leurs apports, l'intervention de Business Angels apparaît comme une chance bien singulière pour les entrepreneurs qui parviennent à en bénéficier. Veillons cependant à ne pas observer le phénomène des Business Angels sous le seul angle de vue des avantages incontestables propres à cette nouvelle source de financement. Pour faire un jeu de mots, ne tombons dans un angélisme naïf. Hélas par les temps actuels, nous avons quelque peu tendance à embellir ce qui, finalement, ne relève que de la stricte réalité des affaires.

Alors qu'il souhaite ardemment le développement des Business Angels en France, Bernard Zimmern a pu constater cette vision tronquée de la réalité, lorsque, le 2 décembre 1999, il organisait un forum sur la question : « Lorsque nous avons sollicité les médias pour cette manifestation, nous avons reçu je ne sais combien d'appels téléphoniques. A chaque appel, on me demandait si nous avions des Business Angels à montrer à la télévision. Mais que voulaient-ils ? Voulaient-ils qu'on leur montre des petits anges avec des petites ailes, qui volent devant les caméras ? »

Cette propension à magnifier le phénomène entraîne beaucoup de raisonnements erronés. Quitte à décevoir certains optimistes irraisonnés, les Business Angels n'interviennent pas d'une manière philanthropique, sans exiger du chef d'entreprise le moindre engagement, la moindre contrainte, ou la moindre contrepartie à la valeur monétaire et immatérielle de leur apport. Assimiler le Business Angel à un gentil mécène relève du leurre. Ce leurre s'avéra dangereux pour tous les jeunes créateurs qui, fourvoyés par l'angélisme collectif, apprendront à leurs dépends que les Business Angels présents dans leur capital sont tout, sauf de généreux donateurs. Il ne faudrait pas en effet oublier la finalité des choses. Quand un Business Angel investit dans une entreprise, il cherche avant tout à faire des affaires. C'est son droit le plus absolu ; encore faut-il le connaître.

Une réalité statistique confirme cette vision des choses. Selon le rapport réalisé en janvier 1987 par Robert J.Gaston et Sharon Bell, un des rares rapports allant au fond de la question, les Business Angels américains acceptent seulement trois propositions d'investissement sur dix. Autrement dit, ces investisseurs, aussi providentiels soient-ils, n'hésitent pas à faire le tri et répondent le plus souvent par la négative aux entrepreneurs venus solliciter leur porte-monnaie. En fait, le Business Angel cherche toujours à savoir « *où il va mettre les pieds* ».

Le Business Angel est un investisseur hautement averti, qui va calculer avec précision son risque. Dans sa sélection, il ne retiendra que les projets d'entreprises suffisamment prometteurs pour pouvoir combler les pertes inévitables, qu'il subira sur certains de ses investissements. La hauteur du risque renforce la nécessité d'une sélection draconienne. N'y allons pas par quatre chemins ; le Business Angel cherche à maximiser son profit.

Pour rappeler que nous parlons bien d'investisseurs rationnels, Bernard Zimmern est allé jusqu'à modéliser la règle de calcul, qui permet aux Business Angels américains d'arrêter leur stratégie d'investissement. Selon le Président de l'IFRAP, chaque Business Angel réalise ce que lui-même appelle « l'équation de l'entrepreneur ». D'une manière très simple, les Business Angels comparent la probabilité de réalisation du gain qu'ils attendent de leur investissement, aux risques de pertes sur ce même investissement. Mathématiquement parlant, ils multiplient pour chaque investissement projeté, le gain espéré par ses chances de réalisation, puis ils soustraient à ce résultat la mise de fond multipliée par la probabilité d'échec de l'entreprise.

Si ce résultat s'avère négatif, le Business Angel renoncera bien évidemment à son investissement. Mais il n'acceptera pas pour autant d'investir si ce résultat, même positif, ne représente pas plus de 5 à 7% des capitaux investis. En effet, dans le cas d'une rentabilité inférieure à 7%, ce particulier aurait bien plus intérêt à placer son argent dans des obligations, qui lui fourniraient d'une part un rendement identique, mais également une sécurité plus renforcée.

Le site Internet *Business Angels.com* confirme cette approche très rationnelle et calculatrice, au sens neutre du terme. Selon les études des dirigeants du site, les Business Angels recherchent des TRI de 50 à 60% pour un investissement en développement, voire de 60 à 100% pour les entreprises en création (1) ! Quand on sait qu'en terme de développement économique, il s'agit des créations d'entreprises les plus intéressantes, on ne peut que constater que l'élitisme des Business Angels n'est pas en adéquation avec la recherche d'une épargne de proximité plus abondante.

Même si Jean-François Prat affirme, en tant qu'intermédiaire financier, que « le Business Angel qui calcule un taux de rendement n'est pas un vrai Business Angel », il y a tout de même de quoi se poser quelques questions. D'ailleurs, les propos du dirigeant de *Capital & Croissance* confirment seulement, que l'approche rationnelle et intéressée du Business Angel ne se traduit pas forcément par une analyse purement mathématique de son investissement. Selon Jean-François Prat, les Business Angels n'ont pas peur de prendre des risques ; ils font partie de « ces personnes qui aiment se faire peur ». Or, cette attitude atypique reste un des bénéfices les plus importants que peut retirer un entrepreneur. Pour autant, « le Business Angel cherche plus ou moins à gagner entre quatre et cinq fois sa mise de départ », nous explique-t-il.

Marc Wauthoz a une approche encore plus pragmatique de cette distortion existante entre l'image positive véhiculée par le phénomène Business Angels et la réalité de leurs motivations : « Un Business Angel, ce n'est rien d'autre qu'un spéculateur. Quand on emploie le terme *Business Angel*, on dit que c'est une personne bien. Quand on l'appelle spéculateur, on dit que c'est détestable. Mais le but du Business Angel consiste, quoi qu'on en pense, à gagner plus que le marché des OAT (2) ».

Certes, on pourrait penser qu'il s'agit d'un spéculateur atypique, une sorte de spéculateur hors norme. Au lieu de spéculer sur des valeurs purement financières et complètement déconnectées de l'économie réelle comme les produits dérivés, le Business Angel spécule sur des actions, qui plus est des actions d'entreprises en création, qui vont permettre de financer une activité réelle et des emplois à la clé. Vu sous cet angle, le Business Angel apparaît comme une sorte de spéculateur sur l'économie réelle, utile au développement économique en introduisant une forme « vertueuse » de spéculation.

(1) Le TRI ou Taux de Rendement Interne équivaut au taux de croissance annuel en pourcentage de la valeur vénale d'un investissement.

(2) OAT : Obligations Assimilables au Trésor

Même sous cette perception, Marc Wauthoz maintient son analyse en rappelant que tout mouvement d'argent, qu'il provienne ou non de spéculateurs, est utile à l'économie : « Quand vous payez vos impôts, vous êtes tout aussi utile à l'économie que lorsque vous êtes Business Angel ». Votre impôt va former des richesses collectives et permettra de les répartir plus équitablement. « Est-ce que pour autant, on entend dire que le contribuable est un *State Angel* ? ».

Cette problématique des motivations réelles des Business Angels nous ramène à la question de leur différence par rapport aux finalités des autres formes d'épargne de proximité, avec le Love Money en tête. A ce sujet, Jean Salwa, le Président de la fédération nationale Love Money pour l'emploi, va jusqu'à moraliser ce qui, de la part d'investisseurs en capital comme Marc Wauthoz, n'était qu'une froide analyse rationnelle.

Pour Jean Salwa, « *les Business Angels se situent à l'opposé de la conception du Love Money ; deux mondes séparés, deux modes de pensée différents. Le Love Money, dans le sens et dans l'esprit de l'association, présente l'entreprise comme une communauté d'intérêts à servir, pour créer des emplois. Les Business Angels considèrent l'entreprise comme un bien individuel destiné à en extraire rapidement le plus d'argent possible. Paradoxalement, les deux démarches sont très proches puisque toutes deux aident à développer des entreprises et donc créer des emplois ainsi que des richesses* » (1).

Selon le Président du Love Money français, cette opposition de comportements s'explique par le nombre d'actionnaires présents dans chaque entreprise. C'est sur ce nombre d'actionnaires que se fonde la différence fondamentale entre Business Angels et Love Money. Pour un même montant d'apport en capital, « le Business Angel, c'est une personne physique ; le Love Money, ce sont dix personnes physiques ». « Avec cent actionnaires, vous protégez le porteur de projet », autrement plus qu'avec un Business Angel unique, disposant de davantage de droits de vote que l'entrepreneur en personne, et qui détiendra, de ce fait, une primauté de vue sur la gestion de l'entreprise.

Dans l'esprit de Jean Salwa, le secret de la protection du dirigeant réside dans « un capital éclaté au plus grand nombre d'actionnaires ». Sauf inquiétude caractérisée quant à l'avenir de la société, « les cent actionnaires Love Money vont donner au dirigeant leur pouvoir en blanc, lors de l'assemblée générale annuelle ». Rien n'est aussi sûr de la part de l'investisseur unique. Jean Salwa en déduit que « le Business Angel, c'est un pour tous, alors que le Love Money, c'est plutôt tous pour un ».

Bien qu'elle soit quelque peu exagérée et un peu trop moralisatrice au goût du monde des affaires, l'analyse de Jean Salwa sonne juste. Même une personnalité comme Jean-François Prat, dont l'activité repose sur l'investissement des Business Angels, confirme la souplesse procurée par

(1) Site Internet de la fédération nationale Love Money pour l'Emploi www.love-money.org

l'éclatement du capital en un grand nombre d'actionnaires. Aux dires du *fund raiser* lyonnais, « le Business Angel cherche le contact direct avec l'entrepreneur, alors que le petit porteur de proximité ne l'a pas ». Finalement, « Jean Salwa est par rapport à la Bourse ce que les Business Angels sont par rapport aux fonds de capital-risque ». L'image est loin d'être fausse.

Faut-il pour autant avoir du Business Angel, l'image d'un investisseur un peu trop exigeant, toujours prêt à dire au chef d'entreprise ce qu'il ferait à sa place, voire à contester sa légitimité si l'évolution de la société ne confirmait pas les prévisions établies ? La question est encore loin d'être tranchée, mais certains chefs d'entreprises se sont fait leur propre opinion. C'est notamment le cas de Jean-Michel Fourgous, l'actuel Maire d'Elancourt, qui a non seulement dirigé sa propre entreprise, mais également piloté l'amicale parlementaire des députés chefs d'entreprises. Empreint d'expérience personnelle, l'avis de cet homme qui fait partie des rares entrepreneurs investis en politique, relève du réalisme : « Lorsque vous créez votre propre société, vous avez envie de garder la plus grande autonomie possible ». « C'est pourquoi le jeune créateur préfère parfois s'endetter », quitte à prendre des risques sur son patrimoine personnel, « plutôt que de faire appel à un investisseur en capital, surtout s'il s'agit d'un particulier ».

Pleine de lucidité, cette analyse nous amène à tirer une conclusion aussi paradoxale qu'affligeante. L'épargne de proximité vise à faciliter l'initiative des entrepreneurs sans argent, ou en tout cas des entrepreneurs qui n'ont pas de l'argent à la hauteur de leurs ambitions. Elle vise tout autant à diminuer les risques de faillites personnelles. Et pourtant, l'épargne de proximité peut dérouter les créateurs d'entreprises. Effectivement, l'action reste un titre de propriété. La peur que cette propriété, restreinte à une partie du capital, se transforme dans l'esprit du Business Angel, en une propriété intégrale de la société, conduit certains créateurs à se défier de l'épargne de proximité.

Jean Salwa a toujours averti les porteurs de projets, de ces risques de conflit de légitimité. Selon le Président du Love Money français, « le Business Angel évince dans un tiers des cas le créateur de la direction de sa propre entreprise, par le biais d'augmentations de capital successives que l'entrepreneur ne peut pas suivre » ; elles diluent son pouvoir, jusqu'à qu'il devienne minoritaire. Bien qu'une confirmation statistique serait nécessaire pour appuyer cette analyse, les milieux de la création d'entreprises ont récemment tenu à alerter les entrepreneurs, de ce danger. Outre la possibilité d'évincement, plusieurs journalistes ont attiré l'attention du grand public sur les intentions de certains Business Angels malhonnêtes, désireux de déposséder les innovateurs qu'ils rencontrent.

Dans un premier temps, ces investisseurs malintentionnés promettent au créateur de l'argent pour développer plus rapidement ses innovations. Soi-disant pour juger de l'opportunité d'investir, ils prennent dans un second temps tous les renseignements sur son projet. Mais finalement, l'argent n'arrive jamais et ces faux Business Angels s'approprient entre-temps les inventions et innovations du créateur, pour les exploiter commercialement seuls. En mars 2000, *Le Figaro économie* avait donné la parole à l'avocate Claire Gay de *Deloitte & Touche* pour évoquer ce « *pillage d'idées* » qui représenterait une véritable « *hantise chez certains créateurs de start-up* ». Heureusement, tous les Business Angels ne se comportent pas d'une manière aussi peu convenable. Des voix, comme celle de Gido Pallanca-Castor, conseiller économique de la principauté de Monaco, se sont élevées pour rappeler qu'il ne s'agissait que de quelques cas isolés.

Il n'empêche, le danger existe et Jean-François Prat n'hésite pas à le rappeler : « Le créateur d'entreprise a toujours le risque de tomber sur des prédateurs. A l'extrême, certains Business Angels ont des intentions malhonnêtes, en allant parfois jusqu'à vouloir virer l'entrepreneur et prendre sa place. Il y a des profils de créateurs et des profils de destructeurs. Il appartient à notre profession de savoir les distinguer ».

Faut-il pour autant entretenir la psychose chez les créateurs d'entreprises ? Certainement pas, car beaucoup d'entrepreneurs auraient aujourd'hui besoin pour conforter financièrement et stratégiquement leurs projets, de l'intervention d'un Business Angel. N'allons pas par avance condamner le recours à l'épargne de proximité, alors qu'il ne fait que commencer à émerger dans notre pays ! Les créateurs d'entreprises en ont besoin et surtout les plus ambitieux parmi eux. Il faut simplement qu'ils soient conscients des dangers possibles, pour mieux les éviter.

Bien qu'un conflit irrémédiable entre associés soit loin d'être le danger le plus fréquent, d'autres risques persistent. Comme le constatait Eric Gaillat, co-fondateur de *Business Angels.com*, le créateur d'entreprise peut se trouver retardé dans sa quête aux capitaux, par de faux Business Angels. Il s'agit « de particuliers qui prétendent être Business Angels et qui, à chaque fois qu'on leur présente un projet, n'investissent pas ». « Il existe une véritable difficulté à distinguer les vrais Business Angels, des faux Business Angels », confirme Eric Gaillat. Certains jugeront probablement ce risque minime. Si d'apparence la perte de temps semble autrement moins grave que l'évincement, elle peut conduire l'entrepreneur à l'enlisement. Au moment de la création d'une entreprise, tout retard peut s'avérer fatal, dans la mesure où il permet aux projets concurrents de gagner du temps.

D'un côté, le goût du risque doublé d'une puissance financière et relationnelle ; de l'autre côté, le danger d'un contrôle abusif et d'une recherche exacerbée d'un profit hors de portée : quel doit être notre regard sur l'apparition de ces nouveaux investisseurs, que nous appelons Business Angels ? A mon sens, ce regard devrait être édictée par la stricte rationalité, en faisant abstraction de tout sous-entendu moralisateur et glorificateur.

Les Business Angels resteront toujours des investisseurs particuliers exigeants, et auprès desquels tout créateur devra respecter ses engagements. A l'évidence, ils apparaissent beaucoup moins conciliants que les petits actionnaires de proximité qui, souvent motivés par des attentes en partie désintéressées, font confiance à l'entrepreneur pour « *mener sa propre barque* ».

Mais les créateurs d'entreprises auraient tort de se priver d'une telle puissance financière et relationnelle. Ne serait-ce qu'en ce sens, le développement économique a beaucoup à attendre des Business Angels, même si leur motivation ne consiste pas pour le moins du monde, à développer la cité. Notre économie devra savoir saisir cette chance, tout en gardant à l'esprit les risques potentiels liés à cette nouvelle formule d'investissement. Quelque part, le Business Angel se rapproche davantage, par ses motivations et son comportement, de l'investisseur professionnel que du particulier. Il doit être en conséquence jugé pour ce qu'il est, c'est-à-dire un *Business man*, un homme d'affaires, avec pour seule différence qu'il ne fait pas de ses investissements sa principale activité. Autant l'altruisme ne le concerne pas, autant un homme d'affaire peut se rendre utile à un entrepreneur, mais également à la société par la richesse qu'ils vont créer ensemble.

Comme l'espère Marc Wauthoz, admettons que « le Business Angel soit vraiment *angel* ». « Aujourd'hui, la personne qui s'endette de 200 000 francs pour investir dans votre projet d'entreprise vous fait un procès si vous ne parvenez pas à la réussite ». Si le Business Angel aspire à faire figure de nouvel actionnaire, il appelle à un nouveau mode de comportements. Longtemps avant que la France ne vive cette pleine acceptation du risque calculé, les Etats-Unis en ont fait leur force, avec succès.

Une force américaine, une nouveauté française

Que les Business Angels soient une spécialité américaine ne sera une surprise pour personne. La consonance anglo-saxone du terme joue certainement pour beaucoup dans cette croyance collective. De toute façon, nous avons en France tendance à penser que les Etats-Unis nous ont toujours précédés dans les domaines économiques et financiers. Parfois, cette tendance relève de l'idée préconçue. Force est ici de constater que ce n'est pas le cas. Après la découverte du phénomène

Business Angels, plus personne ne doute véritablement du fait que leur rôle prenne aux Etats-Unis une toute autre envergure, pays par excellence des démesures.

On pourrait alors se poser des questions quant à l'utilité de démontrer statistiquement cet écart entre nos deux économies. Démontrer des évidences n'a guère de sens. Cependant, l'étude comparative envisagée n'a pas pour objectif de prouver que les Etats-Unis comptent plus de Business Angels que nous. Elle vise plutôt à expliquer le ballon d'oxygène qu'ils apportent à la croissance américaine, et qui pourrait s'avérer pour la France tout aussi bénéfique, si elle s'en donnait les moyens.

Bien évidemment, toute démonstration sérieuse ne peut se passer de données statistiques crédibles. Sur ce point, il faut souligner le manque de chiffres précis et incontestables, tant le phénomène Business Angels s'avère difficile à quantifier. Il existe, en effet, une sorte de flou artistique généralisé dans les données statistiques disponibles sur les Business Angels, qui varient parfois du simple au double. Ce flou s'explique par le casse-tête auquel sont confrontés les statisticiens pour évaluer ce que le Professeur Sohl appelle lui-même un « marché informel » ; les Business Angels forment un marché composé d'une multitude d'individualités peu connues et difficile à identifier.

C'est pourquoi, dans un souci de rigueur, la présente démonstration utilisera seulement trois sources d'informations. Nous nous référerons tout d'abord aux travaux de l'universitaire américain Jeffrey Sohl, qui a pris depuis quelques années le relais du Professeur Wetzel. Ensuite, les analyses de l'IFRAP retiendront notre intérêt, puisqu'elles sont basées essentiellement sur l'étude américaine de Robert J.Gaston et Sharon Bell. Enfin, les statistiques fournies par l'EBAN (*European Business Angels Network*) feront figures de statistiques officielles ; l'EBAN représente aujourd'hui le seul organisme accrédité par l'Union Européenne, pour l'étude du phénomène.

Connaître l'importance du phénomène aux Etats-Unis, c'est avant tout savoir combien de Business Angels animent l'investissement à risque américain. En se référant à l'étude Gaston-Bell, l'IFRAP estimait dans son dossier n°51 qu'il en existait 700 000, actifs aux environs de l'année 1986. Le Professeur Sohl confirmait plus ou moins ce chiffre, en évaluant aujourd'hui le nombre de Business Angels américains entre 500 000 et un million. Cependant, l'évaluation du nombre de Business Angels dépend de la définition exacte qu'on leur donne. Celle-ci se fonde sur leur niveau de patrimoine personnel, la fréquence et le montant de leurs investissements unitaires.

En élargissant la première définition retenue, le Professeur Sohl estime que deux millions de citoyens américains investissent de manière significative dans des jeunes entreprises. Pour sa part, Eric Gaillat co-fondateur de *Business Angels.com* mesure le phénomène, en déclarant que « les Business Angels représentent 0,1% de la population américaine ». La population américaine s'élevant aujourd'hui à 280 millions d'habitants, l'analyse du co-fondateur de *Business Angels.com* s'avère légèrement moins optimiste que les précédentes.

Plus que leur nombre, importe la masse globale d'argent frais que les Business Angels apportent annuellement à l'économie américaine. Selon l'IFRAP, cette masse financière varierait chaque année entre 30 et 50 milliards de dollars. Pour préciser cette manne capitalistique, l'institut dirigé par Bernard Zimmern estime que les Business Angels injectent annuellement 35 milliards de dollars dans l'économie américaine (environ 245 milliards de francs !). Le Professeur Sohl ne contredit pas ces évaluations françaises. Il propose toutefois une fourchette plus large, allant de 25 à 60 milliards de dollars. *Business Angels.com* et l'EBAN modèrent toujours leur perception du phénomène, en expliquant qu'en 1996 80 000 à 100 000 sociétés américaines, nouvelles ou en expansion, ont bénéficié d'un apport global de 20 milliards de dollars en provenance de personnes physiques.

Deux enseignements majeurs ressortent de cette série de statistiques. Tout d'abord, ces évaluations, pourtant en provenance d'institutions et de personnalités différentes, ne se contredisent pas entre elles. Les quelques nuances apparues n'affectent pas l'ordre de grandeur. Globalement, on peut considérer qu'il existe environ 500 000 citoyens américains qui apportent 30 milliards de dollars à des entreprises encore trop petites pour accéder à la Bourse ou intéresser le capital-risque. Retenons simplement que l'ordre de grandeur se situe à ce niveau là.

Le second enseignement dépasse largement ces premières données chiffrées. Trente milliards de dollars investis chaque année dans le monde de l'entreprise, cela compte ! Il est clair que les Business Angels représentent un véritable poids financier dans l'économie américaine. Personne ne peut le nier, même si, jusqu'à l'année dernière, peu d'analystes français avaient jugé nécessaire d'évoquer cette discrète puissance financière américaine. C'est d'ailleurs en comparant ces trente milliards avec l'apport global des autres financiers de l'économie américaine, que l'on comprend mieux pourquoi les Business Angels deviennent, au fil du temps, incontournables au pays de l'Oncle Sam. Ils jouent effectivement les premiers rôles dans le financement de l'économie réelle.

Qu'il s'agisse de Bernard Zimmern, des Professeurs Sohl et Wetzel ou encore de l'EBAN, tous reconnaissent que l'apport financier des Business Angels dépasse aux Etats-Unis celui des fonds de capital risque. Prenant toujours l'année 1996 pour référence, l'EBAN établissait la parité à un dollar venu du capital-risque américain, pour deux dollars en provenance des Business Angels. Le 2 décembre 1999, Bernard Zimmern donnait à peu près le même rapport, en comparant les 16 milliards de dollars investis en 1998 par le capital-risque américain, aux 35 milliards de dollars apportés par les Business Angels.

Moralité : aux Etats-Unis, les entreprises trouvent davantage de solutions financières auprès des investisseurs providentiels, qu'en allant solliciter les fonds de capital-risque. Remarquons bien que nous comparons ces modes de financement, à partir du montant global de capital qu'ils fournissent aux entreprises. La précédante comparaison ne s'établit pas sur le nombre d'entreprises américaines qui ont bénéficié d'un investissement à risque. Si tel était le cas, la différence deviendrait encore plus prononcée, puisqu'avec moins de deux millions de dollars de participation unitaire, les Business Angels investissent des montants financiers plus modestes par entreprise, que ne le fait le capital-risque.

Cette comparaison sans appel a amené le Professeur Sohl à déclarer durant son passage à Paris, que « *les Business Angels représentent la partie la plus ancienne et la plus large de l'investissement à risque aux Etats-Unis, la partie la plus visible étant les sociétés et fonds de capital-risque* » (1). Lorsqu'une institution financière investit dix millions de dollars sur une seule entreprise prometteuse, l'opération a effectivement de grandes chances de faire la une de la presse financière. A l'inverse, les investissements des Business Angels passent plutôt inaperçus, parce qu'ils restent le fait de milliers de personnes généralement inconnues des médias et du grand public. La connaissance et la perception du phénomène se noient dans la masse des intervenants.

Dépassant le capital-risque avec ses 35 milliards d'investissement annuel, le poids financier des Business Angels ne peut pas être à l'évidence sans impact sur la croissance américaine. Nous avons déjà pu observer dans les précédentes expériences d'épargne de proximité, que l'investissement à risque était source d'une véritable création de richesses. Face à des masses financières qui se chiffrent en milliards de dollars, on peut se demander dans quelles proportions l'intervention des Business Angels tire la croissance économique américaine vers le haut. Les Business Angels américains généreraient-ils un demi point de croissance supplémentaire ? Un point, peut-être ?

Bien évidemment, cette manne financière n'est pas neutre, bien qu'elle soit le fait d'individus et non d'institutions. Cependant, aucune analyse n'est allée jusqu'à chiffrer de manière précise et scientifique cet impact. Il est vrai que l'économétrie et la statistique nationale n'ont jamais vraiment représenté des sciences exactes. Par prudence et par modestie, elles hésitent à présenter des estimations qui s'avéreront de toute façon, incomplètes et critiquables. En tout cas, ceux qui ont tenté de relever le

(1) Forum *L'épargne des particuliers pour vaincre le chômage* organisé par l'IFRAP et *Entreprise et Progrès* - 2 décembre 1999 - Assemblée Nationale

défi n'évaluent pas l'impact économique des Business Angels sous l'angle de la croissance. La réflexion se situe davantage au niveau des emplois créés, dans les entreprises financées par ces investisseurs providentiels. Après plusieurs analyses, Bernard Zimmern va jusqu'à affirmer que sur les 7,5 millions d'emplois créés aux Etats-Unis entre 1995 et 1999, 6 millions l'ont été dans des entreprises financées par la contribution de Business Angels.

Chacun jugera du réalisme de cette évaluation. Mais si l'on en croit l'analyse du Président de l'IFRAP, il n'y aurait pas à hésiter une seule seconde pour encourager l'essor des investisseurs providentiels dans l'économie française. Si effectivement leur intervention multiplie par quatre la création d'emplois à l'échelle nationale, notre économie en quête de prospérité aurait tort de s'en priver. Pourtant, la densité de la population des Business Angels français ressemble à un désert, au regard de la situation américaine. Certes, le phénomène se développe chaque jour en France, avec l'apparition de Business Angels qui n'hésitent plus à se faire connaître et à se fédérer. Mais il faudra du temps, sinon des réformes, pour combler le fossé creusé pendant vingt ans par notre méconnaissance profonde de l'enjeu.

« La France dénombre au grand maximum mille véritables Business Angels », affirme le Président de l'IFRAP. Ce dernier rappelle en outre que cette estimation a pu être élaborée, grâce aux informations transmises par les réseaux français de Business Angels, à partir d'un profil clairement établi : les personnes physiques investissant au minimum 200 000 francs par an dans des créations d'entreprises. Cette évaluation en nombre a permis à l'IFRAP de déduire que « seulement » 500 millions de francs en provenance du patrimoine des Business Angels, alimentaient les entreprises françaises. Il n'y a pas besoin de rapprocher ce demi milliard de francs des 35 milliards de dollars américains, pour comprendre que notre pays souffre de la comparaison avec les Etats-Unis. Avec un dollar à sept francs, l'intervention financière des Business Angels se révélerait pratiquement 500 fois plus importante aux Etats-Unis qu'en France !

Encore plus prudent, *Business Angels.com* ne communique aucune évaluation du nombre de Business Angels actifs sur le territoire français. Faut-il comprendre que notre pays n'aurait vraiment aucune gloire à retirer d'une telle statistique ? En tout cas, force est de constater qu'avec les données fournies par l'EBAN, qui suivent pourtant une méthode d'évaluation différente, on arrive plus ou moins au même constat.

En considérant un Business Angel comme un particulier financièrement capable d'investir plus de cent mille francs par an, sans que cet investissement ne représente plus de 15% de ses revenus, l'EBAN estime qu'il existerait à peu près à l'heure actuelle un million de Business Angels potentiels en Europe, dont 40 000 en France. Notons bien la nuance ; l'EBAN parle de Business Angels potentiels, c'est-à-dire des épargnants qui auraient les moyens financiers suffisants pour se lancer dans une telle activité. Cela ne signifie pas pour autant qu'ils aient, au moins une fois dans leur vie, effectivement investi dans des entreprises. L'EBAN mentionne elle-même la nuance dans la plupart de ses publications. Celles-ci reconnaissent d'ailleurs que, dans la dimension réelle et non plus potentielle, le nombre de Business Angels passe de un million à cent vint-cinq mille... et ce chiffre ne concerne pas seulement la France, mais l'Union Européenne toute entière.

Après la prise de conscience entraînée par la médiatisation du phénomène Business Angels, la distortion entre les situations américaines et françaises devient de plus en plus apparente. Elle s'avère caractérisée bien au-delà de la différence d'échelle entre nos deux économies. Toutefois, certains professionnels de l'investissement à risque modèrent autant le poids financier des Business Angels américains que leur impact sur la croissance économique de leur pays. Dominique Sénéquier, Président du directoire d'AXA Private Equity, fait partie de ceux-ci. Elle pense qu'à y regarder de plus près, il n'existe pas tant de différences entre la France et les Etats-Unis :

« Tous ces cris d'alarme sur la situation française et le rôle des Business Angels dans l'expansion américaine, c'est de la légende ! », estime-t-elle. « Un chiffre publié récemment par la Banque de France est frappant : un tiers de la richesse nationale française est investi dans le non coté. 50 milliards de dollars ont été investis en capital-risque au premier semestre 2000 aux Etats-Unis. Quels Business Angels peuvent disposer de volumes comparables ? ». Certes, le chiffre Banque de France, de source incontestable, rétablit certaines vérités. Mais son élaboration prend en compte l'ensemble du patrimoine des Français, hors propriétés immobilières et valeurs mobilières cotées. Il inclut notamment l'outil de travail des professions libérales et des chefs d'entreprises, c'est-à-dire tout simplement leur propre société. Investir dans son entreprise est un acte logique, qui ne relève certainement pas d'un comportement de Business Angel. Est considéré comme Business Angel, uniquement celui qui investit dans l'entreprise d'un autre.

Ce genre de rappels nous invite à modérer notre jugement et à ne pas tomber dans une vision catastrophique et apocalyptique de la situation française. En revanche, il ne change en rien le fond de notre analyse. En effet, les statistiques françaises les plus optimistes ne prennent pas en compte uniquement l'épargne des seuls Business Angels, immobilisée en actions d'entreprises non cotées. Aussi, nous pouvons toujours nous interroger sur les raisons de l'avance américaine. Alors, pourquoi les Business Angels américains nous devancent au centuple ?

Nous trouverons les explications les plus probantes dans le système fiscal, dont se sont dotés les Américains à la fin des années cinquante. La fiscalité américaine prend en compte le fait que les Business Angels calculent à l'avance et précisément, les pertes qui diminueront les succès issus de leur plus beaux investissements. L'impôt américain est construit d'une telle façon qu'il amoindrit les pertes inévitables sur une partie des actions, rendant de la sorte l'investissement dans le non coté beaucoup plus rentable pour les particuliers. Nous aborderons plus tard cette ingéniosité américaine, pour envisager comment la transposer efficacement en France.

Mais à ce stade de la démonstration, retenons simplement que le système fiscal américain invite le contribuable à mettre lui-même en œuvre tous les moyens, pour trouver des entreprises dans lesquelles investir. Investir dans une PME reste Outre-Atlantique une des seules manières pour baisser significativement son impôt ; on comprend mieux pourquoi les Américains s'activeraient plus que nous à trouver des opportunités d'investissements. D'une certaine manière, l'impôt assure aux Etats-Unis l'interface que nous avons à plusieurs reprises jugée indispensable, entre l'épargnant de proximité et les entreprises cherchant à se financer. Aux Etats-Unis, la fiscalité fait en sorte que les entreprises et les Business Angels n'aient pas besoin, que cette interface se matérialise par un intermédiaire financier, chargé de les mettre mutuellement en relation.

Mais en France, cette règle fiscale n'existe pas vraiment. Pour être plus exacte, elle fait preuve de beaucoup moins d'audace, ce qui justifie l'émergence dans notre pays des fameux *fund raisers*. Le développement en France de l'épargne de proximité et des Business Angels a donc beaucoup à attendre de ces interfaces. Aussi, il devient hautement intéressant d'observer sous quelle forme ces *fund raisers* deviennent les plus efficaces. Dans cet effort d'observation, on trouvera une certaine audace chez deux jeunes financiers, qui ont eu l'idée d'utiliser l'Internet pour mettre en meilleure relation deux mondes parfois étrangers : le public des créateurs d'entreprises et celui des particuliers fortunés.

Business Angels.com ; l'Internet en guise d'interface

Choisir l'Internet comme moyen d'interconnexion entre entrepreneurs et investisseurs ; l'idée ne pouvait que venir de la part de jeunes. Elle s'est concrétisée en 1997 par la création de *Business Angels.com*, l'œuvre de deux jeunes diplômés en finance, nés respectivement en 1970 et 1968 ; Jean-Christophe Chabrerie et Eric Gaillat. Les deux hommes se sont rencontrés au début des années quatre-vingt-dix à l'Université de Paris II le Panthéon, alors qu'ils préparaient un DESS de techniques financières et bancaires. A la fin de leurs études en 1995, leurs chemins se séparèrent, mais pour une durée toute provisoire. Eric Gaillat débuta une carrière de banquier d'affaire qui le mena des AGF à la banque ARJIL, alors que Jean-Christophe Chabrerie, entrepreneur dans l'âme, souhaita créer immédiatement sa propre société.

Jusque là, rien de bien avant-gardiste, si ce n'est la jeunesse de Jean-Christophe Chabrerie, qui a tout juste vingt-quatre ans au moment de la création de sa première société : Professional Networks SA. Toutefois, deux éléments ont fait que ce commencement de vie professionnelle, qui ressemble à tant d'autres, se transforma en une initiative novatrice pour le monde des Business Angels et de l'épargne de proximité. Tout d'abord, Eric Gaillat participa au capital de Professional Networks SA dès sa création, et malgré son début de carrière professionnelle en tant que salarié.

Ensuite, l'idée développée par Jean-Christophe Chabrerie à la création de sa société, était assez novatrice pour l'époque. Le jeune diplômé du Panthéon souhaitait proposer aux milieux bancaires, un service leur permettant d'organiser une meilleure circulation de l'information financière sur les opportunités d'affaires. Développé sous le nom de IPEN (*International Private Equity Europe*), ce premier service de la société ambitionnait dès 1995 la constitution d'une « place de marché électronique » pour les banques d'affaires. Souvenons nous qu'au milieu des années quatre-vingt-dix, les applications d'Internet au monde professionnel n'en étaient qu'à leurs balbutiements.

D'une manière schématique, les institutions financières s'échangent entre elles, à travers IPEN, des informations sur les fusions, les acquisitions et les cessions d'entreprises qui se tiennent dans l'Europe entière. En outre, Professional Networks SA leur fournit des renseignements supplémentaires obtenus de sources différentes, utiles aux banques d'affaires désireuses d'identifier des entreprises à acheter, ou à vendre pour le compte de tiers. L'innovation sous-jacente à ce service destiné à la haute finance se traduisit dès l'origine, par la mise en place d'un serveur Minitel facilitant l'échange de l'information en permanence.

Jean-Christophe Chabrerie gagna ce premier pari, malgré tous les risques et l'avant-gardisme qui faisaient son originalité. Aujourd'hui, cent quarante cinq banques d'affaires européennes, installées dans neuf pays, sont connectés à IPEN. En 1995, IPEN quittait le Minitel pour s'installer sur Internet, prenant ainsi acte de l'évolution technologique et du développement fulgurant de ce nouveau réseau de communication en temps réel. Entre 1995 et 1999, cinq cent mandats d'achat et de vente ont été passés par l'intermédiaire du service IPEN.com, ce qui nous donne une petite idée de la réussite du procédé.

Sans aller plus loin, on voit bien que l'on se situe déjà dans un monde totalement différent de celui de Joseph Briend à Pleucadeuc et dans une moindre mesure, de celui de Jean Salwa ; l'expérience boursière de ce dernier lui avait au moins déjà fait connaître le monde de la haute finance. Entre la coopération agricole qui inspira Joseph Briend et les salons feutrés des grandes banques d'affaires parisiennes, il y a tout de même un monde ! Pourtant, tout en s'ignorant, les deux démarches se rejoignent d'une manière étonnante, faisant le bonheur des défenseurs d'un certain capitalisme de proximité. Mais à l'inverse des expériences vues précédemment, le duo Chabrerie-Gaillat a toujours inscrit ses actions dans une perspective privée, cherchant avant tout à réaliser des affaires.

Fin 1996, deux événements conduisirent la société Professional Networks sur la route des Business Angels et de l'épargne de proximité. Dans un premier temps, Eric Gaillat quitta ses fonctions salariées et rejoignit de manière opérationnelle son associé à la tête de la jeune société. L'expansion entraînant de nouveaux besoins de financement, les créateurs de Professional Networks devaient à ce moment précis, réunir un certain nombre de partenaires prêts à participer à une augmentation de capital. Grâce à leurs relations et à la qualité de leurs projets, Eric Gaillat et Jean-Christophe Chabrerie parvinrent à convaincre quelques particuliers fortunés à investir dans leur société. Deux millions et demi de francs furent alors levés auprès de ces Business Angels. Cependant, Professional Network aurait très certainement pu se faire financer auprès d'une banque d'affaires, au lieu d'avoir recours à des particuliers.

C'est à ce moment précis que le déclic se produisit, aboutissant à l'idée de *Business Angels.com*, apparue telle une évidence aux deux anciens étudiants du magistère du Panthéon. « Réussir à lever deux millions et demi de francs a été une véritable opportunité pour nous, puisque nous avons ainsi gagné les moyens suffisants pour pouvoir nous développer », explique le co-fondateur, Eric Gaillat. « Nous nous sommes tout de suite demandés pourquoi ne pas faire profiter d'autres entrepreneurs, comme nous, de cette opportunité de financement ». En découvrant à leur bénéfice la puissance financière des Business Angels, Jean-Christophe Chabrerie et Eric Gaillat ont tout naturellement trouvé un nouveau concept d'entreprise : l'intermédiation financière pour les jeunes sociétés, par le biais de l'outil Internet.

Le projet s'avérait d'autant plus intéressant que ses deux initiateurs avaient déjà acquis au travers de leur « place de marché électronique », l'expertise suffisante dans le domaine de l'organisation de l'information financière. L'intermédiation entre entrepreneurs et Business Angels n'exigeait aucune compétence technique supplémentaire, qu'ils ne connaissaient pas à l'époque. Le métier, les techniques et les savoir-faire restaient les mêmes. Seuls le marché et la clientèle changeaient. Pour lancer leur nouveau service, il leur suffisait d'appliquer aux Business Angels et aux entrepreneurs, les procédés et l'outil informatique qu'ils avaient déjà mis en place au niveau des banques d'affaires. En quelque sorte, Jean-Christophe Chabrerie et Eric Gaillat ont ramené certaines pratiques de la haute finance vers l'économie réelle, afin que les entrepreneurs puissent bénéficier du soutien financier des particuliers.

Conscients que le développement fulgurant de l'Internet allait amener d'autres intervenants sur le marché, Jean-Christophe Chabrerie et Eric Gaillat décidèrent d'aller vite. Ils consacrèrent l'année 1997 à la réalisation d'une étude de marché, indispensable à la réussite du lancement de *Business Angels.com*. Celle-ci les conduisit à prendre plus de deux cents rendez-vous à travers toute la France, non seulement avec des entrepreneurs et des Business Angels, mais également avec d'autres intervenants publics et privés du secteur de la création d'entreprises. Cette étude de marché conforta les trois premières analyses instinctives du duo Chabrerie-Gaillat : la France dénombrait à l'époque pratiquement aucune interface entre Business Angels et entrepreneurs ; l'outil Internet était adapté à ce mode d'interconnexion et faisait l'objet d'une réelle attente de la part des deux publics ; la France regorgeait - et toujours aujourd'hui - de structures dédiées à l'accompagnement des jeunes d'entreprises, sans pour autant qu'elles s'organisent d'une manière efficiente.

Ces trois confirmations suffirent à convaincre Jean Christophe Chabrerie et Eric Gaillat de conceptualiser le service *Business Angels.com* et de le lancer sur le marché. Ce fut chose faite lors du salon de l'entrepreneur qui s'est tenu en janvier 1998 à Paris, durant lequel créateurs et financiers présents purent découvrir ce premier véritable site français dédié à l'intermédiation financière. Dès les six premiers mois, l'activité de *Business Angels.com* répondit aux attentes de ses créateurs, si bien qu'ils décidèrent de filialiser cette activité au sein du groupe Professional Networks.

Au cours de l'été 1998, *Business Angels.com* était donc devenu une société. Employant déjà sept collaborateurs, elle s'était constitué une clientèle de soixante-cinq Business Angels en attente d'opportunités d'affaires, et de cent projets d'entreprises en quête d'investisseurs providentiels. Comme le précisaient les créateurs, « il fallait que la montée en charge de *Business Angels.com* soit symétrique pour être efficiente », c'est-à-dire que le service, tout en poursuivant sa croissance, séduise toujours autant d'entrepreneurs que de financiers.

Finalement, le concept de *Business Angels.com* est fort simple. Il s'agit juste d'un *fund raiser* comme un autre, à la différence près qu'il utilise exclusivement son site Internet pour établir le premier contact entre entreprises et Business Angels. « L'essentiel de notre mission consiste à organiser de l'information, ce qui nous conduit à mettre en relation une communauté d'offres et de demandes de capitaux », explique Eric Gaillat.

A cet effet, le site s'adresse principalement aux entreprises recherchant entre un et cinq millions de francs, et aux particuliers capables de répondre à de tels besoins financiers. Afin d'éviter les candidatures et propositions fantaisistes, l'inscription est payante pour tous : 2 500 francs pour les entrepreneurs et 3 500 francs pour les Business Angels. Lors de leur première inscription sur Internet, entrepreneurs et Business Angels fournissent toute une série de renseignements, soit sur la performance et les projets de leurs sociétés, soit sur le type d'investissements recherchés. Le dossier de chacun est alors passé au crible d'un comité stratégique réunissant des professionnels de l'investissement en capital.

Ensuite, les renseignements collectés par voie électronique permettent à l'équipe de *Business Angels.com* de repérer les critères communs à chaque partie, et d'établir une première mise en relation entre les financiers et entrepreneurs aux attentes compatibles. C'est sur cette question de la collecte, de la centralisation et du traitement des informations, que l'outil Internet s'avère redoutable et particulièrement adapté au métier de l'intermédiation.

Bien évidemment, *Business Angels.com* reste une société de droit privé, et certainement pas un service public initié par le Ministère des PME, malgré ce que certains ont pu imaginer. Par conséquent, sa prestation, gourmande en conseil et en ressources humaines, fait l'objet d'une facturation. Là encore, rien de bien différent des autres *fund raisers*, puisque *Business Angels.com* se rémunère au succès ; elle réalise son chiffre d'affaires en prélevant une commission sur chaque levée de fonds.

Pour lever toute ambiguïté sur la finalité de son entreprise, Eric Gaillat rappelle que « *Business Angels.com* est une société privée qui vend un service ». On remarquera que cette affirmation représente au mot près, la réciproque de l'avis de Jean Salwa du Love Money, sur la différence entre épargne de proximité et Business Angels. D'ailleurs, Eric Gaillat est très explicite quand il affirme qu'il « s'opère aujourd'hui en France une véritable répartition des rôles, entre d'un côté le Love Money et les pouvoirs publics, tous deux principalement ciblés sur les petits dossiers, et de l'autre côté, des sociétés comme [la sienne] ». « Nous, on a le mot *Business* dans notre nom », rappelle clairement le co-fondateur du site Internet.

Cela étant dit, *Business Angels.com* n'est pas vraiment un prestataire de services parmi d'autres. Déjà, le recours systématique à l'Internet pour véhiculer les mises en relation, différencie l'entreprise de la plupart des *fund raisers* émergeant actuellement en France. En outre, l'utilisation massive de nouvelles technologies de l'information, renforce d'une manière assez inattendue l'originalité du service. « La grande originalité de notre site, c'est qu'il s'organise entre une partie ouverte et une partie fermée », explique Eric Gaillat. Qu'ils soient entrepreneurs ou Business Angels, seuls les abonnés gardent la possibilité d'accéder à la partie fermée et de rentrer mutuellement en contact. A l'inverse, n'importe quel internaute peut se rendre sur le site de *Business Angels.com*, pour se renseigner sur l'activité de ces investisseurs providentiels.

C'est à cette finalité qu'est dédiée la partie ouverte du site. On y trouve non seulement, et surtout gratuitement, toute une série d'études et de statistiques sur la création d'entreprises et les Business Angels, mais également des renseignements beaucoup plus pratiques, comme des conseils fiscaux pour déduire ses investissements de ses impôts. Surtout, la pièce maîtresse de la partie ouverte est indéniablement la chaîne de télévision Internet, intitulée tout logiquement *Business Angels-TV.com.*

Pionnier parmi les télévisions émettant sur Internet, *Business Angels-TV.com* a diffusé ses premiers programmes le 22 novembre 1999. Elle est née grâce à un partenariat avec CanalWeb, le premier opérateur européen de la télévision sur Internet. Au départ, une seule émission hebdomadaire formait la grille de programme, sous l'intitulé *Start-up génération.* Diffusée tous les mardis soirs, l'émission hebdomadaire proposait à ses spectateurs l'interview d'une personnalité phare de la Nouvelle Economie, entrepreneur, Business Angel ou dirigeant de société de capital-risque.

Des personnalités connues du grand public s'y sont exprimées, comme Jacques Attali, l'ancien conseiller de François Mitterrand, André Santini, le Député-maire d'Issy les Moulineaux, et Patrick Chêne le présentateur de France 2, à l'occasion du lancement de son portail dédié au sport, *sporever.com.* Accessible à tous, l'information diffusée reste d'ordre général. Elle n'aborde en aucune manière les sociétés à la recherche de capitaux et adhérentes de *Business Angels.com.* Les émissions sur Internet ne proposent donc pas *on line* aux spectateurs menant éventuellement une activité de Business Angel, d'investir chez elles.

L'aspect général de l'information et la liste prestigieuse de deux cent cinquante personnalités interviewées, amènent les fondateurs de *Business Angels.com* à penser que « *Start-up génération* s'est imposée comme le « *talk show* » hebdomadaire de référence de la Nouvelle Economie ». Il est vrai qu'avec neuf mille webspectateurs par émission, la fausse modestie n'est plus de rigueur. D'ailleurs, le succès rapide de cet outil de communication a conduit Jean-Christophe Chabrerie et Eric Gaillat à diversifier l'activité de leur société. Il y a peu, la télévision sur Internet n'était qu'une activité annexe de *Business Angels.com*, par rapport à son activité principale ; l'intermédiation financière. Aujourd'hui les médias de nouvelles technologies forment une branche d'activité à part entière du groupe IPEN, en marge des prestations financières.

Ainsi, trois nouvelles émissions sont venues compléter la grille de programme de *Business Angels-TV*. *IPO Channel* évoque tous les mercredi en direct du Palais Brongniart les prochaines introductions en Bourse. Diffusée deux fois par mois, *Good evening Europe* fait figure de « petite sœur » de *Start-up génération*, à la différence près qu'elle est diffusée en langue anglaise. La dernière émission, *P@rcours* propose des reportages à l'intérieur des entreprises portes drapeaux de la Nouvelle Economie. Développant ses savoir-faire dans le domaine des nouveaux médias économiques, *Business Angels-TV* est allée jusqu'à lancer sous le nom de NEWECO, un service de production de contenu vidéo dédié à la Net économie. Si le groupe IPEN a déjà rencontré le succès sur le marché de l'intermédiation financière, le moins que l'on puisse dire à l'heure où ces mots sont écrits, c'est que cette réussite semble en passe de se concrétiser également dans l'Internet médiatique !

Ce simple constat nous amène cependant à nous poser quelques questions. Notamment, nous pourrions nous demander quel intérêt pousse IPEN à fournir un effort médiatique aussi soutenu, alors que le cœur de son activité consiste plus discrètement à jouer l'intermédiaire entre Business Angels et créateurs d'entreprises. IPEN et *Business Angels.com* oublieraient-ils leur métier de base, qui a justifié que nous les citions dans cet ouvrage ? Bien évidemment, non. La diffusion massive de programmations vidéo sur Internet, fait partie intégrante de la stratégie de communication globale du groupe IPEN. Eric Gaillat ne s'en cache pas. Interrogé en février 1999 sur la question, il indiquait que « le budget communication de *Business Angels.com* s'élevait entre quatre et cinq millions de francs ». On imagine bien que l'équipe de *Business Angels.com* ne dépense pas des sommes aussi conséquentes, uniquement pour avoir le sentiment d'être importante et sans chercher à obtenir des retombées commerciales.

Certes, les émissions diffusées ne contribuent pas directement à attirer des Business Angels vers les entreprises clientes du groupe IPEN. Nous avons déjà vu que ses clients en quête de capitaux ne pouvaient faire l'objet d'un reportage, qui leur aurait pourtant permis de réaliser un appel public à l'épargne. Dans ce cas, l'obtention préalable du visa COB s'avérait indispensable. En revanche, la web-TV fait connaître le groupe à un large public, sortant ainsi *Business Angels.com* d'un anonymat dans lequel elle aurait pu s'engouffrer. D'où de nouveaux clients potentiels pour le groupe de Jean-Christophe Chabrerie et d'Eric Gaillat. Mais surtout, *Business Angels-TV* a le mérite de diffuser auprès d'un large public des informations économiques trop souvent confinées dans les cercles d'initiés. La jeune télévision contribue donc à sa manière à la démocratisation de la connaissance de la thématique de l'investissement à risque.

« La télévision que nous avons lancée doit servir à éduquer », espère Eric Gaillat, tout en ayant conscience que cet effort de formation aura vraisemblablement plus d'impacts sur le public des entrepreneurs, que sur celui des Business Angels. Malgré la médiatisation actuelle, les entrepreneurs de ce pays ne savent pas tous que des Business Angels peuvent financer leur projet. Même s'ils ont entendu le mot, les créateurs imaginent parfois, par excès de modestie, leur entreprise trop petite pour intéresser un financier extérieur.

Aussi, l'information télévisuelle diffusée sur Internet entraînera vraisemblablement certains créateurs, internautes à leurs heures perdues, à la découverte du monde des Business Angels. Peut-être qu'après cette visite virtuelle, naîtra en eux l'envie d'aller convaincre quelques-uns de ces investisseurs providentiels. Dans ce cas, cette stratégie fera les affaires et la réussite commerciale de *Business Angels.com*. C'est bien évidemment pour cette raison précise, que l'équipe d'Eric Gaillat dépense autant d'argent dans la communication visuelle numérique.

Mais au-delà de l'intérêt commercial de ce prestataire de service, le développement issu de la communication Internet servira, à sa manière, l'intérêt général. En effet, il résultera vraisemblablement de cette médiatisation sans précédent, de nouvelles vocations d'entrepreneurs et de Business Angels. Comme nous le savons, la croissance et l'emploi passe aussi par cela. C'est la raison pour laquelle, il convenait d'aborder dans cet ouvrage cette initiative privée, ainsi que ses ramifications dans le domaine médiatique.

Dans le cas présent, il est assez intéressant de voir comment la médiatisation du phénomène fait la réussite des uns, et comment les *success stories* des autres alimentent réciproquement la communication grand public. Eric Gaillat le constate lui-même : « Il existe une certaine magie dans le mot *Business Angel*. Il faut reconnaître que le nom a beaucoup contribué à la notoriété de notre société. D'ailleurs, certaines personnes ont cru que nous étions américains, au point qu'il fut difficile de les convaincre que *Business Angels.com* est une création 100% française ». Le co-fondateur de *Business Angels.com* parle donc aujourd'hui de notoriété, mais pas ouvertement de succès. Il pourrait cependant le faire. Le serveur Internet a effectivement contribué au financement de plusieurs sociétés, malgré les prévisions septiques de certains observateurs, qui estimaient que la volonté marketing d'IPEN l'emporterait sur l'efficacité financière du service.

A l'heure des premiers bilans, *Business Angels.com* affiche des performances plus que significatives. A la date du 1er octobre 1999, deux cents particuliers avaient adhéré au site en tant que Business Angels, et représentaient ensemble une capacité d'investissement estimée à 800 millions de francs. Toujours à la même date, l'équipe de *Business*

Angels.com avait reçu depuis sa création, pas moins de 3 800 projets d'entreprises, dont quatre cents ont pu être présentés aux investisseurs agréés. Au final, la jeune start-up de l'intermédiation financière a initié plus de six cents mises en relation entre Business Angels et entreprises, ce qui élève le nombre d'opérations de financement effectivement réalisées à vingt-cinq. Réussir vingt-cinq « tours de tables » ; le résultat dépasse le simple succès d'estime, pour un *fund raiser* tout juste âgé de trois ans.

Parmi ces vingt-cinq heureuses entreprises, figure SEISME une société créée en octobre 1998, spécialisée dans le conseil, la création et le développement de portails Internet actifs dans le commerce inter-entreprises. Son chiffre d'affaires s'est élevé pour l'année 2000 à trois millions de francs. Au préalable, cette start-up informatique s'était distinguée en avril 1999 en recevant le soutien du Secrétariat d'Etat français à l'Industrie, pour la mise en place « d'un portail destiné à favoriser le développement des échanges import-export et la visibilité des entreprises ». Grâce aux mises en relation établies par *Business Angels.com*, SEISME a réussi à lever 2,4 millions de francs auprès de sept particuliers, investisseurs providentiels. Ils détiennent aujourd'hui 15% de son capital. La réussite de la levée de fond de SEISME est bien évidemment à l'image des autres opérations capitalistiques, que le groupe de Jean-Christophe Chabrerie et d'Eric Gaillat a su mener à bien.

Fortes de ses premiers succès, *Business Angels.com* prévoit pour l'année 2000 un chiffre d'affaires de dix millions de francs. En tout cas, elle peut d'ores et déjà se satisfaire d'être devenue le site Internet leader de l'intermédiation financière. Selon des estimations réalisées en août 1999, 250 000 pages web seraient consultées chaque mois sur le site *Business Angels.com*. D'ailleurs, cette position de leader se traduit par une prospérité visible à l'œil nu. Par exemple, Jean-Christophe Chabrerie et Eric Gaillat ont pu étoffer leur équipe de nouvelles compétences, en portant l'effectif global de leur groupe à vingt sept personnes. Parallèlement, *Business Angels.com* a ouvert dès les premiers mois de l'année 2000 un bureau à Sophia-Antipolis. Une troisième succursale s'apprêtait à ouvrir ses portes à la fin de l'année, à New York, le temple du capitalisme mondial.

Nous pouvons toutefois revenir à des éléments probants et rationnels pour évaluer la réussite de *Business Angels.com*. L'élément le plus parlant, et surtout le plus crédible aux yeux des milieux économiques, est certainement le fait que *Business Angels.com* ait elle-même réussi à séduire des investisseurs pour financer son développement. Fin 1999, la société du duo Chabrerie-Gaillat procédait à une augmentation de capital, représentant 17 millions de francs d'apport d'argent frais. Pour que des investisseurs aient confiance dans l'avenir d'une jeune entreprise au point d'y investir 17 millions de francs, il faut que celle-ci traduise son ambition à moyen-terme, en une rentabilité tangible.

Qui plus est, Jean-Christophe Chabrerie et Eric Gaillat ont utilisé pour leur société, la règle qu'ils se proposent d'appliquer aux autres. L'augmentation de capital a en effet été souscrite en grande majorité par des Business Angels personnes physiques. Après cette opération financière, *Business Angels.com* était détenue à 85% par des particuliers, les 15% restant ayant été apportés par la Caisse des dépôts et Consignations et Viel & compagnie, une société financière.

Soumise comme toute autre entreprise à une contrainte de rentabilité, *Business Angels.com* semble fonctionner. L'équipe dirigeante a profité de ses premières performances pour multiplier les partenariats. Parmi ceux-ci, la collaboration avec l'APCE ne manque pas d'intérêt par rapport à notre sujet, et confirme que les pouvoirs publics voient dans l'impact économique de ce site, une utilité collective vis-à-vis de la création d'entreprises.

Sur un aspect plus organisationnel, les sociétés *Business Angels.com* et *Professional Networks SA* ont fusionné le 28 juillet 2000, prenant dès lors la dénomination de Groupe IPEN. Cette opération juridique eut pour but de préparer plus efficacement le groupe à son développement, en restructurant son organisation autour de trois pôles d'activité ; un pôle « consulting » pour les activités de conseil, un pôle intitulé « market place » intégrant autant le service *Business Angels.com* que la place de marché électronique destinée aux banques d'affaires, et un pôle « media » dans lequel on retrouve, entre autres, la télévision sur Internet.

En résumé, le Groupe IPEN accroît le palmarès de ses mises en relation réussies, attire jusqu'à lui les financiers extérieurs, embauche et se structure pour assurer son avenir. Bref, il se développe et nous apporte la preuve que l'intermédiation financière est bel et bien rentable. Interprétons cette preuve de rentabilité comme le révélateur d'un besoin capitalistique mué en une demande solvable. L'exemple de *Business Angels.com* met en évidence le fait que certains créateurs d'entreprises cherchent en France des solutions financières auprès des investisseurs providentiels, et que réciproquement ceux-ci prennent le risque d'investir. Derrière le mot magique de « Business Angel », existe donc une réalité positive du monde français des affaires.

Surtout, l'exemple de *Business Angels.com* montre que l'Internet est effectivement un excellent moyen pour mettre en relation le cercle restreint des Business Angels, avec le milieu des créateurs d'entreprises. Plus que l'exemple particulier du groupe IPEN, c'est cette question d'ordre général et abstrait qui prime dans la hiérarchie de nos réflexions ; l'Internet est-il vraiment l'interface idéale que nous attendions pour accélérer le développement des Business Angels ?

Vus les premiers succès enregistrés par *Business Angels.com*, nous pouvons répondre par l'affirmative. Parce qu'il initie les indispensables prises de contacts bilatérales, l'Internet guide l'épargne de proximité vers les entreprises qui en ont besoin, tout en lui assurant logiquement un revenu. Le tri effectué par les animateurs des sites d'intermédiation, permet en effet de ne retenir que les projets les plus crédibles, et donc d'accroître la probabilité de rentabilité des placements proposés aux investisseurs. En clair, Internet se révèle comme une interface efficace et innovante, sur laquelle nous devons porter toute notre attention, dans nos réflexions sur la manière de mobiliser, au mieux, l'épargne de proximité.

Pourtant, économistes et chefs d'entreprises ne voient pas tous en Internet, un moyen utile pour développer le capitalisme proximité, en drainant l'épargne vers des usages économiquement intéressants. Certains analystes n'y croient même pas du tout, à l'instar de Bernard Zimmern, le Président de l'IFRAP. Doit-on voir dans son expérience de l'ancienne économie, les raisons de son scepticisme ? Peut-être, mais Bernard Zimmern ne manque pas d'inspirations objectives, lorsqu'il rappelle une des analyses du Professeur Sohl : « les mises en relation par Internet représentent seulement 1% du trafic aux Etats-Unis ». « On comprend d'ailleurs très vite pourquoi l'Internet est un moyen limité », rappelle le Président de l'IFRAP. « Dans les opérations de Business Angels, les rapports humains sont prédominants. Vous ne trouverez rien de tel derrière votre ordinateur ! Autre élément ; le rayon géographique de l'investissement des Business Angels, évalué par Sohl à cent kilomètres. L'intérêt d'Internet, c'est au contraire d'établir des relations beaucoup plus loin ».

Au lieu de l'observer comme un nouveau véhicule à épargne, le Président de l'IFRAP considère davantage l'Internet comme une vitrine médiatique du phénomène Business Angels. Si son avis est moins tranché, le Professeur Babeau se pose également quelques questions sur la faculté de l'Internet à drainer les flux d'épargne dans des directions nouvelles : « Je vois mal un acheteur potentiel de titres non cotés débarquer sur Internet, sans avoir une connaissance de l'entreprise dans laquelle il souhaite investir. Il y a donc avant tout un problème d'information du marché, et il s'agit d'un problème tout à fait fondamental ».

« Je ne sais pas si Internet est capable de résoudre ces problèmes d'acheminement de l'information, vers l'épargnant désireux d'investir dans le non coté. Peut-être ! Il n'est pas impossible que l'information puisse circuler grâce à ce nouveau moyen de communication, beaucoup plus facilement qu'auparavant ».

Les doutes du Professeur Babeau nous rappellent que l'investissement dans une société non cotée restera toujours un acte réfléchi, qui implique une connaissance de l'entreprise de ses résultats et de ses performances, beaucoup plus poussée que dans une opération en Bourse. Face à cette problématique de l'information, l'outil Internet semble beaucoup adapté aux opérations de spéculation à court terme. Entendons par spéculations à court terme, ces « aller-retour » en Bourse que chaque épargnant, même modeste, peut aujourd'hui accomplir en l'espace d'une seule journée. Les courtiers en ligne servent effectivement à cela. La réussite de *Business Angels.com* apparaît donc contradictoire, dans un secteur où les opérations financières s'effectuent toujours à long terme ; l'investissement à risque.

Eric Gaillat peut répondre à ces différentes objections en expliquant que *Business Angels.com* a veillé, dès ses débuts, à ne pas rentrer pas dans un tel dilemme. Dès la conception du site, ses fondateurs ont imaginé un modèle technique, qui ne retenait que les apports positifs de l'outil Internet, pour résoudre les contre-performances auxquelles il pouvait conduire : « Chez nous, il n'y a pas d'investissements en ligne. L'Internet s'arrête au premier contact. Il nous permet surtout d'effectuer le tri entre les différents dossiers qui nous arrivent. En fait, le principal intérêt du site est de faire gagner du temps à tous. C'est aussi un moyen de compresser les coûts d'études qui empêchent notre métier de se porter sur les petits dossiers ».

Avec la réponse d'Eric Gaillat, on comprend mieux comment *Business Angels.com* a réussi à financer vingt-cinq sociétés, malgré les limites de l'Internet. En fait, ses concepteurs ont eu la sagesse de limiter la virtualité de l'échange, à la seule rencontre des intentions. Une fois le premier intérêt des Business Angels manifesté envers un projet, le service de mise en relation quitte définitivement le monde de la communication électronique virtuelle, pour procéder à des rencontres et négociations tant physiques que concrètes. Telle semble s'affirmer la clé de la réussite du Groupe IPEN. Déduisons-en que l'Internet est appelé à devenir un outil phare de la mobilisation de l'épargne de proximité. Mais il pourra faciliter la rencontre entre l'épargne et l'activité, uniquement s'il se limite aux premiers contacts.

Quelque part, Internet se présente comme une sorte de moteur de recherche de projets, destiné aux Business Angels en quête d'opportunités d'affaires. Il apparaît moins comme un intermédiaire capable de traiter en permanence et en temps réel, la relation entre investisseurs et entrepreneurs, tout en la confinant dans la sphère du virtuel. Dans le premier cas, la méthode peut fonctionner ; l'exemple réussi de *Business Angels.com* nous confirme effectivement que nous pouvons placer en elle quelques attentes, pour que la finance se rapproche de l'entreprise. Dans le deuxième cas, la tentative d'intermédiation semble vouée à l'échec.

Ajoutons toutefois un bémol à ce jugement en incapacité. L'évolution à court terme des contenus qui peuvent être diffusés sur Internet pourrait bien lever les doutes du Professeur Babeau. Chacun sait que la diffusion de contenu vidéo par voie électronique est appelée à se démocratiser. Or, les progrès enregistrés dans ce domaine nous permettent d'imaginer la possibilité dans un futur proche, de consulter sur Internet des reportages sur les entreprises en quête d'actionnaires.

Les épargnants qui se rendront sur le réseau mondial, seront alors visuellement rassurés sur la qualité des investissements proposés. Malgré la virtualité de l'interface, les Business Angels se trouveront en mesure de prendre leur décision plus rapidement, tout en gardant leur qualité d'investisseur averti. On pourra alors, à la différence de *Business Angels.com*, réaliser des investissements en ligne. L'avenir nous dira si, techniquement, l'Internet peut devenir la passerelle dont l'épargne de proximité a besoin pour se déverser sur l'activité.

La France à la découverte de nouvelles interfaces

Les succès enregistrés par *Business Angels.com* en l'espace de trois ans, nous ont appris que les Etats-Unis ne détenaient pas spécialement le monopole des Business Angels. Si nous créons dans notre pays les conditions de leur épanouissement - au premier rang desquelles, une meilleure rentabilité de l'intermédiation financière - nous sommes tout à fait capables de faire prospérer en France ces iconoclastes de l'épargne. Sans que des réformes, pourtant nécessaires, n'aient fait l'objet d'une décision politique, le phénomène Business Angels connaît en France depuis plus d'an, une expansion sans précédent, difficilement imaginable il y a seulement quelques années.

Une petite révolution est en passe de bouleverser le monde de l'épargne et de l'investissement à risque français. Elle se traduit par deux évolutions nettes : d'une part, les Business Angels français se développent en nombre et en qualité ; d'autre part, le mouvement s'organise, autant par le biais de nouvelles interfaces que par la fédération progressive des démarches et des intervenants.

Au niveau des interfaces, nous sommes très certainement aujourd'hui victimes plus du trop, que du pas assez. Loin semble le temps où il fallait que des maires aussi téméraires que Joseph Briend, prennent leur bâton de pèlerin pour que l'épargne finance l'entreprise. Même un service aussi avant-gardiste que *Business Angels.com* ne détient plus aujourd'hui le monopole des investisseurs providentiels. Les interfaces se multiplient ; elles pullulent. De plus en plus nombreuses, elles prennent des formes aussi diverses qu'inattendues. L'interface que nous appellerons institutionnelle, a connu un développement, somme toute logique. Assurée de manière régulière et professionnelle par des *fund raisers* personnes physiques ou entreprises, elle ne pouvait que se pérenniser. Pour autant, de nouvelles formes d'interfaces sont apparues, revêtant un caractère plus ponctuel et événementiel.

Les interfaces sous formes d'institutions se scindent en deux formes juridiques différentes ; les entreprises à but strictement lucratif et les clubs à vocation moins vénale, mais généralement support d'un organisme privé soumis à rentabilité. Plus que de clubs, parlons de réseaux de Business Angels, tant ces structures peuvent se recouper les unes des autres et prendre un caractère informel.

Il n'y a guère lieu de revenir sur les entreprises privées, qui proposent l'intermédiation financière comme une prestation de service payante. Nous avons en effet déjà plus ou moins étudié ces fameux *fund raisers*, à travers l'expérience de Jean-François Prat et de sa société *Capital Croissance*. En s'adjoignant de la compétence d'un *fund raiser*, le créateur gagne un accès direct à des Business Angels, qu'il aurait eu du mal à connaître tout seul. L'entrepreneur bénéficie en plus d'une assistance complète dans sa recherche de capitaux. Par ailleurs, ces entreprises dévouées à la recherche de fonds présentent l'immense avantage, d'effectuer un premier tri parmi les projets d'entreprises, avant de les soumettre à leurs Business Angels ; les bons projets sont distingués des médiocres, et les vrais Business Angels des faux Business Angels.

Bien qu'aucune statistique précise ne puisse être malheureusement fournie, notons que de plus en plus de sociétés se mettent à proposer un tel service. Face à des intervenants régionaux comme *Capital et Croissance* ou encore *Proxicap*, des entreprises d'envergure nationale se sont récemment développées. *Business Angels.com* en fait bien évidemment partie. A l'image de cette dernière, plusieurs entreprises de *fund raising* utilisent l'outil Internet comme vecteur de mise en relation. En créant *Up-e*, un entrepreneur du nom d'Olivier Mercoli s'est par exemple lancé sur le même créneau que *Business Angels.com*.

Cependant, l'interface institutionnelle ne se développe pas uniquement sous la forme d'entreprises de droit privé. Des clubs à proprement parler de Business Angels se sont constitués. Ils se répartissent également entre clubs d'envergure locale ou régionale et clubs parvenant à un rayonnement national. A l'échelon régional, des réseaux comme le Club B2A à Strasbourg, l'association Essor 92 basée à Clamart en région parisienne et le Club « Sophia Start-up » à Sophia Antipolis, se sont distingués ces derniers temps.

En fait, ces clubs de Business Angels se rapprochent un peu plus de la démarche associative du Love Money pour l'emploi, à l'inverse des entreprises privées comme *Capital et Croissance*, *Business Angels.com* ou *Up-e*. Devant respecter pour cause de statut juridique une vocation non lucrative, ces clubs ne peuvent facturer leurs prestations de services, qu'il s'agisse d'une facturation horaire ou sur levée de fonds. Par contre, deux éléments les distinguent clairement de l'esprit de la fédération Love Money pour l'emploi animée par Jean et Didier Salwa.

D'une part, ces associations ne recherchent en aucune manière un nombre élevé de petits porteurs, mais bel et bien des Business Angels, capables de répondre seuls à l'intégralité du besoin financier d'une start-up. D'autre part, les procédures de sélection des dossiers, de suivi des investissements, de respect des minoritaires, d'engagement à la recherche d'une liquidité boursière et d'animation d'un marché interne d'actions, sont beaucoup moins poussées, voire inexistantes.

Les clubs d'envergure nationale se présentent plus comme des réseaux structurés de Business Angels. Pour une meilleure efficacité, ces réseaux articulent leur organisation entre des structures multiples, généralement entre une association de mise en relation à but non lucratif et une société privée de *fund raising*. Bien que l'effervescence actuelle inviterait à mentionner plutôt les nouveaux arrivés sur le secteur, on ne peut évoquer ces réseaux hybrides, à cheval entre l'associatif et le privé, sans parler du Groupe Léonardo, le leader français de l'intermédiation financière.

Le Groupe Léonardo vient tout juste de fêter ses dix ans, sa création étant intervenue en 1989 à l'initiative d'un ancien officier de la Marine Nationale reconverti dans la banque, Yves Delacour. Aujourd'hui basé dans le somptueux quartier de l'avenue d'Iéna à Paris, l'association Léonardo a permis à quatre cents jeunes sociétés françaises, de lever 800 millions de francs auprès de Business Angels. Un bilan élogieux !

A l'image de bons nombres d'acteurs de l'intermédiation financière, le Groupe Léonardo a créé en 1995 sa propre société de *fund raising*, *Léonardo Finances*. En tant que service payant, cette dernière est tout à fait comparable à des intervenants comme Proxicap. Toutefois, le Groupe Léonardo se singularise en ayant renforcé son organisation d'un troisième pilier, le fonds d'amorçage *Léonardo Partners*, une initiative assez rare dans le monde de l'intermédiation financière française. De la sorte, le groupe leader de la mise en relation avec des Business Angels, s'organise à la manière d'un triptyque au service des entrepreneurs.

Cependant, la grande innovation en France de l'an 2000 ne se situe pas au niveau de ces interfaces récurrentes et permanentes, dont l'existence avait anticipé la médiatisation des Business Angels. Comme en témoigne l'exemple du Groupe Léonardo, ce type d'entreprises ou de clubs existent déjà depuis plusieurs années. Seuls leur éclectisme grandissant et leur développement en nombre révèlent l'accélération du mouvement. Nous trouverons la grande nouveauté de l'année dans les modes ponctuels de mise en relation avec des Business Angels. S'agissant de procédés de financement peu usités jusqu'à présent, la presse est allée jusqu'à les présenter comme des « criées aux start-ups ».

Rien de plus simple que cette méthode de plus en plus développée. Une entreprise, une association ou une collectivité locale qui en voit l'intérêt, décide d'organiser en un lieu et à une date donnés, une manifestation à laquelle sont conviés par voie de publicité, les entrepreneurs et les Business Angels en quête d'opportunités d'affaires. Il s'agit en fait de forums ou de congrès, à l'image de ce dont Jean-François Prat avait été le précurseur à Lyon en 1993 et 1994. Généralement, ces forums de mise en relation ponctuelle suivent une fréquence annuelle.

Depuis 1998, *Business Angels.com* organise ces manifestations d'un genre nouveau, sous l'intitulé « les rencontres de *Business Angels.com* ». Ces manifestations se déroulent à fréquence régulière dans l'Europe entière. Tous les mois, une rencontre se tient à Paris, et tous les deux mois la Côte d'Azur vit la sienne à Sophia-Antipolis ; « le mythe de la Sillicon Valley française », selon les termes de l'organisateur, Eric Gaillat. La dimension européenne des « rencontres de *Business Angels.com* » s'est concrétisée en mars 2000, lors d'une édition de ce forum à Milan, dans le Piémont Italien. Ces manifestations s'organisent selon un déroulement particulièrement cadré. Pendant une demi-journée, trois projets d'entreprises sélectionnés par l'équipe de *Business Angels.com*, sont présentés à un groupe de quatre-vingt Business Angels, élargi aux non adhérents du site Internet parisien.

Chaque porteur de projet dispose de vingt minutes de présentation libre, qu'il peut utiliser comme bon lui semble. Ensuite, une synthèse en quatre minutes par projet est réalisée selon les normes de présentation de *Business Angels.com*. Standardisée, cette dernière présentation permet à chaque Business Angel d'arrêter plus facilement son jugement, notamment en effectuant des comparaisons entre projets. Après le respect de ce strict formalisme, créateurs et investisseurs potentiels peuvent s'entretenir directement, de gré à gré, des partenariats qu'ils envisagent entre eux.

Plus souple que les services proposés en ligne, l'interface événementielle de *Business Angels.com* n'en est pas pour le moins sélective. On conviendra qu'un tri a été effectué en amont de l'événement, puisque seulement trois projets d'entreprises ont l'honneur de pouvoir faire leur propre promotion devant de nouveaux investisseurs. A l'inverse des « rencontres de *Business Angels.com* », les nombreuses interfaces ponctuelles apparues au cours des derniers mois, ne proposent pas toute une sélection en amont des investisseurs, et surtout des entrepreneurs.

Les très célèbres *First Tuesday*, qui se tiennent comme leur nom l'indique le premier mardi de chaque mois, préfèrent justement la souplesse et la liberté à la sélectivité. Essentiellement axées sur la Nouvelle Economie et l'Internet, les rencontres *First Tuesday* ont vu le jour à Londres en octobre 1998, à l'initiative d'une bande d'amis, ce qui témoigne du caractère très informel de l'initiative. Sans adhérer à un quelconque organisme, les entrepreneurs et créateurs désireux de participer à l'une de ces rencontres mensuelles, n'ont qu'à se faire connaître auprès d'un site Internet. Quelques jours avant que la manifestation ne se tienne, ils reçoivent un courrier électronique leur indiquant le lieu et l'heure de la rencontre. Une fois cette unique formalité remplie, chacun va librement et de son propre chef à la rencontre de l'autre. Peut-on imaginer un dispositif plus informel et encore moins procédurier que celui-ci ?

Progressivement, ces *First Tuesday* s'internationalisent. A partir de Londres, leur ville natale, ils ont dès 1999 « essaimé » comme l'explique leur site, dans une vingtaine de grandes villes européennes. Aujourd'hui représentatifs à l'échelle mondiale, les *First Tuesdays* se tiennent dans plus de quarante villes, avec des localités aussi surprenantes qu'inattendues comme Kuala Lumpur en Asie du Sud-Est, Montevidéo en Argentine, Kansas City aux Etats-Unis, Zagreb en Croatie et même Bucarest en Roumanie. Seules deux localités françaises sont devenues le théâtre de ces *First Tuesday* : Fontainebleau et Paris. La première édition parisienne des *First Tuesday* avait réuni en septembre 1999, 350 participants. En décembre 2000, ils étaient plus de 1500 à avoir fait le déplacement pour la dernière édition du millénaire.

Ne cherchez pas les organisateurs de ces bourses ponctuelles de projets et de Business Angels ; ils tiennent à rester les moins apparents possibles. Aucun nom de structure ou d'organisme gestionnaire n'a été mis en évidence dans les supports de communication du mouvement. En clair, cette interface d'un genre nouveau est davantage le fruit d'une multitude d'individualités réparties aux quatre coins du monde, que la conséquence d'une organisation rigoureuse et centralisée par un « Big Brother » de la finance internationale.

A plus de mille cinq cents participants par manifestation, il devient impossible de suivre les investissements de chacun, même pour un organisateur rigoureux et grand amateur de *feed-back*. Quand l'organisateur s'efface, la sélection et le suivi se réduisent à leur plus simple expression. L'ouverture à tous sans sélection, doublée de cette impossibilité de suivi, fait qu'il n'y a pas plus informels que les *First Tuesday*.

Progressivement, les interfaces entre Business Angels et entrepreneurs passent de l'institution à la manifestation. Toutefois, les mises en relation ponctuelles du type forum ne se traduisent pas toutes par une dématérialisation de l'intermédiation, aussi poussée que dans le cas des *First Tuesday*. Dans la plupart des cas, il existe à l'origine de ces manifestations, un organisateur connu de tous et chargé de procéder, à la manière de *Business Angels.com*, à une bien réelle sélection des dossiers.

Mais on peut revenir à de l'intermédiation financière pure et sélective, sans pour autant s'inscrire dans une démarche financièrement intéressée.

De loin, les interfaces événementielles ne cherchent pas toutes la rentabilité, en se rémunérant par une commission appliquée aux capitaux levés. Une institution à but non lucratif, voire publique, peut souhaiter jouer le rôle d'intermédiaire entre entrepreneurs et Business Angels, sans rien en retirer personnellement. L'institution publique peut accomplir une telle démarche, juste dans l'idée, à la manière d'un Jean Salwa ou d'un Joseph Briend, que cette mise en relation va servir l'intérêt économique général, en créant à terme des emplois. Prenons-en pour preuve l'interface événementielle, certainement la plus inattendue de France : le « Tremplin Entreprises » qui se tient chaque année en juin au Sénat.

Le Palais du Luxembourg comme haut lieu de l'épargne de proximité ; qui aurait pu l'imaginer ! Gageons que Joseph Briend aurait très certainement aimé devenir sénateur, pour le vérifier de ses propres yeux. Et pourtant, il s'agit bien de la réalité et non d'un rêve émaillé de l'utopie des défenseurs d'un certain capitalisme de proximité. En décembre 2000, Frédéric Mauro, le conseiller économique du Président du Sénat, a confirmé les intentions de l'institution en souhaitant que « *les entrepreneurs trouvent chez les sénateurs une seconde maison* » (1). Quitte à choisir un lieu inattendu et voir la représentation nationale s'intéresser à la question, on aurait plus facilement imaginé l'Assemblée Nationale pour se transformer en pépinière de Business Angels. Au passage, cette initiative nous confirme que le Sénat est loin d'être aussi dépassé et déconnecté de la réalité que certains esprits critiques aiment à le laisser à penser.

Oui, les Sénateurs français ont fait preuve d'une réelle audace économique, là où on ne les attendait pas. Deux d'entre eux, Pierre Laffitte et René Trégouët, se sont particulièrement investis dans le « Tremplin Entreprises ». Rien d'étonnant à voir leur nom associé à une telle initiative ; la terre d'élection de Pierre Laffitte n'est autre que Sophia-Antipolis, et nous verrons plus loin que René Trégouët avait déjà lancé, il y a plus de dix ans, le premier incubateur français en zone rurale, à Saint-Laurent-de-Chamousset dans le département du Rhône. Le 6 et le 7 juin 2000, les Sénateurs ont tenté pour la deuxième fois de favoriser, à leur manière, l'essor du capitalisme de proximité. Le qualificatif de proximité n'est point à prendre ici à la légère, puisqu'à l'inverse de beaucoup d'interfaces événementielles, les Sénateurs ont tenu à ce que les projets d'entreprises retenus sortent du cœur de la France. « *Les Sénateurs font remonter des projets de leur circonscription* » (2), rappelait au magazine *Le Revenu*, Christian Poncelet, le Président du Sénat.

Pour autant, les Sénateurs ont eu la sagesse de ne pas s'immiscer dans la sélection des dossiers. Ils ont souhaité que les projets soient jugés sur

(1) Conférence de presse du Groupe IPEN - Palais du Luxembourg - 14/12/2000

(2) Magazine *Le Revenu Hebdo* - n°569 - 14 avril 2000 - Propos recueillis par Stéphanie Fontana

leur rentabilité, ainsi que sur leur intérêt économique véritable et non sur des critères politiques. C'est pourquoi, la sélection des dossiers a été confiée à un comité de professionnels de l'intermédiation financière, comme l'a indiqué Didier Désert, l'organisateur de l'opération. La présence dans le comité des douze sélectionneurs, de François Claverie, le directeur financier de *Business Angels.com*, atteste de la rationalité de la procédure de sélection. D'autant plus, le tri des projets ressort d'une exigence draconienne, qui n'a pas été, de loin, le parti pris de toutes les interfaces à Business Angels, apparues au cours de l'année 2000.

Aussi surprenante soit elle, la démarche semble fonctionner puisque l'édition 1999 du « tremplin entreprise » a permis à onze start-up de lever 100 millions de francs. Le résultat est loin d'être modeste. Des entreprises comme AGS Soft ne diront pas l'inverse ; deux mois après le premier « Tremplin Entreprises », elle avait réuni pas moins de 5,5 millions de francs en provenance de Business Angels, rencontrés au sein de ce grand palais de la République.

Au-delà de la réussite de l'opération, une autre particularité mérite d'être relevée ; le Sénat organise le Tremplin Entreprise en partenariat avec l'association des anciens élèves de l'ESSEC, la prestigieuse école de commerce parisienne, immédiate rivale de HEC. Voilà se concrétiser un partenariat attendu et riche en synergies. A travers l'expression républicaine, cette coopération permet aux Business Angels de se connecter au monde de l'éducation, c'est-à-dire celui où l'imagination de la jeunesse reste certainement la plus fertile en projets.

Les interfaces manquent donc de moins en moins. Pour un créateur, il devient chaque jour plus facile de rentrer en contact avec des investisseurs providentiels. Le fait surprenant que le Sénat se lance à son tour dans une telle démarche, équivaut à un signal fort. Il témoigne en tout cas de l'effervescence du phénomène Business Angels en France.

L'intermédiation, ou plutôt la mise en relation, devient de moins en moins formelle, lorsqu'elle passe du permanent au ponctuel. Elle le devient encore moins, quand l'événement laisse la place à la communication par voie de médias.

Quand un projet à la recherche d'investisseurs fait connaître ses intentions par la presse, on n'est même plus dans une logique de lieu de rencontre ; le lieu s'est dématérialisé pour laisser la place à une forme de publicité, sinon d'information. En France, nous assistons aujourd'hui à cette dématérialisation. Des hebdomadaires de portée nationale, comme *Le Revenu* avec sa rubrique « *ils ont des idées* », ont ouvert leur ligne éditoriale aux créateurs désireux de rencontrer des Business Angels. En guise de réciproque, l'hebdomadaire financier proposait une rubrique permettant à des Business Angels de sortir de l'anonymat, sous le titre explicite : « *Ils ont de l'argent* ».

Le Figaro économie a lui aussi suivi le mouvement, en créant sa propre rubrique, intitulée « *coup de pouce* », dans son édition élargie du lundi. Même la radio s'y est mis. En tête de la promotion radiophonique, la station BFM présente chaque samedi une entreprise en quête d'investisseurs, avec les conseils avisés d'un Business Angel, commentateur pour l'occasion, sur la qualité de l'investissement.

Le monde de l'interface financière bouge autant sous ses formes classiques que nouvelles. La mise en relation avec des Business Angels est devenue au fil de l'année 2000, une activité somme toute naturelle. En tout cas, elle n'apparaît plus comme la chasse réservée des entreprises privées spécialement dédiées à la recherche de capitaux de proximité. Le fait que les médias aient suivi le mouvement montre que la quête ou l'appel aux Business Angels va devenir dans un futur proche, un acte banal et récurrent ; une activité que tout un chacun pourra mener par soi-même, dans un but intéressé ou à l'inverse désintéressé.

N'ayons pas peur des mots ; la diversification croissante des modes de mise en relation, nous autorise aujourd'hui à employer le terme « effervescence », pour qualifier l'émergence des Business Angels français. Le phénomène a pris une telle ampleur, que l'on a même parlé à un certain moment, de « printemps des Business Angels ». Sur les seuls mois de mai et juin 2000, pas moins de quatorze rencontres, congrès d'intermédiation et forums de mise en relation, se sont tenus sur le territoire français. Il s'en est organisé en moyenne un tous les quatre jours. Les occasions n'ont donc pas manqué aux entrepreneurs désireux d'entrer en contact avec des particuliers susceptibles de les financer. On ne pouvait en effet guère faire mieux, et organiser plus de réunions en l'espace de deux mois !

Fait intéressant, cette intensité printanière résulte d'une multitude d'organisateurs, pour le moins que l'on puisse dire éclectiques. Les quatorze forums de mise en relation ont autant été le fait de *fund raisers* privés, que de clubs privés à but non lucratif, de collectivités locales et de chambres de commerce. Ce sont des associations privées qui ont organisé le forum de la création d'entreprise du 7 juin 2000 à Bordeaux, la « criée » de Marseille du 25 mai et le « jeudi du Net » du 4 mai à Strasbourg. A l'inverse, le forum 4 I de Grenoble a été initié par la municipalité et la chambre de commerce. De la même manière, les manifestations récurrentes comme les rendez-vous mensuels de Léonardo, les *First Tuesday* et les rencontres de Proxicap, ont contribué à l'intensité des mises en relation au milieu de l'année 2000.

Pour autant, l'effervescence du phénomène Business Angels ne se résume pas à l'apparition de quelques nouvelles interfaces. Bien au contraire, le monde français des investisseurs providentiels s'organise, et commence enfin à être reconnu par les pouvoirs publics. Parallèlement, les particuliers désireux d'investir dans le non coté se voient proposer des services nouveaux, notamment en terme de formation. Est-ce la raison pour laquelle, de plus en plus de personnalités célèbres font connaître leur activité de Business Angel ?

Une effervescence à échelle européenne

Vu l'aspect transnational du phénomène, seule la Commission de Bruxelles pouvait apporter la reconnaissance publique au fait Business Angels. Elle l'a fait, et son intérêt ne peut être honnêtement interprété, comme une réponse politiquement correcte à un effet de mode médiatique. Au contraire, l'attention de la Commission de Bruxelles s'est concrétisée en amont de l'effervescence actuelle, bien avant que l'activisme des Business Angels ne prenne la dimension que nous lui connaissons aujourd'hui. C'est en février 1997 que plusieurs réseaux européens de Business Angels ont rencontré du répondant de la part de la Direction Générale 23 de l'Union Européenne. Le 28 février 1997, ces réseaux, parmi lesquels le français *Business Angels.com*, proposaient à l'institution européenne la constitution d'une organisation publique, en charge de suivi du phénomène en Europe. L'EBAN, *European Business Angels Network*, était né.

Cet organisme a en fait été inspiré par le rapport 552 de l'Union Européenne, intitulé *le capital-investissement : les clés de la création d'entreprises en Europe*. Inscrite dans une démarche strictement désintéressée, l'EBAN a vocation à étudier les profils d'investisseurs providentiels, identifier les Business Angels potentiels en Europe, ainsi qu'à formuler à l'attention des pouvoirs publics européens, toute proposition, notamment fiscale, qui accélérerait le développement de cette puissance financière informelle.

En ce sens, Eric Gaillat estime que « la création de l'EBAN correspond à la contribution de *Business Angels.com* à l'intérêt collectif ». Il faut dire que la start-up parisienne y est pour beaucoup dans la création de cette organisation européenne. D'ailleurs, *Business Angels.com* représente la France, au travers d'une vice-présidence assumée par Eric Gaillat en personne. Après les élections du bureau de l'EBAN en juin 1999, le Britannique John Berry, dirigeant de South West Investment, en a pris la présidence, preuve que les anglo-saxons gardent une propension naturelle à nous précéder dans de tels domaines.

Pour faciliter la transmission d'informations entre le privé et le public, l'EBAN se tient en relation permanente avec la Direction Générale 23, ce service de la commission de Bruxelles qui avait déjà contribué à son lancement. N'ayant pour l'instant débouché sur aucune réforme concrète, l'EBAN ne rencontre pas aujourd'hui l'approbation consensuelle de tous les intervenants français liés à la question des Business Angels. Toutefois, personne ne peut véritablement douter de son activisme, puisqu'elle a pu présenter ses premiers travaux à l'Union Européenne dès le 12 février 1998, et rendre son étude finale le 7 juin 1999.

Il appartient désormais aux pouvoirs publics, et donc à l'Union Européenne, de réagir. L'EBAN ne détient qu'un pouvoir consultatif ; le pouvoir politique, autrement dit le pouvoir de décision, reste bien évidemment dans les mains des institutions européennes. L'EBAN ne peut donc être tenue pour responsable du fait que les réformes se fassent toujours attendre à l'échelle européenne, et encore moins du faible engouement du gouvernement français à légiférer sur la question.

Afin de rendre son action plus efficace, l'EBAN a d'ailleurs précisé son champs d'intervention, ainsi que la teneur de chacune de ses missions. Non seulement, l'organisme continuera de réaliser des études statistiques du phénomène, mais il s'est également engagé à rédiger un annuaire visant à présenter toutes les interfaces à Business Angels existant actuellement sur notre territoire. C'est pourquoi, sans rentrer dans le détail, l'EBAN affirme aujourd'hui vouloir « *promouvoir la reconnaissance des réseaux d'investisseurs privés au niveau de l'Union et des Etats membres en terme fiscal et juridique* » et « *contribuer à l'élaboration et à l'application locale, régionale et nationale des programmes d'assistance à la création et au développement positif pour les activités de Business Angels* » (1).

Bien évidemment, l'Europe se penche uniquement sur des phénomènes qu'elle considère comme majeurs. L'administration européenne n'a pas l'habitude de s'impliquer dans des enjeux jugés insignifiants, et sans incidence sur le plan économique. C'est pourquoi, nous pouvons voir dans la création de l'EBAN, le fait que l'Union Européenne observe les Business Angels comme une source puissante de la croissance de demain. La constitution de l'EBAN équivaut donc bel et bien à une première reconnaissance publique de l'activisme économiquement utile, de l'investissement à risque.

Il faut dire que l'essor des Business Angels est d'autant plus crédible aux yeux des pouvoirs publics, que de plus en plus de personnalités célèbres et reconnues investissent dans des jeunes entreprises. En outre, elles n'hésitent plus, comme par le passé, à le faire savoir. Tant que la population des Business Angels se formait d'anonymes, on pouvait encore estimer que l'investissement dans le non coté ne concernait que quelques particuliers bien aventuriers. L'anonymat et la discrétion confortaient l'idée selon laquelle, être Business Angel ne relève pas de la norme comportementale de l'épargnant français. Face aux bouleversements actuels, de tels jugements n'ont plus lieu d'être. Quand des personnalités charismatiques du monde des affaires deviennent Business Angels, on est

(1) Conférence de presse du Groupe IPEN - Palais du Luxembourg - 14/12/2000

bien forcé de reconnaître, que l'investissement à risque devient un placement rentable, même pour les particuliers.

Les Business Angels célèbres apportent leur notoriété comme caution à la démarche. Quand Jacques Cousin, l'ancien bras droit de Daniel Hechter, fait savoir par voie de presse qu'il risque une partie de son épargne dans des entreprises de mode qu'il ne dirige pas, le signal n'est pas neutre pour la communauté financière. De la même manière, l'activité des Business Angels se crédibilise au yeux des milieux économiques, lorsque Philip Pechayre, l'ancien directeur général du célèbre distributeur de vêtements Pimki, annonce avoir réservé 15 à 50 millions de francs de son patrimoine personnel, pour investir avec trois amis dans des créations d'entreprises. Enfin, inutile de se poser des questions sur la caution morale que peut représenter une référence de la finance comme André-Lévy Lang, l'ancien patron de Paribas. Depuis son départ de l'illustre banque d'affaires parisienne, Monsieur Lang déclare consacrer son temps libre à son activité de Business Angel.

Bien que Platon nous ait soutenu l'inverse, l'exemple bénéficie d'une force de persuasion bien plus élevée que la démonstration rationnelle. Même les observateurs les plus réservés conviennent que des professionnels aussi renommés ne risqueraient pas leur fortune dans des opérations aventureuses. L'effet de mode et le besoin de publicité personnelle poussent seulement les épargnants superficiels à se lancer dans des investissements inconsidérés ; pas des professionnels à l'image de ceux que nous venons d'évoquer. Ceux-ci deviennent Business Angels, uniquement parce qu'il reste encore quelques belles affaires à saisir, une attitude qui ne peut que confirmer aux yeux de tous, la rationalité de la démarche.

Dès lors, l'apparition de Business Angels notoires invite les milieux politiques économiques et financiers à se préoccuper de la question. Elle invite également d'autres particuliers encore hésitants, mais intellectuellement intéressés, à franchir le pas et devenir eux-mêmes Business Angels. Aujourd'hui, le moindre épargnant qui a un tant soit peu le goût du risque et la solidité financière nécessaire, n'a pas envie de laisser toutes les belles opportunités aux Business Angels de la première heure. La démarche de l'investissement à risque devient alors contagieuse. Elle commence à séduire des particuliers fortunés qui, dans des temps antérieurs, n'auraient jamais osé des placements nécessitant une réelle connaissance du monde de l'entreprise.

C'est pourquoi, en plus des interfaces, apparaissent des services nouveaux à l'attention des particuliers aspirant à devenir Business Angels. Tous ne disposent pas des connaissances et compétences requises pour l'évaluation d'un investissement à risque. Les maisons d'éditions spécialisées dans l'économie ont par exemple étoffé leur catalogue de publications, par des ouvrages techniques destinés aux Business Angels en herbe. D'essence didactique, ces ouvrages sont censés fournir toutes les clés indispensables pour mener à bien son activité de Business Angel, et réaliser les bons placements au bon moment. Paru il y a un an aux éditions de l'organisation, l'ouvrage de Gildo Pastor, Jean-Paul Cailloux et François Cazalas s'est positionné sur ce créneau de la formation des futurs investisseurs providentiels.

L'effort de formation ne passe pas uniquement par l'écrit. Au-delà des publications de technique financière, certains organisateurs proposent aujourd'hui des week-end de formation intensive sur l'investissement à risque. Un consultant nommé Yvan Delcourt, président de *Early Stage* une association de Business Angels, en a organisé un, le 18 avril 2000 à Sophia-Antipolis. En l'espace de deux jours, cent cinquante personnes dont quatre-vingt véritables Business Angels, ont pu découvrir toutes les astuces que doit maîtriser un véritable investisseur averti. Les cent cinquante participants ont appris à calculer leur risque, à valoriser chaque entreprise et à se faire connaître en tant qu'investisseurs. En clair, ces week-end de formation leur apprennent à ne pas être victimes des « canards boiteux ». On leur explique comment ne pas tomber dans des traquenards qu'un professionnel confirmé détecterait en moins de temps qu'il ne faut pour le dire.

De l'interface à la formation, le mouvement s'active au point que les Business Angels français en viennent à organiser leur propre congrès annuel. De portée nationale, cette manifestation se déroule depuis trois ans à Monaco, à l'initiative du toujours très actif Gido Pallanca-Pastor. Le fait qu'une catégorie d'épargnants tienne congrès, montre que le phénomène est bien sorti de la marginalité. Même s'il ne s'agit que d'une minorité parmi les épargnants français, les Business Angels existent et éprouvent le besoin de se rencontrer à l'occasion de congrès, pour mieux se connaître et défendre leurs intérêts communs.

Sociologiquement et culturellement parlant, une nouvelle catégorie d'épargnants est née et cherche à être reconnue en tant que telle. C'est la principale conclusion que nous pouvons retirer de ces multiples congrès, forums, week-end de formation et organisations européennes, dont le but ne consiste plus à mettre les Business Angels en relation avec des entrepreneurs, mais à représenter leurs intérêts auprès de la société civile.

Finalement, l'activisme des Business Angels s'intensifie en France, alors que leur poids financier reste toujours infinitésimal, par rapport à ce qu'il est aux Etats-Unis. L'actualité économique française nous offre donc un beau paradoxe. Certes, le mouvement semble irréversible, mais en même temps, la puissance financière des particuliers ne s'est pas encore traduite par une réalité statistique.

Ce paradoxe doit nous inviter à la réflexion : les interventions des Business Angels peuvent-elles vraiment être considérées comme une mobilisation d'épargne de proximité ? Peut-on attendre d'elles une accélération de la croissance, au point d'en faire un axe stratégique de notre politique économique ? Enfin, quand les média évoquent le phénomène et quand de nouvelles interfaces apparaissent en parallèle, parle-t-on sincèrement et exclusivement de véritables Business Angels ?

Vers un investissement à risque diversifié

Du simple épargnant fortuné qu'il était, le Business Angel est devenu un individu en quête d'opportunités d'affaires. Cette vision très cartésienne ne doit entraîner de notre part aucune espèce de jugements moraux. Nous avons déjà observé à travers l'exemple américain, l'impact bénéfique de l'activisme des Business Angels sur la création d'entreprises et la croissance. En revanche, on peut se demander si la part du patrimoine personnel des Business Angels investie dans le non coté, fait partie de ce concept que nous avons appelé épargne de proximité. L'investissement des Business Angels procède-t-il réellement d'une nouvelle forme d'épargne de proximité ?

A écouter les *fund raisers* et les autres personnalités proches de ces investisseurs providentiels, on pourrait penser que non. En effet, plusieurs d'entre eux affirment que l'on ne peut plus vraiment parler de proximité, dans la mesure où la dimension géographique de l'investissement des Business Angels a tendance à s'estomper avec le temps. Jean-François Prat de *Capital & Croissance* partage cet avis : « Notre expérience nous a enseigné que très peu de Business Angels voulaient absolument être à côté de l'entreprise dans laquelle ils avaient investi ». Même son de cloche chez *Business Angels.com*, où Eric Gaillat explique que « si le capital de proximité [à l'image du Love Money de Jean Salwa] se place dans une optique régionale, l'investissement des Business Angels passe désormais à une échelle nationale ».

Les récentes évolutions sociologiques et technologiques ont en effet élargi de manière incontestable le rayon géographique des investissements. En tant qu'instrument d'intermédiation, l'Internet a permis à des investisseurs de rencontrer des créateurs installés à l'autre extrémité du territoire français. A l'évidence, cette prise de contact à distance s'avérait autrement plus difficile, lorsque les réseaux n'étaient pas encore virtuels. Plus globalement, l'accroissement de la mobilité géographique et l'amélioration des moyens de communication, ont contribué à l'élargissement de la distance d'investissement. En plus, bons nombres de Business Angels font le « tour » des différents salons de mise en relation, qui se tiennent aussi bien à Paris qu'à Monaco. Cette intermédiation ponctuelle et événementielle leur permet également de rencontrer des créateurs s'affairant dans des régions éloignées.

Cependant, la proximité n'est pas encore morte, malgré l'avènement du fait Business Angels. Plusieurs tendances lourdes rapprochent les Business Angels du capitalisme de proximité, à l'image de jumeaux soucieux de se différencier, sans jamais y parvenir réellement. Par exemple, Jean-François Prat relevait que « certains Business Angels aiment pouvoir se rendre dans l'entreprise qu'ils ont contribué à financer, et revenir à leur domicile dans la journée ».

De la même manière, Eric Gaillat qui a essayé, notamment lors des rencontres de Milan, de lier des entrepreneurs et des Business Angels en provenance de pays différents, constate que « les projets européens n'attirent que le capital-risque et pas encore les particuliers ». « Peut-être connaîtrons-nous avec l'avènement de l'euro et le changement de génération, une ouverture européenne des Business Angels, mais ce n'est pas encore le cas », constate le co-fondateur de *Business Angels.com*, pour mieux conclure : « les Anglais investissent en Angleterre, comme les Italiens investissent en Italie ».

Finalement, l'EBAN a confirmé dans plusieurs de ses études qu'en grande majorité, les Business Angels n'investissaient pas à plus de cent kilomètres de leur domicile. Le Professeur Sohl confirme ce chiffre pour les Etats-Unis. Ce large consensus indique que la proximité géographique reste un facteur clé de la décision d'investissement, même dans les opérations des Business Angels. Par ailleurs, si la proximité n'est plus géographique, elle peut prendre une dimension autre ; Jean Salwa l'avait déjà expliqué pour le Love Money, en évoquant l'existence d'une proximité d'estime et d'une proximité professionnelle.

Eric Gaillat applique cette analyse aux investisseurs providentiels, au moins pour ce qui est de la proximité professionnelle. Il rappelle que « les Business Angels investissent uniquement et exclusivement dans les secteurs qu'ils connaissent ». Déjà, le simple fait que les Business Angels soient souvent eux-mêmes d'anciens entrepreneurs, montre que la similitude des parcours professionnels sert de socle à la relation entre créateur et investisseur. Plus que de proximité professionnelle, Jean-François Prat parle de « proximité du cœur ». C'est pourquoi, malgré la globalisation des échanges financiers, l'activité de Business Angel reviendra toujours à une démarche de proximité, ne serait-ce que pour des raisons sociologiques et culturelles. Dès lors, n'éprouvons aucune gêne à assimiler l'investissement des Business Angels à de l'épargne de proximité.

Maintenant, la seconde interrogation qui vient à nous concerne l'utilité économique des Business Angels. La croissance et l'emploi ont-ils intérêt à les laisser s'épanouir ? Peut-on faire reposer sur les Business Angels, les bases d'une politique économique plus audacieuse ? La réponse est oui, bien que chaque Business Angel pris individuellement, ne cherche pas spécialement à contribuer à l'intérêt collectif. Le Business Angel ne s'intéresse pas à l'économie en général ; seule sa plus-value potentielle compte. Mais à l'inverse, l'économie française et les pouvoirs publics ont tout intérêt à s'intéresser à eux.

Les interventions des Business Angels ne sont pas sans incidence sur le niveau global d'activité d'une économie. Par un simple raisonnement théorique, on imagine bien qu'elles tirent l'investissement à la hausse, entraînant avec lui la croissance et l'emploi. Pour autant, nous avons vu en introduction que cette relation entre l'investissement, la croissance et l'emploi n'était pas dans la réalité des faits aussi assurée et automatique, que la théorie le laisse penser. Pour garantir au mieux cette relation, il faut que l'investissement se réalise avant tout en actions et s'attache plus particulièrement aux créations d'entreprises. Seulement par ces deux vecteurs, nous étions un peu plus assurés, que l'investissement allait effectivement déboucher sur une création directe d'emplois.

C'est sur ce point que se dévoile toute l'originalité des Business Angels, qui doit nous inviter à faire d'eux les croisés de la nouvelle croissance. Du point de vue de l'intérêt général, le Business Angel garde l'immense avantage de concentrer son action sur les créations d'entreprises, ou en tout cas sur les petites structures. Eric Gaillat de *Business Angels.com* rappelle que « le cœur des Business Angels se porte sur l'amorçage ». Autrement dit, les Business Angels fournissent le capital utile aux tout premiers mois de la vie d'une entreprise et qui, jusqu'à présent n'intéressait personne. De passage au Sénat à Paris le Jeudi 14 décembre 2000, Rudy Aernoudt de la direction « entreprises » de la Commission de Bruxelles, confirmait que les Business Angels européens réalisent 75% de leurs investissements au moment de la création des entreprises.

Pour ce qui est de la taille des sociétés financées, l'IFRAP indique, toujours en se référant à l'étude Gaston-Bell, que 57% des investissements réalisés par les Business Angels américains, ont lieu dans des entreprises employant moins de cinq salariés. Celui qui doutera encore de l'intérêt économique de cette préférence, n'aura qu'à revenir au premier chapitre de cet ouvrage, pour se rappeler du poids que représente les TPE et les créations d'entreprises dans la création globale d'emplois.

Le Professeur Sohl a été encore plus précis et explicite lors de son intervention à Paris, à la fin de l'année 1999. Selon l'universitaire américain, les Business Angels sont d'autant plus intéressants qu'ils ont le profil et les moyens financiers requis pour combler le « trou du financement » en fonds propres. D'un côté, les très petites entreprises affichent des besoins financiers relativement modestes. Elle arrivent donc, bon gré mal gré, à se financer grâce à l'épargne personnelle de leur créateur, ou en tout cas grâce au Love Money familial. A l'autre extrémité, l'élite de la création d'entreprises doit réaliser des investissements, notamment technologiques, importants, pour espérer garder quelques chances de réussite. Les start-up arrivent ainsi à intéresser les institutions financières, grâce à leur fort potentiel de croissance.

Mais au milieu existe une multitude de créations d'entreprises, qui sans être forcément des stars de demain, ont parfois besoin d'un peu plus de capital que ne peut leur fournir leur dirigeant. Daniel Venon, dirigeant de la société de capital-risque *Avenir Entreprises*, aborde ce cas de figure en évoquant « ces entreprises dont le financement ne se situe plus à hauteur patrimoniale du dirigeant ». Dans la situation américaine, le Professeur Sohl repère ce « marais de la création » au niveau des entreprises qui projettent à cinq ans, entre 10 et 50 millions de dollars de chiffre d'affaires. Outre atlantique, il s'agirait, selon l'universitaire du New Hampshire, du segment de la création qui dépendrait le plus de l'intervention capitalistique des Business Angels.

En France, ce type d'entreprise n'est pas forcément le mieux loti par l'institution financière. Comme l'activisme des Business Angels français n'est en rien comparable au dynamisme américain, on pourrait raisonnablement penser qu'une augmentation du nombre de nos Business Angels apporterait une réponse financière durable à ces entreprises prometteuses, mais victimes du « trou » de l'investissement à risque.

Pour en revenir à des estimations chiffrées, rappelons-nous que le million d'Européens ayant suffisamment d'assise financière pour devenir Business Angels, représente selon l'EBAN un potentiel d'investissement global, compris entre 66 et 130 milliards de francs. Vu que seulement 145.000 individus parmi ce million d'épargnants se sont lancés effectivement dans une activité de Business Angel, on peut estimer que le potentiel est encore sous-utilisé à 85%. Pour le seul cas français, les créateurs de *Business Angels.com* avaient évalué en 1997 à quatre milliards de francs ce potentiel de ressources disponibles encore non mobilisées. Dès lors, on imagine la puissance que représenterait un tel accélérateur d'investissement en France et en Europe, pour la classe intermédiaire d'entreprises désignée par le Professeur Sohl !

En se basant sur des études différentes, l'avis de Bernard Zimmern corrobore le constat général. Le Président de l'IFRAP estime « qu'il nous faut cent mille Business Angels en France, pour arriver à parité avec les Etats-Unis ». « Mais, nous avons besoin de véritables Business Angels », précise Bernard Zimmern. « Nous avons besoin d'anges qui veulent gagner de l'argent, et dont c'est le métier ». A partir des études économétriques réalisées par son organisation, le Président de l'IFRAP chiffre à soixante milliards de francs la masse d'investissements supplémentaires, qu'apporteraient ces cent mille nouveaux Business Angels aux entreprises françaises. Toujours selon la même analyse, nous pourrions attendre d'eux une augmentation de 40% du taux de création d'entreprises, et surtout 240 000 emplois nouveaux par an. Enfin, à taux égal de création d'entreprises, il nous faudrait huit ans pour atteindre le plein-emploi américain.

En définitive, bien que les Business Angels ne soient pas des philanthropes, nous avons besoin d'eux pour doper la croissance et l'emploi. Si nous en croyons les évaluations de l'IFRAP, il n'y aurait plus lieu d'hésiter à réformer notre système économique, pour multiplier par cent le nombre actuel de Business Angels français. Mais justement, à quelles réformes devenons nous procéder ? Quelle est la solution pour rattraper l'avance en nombre des Business Angels américains ?

Avec un revenu mensuel dépassant forcément les 50 000 francs et un patrimoine personnel au-delà de quatre millions, la plupart des Business Angels potentiels sont actuellement, en France, assujettis à l'ISF, l'impôt de solidarité sur la fortune. Si certains y échappent, ils sont en tout cas tous imposés à la tranche maximale de l'impôt sur le revenu, celle où tout franc de revenu supplémentaire est taxé à 54%. On peut donc penser, que si l'on proposait à cette catégorie précise de contribuables, des aménagements fiscaux sur ces deux impôts, en fonction de leurs investissements réalisés dans des PME, le nombre de Business Angels pourrait enfin connaître dans notre pays une envolée significative.

Selon Bernard Zimmern, il suffirait de réformer notre système fiscal, en s'inspirant du modèle américain dit de *Subchapter S*, analysé plus loin. En tout cas, nous ne pouvons que constater que certains analystes envisagent déjà une politique économique pour croissance durable, basée essentiellement sur le développement des Business Angels. L'idée n'est pas saugrenue. Si bien évidemment elle reste encore discutable, il ne s'agit point d'un non-sens économique ; cette perspective devient chaque jour un peu plus crédible.

L'idée de cette politique de réforme ne s'est pas crédibilisée par hasard. A l'évidence, la multiplication des interfaces et l'apparition de Business Angels connus, ont toutes les deux concouru à cette crédibilité de plus en plus affirmée. Le phénomène Business Angels en l'an 2000 a été un véritable révélateur de notre besoin de réformes économiques. Bousculée par cette arrivée inattendue d'investisseurs providentiels, notre économie doit aujourd'hui tirer tous les enseignements de ce phénomène, avant de décider politiquement quelque réforme que ce soient.

Les enseignements de l'épargne de proximité

Dominique Nouvellet a très certainement mis en avant l'enseignement le plus évident et le plus positif, issu des bouleversements actuels. Selon le patron de SIPAREX, « est en train de naître en France une nouvelle catégorie d'entrepreneurs financiers. Finalement, on assiste à la renaissance du capitalisme français, la relève étant assurée par d'anciens entrepreneurs qui viennent de vendre leurs affaires ». « Ce terreau de chefs d'entreprises pénètre les esprits et la jeunesse qui devient moins naïve ; les Business Angels contribuent indéniablement à ce mouvement de fond ».

Jamais la France n'avait vécu au cours du vingtième siècle une telle recomposition de son capitalisme. Même au lendemain des Trente Glorieuses, le boom économique n'a pas été le fait d'un regain de l'esprit d'entreprise et de patrimoines personnels risqués dans l'économie réelle. L'éclosion des Business Angels, ainsi que l'image positive et stimulante qu'en perçoit la population, est une profonde nouveauté, peut-être même sans précédent historique. Bien qu'il ne doit pas être idéalisé, il aura au-delà de ses impacts économiques immédiats, des conséquences culturelles fortes. Nous ne pouvons que nous en féliciter.

Sans s'en douter un seul instant, Georges Chavanes et Joseph Briend ont été avec trente et quarante ans d'avance les précurseurs du comportement financier de la nouvelle génération économique française. Malgré les freins fiscaux et réglementaires, cette attitude tend aujourd'hui à devenir une habitude. Je veux parler de cette nouvelle génération qui entreprend, n'hésite plus à investir son épargne dans des projets risqués, ou lorsqu'elle n'en a ni l'argent ni le projet, anime ces interfaces dont nous avons de plus en plus besoin. C'est pourquoi, le terme de révolution économique, déjà employé en début d'ouvrage, est on ne peut plus approprié.

Certes, l'épargne de proximité dans son ensemble n'a pas encore percé. Les Français ne réalisent pas tous leur Love Money dans leur coin, pour le bénéfice de leurs propres amis. Nous n'en sommes malheureusement pas encore là ; de loin ! Il nous reste encore beaucoup de chemin à parcourir pour y parvenir. Mais les Business Angels, qui représentent un segment parmi d'autres de cette épargne de proximité - et certainement le plus rentable - sont déjà passés au stade des premières réalisations.

Par leur activisme actuel, ils confirment aux épargnants de proximité plus modestes, que l'on peut effectivement réaliser un bon placement en investissant dans l'entreprise d'un autre. Voilà une belle invitation à suivre le mouvement. Il y a seulement cinq ans, cette idée serait apparue dans notre pays comme une ineptie. C'est pourquoi, comme me le rappelait Jean-Michel Fourgous, la révolution économique qui se présente aujourd'hui à nous, reste avant tout une révolution culturelle. La France n'était pas mentalement préparée à cette agitation.

Le second et dernier enseignement que nous pouvons retirer du phénomène Business Angels, s'apparente plus à une limite. Toutes les interfaces que nous avons pu observer, témoignent d'une richesse et d'une diversité assez impressionnantes. Certaines d'entre elles sont organisées par le secteur public, comme le « Tremplin Entreprises », alors que d'autres restent intégralement privées, à l'image des *First Tuesday* et des rencontres de *Business Angels.com*. Gérard Pluvinet de la société de capital-investissement *21 central partners*, rappelait que « cette interconnexion entre la sphère public et la sphère privée a toujours été une des grandes spécifités françaises ».

Toutefois, les interfaces ne se distinguent pas uniquement les unes des autres, sur la dichotomie entre secteur privé et secteur public. Elles se différencient également par le type de financiers qu'elles réunissent. Certaines assurent le financement des entrepreneurs venus les solliciter, en en appelant exclusivement à des personnes physiques fortunées. C'est notamment la règle qui prévaut chez Jean-François Prat de *Capital et Croissance*. Mais d'autres interfaces agrémentent leur panel de Business Angels, par quelques institutions financières capables de répondre plus rapidement à des besoins conséquents.

Non, il n'y a pas forcément que des Business Angels dans les nouvelles interfaces apparues au cours de l'année 2000. Certaines utilisent également des investisseurs professionnels organisés sous la forme de personnes morales, c'est-à-dire de sociétés que l'on désigne par le terme générique de capital-risque. En d'autres termes, ce n'est plus l'épargne de particuliers fortunés qui se propose de financer les jeunes entreprises, mais les capitaux de sociétés financières spécialement dédiées à cette activité.

Le « Tremplin Entreprises » du Sénat a notamment fait appel à ces sociétés de capital-risque, pour compléter le groupe de Business Angels venus écouter les créateurs d'entreprises faire la promotion de leurs idées. Même constat chez *Business Angels.com* : « Plusieurs sociétés de capital-risque font partie de notre groupe d'investisseurs, même s'il reste essentiellement composé de Business Angels au sens personnes physiques », confirme Eric Gaillat. « Nous pensons d'ailleurs ouvrir bientôt un site consacré uniquement à la mise en relation avec le capital-risque ».

L'arrivée du capital-risque dans nos réflexions marque la frontière avec l'épargne de proximité. Ce nouveau mode de financement de la création d'entreprises nous conduit dans un autre monde. Il s'agit d'un monde dans lequel la Bourse joue un rôle plus décisif : un monde un peu plus proche de la haute finance internationale. Le fait que les interfaces financières éprouvent aujourd'hui la nécessité d'en appeler au capital-risque, nous mène à deux constats.

Bien que les Business Angels se développent d'une manière surprenante, l'épargne de proximité reste frêle dans ce pays. Elle n'arrive pas à atteindre un volume suffisant pour répondre aux besoins financiers des créateurs d'entreprises. Il y a clairement et malheureusement un manque, qu'il convient de combler. D'où la nécessité de réformes, que certains, abusés par un excès de médiatisation et de superlatifs, n'estimaient plus indispensables.

D'ailleurs, le problème du « pas assez » apparaît d'une manière indiscutable, si l'on compare la masse globale d'épargne actuellement détenue par les Français, à celle effectivement mobilisée au profit des créations d'entreprises. François Hurel, le Délégué Général de l'APCE en fait le démonstration :

« *Ayons toujours à l'esprit que 1% de l'épargne des particuliers - soit 15 milliards de francs sur les 1 500 milliards de francs épargnés par an - suffirait arithmétiquement pour doubler le nombre de créations d'entreprises chaque année en France !* » (1).

Un pour-cent de l'épargne de chacun : ce n'est rien ! N'importe quel particulier, même très modeste, pourrait se permettre sans graves conséquences financière, de risquer une aussi infime partie de son patrimoine. Je reste d'ailleurs convaincu que les citoyens sont aujourd'hui prêts à le faire. Ils sont prêts à assumer ce risque, à condition qu'on leur montre réellement que ce placement peut contribuer au développement de la cité. Un autre problème se pose maintenant à nous. Ce petit pour-cent éprouve du mal à parvenir jusqu'aux créations d'entreprises, alors que de plus en plus d'organismes se proposent aujourd'hui de faciliter cette rencontre. Comment mieux collecter cette épargne de proximité et savoir la mettre plus efficacement à disposition des entrepreneurs ?

La question se pose toujours, malgré le phénomène Business Angels. Dès lors, nous ne pouvons pas encore nous permettre en France, de faire l'économie des réformes structurelles qui viseront à faciliter la collecte et la redistribution de l'épargne de proximité. Cette dernière faisant preuve de diversité, les réformes devront concerner autant le patrimoine des Business Angels destinés aux entreprises ambitieuses, que le Love Money et l'appui financier aux projets micro locaux.

Enfin, les besoins financiers des entrepreneurs ne se régleront pas uniquement par une épargne de proximité stimulée. Celle-ci n'a pas réponse à tout ; c'est ce que nous enseigne la nécessité ressentie par les interfaces à Business Angels, de faire appel aux sociétés de capital-risque. Le programme de réformes envisagé doit aussi aborder la question du capital-risque, qui nous semble déjà incontournable. Le rapprochement

(1) Magazine *L'Entreprise* - n°177 - juin 2000 - Propos recueillis par Etienne Gless et Guillaume Roquette

tant souhaité entre l'épargne et les créations d'entreprises, ne pourra donc s'opérer en intégralité, uniquement par le biais d'une meilleure mobilisation de l'épargne de proximité. Le développement du capital-risque est aussi un des enjeux de cette audace économique, que nous aimerions tant voir se concrétiser.

TROISIEME PARTIE

La finance risquée au rendez-vous de l'histoire et du pouvoir

« Nous avons un objectif qui doit dominer tous les autres : faire de la France une grande nation industrielle [...] le reste sera donné de surcroît ».

Georges Pompidou

Avec 3,4 milliards de francs d'investissements réalisés en 1999, le capital-risque français a fini le siècle en beauté. « *1999, une année brillante* ! », avait d'ailleurs choisi l'AFIC (Association Française des Investisseurs en Capital) comme titre à son rapport 1999 sur l'activité du capital-investissement français. En parcourant les récits de ces jeunes pousses qui avaient réussi à mobiliser des millions de francs de capitaux en l'espace de quelques mois, beaucoup de Français ont découvert l'existence du capital-risque au cours de l'année 2000. Ce secteur de la finance moderne a été trop vite assimilé à une des nouveautés de la Nouvelle Economie, alors que l'esprit de ce métier où les institutions financières et bancaires jouent le rôle de Business Angel, a plus ou moins toujours existé.

Les logiques de capital-risque, de Business Angels et même d'épargne de proximité sont beaucoup plus anciennes qu'on ne le pense. Lors de sa venue à Paris le 2 décembre 1999, le Professeur Sohl avait souhaité débuter son intervention consacré au poids des Business Angels aux Etats-Unis, sur l'histoire de trois célèbres entrepreneurs d'hier et d'aujourd'hui, qui ont eu recours aux finances de particuliers : Jeff Bezos et Anita Roddich les fondateurs respectifs d'Amazon.com et de Body Shop, et surtout Alexandre Graham Bell, l'inventeur du téléphone qui, en 1874, sollicita quelques amis Business Angels pour financer le lancement de la *Bell Telephone Company*.

Avant de partir à la découverte de l'Amérique, Christophe Colomb a du lui aussi trouver les finances nécessaires à son expédition. Sur les deux millions recherchés, Christophe Colomb en réunit la moitié en contractant, en son nom personnel, des prêts sur l'honneur auprès du banquier Berardi mais aussi d'amis de Séville. Certes, le financement de ces grandes conquêtes reposait à l'époque sur une logique de prêts. Mais l'issue de ces grandes expéditions était tellement incertaine, que les financiers prenaient de fait un risque que n'aurait su accepter un banquier raisonnable. Ceux qui ont osé prêter à Christophe Collomb étaient des Business Angels avant l'heure. Dans leur ouvrage sur le capital-risque, Marc Bertonèche et Lister Vickéry faisaient la remarque suivante à propos des financiers des grandes conquêtes : « *Pour chaque nom resté dans l'histoire, bien des voyages ont échoué. Avant de décider du financement d'une expédition partie à la recherche d'or, d'épices ou de pierres précieuses, les investisseurs se devaient de bien jauger le capitaine et de bien étudier son projet ;*

l'hypothèque prise sur un bateau qui ne revient pas est une bien faible garantie ! » (1).

Passionné par l'histoire de la finance à risque, l'investisseur en capital Dominique Nouvellet voit également dans les grandes conquêtes du 15ème siècle la naissance du capital-risque européen : « Malgré une idée reçue, le capital-risque n'est pas du tout une création américaine. Il existe en France une vieille tradition du financement en capital, que l'on a vu apparaître à Lyon à l'époque de la Renaissance, avec une pratique financière appelée le *prêt à la grande aventure*. Des financiers prêtaient de l'argent à des capitaines de navires pour partir à la conquête du monde. En cas de succès, les rémunération du financier et du capitaine s'effectuaient à partir d'un partage du butin. Il y avait donc dans ce *prêt à la grande aventure* une véritable notion de *carried interest*, une notion de partage des plus-values propre à l'investissement en capital ».

S'il est actuel et au cœur de la problématique économique moderne, l'investissement en capital est donc loin d'être un fait nouveau. Or, cet état de fait offre à notre réflexion un avantage inestimable : les enseignements de l'histoire. En effet, si l'investissement en capital a pu être mis en œuvre sous des formes diverses et variées au cours des siècles derniers, des exemples de politiques économique axées sur sa réalisation doivent exister. Grâce à leur étude, nous pourrons déterminer à quel point l'encouragement de l'Etat à l'investissement en fonds propres peut stimuler la croissance et le développement économique à long terme.

Par l'histoire, l'épargne privée et l'action publique se rejoignent. A des époques bien précises de l'histoire de France, les pouvoirs publics ont eu l'audace d'utiliser par différents mécanismes l'épargne des particuliers pour financer le développement industriel. Or, les époques où l'Etat a basé son action économique sur la finance risquée privée correspondent à des périodes de développement fort, qui permirent à la France de maintenir son rang économique sur le plan international.

De la Révolution Française à nos jours, la force économique de la France a été marquée par autant de permanence que de ruptures violentes. Permanence, parce que la France a pratiquement toujours été la deuxième puissance économique de l'Europe. Rupture, parce que finalement la France a plus souvent fait figure de « veille endormie » de l'économie européenne accumulant des retards considérables, qu'elle n'apparaissait comme une force économique montante. En revanche, au cours de rares périodes toujours inférieures à trente ans, l'économie française canalise une énergie inhabituelle pour accomplir un bond surprenant, qui à chaque fois lui permit de rattraper à peu près son retard.

« Que la France soit cyclique, et encore plus cyclique que d'autres pays européens en matière économique, est un fait particulièrement vérifiable », reconnaissait le banquier Bernard Esambert. « La France

 (1) *Le capital-risque*, de Marc Bertonèche et Lister Vickéry - Editions PUF - collection *Que sais-je ?* - 1987

reste le pays du *stop and go*, et c'est particulièrement frappant sur la période économique que nous vivons depuis la Libération ». Mais ce qu'il y a de plus frappant, c'est qu'à chaque fois qu'une croissance économique intense a réhabilité la puissance française, une réallocation de l'épargne à des fins industrielles était intervenue en amont, telles que nous la proposons aujourd'hui avec le Love Money et les Business Angels. C'est pourquoi, il apparaît indispensable d'étudier plus en détails les politiques mises en place à l'amont de ces sursauts économiques passés, pour évaluer quels impacts sur la croissance et l'emploi nous pourrions attendre d'une même stratégie de développement, appliquée à l'économie française d'aujourd'hui.

Une fois que l'histoire nous aura apporté la preuve que la puissance publique peut accélérer la croissance en rapprochant l'épargne de l'entreprise, nous pourrons alors imaginer toute une série de réformes qui pourraient s'avérer bénéfiques dans le contexte actuel français. Car, bien que nous restons dans le cadre de l'économie marchande et privée, il n'y a pas de doute à avoir sur d'où doit venir l'impulsion décisive. Bernard Esambert le rappelle : « Pourquoi la France avance-t-elle rapidement par espèce de foucades, alors qu'à d'autres périodes elle s'endort et rétrograde relativement par rapport à son environnement proche, c'est-à-dire l'Europe des Quinze ? Cela tient au fait qu'à certaines époques une équipe politique parvient à se manifester, parfois incarnée par un seul homme, qui sait créer un environnement favorable à *la poule aux œufs d'or* que représentent nos entreprises ? ».

Indiscutablement, les Trente Glorieuses et le milieu du dix-neuvième siècle auront été pour la France des périodes de fastes économiques, des périodes de modernisation intense pour reprendre les termes de l'historien Alain Plessis. L'une comme l'autre ont vu la mise en place d'un pouvoir politique fort, qui dans le domaine économique avait une idée très précise du rôle qu'il voulait assigner à l'épargne des particuliers. Ce sont cette méthode et ce volontarisme politique momentanés qu'il nous appartient maintenant d'observer, pour déterminer dans quelles mesures nous ferrions bien de nous en inspirer aujourd'hui, alors que la France vit au cœur des mutations technologiques de la Nouvelle Economie. C'est en accomplissant cet effort rétrospectif, que nous pourrons justement devenir prospectifs, et comprendre pourquoi la finance risquée ne peut manquer le rendez-vous de l'histoire.

Chapitre 7

Georges Pompidou : l'épargne industrieuse au cœur des Trente Glorieuses

Qu'ils soient économistes ou non, l'ensemble des Français identifient la période qui s'étend de la Libération jusqu'au premier choc pétrolier, comme une période de prospérité et d'opulence. Pour beaucoup, ce phénomène international que Jean Fourastié appela par la suite les Trente Glorieuses, va jusqu'à symboliser la croissance économique dans le monde contemporain. Comme tout autre pays occidental, la France a vécu à plein régime cette période d'expansion et de plein emploi, qui anima autant les Etats-Unis, le Japon que la Communauté Européenne dans son ensemble.

Comme dans beaucoup de cas, il existe ici une exception française, mais qui, pour une fois, s'inscrit dans l'ordre du positif. En effet, s'il y a aujourd'hui consensus sur le faste international des Trente Glorieuses, on évoque curieusement beaucoup moins le fait que la France s'est à l'époque singularisée. Effectivement, elle s'est largement détachée des autres pays riches et industrialisés, si bien que la croissance économique des Trente Glorieuses a été plus intense et plus forte en France qu'ailleurs. En plus, cette croissance économique s'est prolongée plus longtemps dans le temps, pour tenir jusqu'à l'année 1975. Dans leur ouvrage consacré en 1984 aux grandes économies, Yves Barou et Bernard Keizer rappelaient que « *la croissance française est, depuis la guerre, l'une des plus fortes et, de loin, la plus stable des pays de l'OCDE, cette régularité n'étant même pas démentie lors de la crise de 1974-75* » (1). Pour reprendre un terme des deux auteurs, on peut parler pour cette époque aussi bien d'avance française que de pari sur la croissance.

Pour avoir été à l'époque au cœur du pouvoir, Bernard Esambert a vécu de l'intérieur ce phénomène. Tout juste diplômé de l'Ecole Polytechnique, Bernard Esambert a été durant les années soixante, chargé de différentes missions auprès de cabinets ministériels. Sa carrière de grand serviteur de l'Etat atteignit son apogée, lorsqu'il devint à l'Elysée, le conseiller industriel du Président Georges Pompidou, le père de l'industrialisation moderne.

Travaillant aujourd'hui dans la haute finance, Bernard Esambert partage cet avis sur la performance économique de la France de l'époque. Pour lui, « la France a pris de l'avance, par rapport aux autres pays

(1) *Les grandes économies* de Yves Barou et Bernard Keizer - Editions du Seuil - collection *Points économie* - septembre 1984

européens, autant détruits par la guerre que nous ». Pour mieux comprendre les raisons de cette avance, et surtout le prolongement de la croissance dans le temps, Bernard Esambert scinde en deux périodes distinctes l'évolution de l'économie française au cours des Trente Glorieuses :

« De 1945 jusqu'à l'aube des années soixante, la France s'est développée à peu près au même rythme que les autres pays. Autrement dit, le pays s'est reconstruit avec un taux de croissance compris entre 4 et 5%, comme ce fut le cas en Allemagne, en Italie, et en Grande-Bretagne ».

« A partir du début des années soixante, la France a accéléré sa croissance en passant à un taux de 5,5% qui dura jusqu'à la première crise pétrolière, alors que les autres pays sont restés au taux des lendemains de la guerre ».

Ainsi, Bernard Esambert estime que « l'avance de la France [en terme de croissance annuelle] entre 1967 et 1973, a été de l'ordre d'un point par rapport à l'Allemagne », si bien qu'il y voit, mis à part le Japon, « un phénomène tout à fait spécifique à la France ». Les lecteurs les plus sceptiques penseront peut-être que, dans son analyse, Bernard Esambert est à la fois juge et partie. En effet, ce financier n'est pas sans parti pris, puisqu'il a participé au pouvoir qui dirigea cette France prospère des années soixante et soixante-dix. Pourtant, cette objection n'a pas lieu d'être. En effet, toutes les statistiques, indicateurs et analyses économiques, et de quelques tendances que ce soit, confirment l'avance économique française, à la charnière des années soixante-dix.

Pour s'en convaincre, quelques chiffres suffisent. De 1970 à 1973, le taux de croissance du PIB français, inflation déduite, dépassait la barre des 5%. En outre, le chômage n'avait pas encore décollé, puisqu'on dénombrait 500 000 demandeurs d'emplois au début de la décennie. Prospérité et plein emploi n'ont jamais été les fruits de la providence. La bonne santé de l'économie s'explique toujours par quelques faits générateurs, facilement identifiables, et la France du début des années soixante-dix n'échappe pas à cette règle ; le taux d'investissement s'est maintenu au-delà de 20% jusqu'à l'année 1975, alors que le taux moyen de croissance industrielle a atteint à la même époque le niveau annuel de 7,4% : un record.

Curieusement, ce taux de croissance industrielle correspondait, au dixième près, à celui que Georges Pompidou avait lui même fixé au pays, en préfaçant en 1969 le VIème plan. « J'imagine que Georges Pompidou était comme n'importe qui, incapable de chiffrer avec autant de précision, la croissance de la production industrielle d'une nation », modère Bernard Esambert. « En fait, le chiffre de 7,5% qu'il avait choisi, c'était un peu plus que le chiffre allemand, et un peu moins que le chiffre japonais ». En tout état de cause, pour ce qui est de la croissance économique globale, la

France arrivait à l'époque à la deuxième place du podium international. En effet, sur la période 1960-1975, la France réalisa la deuxième croissance du monde occidental et industrialisé, derrière le Japon, mais tout de même devant les Etats-Unis, complètement englués dans le conflit vietnamien.

Justement, pendant que la France progressait, les autres puissances occidentales vivaient leurs premières turbulences économiques. Elles rentraient sans le savoir dans la crise, et ce bien avant les chocs pétroliers. Aux Etats-Unis, « le taux d'épargne avait commencé à chuter dès la fin de la seconde guerre mondiale, jusqu'au début des années quatre-vingt-dix », rappelle Bernard Esambert. En effet, à la fin des années soixante, le taux d'épargne atteignait aux Etats-Unis timidement la barre des 4%, alors que le taux français approchait à la même époque des 16%. « C'est une des explications de la relative rétrogradation des Etats-Unis, jusqu'au début des années quatre-vingt-dix », estime Bernard Esambert.

Effectivement, à partir de 1965, l'inflation américaine dépassait pour la première fois l'inflation française, entraînant un investissement de cinq points moindre qu'en France. Dans un tel contexte, même le taux de chômage se trouverait deux fois plus élevé aux Etats-Unis qu'en France (4 contre 2% à la fin des années soixante-dix). Aujourd'hui, on aimerait bien en France revenir à de telles performances économiques internationales, tant elles tranchent avec le leadership américain actuel. Quelque part, notre force de l'époque relève du surréalisme. On a du mal à l'imaginer.

Alors, quels éléments précis peuvent expliquer ce miracle économique ? L'action même du chef de l'Etat ? Certainement, car même si les évolutions économiques dépassent généralement ceux qui nous gouvernent, Georges Pompidou reste un personnage clé des Trente Glorieuses françaises. Non seulement, il présida de l'Elysée aux destinés du pays de 1969 à 1974, mais également - on l'oublie parfois - son rôle de Premier Ministre du Général De Gaulle entre 1962 et 1968, lui permis déjà de mettre sur rail le développement économique. En clair, Georges Pompidou, au sommet de l'Etat pendant plus de douze ans, put vraisemblablement influencer le cours de l'évolution du pays de 1962 à 1974. C'est justement durant cette période que la France a accéléré le mouvement, et s'est échappée du peloton de tête des nations industrialisées. Ne serait-ce que par la symétrie des dates, l'action de Georges Pompidou se confond avec le bond économique de la seconde moitié des Trente Glorieuses.

C'est cette omniprésence de Georges Pompidou à la tête de l'Etat, et son volontarisme actif en faveur du développement économique, qui conduit aujourd'hui Bernard Esambert à penser que la France ne serait pas tout à fait la même sans l'action de celui-ci. Pour Bernard Esambert, « s'il n'y avait pas eu Pompidou, on aurait fait la moyenne européenne et peut-être moins. Grâce à lui, on a fait un point de plus de croissance économique ».

Comme l'opinion publique reconnaît de plus à plus à Georges Pompidou la paternité du développement économique, divers historiens et économistes ont cherché à savoir comment ce banquier, et en même temps littéraire, avait procédé. Aussi, il existe depuis quelques années un certain mythe de l'action économique de l'ancien chef de l'Etat. L'imagerie populaire voit en effet l'industrialisation pompidolienne comme l'œuvre des grands groupes industriels, ou encore la résultante du « tout structure » et de la planification étatique. Le souvenir collectif semble décidé à assimiler l'industrialisation au développement des grands mastodontes de l'économie française. Bouygues, le pétrolier ELF Aquitaine, et la COGEMA fer de lance du programme nucléaire français, font partie de ces grandes entreprises, auxquelles on attribue la responsabilité de l'industrialisation.

En outre, les grands programmes et innovations impulsées par l'Etat, comme le Concorde, l'Airbus, Ariane, ou le TGV, renforcent cette impression de gigantisme, caractéristique de l'industrialisation française. Journalistes et historiens en ont d'ailleurs trouvé le symbole ultime : le quartier parisien de la Défense, ce temple des affaires et des grands sièges sociaux, construit à l'époque dans un style urbanistique cher au Président Pompidou.

Bien évidemment, il y a du vrai dans cette vision de l'industrialisation française, qui est en partie l'œuvre d'entreprises puissantes et d'un Etat autant planificateur qu'incitateur. Le libéralisme économique, au sens théorique et anglo-saxon du terme, n'était point le moteur économique du capitalisme français. Cependant, il nous appartient aujourd'hui de relativiser cette vision quelque peu caricaturale de l'économie française des Trente Glorieuses. En fait, nous sommes face à un cliché, puisque dans l'industrialisation de la France entre 1945 et 1975, les Petites et Moyennes Entreprises (PME), ont joué un rôle fondamental. Pour en arriver là, l'Etat, sous l'impulsion de Georges Pompidou, a tout fait pour conférer à ces entreprises plus petites, le rôle de première dynamique du développement économique.

Georges Pompidou croyait en la France des PME. Il était convaincu que sans leur dynamisme, la France ne pourrait poursuivre sa profonde mutation économique. Lors de la campagne présidentielle en 1969, celui qui n'était encore que l'ancien Premier Ministre du Général De Gaulle, expliquait publiquement cette conviction :

« *Quant aux structures industrielles, j'ai toujours pensé que contrairement au schéma marxiste, une économie vraiment moderne donne de grandes chances à de nombreuses petites et moyennes entreprises, ainsi qu'à l'artisanat* » (1).

 (1) *Pompidou capitaine d'industries* de Bernard Esambert - Editions Odile Jacob - mars 1994

Le futur Président de la République comptait donc sur le développement du tissu des petites et moyennes entreprises, pour assurer la croissance économique globale. Or, en bon économiste, Georges Pompidou savait que le monde de la PME affiche par essence une grande turbulence. En effet, le mouvement de disparitions et créations affecte moins les grandes entreprises, et cette constatation vaut aussi bien pour hier que pour aujourd'hui. Dès lors, on peut penser que Georges Pompidou fut très certainement un des précurseurs du développement économique par la création d'entreprises. Il ne pouvait pas ne pas savoir qu'amener emplois et prospérité dans un pays ne pouvait être accompli en l'absence de créations d'entreprises. Le Président le savait il y a plus trente ans....et nous tentons toujours aujourd'hui d'en convaincre le pouvoir politique !

Une vision atypique de la force de l'épargne

Selon Bernard Esambert, l'intérêt de Georges Pompidou pour la création d'entreprise allait bien au-delà de la simple préoccupation. En effet, le Président de la France des années soixante-dix avait des idées bien arrêtées sur la manière de financer le développement économique à l'échelle microscopique. Selon Bernard Esambert, « Georges Pompidou a été un des premiers à concevoir que les nations *fourmis* l'emportaient sur les nations *cigales* ». Son collaborateur estime aujourd'hui que le père de l'industrialisation française « a été un des premiers à concevoir cette corrélation entre le taux d'épargne d'une nation, et son taux de développement à long terme ». Le président savait à l'époque que cette relation se révélait « particulièrement vraie chez les Japonais ».

Aujourd'hui, Bernard Esambert s'explique : « nous sommes toujours restés dans l'optique de dynamiser le pays et d'aller de l'avant, ce qui supposait un taux d'investissement élevé. Comme les marges des entreprises n'étaient pas encore suffisantes, et que ces dernières n'avaient pas de souplesse du côté de leurs fonds propres, il fallait bien que l'épargne puisse permettre à ces besoins de financement de se réaliser ».

On ne peut être plus clair. Dès le début des années soixante, l'idée de l'épargne industrieuse rencontra l'approbation du chef de l'Etat qui aida la France à marquer une étape décisive dans son développement économique. Finalement, la conviction à laquelle adhéra le Président Pompidou n'est autre que celle développée en introduction de ce livre, et soutenue par le Professeur Babeau : l'épargne conditionne l'investissement, qui lui même conditionne la création et le développement des entreprises. Au bout de la chaîne, se situe le maillon de l'emploi.

Plus surprenant, le chef de l'Etat était convaincu de cette relation, à un moment où le capital-risque, les Business Angels et le Nasdaq n'avaient pas encore connu leur essor aux Etats-Unis. D'ailleurs, au-delà de l'analyse rétrospective de Bernard Esambert, Georges Pompidou eut l'occasion de s'entretenir publiquement de cette politique de développement économique. Lors de sa présidence, le chef de l'Etat interpella ces concitoyens par le discours suivant :

« *Depuis vingt ans, tout le monde, parce que les retards étaient énormes, parce que les besoins étaient pressants, a eu tendance à dépenser tout ce qu'il avait gagné, et même quelques fois, un peu avant de l'avoir gagné. Il faut maintenant que l'Etat, que les administrations, que les municipalités et les particuliers, se donnent comme règle d'épargner d'abord pour investir et ne dépenser, qu'il s'agisse d'un équipement dont on a envie, une amélioration de son niveau que l'on souhaite, de ne dépenser qu'au fur et à mesure qu'on a vraiment acquis les ressources nécessaires et de donner toujours par priorité une place à l'épargne* » (1).

Pour Bernard Esambert, cette intervention publique du Président Pompidou équivaut à un véritable « discours de croissance économique ». Toujours selon lui, il ne faut pas seulement y voir l'expression d'une stricte orthodoxie financière, puisque « avant 1973, l'inflation n'était pas encore la priorité des priorités ». En effet, Georges Pompidou croyait bien au rôle moteur de l'épargne dans le développement économique. Il estimait que l'épargne devait davantage se destiner à financer l'entreprise, plutôt que de servir à d'autres utilisations.

Toutefois, le chef de l'Etat ne souhaitait pas procéder à une réorientation de l'épargne en France, une nuance faisant toute l'originalité de sa conception de l'épargne industrieuse. En effet, beaucoup estimaient à l'époque, que pour parvenir à mieux utiliser l'épargne au bénéfice de l'entreprise, il suffisait de créer une nouvelle banque uniquement consacrée au développement industriel. Celle-ci aurait investi son capital, voire ses dépôts, en prêtant uniquement aux PME, et le tour aurait été joué. Grâce à cette nouvelle pompe à épargne, les économies des particuliers auraient ainsi été rapprochées de la création d'entreprises.

Pourtant, Georges Pompidou ne souhaitait aucunement poursuivre ce que Bernard Esambert appelle « la politique des tuyaux ». Celle-ci consiste à ce que chaque secteur économique où s'exprime un besoin de financement bénéficie d'un canal spécifique et exclusif, lui permettant de capter de l'épargne. Cette « politique des tuyaux » a justement conduit à créer des banques spécifiques pour chaque secteur économique, ou encore des produits financiers à emploi unique. Quand les clients du Crédit Agricole savaient que leur épargne servait à financer l'agriculture

 (1) *Pompidou capitaine d'industries* de Bernard Esambert - Editions Odile Jacob - mars 1994

française, les utilisateurs du Livret A estimaient que leurs dépôts étaient censés bénéficier uniquement à la construction du logement social.

Georges Pompidou ne voulait pas de cette politique. Il ne souhaitait pas desservir des secteurs comme le logement et l'agriculture de leur alimentation habituelle en épargne, pour ré-affecter celle-ci ensuite au développement des entreprises. En clair, il ne souhaitait pas substituer un emploi d'épargne particulier et insuffisant, à un autre, classique et abondant. En fait, Georges Pompidou estimait que pour mieux financer les entreprises, il fallait que notre volume d'épargne augmente. Ainsi et seulement ainsi, le surplus d'épargne irait à des investissements moins classiques comme l'entreprise, sans que les autres emplois aient à en pâtir. En clair, pour que l'épargne s'investît dans l'entreprise, il fallait tout simplement qu'elle fût plus importante.

Bernard Esambert voit dans cette analyse financière une certaine originalité de la pensée de Georges Pompidou sur les rapports entre l'épargne et le développement des entreprises. Selon son conseiller, « Georges Pompidou a agi en disant qu'à partir du moment où l'épargne existerait, elle finirait toujours par se déverser aux bons endroits. Il savait qu'elle se déverserait d'abord sur l'immobilier, l'enfant chéri des Français », explique Bernard Esambert, qui aujourd'hui imagine bien quelle pouvait être la pensée du Président de la République : « Il se disait qu'il n'empêcherait jamais le goût des Français pour la pierre. Il se disait que plus l'épargne serait forte, plus elle irait vers l'industrie, puisqu'en tout état de cause, elle aurait déjà couvert l'immobilier ». Dès lors, la ligne politique de Georges Pompidou put être arrêtée : faire en sorte « que le taux d'épargne soit tel, que l'épargne se déverse très au dessus du mur de l'immobilier »

Pour Georges Pompidou, un meilleur financement des entreprises supposait un taux d'épargne fort, c'est-à-dire un effort supplémentaire d'épargne à fournir par l'ensemble des acteurs économiques : administrations, entreprises et ménages. Force est de constater que la société française y est à l'époque arrivée. L'objectif d'une épargne plus vigoureuse pour des investissements plus industrieux a bel et bien été atteint. En effet, entre 1960 et 1975, le taux d'épargne global français a évolué entre 17 et 20% du PIB, le pic de 20% ayant été atteint en 1975. On est loin de nos 14% actuels, qui représentent déjà une performance si l'on s'en réfère aux comparaisons européennes.

Parallèlement, la réalité donna raison à Georges Pompidou quant à l'utilité de cet effort supplémentaire en épargne. Rigoureusement à la même époque (1960-75), le taux d'investissement français se maintint effectivement au niveau inégalé de 20%. Cet exemple historique confirme l'analyse du Professeur Babeau citée en introduction de l'ouvrage ; à long terme, une épargne forte entraîne un investissement alerte et soutenu.

Depuis, notre pays a bien perdu les cinq points d'investissement, que mentionnaient le Professeur émérite de l'Université de Paris-Dauphine.

Face à de telles statistiques, nous n'avons plus qu'une seule question à nous poser. Est-ce que l'évolution économique du pays confirma la vision de Georges Pompidou, sans que celui-ci intervienne spécialement ? Ou le chef de l'Etat a-t-il délibérément mis en place une politique visant à faire de l'épargne, le principal soutien financier de l'investissement et de la croissance industrielle ?

Indéniablement, les différents témoignages recueillis et les analyses *a posteriori* nous indiquent que cette force de l'épargne et de l'investissement fut le fruit d'une volonté réelle du pouvoir. Georges Pompidou a mis en application sa conviction. Il a su la concrétiser dans le réel. Bien évidemment, au-delà des mots du Président sur le rôle de l'épargne industrieuse, au-delà de son discours, il y eut des actes. Par actes, entendons tout simplement une politique volontariste, visant à soutenir l'effort d'épargne de la nation, et à rapprocher cette première du financement de l'entreprise.

Le chef de l'Etat donna trois axes forts à cette politique volontariste : maintenir un taux d'épargne le plus fort possible, instaurer un cadre favorable à la création d'entreprises, et enfin créer des nouvelles interfaces pour mieux financer les moyennes entreprises. Parce que la constance était l'une de ses règles, Georges Pompidou entama la mise en œuvre de cette politique dès son arrivée à l'hôtel Matignon. Il la poursuivit ensuite, une fois devenu Président de la République.

Agir depuis l'Hôtel Matignon

Deux grandes réformes en faveur de l'épargne industrieuse furent initiées par Georges Pompidou en tant que Premier Ministre du Général De Gaulle. Pour la première d'entre elles, Georges Pompidou fit appel à Michel Debré, son prédécesseur à Matignon. Voilà un fait unique dans l'histoire de la Vème République, qui vient seulement de se reproduire pour la première fois en mars 2000, avec l'entrée de Laurent Fabius comme Ministre de Finances dans le gouvernement Jospin.

En 1966, Georges Pompidou demande à Michel Debré de revenir à la tête du Ministère de l'économie, pour faire voter une série de lois qui instaureront, en France, le principe de la « banque universelle ». Au moment où il voulait rapprocher l'épargne du financement de l'entreprise, Georges Pompidou pensait que ce rôle incombait d'abord aux banques. Non pas qu'il ne croyait ni dans une logique de capital-risque, ni dans une logique d'épargne de proximité, mais les banques françaises ne s'étaient pas encore modernisées, à la manière de leurs voisines américaines.

Avant les lois dites « Debré », seulement deux grandes banques de dépôt existaient en France : la Société Générale et le Crédit Lyonnais. Ces deux grandes banques étaient les seules à proposer l'ensemble des produits de placement et de financement existants, à tous les clients possibles sans exclusive. Les particuliers formaient autant leur clientèle que les entreprises, les administrations et les collectivités locales.

A côté de ces deux grandes banques de dépôts, existait bien évidemment une multitude de banques de rang intermédiaire, comme le Crédit Agricole, le Crédit Foncier ou encore le Crédit Commercial de France. Celles-ci privilégiaient un type de client particulier. Au lieu de s'ouvrir à chaque secteur et activité économique, ces banques de rang intermédiaire se consacraient à un seul segment de marché ciblé. Ainsi, le Crédit Agricole finançait l'agriculture et les exploitants agricoles alors que les Banques Populaires prêtaient aux petites entreprises. Quand ces banques ne se différenciaient pas par rapport au type de clientèle retenu, elles se spécialisaient sur une activité financière particulière. Par exemple, le Crédit Foncier se consacrait principalement au prêt pour l'accession à la propriété immobilière, tandis que d'autres banques se spécialisaient dans l'escompte ou dans le crédit mobilier à long terme.

Ce phénomène qui touchait les banques françaises de l'après-guerre prit le nom de spécialisation bancaire. Georges Pompidou et Michel Debré voulurent y mettre fin, par une série de mesures empêchant, dans les faits, les banques de se spécialiser sur un créneau particulier. En parallèle, Michel Debré décida de fusionner deux banques appartenant à l'Etat depuis la Libération, la BNCI (Banque Nationale pour le Commerce et l'Industrie) et le CNEP (Comptoir National d'Escompte de Paris), pour faire naître l'actuelle Le chef du gouvernement, Michel Debré, estimait que l'économie française avait besoin d'une troisième grande banque généraliste, de taille comparable à la Société Générale et au Crédit Lyonnais.

Ces réformes de Michel Debré apparaissent au demeurant bien techniques. Pourtant, l'idée de la banque universelle poursuivait un objectif dont les principaux bénéficiaires devaient être justement les clients des banques, dont font bien évidemment partie les entreprises. En fait, la spécialisation bancaire coagulait notre système de financement qui devenait de plus en plus cloisonné, malgré ce que beaucoup de Français ont pu penser.

En effet, circule depuis très longtemps l'idée qu'une banque spécialisée connaît, du fait de son expérience, davantage sa clientèle, et s'adapte ainsi mieux à ses besoins. Par exemple, le Crédit Agricole, du fait de sa spécialisation, répondrait mieux aux attentes bancaires des agriculteurs, que ne saurait le faire le Crédit Immobilier, quant à lui expert en prêt à l'acquisition au logement.

En fait, cet argument relève de la méprise, car il sous-estime un des effets secondaires les plus négatifs de la spécialisation bancaire. Je veux parler de l'absence de concurrence entre les banques, qui se faisait alors ressentir. En fait, la spécialisation bancaire avait conduit en France chaque banque dans une situation de quasi monopole sur le segment de marché qu'elle occupait. Comme il y avait absence de concurrence, il n'était pas garanti que les banques spécialisées offraient à leurs clients les prêts au taux d'intérêt le plus bas possible. De la même manière, les banques spécialisées ne cherchaient pas spécialement à attirer le client, car elles savaient que de toute façon, les épargnants, n'ayant pas le choix, viendraient à elles. La course à la collecte d'épargne s'en trouvait ralentie.

En cassant ce système cloisonné, Georges Pompidou et Michel Debré ont *de facto* mis les banques en concurrence. Celles-ci ont dû faire des efforts commerciaux pour conquérir de nouvelles parts de marché, c'est-à-dire des efforts en terme de qualité et de prix. Ainsi, grâce à la concurrence sur les prix, entreprises et particuliers ont pu accéder à des prêts au coût moins élevé ; le taux d'intérêt, autrement dit le prix de l'argent, s'est mis à baisser. En outre, avec une offre en financement accrue, les PME ont pu emprunter au-delà des seuls organismes bancaires qui leur étaient auparavant destinés. Avec un taux d'intérêt réduit et avec un nombre plus important de banques proposant leurs services aux entreprises, la loi Debré a permis de mieux drainer l'épargne vers les petites sociétés.

Mais avant de conduire cette épargne jusqu'aux sources de la croissance économique, il faut avant tout collecter cette épargne. Ici encore, les lois sur la banque universelle entraînèrent une évolution positive, puisqu'elles ont justement contribué, grâce au regain de concurrence, à une meilleure collecte. Avec l'arrivée d'une troisième grande banque généraliste de dépôts, les trois titans de la banque française (Crédit Lyonnais, Société Générale et BNP) ont dû se différencier les uns par rapport aux autres. C'est seulement en proposant les placements les plus rentables, que chacune de ces banques de dépôts pouvait convaincre le maximum de particuliers de lui confier leurs économies. Par conséquent, « on a assisté à une collecte effrénée des dépôts, et les banques ont transformé ces dépôts en prêts pour l'industrie », commente Bernard Esambert.

En définitive, grâce aux lois Debré, les banques ont pu augmenter, par les dépôts, leur ressource en épargne. Elles avaient ainsi entre leurs mains un volume plus important de capitaux disponibles, qui pouvait être prêté aux entreprises. En plus, ces dernières avaient accès à des banques plus nombreuses et davantage diversifiées, pour trouver les moyens financiers à la hauteur de leurs projets. De la sorte, on peut dire objectivement que les lois de 1966 et 1967 ont réellement permis de rapprocher l'épargne de l'entreprise.

Ainsi, Georges Pompidou avait mis en application sa conception de l'épargne industrieuse, et avait choisi les banques pour mettre en place cette interface entre épargne et entreprises. Ce choix délibéré incite aujourd'hui Bernard Esambert à affirmer que « les banques se sont transformées en pompes aspirantes et refoulantes ». « Aspirantes du côté des particuliers, et refoulantes du côté des entreprises ». « Aspirantes des dépôts des particuliers, pour les prêter aux entreprises ».

Cette nouvelle utilité des banques s'est aussi révélée de façon pittoresque dès 1967 dans des secteurs très précis, notamment celui de la mercerie ! Pour Bernard Esambert, ce sont « les premières boutiques qui ont fermées à une époque où l'on vit l'apparition des grandes surfaces. Ce qui a dans le fond sauvé les petites PME commerciales, et plus particulièrement les merceries, c'est le développement des guichets de banques », pense un Bernard Esambert, dont l'avis a été éclairé par deux expériences complémentaires. D'une part, celle du conseiller de Georges Pompidou qui avait suivi l'instauration des lois sur la banque universelle, et d'autre part, l'expérience du banquier qu'il devînt par la suite au sein de Rothschild et du Groupe Lagardère. On ne pouvait pas être mieux désigné pour évaluer l'impact du développement des banques sur l'activité économique. Aussi Bernard Esambert n'hésite pas à rappeler que « les banques ont tout simplement racheté les fonds de commerce des petits établissements en perdition ».

Toutefois, Georges Pompidou et Michel Debré n'avaient pas uniquement souhaité réorienter l'épargne par le biais de la banque et du crédit. Bien évidemment, Georges Pompidou comme Michel Debré savait très bien que, pour se créer et se développer, l'entreprise avait plus besoin d'actionnaires que de crédit bancaire. Nous l'avons du reste déjà démontré. Aussi, pour accroître les fonds propres des entreprises françaises, le pouvoir décida durant cette même année 1967, une mesure fiscale forte en faveur du développement de l'actionnariat. Ce fut la naissance en 1967, du fameux avoir fiscal, que tous les Français propriétaires d'actions utilisent encore aujourd'hui, au moment de leur déclaration de revenus. Le temps passant, peu se souviennent cependant que cet avoir fiscal fût l'œuvre commune des deux premiers ministres du Général De Gaulle.

L'avoir fiscal sur les dividendes est une mesure pleine de bon sens. Aussi simple soit-elle, il faudrait en expliquer la logique au lecteur qui n'aurait pas encore eu à s'en servir pour sa déclaration de revenus. Avant toute chose, il faut comprendre deux éléments fondamentaux liés aux dividendes versés par les entreprises à leurs actionnaires. La première concerne la signification même du mot *dividendes*. Il s'agit tout simplement de la seule rémunération annuelle touchée par les actionnaires d'une société qui aurait réalisé des bénéfices. Par là, l'entreprise récompense les efforts et les risques consentis par ses actionnaires, qui lui ont fait confiance en lui confiant leur épargne. Le second élément à comprendre est relatif à la provenance de cette somme d'argent que l'on appelle dividendes. C'est l'entreprise et non le marché financier qui paye ce dividende à l'actionnaire ; elle le prélève sur les bénéfices qu'elle a réalisés au cours de l'année.

Avant qu'une partie des bénéfices arrive jusqu'aux actionnaires, ceux-ci ont déjà été taxés par l'impôt sur les sociétés, égal en France approximativement au tiers des bénéfices réalisés. Ensuite, lorsque l'actionnaire touche ses dividendes, déjà imposés au niveau de l'impôt sur les sociétés, il doit les intégrer dans sa propre déclaration d'impôt sur le revenu. On arrivait donc en 1967 à une situation où bénéfices et dividendes étaient taxés à double reprise. Existait alors un phénomène de double imposition des dividendes. En clair, un impôt sur l'impôt !

Georges Pompidou et Michel Debré ont bien évidemment voulu mettre fin à cette situation paradoxale, dans un pays où les entreprises avaient besoin de fonds propres et donc d'actionnaires. En conséquence, ils instaurèrent l'avoir fiscal, une mesure qui aiderait fiscalement directement l'actionnaire, plutôt que la société. Le mécanisme retenu fut très simple. A chaque fois qu'un actionnaire touchait des dividendes, l'Etat lui diminuait ses impôts, à hauteur de ce qui avait déjà été prélevé au titre de l'impôt sur les sociétés.

Pour prendre un exemple fictif, l'actionnaire qui aurait touché mille francs de dividendes au cours de l'année aurait vu sa feuille d'impôt diminuée par l'Etat de cinq cent francs. En effet, les mille francs de dividendes versés par la société correspondent en fait aux 1 500 francs de bénéfices, déjà ponctionnés par l'impôt sur les sociétés à hauteur du tiers, c'est-à-dire 500 francs. Voilà pourquoi l'Etat avait fixé l'avoir fiscal à 50% des dividendes touchés par le contribuable. Avec ce taux précis de 50%, le phénomène de double imposition se voyait totalement effacé.

Pour Bernard Esambert, l'objectif poursuivi par cette mesure d'apparence technique consistait à « drainer [sous forme d'actions] l'épargne vers l'entreprise, en la récompensant par des dividendes qui ne soient pas trop ponctionnés ». En définitive, l'Etat voulait « faire en sorte que les marchés financiers soient approvisionnés par des détenteurs d'actions. A la fois, par ceux qui sont déjà apporteurs d'argent dans le marché financier, mais aussi par de nouveaux actionnaires tentés par le jeu, parce que dividendes accrus après impôts ».

Selon le conseiller industriel de Georges Pompidou, il n'y avait dans une mesure comme l'avoir fiscal aucune « discrimination entre PME et grandes entreprises ». La remarque est parfaitement juste puisque l'avoir fiscal est un droit reconnu à tous les détenteurs d'actions d'entreprises soumises à l'impôt sur les sociétés, les petites comme les grandes ! Cependant, j'aimerais attirer à ce sujet l'attention sur un point particulier. Certes, l'avoir fiscal profite aux actionnaires de toute entreprise, quelle que soit sa taille. En revanche, il a apporté un ballon d'oxygène financier plus particulièrement aux petites entreprises, et donc aux créations dont nous avons tant besoin pour l'emploi.

En effet, au lieu d'alléger la fiscalité sur le revenu des actions cotées et non cotées, Georges Pompidou aurait pu décider de faciliter l'accès des entreprises à la Bourse, place où les ressources en épargne demeurent les plus abondantes. D'ailleurs, cette logique équivaut rigoureusement à celle qui a conduit la Bourse à créer le Second et Nouveau marché, c'est-à-dire des marchés d'actions accessibles à des entreprises plus petites que celle du CAC 40. De telles mesures permettent en effet de résoudre en partie l'insuffisance d'épargne finançant l'entreprise. Cependant, ce genre de mesure profite à des entreprises, qui, si elles sont plus petites que celles habituellement cotées en Bourse, sont loin d'être des PME.

A l'inverse, l'avoir fiscal fonctionne non seulement pour les entreprises arrivées en Bourse, mais aussi pour les petites créations locales. C'est pour cela que Pompidou eut raison de préférer l'avoir fiscal, aux facilités d'accession en bourse. En effet, le particulier qui finance un commerce de détail soumis à l'impôt sur les sociétés, bénéficie autant de l'avoir fiscal, que l'actionnaire d'ELF Aquitaine. Par contre, ce même petit commerce ne pourra jamais trouver des fonds propres en bourse, même si celle-ci était réformée ! D'ailleurs, avec l'apparition de l'avoir fiscal en 1967, c'était réellement la première fois qu'il n'y avait plus deux poids et deux mesures dans le traitement fiscal des actions.

En plus, dans un tel système, la réorientation de l'épargne en faveur de l'entreprise s'opéra au choix du contribuable et non en fonction du choix de l'Etat. Pour être très simple, l'avoir fiscal correspondait à une mesure incitant les contribuables à devenir actionnaires. Par ce procédé, l'Etat leur faisait confiance pour décider eux-mêmes de l'investissement, puisque ceux-ci tiennent, comme tout le monde, à protéger leur argent. A l'inverse, dans les mécanismes de capital-risque étatique, où une structure collecte de l'épargne pour ensuite l'investir dans des sociétés, c'est cette structure qui décide de l'investissement, et non l'épargnant directement. Une mesure comme l'avoir fiscal faisait donc preuve d'un grand libéralisme, autant que d'une réelle souplesse

Avant de passer à un autre sujet, il faudrait rappeler que cette mesure fiscale du gouvernement Pompidou existe toujours aujourd'hui, ce qui prouve son utilité. Malheureusement les déficits publics se sont creusés depuis. L'Etat a eu besoin d'argent au cours des années quatre-vingt dix, si bien qu'il ne pouvait plus vraiment se permettre d'accorder de tels avantages fiscaux. C'est pourquoi les derniers gouvernements n'ont pas hésité à diminuer, à plusieurs reprises, le taux de l'avoir fiscal.

D'un taux de 50%, nous sommes passés à des taux plus modestes de l'ordre de 45% pour les entreprises. Dès lors, le phénomène de double imposition des dividendes est très légèrement réapparu. Il est clair que si l'on souhaite drainer l'épargne vers la création d'entreprise, il ne faudra pas trop poursuivre ce genre de dérive fiscale. Ne tarissons pas la source des fonds propres, en tirant davantage sur la corde des quelques contribuables qui se risquent à investir dans des entreprises ! En effet, il y aurait fort à parier qu'une suppression de l'avoir fiscal entraînerait une baisse massive de l'investissement des particuliers en actions de sociétés, parce que fiscalement trop ponctionné.

Heureusement, nous n'en sommes pas encore tout à fait là. Pour l'instant, une seule conclusion importe : la mise en place de l'avoir fiscal illustre parfaitement le fait que Georges Pompidou comptait sur le développement de l'actionnariat pour rapprocher l'épargne du financement de l'entreprise. D'ailleurs, le Premier Ministre de l'époque et Michel Debré ont prouvé cette même volonté par d'autres mesures, comme la loi votée le 22 avril 1966 sur les exonérations fiscales en faveur de l'investissement.

Toutefois, l'œuvre de Georges Pompidou en faveur de ce rapprochement, ne s'est pas arrêtée aux portes de l'hôtel Matignon. Bien évidemment, Georges Pompidou poursuivit cette même politique économique, une fois arrivé au sommet du pouvoir français : l'Elysée.

La création d'entreprises vue de l'Elysée

A partir de la Présidence de la République, Georges Pompidou tenta d'agir en faveur de l'entreprise et de sa création, sous un angle différent. En effet, nous venons de voir qu'une grande partie des difficultés de financement des entreprises avaient été résolues lorsqu'il était Premier Ministre. Il fallait donc agir sur un autre aspect de la question. Aussi, Georges Pompidou, en tant que Président, voulut permettre aux vocations de chefs d'entreprises de s'éveiller...pour qu'il y ait en France encore plus d'entreprises à financer. Pour cela, le nouveau Président de la République tint à offrir un cadre réglementaire plus souple aux dirigeants de petites et de moyennes entreprises.

Le premier acte de cette nouvelle politique témoigne d'une haute valeur symbolique. Il eut lieu seulement quelques jours après l'entrée en fonction du Président de la République. Le nouveau chef de l'Etat voulait agir vite. En effet, lorsque le 22 juin 1969 est rendue public la composition du premier gouvernement de Jacques Chaban-Delmas, les Français découvrent la création d'un nouveau secrétariat d'état : le secrétariat d'Etat au développement industriel, dont la charge fut confiée à Gabriel Kaspereit. Par la suite, cette nouvelle entité gouvernementale allait prendre un nom qui nous est aujourd'hui beaucoup plus familier ; *le Secrétariat d'Etat aux Petites et Moyennes Entreprises.*

Comme pour le ministère de l'environnement, Pompidou avait ici créé un secrétariat d'état qui allait durer, à l'inverse de certains « ministères gadgets » qui firent de brèves apparitions comme l'illustrissime ministère du temps libre en 1982. C'est pourquoi Bernard Esambert voit dans la création du secrétariat d'Etat aux PME une décision « originale, car il n'existait pas auparavant ». Ensuite, « c'est devenu récurrent ». Oui, on l'a peut être oublié aujourd'hui, mais c'est bien Georges Pompidou qui créa pour la première fois un poste ministériel uniquement consacré aux PME. Ce secrétariat d'Etat se transforma même par la suite en un ministère délégué à part entière, sous les gouvernements Balladur et Juppé. Or, cette résistance aux temps et aux modes témoigne de l'utilité d'une telle innovation ministérielle, même si d'anciens titulaires du poste, comme Jean-Pierre Raffarin, gardent un regard plus critique.

Jean-Pierre Raffarin va même jusqu'à penser qu'il faut supprimer le Ministère des Petites et Moyennes Entreprises. En fait, Jean-Pierre Raffarin estime que, d'une manière générale, « il faut supprimer tous les ministères qui ont un budget de moins d'un milliard de francs ». « Avec moins d'un milliard de francs, un ministère fait plus de paperasses, qu'il n'est réellement efficace », explique l'ancien ministre d'Alain Juppé. A titre d'illustration, l'ancien ministre des PME rappelle que « les Etats-Unis sont gouvernés avec quatorze ministres ». « Il faut donc que l'on garde en France seulement les grandes fonctions gouvernementales ».

Pour mieux expliquer les limites de son ancien poste ministériel, Jean-Pierre Raffarin en donne volontiers un exemple : « Le ministère des PME gère notamment le FISAC, Fond d'Intervention pour la Sauvegarde de l'Artisanat et du Commerce. Ce FISAC reste aujourd'hui centralisé pour distribuer des subventions de 30 000 francs destinées à des boulangeries ou des boucheries en milieu rural ». « Tout ceci devrait être aujourd'hui complètement territorialisé ! »

Cela étant dit, Jean-Pierre Raffarin ne voit pas d'objections à ce que le gouvernement charge l'un de ses membres forts, d'assurer le lien avec le milieu de la petite entreprise. « Qu'il y est dans le gouvernement quelqu'un qui soit l'interlocuteur privilégié des PME, et qui assure avec Matignon le travail législatif sur la question, je dis oui », nuance-t-il. Or, il est fort probable que dans l'esprit de Georges Pompidou, le nouveau secrétariat d'Etat aux PME devait davantage se charger de cette liaison, que de tenter de distribuer des aides que son budget ne lui permettait pas.

D'ailleurs, la volonté de Georges Pompidou d'aider les petites et moyennes entreprises dépassa largement le seul symbole de la création d'un ministère. En effet, le Président de la République donna rapidement à celui-ci une mission et des attributions précises. Pour cela, Georges Pompidou organisa le 28 juin 1970 un conseil restreint uniquement consacré aux PME. Lors de ce conseil, « Georges Pompidou donna pour mission au secrétariat d'Etat, de faciliter les créations d'entreprises, en simplifiant les formalités de toute nature qui leur sont propres, de donner quelques avantages fiscaux aux créateurs, et de mettre en exergue l'intérêt pour les jeunes de créer leur propre affaire », explique Bernard Esambert.

Des tâches plus financières furent inscrites à la mission de Gabriel Kaspereit, comme « *la création d'avantages spécifiques en faveur des structures spécialisées dans les apports de capitaux aux PME et des sociétés d'investissement régionales faisant appel à l'épargne* » (1).

Justement, sous l'impulsion de ce conseil restreint, s'est développé dans la France pompidolienne un véritable embryon de capital-risque régional. Pour Bernard Esambert, Georges Pompidou a effectivement « commencé à amorcer la pompe du *venture capital* ». Avec le recul, on peut dire aujourd'hui que, dans son rôle de chef d'Etat, Georges Pompidou a été un véritable précurseur en France en matière de capital-risque.

Précurseur, Georges Pompidou le fut puisqu'il tenta en 1971 de réformer la loi, déjà dépassée, du 30 juin 1955 sur les SDR (Sociétés de Développement Régional). Le Président attendait de ces SDR qu'elles utilisent réellement une épargne régionale, pour l'investir en fonds propres dans la PME. Naquirent par la suite d'autres statuts de sociétés chargées de drainer vers l'entreprise une épargne mixte, c'est-à-dire à la fois provenance des collectivités locales, des banques et des entreprises privées. Parmi ces nouveaux statuts, on retrouve les IRP (Instituts Régionaux de Participations) et les SFI (Sociétés Financière d'Innovations), créées par la loi du 11 juillet 1972.

Avec la création de tels organismes, l'Etat montrait qu'il ne comptait pas seulement sur les banques pour jouer l'interface entre l'épargne et le financement des entreprises. Pompidou connaissait très bien les limites du crédit bancaire que nous avons déjà étudiées. En connaissance de cause, il a tenu à créer des structures complémentaires, qui, au lieu de prêter des fonds aux entreprises, investiraient en elles, et partageraient de fait le risque qu'il leur est inhérent. En plus, Pompidou voulut par ces nouveaux dispositifs que l'épargne publique concourt, elle aussi, au financement du développement économique, et pas seulement l'épargne privée. En définitive, Georges Pompidou avait cherché grâce aux SFI, SDR et IRP à *boucler la boucle*, en répondant aux attentes de financement, que ses précédentes réformes en tant que Premier Ministre, avaient laissé insatisfaites ou en suspens.

 (1) *Pompidou capitaine d'industries* de Bernard Esambert - Editions Odile Jacob - mars 1994

L'idée était loin d'être mauvaise. L'intention du pouvoir était là, mais elle n'a pas pris. Force est de constater que toutes ces innovations n'ont guère contribué à financer l'expansion économique française. D'ailleurs, mises à part quelques SDR, ces structures régionales n'existent plus aujourd'hui. L'échec d'un tel système peut être en grande partie imputé à la déviance de celui-ci, qui ne s'est jamais mué en capital-risque au sens véritable du terme. Alors que ces structures devaient, dans l'idée de Georges Pompidou, réaliser des apports en capitaux, elles se sont essentiellement cantonnées dans une activité de prêt aux entreprises. Or, les banques locales existaient déjà pour remplir cette mission, si bien que le doublon n'allait pas contribuer à la pérennisation de ces innovations. En tout cas, SDR, SFI et IRP ont préparé le terrain à l'émergence, quelques années après, d'un véritable capital-risque régional.

Cependant, Georges Pompidou ne plaçait pas toutes ses espérances dans la création d'un capital-risque seulement au niveau régional. Il souhaitait également étendre cette logique de capital-investissement à une échelle nationale, pensant qu'un plus grand poids financier permettrait aux entreprises de trouver une meilleure abondance de fonds propres. Conformément à ce souhait du Président, l'IDI (Institut du Développement Industriel) vit le jour en 1970, financé à 49,9% par l'Etat. Aujourd'hui, le Comité du Second Marché de la Bourse de Paris, présente l'IDI comme « *un précurseur du métier d'investisseurs en fonds propres* ». (1)

Dès sa création, l'IDI n'est rien de moins qu'une société de capital-investissement visant à prendre des participations dans des entreprises en développement. Une différence subsiste quand même par rapport aux sociétés de capital-risque que nous connaissons aujourd'hui. Comme il s'agissait d'une structure publique, L'IDI utilisait essentiellement une épargne publique pour réaliser ses investissements. Mise à part cette précision, le système restait le même.

Comprenons bien que dans la France des années soixante-dix, l'IDI correspondait à une réelle innovation. Elle peut être portée au crédit de Pompidou et de ses ministres, puisque le mot de *capital-risque* était lui même inconnu en France. On préférait à l'époque parler d'investisseurs en fonds propres, c'est dire à quel point l'Etat avait envie d'aller loin et de faire preuve d'avant-garde.

Comme dans le cas du Secrétariat d'Etat aux PME, Georges Pompidou avait une idée très précise sur le rôle que devait être amené à remplir l'IDI. Ici encore, le Président de la République saisit l'occasion d'un conseil ministériel restreint pour donner une mission précise à l'organisme. Ce conseil restreint eut lieu le 29 janvier 1970, soit seulement six mois après l'arrivée de Georges Pompidou à l'Elysée. Dans son livre *Pompidou, capitaine d'industries*, Bernard Esambert se souvient

(1) *Le guide des entreprises du Second Marché* - Edition 1998/99

de la mission que le chef de l'état avait personnellement donné à l'IDI : « *pallier le manque d'intérêt manifesté par l'épargne française et les banques, vis-à-vis des entreprises en croissance* ».

Ne serait-ce que par sa taille et son implantation parisienne, l'IDI n'a pas investi dans des petites entreprises locales. Cela étant dit, lors de notre rencontre, Bernard Esambert voulut me montrer que l'IDI ne se destinait pas vraiment à la très grande entreprise. Pour cela, il tint à m'expliquer plus précisément les buts initiaux fixés lors du conseil restreint. Bernard Esambert explique qu'à l'époque « le manque de fonds propres se [faisait] davantage ressentir pour des PME qui avaient déjà acquis une taille certaine, qui leur permette de basculer vers la taille de *moyennes grandes* ». Pour ce financier, c'est à ce seuil précis que les besoins financiers se font le plus ressentir. « Georges Pompidou a en fait créé l'IDI pour favoriser cette transition entre la PME et la moyenne entreprise », précise Bernard Esambert. Un objectif principal : financer l'effet de seuil.

Malheureusement, l'IDI sortit trop rapidement de sa mission d'origine et connut par la suite plusieurs déconvenues financières. Au lieu de financer le développement d'entreprises prometteuses à fort potentiel de croissance, l'IDI fut invité à partir de 1982 à soutenir les entreprises en difficulté. Pourtant, Georges Pompidou avait souhaité de son temps une « gestion de type privé, aussi souple que possible » rappelait Bernard Esambert. Hélas, la participation quasi majoritaire de l'Etat rappela à ce dernier, qu'en tant qu'actionnaire principal, il restait le seul donneur d'ordre. Aussi les pouvoirs qui ont succédé à la Présidence Pompidou, ont jugé utile de se servir de l'IDI pour sauver quelques *canards boiteux*, à un moment où la France, au coeur de la crise, vivait à l'heure des faillites d'entreprises. Comme on pouvait s'y attendre, cette nouvelle stratégie se révéla loin d'être payante. En 1980, l'institut affichait 80 millions de francs de pertes, si bien qu'en 1987 il fut procédé à un Rachat de l'Entreprise par ses Salariés (RES).

Grâce à ce rachat, l'IDI put se recapitaliser et fonctionner comme son initiateur l'avait souhaité. L'institut s'était enfin recentré sur sa mission d'origine : financer l'entreprise en phase de développement. L'IDI a même réussi en juin 1991 la performance de devenir une des rares sociétés de capital-investissement introduite en Bourse, hormis la lyonnaise SIPAREX. A l'heure de tirer le bilan, il faudra rappeler qu'en 1998, l'IDI avait participé, depuis sa création, au capital de 600 entreprises, en détenait encore plus de 100 en portefeuille, et gérait 1,4 milliard de fonds propres. En définitive, cette première grande expérience de capital-investissement s'est bien finie, malgré les erreurs stratégiques et imprudences du début des années quatre-vingt. Reconnaissons au moins le fait, qu'à l'inverse des IRP et SFI, l'IDI a perduré. Il existe toujours aujourd'hui comme Georges Pompidou, son initiateur, l'avait envisagé.

En tout cas, la création de l'IDI illustre une fois de plus la volonté du Président Pompidou de drainer l'épargne française vers l'entreprise. Mais il ne s'agissait que d'une illustration parmi d'autres, puisque différentes idées, inspirées notamment des Etats-Unis, avaient été également développées à l'époque. Malheureusement, celles-ci rencontrèrent deux barrières qui allaient les reporter aux calendes grecques.

Le premier blocage vint, selon Bernard Esambert, des administrations liées aux finances, le SLF (Service de la Législation Fiscale) et la DGI (Direction Générale des Impôts). Par son expérience au côté du Président Pompidou, Bernard Esambert estime que « ces services ont toujours raisonné, et c'est d'ailleurs leur rôle, de manière statique et non de manière dynamique ». En clair, l'audace des mesures proposées par Georges Pompidou a surpris l'administration fiscale de l'époque. Celle-ci aurait craint que les exonérations fiscales alors envisagées aillent trop ponctionner le budget de l'Etat. Pourtant, en exonérant l'investissement en actions, ces nouveaux aménagements fiscaux auraient déboucher sur une meilleure croissance et un meilleur renouvellement des entreprises. Or, cette dynamique plus vigoureuse des entreprises se serait au final traduit, pour l'Etat, par des rentrées d'impôts plus importantes !

Enfin, ces idées, qui devaient permettre de franchir un nouveau cap dans l'audace économique furent stoppées par la fin brutale du mandat présidentiel. Le 2 avril 1974, le Président Georges Pompidou décédait, cinq années seulement après être parvenu au sommet du pouvoir. Pudiquement, Bernard Esambert parle aujourd'hui du « septennat brisé de Georges Pompidou », pour évoquer les réformes qui n'ont pu être mises en œuvre. L'heure n'était donc plus à l'audace économique.

Au même moment, le contexte économique international était en train de changer. C'est pourquoi, il n'y a pas lieu de préjuger de l'intérêt que porta ou non l'Etat post-pompidolien sur l'épargne industrieuse. Les pouvoirs qui se succédèrent à partir de 1974 durent avant tout faire face à la crise économique. En conséquence, l'idée d'améliorer le financement des entreprises grâce à l'épargne fut non pas mise de côté, mais prit un rang de seconde importance. Dès 1974, le nouveau pouvoir concentra son action économique sur la lutte contre l'inflation, priorité des priorités dans le contexte de dérèglement international, qui fit suite aux chocs pétroliers. Quant aux gouvernements des années quatre-vingt, ils cherchèrent dans un premier temps davantage des repreneurs aux entreprises en difficulté, que des nouveaux modes de fonctionnement pour les entreprises innovantes.

Face aux difficultés économiques survenues par la suite, Bernard Esambert exprime aujourd'hui quelques regrets. Malgré les progrès déjà accomplis, il aurait aimé que la France, sous l'impulsion de Georges

Pompidou, aille plus loin dans le développement de l'épargne risquée. L'ancien conseiller de Georges Pompidou n'hésite plus aujourd'hui à se risquer à l'autocritique : « le regret que j'ai *a posteriori*, c'est que l'on n'a peut-être pas suffisamment fait à l'époque pour le *venture capital*. Mais cela n'était pas encore devenu un thème à la mode ; la Sillicon Valley n'existait pas ou peu aux Etats-Unis. Son véritable décollage date de la deuxième moitié des années soixante-dix », précise Bernard Esambert.

Comme sur d'autres sujets, Georges Pompidou a été sur l'épargne industrieuse et le capital-risque, en avance sur son temps. Du fait de cet avant-gardisme français, nos expérimentations de l'époque ne pouvaient qu'être limitées. Aucun précédent étranger n'était là pour conforter la détermination de nos hommes d'Etat à agir. Le contexte de l'époque contraste en effet avec celui d'aujourd'hui, où l'exemple américain de la Sillicon Valley nous rappelle chaque jour que nous avons un retard à rattraper. Il nous en indique même la manière de procéder, et les erreurs à ne pas copier.

Par ailleurs, une seconde objection peut être émise envers l'action de l'administration Pompidou en faveur d'un meilleur financement industriel. Cette objection, c'est celle du *tout structure* et *du tout public*. Mis à part l'avoir fiscal, la plupart des réformes de Georges Pompidou se traduisaient par la création de structures publiques ou parapubliques, généralement centralisées, chargées d'effectuer l'intermédiaire entre l'épargne et l'investissement. « On pensait plus à des structures du type IDI ou autres chargées d'apporter des fonds propres, plutôt qu'à des introductions plus rapides sur des marchés financiers », confirme Bernard Esambert.

L'histoire de l'IDI incarne à la perfection ce genre de méga-structures. Si elles peuvent s'avérer efficaces, elles auront toujours du mal à adhérer à la réalité des attentes du terrain économique. Quelque part, ces structures relèvent d'une certaine culture française du capitalisme, où l'Etat n'est jamais bien loin, même si les relations juridiques ne l'indiquent pas en apparence. Même décentralisées, ces structures interfaces ont un coût de gestion important, ne serait ce que pour rémunérer les personnes qui les animent. Or, ce coût doit être lui aussi rentabilisé, ce qui pousse les structures en question à financer uniquement les dossiers les plus juteux. D'où l'incompatibilité avec le risque d'une petite création d'entreprise locale ! A l'inverse, les mécanismes anglo-saxons, le Love Money et même le capital-populaire, reposent sur une désintermédiation du rapport entre l'épargne et l'investissement en actions. Ces mécanismes sans intermédiaire génèrent moins de coûts de gestion à amortir et moins de lourdeurs bureaucratiques, malheureusement inévitables.

En tout état de cause, quelles que soient les réserves que l'on peut émettre sur les réalisations financières de l'administration Pompidou, les résultats espérés ont été au rendez-vous. Même si elles ont déjà été citées, rappelons quelques données macro-économiques de l'année 1974 : 18% de taux d'épargne, 23,5% d'investissements, 5% de croissance économique hors inflation et 3,5% de chômage.

Une continuité au sommet de l'Etat contrariée

Au-delà des résultats économiques immédiats, l'action du Président Pompidou s'est prorogée dans le temps. Elle a tracé la voie pour une épargne plus soucieuse du développement des entreprises, que ses successeurs ont en partie reprise. A partir de là, la voie était dégagée en France pour l'émergence, quelques années plus tard, d'un véritable capital-risque moderne, et d'un actionnariat populaire plus alerte.

En effet, l'intérêt de Georges Pompidou pour l'épargne industrieuse devint vite un précédent gouvernemental. Aussi, les gouvernements qui guidèrent la France de 1974 à aujourd'hui, ne purent jamais faire totalement abstraction de cette idée économique. Certes, l'idée de l'épargne industrieuse perdit son leadership dans la politique économique. Elle ne redevint jamais centrale, hormis au crépuscule des années soixante-dix. A partir de 1975, les gouvernements estimèrent que l'industrialisation était achevée, et le développement économique par l'épargne laissa la place à la lutte contre l'inflation, et plus tard aux mesures directes en faveur de l'emploi.

Mais dès que l'action gouvernementale se concentra sur ces nouveaux coeurs de la politique économique, l'idée de l'épargne industrieuse fit quelques réapparitions. Confrontés au fléau du chômage, les gouvernements de l'après 1975 placèrent à nouveau la croissance, et donc l'entreprise, comme moteur principal de l'emploi. Dès lors, la France de Valéry Giscard d'Estaing puis de François Mitterand semble s'être souvenue de cette France Pompidolienne où l'on avait voulu utiliser l'épargne des particuliers pour financer les entreprises.

Sous Valéry Giscard d'Estaing, cette conviction réapparut en 1977 avec l'arrivée d'un nouveau Ministre de l'Economie dans le gouvernement de Raymond Barre. Peu connu à l'époque, cet autodidacte arrivé rue de Rivoli, qui n'était autre que René Monory, allait vite faire parler de lui. En 1978, celui qui avait découvert l'économie en débutant sa vie professionnelle comme garagiste, tenta de relancer cette idée si chère au Président Pompidou. De ses propres termes, René Monory explique qu'à son arrivée au Ministère de l'Economie, il voulut lui aussi faire en sorte que « l'épargne rencontre l'activité, ce qui n'est pas toujours le cas ».

Pour assurer cette rencontre, le ministre estimait que la fiscalité devait inciter les particuliers à investir leur épargne en actions. Pour atteindre cet objectif, le nouveau ministre de l'économie imagina des dispositifs fiscaux, dont tout le monde reconnaît aujourd'hui la force de la simplicité. D'ailleurs, on pourrait aller jusqu'à dire que ces avantages fiscaux affichent comme un lien de parenté avec l'avoir fiscal, mis en place dix ans auparavant par Georges Pompidou et Michel Debré.

Connues aujourd'hui sous le nom de « lois Monory », ces dispositifs fiscaux ont permis pour la première fois au contribuable français de déduire ses investissements en actions, de sa feuille d'impôts. Le principe était donc élémentaire, et pour les comprendre il suffit de prendre un petit exemple illustré. Prenons le cas d'un particulier qui, au cours de la même année, aurait gagné 100 francs de revenus, et acheté pour 20 francs d'actions. Au lieu de payer comme auparavant des impôts sur les 100 francs gagnés, le particulier ne fut plus, à partir des « lois Monory », imposé que sur les 80 francs de revenu après l'acquisition des actions. Voilà un mécanisme fiscal simple, compréhensible par tous, et donc efficace. A revenu égal et dans la limite de 5 000 francs par an, chaque contribuable savait que plus il investirait en actions, moins il paierait d'impôts.

Certes, les lois « Monory » ne reproduisent pas à l'identique, ce que Georges Pompidou avait imaginé avec l'avoir fiscal. C'est d'ailleurs ce qui fait la complémentarité des deux dispositifs. Alors que l'avoir fiscal réduisait l'impôt sur les dividendes, c'est-à-dire sur le revenu des actions, les « lois Monory » exonéraient d'impôts l'investissement d'origine. Autrement dit, c'était l'argent dépensé l'année d'acquisition des actions qui diminuait l'impôt, et non les fruits à venir de cette dépense utile.

Au-delà de cette simple différence technique, il existe un même esprit, une même finalité, à l'avoir fiscal de Georges Pompidou et aux lois Monory. Cet esprit, c'est celui des décideurs qui estiment que ce n'est point par le biais de structures nationales, que l'épargne se transformera en investissements pour l'entreprise. C'est à la fiscalité qu'incombe ce rôle, en laissant aux particuliers le choix de déterminer eux-mêmes dans quelle entreprise il vaut mieux investir. Surtout, on sent une continuité, pour ne pas dire un *continuum* dans le temps, sur cette volonté partagée à différentes époques par Georges Pompidou et René Monory.

Malheureusement, le prolongement de la crise économique internationale ne permit pas aux dispositifs de René Monory de se traduire par le regain d'activité qu'ils auraient pu générer en temps normal. Le pouvoir ne pouvait prévoir le second choc pétrolier, celui de 1979, qui ruina les réformes de 1978. « Quand je suis devenu ministre, le baril de pétrole valait 15 dollars. Il est passé à 35 dollars en 3 ans. Le dollars valait quant lui 4 francs, il est passé à 10 francs [sur la même période] », tient à rappeler René Monory. En effet, du fait des variations de la monnaie et des cours du pétrole, le prix de cette matière première importée avait pratiquement été multiplié par six ! Dans un tel contexte, il fallait effectivement plus se soucier de la lutte contre l'inflation que de l'épargne et du financement des entreprises. Le gouvernement Barre choisit cette option qui lui fut finalement fatal.

Plus tard, la gauche sembla vouloir faire sienne ces idées lancées par ses adversaires, au cours des années soixante-dix. Tout d'abord, elle compléta à partir de 1983 certains des dispositifs établis par René Monory. En effet, par la loi du 13 juillet 1979, René Monory avait réformé ce qu'on appelle les OPCVM, autrement dit les Organismes de Placement Collectif de Valeurs Mobilières. Dans ces OPCVM, on retrouve les FCP (Fonds Commun de Placement), mais aussi les fameuses SICAV, placements financiers encore aujourd'hui très prisés par les épargnants français. Oui, c'est bien René Monory, dont nous nous souvenons davantage pour la création du Futuroscope et sa présidence du Sénat, qui démocratisa les SICAV en les ouvrant à tous, particulièrement aux petits épargnants.

A partir de 1983, la gauche compléta le dispositif des OPCVM, en créant une forme particulière de FCP ; les FCPR, Fonds Communs de Placements à Risque. Cette réforme alla bien au-delà d'une simple modification sémantique, comme l'ajout de la lettre R pourrait le laisserait à penser. En effet, les FCP correspondent à des fonds issus de l'épargne, investis parfois en actions. Dans l'esprit des FCP dits actions, il s'agissait de toutes sortes d'actions, surtout des actions cotées en Bourse. Avec le FCPR, le dispositif se voyait réservé plus particulièrement à l'acquisition d'actions non cotées, donc plus en phase avec l'économie réelle, mais aussi plus risquée ; d'où le nom.

Par la suite, les FCPR devinrent un outil efficace du capital-risque moderne, peut-être même le plus efficace. En effet, les gestionnaires des FCPR sont obligés par la loi d'investir au moins 60% des fonds levés en actions non cotées. Les FCPR sont toujours d'actualité, avec depuis 1996 une nouvelle variante, les FCPI, les Fonds Communs de Placements dans l'Innovation. Dans ce nouveau « véhicule à épargne », la contrainte réglementaire des 60% concerne non plus seulement les actions non cotées, mais les actions non cotées de sociétés innovantes, au sens de l'ANVAR. Quoi qu'il en soit, la création en 1983 des FCPR montre indéniablement que l'intuition de Georges Pompidou traversa les clivages politiques. Malgré les divergences d'opinions, la gauche portée par Jacques Delors, puis le gouvernement d'Alain Juppé poursuivirent à leur manière les pistes tracées dans un premier temps par Georges Pompidou et confirmées par René Monory.

D'ailleurs, la gauche mitterrandienne et fabusienne prit par la suite d'autres mesures allant dans le même sens. Parmi celles-ci, il faudrait relever la loi du n°85-695 du 11 juillet 1985, qui confère aux sociétés de capital-risque un statut fiscal privilégié. Cette loi, curieusement œuvre de la gauche des années quatre-vingt, doit être une fois de plus rapprochée des chemins tracés par Georges Pompidou plus de dix ans plus tôt. En effet, en créant le statut fiscal unique des SCR (Société de Capital Risque), la loi de 1985 adapte au temps et modernise les premières tentatives de capital-risque régional du début des années soixante-dix. Souvenons nous de la réforme en 1971 des SDR (Sociétés de Développement Régional), ainsi que de la création en 1972 des SFI (Sociétés Financières d'Innovation), et des IRP (Instituts Régionaux de Participations).

Le consensus politique fait la force des grands desseins économiques

L'avant-gardisme de Pompidou a fait école ; les réformes de René Monory et de la gauche delorienne et fabusienne le confirment. La croyance de Georges Pompidou en l'épargne industrieuse n'a pas disparu avec lui. Après tout, ce prolongement dans le temps n'importe-t-il pas davantage, que les effets immédiats de la politique entreprise par le Président Pompidou visant à rapprocher l'épargne de l'entreprise ? Bien évidemment, persiste une objection : celle de savoir si les mesures décidées à l'époque ont joué un rôle décisif dans la croissance économique inégalée. Ces mesures en sont-elles en partie responsables ?

A y regarder de près, certaines innovations n'ont pu que jouer un rôle modeste dans l'essor économique auquel s'identifie la France pompidolienne. Bien évidemment l'IDI n'a pas financé l'ensemble des industries motrices du développement industriel du second acte des Trente Glorieuses. Bien évidemment, SFI et IRP se sont soldés par un relatif échec. Même si elles l'ont d'une certaine manière annoncé, ces structures n'ont pas su générer le même essor du capital-risque qui fit suite aux lois de 1983 et de 1985.

Cependant, certaines mesures ont effectivement fait mouche. L'avoir fiscal en est peut-être le meilleur exemple. Toujours en vigueur, il a su résister aux temps et aux modes malgré plusieurs diminutions fâcheuses. Ne faut-il pas y voir l'utilité du dispositif pour l'économie réelle ? Pour juger de la réussite d'une politique économique, il ne faut pas uniquement s'arrêter à des mesures techniques. Ce n'est pas d'une mesure prise en particulier ni même de plusieurs, mais un ensemble que l'on peut rendre responsable d'une évolution économique. Dans cet ensemble, il convient notamment d'intégrer l'intérêt que porte le pouvoir au financement du développement économique. Pour de multiples raisons, celui-ci peut s'avérer décisif.

Sous Georges Pompidou, l'Etat était ouvert à ce genre d'innovations financières et fiscales. L'Etat croyait en cette force de l'épargne industrieuse. Il pensait pouvoir en faire l'essence d'une politique économique nationale, avec des instruments plus ou moins adaptés. En outre, Georges Pompidou et son administration faisaient preuve d'une réelle audace, puisqu'aucun précédent, même américain, n'existait à l'époque.

La France a donc fait preuve d'avant-gardisme. Même si le temps manqua à Pompidou pour passer de l'expérimentation à l'action économique tous azimuts, l'idée de l'épargne industrieuse était lancée. Pour la relancer, les gouvernements français successifs n'avaient plus qu'à attendre que l'exemple américain de la Sillicon Valley se constitue. René Monory sut notamment le faire, avec toute la simplicité et l'efficacité qui lui sont propres.

Heureusement, le Président Pompidou avait tenu à présenter l'idée de l'épargne industrieuse d'une manière très pédagogique, comme l'attestent ses différentes prises de position publiques sur la question. Homme de consensus, il avait cherché à rendre cette idée consensuelle au fil du temps. A une époque où les réflexes marxistes réapparaissaient en France à travers le programme commun, Georges Pompidou craignait très certainement un procès en intentions libérales. Pour beaucoup, l'idée même de l'épargne industrieuse renforçait le rôle du capital dans la croissance économique, donc au détriment du travail. Il appartenait en conséquence à Georges Pompidou de lever, en bon pédagogue, ces préjugés.

Plus tard, les mesures fiscales en faveur de l'actionnariat populaire furent présentées par un des rares non énarques du gouvernement Barre, qui plus est autodidacte. Indéniablement, la personnalité du Ministre Monory facilita l'acceptation de cette logique économique, par l'opinion publique. Elle renforça cette quête du consensus politique. René Monory a présenté l'idée de l'épargne industrieuse, non pas comme une mesure d'essence libérale ou capitaliste, mais plutôt comme une mesure relevant du bon sens.

Avec le recul du temps, René Monory a plus que jamais conscience des efforts en présentation et en pédagogie qu'il dut accomplir pour faire accepter ses réformes. « En plus d'une volonté politique, il faut faire preuve d'une véritable pédagogie », me confiait-il. « Si vous donnez une image conservatrice [à ce genre d'idées], les gens n'y adhéreront jamais », tenait-il à m'avertir. Très probablement, ce premier « gommage » de la touche libérale de l'idée permit aux socialistes de continuer l'œuvre, sans éprouver le moindre complexe idéologique. Par cette présentation pédagogique, l'épargne risquée n'apparaissait plus comme allant à l'encontre de leurs propres convictions.

Or la méthode pompidolienne se distingue ici très largement des présentations que certains effectuent aujourd'hui de l'épargne industrieuse. Dans le contexte de la Nouvelle Economie, trop de termes anglo-saxons sont utilisés pour désigner cette idée. De la même manière, plusieurs théoriciens libéraux profitent de celle-ci pour justifier ouvertement le culte du profit, et celui de l'enrichissement rapide grâce à la spéculation boursière à court terme.

Certes, il n'y a pas lieu de s'offusquer de cette perspective de profit, indispensable au développement de l'actionnariat populaire. Mais nous pouvons également constater que de telles présentations du concept choquent une grande partie de la population française, plutôt à gauche de l'échiquier politique. Pourtant, celle-ci n'est pas seulement composée par d'irréductibles marxistes. L'exigence en moralité et justice sociale d'une certaine gauche n'est pas contradictoire avec l'essence même de l'épargne industrieuse. Tout dépend de la présentation que savent en faire les pouvoirs publics. Une présentation efficace et fédératrice passe inévitablement par la mise en avant des conséquences heureuses du développement économique, sur le plan social et au niveau de la création d'emplois.

Georges Pompidou ne fut pas uniquement l'homme du développement industriel et de l'épargne à risque. Pour beaucoup de Français, Pompidou, au-delà de ses traits d'économiste, reste aussi l'homme d'une « industrie à visage humain », comme tient à le rappeler son conseiller Bernard Esambert. La mensualisation des salaires des ouvriers en 1972, comme les mesures en faveur de la formation continue, ne se sont-elles pas inscrites dans l'histoire pour nous le rappeler ? Parce qu'il était un Président autant au fait des questions sociales que des questions économiques, Georges Pompidou réussit à faire passer auprès de la population son message sur le rôle de l'épargne dans le développement.

A l'inverse, à force d'auréoler systématiquement l'épargne industrieuse d'une teinte ultra-libérale, nous allons pratiquement jusqu'à tendre le bâton pour nous faire battre. Ne nous étonnons donc pas de la réapparition de quelques vieux démons ! C'est ainsi que certains téléspectateurs ont pu assister, médusés, à la prestation théâtrale d'Alain Krivine, lors de son passage à l'émission télévisée *Mots croisés*. En avril 2000, les journalistes Alain Duhamel et Arlette Chabot ayant décidé de consacrer leur émission au débat sur le stock-options, Alain Krivine, en bon trotskiste, eut l'ironie honteuse de déclarer à Monsieur Jérémie Berrebi, fondateur à 19 ans de la start-up Net2one, qu'il ferait mieux d'aller se cultiver dans les bibliothèques, que de passer son temps à jouer au petit capitaliste !

De son temps, Georges Pompidou fit preuve de suffisamment de sagesse pour dépassionner l'idée de l'épargne industrieuse. Il avait employé les mots justes, et les démonstrations économiques les plus rigoureuses. En plus de la force de sa conviction, il avait donc utilisé une véritable méthode didactique. Surtout, le moment où Georges Pompidou lança l'idée d'une épargne au service de l'emploi coïncida avec le sursaut économique français.

Les Français ne doivent pas hésiter à effectuer le rapprochement entre le dynamisme économique et social de l'époque et les efforts du pouvoir afin de rendre l'épargne plus utile. Même si les relations de causes à effets sont difficilement démontrables, le parallélisme des époques ne peut pas être qu'une simple coïncidence. Ce n'est point sans raison que la France vivait à plein régime la prospérité des Trente Glorieuses. Bien évidemment, l'action économique du Président a très vraisemblablement joué un rôle, ainsi que sa politique volontariste de soutien à l'investissement. D'ailleurs, les Français ne doutent plus aujourd'hui de cette prospérité de la France pompidolienne.

Ami du Président Mitterand, le producteur Serge Moati, le rappelait par exemple dans un reportage diffusé en 1994 sur Canal +, à l'occasion du 25ème anniversaire de la disparition du Président Pompidou : « *Pompidou achève sa carrière au moment où sonne le glas des Trente Glorieuses. Les années Pompidou ont beau avoir été celles des grandes contestations et celles des grandes turbulences, on a associé son nom à une période heureuse. Comme l'atteste les sondages, Pompidou reste dans le cœur des Français* ».

Effectivement, les Français se souviennent aujourd'hui que les Trente Glorieuses, et leur prolongement jusqu'en 1975, furent une période heureuse. C'est pourquoi, il m'apparaît aujourd'hui judicieux d'associer le nom du père de l'industrialisation française à l'idée de l'épargne industrieuse. Petit à petit en associant à l'idée l'homme et l'époque, les plus récalcitrants d'entre-nous comprendront peut-être, qu'un rapprochement entre l'épargne et la création d'entreprises serait bénéfique à l'emploi.

Avec l'œuvre de Georges Pompidou, l'idée de l'épargne industrieuse était donc devenue crédible, parce qu'elle fut développée à un moment où les Français connurent les joies de la prospérité. Elle se voyait enfin considérée comme l'essence même d'une politique globale de développement économique, et non plus seulement comme une simple astuce financière, utilisée par quelques entrepreneurs d'hier et d'aujourd'hui.

Sagesse, pédagogie et audace ont donc payé. Déduisons en simplement la force du volontarisme politique de Georges Pompidou. Un volontarisme politique dont fit preuve par la suite René Monory à la tête du Ministère de l'Economie, ou à un niveau beaucoup plus modeste des maires comme Joseph Briend, André Marcon ou Georges Chavanes.

Ici, c'est sans hésitation que nous pouvons parler de volontarisme politique et d'audace économique. Une seule explication nous autorise à autant d'emphase et d'allégresse dans nos qualificatifs : les précédents historiques d'une politique économique gouvernementale en faveur d'une épargne industrieuse étaient, à l'époque de Pompidou, bien rares. Aujourd'hui, nous avons la chance de bénéficier d'exemples encore proches de nous dans le temps. Les « lois Monory » ont après tout moins de 25 ans, et l'envol de la Nouvelle Economie en a tout juste deux. Cette proximité temporelle nous prouve que, dans la pratique, rapprocher l'épargne de l'entreprise, cela marche ! Qui plus est ces exemples sont attachés à des personnalités, ou à des groupes sociologiques, plutôt populaires dans l'esprit de nos concitoyens.

Or, avant l'époque des Trente Glorieuses, il n'existe réellement qu'un seul précédent historique à la démarche de Georges Pompidou. On ne connaissait qu'une seule tentative de financer, à échelle nationale, l'industrialisation par une meilleure utilisation de l'épargne. Il s'agit d'un précédent assez lointain, un précédent qu'aucune personne encore vivante n'avait vécu. La portée de l'exemple ne pouvait donc qu'en être limitée.

En plus, cette première grande tentative d'utiliser l'épargne pour l'entreprise a été accomplie par un de nos chefs d'Etat les moins populaires. On peut même dire que celui-ci porte le poids d'une image parmi les plus détestables, ou pire encore, l'insignifiance dans la mémoire collective. Je veux tout simplement parler de Louis-Napoléon Bonaparte, plus connu sous le nom de Napoléon III.

Faut-il évoquer un exemple aussi lointain et peu persuasif, pour convaincre les Français de l'efficacité d'une politique nationale en faveur de l'épargne industrieuse ? Il est clair que le Second Empire ne brille pas dans les livres d'histoire pour sa popularité. Pourtant, sa politique économique mérite d'être développée, car si popularité et époque changent, les résultats économique furent à l'identique.

En effet, la seconde du moitié du 19ème siècle symbolise, à l'image des Trente Glorieuses, une période où la France a rattrapé son retard économique. Il s'agit encore de l'un de ces rares sursauts économiques dont la France semble s'être fait une spécialité. En tout cas, historiens et économistes s'accordent à dire que le Second Empire correspond au premier réel essor économique de la France depuis la Révolution de 1789. Personne d'entre-nous ne l'a personnellement vécu, et peu de gens l'évoquent encore aujourd'hui au travers de l'histoire économique. Pourtant, c'est bien sous Napoléon III que le capital-risque, au véritable sens du terme, est né dans notre pays.

Chapitre 8

Le Second Empire et les miracles du crédit

Le goût du risque financier ne se développe jamais par hasard. En tant que période faste, le Second Empire ne fait point exception à cette règle. En effet, l'essor que connut la France impériale s'explique par une multitude de paramètres, parmi lesquels la finance risquée tient une place importante. Ces paramètres ne peuvent être compris sans être rattachés à un homme, à une philosophie politique et à la situation du pays en 1848.

Pour ce qui est de l'homme, je ne me lancerai pas ici dans une tentative biographique de Napoléon III. Pourtant, cette tentative serait profondément justifiée, vu l'oubli dont fait fréquemment l'objet cet empire novateur dans la mémoire collective. Par rapport au sujet, la seule caractéristique que l'on pourrait retenir sur la personnalité de Louis-Napoléon, serait son goût pour la réflexion sociétale. Avant d'être un empereur, Louis-Napoléon est un homme qui a beaucoup réfléchi. Il apparaissait comme un homme aux idées bien arrêtées, autant sur le sens de sa future accession au pouvoir que sur la politique économique qu'il comptait mener une fois installé.

Naissance d'une pensée politique en captivité

Il faut dire que le neveu de Bonaparte a eu tout le temps de réfléchir sur ses propres idées. Après une tentative de putsch malheureuse à Boulogne, celui-ci fut enfermé en octobre 1840 par les autorités françaises au Fort de Ham, et connut la captivité. Comme l'enfermement est synonyme d'un allongement du temps, Louis-Napoléon décida de lutter contre l'ennui en étudiant. En effet, c'est bien au cours de son séjour forcé au Fort de Ham que le futur Napoléon III va forger sa conception à part sur le rôle de la puissance économique dans la force d'une nation. Pour étayer sa propre opinion, ils se documente. Adam Smith, Proudhon et Jean-Batispte Say font partie de ses multiples lectures. Pourtant, c'est dans les écrits saint-simoniens, notamment ceux de Prosper Enfantin, que Louis-Napoléon va puiser des idées. Il s'en servira ensuite pour fortifier une de ses plus sûres convictions économiques : une épargne nationale, plus forte et investie de préférence dans l'industrie, peut faire la grandeur d'un pays.

Finalement, il n'y a rien de bien étonnant dans le fait que Louis-Napoléon ait trouvé son inspiration dans les écrits saint-simoniens. Ces derniers prônaient ce que l'on a appelé par la suite, la révolution économique par le crédit. Comme son nom l'indique, cette nouvelle pensée était née sous l'égide du Comte Claude de Saint-Simon, un intellectuel socialisant qui s'était enrichi au cours de la Révolution Française, dans le négoce des biens nationaux.

Dès l'avènement de Louis XVIII en 1815, le Comte de Saint-Simon préconisait dans différents ouvrages la constitution d'un supergouvernement de savants. Avant cela, Saint-Simon souhaitait voir l'avènement d'un *parti industriel*, en opposition au *parti des oisifs*, suspecté de gouverner la France. Déjà, ce noble en quête de philosophie affirmait qu'étaient plus utiles à la nation les meilleurs physiciens, chimistes, agriculteurs et maîtres de forge, que les « *trente mille individus réputés les plus importants de l'Etat* » (1). Ce n'est pas sans rappeler la montée en puissance actuelle des mouvements représentatifs de la société civile, en opposition à l'appareil d'Etat, jugé par beaucoup immobiliste et technocratique.

Dans la philosophie de Saint-Simon, la prédominance de l'industrie sur l'étatisme passait par un développement économique sans précédent. Pour assurer cette expansion, le Comte ne voyait qu'un seul moyen : un recours massif au crédit bancaire, et donc à une collecte au préalable d'épargne privée. Peu lu de son vivant, Saint-Simon n'allait guère convaincre les hommes d'Etat du bien-fondé de ses théories. Trop audacieuses, le pouvoir les considérait alors comme subversives. En plus, après la mort de Saint-Simon, ses apôtres tel Prosper Enfantin dévièrent vers une conception socialiste de l'économie, où la propriété privée se voyait condamnée.

Aux yeux du pouvoir royal, cette déviance ne faisait que renforcer l'aspect hérétique des propositions saint-simoniennes. Toutefois, même si le saint-simonisme ne réussit pas à convaincre les sommets de l'Etat, l'idée d'une croissance industrielle soutenue par une utilisation massive du crédit, fut largement diffusée dans les milieux économiques à partir de 1830. Des organes de presse comme le journal *Le producteur* et l'école de pensée de Ménilmontant, s'en étaient chargés.

Si cette idée ne séduisit point le pouvoir politique en place, elle fit un premier adepte politique en la personne de Louis-Napoléon. Certes, il se défia bien de reprendre les dérives communisantes du Saint-Simonisme, pour n'en retenir que la doctrine dite de l'industrialisme. En tout cas, sur ce point précis, l'adhésion de la pensée de l'empereur était parfaite. Pour l'historien Alain Plessis, un des plus éminents spécialiste de la période, « Napoléon III a sans doute été convaincu par le Saint-Simonisme pour plusieurs raisons ».

 (1) Encyclopédie Larousse

Parmi celles-ci, il faudrait déjà prendre en compte les goûts intellectuels personnels du futur empereur. « Napoléon III n'a pas une formation comme les autres », explique Alain Plessis. « Les autres chefs d'Etat ont plutôt une formation des humanités. Ils savent par exemple bien parler en public, alors que Napoléon III garde une éloquence maladroite. Napoléon III a plutôt une formation technique et économique, puisqu'il a vécu en Angleterre, où il a connu les grands penseurs économiques ». En clair, « il s'intéressait à des choses pratiques ».

Toutefois, l'adhésion du futur empereur français aux thèses saint-simoniennes du crédit, s'explique au-delà d'un simple intérêt intellectuel. En fait, cette théorie s'intégrait dans la vision que Louis-Napoléon se faisait de la France pour les années à venir. Dans son esprit, Napoléon III comptait lancer un véritable défi économique au pays, une fois parvenu au pouvoir. « Les Saint-Simoniens correspondaient un peu à ce qu'il voulait », estime Alain Plessis. Il souhaitait « que la France rattrape l'Angleterre », il espérait « que Paris rattrape Londres ». Oui, Londres, la ville de la puissance financière internationale, incarnée par le quartier d'affaires de la City...l'ambition du Prince était donc loin d'être timorée !

En fait, la puissance anglaise invitait Louis-Napoléon à penser que l'investissement massif et risqué dans l'industrie d'une épargne volumineuse pouvait assurer la prédominance économique mondiale à un seul pays. Selon l'historien du Second Empire, le Louis-Napoléon du fort de Ham « se disait que grâce aux miracles [saint-simoniens] du crédit, cet objectif était possible ». Dès lors, « Napoléon III estimait qu'il fallait ouvrir [en France] les vannes du crédit ».

Après avoir remporté en décembre 1848 la première élection présidentielle au suffrage universel, Louis-Napoléon Bonaparte n'hésita pas à rendre public sa conviction. C'est ainsi qu'à la clôture d'une exposition le 31 août 1849, le nouveau Président de la République déclara que, dans ces temps économiques nouveaux, « *c'est par le perfectionnement de l'industrie et par les conquêtes du commerce, qu'il faut lutter avec le monde entier* » (1).

Un pays qui refuse la modernité

Le discours était donc clair et en même temps nécessaire. Il était nécessaire parce que depuis dix ans, la France n'avait vécu que timidement les balbutiements de l'industrialisation. La France de 1830 à 1848, c'est-à-dire celle du dernier roi des Français Louis-Philippe, avait pourtant vu la naissance de bons nombres d'innovations technologiques. Mais le pouvoir faisait preuve d'une extrême prudence et semblait vouloir avancer dans l'industrialisation à reculons. En effet, sous la Monarchie de Juillet et avant, un nombre considérable d'innovations technologiques

(1) *Louis-Napoléon le Grand* de Philippe Séguin - Editions Grasset - 1990

avaient vu le jour. Parmi celles-ci, on retrouve l'apparition de la machine à vapeur, du métier à tisser moderne, de la chaudière tubulaire, du haut fourneau à coke, sans parler de la découverte de la houille et des premières exploitations minières.

Toutes ces innovations technologiques promettaient à la France un bel avenir économique et industriel. Encore fallait-il qu'elles se développent rapidement. Mais comme toujours, le développement économique de l'innovation technologique suppose des capitaux, et ceux-ci avaient pour diverses raisons peine à venir. Dans un tel contexte économique, les théories saint-simoniennes auraient pu redevenir d'actualité. L'économie avait alors besoin de carburant, et malheureusement le pouvoir politique lui a refusé ce carburant.

Certes, les derniers rois de France avaient tenté dans un premier temps de capter l'épargne pour mieux la consacrer au développement du pays. Par exemple, dès que Napoléon Ier fut renvoyé à son exil de Saint-Hélène, le nouveau pouvoir royaliste créa en 1818 la première caisse d'épargne de Paris. Pourtant, l'initiative n'alla pas plus loin que la seule création statutaire, puisque les caisses d'épargne ne connurent leur véritable envol qu'à partir de la fin du dix-neuvième siècle.

La « Caisse Laffitte » fit aussi partie de ces multiples initiatives avortées de rapprochement entre épargne et développement industriel. Le banquier privé qu'était Jacques Laffitte n'en était pas moins un des abonnés à l'organe de presse saint-simonien, *l'industrie*. Lorsqu'en 1830 les insurrections parisiennes intronisent le Duc d'Orléans aux commandes de la France, Laffitte croit que se présente enfin une occasion rêvée pour le développement de l'épargne industrieuse. Optimiste, il n'hésite pas à déclarer que « *le règne des banquiers commence* » (1).

Aussi en 1837, Laffitte crut bon de lancer la Caisse Générale du Commerce et de l'Industrie, forte de 15 millions de francs de capitaux. Cette caisse se destinait à investir son capital dans l'économie réelle. Pourtant, une fois de plus, le pouvoir ne lui donna pas tous les moyens de son ambition. En effet, la création de banque en société anonyme était à l'époque soumise à une autorisation de l'Etat, révocable à tout moment. Après quelques hésitations, la Monarchie de Juillet ne s'en priva pas dans la cas de la Caisse Laffitte. Du fait de cette interdiction, Alain Plessis estime que « la Monarchie de Juillet a refusé un système qui annonçait le Crédit Mobilier », l'organe que Napoléon III aidera plus tard à se constituer pour transformer l'épargne en investissements industriels.

En fait, « la Monarchie de Juillet était favorable aux banquiers traditionnels, les grands banquiers [tel Rothschild], mais pas aux banques anonymes », celles qui collectent l'épargne auprès du grand public, et qui « lui faisaient peur ».

 (1) *Histoire de la banque* de Jean Rivoire - Editions PUF - Collection *Que sais-je ?* septembre 1984

Toutefois, la défiance qu'éprouvait la Monarchie de Juillet pour l'utilisation massive de l'épargne à des fins industrielles ne se limitait pas à des craintes financières. Il n'y avait pas que la peur de réaliser, comme par le passé, de nouvelles banqueroutes retentissantes et ruineuses pour les finances nationales. La crainte prenait d'autres dimensions, puisque le gouvernement avait peur des risques sociaux éventuellement engendrés par l'expansionnisme industriel. En fait, le faible engouement de la Monarchie de Juillet pour la financement privée, s'explique principalement pour des raisons culturelles : « les Français pensaient qu'il serait dangereux d'avoir en France des usines du type anglais concentrant la main d'œuvre. (...) La France ne pouvait pas cumuler les inconvénients de la Révolution industrielle et de la Révolution Française ».

En plus des craintes politiques de Louis Philippe, la Monarchie de Juillet ne croyait pas vraiment en l'utilité économique des innovations technologiques naissantes. Même le chemin de fer ne rencontrait pas l'adhésion d'un pouvoir peu prospectif. Les discours que prononça au cours de l'année 1837, Thiers, alors chef du gouvernement, sont à ce sujet éloquents. Ils en deviennent même risibles avec le recul de l'histoire. Quelques extraits pour s'en convaincre : « *Il ne sera pas possible de construire plus de 20 kilomètres de lignes ferrées par an, parce que la production nationale de fer ne suffira pas davantage* ». « *Les chemins de fer pourront rendre [seulement] quelques services pour les transports à petites distances et ils ne permettront jamais d'établir des relations régulières entre des villes éloignées* » (1).

Aujourd'hui, on a de la peine à croire que des hommes d'Etat de la trempe de Thiers aient pu tenir de pareilles discours, à un moment où un pays voisin comme l'Angleterre posait chaque jour quelques kilomètres de rail supplémentaires ! Pourtant, ces discours et cette volonté de maintenir le statu quo économique avaient autorité dans la France de Louis-Philippe. Cet obscurantisme valait autant pour le recours musclé à l'épargne, que pour l'utilisation de cette épargne : les secteurs économiques émergeants dont le chemin de fer. Fait révélateur de ce statu quo économique, aucune banque significative ne vit le jour entre 1823 et 1848. C'est pourquoi, un historien comme Jacques Baudet alla jusqu'à parler d'un « *pays qui nie l'industrie* » (2).

L'innovation financière des frères Péreire

Heureusement, dans un tel contexte, restaient encore quelques rares et irréductibles Saint-Simoniens, toujours convaincus de la nécessité d'un réveil industriel. Ses derniers survivants du Saint-Simonisme plaçaient alors tous leurs espoirs dans le développement d'une certaine finance risquée. Pour avoir travaillé depuis longtemps dans la banque, deux de ces

(1) *Louis-Napoléon le Grand* de Philippe Séguin - Editions Grasset - 1990

(2) Revue *Le journal de la France* - n°58 - 1970

Saint-Simoniens, les frères Péreire, allaient alors se distinguer en conceptualisant très clairement cette finance risquée dont il est question. Il s'agit bien de ces fameux frères Péreire dont un grand boulevard parisien porte le nom. Comme dans beaucoup de cas, les Parisiens évoquent aujourd'hui indifféremment le nom de la rue, sans avoir à l'esprit ne serait-ce qu'un soupçon de l'œuvre accomplie ; une œuvre qui pour les frères Péreire fut avant tout financière.

D'origine juive, Emile et Isaac Péreire ont quitté leur ville natale de Bordeaux, pour arriver à Paris en 1822. D'une manière simpliste, on désigne Emile comme l'industriel, et Isaac comme l'intellectuel. Avant de devenir des financiers et plus tard des banquiers, les frère Péreire restaient culturellement des industriels, de véritables entrepreneurs au sens actuel du terme. Comme tout bon entrepreneur, ils s'étaient tournés vers les secteurs porteurs de leur époque, et c'est le chemin de fer qui rencontra leur intérêt d'industriel. Ainsi, Emile Péreire avait fondé la compagnie ferroviaire du Nord, et obtenu la concession du Midi. Pendant ce temps, son frère Isaac travaillait dans la Haute Finance aux côtés du très célèbre James de Rothschild. Très rapidement, il voulut suivre l'exemple de son frère Emile, sentant bien qu'à terme le rail allait bouleverser l'économie française. Aussi, Isaac réussit à « arracher » la concession de la ligne Paris-Saint-Germain à une Monarchie de Juillet peu disposée à cette évolution sectorielle.

En plus de l'autorisation étatique, Isaac Péreire avait besoin de capitaux et de divers financements complémentaires pour entreprendre la construction de la ligne Paris-Saint-Germain, et lancer son exploitation. Par miracle, il arrive à convaincre en 1835 son employeur James de Rothschild de prendre une participation dans la concession Paris-Saint-Germain.

Dès lors, la détermination des frères Péreire à développer l'exploitation ferroviaire se concrétisa en une réalisation bien visible. En effet, le développement de leurs concessions de chemin de fer rendait impérative la construction d'une première gare à l'intérieur de Paris. Du fait de ce nouveau besoin, la Gare Saint-Lazare fut construite en 1838 en plein centre de Paris. Cette construction immobilière prouvait ainsi aux plus sceptiques que le chemin de fer pouvait bel et bien amener à une réelle évolution de société.

Les Péreire tirèrent un premier enseignement de leur croisade économique en faveur du rail. Ce n'est point sur les enjeux culturels et techniques propres au chemin de fer que se porta leur réflexion. Bien au contraire, leur attention se mobilisa dès 1836 sur la problématique financière des nouveaux secteurs émergeants. En effet, les difficultés qu'ils avaient éprouvées à convaincre Rothschild d'investir et l'Etat de les suivre, les conduisirent à une seule et unique conclusion : la France, un pays qui a besoin de l'essor industriel, affiche curieusement un manque cruel de capitaux à long terme.

Les terminologies changeant avec les époques, on parlerait aujourd'hui du manque en fonds propres ressenti par les entreprises. Toutefois, au-delà des mots, cela revient rigoureusement au même, et notons bien, comme je l'ai déjà exposé en avant-propos, qu'il s'agit de la situation financière actuelle des entreprises françaises. Au cours de leur recherche de capitaux, les frères Péreire n'avaient trouvé aucune institution capable de leur fournir les moyens financiers de leur ambitions ferroviaires. Or, des secteurs nouveaux comme le chemin de fer supposaient des investissements lourds. Trop conséquents, ces investissement ne se situaient pas à la hauteur du patrimoine de personnes physiques.

Une personne seule, même richissime, ne pouvait répondre à ces nouveaux besoins financiers. Il fallait par conséquent que les secteurs nouveaux en appellent non pas à une seule personne, mais à une multitude d'épargnants pour résoudre leur problème de financement. C'est pourquoi les Péreire estimèrent qu'il manquait en France une interface entre l'épargne des particuliers et les besoins financiers des entreprises. En bons saint-simoniens, ils se souvinrent des écrits de Prosper Enfantin. Les fameux miracles du crédit leur apparurent alors comme la solution à l'impossibilité chronique de la France à financer son industrie. Dynamiques et audacieux, Isaac et Emile Péreire décidèrent de conceptualiser cette interface financière.

Dans leurs travaux prospectifs, les Frères Péreire imaginèrent une nouvelle forme de banque, qui présenterait deux innovations majeures. La première innovation se situe au niveau de la formation des ressources de cette nouvelle banque. Au lieu de limiter ces ressources à son capital de démarrage, cette nouvelle banque se destinerait à émettre régulièrement des obligations, c'est-à-dire des emprunts en Bourse. Grâce à la Bourse, et seulement grâce à celle-ci, cette nouvelle banque pourrait accéder au vaste public des petits épargnants français. Les ressources de celle-ci ne pouvaient qu'en être plus grandes alors que les banques traditionnelles fonctionnaient uniquement grâce aux fortunes personnelles de leurs dirigeants.

A titre de comparaison, la fortune personnelle grâce à laquelle James de Rothschild pratiquait son activité de banquier s'élevait à 100 millions de francs de l'époque. Les frères Péreire pensaient arriver très rapidement au double, du fait de leurs appels récurrents à l'épargne boursière. Dans sa biographie de Napoléon III, Louis Girard trouva une métaphore très explicite pour désigner cette innovation boursière ; il parla du « *suffrage universel des capitaux* » (1), sur lequel les Péreire comptaient. Au petit jeu des images et des paraboles, nous pourrions transposer dans la période

(1) *Napoléon III* de Louis Girard - Editions Fayard - Collection *Pluriel* - 1986

actuelle cette opposition entre le projet innovant des Péreire et les pratiques de la finance traditionnelle. D'une certaine manière, les Rothschild pratiquaient leur métier de banquier comme des Business Angels, alors que les Péreire voulaient passer au stade de l'épargne populaire.

Toutefois, il existait une seconde innovation motivant le projet de banque nouvelle développé par Isaac et Emile Péreire. Cette fois-ci, l'innovation ne se situait plus au niveau des ressources de la future banque, mais du côté de ses emplois, c'est-à-dire de l'utilisation ou plutôt de l'investissement de ses ressources. A l'époque - comme aujourd'hui d'ailleurs -, les banques utilisaient leurs ressources en prêtant aux entreprises. Elles exigeaient en retour de ce prêt les sommes d'argent avancées, majorées d'un intérêt financier. Puisqu'ils recherchaient l'innovation, les frères Péreire ne voyaient pas leur future banque se cantonner dans cette activité de prêt. Il la voyait plutôt investir dans les entreprises, en prenant des participations financières dans leur capital.

Autrement dit, avec le projet de Isaac et Emile Péreire, on passait d'une logique de financement des entreprises par l'endettement, à une logique de financement en fonds propres. Si nous avons pu observer en avant-propos la souplesse du financement en fonds propres pour l'entreprise, cette nécessaire souplesse s'imposait tout autant au siècle dernier. En tout cas, les frères Péreire étaient convaincus que seule cette logique de fonds propres parviendrait à impulser la révolution économique en France. Transformée en fonds propres pour l'entreprise, l'épargne devait faciliter l'émergence de secteurs nouveaux, en finançant des créations d'entreprises. Au niveau des terminologies, précisons que l'on parlait à l'époque de compagnies plutôt que d'entreprises. Fidèles à leur logique de fonds propres, les frères Péreire affirmaient que leur banque allait « commanditer » l'industrie, et par là l'essor du pays.

A ce stade de l'explication, une précision supplémentaire à propos de la terminologie s'impose. Si les frères Péreire employaient le terme *banque* pour désigner leur projet, c'est qu'il n'en existait pas d'autres à ce moment précis pour évoquer ce nouveau type d'institutions financières. Le terme est effectivement lié à l'époque, et il est clair que le mot *capital-risque* ne signifiait absolument rien dans la France du dix-neuvième siècle.

Pourtant, le projet des frères Péreire n'en est pas moins une société de capital-risque avant l'heure, et certainement pas une banque. Une banque ne prendra jamais le risque d'investir en fonds propres dans des sociétés, et d'accepter de partager avec elles l'éventualité de tout perdre. Une banque prête, et exige même en cas de faillite la restitution des fonds en plus des intérêts. De la même manière, une banque ne s'intéresse pas uniquement à l'industrie et encore moins aux seules créations d'entreprises, beaucoup trop aléatoires pour elles. Une banque s'intéresse à toutes sortes de clientèles et d'opérations financières, qu'il s'agisse des particuliers ou des Etats étrangers.

Aussi, on peut se permettre d'affirmer que le projet des frères Péreire se situe aux antipodes de ce que le terme *banque* désigne. On peut tout autant se permettre d'affirmer que le projet des frères Péreire correspond à la première apparition de l'idée même de capital-risque à une échelle nationale. Mais cette première apparition se déroula sans que ses géniteurs en aient pleinement conscience, sans même qu'ils en utilisent l'expression. Après tout, le projet d'Isaac et d'Emile Péreire ne proposait-il pas de drainer l'épargne vers le financement de la création d'entreprise dans un rapport intermédié ? Ce rapport intermédié ne fut-il pas un siècle plus tard l'essence novatrice de l'IDI, l'organisme de financement imaginé par Georges Pompidou ?

Insistons bien sur cette notion d'intermédiation, puisqu'elle justifie l'assimilation du projet des frères Péreire aux sociétés de capital-risque actuelles. Dans la logique des Péreire, il doit exister une structure interface entre l'épargnant et le capital des entreprises à financer. A l'inverse, dans le cas des Business Angels, aucune interface n'interfère dans le processus d'investissement. Aucune structure semblable à une banque ne collecte de l'épargne dans un premier temps, pour ensuite l'investir. Les Business Angels investissent directement dans l'entreprise. Ils achètent eux-mêmes les actions des sociétés qui les intéressent. En clair, ils possèdent ces actions en leur nom propre.

Société de capital-risque avant l'heure, le projet des frères Péreire représentait une réelle innovation financière. Malheureusement, ce projet de nouvelle banque se mit à déranger les institutions en place, à la manière dont toute innovation semble être condamnée par la force de l'existant. Plus précisément, le projet rencontra l'hostilité de la finance traditionnelle qui le trouvait à son goût trop audacieux. A la rencontre des premières barrières et blocages culturels, les frères Péreire durent accomplir de profonds efforts en communication, pour convaincre le plus grand nombre du bien-fondé de leur projet. Leur organe de presse *Le national* fut mobilisé à cet effet, et consacré en grande partie à leur croisade. « A partir de 1837, ils écrivirent des livres sur la liberté des banques », complète le Professeur Plessis. En fait, « les frères Péreire voulaient plusieurs banques d'émission. Ils pensaient que la Banque de France ne suffisait pas », et petit à petit « ils passèrent pour des spécialistes ».

En plus des écrits, les frères Péreire se mirent à multiplier ce que l'on appellerait aujourd'hui des colloques de spécialistes pour diffuser leur message réformateur. Ainsi, Isaac Péreire tint au cours des années 1840, les propos suivants :

« *La France n'a pas le monopole des capitaux...mais ce que la France possède au plus haut degré, c'est l'esprit d'association, un génie d'organisation que montrent ses institutions financières et administratives. Ce que les nations étrangères nous demandent, ce n'est pas notre or, mais l'appui de notre esprit d'association et d'organisation, le crédit qui s'attache toutes les affaires que nous patronnons* » (1).

Face à des déclarations aussi grandiloquentes, on ne peut s'empêcher de penser au slogan publicitaire de années soixante-dix : *en France, on n'a pas de pétrole mais des idées.* Isaac Péreire l'aurait-il inventé plus d'un siècle avant la France giscardienne ? Même si une telle grandeur messianique peut aujourd'hui prêter à sourire, reconnaissons aux frères Péreire au moins l'excuse d'avoir dû inviter leurs interlocuteurs au rêve, pour mieux les convaincre. Il leur fallait à l'époque plus que convaincre tant la France n'avait jamais entendu parler d'épargne industrieuse. En outre, ce n'est pas vraiment l'opposition des milieux financiers traditionnels qui contrecarrait les projets des frères Péreire, mais plutôt celle de l'Etat.

En effet, les frères Péreire devaient réunir beaucoup de capital, pour pouvoir constituer leur institution financière. Dès lors, le statut de banque en société anonyme se prêtait clairement à une telle structure. Or l'obtention du statut de société anonyme impliquait l'agrément officiel de l'Etat. Comme nous l'avons vu, le pouvoir de l'époque était profondément hostile, pour différentes raisons, à ce genre de montages juridiques. Les frères Péreire ne pouvaient donc pas compter sur la bienveillance des pouvoirs publics. La Monarchie de Juillet ayant déjà interdit la « Caisse Laffitte », on voit mal comment elle aurait pu accepter le projet des Péreire, qui en représentait le prolongement d'une manière plus poussée ! Face au veto de l'Etat, Isaac et Emile Péreire ont vite compris que leur projet ne verrait point le jour, avant l'avènement d'un pouvoir politique nouveau.

En conséquence, les frères Péreire admirent que pour devenir fort, leur projet de banque innovante devait rencontrer une volonté politique affirmée. Afin que cette rencontre entre finance et politique devienne réalité, les Péreire avaient besoin d'un homme d'Etat ouvert aux questions économiques. Surtout, l'accomplissement du projet supposait un chef d'Etat qui aurait compris à l'inverse des hiérarques de la Monarchie de Juillet, l'intérêt collectif d'un tel dispositif. Les prochains dirigeants de la France devaient voir dans cette nouvelle banque un formidable catalyseur du développement économique national ; une institution capable d'assurer la force financière du pays. Pour comprendre cela, rien ne valait mieux qu'un homme acquis aux théories saint-simoniennes. Selon les Péreire, seul un saint-simonien pouvait comprendre que le financement des nouvelles compagnies relevait de l'intervention en fonds propres, et non

 (1) *Le capital-risque*, de Marc Bertonèche et Lister Vickéry - Editions PUF - collection *Que sais-je ?* - 1987

du crédit bancaire. Dès lors, le profil du chef de l'Etat idoine était tout tracé. Les Péreire trouvèrent en un Napoléon III s'apprêtant à conquérir le pouvoir, toute la volonté politique que leurs réformes exigeaient.

La rencontre d'une volonté politique et d'intérêts économiques

« Napoléon III a dû lire les écrits des Frères Péreire », lors de sa captivité au fort de Ham, mais « je ne pense pas qu'il les ait connus avant son accession à la Présidence de la République », estime Alain Plessis. Il est vrai qu'il est difficile d'établir avec certitude le moment où Napoléon III et les frères Péreire se sont effectivement rencontrés. Sans pouvoir l'affirmer avec certitude, il est fort probable que le contact ait eu lieu dès le retour en France de Napoléon III, en 1848. Finalement, cela n'a guère d'importance, puisqu'aucune de ces réformes ne fut mise en œuvre avant le coup d'Etat du 2 décembre 1851. Jusqu'à cette date, la crise politique eut raison des réformes économiques.

Enfermée dans l'immobilisme des institutions de l'éphémère Deuxième République, la France de 1848 à 1851 ne connut aucunement le sursaut économique tant attendu par le monde industriel. Le pays vivait alors à l'heure de la sinistrose, tant politique qu'économique. Dans ce contexte de blocage, personne ne fut réellement étonné de voir le 2 décembre 1851 le Président de la République Louis-Napoléon tenter un coup d'Etat. Si la méthode fut critiquée par son aspect anti-démocratique, l'essor en France de la finance risquée s'est joué avec ce coup d'Etat.

« Quand un nouveau régime naît d'un coup d'Etat, il y a toujours des gens qui se précipitent pour proposer leurs services et demander quelques chose ». « Ce fut le cas des frères Péreire », précise Alain Plessis. Le 2 décembre 1851, les frères Péreire comprirent que ce coup d'Etat représentait une chance inouïe pour obtenir de la part d'un pouvoir neuf, l'accord nécessaire à la création de leur banque innovante. Immédiatement, ils remontèrent au créneau et expliquèrent à nouveau le bien-fondé de leur projet pour l'avenir de la France. Très vite, des contacts furent établis avec le nouvel Empereur. « Il existe toute une correspondance là-dessus, dans laquelle les frères Péreire faisaient miroiter au Prince-Président que c'était l'occasion rêvée d'instituer une grande banque commanditaire de l'industrie ».

Le projet des frères Péreire va enfin être pris au sérieux par les pouvoirs politiques. En fait, il tombe à pic. Jusqu'à la fin de l'année 1851, la crainte des insurrections hantait les milieux d'affaires parisiens. Aussi, une reprise économique, surprenante par son ampleur, avait salué le coup d'Etat de Napoléon III. L'avènement d'un pouvoir fort ne pouvait que rassurer les industriels ; un pouvoir autoritaire représentait à l'époque un gage de stabilité sociale. Les risques d'insurrections populaires étant contenus, plus aucune crainte ne venait hypothéquer la possibilité d'une reprise économique.

L'euphorie économique immédiate ne plongea pas pour autant Napoléon III dans un optimisme démesuré. Comme le lui avait prédit James Rothschild, la hausse de l'économie devait vite laisser la place à une baisse mécanique. En bon saint-simonien, Napoléon III voulait que le mouvement de croissance se poursuive. En outre, la reprise s'était attachée à sa personne, et l'empereur savait que le peuple français jugerait son action au gré de prodigieuses réalisations économiques, urbanistiques et sociales.

Ses lieutenants Morny et Persigny cherchaient donc un moyen précis pour poursuivre l'expansion économique. Justement, le projet présenté par Isaac et Emile Péreire répondait aux attentes du pouvoir impérial. En plus, la création au lendemain d'un coup d'Etat d'une grande institution financière commanditaire de l'industrie n'était pas sans rappeler un précédent historique : celui de son oncle Napoléon Ier qui, en 1800, avait créé la Banque de France. Aussi, tous les éléments, autant économiques que politiques, étaient réunis pour convaincre Napoléon III de faire du projet des frères Péreire une réalité.

Volontarisme et rapidité

Le nouvel Empereur passa à l'action dès les lendemains de son coup d'Etat. Toutefois, il ne se contenta pas uniquement de construire l'institution financière dont rêvaient les frères Péreire. Bien au contraire, il intégra cette banque nouvelle dans une politique plus globale, visant à drainer l'épargne - y compris celle des particuliers - vers le financement des secteurs émergeants. « Napoléon III est un homme pressé », rappelle l'historien de Nanterre, pour mieux expliquer qu'il fallut moins d'un an pour que la volonté politique de l'Empereur se traduise en actes concrets. Cette nouvelle politique en faveur de l'investissement et de la finance risquée, prit la forme de trois mesures simples et surtout cohérentes entre elles. A elles seules, ces trois mesures ont servi de socle à la nouvelle politique économique. Assurément, on peut les considérer comme l'amorce d'un développement économique sans précédent, si bien qu'Alain Plessis en explique aujourd'hui la teneur :

« Aux lendemains du 2 décembre 1851, on permet à de grandes compagnies de chemin de fer de se constituer. On crée le Crédit Mobilier, et on oblige la Banque de France à baisser le taux d'escompte. Tout cela en quelques jours, donc il y a clairement une volonté politique à ce moment là, et probablement sous les conseils d'Emile Péreire ».

Bien évidemment, les frères Péreire ne sont pas étrangers à ce virage économique et à ces décisions politiques soudaines. Depuis leurs premiers contacts en 1848, ils ont en effet gardé différents relais dans l'entourage de l'empereur. Notamment, le banquier Achille Fould, Ministre des Finances, leur sert de relais, pour ne pas dire de courroie de transmission, même s'il mit en garde Napoléon III à plusieurs reprises contre les dérives d'une audace financière trop excessive. Quoi qu'il en soit, l'efficacité et la cohérence des mesures décidées ne font aucun doute, comme leur rapidité.

Ici, je ne m'attarderai pas sur la première mesure, la baisse du taux d'escompte de 4 à 3%, puisqu'elle n'est pas en rapport direct avec notre sujet. Il s'agit avant tout d'une mesure d'ordre bancaire, d'une mesure de prêt qui ne saurait être assimilée à de la finance risquée. Cela dit, en plus de sa complémentarité avec les deux autres mesures, l'importance de cette baisse fait qu'elle doit être abordée. *De facto*, la décision de Napoléon III a entraîné une diminution de 25%, autrement dit du quart, du crédit à court terme pour les entreprises, ce qui est loin d'être négligeable dans le cadre d'une relance économique.

En outre, l'impact de cette mesure est remarquable pour sa rapidité, puisque comme le précise Alain Plessis « l'escompte devient [sous le Second Empire] une opération régulière et massive ». En fait, on est capable d'évaluer le nombre d'opérations d'escompte, puisqu'elles sont soumises à l'époque à un impôt, « un droit de timbre proportionnel ». « C'est colossal », renchérit Alain Plessis en rappelant que « le total des effets escomptés représente trois ou quatre fois le revenu national de chaque année ».

Enfin, la baisse du taux d'escompte garde tout son intérêt, car elle apparaît comme une mesure de crédit pure, extrêmement complémentaire des mécanismes visant à renforcer les apports en fonds propres. En effet, les banques d'investissement en fonds propres ne peuvent répondre aux besoins de financement immédiats exprimés par les entreprises déjà existantes, qui doivent faire face à leurs échéances à court terme. Indéniablement, l'argent prêté à court terme garde toute son utilité économique.

La deuxième mesure prise à la suite du coup d'Etat s'attachait à l'utilisation industrielle de ces nouvelles ressources en épargne. Comme nous l'avons vu précédemment, Napoléon III était convaincu de l'utilité économique des secteurs industriels émergeants, au premier rang desquels le chemin de fer. Toutefois, se posaient à lui des problématiques assez similaires à celles sur lesquelles buttent aujourd'hui les secteurs émergeants. Le plus important de ces freins demeure la rentabilité des créneaux innovateurs, une rentabilité sans laquelle l'entreprise ne peut prétendre attirer des investisseurs.

Quelle que soit l'époque, l'invention ne trouve jamais immédiatement au moment de son apparition son application commerciale, c'est-à-dire son marché. Economiquement, elle n'est pas encore prête. Alors qu'elles s'inscrivent dans une évolution prévisible de la forme des échanges commerciaux, les entreprises de l'Internet ont par exemple beaucoup moins intéressé les investisseurs du Nasdaq, une fois l'effet de mode passé. A l'heure actuelle, les consommateurs n'ont pas accompli leur révolution culturelle, en s'habituant à réaliser tous leurs achats par voie électronique. En conséquence, le e-commerce peine à atteindre la rentabilité, au risque vérifié de décourager ses investisseurs les plus fidèles.

Cette impasse de l'absence de rentabilité se révèle typiquement aujourd'hui dans l'instabilité des marchés financiers des valeurs de haute technologie. Pour autant, ce paradoxe économique de l'innovation se posait dans les mêmes termes pour le chemin de fer, au moment de l'arrivée de Napoléon III au pouvoir. Alain Plessis note qu'en général « il y a toujours un décalage dans le temps entre l'invention, qui n'a pas d'effets économiques, et la mise en pratique de l'innovation, une dizaine d'années plus tard, qui devient motrice ». Après tout, « le chemin de fer a été inventé vers 1827 ».

Par sa deuxième grande mesure économique, Napoléon III chercha à compresser la durée du délai courant entre l'invention technique et son application économique. Seulement de la sorte, il pouvait espérer faire rapidement du chemin de fer un investissement suffisamment rentable pour intéresser des opérateurs privés à même de le financer. Comment fallait-il procéder ? Alain Plessis donne quelques clés en rappelant que « pour qu'une ligne soit rentable, il faut qu'elle soit longue ». A l'évidence, plus le chemin de fer relie des villes éloignées, plus il accueille un nombre élevé d'hommes et de marchandises aux gares d'escale. Les recettes engrangées, et donc la rentabilité des lourdes infrastructures immobilisées, ne pouvaient qu'en être affermies.

C'est dans ce sens que Napoléon III agit dès le 6 décembre 1851, seulement quatre jours après son coup d'Etat. Ce jour-là, le ministre des Travaux Publics, Magne, convoque différents entrepreneurs pour décider de la construction de la première ligne urbaine de chemin de fer à Paris. Les restes de cette ligne ferrée périphérique existent encore aujourd'hui dans le 16ème arrondissement, du côté des boulevards des Maréchaux. Un mois plus tard, le 5 janvier 1852, le pouvoir s'attaque aux lignes de chemin de fer à longue distance, en choisissant cinq compagnies pour réaliser la liaison ferrée entre Paris et Lyon. A ce moment là, l'Etat met les entreprises privées face à leurs responsabilités, qui avaient été ternies par des années de luttes politiques pour l'obtention des concessions.

Pour bien montrer que la puissance publique se situe à leur côté, l'Etat accorde un soutien financier complémentaire à l'investissement privé, sans pour autant se substituer à celui-ci. Ainsi, les pouvoirs publics décident de garantir les 3% d'intérêts versés aux souscripteurs d'emprunts publics pour la construction du réseau ferré français. Déjà, on avait eu l'idée d'en appeler à l'épargne populaire pour financer ce secteur prometteur ! En tout cas, à peine un mois après le coup d'Etat, l'allongement des lignes ferrées se voyait amorcé, et le secteur du rail allait donc vite atteindre la rentabilité.

Maintenant que la rentabilité des investissements industriels était en passe d'être résolue, il fallait trouver une épargne abondante pour financer ces investissements. C'est sur ce point que Napoléon III fit sien le projet des frères Péreire. D'une certaine manière, leur banque innovante forma la quintessence de la politique impériale de relance industrielle. En guise de troisième mesure phare, Napoléon III donna carte blanche à Emile et Isaac Péreire pour créer leur banque innovante. Celle-ci vit le jour en Novembre 1852, sous le nom très explicite de Crédit Mobilier. Le nom choisi confirmait que le nouvel établissement financier se destinait à réunir de l'épargne en vue d'acquérir des valeurs mobilières. Or, à l'époque, il n'existait pas comme aujourd'hui une multitude de catégories de valeurs mobilières, mais seulement deux : les actions et les obligations.

Pas un franc d'argent public ne servit à la constitution du Crédit Mobilier, confirmant ainsi que le rôle de financier de l'économie revenait non pas à l'épargne publique, mais à l'épargne privée. Cela étant dit, il ne faut pas voir dans la création du Crédit Mobilier une initiative purement privée, uniquement voulue par les frères Péreire. Bien au contraire, cette création a été vivement encouragée par l'Etat, même s'il ne souhaitait pas aller jusqu'à risquer l'argent public, c'est-à-dire l'impôt des citoyens. A ce sujet, Alain Plessis voit dans la création du Crédit Mobilier « une mesure d'essence libérale », et rappelle qu'à « cette époque, l'Etat avait le droit d'interdire les sociétés anonymes. Jusque là, il fallait une autorisation de l'Etat, prise après délibération du Conseil d'Etat, et celle-ci était révocable à tout moment. On voit la menace pour une entreprise : si elle se constituait sous forme de société anonyme, elle pouvait être condamnée à disparaître ».

Pourtant, c'est avec un grand plaisir et un silence bienveillant que Napoléon III laissa faire les frères Péreire. L'Empereur permettait ainsi la concrétisation d'une initiative financière, bloquée depuis des années par des pouvoirs autant méfiants que timorés. Ainsi « c'était la première fois que l'Etat a accepté la création d'une grande banque anonyme », qui plus est une banque d'investissement, comme le rappelle Alain Plessis. Cet avant-gardisme financier révélait le courage politique de son initiateur. Preuve s'il en est de l'audace économique de Napoléon III, donnant son accord à la création du Crédit Mobilier.

Le Crédit Mobilier put donc démarrer son activité en novembre 1852, fort d'une souscription réussie. Pour collecter l'épargne nécessaire au capital de l'institution financière, les frères Péreire avaient sollicité la plupart des grandes familles de la Haute Banque. Toutes avaient accepté de participer au capital du nouveau Crédit Mobilier, qui apparaissait alors comme un véritable canal de drainage de l'épargne vers l'industrie. Seul James de Rothschild fit défaut, marquant ainsi sa rupture définitive avec les frères Péreire. Ceux qui avaient été ses anciens employés lui volaient par leur hégémonie sa prédominance sur le monde financier parisien.

Au final, 60 millions de francs de capital avaient été réunis sous forme de 120 000 actions de 500 francs chacune. Même le numéro deux du régime, Morny, participa à la souscription, grâce aux six millions de francs qu'il avait gagnés au cours de l'année. Fould, le ministre des Finances, imita la démarche de son confrère, en achetant 13 000 actions du Crédit Mobilier. Par la présence de personnalités aussi proches de l'empereur, on voit bien que l'Etat, au travers de ses serviteurs, n'était pas bien loin de l'initiative des frères Péreire. Ces plus grands serviteurs avaient accepté de prendre, à titre personnel, le risque financier de l'entreprise.

Bien évidemment, il faudrait actualiser cette somme de 60 millions de francs, pour évaluer le poids financier réel du Crédit Mobilier dans l'économie française. D'une manière grossière, son capital représenterait 1,2 milliard de francs d'aujourd'hui, ce qui est loin d'être négligeable si l'on s'en réfère au capital des banques françaises actuelles. A titre de comparaison, le capital de démarrage de la Société Générale, créée douze années plus tard, s'éleva à 120 millions de francs. Avec un poids financier qui représentait tout de même plus de la moitié de celui de la Société Générale, le Crédit Mobilier ne jouait pas dans la catégorie des petites banques d'affaires.

En plus, les frères Péreire comptaient accroître les ressources du Crédit Mobilier en émettant à fréquences régulières des obligations en Bourse. En réalisant ces emprunts destinés au grand public, le Crédit Mobilier doubla progressivement sa surface financière, autrement dit ses ressources en épargne. Ainsi, durant les années 1850, le Crédit Mobilier gérait plus de 100 millions de francs de l'époque, uniquement destinés à des investissements risqués dans des créations d'entreprises nouvelles.

Une fois leurs souscriptions achevées, Isaac et Emile Péreire ne tardèrent pas à passer à la deuxième phase de leur mission. Après avoir capté la ressource financière, il fallait utiliser cette épargne. Dès 1853, le Crédit Mobilier investit à tour de bras. Très probablement, le lecteur néophyte sera impressionné par la liste des sociétés dans lesquelles le Crédit Mobilier a investi ou pris le contrôle. Parmi celles-ci, on retrouve des sociétés de commerce maritime comme la Compagnie Générale Transatlantique, la compagnie de chemin de fer du Massif Central nommée le « Grand Central », les chemins de fer autrichiens et espagnols, les Salines du Midi, des entreprises de conserverie, et énormément d'investissements à Paris dans le commerce et l'immobilier.

Sans la finance risquée des frères Péreire, le Grand Hôtel du Louvre, comme les arcades de la rue de Rivoli et les magasins généraux de Paris, n'auraient jamais vu le jour. Au total, le Crédit Mobilier contrôlait directement en 1863, 19 compagnies et gérait plus de 3,5 milliards de francs de capitaux risqués. Entre 1853 et 1856, le dividende qu'il versa à ses actionnaires passa de 13% à 40%, tandis que la valeur de l'action quadrupla en quatre ans.

Le succès était donc net, d'autant plus que le Crédit Mobilier devint progressivement le leader français du crédit à l'industrie. Il devançait même le CIC (Crédit Industriel et Commercial), créé également à cet effet. Le rôle du Crédit Mobilier dans le développement industriel de la France n'est donc plus à prouver, même s'il convient quelque peu de le relativiser. Finalement, « les frères Péreire ont joué un rôle réel », estime Alain Plessis, « mais plus à l'étranger qu'en France ». « En France, les bonnes affaires étaient déjà prises ».

D'une manière indirecte, les frères Péreire ont également contribué à l'essor du pays, puisque leur comportement d'investisseurs, qui était en lui-même une nouveauté, a vite séduit le reste du monde bancaire. La réussite rapide du Crédit Mobilier entraîna une révolution sans précédent des méthodes et pratiques bancaires, qui admirent enfin la finance risquée comme une des essences du métier. En clair, les frères Péreire avaient montré la voie ; il n'y avait plus qu'à la suivre. Même James de Rothschild se laissa finalement convaincre. Avec d'autres banquiers tels Laffitte et Séllières, il emboîta le pas au frères Péreire en investissant au lieu de pratiquer l'usure. En acceptant de prendre le risque avec l'entreprise, la Haute Finance avait fait le pari de revenir dans l'économie réelle. Au final, 1,27 milliard de francs furent investis entre 1852 et 1858 par d'autres financiers que les Péreire dans le développement du chemin de fer français.

Grâce à leurs premières réussites, les frères Péreire parvinrent à convaincre la Haute Banque de les suivre sur le chemin de l'épargne risquée. Il ne manquait plus que la participation des petits épargnants, pour que le goût de l'épargne et de l'investissement envahisse l'ensemble des intervenants financiers. Suite à l'impulsion de la Haute Banque Parisienne, même l'épargne populaire se développa à grande vitesse. A titre d'illustration, le nombre de livrets d'épargne populaire distribués par les caisses d'épargne, tripla durant la période. En 1852, on en dénombrait 724 889. A la fin du régime en 1870, ils sont 2 097 145. Bien évidemment, cette hausse du nombre de livrets se traduisit mécaniquement par une augmentation de l'en-cours global d'épargne populaire. Représentant le volume global d'argent déposé par les particuliers sur leurs livrets, cet en-cours passa au cours de la même période de 140 à 174 millions de francs.

Au-delà d'une épargne devenue plus abondante, l'attrait pour la Bourse commença à gagner la population française. Cette évolution est déjà beaucoup moins classique que le développement de l'épargne populaire, dans un pays aussi catholique que la France. Quelque part, l'engouement pour la finance risquée semble contagieux, si bien que la Bourse de Paris connut un essor sans précédent durant le Second Empire. « Napoléon III a permis à la Bourse de développer considérablement sa capitalisation », rappelle Alain Plessis. Sur ce point précis, les quelques statistiques disponibles confirment l'avis du Professeur Plessis. En 1851, 118 valeurs étaient cotées à la Bourse de Paris, pour une capitalisation boursière de 11 milliards de francs. En 1869, le nombre de valeurs cotées était passé à 307, représentant une capitalisation boursière qui cette fois s'élevait à 35 milliards de francs.

Cette évolution à la hausse ne doit pas être observée comme le fruit du hasard. D'une part, elle fait partie des conséquences positives de l'activisme des frères Péreire, et d'autre part elle s'intègre dans une volonté délibérée propre à l'Empereur. Pour ce qui est de l'influence des frères Péreire, rappelons leur large contribution au développement de la Bourse, par leurs émissions régulières d'obligations. Ces émissions publiques leur permettaient de financer, au travers de l'épargne des spéculateurs, les investissements du Crédit Mobilier. Avec le reste de la Haute Finance, l'enrichissement des Péreire a vite invité les Parisiens au mimétisme. Même ceux qui ne travaillaient pas spécialement dans la banque, se sont dit qu'après tout la Bourse n'était pas réservée qu'aux seuls professionnels de la finance. Ce fantastique outil de spéculation leur était également ouvert à eux, simples épargnants, si bien qu'ils ont pensé pouvoir grâce à celui-ci s'enrichir autant que leurs banquiers, sinon plus.

Quant au rôle de l'Empereur dans l'essor boursier, il se justifiait par la volonté inaltérable de Napoléon III de voir l'épargne privée financer l'expansion économique. En outre, malgré des innovations comme le Crédit Mobilier, les capitaux privés avaient à certains moments fait défaut à la nouvelle économie de l'époque : l'économie ferroviaire. A ce sujet, Alain Plessis rappelle que « la Banque de France a dû faire en 1857 des crédits aux compagnies de chemin de fer, mais ce fut en fait une intervention ponctuelle et exceptionnelle ». « Normalement, le développement du chemin de fer passait par des titres placés parmi les épargnants, puis cotés en Bourse ». On comprend donc pourquoi l'Empereur a tenu absolument au développement de celle-ci.

Au final, les banques d'affaires, véritables embryons du capital-risque moderne, avaient entraîné dans le sillon de leur développement, l'épargne populaire et boursière. En clair, le pays s'était enrichi à mesure que l'économie trouvait les moyens financiers assurant son expansion. Pour ainsi dire, l'argent était là, et il fallait par conséquent qu'il circule mieux. Conformément à cette nécessaire fluidité de la circulation monétaire, un nouveau besoin de service financier se fit rapidement ressentir : celui de banques généralistes ouvertes à tous, même aux particuliers provinciaux sans grande fortune. A chaque fois qu'un besoin devient marchand et exprime une demande solvable, il trouve une réponse sous la forme d'une offre de services. C'est pourquoi, sans la moindre intervention de l'Etat et dans le prolongement logique des évolutions économiques, naquirent les grandes banques de dépôts que nous connaissons aujourd'hui.

Ainsi, l'année 1859 fut marquée par la création du Crédit Industriel et Commerce, le CIC. Quatre ans plus tard, c'est au tour du Crédit Lyonnais de voir le jour, puis en 1864 la Société Générale compléta le paysage bancaire français. D'ailleurs, le nom originel de celle-ci s'avère très explicite, quant à sa volonté de participer au développement économique et industriel. A sa naissance, la Société Générale se nommait exactement *la Société Générale pour le Développement du Commerce et de l'Industrie*.

Pendant ce temps là, l'essor bancaire prend une dimension internationale, si bien que le Comptoir d'escompte de Paris ira jusqu'à ouvrir des agences à Yokohama, dans le Japon de l'ère Meiji. Pour la petite histoire, rappelons simplement que ce comptoir d'escompte de Paris prendra plus tard le nom de CNP et son rival de Mulhouse, né à la même époque, le nom de BNCI. Il s'agit bien des deux banques que Michel Debré fusionnera en 1966, pour en faire la BNP, toujours dans le même objectif de rapprocher l'épargne du financement de l'entreprise ! Parfois, l'histoire offre des parallèles et des liens amusants.

En définitive, le Second Empire a bousculé le paysage financier français. Non seulement le Crédit Mobilier des frères Péreire a fait du capital-risque sans en trouver le nom, mais la Bourse connut également une des ses plus grandes envolée. Parallèlement, on assista à l'accroissement des ressources en épargne populaire, à la naissance des grandes banques de dépôt. Du fait de toutes ces évolutions, Napoléon III avait, à la fin de son règne, réussi son pari de développer la force financière, qu'il avait voulu offrir au développement industriel. Forte, l'épargne s'était accrue dans le pays. Surtout, au lieu de rester dans les bas de laine comme le souhaitait une certaine France rurale, cette épargne était passée d'une vision rentière à une vocation industrieuse.

Toutefois, Napoléon III avait conscience qu'il ne fallait pas que l'abondance des capitaux se traduise par un *trop* de capitaux. Dans un tel cas, l'audace économique du pouvoir aurait été vaine. En effet, à quoi sert une épargne abondante, si elle ne rencontre pas l'ambition d'individus, de plus en plus en plus nombreux, voulant relever le pari de la création d'entreprise ? Sur ce point également, Napoléon III voulut faire preuve d'audace dans sa politique de réforme.

Une loi sur les sociétés anonymes pour libérer les énergies

Faciliter l'accès à l'argent n'a jamais suffi à réveiller les ambitions entrepreneuriales d'un peuple. Passionné par l'économie, Napoléon III le savait très bien. Bien évidemment, le développement de l'entreprise suppose des moyens financiers. Mais le développement de l'esprit d'entreprise nécessite, en plus, un cadre général favorable à la prise d'initiatives. Pour fournir un environnement facilitant l'éclosion des initiatives individuelles, l'Etat dispose de plusieurs vecteurs. Parmi ceux-ci, on retrouve des *classiques*, telles la baisse de la fiscalité et la limitation des formalités administratives. Mais avant toute chose, l'Etat peut veiller à minorer la portée personnelle des échecs d'entreprises. En tout état de cause, l'Etat doit faire en sorte que les entrepreneurs se sentent bien, et que la puissance publique les assure de son soutien dans leurs initiatives.

Face à cette problématique éternelle, l'euphorie économique née en 1852 avec l'abondance des capitaux, n'avait pas réellement fait de la France une société plus accueillante pour les créateurs d'entreprises. Juste avant l'avènement du Second Empire, Isoard proclamait que « *le tour est venu pour nos industriels de prendre la place qu'ont successivement occupée, en remontant jusqu'à 1789, les prêtres, les militaires, les avocats, et les hommes de lettres* » (1). Chaque époque a ses propres héros, et si les précédants régimes n'avaient pas choisi les entrepreneurs, Napoléon III voulait contredire cette règle historique.

Sur ce point, on ne peut que constater, malgré les différences liées aux époques, le mimétisme entre la démarche de Georges Pompidou et celle du dernier empereur des Français. Ces deux chefs d'Etat ont souhaité accroître dans un premier temps la part d'épargne nationale destinée à l'industrie, pour ensuite voter toute une série de lois favorables à la concrétisation des initiatives entrepreneuriales. Plus d'un siècle sépare l'action de Georges Pompidou et de celle de Napoléon III. Pourtant, leurs méthodes respectives de développement économique s'apparentent l'une à l'autre. Un aussi fort parallèle historique nous prouve que l'épargne industrieuse n'est point un concept vague, mais un ensemble, ou plutôt une politique économique précise reposant sur deux fondements : un meilleur financement de l'entreprise soutenu par toutes les formes d'épargne possibles, ainsi qu'une libération des énergies créatrices.

Sur ce deuxième point, Napoléon III avait clairement conscience que l'envie d'entreprendre butait sur un risque énorme encouru par tout industriel : la faillite et la ruine personnelle. A l'époque, le concept de société anonyme, pourtant déjà très développé en Angleterre, faisait moins

 (1) Revue *Le journal de la France* - n°58 - 1970

figure de règle que d'exception en France. Juridiquement parlant, la société anonyme existait en France, mais était soumise, comme nous l'avons déjà vu, à l'autorisation de l'Etat. Ne voulant pas prendre le risque d'une interdiction de leurs activités, les chefs d'entreprises optaient rarement pour ce statut de société, malgré une euphorie économique qui poussait aux paris industriels. En conséquence, la plupart des affaires se montaient en nom personnel.

N'y voyons pas seulement une nuance du droit, mais un frein bien réel à l'initiative économique. Comme son nom l'indique, le statut de société en nom personnel impliquait que le chef d'entreprise soit responsable de ses dettes sur son patrimoine personnel. Dans le cas où le chiffre d'affaires ne suffisait pas à combler les dettes générées par son activité professionnelle, l'entrepreneur avait le devoir de les rembourser en vendant ses biens personnels. Avec une responsabilité aussi étendue, la faillite d'une entreprise se transformait trop souvent en la faillite personnelle de l'entrepreneur. En clair, une épée de Damoclès reposait sur la tête de chaque industriel. Tous savaient que si leurs affaires tournaient mal, elles les emporteraient avec eux dans la ruine ; une ruine qui les condamnerait à la mort économique. On comprend donc qu'il y avait de quoi hésiter à créer sa propre entreprise dans la France du 19ème siècle !

Pour lever cette hypothèque, le pouvoir n'avait qu'une seule solution en main : instaurer et généraliser le concept de responsabilité limitée aux apports. Ce concept juridique devait apporter aux entrepreneurs et aux investisseurs la garantie de ne risquer que le capital investi. Avec la responsabilité limitée, une faillite faisait uniquement perdre aux actionnaires l'épargne qu'ils avaient apportée à l'entreprise et certainement pas l'intégralité de leur patrimoine personnel. Nous avons pu observer dans le première partie de cet ouvrage, que les actions juridiques en extension et comblement de passif, ainsi que certaines garanties bancaires outrancières, équivalaient à une remise en cause de cette grande avancée du Droit des sociétés. Hier comme aujourd'hui, cette responsabilité illimitée revient à nous, tel un épouvantail effrayant les jeunes entrepreneurs au point de rendre impossible leur envol.

Lors de ses séjours en Angleterre, notamment en 1848, Napoléon III a sûrement pu observer par lui-même comment fonctionnait cette responsabilité limitée. Outre Manche, il a certainement jugé à quel point elle avait rendu les Britanniques moins frileux. En clair, le futur empereur français avait vérifié que la limitation du risque financier à hauteur de l'action, avait redonné à nos voisins la fibre entrepreneuriale. De retour dans son pays, l'Empereur voulut vite accorder à nos créateurs d'entreprises cette sécurité financière et patrimoniale. Ajoutée à la disponibilité des capitaux risqués, cette réforme promettait de susciter durablement dans notre pays l'envie d'entreprendre. Pour développer cette responsabilité limitée, il fallait créer un statut de société spécifique, garantissant la sécurité des biens des chefs d'entreprises.

En fait, il n'y avait pas besoin de créer un tel statut de société, puisque celui-ci existait déjà en la société anonyme. Il suffisait donc de permettre aux créateurs d'entreprises de le choisir librement, c'est-à-dire sans solliciter au préalable l'agrément de l'Etat. En écartant définitivement le risque d'une interdiction, les sociétés anonymes se seraient tout simplement démocratisées. Elles auraient ouvert à tous les entrepreneurs la possibilité de se prévenir contre un échec fatal.

Malheureusement, les milieux économiques français ne partageaient pas forcément les mêmes convictions que l'Empereur. Même si l'idée était ancienne et remontait à l'Ancien Régime, Alain Plessis confirme qu'elle « semblait immorale et dangereuse ». « Immorale, parce qu'on pensait qu'on n'avait pas le droit comme cela de ne pas faire honneur à sa signature. Ensuite, l'Etat trouvait que des sociétés anonymes rassemblant beaucoup de capitaux grâce à la responsabilité limitée, risquaient d'être trop puissantes ». Aussi, Napoléon III dut « lutter contre des préjugés anciens », conclut le spécialiste du Second Empire.

La seule façon de lever les réticences culturelles consistait à agir progressivement, mais sûrement. Dans un premier temps, plusieurs mesures annonciatrices de la responsabilité limitée furent décidées. Ces premières évolutions aboutirent notamment à l'abolition de la prison pour dette. Parallèlement, l'idée même de la responsabilité limitée « s'était développée dès les années 1840 », comme l'explique Alain Plessis. « Il y eut un grand débat parmi les juristes, entre les libéraux et ceux qui étaient favorables au maintien d'une responsabilité très large ».

En fait, c'est l'évolution de la conjoncture économique qui accéléra le cours des choses. En effet, un ralentissement de l'expansion économique marqua le début des années 1860. Comme dans toute période de vache maigre, il apparut nécessaire de lâcher du lest pour relancer la création d'entreprise. Aussi, l'idée de la responsabilité limitée revint vite à l'ordre du jour. Dans ce contexte de ralentissement économique, elle rencontra même l'approbation des hommes d'Etat les moins audacieux ; « les budgétaires » comme les nomme Alain Plessis. « Sur ce point, il y avait conjonction sans aucun doute entre les Péreire qui étaient des libéraux, et certains financiers traditionnels, qui devenaient malgré tout favorables à l'idée [de la responsabilité limitée]. On sentait bien que cette évolution était nécessaire ».

Suscitant au fur et à mesure l'adhésion des milieux autorisés, le concept de responsabilité limitée fut finalement consacré par le législateur en 1863. Cette année-là, vit le jour une première loi assouplissant les règles nécessaires à l'obtention de l'agrément d'Etat, pour la constitution d'une société anonyme. Dès son application, la loi de 1863 fit mentir ses détracteurs les plus acharnés. En effet, cette première évolution n'avait aucunement conduit à plus d'entreprises hasardeuses et à davantage d'investissements inconsidérés.

Conforté par la réalité, le législateur était prêt à aller plus loin. De fil en aiguille, l'idée de supprimer définitivement la sacro-sainte autorisation d'Etat, fit son chemin. Cette avancée définitive vers un statut juridique moderne pour les sociétés, se concrétisa par la loi de 1867. En toute simplicité, l'article premier de la loi de 1867 résume très explicitement la portée de l'avancée : *les sociétés anonymes peuvent se constituer librement.* « C'est l'aboutissement d'un long parcours et de projets anciens », constate le Professeur Plessis.

A partir de 1867 - mais en fait dès 1863 -, on pouvait entreprendre en France, sans subir l'éternel risque de tout perdre et de périr dans sa propre aventure industrielle. Ayant à leur disposition un cadre juridique plus souple, les candidats à l'aventure ne pouvaient qu'être plus nombreux. D'ailleurs, la vigueur de l'esprit d'entreprise sous le Second Empire est tout à fait quantifiable. Par exemple, la France comptait 1,6 million d'entrepreneurs en 1863, au moment où apparut la première loi sur la responsabilité limitée. Si on les compare aux 2,3 millions d'entreprises d'aujourd'hui, pour une population totale largement supérieure, l'essor de l'entrepreunariat ne fait plus aucun doute. Une telle vigueur ne peut bien évidemment pas être le fruit du hasard, et la loi de 1863 a très vraisemblablement joué un rôle fort dans ce regain du goût d'entreprendre.

Dès lors, le Second Empire brilla et continuera de briller dans nos livres d'histoire pour les *Success Stories* de ses entrepreneurs emblématiques. Talabot, Schneider avec sa production de locomotives, Worms, les frères Darblay, mais encore Boucicault font partie de ces multiples portraits de capitaines d'industries que le Second Empire nous a légués. D'ailleurs, certaines de leurs entreprises existent toujours dans la France de nos jours.

C'est notamment le cas du magasin de type nouveau que Boucicault créa à Paris en 1852. Aussi innovant pour le commerce que le Crédit Mobilier l'était pour la finance, le magasin de Boucicault n'est autre que le Bon Marché, le grand magasin de la rive gauche, dans lequel certains Parisiens d'aujourd'hui effectuent encore leurs achats. Ouvert en 1852, l'année de la création du Crédit Mobilier, le Bon Marché dégagea un premier chiffre d'affaires de 200 000 francs. Vingt-cinq ans plus tard, lorsque Boucicault décède, son chiffre d'affaires atteint cette fois la barre des 67 millions de francs. Voilà un parcours d'entrepreneur représentatif des grandes aventures industrieuses et individuelles du Second Empire.

Mais le Bon Marché de Boucicault n'est qu'un exemple parmi d'autres. Malheureusement, la liste des grandes réussites industrielles de l'époque serait trop longue à détailler. A l'évidence, ces réussites industrielles restent avant tout des réussites personnelles, et nous les devons uniquement à l'audace de nos grands entrepreneurs. Remarquons toutefois qu'il s'agissait d'entrepreneurs confortés dans leurs initiatives : des entrepreneurs aidés par l'audace toute aussi grande d'un Etat, qui leur avait offert un cadre réglementaire et financier adapté à la réalisation de leurs projets. Bien évidemment, les lois de 1863 et 1867 sur les sociétés anonymes représentent le centre de gravité de ce cadre adapté. Cependant, la sincérité invite à ajouter que d'autres innovations ont formaté cet environnement favorable à l'entreprise, comme par exemple la création des chambres de commerce.

Peut-être que certains lecteurs douteront encore, malgré ma démonstration, de la force de ce nouvel environnement incubateur d'entrepreneurs. Pour leur répondre, j'émettrais une constatation édictée par le bon sens et l'esprit d'observation : la plupart des réformes du Second Empire relatives à l'entreprise sont restées en vigueur jusqu'à aujourd'hui. L'exemple le plus flagrant reste très certainement les chambres de commerce qui n'ont pas disparu avec l'Empire.

Quant à la loi de 1867 sur les sociétés anonymes, elle n'aura finalement été retouchée qu'à une seule reprise. C'était en juillet 1966, une fois de plus sous l'impulsion de Georges Pompidou et Michel Debré. Cependant, cette réforme consista plus en une adaptation des règles juridiques à l'évolution, qu'à une révolution des grandes règles du Droit des sociétés. Les principes fondamentaux régissant les entreprises d'aujourd'hui demeurent pratiquement les mêmes que ceux définis par la loi de 1867. Alain Plessis émettait, avec justesse, la remarque à l'occasion d'une interview parue dans le numéro 242 de la revue *L'histoire.*

Une réforme qui résiste au temps ne peut être qu'une réforme utile et efficace. C'est pourquoi je rangerais volontiers dans cette catégorie la refonte du Droit des sociétés entreprise sous Napoléon III. Pour cette raison, je suis intimement convaincu qu'elle a joué un rôle moteur dans le développement économique de la France de l'époque. Enfin, la durée des lois de 1867 m'invite à croire en la pertinence de la méthode réformatrice utilisée par Napoléon III, reprise plus tard sûrement sans le savoir par Georges Pompidou : d'abord s'occuper du financement des entreprises à travers l'épargne privée et ensuite donner de la souplesse aux règles juridiques qui conditionnent, voire congestionnent, l'envie d'entreprendre.

Economiquement parlant, on ne peut faire l'un sans l'autre puisque l'argent ne saurait avoir réponse à tout. Que les Saints-Simoniens aient pu penser l'inverse est une question historique et idéologique, appartenant par essence au passé. Mais pour ce qui est de l'avenir, il ne faudra jamais oublier que nous ne développerons pas l'économie, en réunissant seulement une épargne prête à se risquer dans l'entreprise. Pour que cette finance risquée trouve toute son utilité, il faut qu'existent en contrepartie suffisamment d'entreprises en gestation et de créateurs potentiels.

Hier, cette contrepartie supposait la reconnaissance légale de la responsabilité limitée aux apports. Demain, elle impliquera la mise en place d'un véritable statut social du créateur d'entreprise. D'autres innovations sont à prévoir, parmi lesquels on retrouve les fameux incubateurs qui permettent de passer plus facilement du projet à l'initiative. Quoi qu'il en soit, nous ne pourrons pas faire l'économie de ce type de réformes, visant à construire un environnement plus favorable à la création d'entreprise. Ayons suffisamment de courage pour nous inspirer de telles réformes, même si elles furent le fruit d'un régime impérial, dont l'image vient en porte-à-faux de notre tradition démocratique.

Quand la rigueur a raison de l'audace économique

L'épargne à des fins industrielles porta ses fruits sous le Second Empire, comme le firent les nouveaux statuts d'entreprises. Hélas, toute euphorie économique a une fin. Toute réforme économique garde ses propres limites. Bien évidemment, le Second Empire, malgré ses réformes pertinentes, fut touché par cette dure loi de l'économie capitaliste, par essence cyclique. Cette fin d'euphorie s'amorça avec la guerre de Crimée, qui annonça en 1857 une grave crise financière.

« Il y a une grande contradiction dans le régime », note Alain Plessis. « A la fois, il veut favoriser les entreprises, et en même temps il fait très souvent la guerre. Or, la guerre, cela coûte cher ». Effectivement, des guerres comme celles menées en Crimée et en Italie représentent un coût financier considérable pour l'Etat français. Or, celui-ci ne bénéficiait à l'époque d'aucun système fiscal viable. Peut-être que cet état de fait étonnera certains de nos contemporains, avec même probablement une certaine envie. Hélas, il est loin d'être sans conséquences économiques.

En effet, si l'Etat ne pouvait point compter sur l'impôt, il fallait bien qu'il trouve ailleurs des ressources financières pour combler ses dépenses militaires. Comme il n'existe pas des milliers de moyens pour financer l'Etat, c'est vers l'épargne que celui-ci se tourna. Dès 1854, l'Etat décida de ponctionner les marchés financiers pour résorber ses dettes et déficits. A plusieurs reprises, il émit des emprunts publics sous forme d'obligations diffusées en Bourse, et l'épargne prit la destination du financement de l'Etat, au détriment des entreprises.

L'épargne est loin d'être une ressource illimitée. Elle est même plutôt rare. Si l'Etat voulait la capter pour boucler son budget, il devait s'assurer au préalable que les entreprises lui en laissent un volume suffisant. Il fallait tout simplement que les entreprises, généralement gourmandes en capitaux, ne tarissent pas la source d'épargne, avant que l'Etat ne vienne y chercher ses finances. En conséquence, l'Etat se voyait en 1857 dans l'obligation de limiter les possibilités de financement en Bourse, offertes aux banques et aux entreprises.

Avant de prendre sa décision, Napoléon III se décida à consulter. « Il a consulté les frères Péreire, et ceux que l'on a appelé les budgétaires, c'est-à-dire ses conseillers les plus soucieux de l'équilibre des finances publiques ». Finalement, « il a décidé de donner un coup de frein à la Bourse ». Pour stopper l'effervescence boursière, l'Empereur n'eut juste qu'à instaurer une taxe sur les échanges boursiers. Cette nouvelle taxe prit la forme d'un droit d'entrée, dont les spéculateurs comme les épargnants devaient s'acquitter.

« C'était une mesure surprenante », commente Alain Plessis. « A l'époque, il y avait un tourniquet à l'entrée de la Bourse de Paris, et il fallait payer pour rentrer. Cela a suffi à dégoûter beaucoup de spéculateurs ». Pour comprendre l'efficacité immédiate de la mesure, il faut à l'évidence se replacer dans le contexte de la France du Second Empire. A l'époque, on ne passait bien évidemment pas ses ordres par voie électronique...

Malheureusement, les frères Péreire furent concernés au premier chef par cette mesure, qui toucha l'ensemble des financiers utilisant la Bourse pour réaliser leurs appels publics à l'épargne. « A partir de 1857, les Péreire n'ont plus vraiment le droit d'emprunter en Bourse », confirme Alain Plessis. Cela n'était pas sans entraîner de lourdes incertitudes sur l'avenir du Crédit Mobilier. Rappelons-nous que les frères Péreire avaient conçu son financement uniquement sur la base d'émissions régulières d'obligations cotées en Bourse. Ils n'avaient pas encore trouvé l'idée du recours aux dépôts des particuliers, une technique qui fit par la suite le succès du Crédit Lyonnais et du CIC.

Pourtant, cette idée est aussi simple qu'efficace, puisque les banques l'utilisent aujourd'hui en permanence avec notre bienveillance. Dans le système des dépôts, la banque propose aux particuliers de verser directement leurs revenus et salaires sur un compte, et c'est elle, contre chèques et mandats, qui effectue les paiements à la place de son client. A grand volume, les échanges financiers des particuliers s'effectuent de plus en plus entre banques. Celles-ci ont alors la certitude que les particuliers ne retireront pas tous leur argent au même moment. Tant que la confiance dure, les clients d'une banque retirent en papier monnaie uniquement le strict minimum. Aussi, grâce au système des dépôts inspiré d'une doctrine dite de la *Banking School*, les banques peuvent utiliser la somme des dépôts non retirés pour réaliser des investissements.

« C'est ce qu'ont raté les frères Péreire », estime le spécialiste du Second Empire. Lorsque l'on évoque le Crédit Mobilier, « on parle toujours de banque révolutionnaire ». « Ce qu'il y avait de révolutionnaire, c'est qu'il s'agissait d'une banque en société anonyme, mais le capital d'une banque ne suffit pas à couvrir tous ses investissements ». Pour mieux convaincre, Alain Plessis effectue une comparaison entre les ressources du Crédit Mobilier et celles des grandes banques de dépôts qui naquirent par la suite. « Pour une banque comme la Société Générale, le capital représente 5% des ressources. Pour les Péreire, le capital c'était 40%, le restant correspondant à des obligations ». Or, « on n'émet pas des obligations tous les jours. On fait [occasionnellement] de grandes émissions, et il faut obtenir l'autorisation de l'Etat ». En 1857, l'Etat refusa cette autorisation. Ce refus amène Alain Plessis à penser que « si les Péreire avaient mis en place le système des dépôts, ils auraient probablement eu une ressource plus élastique ».

Quoi qu'il en soit, les frères Péreire n'y avaient pas pensé, bien que le système des dépôts existât déjà en Angleterre. Privé d'émissions d'obligations en Bourse, le Crédit Mobilier se trouva vite à court de ressources. En plus, les Péreire avaient beaucoup investi dans l'immobilier au travers d'une de leurs entreprises, la Société Immobilière. Ces investissements immobiliers s'étaient concrétisés non seulement à Paris dans les travaux du baron Haussmann, mais aussi à Marseille, où ils avaient construits des hôtels de luxe. Au milieu des années 1860, la compagnie immobilière ne parvenait pas à vendre ses hôtels fraîchement construits.

Malheureusement, le capital de cette Société Immobilière avait été financé en large partie par le Crédit Mobilier, et plus accessoirement par le Crédit Foncier. Qui dit financement en capital, dit partage du risque, et le Crédit Mobilier dut assumer financièrement les insuffisances des ventes de la Société Immobilière. Hélas, la Société Immobilière était devenu au fil des ans la principale *vache à lait* du Crédit Mobilier, qui vivait largement sur les dividendes de celle-ci. En plus, le Crédit Mobilier avait davantage fonctionné sur son capital que sur ses bénéfices, ce qui n'arrangeait pas la santé financière de l'établissement. Dernier signal d'alarme, « tout le capital [du Crédit Mobilier] n'était pas appelé », comme le précise Alain Plessis.

Pour toutes ces raisons, l'affaire de Marseille fut fatale aux frères Péreire. En septembre 1867, ils furent obligés de quitter la direction du Crédit Mobilier. Jusqu'à la fin, « Napoléon III a essayé de les sauver, mais il est seulement parvenu à ce que la Banque de France [qui leur était très hostile] leur permette une sortie honorable. Même quand on est favorable à un homme, on est toujours obligé de prendre ses distances si ses affaires tournent mal ».

Toutefois, personne ne fut ruiné dans la chute des Péreire, et il n'y eu aucun scandale financier à l'image des péripéties de John Law au 18ème siècle, ou de Robert Maxwell plus récemment en Angleterre. « Il y avait quand même assez peu de petits actionnaires. Quand on regarde la liste des administrateurs du Crédit Mobilier, on se rend compte que ce sont des familles de la Haute Banque ». En fait, le Professeur de Nanterre voit dans la chute des Frères Péreire une illustration parfaite du fonctionnement du système de la société anonyme :

« Quand les Péreire quittent le Crédit Mobilier, ils ne sont pas ruinés ». « Ils conservent chacun une fortune d'une trentaine de millions de francs ». 1867 ne représente pas une faillite complète ; « ils s'en vont, et puis le Crédit Mobilier restreint ses opérations ». Finalement, « les immeubles qu'avaient construits les frères Péreire à Marseille finissent par se vendre ». Pour achever leur carrière, les frères Péreire se reconvertirent dans la politique, puisque de 1863 à 1869, Emile fut député de Gironde et Isaac député des Pyrénées Orientales.

Même si l'accident du Crédit Mobilier n'est pas une faillite à proprement parler, il marque la fin d'une époque : celle du capital-roi et acteur primordial de l'essor économique français. Le Crédit Mobilier représentait en quelque sorte la figure de proue de cet argent au service du développement économique. En conséquence, sa chute fut interprétée comme un symbole fort. Napoléon III a très certainement annoncé cette fin en décidant dès 1857, de limiter les émissions en Bourse. Or curieusement, il fut auparavant le seul Chef d'Etat à avoir la volonté politique suffisante pour mettre en œuvre cette finance risquée. Très probablement, la maladie de l'empereur, le vieillissement d'un pouvoir qui a tout de même tenu vingt-deux ans - un record ! -, les guerres et la montée en puissance de l'hégémonie allemande, ont accéléré la stagnation du pays.

Petit à petit, l'innovation politique qui avait permis l'euphorie et l'audace économique, céda la place au classicisme et à la gestion routinière. A la fin du régime en 1870, l'économie ne se plaçait plus dans une perspective expansionniste. De toute façon, l'industrialisation de la France était à ce moment-là une œuvre achevée. Le pays avait rattrapé son retard. Il avait accompli son sursaut et après tout, n'est-ce pas tout ce qu'il faut retenir de la finance risquée sous le Second Empire ?

La prospérité collective née de l'audace économique

La démonstration historique qui vient de précéder n'aurait aucun intérêt, si nous ne la replacions pas dans le temps présent. Ici, nous ne réfléchissons pas sur le passé mais sur l'avenir. L'histoire économique n'est qu'un moyen parmi d'autres, visant à démontrer que l'épargne industrieuse est une idée qui, demain, pourrait nous conduire à un peu plus de prospérité. Après ces quelques éclaircissements sur la manière dont a procédé de son temps Napoléon III, une seule question m'importe :

cette politique impériale en faveur de l'épargne industrieuse a-t-elle porté ses fruits en termes de croissance et d'emplois ? Sur ce point, les quelques indicateurs en notre possession ne permettent guère de doutes. Le Second Empire fut indéniablement une période prospère et économiquement heureuse.

Durant ces quelques vingt années, la France a accompli sa mutation économique. Elle est passée d'une économie vieillissante et agricole au rang de puissance industrielle européenne. Pour accomplir ce bond, une croissance soutenue a redonné au pays des vertus économiques expansionnistes. Très certainement, les efforts en faveur des entrepreneurs et de l'investissement risqué n'y sont pas pour rien. Quelques chiffres suffiront à conforter cette impression de renaissance économique.

Durant la période euphorique (1850-57), la croissance économique n'est jamais passée en dessous de la barre des 5%. On remarquera que ces taux de croissance s'approchent très sensiblement de ceux de la France des Trente Glorieuses, dont nous avons déjà évalué l'essor économique. Par ailleurs, cette croissance s'est emballée dans plusieurs secteurs de l'économie. Elle a largement dépassé les 5% annuels, pour se muer en triplement sur une période certes un peu plus longue : triplement de la consommation de charbon entre 1852 et 1870, triplement de la production de fonte à partir de 1851 en seulement 5 ans, et triplement de la production de fer et d'acier de 1851 à 1870 !

Ainsi, la France de l'époque peut s'enorgueillir d'attirer environ 44% de l'or mondial, symbole au 19ème siècle de la puissance monétaire, aujourd'hui remplacé par le dollar. A l'intérieur du pays, cette attraction de l'or s'est traduite par un développement sans précédent des échanges financiers. La circulation fiduciaire, c'est-à-dire les échanges de billets, est passée de 250 millions de francs annuels à 1,354 milliard de francs. Parallèlement, l'enrichissement de l'économie s'est bien diffusé auprès de ses acteurs, puisqu'on a assisté à un accroissement des fortunes privées de l'ordre de 35%.

Notons bien que cet enrichissement individuel ne doit pas être vu comme un renforcement des inégalités sociales. Au contraire, il faut observer ces 35% d'accroissement des fortunes privées, comme 35% de Business Angels en plus. A l'époque de Napoléon III, quand on fait fortune, on a tout intérêt à réinvestir son gain en Bourse ou directement dans d'autres entreprises. A 5% de croissance, on est pratiquement assuré de la rentabilité de son investissement dans l'économie réelle, et c'est autant d'argent ré-injecté dans le système, pour ne pas dire « recyclé » ! Via la Bouse et les obligations comme celles du Crédit Mobilier, l'argent repart dans les circuits financiers, pour être investi dans le capital des entreprises, faisant ainsi le bonheur de leurs nouveaux salariés.

D'une manière globale, on ne peut que constater le mimétisme entre les performances économiques de la France du Second Empire et de celle des Trente Glorieuses. Trois mots suffisent à résumer cette ressemblance : croissance, mutation industrielle et enrichissement. Plus précisément, ces évolutions positives se sont révélées particulièrement aiguës dans les secteurs qui émergeaient à l'époque.

Durant ces vingt ans de développement, la France change et les illustrations de ce changement, parfois brutal, ne manquent pas. Bien évidemment, le chemin de fer demeure l'étendard de cette mutation économique. « En cinq ans, toutes les grandes lignes de chemin de fer ont été construites », rappelle Alain Plessis. A propos du rail, les chiffres parlent d'eux-mêmes. En 1851, au moment où le nouveau pouvoir décidait d'accélérer le pas, le réseau ferré français représentait seulement 3 546 kilomètres de lignes en activité, alors qu'on en comptait plus de 10 000 en Grande-Bretagne.

Dès 1852, la jonction des réseaux est établie avec la Belgique, et un an plus tard avec l'Allemagne. En 1855, le chemin de fer relie intégralement Marseille à Paris. Quarante-deux compagnies de chemin de fer faisaient vivre en 1857 un réseau, qui desservait enfin l'année suivante l'intégralité du pays. Lorsque l'Empire disparaît en 1870, 111 millions de voyageurs utilisent le train chaque année, alors que celui-ci transporte 44 millions de tonnes de marchandises. Il n'y a donc rien de neutre dans le fait que Schneider produisît, dans ses usines du Creusot, plus de 80 locomotives au cours de la seule année 1860. Un besoin était effectivement né, puisque le réseau ferré français avait enfin dépassé, par sa taille, son voisin britannique.

D'ailleurs, la mutation industrielle de la France ne s'est pas bornée au seul secteur du chemin de fer. Par exemple, le Second Empire marque aussi l'avènement de nouveaux moyens de communication comme le télégraphe. D'une manière plus générale, l'essor des nouveaux moyens de production et de communication s'est diffusé auprès de la population dans son ensemble, au point de changer le mode de vie de chaque Français. A titre d'illustration, la population française se répartissait en 1851 entre 61,5% d'actifs travaillant dans l'agriculture et 25,9% dans l'industrie. Seulement dix ans plus tard, la tendance était donnée, puisque la population agricole retombait à 53,1% de la population active, alors que la population industrielle atteignait les 31,2%. C'est pourquoi le Second Empire se confond avec ce que les historiens ont appelé la Révolution Industrielle, et que l'on désigne aujourd'hui par le terme *industrialisation.*

Enfin, la France change sous le Second Empire, parce que les villes connaissent un développement sans précédent du commerce et de l'urbanisme. Pour ce qui touche à l'urbanisme, les lecteurs les plus intéressés pourront se référer aux différentes biographies consacrées au

Baron Haussmann, l'homme qui inventa le Paris que nous connaissons aujourd'hui, avec ses grandes artères et ces façades imposantes. Au sujet du commerce, la création du Bon Marché de Boucicault a déjà été abordée. Cependant, il faudrait tout de même ajouter que le Bon Marché a entraîné dans son sillon, la création de la plupart des grands magasins parisiens. Félix Potin vit le jour en 1850, ainsi que le Printemps en 1865.

La France a donc bel et bien changé, après que Napoléon III ait permis à la finance risquée et à la responsabilité limitée de contribuer à la réalisation des grands paris industriels. Toutefois, on peut se demander si Napoléon III et la finance risquée peuvent être objectivement crédités de la paternité de l'essor économique français.

Est-ce que l'action de Napoléon III et de ses gouvernements successifs a joué un rôle déterminant dans l'expansion économique ? Ma réponse est oui. Oui, parce que tous les secteurs économiques émergeants avaient été délibérément mis en attente par les pouvoirs précédents. Pour les exemples, on a déjà vu les discours que pouvaient tenir des personnalités comme Adolphe Thiers sur le chemin de fer. En outre, l'émergence de chacun de ces secteurs novateurs s'est toujours vue précédée par une impulsion gouvernementale. Les 6 décembre 1851 et 5 janvier 1852, le pouvoir donna par exemple l'impulsion politique indispensable au chemin de fer.

Il procéda de la même manière pour le Télégraphe, qui resta au stade des balbutiements jusqu'au décret-loi du 6 janvier 1852. Une fois de plus aux lendemains de la prise de pouvoir, l'Etat débloqua 5 millions de francs pour le financement du secteur - c'est-à-dire un milliard de nos francs d'aujourd'hui. Le fait que l'Etat ait octroyé des budgets aussi conséquents prouve qu'il était prêt à se donner les moyens financiers de son ambition économique. Un milliard de francs consacrés au développement d'un seul secteur représente un investissement colossal de la puissance publique, quand on sait que ce montant représentait en 1998 pas moins du dixième du capital-investissement français.

Enfin, le pouvoir politique n'a pas joué un rôle négligeable, puisque cet essor faisait partie d'une conception de l'économie propre à l'Empereur. D'ailleurs, Napoléon III partageait cette conviction avec la plupart des industriels et banquiers, ce qui généra une symbiose intellectuelle parfaite entre la tête de l'Etat et ceux qui font l'économie. Sa philosophie personnelle se retrouvait dans la conception saint-simonienne de l'économie. Quand Napoléon III lisait en captivité les écrits de Saint-Simon, les frères Péreire assistaient aux réunions de Prosper Enfantin, avec d'autres disciples tels Talabot et Darblay. Le destin de ces hommes aux mêmes convictions se sont croisés à l'aube de l'Empire, si bien qu'un mouvement d'idées économiques anima l'Etat, autant que les créateurs de richesses : les entreprises. Le cordon ombilical existait, et d'une manière générale le pouvoir était ouvert à la dimension économique de l'action politique, ainsi qu'aux attentes de la société civile.

Est-ce que, maintenant, l'investissement en capital de l'épargne privée, notamment grâce au Crédit Mobilier, stimula directement l'économie française ? Ma réponse est toujours oui. Hormis le cas du Télégraphe et quelques garanties financières sur les chemins de fer, l'expansion économique de la France a été exclusivement financée par une épargne privée, et non pas par une épargne publique. Sous Napoléon III, l'Etat ne s'est jamais substitué aux banques et aux entreprises. Il n'a pas investi à leur place, à l'image de ce que tentèrent certaines économies administrées. Tout simplement, l'Etat ne s'est pas immiscé dans l'économie. Finalement, il aura limité sa contribution financière aux seules infrastructures, dont fait partie la pose des rails de chemin de fer. Mais ces quelques intrusions dans l'économie n'étaient point sans fondement, puisque les infrastructures permettaient la naissance d'autres besoins économiques, qui eux relevaient strictement de la finance privée.

Avec leurs 3,5 milliards de francs, les frères Péreire n'ont sûrement pas joué un rôle insignifiant dans le développement. Toutefois, il est bien évident que le Crédit Mobilier n'a pas financé tous les secteurs moteurs du développement économique. Dix-neuf sociétés sous contrôle, c'est microscopique à l'échelle d'une économie nationale ! Mais les frères Péreire ont impulsé le mouvement, si bien que toute la finance a suivi, préférant spéculer sur l'entreprise plutôt que sur l'or et sur les matières premières.

Cette finance a tiré la Bourse vers le haut pour la première fois de son histoire, alors que la Révolution Française avait plombé les échanges boursiers. De la même manière, le Crédit Mobilier représentait la grande innovation d'être la première banque en société anonyme. Ici encore, elle impulsa le mouvement, puisque peu de temps s'écoula avant qu'elle ne soit plus la seule banque anonyme. Avec la création du Crédit Lyonnais et de la Société Générale, le monde bancaire embraya sur l'évolution et se structura tel que nous le connaissons aujourd'hui.

D'ailleurs, il faut garder à l'esprit que Napoléon III aurait pu interdire ces innovations bancaires qui préfiguraient le capital-risque. Toutes ces banques ayant opté pour le statut de société anonyme, l'Empereur aurait pu à tout moment, jusqu'en 1867, leur signifier arbitrairement leur cessation d'activité. Mais Napoléon III a préféré laisser faire l'économie. Par son silence, il a contribué à lui donner le carburant dont elle avait besoin : le capital. Quelque part, Napoléon III a agi économiquement par passivité. Si l'Empereur avait décidé d'interdire, alors il est fort probable que le réseau bancaire n'aurait pu se constituer aussi vite. Faute d'utilisation libéralisée, la Bourse aurait pour sa part vivoté.

En plus, l'histoire économique nous a enseigné que seules les lois reconnues par tous comme efficaces résistent au temps. Si les dispositions de Napoléon III en faveur de la finance risquée et de l'entrepreunariat ne s'étaient pas révélées utiles, la Troisième République qui succéda à l'Empire, ne se serait pas privée de les abroger. Pourtant, ce fut loin d'être le cas. « Le libéralisme de l'empereur reste une œuvre durable », relève Alain Plessis. « On ne va jamais revenir dessus. On ne rétablira pas un contrôle sur les sociétés anonymes. L'œuvre économique n'est pas remise en cause ». Sauf si elle appelle à des passions idéologiques, une bonne réforme ne passe jamais à la trappe. Les seules réformes que les nouveaux pouvoirs ne peuvent pas renier, sont celles qui ont amené à la population une réelle prospérité. Cette réalité politique ne peut que nous amener la preuve *a contrario*, de l'utilité des réformes économiques du Second Empire.

Une autre grande objection repose sur l'utilité sociale de la finance risquée. Plusieurs observateurs doutent encore aujourd'hui de la faculté du capital-risque et des Business Angels à générer de l'emploi. Ces sceptiques estiment qu'en investissant, ces mécanismes renforcent le rôle du capital au détriment du travail. L'exemple du Second Empire démontre justement rigoureusement l'inverse. Il nous donne la preuve concrète que plus l'investissement est capable de générer de la richesse, plus la prospérité se diffuse dans toutes les couches de la société. Quand l'argent est là, il est assez facile de mettre en place des mécanismes de redistribution pour que chacun, même démuni, ait accès à la prospérité. En revanche, quand l'argent fait défaut....

Les classes les plus populaires, et notamment les ouvriers, ont profité de l'essor économique de la France du Second Empire. Certes, ils en ont profité d'une façon qui nous apparaît rude, par rapport aux critères actuels de niveau de vie et de confort social. Il est vrai que sous le Second Empire, les ouvriers et les mineurs travaillent plus de onze heures par jour dans des tâches, le moins qu'on puisse dire, peu valorisantes. Même s'ils évoquent une période postérieure, des ouvrages comme le *Germinal* de Zola nous rappellent aujourd'hui la précarité de la condition ouvrière. N'inventons pas le bonheur là où il n'était pas. Peut-être n'est il pas décent de parler de bonheur, mais le terme de prospérité reste cependant tout à fait adapté.

Il faut replacer les choses dans leur contexte. Avant le Second Empire et plus particulièrement sous la Monarchie de Juillet, la condition ouvrière était largement pire. Avec dès 1852 l'accumulation de richesses, cette condition ouvrière a pu très sensiblement s'améliorer. Par exemple, le repos hebdomadaire du dimanche fut enfin reconnu. Parallèlement, les salaires subirent une augmentation de 40% en 20 ans, bien qu'il faille modérer cette amélioration par une inflation assez proche. La période marque aussi le début de la consommation démocratisée de viande, de beurre et de fruits. L'assistance sociale est créée, et à titre d'illustration, les plus sceptiques pourront méditer sur les avancées sociales suivantes : création de la caisse des invalides du travail, création des sociétés de secours mutuel, vote de la loi de 1853 instaurant les premières retraites officielles pour fonctionnaires...

Le point d'orgue de ces grandes avancées sociales reste incontestablement la reconnaissance en 1864 de la liberté syndicale. Quelque part, Napoléon III évoque une certaine forme de capitalisme éclairé, en accord profond avec sa fibre saint-simonienne. Alain Plessis trouverait également ce qualificatif adapté aux convictions de l'Empereur : « Pour Napoléon III, le fait d'être favorable aux entreprises privées ne l'empêchait pas d'avoir une dimension sociale ».

Hélas, il n'existait pas à l'époque une INSEE pour chiffrer le bilan de Napoléon III en terme de création d'emplois. Je ne dispose malheureusement d'aucune statistique, pour permettre d'évaluer concrètement l'impact social de la politique économique impériale. Toutefois, les avis des spécialistes sont suffisamment unanimes pour arrêter notre jugement. Du Professeur Francis Démier jusqu'à l'homme politique Philippe Séguin, tous les analystes désignent le Second Empire comme une période de plein emploi. Apparemment, peu de témoignages écrits à l'époque n'évoquent la difficulté des Français modestes à trouver leur place dans la société.

Cette remarque m'apparaît importante, vu qu'aujourd'hui on utilise fréquemment l'expression *partage des fruits de la croissance*. Quand il n'y a pas de croissance, il n'y point de fruits à partager. Le précédent historique du Second Empire montre bien que le plein-emploi et le progrès social, ont dépendu des 5% de croissance économique annuelle. Ces forts taux de croissance représentent eux-mêmes la conséquence d'une politique économique intelligente, qui a laissé le secteur privé utiliser l'épargne pour financer des entreprises motrices.

Certes, une fois la croissance économique de retour, l'Etat a dû se charger de la redistribuer en partie. Mais cette redistribution aurait été difficilement réalisable, sans l'étape économique préliminaire. C'est pourquoi, en raisonnant *a contrario*, nous pouvons affirmer qu'il y a globalement moins d'emplois, en l'absence d'épargne risquée. Si l'œuvre économique de Napoléon III me conforte dans cette conviction, nous avons déjà pu voir, dans des exemples plus actuels à commencer par les Business Angels américains, que l'investissement en capital est intrinsèquement créateur d'emplois.

En tout cas, grâce à la finance risquée, Napoléon III avait réussi à gagner le pari économique qu'il s'était fixé : faire de la France une puissance économique et financière comparable, voire supérieure, à l'Angleterre. A titre indicatif, notre solde commercial avec la Grande-Bretagne se situait en position excédentaire, à la fin du Second Empire. Nous étions devenus de loin la première puissance économique d'Europe Continentale. Y arriverons-nous demain face à l'Allemagne ? Le débat peut être ouvert, si nous sommes prêts à faire preuve d'autant d'audace.

D'ici là, souvenons-nous que, sous le Second Empire, nous avons réussi à remporter des défis qui nous paraissaient aussi démesurés. Ces performances avaient pu être obtenues dans un contexte de guerre économique qui, certes pour l'instant, n'était pas encore mondiale, mais européenne. Dans leur *Que sais-je* sur le capital-risque, Marc Bertonèche et Lister Vickéry évoquaient les déceptions du grand journal anglais *The Economist*. Au tournant du milieu du 19ème siècle, le célèbre journal financier regrettait que le Crédit Mobilier « ait *en partie pris la place* de la Grande-Bretagne comme principal prometteur d'entreprises industrielles à l'étranger ».

Méditions un court extrait de ce numéro de *The Economist*, vieux de plus d'un siècle : « *La France s'est engagée en ce moment même à fournir à des pays étrangers au moins quarante millions de livres sterling (un milliard de francs) en l'espace d'une demi douzaine d'années* » (1). Quand on sait que cette remarque a été écrite de la plume de journalistes anglais, on croit rêver ! En tout cas, cela tranche avec le bouillonnement actuel de la City par rapport à la Défense.

D'autres anecdotes existent, mettant en scène une France au firmament de sa puissance économique et fière de voir l'Angleterre la reconnaître. Pensons notamment aux expositions universelles internationales, qui étaient justement l'occasion de ce genre de démonstration. Paris en organisa une en 1855, au beau milieu de la grande euphorie économique. La reine Victoria, celle dont la personnalité incarnait à elle seule la puissance anglaise, saisit l'occasion pour rendre visite à son homologue Napoléon III. Lors de la visite de Paris, elle se rendit le vendredi 24 août aux Invalides. Une fois sur place, elle demanda à son fils, le futur Edouard VII, de s'agenouiller « *devant le tombeau du grand Napoléon* » (2). Malgré ses réticences, le prince de Galles dut s'exécuter...Tout un symbole !

Au-delà de l'humour de l'anecdote, la France du Second Empire a su retrouver sa pleine jouvence économique. Si nous n'avions qu'un seul élément à retenir de ce rappel historique, n'oublions pas le rôle clé de l'épargne risquée. Malgré toutes les objections possibles, elle reste l'amorce de ce long processus de développement économique. Comme pour la politique de Georges Pompidou, nous ne pouvons émettre qu'une seule constatation : rapprocher l'épargne de l'entreprise, cela marche ! A long terme, un tel travail macro-économique ne peut que porter ses fruits.

(1) *Le capital-risque*, de Marc Bertonèche et Lister Vickéry - Editions PUF - collection *Que sais-je ?* - 1984

(2) Magazine *Historia* - n°37 - septembre/octobre 1995 - article d'André Castelot

Les symboles impériaux de la nouvelle puissance économique française nous donnent la tentation de reproduire cette politique, tout en l'adaptant à l'évolution du temps. En fait, même si l'adaptation reste nécessaire, toute tentative de reproduction sera plus aisée aujourd'hui qu'il y a seulement quelques années. L'avènement récent de la Nouvelle Economie a en effet changé la donne. Parce que l'économie vient de changer, il y a fort à parier qu'une nouvelle politique de rapprochement entre épargne et entreprise fonctionnerait aussi bien que sous le Second Empire. Parfois, le mimétisme de l'histoire peut surprendre même les plus convaincus.

QUATRIEME PARTIE

Quelques propositions pour une nouvelle audace économique

« Faites-nous de bonnes politiques, et je vous ferai de bonnes finances ».

Baron Louis à Guizot
Ministre des Finances sous la Monarchie de Juillet

L'évolution économique internationale et le contexte français actuel se prêtent à une politique audacieuse en faveur du financement de la création d'entreprises. Les aspirations des jeunes générations, les nouvelles perspectives d'investissements, l'innovation technologique...tous ces facteurs concordent pour en appeler à l'esprit de réforme du pouvoir politique. Les précédents historiques de Georges Pompidou et Napoléon III nous ont, en outre, montré que la volonté réformatrice d'un gouvernement peut s'avérer déterminante dans le renouveau économique et financier.

La création d'entreprise doit donc aujourd'hui devenir une cause nationale. Le fait est entendu, et petit à petit se dégage un véritable consensus sur la question, qui était loin d'être la règle il y a seulement quelques années. Veillons toutefois à ce que ce consensus ne camoufle point une réalité bien moins noble : que la création d'entreprise soit devenue un simple positionnement politique à la mode, utile aux élus soucieux de se construire une image publique valorisante et moderne, avant d'affronter les urnes. Il est vrai que pour un élu, se faire prendre en photo en train de serrer la main de jeunes créateurs d'entreprises, peut rapporter quelques voix. Mais attention ; les modes, qui plus est en politique, ne durent jamais longtemps. Avant la création d'entreprises, c'étaient la Nouvelle Economie et les start-ups qui représentaient le *must* du « paraître moderne ». Depuis que la presse parle de *start-down* au lieu de *start-up*, les politiques se font plus discrets sur la question...

D'ailleurs, personne n'attend aujourd'hui des hommes politiques, qu'ils affirment que la création d'entreprises est en elle-même une notion positive. Plus personne n'en doute sérieusement. Par contre, économistes et entrepreneurs attendent de l'Etat qu'il agisse, dans l'intérêt de la croissance. Hélas, certains commentateurs estiment que l'Etat a déjà accompli beaucoup pour la création d'entreprises. Ceux-ci se plaisent à énumérer la succession des plans gouvernementaux en faveur de l'entreprise nouvelle, pour en déduire qu'il n'y a rien de plus à faire dans ce domaine. Pour beaucoup, la faiblesse des résultats obtenus à la suite des plans publiques prouve que la nation n'a plus rien à attendre de la création d'entreprises. L'Etat en aurait-il suffisamment fait ?

A l'évidence, le pouvoir politique n'a pas été totalement absent de ce débat. Il y est intervenu à plusieurs reprises, avec plus ou moins d'efficacité. Succéda au plan Barre de 1978, la loi « Initiatives et

Entreprises Individuelles » présentée par Alain Madelin en 1994, et plus récemment le Plan « PME pour la France » conduit en 1995 par Alain Juppé et Jean-Pierre Raffarin.

Dernière initiative en date, le plan Jospin restera très certainement comme un chef d'œuvre de marketing politique. Le « packaging » semblait très beau, mais la coquille s'est avérée vide. Pourtant, lorsque le Premier Ministre a cédé à la mode, et présenté son plan le 11 avril 2000 lors des Etats Généraux de la création d'entreprises, plusieurs commentateurs ont eu l'impression que, pour une fois, les mesures ne manquaient pas.

Plusieurs réformes furent effectivement annoncées lors de cette manifestation qui s'est tenue au Caroussel du Louvre : suppression des impôts et taxes relatifs aux formalités de déclaration - en autre, les droits de timbres et les frais de publication au bulletin officiel des annonces civiles -, mise à disposition d'un « kit » de documentation à l'attention de chaque créateur, institution d'un prêt à la création d'entreprise (PCE) de 50 000 francs octroyé sur fonds publics sans garanties, et le fractionnement de la libération du capital social d'une SARL, permettant ainsi de créer une telle société avec moins de 10 000 francs en poche. Au moins, le capital-risque public ne fut pas oublié, puisque l'Etat augmenta à cette occasion les fonds publics d'amorçage de 50 millions de francs, et institua un nouveau fonds d'un milliard de francs destiné aux nouvelles technologies.

Mises à part ces deux dernières mesures qui eurent au moins de quoi satisfaire la recherche publique et les bénéficiaires de la loi dite « Allègre », ce nouveau plan ne rencontra qu'un cortège de déceptions. « D'ailleurs, on n'en entend plus du tout parler ! », me faisait remarquer Sylvain Forestier, le Président de Croissance Plus, quatre mois seulement après l'annonce des mesures. En avril 2000, à l'instar des fondateurs de l'incubateur Tocamak, le Président de Croissance Plus avait déjà attiré l'attention des médias sur le caractère décalé des décisions gouvernementales.

« En fait, il faut distinguer les mesures de fond et celles qui relèvent de la simplification », explique Sylvain Forestier. « Si le gouvernement fait en sorte que trente milliards de francs, totalement mobilisés dans de l'assurance-vie, s'investissent dans des entreprises en création, il créera des emplois. S'il empêche des entreprises réalisant 100% de croissance par an, de devenir anglaises ou américaines, il procédera également à une mesure de fond. Certes, la simplification administrative reste une bonne chose ; c'est déjà mieux que rien. Mais elle se situe à la marge des besoins, faisant de ces décisions, non pas des mauvaises mesures, mais des *mesurettes* ».

Le Président de Croissance Plus attire notre attention sur une méprise fondamentale, que l'on retrouve dans la plupart des plans gouvernementaux de soutien à la création d'entreprises. Pendant longtemps et à juste titre, nos dirigeants ont estimé que créer son entreprise relevait d'un véritable casse tête administratif. Ils pensaient que trop de lourdeurs et de paperasseries venaient obstruer le temps des entrepreneurs, un temps qui aurait pu être consacré, à la place, à des usages bien plus productifs.

Hélas, oubliant que la réciproque d'un théorème n'est pas forcément vraie, ces mêmes gouvernements ont cru que c'est en levant ces lourdeurs, et en rendant les créations d'entreprises plus faciles, que leur nombre allait repartir à la hausse. Bien évidemment, on ne peut que se féliciter du fait que la vie quotidienne de l'entrepreneur soit enfin facilitée par l'administration. Mais ce n'est pas parce que tel formulaire de l'administration fiscale sera moins long remplir, qu'un candidat à la création d'entreprise, jusque-là hésitant, va finalement se décider à franchir le pas.

La simplification administrative n'a jamais suscité de nouvelles vocations d'entrepreneurs. Soyons-en convaincus. A l'inverse, la mise en place d'un nouveau mécanisme permettant aux porteurs de projets de trouver les fonds propres dont ils ont besoin, engendrera sans aucun doute des créations d'entreprises supplémentaires. Voilà toute la différence entre les mesures de simplification administrative, et ce que j'appellerais des mesures discriminantes, c'est-à-dire celles qui vont effectivement pousser de plus en plus de citoyens à entreprendre, en ayant raison de leurs doutes et en vainquant leurs dernières réticences.

Jusqu'à présent, le gouvernement a surtout joué dans la catégorie des mesures de simplification. Le plan Jospin d'avril 2000 en est l'exemple parfait. Des mesures plus récentes comme la fusion, annoncée en janvier 2001, des déclarations sociales annuelles en provenance de la sécurité sociale et des organismes de retraites complémentaires, vont également dans le même sens. Certes, cette fameuse DAS-U, œuvre commune du Ministère de l'Emploi et du Secrétariat aux PME, va faciliter indéniablement la vie de bons nombres de chefs d'entreprise. Est-ce qu'elle va pour autant entraîner une augmentation du nombre de créations d'entreprises ? Il n'y a pas besoin d'être un grand économiste pour répondre à la question.

En plus de leur aspect timoré, certaines mesures du plan Jospin annoncées à grand renfort de presse, ont rencontré quelques couacs dans leur mise en application concrète. La mesure « phare » du plan, le Prêt pour la Création d'Entreprises (PCE), fait partie de celles-ci. Tout d'abord, les prêts destinés aux créateurs ne furent vraiment disponibles en banque qu'à partir d'octobre 2000, alors que leur constitution avait été annoncée au mois d'avril. Mais surtout, seulement 550 dossiers avaient reçu au mois de janvier 2001 l'agrément indispensable d'une banque, ce qui rendait *de facto* hors d'atteinte l'objectif des 20 000 prêts octroyés en une seule année. Plus globalement, on ne réglera pas durablement le problème de notre insuffisance de créations d'entreprises, par une généreuse distribution de subventions, assortie de quelques mesures temporaires et autres saupoudrages budgétaires. Non, il s'agit d'une œuvre de longue haleine, qui doit s'inscrire dans une optique de long terme.

Finalement, le Gouvernement Jospin aura eu une attitude assez contradictoire sur la question de la création d'entreprises, et les thèmes financiers qui lui sont connexes. D'un coté, on a un gouvernement assez novateur, qui ose prendre des mesures de fond, même si celles-ci vont parfois à l'encontre de ses propres convictions et de sa couleur politique. Par exemple, c'est bien le gouvernement Jospin qui a adopté la loi sur l'innovation, une véritable réforme de fond dont les mérites reviennent à Claude Allègre, et qui a procédé le 2 juillet 1998 à la modernisation de l'appel public à l'épargne. C'est bien le même gouvernement qui a laissé son Ministre des Finances, Dominique Strauss-Kahn, créer les contrats d'assurance-vie du même nom, et les BSPCE (Bons de Souscription de Parts de Créateur d'Entreprise), une formule de stock-options à fiscalité allégée.

Mais c'est le même gouvernement Jospin qui, d'un autre côté, a alourdi le régime fiscal général des stock-options, qui s'est séparé de Dominique Strauss-Kahn et de Claude Allègre, les seuls ministres réellement innovateurs sur la question, et qui a baissé à plusieurs reprises l'avoir fiscal attaché aux revenus des actions. Il revient également au gouvernement Jospin l'erreur d'avoir abrogé le 10 janvier 2001, dans la plus grande discrétion, la loi Thomas sur les fonds de pensions, privant ainsi le capital-risque français d'une nouvelle source d'épargne qui, par les temps actuels, se serait avérée bien utile.

La contradiction du gouvernement Jospin s'est plus particulièrement révélée dans son opposition discrète et peu médiatisée à la proposition de loi sénatoriale « Entreprises et Territoire », élaborée entre autres par Francis Gignon, Jean Pierre Raffarin et 34 autres sénateurs, au nom de la commission des affaires économiques. Présentée par Jean-Pierre Raffarin comme « le second acte du Plan PME pour la France », cette proposition de loi allait réellement au fond de la question, en instituant par exemple des fonds communs de placement de proximité et la transparence fiscale, des dispositifs dont nous allons étudier l'ingéniosité. D'ailleurs, la force de ces réformes explique que cette proposition de loi ait été adoptée en première lecture au Sénat, le 10 février 2000. Le problème, c'est que le gouvernement ne l'a jamais inscrite à l'ordre du jour de l'Assemblée

Nationale, si bien que la chambre basse ne s'étant pas prononcée, le texte n'a pas force de loi, et deviendra caduque au prochain changement de législature.

On passera sur la facilité de ce gouvernement a s'attribuer la paternité de réformes qui ne sont pas les siennes. J'ai personnellement entendu Laurent Fabius affirmer le 2 décembre 1999 (1), que le gouvernement Jospin avait, dès 1997, fait de la création d'entreprises l'un de ses principaux chantiers, en créant la BDPME et les FCPI. L'actuel locataire de Bercy a raison : la BDPME comme les FCPI ont été institués en 1997...plus exactement en janvier 1997 par le gouvernement d'Alain Juppé, pas par le gouvernement Jospin !

D'ailleurs, personne n'est vraiment dupe de la faible envergure des mesures récemment prises. Une étude réalisée par l'institut Ifop pour le compte de MacKinsey et Croissance Plus, a révélé au milieu de l'année 2000, que 56% des Français estiment que la politique menée par le gouvernement Jospin représente un frein pour l'épanouissement de la Nouvelle Economie. D'illustres personnalités non réputées pour leur préférence politique, au premier rang desquelles l'économiste Christian de Boissieu, Professeur de l'Université Paris-I, ont rappelé avec un certain courage, que la réforme des impôts présentée par Laurent Fabius le 30 août 2000, ne tenait aucunement compte de la Nouvelle Economie.

Surtout, et c'est ce qui me paraît le plus grave, ni le plan « Jospin » pour la création d'entreprise, ni la réforme fiscale de Laurent Fabius, n'a abordé la question des Business Angels. Ces deux plans, dont l'un a tout de même été présenté comme la plus grande réforme des cinquante dernières années, n'ont pas proposé ne serait-ce la moindre once de traitement fiscal des investisseurs providentiels. Les Business Angels ont été les grands oubliés de l'élan réformateur qui a saisi le gouvernement au cours de l'année 2000. Ils n'ont fait l'objet d'aucune attention de la part des pouvoirs publics, alors que l'on sait pertinemment que le financement en fonds propres de nos créations d'entreprises, dépendra demain en grande partie d'eux. L'oubli est d'autant plus inexcusable, que plusieurs rapports de grande qualité avaient été transmis au gouvernement par des organismes socioprofessionnels, et proposaient des aménagements fiscaux intéressants, pour conforter l'activité des Business Angels en France.

Les tentatives de réformes n'ayant pas abouti dans ces domaines, il est désormais temps de proposer de véritables mesures de fond, des mesures discriminantes et non plus de simplification administrative. Ces réformes doivent être suffisamment cohérentes entre elles, pour pouvoir former une politique d'augmentation des créations d'entreprises françaises, aussi audacieuse qu'ambitieuse. Ayant jusqu'à présent tenté d'expliquer comment l'épargne de proximité, l'incubation, le capital-investissement et la Bourse pouvaient contribuer à la croissance, ce livre ne pouvait

(1) à l'occasion du forum *L'épargne des particuliers pour vaincre le chômage* organisé par l'IFRAP et *Entreprise et Progrès* - 2 décembre 1999

s'achever sans aborder cette autre politique, et présenter une série de réformes qu'il serait utile de mettre en œuvre.

Avant d'en passer à la présentation, deux remarques s'imposent. Tout d'abord, je préfère désigner les propositions qui vont suivre, comme des pistes de réformes, et non comme des mesures à proprement parler. La création d'entreprise et le financement en fonds propres sont des problématiques suffisamment complexes, pour aborder la question avec sagesse et humilité. Alors qu'ils pensaient bien faire et avaient mené leur réflexion avec sérieux, plusieurs analystes de grande réputation se sont par le passé « cassés les dents » sur la question, au point qu'aujourd'hui toute proposition, même ingénieuse, ne peut plus être considérée comme une vérité en soi.

En outre, si d'aventure les idées ici présentées retenaient l'attention de décideurs gouvernementaux présents ou futurs, leur coût financier devrait faire, au préalable, l'objet d'un chiffrage précis. A chaque fois que cela sera possible, des ordres de grandeurs budgétaires seront donnés, au cours de la présentation des mesures qui vont suivre. Toutefois, ce travail de chiffrage devra être poursuivi et approfondi bien plus sérieusement, pour savoir exactement quel « manque à gagner » le Trésor Public devra concéder, pour que l'Etat puisse soutenir avec efficacité les créations d'entreprises. Donc, continuons à parler de pistes de réformes, plutôt que de réformes *stricto sensu*.

Enfin, je tiens à préciser que la plupart des réformes qui vont suivre, ne sont pas de mon propre fait. Quelques-unes ont été le fruit de ma réflexion personnelle sans la moindre source d'inspiration, mais toutes ne le sont pas. Un des aspects les plus positifs de la période actuelle est que l'on assiste à une prolifération impressionnante des réflexions menées sur la création d'entreprises et sur le financement de l'innovation. De plus en plus de rapports sont rédigés, des groupes de réflexion s'organisent, des lobbies se constituent dans la société civile, comme des propositions de loi sont débattues, même si souvent elles n'aboutissent pas. Il aurait été bien dommage de ne pas s'inspirer de ses travaux forts d'une réelle richesse. En majeure partie, ma contribution s'est limitée à un travail d'observation, de vérification, d'évaluation des propositions, de recoupement des avis contradictoires, de synthèse et de mise en cohérence des réformes envisagées.

Plusieurs études, rapports et compte-rendus m'ont permis de mener ce travail à bien. Bien évidemment, le rapport parlementaire d'Yvon Jacob de janvier 1997 fait partie de ceux-là. Toutefois, pour compléter la liste, il faudrait ajouter les travaux de l'IFRAP et de l'association *Entreprise et Progrès* pour une fiscalité en faveur des Business Angels, le rapport de Croissance Plus en date du 22 septembre 1999, les propositions du Centre des Jeunes Dirigeants d'Entreprises, sans oublier la fameuse loi sénatoriale tendant à favoriser la création et le développement des entreprises sur les territoires. A chaque fois qu'une mesure présentée s'inspirera d'un de ces rapports, j'en indiquerai la source. Cependant, je tiens à préciser que le fait de s'être largement inspiré d'autres travaux n'amoindrit aucunement l'originalité du plan proposé. En effet, les réflexions qui ont été menées récemment sont loin d'en être dépourvues. Elles témoignent en tout cas d'une adhésion de plus en plus massive de la part des organismes représentatifs, à des réformes qui, hier, auraient été considérées comme trop audacieuses.

Chapitre 9

Pour une fiscalité au service du capitalisme de proximité

Le modèle américain du capitalisme de proximité a largement prouvé son efficacité par rapport aux systèmes centralisés, où des institutions publiques et parapubliques jouent systématiquement l'interface entre l'épargne et les entreprises à financer. L'efficacité de la réforme dépendrait donc d'un rapprochement entre l'épargne et l'entreprise, le moins intermédié possible.

C'est pourquoi les pistes de réformes présentées dans ce chapitre reposeront moins sur des logiques de capital-risque que sur une politique d'inspiration essentiellement fiscale. Elles viseront à privilégier l'investissement direct dans l'entreprise, l'investissement de gré à gré où le Business Angel joue le rôle de financier. C'est par une mécanique fiscale bien huilée que nous parviendrons à cet objectif puisque, comme l'expliquait Marc Wauthoz, « les notions de Business Angel se sont développées dans des pays à fiscalité attractive ». A l'heure où la France se libéralise et à l'heure où l'Europe se bâtit, je pense qu'il serait profondément anachronique de vouloir construire une nouvelle pompe aspirante et refoulante, pour reprendre l'expression de Bernard Esambert.

La réforme commence là où l'investissement se fait, c'est-à-dire tout simplement entre deux hommes, l'un offreur de capitaux et l'autre demandeur. Elle nous ramène donc une fois de plus à la notion de proximité. On ne s'étonnera donc pas que les sources d'inspiration des premières réformes présentées, se trouvent au royaume des Business Angels, les Etats-Unis, un pays qui a su faire de l'investisseur et de l'impôt deux partenaires efficaces, alors que leur nature voudrait le contraire.

« Subchapter S » et assurance perte ; le pari de la transparence fiscale

La transparence fiscale et la création des « *Subchapter S* à la française », forment en quelque sorte la clé de voûte de l'ensemble des réformes ici proposées. C'est pourquoi, même si les termes peuvent paraître obscurs et techniques, il convient de s'attarder quelque peu sur ces dispositifs fiscaux, et de prendre tout le temps nécessaire pour expliquer leur intérêt. D'autant plus que ces procédés fiscaux ne sont pas aussi compliqués qu'ils ne paraissent, même pour des néophytes. Inventeurs du *Subchapter S* et de la transparence fiscale, les Américains n'ont pas la réputation d'être des intellectuels nés. Pourtant en 1958, au moment où le Congrès vota ces réformes, les Américains ont bien compris tout l'intérêt que leur économie allait pouvoir retirer de ces avantages fiscaux, destinés aux Business Angels.

« Les Américains ont vraiment trouvé la façon de mettre un tigre dans le moteur, et ce tigre est un tigre fiscal », estime non sans humour Bernard Zimmern, le Président de l'IFRAP. Il faut d'ailleurs reconnaître à l'IFRAP le mérite d'avoir été le premier institut de réflexion à défendre en France, dès le milieux des années quatre-vingt, la transposition de cette subtilité du droit fiscal américain. Alors de quoi s'agit-il exactement ?

La transparence fiscale dans le droit américain se résume à deux possibilités d'exonération d'impôt, accordées aux détenteurs d'actions non cotées en Bourse. La première de ces dispositions est exposée par l'article 1244 du code fiscal. Elle permet aux actionnaires d'une entreprise ayant déposé le bilan de déduire de leur revenu imposable le montant de leur perte financière. La mesure vise donc à diminuer le risque des investisseurs. D'une certaine manière, l'Etat américain joue au travers de l'article 1244, un rôle d'assureur. En diminuant l'impôt du Business Angel qui perd de l'argent dans une faillite, il participe bien au risque financier de celui-ci. C'est pour cette raison que l'on parle d'assurance perte. Le terme transparence fiscale est quant à lui justifié, dans la mesure où l'assouplissement de l'impôt n'a plus lieu au niveau de la société, mais à celui de l'actionnaire.

Bien évidemment, le législateur américain a plafonné les montants déductibles par an au titre de l'article 1244. Aux Etats-Unis, un célibataire peut porter la déduction jusqu'à 25 000 dollars, et un couple jusqu'à 50.000. Avec un dollar à 6 francs, cela représente des possibilités de déduction de l'ordre de 150 000 et 300 000 francs, ce qui est tout de même loin d'être négligeable. Par ailleurs, cette disposition est applicable uniquement dans les entreprises au capital social inférieur à un million de dollars.

Pour évaluer correctement l'intérêt du dispositif, il faut avant tout en comprendre trois éléments. *Primo*, il s'agit d'un avantage fiscal lié à la perte, et non un avantage à l'origine. *Secundo*, l'article 1244 évoque une perte constatée, et *tertio* le dispositif offre une déductibilité de la base de l'impôt sur le revenu au lieu d'une réduction directe d'impôt.

La première constatation indique que le contribuable ne bénéficie pas de cet aménagement fiscal au moment où il décide d'investir en actions dans l'entreprise, mais seulement plus tard. En ce sens, l'article 1244 du code fiscal se distingue clairement des avantages fiscaux à l'origine, privilégié par le droit français. Au titre de l'article 199 terdecies OA du Code Général des Impôts, toute personne physique peut bénéficier d'une réduction d'impôt sur le revenu, équivalente à 25% de ses investissements dans des entreprises de moins de cinq ans, non cotées en Bourse. Introduite par Alain Madelin en 1994 dans le cadre de la loi « Initiatives et Entreprises Individuelles », et renouvelée par la gauche en 1998, cette mesure est plafonnée à 37 500 francs pour un célibataire, et 75 000 francs pour un couple. Il en va de même depuis 1978 avec les « 5 000 francs Monory », grâce auxquels le contribuable français peut déduire de son revenu imposable toute acquisition d'actions, cotées ou non cotées, dans la limite de 5 000 francs par an. Dans un cas comme dans l'autre, la remise d'impôt s'effectue à l'origine. Elle est accordée durant l'année où les actions sont acquises par le contribuable.

Au lieu de s'effectuer en début d'investissement, l'article 1244 américain a valeur en fin de vie d'investissement. Qui plus est, il faut que cette perte soit constatée, c'est-à-dire irrémédiable. Cela sous-entend que le contribuable désireux de déduire ses pertes de son impôt sur le revenu doit pouvoir prouver qu'il a définitivement perdu son argent et qu'il ne le retrouvera plus. Avec une telle condition, la mesure ne peut, dans les faits, s'appliquer que dans deux seuls cas de figures : soit la société a fait faillite et effectivement l'actionnaire ne récupérera jamais son argent, soit l'entreprise a réalisé pendant plusieurs années consécutives des déficits, au point que l'assemblée générale des actionnaires ait décidé de réduire le capital social du montant des déficits cumulés.

Dernière nuance, l'article 1244 américain ouvre droit à une déduction des pertes, et non à une réduction d'impôt comme dans le cas français. Réduire son revenu imposable et réduire son impôt à payer ne correspondent pas tout à fait à la même chose. Pour mieux percevoir la nuance, prenons l'exemple fictif d'un actionnaire qui aurait perdu 30 000 francs dans la faillite d'une entreprise, et dont le revenu imposable se serait élevé sur l'année à 100 000 francs. Petite précision, le taux d'impôt sur le revenu s'élève en France à 33%, pour une revenu imposable de l'ordre de 100 000 francs. Dans l'exemple retenu, cela signifie que notre contribuable devrait payer pour l'année, 33 000 francs d'impôts (100 000 x 33%).

Dans le cas où la perte donnerait droit à une réduction d'impôt, le contribuable soustrairait aux 33 000 francs dus au Trésor Public, les 30.000 francs qu'il a définitivement perdus dans l'entreprise dont il était actionnaire. Ainsi, il n'aurait plus que 3 000 francs d'impôt à payer, après application de la réduction d'impôt. A l'inverse, si la perte est déductible de la base et non de l'impôt en lui-même, notre contribuable diminue de 30 000 francs (le montant de la perte) son revenu annuel imposable égal à 100 000 francs. Dès lors, son revenu imposable passerait à 75 000 francs.

En appliquant le taux d'impôt de 33%, le contribuable ne serait finalement plus redevable que de 24 750 francs d'impôt pour l'année. En conséquence, on notera que dans le cas d'une réduction d'impôt, le contribuable aurait réalisé une économie d'impôt de 30 000 francs ; dans le cas d'une déductibilité de l'assiette fiscale, cette économie d'impôt n'aurait pas dépassé les 5 240 francs. C'est bien ce dernier mécanisme qu'autorise la transparence fiscale aux Etats-Unis.

Ces trois éclaircissements nous permettent de mieux saisir toute la finesse de cette mesure fiscale américaine, en faveur de l'actionnariat de proximité. On l'aura déjà compris, cette mesure vise à faire en sorte que le contribuable qui souhaite payer le moins d'impôt possible, ait tout intérêt à investir son épargne d'une manière importante et récurrente dans des créations d'entreprises. Toutefois, l'article 1244 permet d'atteindre cet objectif d'ordre général, tout en évitant des investissements non plus guidés par la performance de l'entreprise à financer, mais par la perspective d'une diminution d'impôt immédiate. Un tel inversement des priorités se traduirait inévitablement par des « manques à gagner » fiscaux trop importants pour l'Etat. Surtout, la mesure est construite d'une telle sorte qu'elle s'adapte particulièrement aux hauts revenus. Elle cible ainsi les Business Angels, les seuls épargnants à détenir réellement la capacité de financer les créations d'entreprises.

Parce que l'avantage fiscal est lié à la perte, et non à l'investissement d'origine, le contribuable américain ne peut pas parvenir délibérément à ne pas payer d'impôt sur une année, en investissant un argent considérable dans n'importe quelle entreprise. Il ne bénéficiera de l'avantage seulement plus tard, et seulement s'il perd son argent, ce qu'il ne souhaite pas selon toute logique. Au lieu d'être immédiat, l'avantage est différé dans le temps, et conditionné par l'échec de l'investissement. En conséquence, même s'il investit d'une manière prodigieuse sur une année dans des entreprises en création, le contribuable ne diminuera point son impôt de l'année. Force est de constater qu'à l'inverse, l'avantage à l'origine proposé en France ne permet pas d'éviter de telles dérives.

Jean-François Prat, le dirigeant de *Capital et Croissance* a pu s'apercevoir au cours d'une négociation avec un Business Angel, à quel point les avantages fiscaux à l'origine pouvaient fausser les motivations de l'investisseur, et conduire finalement à des placements incohérents : « Un jour, une dame nous appelle juste avant Noël et nous explique qu'elle souhaite absolument investir dans une PME pour pouvoir bénéficier de la défiscalisation. On lui a alors envoyé un dossier qu'elle a à peine regardé. Manque de chance ; le projet en question a capoté. Elle nous a envoyé son avocat ».

« De nouveaux aménagements fiscaux permettront de convaincre beaucoup plus d'épargnants à investir. Par contre, je ne suis pas sûr que ses nouveaux actionnaires de proximité auront réellement conscience du risque de leurs investissements. Ils investiront parce que ce sont les soldes, mais ils ne regarderont pas ce qu'ils achètent. Ils vont oublier la nature de leur investissement et la notion de risque. C'est pourquoi il peut y avoir parfois des retours de bâton ». Aucun risque de la sorte avec la déductibilité des pertes, puisque l'actionnaire doit attendre de voir comment évolue son investissement, avant de bénéficier du moindre soutien fiscal. En outre, même à terme, il n'est pas sûr de pouvoir faire intervenir l'avantage fiscal, puisque l'entreprise qu'il a financée peut connaître un véritable succès. Après tout, c'est le mieux que l'on puisse souhaiter à l'actionnaire de proximité.

Cependant, la transparence fiscale à l'américaine détient un autre avantage non négligeable. Par sa construction, la déductibilité des pertes s'adresse à une catégorie d'épargnants, qui justement peut se permettre de perdre de l'argent sur certaines prises de participation, dans le cadre d'une stratégie d'investissement rationnelle. Dans les faits, la mesure s'adapte à la situation fiscale des Business Angels.

C'est dans cet objectif que l'Etat américain a préféré que la perte soit déductible du revenu imposable de l'actionnaire à partir duquel est calculé son impôt, au lieu qu'elle n'ouvre droit directement à une réduction d'impôt. En fait, l'Etat américain couvre le risque de l'actionnaire à hauteur du taux d'impôt sur le revenu, auquel ce dernier est soumis en tant que contribuable. La même perte de 40 000 dollars n'aura pas la même incidence sur la feuille d'impôt d'un Business Angel dont les revenus sont taxés à 50%, que sur celle d'un Business Angel aux revenus annuels plus modestes, soumis à un taux d'impôt de 25%. Dans un cas, l'économie d'impôt sera de 20 000 dollars (40 000 x 50%), dans l'autre elle ne sera que de 10 000 dollars (40 000 x 25%). En effet, la perte vient en déduction du revenu imposable, auquel on applique un barème progressif en fonction du revenu, pour calculer l'impôt à payer.

C'est pourquoi l'article 1244 vise surtout les contribuables imposés à la tranche maximale de l'impôt sur le revenu. L'avantage fiscal est particulièrement intéressant pour les hauts revenus, et dans une moindre mesure pour les autres. Encore un « cadeau fiscal » accordé aux riches, diront certains ! Certes, il y a peut être une sorte d'injustice dans le système américain qui couvre davantage le risque de l'actionnaire de proximité aisé, que celui du moins fortuné. Mais si l'on se place uniquement du point de vue de l'efficacité économique, force est de constater que cette stratégie est la bonne. Nos précédentes analyses nous ont montré que seuls les épargnants fortunés avaient suffisamment d'assise financière pour devenir de véritables Business Angels. Selon toute logique, on trouvera davantage de Business Angels parmi les contribuables imposés à la tranche maximale de l'impôt sur le revenu, que parmi les contribuables qui en sont exonérés.

On financera plus facilement la création d'entreprises grâce à l'épargne des hauts revenus, qu'en sollicitant l'épargne populaire. Certes, on peut envisager d'associer cette dernière au financement de l'entreprise, pour lui en faire partager les bénéfices. Des dispositifs fiscaux peuvent très bien être imaginés au profit du Love Money populaire. C'est ce que nous verrons plus tard avec des mesures comme la défiscalisation du prêt de proximité ou les fonds communs de placements de proximité (FCPP). Mais si cette épargne populaire peut être sollicitée, nous trouverons la majeure partie de l'argent nécessaire au financement des créations d'entreprises, auprès des Business Angels. C'est donc à eux en priorité que doivent s'adresser les avantages fiscaux, même si l'esprit de solidarité nous inviterait à la stratégie opposée.

Au passage, on remarquera que ce genre de dispositif est davantage efficace dans une économie où les taux maximaux d'impôt sur le revenu sont élevés, ce qui est précisément le cas de la France. Il faut savoir que cette règle s'est vérifiée dans la situation américaine. Lorsqu'aux Etats-Unis la taxation des hauts revenus était prohibitive, les créations d'entreprises se sont multipliées. Lorsque le fisc américain s'est décidé à moins ponctionner les hauts revenus, le nombre d'entreprises nouvelles a stagné. Une bien curieuse situation, mais qui est au demeurant véridique !

On l'a oublié, mais l'Etat fédéral américain est allé jusqu'à taxer, dans les années soixante-dix, les hauts revenus à 70%, alors qu'au niveau de 54%, notre taux maximal en France est aujourd'hui un des plus élevés d'Europe. Malgré la crise de l'énergie, les créations d'entreprises ont augmenté aux Etats-Unis tout au long des années soixante-dix. Comme l'a fait remarquer l'IFRAP, Ronald Reagan a, au cours des années quatre-vingt, ramené les taux maximum d'impôt sur le revenu à 50 puis 28%. La nouvelle avait beau être excellente pour le contribuable américain, elle l'était beaucoup moins pour les créateurs d'entreprises. En effet, du fait de cette réforme, la transparence fiscale devenait moins intéressante. Dans le meilleur des cas, l'Etat américain ne couvrait plus qu'à hauteur de 28% les pertes subies par les contribuables ayant investi dans des créations d'entreprises. L'investisseur en capital Craig Burr avait prévu les effets pervers de la réforme, en déclarant en 1986 que « *la loi fiscale réduir[ait] l'émergence d'entrepreneurs aussi bien que des capitaux* » (1).

Effectivement, les Américains fortunés ont à partir de 1986 moins cherché à investir dans des jeunes entreprises pour réduire leur impôt. Dès lors, les créations d'entreprises ont stagné de 1987 à 1992, contribuant ainsi à enfoncer un peu plus les Etats-Unis dans la crise économique du début des années quatre-vingt dix. Les créations d'entreprises continuèrent à baisser, jusqu'à ce que Bill Clinton relève les taux

 (1) *Les dossiers de l'IFRAP* - n°54 - novembre/décembre 1997 - *Anges et fiscalité : un secret du plein emploi américain*

maximum d'impôt sur le revenu de 28 à 39%, rendant ainsi l'investissement de proximité fiscalement plus intéressant. Depuis, les créations d'entreprises sont reparties à la hausse, et les Etats-Unis ont connu durant les années quatre-vingt-dix une des plus grandes périodes de prospérité économique de toute leur histoire.

Ce petit rappel historique nous permet de mettre en évidence le fait que la transparence fiscale est un mécanisme d'autant plus efficace que la fiscalité attachée aux hauts revenus est élevée. On peut en déduire qu'elle serait particulièrement adaptée au cas français actuel, et qu'ainsi, si nous la mettions en place, elle s'avérerait extraordinairement porteuse en nombre de créations d'entreprises. Malheureusement, plusieurs méprises sur la construction de la transparence fiscale américaine, invitent nos décideurs politiques à ne pas vouloir la transposer dans le droit français.

Une des grandes oppositions que rencontre la transparence fiscale dans les milieux politiques et économiques repose sur le fait que l'avantage fiscal dépend de la réalisation d'une perte. Parce que liée à la perte, la transparence pourrait, selon certains, nous conduire à des incohérences notoires et autres effets pervers. En clair, nous arriverions à des résultats totalement inverses du but recherché. En fait, plusieurs décideurs craignent qu'au lieu d'inciter les Business Angels à investir davantage, la transparence fiscale les invite surtout à placer leur argent dans des entreprises mal gérées et en sérieuses difficultés, pour pouvoir ainsi bénéficier de l'avantage fiscal. « Il ne faut jamais inciter les entrepreneurs à faire des pertes », me disait avec une certaine sagesse, René Monory.

Mais justement, la transparence fiscale encourage à tout sauf à réaliser des pertes, et c'est ce qui fait toute l'ingéniosité du système américain. Il ne faudrait pas en effet oublier que l'Etat serait loin de couvrir l'intégralité du risque des investisseurs. Au plus, il en couvre la moitié si l'actionnaire est taxé à la tranche maximale de l'impôt sur le revenu ; au moins, il ne couvre rien du tout si l'actionnaire n'est pas assujetti à cet impôt. Dans tous les cas de figure, l'investisseur assume au minimum la moitié du risque de ses investissements. Or, aux dernières nouvelles, aucun Business Angel n'a intérêt à perdre de l'argent. Le Business Angel n'a donc pas intérêt à ce que l'avantage fiscal joue.

Par contre, si malgré toutes les précautions prises, l'entreprise dans laquelle il a investi périclite, le Business Angel perdra moins d'argent que prévu. Ainsi, Bernard Zimmern de l'IFRAP estime que « *l'investisseur est le premier à tout tenter pour éviter les pertes, et protéger en même temps que son argent, celui de l'Etat* » (1). Le subside de risque assumé par le Business Angel tempère sa stratégie d'investissement, et évite les abus comme les investissements incohérents. La transparence fiscale dispose donc de ses propres « garde-fous ».

(1) *Les dossiers de l'IFRAP* - n°54 - novembre/décembre 1997 - *Anges et fiscalité : un secret du plein emploi américain*

Enfin, et ce n'est pas le moindre de ses avantages, la transparence fiscale confie au secteur privé le rôle de financier des créations d'entreprises. Dans le système américain, celui qui décide dans quelle entreprise doit être investi l'argent, c'est le Business Angel. A l'inverse, les systèmes de subventions, et même les systèmes de capital-risque publics, rendent le fonctionnaire, ou en tout cas celui qui agit pour le compte de l'Etat, maître de la décision d'investissement. Cette différence signifie deux choses. D'une part, le système américain a le mérite de déléguer la décision d'investissement à un professionnel de l'entreprise, à quelqu'un qui bénéficie d'une expérience personnelle suffisante pour juger de la viabilité d'un projet. D'autre part, la transparence fiscale n'engendre pas pour l'Etat américain un coût budgétaire indirect, puisque la puissance publique n'a pas à employer des fonctionnaires pour évaluer dans quelle entreprise il peut investir. Voilà encore un argument de plus, pour instaurer en France un mécanisme similaire à l'article 1244 américain.

Toutefois, à ce stade du raisonnement, on pourrait se demander si la transparence fiscale serait réellement une réforme discriminante, si elle pousserait de manière significative les gros contribuables à devenir naturellement des Business Angels. Parviendra-t-elle à ses objectifs en faisant de l'investissement à risque des personnes physiques un acte naturel, ou risque-t-elle de n'être pas suffisamment motivante et devenir un avantage fiscal, comme tant d'autres, inutilisé ?

Auteur d'un rapport parlementaire sur l'épargne de proximité, Yvon Jacob n'hésite pas à faire part de ses doutes : « Le mécanisme est intéressant, mais pas vraiment excitant. Parviendra-t-on à motiver les investisseurs en leur disant : *investissez parce que si vous perdez de l'argent dans cet investissement, vous ne perdrez finalement que la moitié de ce que vous avez mis* ? On accepte d'investir dans l'idée que l'on va gagner de l'argent, pas dans l'idée que l'on va en perdre. Avec l'assurance perte, je diminue mon risque, mais c'est tout »

L'ancien Député d'Ile-et-Vilaine n'a pas tort, mais la mise en place de la transparence fiscale n'exempte pas le législateur de faire en sorte, parallèlement, que les gains des Business Angels soient moins ponctionnés. Nous verrons plus loin que l'exonération des plus-values réinvesties irait dans ce sens. Quoi qu'il en soit, qu'il s'agisse de la taxation des gains ou des pertes, il faut que notre fiscalité fasse en sorte que l'investissement à risque devienne de plus en plus rentable pour les particuliers. Justement, il faut bien voir que la transparence permettrait d'accroître la rentabilité financière de l'activité de Business Angel. L'idée de base du mécanisme consiste à réduire le risque de chaque opération pour que l'épargnant dégage, au final, globalement plus de profits. Nous avons vu que pour déterminer s'il doit investir ou non dans une entreprise, un Business Angel averti établit ce que l'on appelle l'équation de l'entrepreneur, que l'IFRAP a modélisée par la formule suivante :

Rentabilité de l'investissement (*en % des capitaux investis*) = (probabilité de gain x gain espéré) moins (probabilité de perte x mise de fond)

Selon l'IFRAP, le Business Angel acceptera un investissement, si son calcul fait ressortir une rentabilité supérieure à 5 ou 7%. Sans procéder à des calculs complexes, on comprendra que si l'Etat couvre la moitié des pertes de l'actionnaire, la partie de l'équation représentant le « taux de casse » (probabilité de perte x mise de fonds) diminue de moitié. Par voies de conséquence, cette diminution du risque entraîne à la hausse le résultat global de l'équation, la rentabilité probable de l'investissement. C'est pourquoi, même si la transparence fiscale n'est pas motivante, dans le sens où elle n'accorde pas automatiquement à tout investissement nouveau une remise d'impôt, elle accroît globalement la rentabilité de l'activité de Business Angel, en réduisant risques et « taux de casse ». L'investissement dans le non coté devenant de plus en plus lucratif pour les particuliers, il y a fort à parier que de nouvelles vocations de Business Angels vont émerger.

On a d'ailleurs pu vérifier en Europe à quel point les mécanismes dits d'assurance perte stimulaient les investissements à risque. Notamment, les Pays-Bas ont mis en place au début des années quatre-vingt de telles dispositions. Mais à l'inverse de la transparence fiscale américaine, les soutiens publics néerlandais s'attachaient aux sociétés de capital-risque, au lieu des particuliers. Par un mécanisme de contre-garantie proche de la SOFARIS française, l'Etat néerlandais couvrait la moitié des pertes subies par les sociétés de capital-risque, en cas de faillites des entreprises financées. En l'an 2000, avec 342 millions d'euros d'investissements, les Pays-Bas représentaient 20% du capital-risque européen, ce qui est plutôt sur-dimensionné par rapport à ce que pèse l'économie néerlandaise dans l'Union européenne. Faut-il y voir une pure coïncidence ? L'assurance perte organisée par l'Etat n'aurait-elle eu aucune incidence sur la croissance du capital-risque hollandais ?

Ce n'est pas en tout cas ce que pense Robert Wilhelm directeur général de NeSBIC, un des plus grands acteurs du capital-risque néerlandais : « *Certes, cette mesure n'est plus en vigueur, mais elle a permis de doper ce type de financement et de classer les Pays-Bas parmi les premiers pays européens à disposer de tels fonds* » (1). Qu'elle s'adresse aux particuliers ou aux fonds de capital-risque, l'assurance perte motive l'investissement à risque. C'est en tout cas la conclusion à laquelle

(1) *Le Figaro économie* - numéro du 19 juin 2000 - Propos recueillis par Delphine Denuit

nous invite l'avis de Robert Wilhelm. En ce sens, on pourrait s'attendre à ce qu'une transparence fiscale qui serait demain accordée aux particuliers français, s'affirme comme une réforme déterminante.

Pourtant, la déductibilité des pertes existe déjà en droit français, me rétorqueront les opposants à une telle réforme. Et malheureusement, on ne peut que constater qu'elle n'a pas entraîné une explosion du nombre de Business Angels français. En effet, Alain Madelin, en tant que ministre de l'Industrie, s'est inspiré en 1986 des travaux de l'IFRAP pour transposer en France l'article 1244 américain. La nouvelle disposition prit alors, dans notre code général des impôt, l'obscure dénomination d'article 163 octodecies A. Abrogée en 1988, elle fut rétablie en 1994, à nouveau par Alain Madelin, dans le cadre de la loi « Initiatives et Entreprises Individuelles ».

Diverses raisons expliquent le demi échec de cette réforme pourtant audacieuse. A mon sens, le fait que ce droit à déductibilité ait été plafonné par le législateur français, a principalement contribué à l'échec. En effet, l'article 163 du Code Général des Impôts autorise le contribuable ayant souscrit au capital d'une entreprise créées après 1994, à déduire de son revenu imposable des pertes jusqu'à 100 000 francs pour célibataire, et 200 000 francs pour un couple marié. Aux Etats-Unis, les mêmes plafonds dans le cadre de l'article 1244 s'élèvent à 50 000 et 100 000 dollars, respectivement pour une personne seule et un couple. Avec un dollar à 6 francs, cela représente tout de même des plafonds de l'ordre de 300 000 et 600 000 francs, c'est-à-dire trois fois plus élevés qu'en France.

En outre, l'utilité des plafonds élevés n'est pas qu'une question de volume. Bien évidemment, une entreprise est beaucoup mieux capitalisée à 600 000 francs qu'à 200 000, et affronte ainsi mieux les risques de l'avenir. Par ailleurs, 600 000 francs de fonds propres correspondent à des créations d'entreprises d'une autre envergure. A l'inverse du système français, la hauteur du plafond américain permet de financer des entreprises ambitieuses, autrement plus créatrices d'emplois par leur potentiel de croissance, qu'une TPE. Mais surtout, en plafonnant le droit à déductibilité, on rend le dispositif relativement peu attractif pour les gros patrimoines ; la mesure devient intéressante surtout pour les petits revenus. A taux d'imposition égal, déduire 100 000 francs de son revenu imposable, est plus intéressant pour le contribuable gagnant 200 000 francs par an, que pour celui qui en gagne un million. Or, les véritables Business Angels se situent dans la catégorie des gros patrimoines. Ainsi, en plafonnant l'avantage fiscal, nous l'avons détourné de sa véritable cible : les Business Angels. Nous nous sommes trompés de public.

En plus de la question des plafonds qui grèvent en France l'efficacité du dispositif, le droit à la déductibilité des pertes est limité au seul cas de cessation de paiements. En clair, l'Etat français n'intervient qu'à partir du point de non retour. Il partage uniquement le risque ultime de l'investissement : la faillite de l'entreprise. Qui plus est, la loi prévoit que cette faillite doit intervenir dans les huit années qui suivent la constitution de la société, pour que l'avantage « Madelin » fonctionne. C'est la raison pour laquelle, on parle de perte constatée. Après une cessation de paiement, l'actionnaire est en effet sûr qu'il n'a aucune chance de récupérer son argent.

En clair, l'Etat attend que l'entreprise ait définitivement mis la clé sous la porte, pour autoriser ses actionnaires à diminuer leur impôt. Pourtant, le risque de défaillance d'une entreprise s'annonce bien longtemps avant qu'elle ne fasse définitivement faillite. Dès que les fonds propres diminuent, il y a danger, puisque l'entreprise déposera son bilan le jour où elle n'aura plus suffisamment de ressources financières pour honorer ses dettes. Or, les fonds propres diminuent à chaque fois que l'entreprise réalise un déficit, au lieu d'un bénéfice annuel.

En conséquence, l'idéal en matière de transparence fiscale serait un système beaucoup plus souple, qui interviendrait en amont, et en prévision de la faillite. Ce système considérerait que la valeur d'une action non cotée baisse dès que la société réalise des déficits. Il permettrait aux actionnaires de se répartir, entre eux, et en fonction du nombre d'actions qu'ils possèdent, le déficit annuel de la société, afin qu'ils puissent réduire leur impôt. Ainsi, dans ce système moins rigide, l'Etat couvrirait le risque des Business Angel, dès que les capitaux propres de l'entreprise diminuent. Il n'attendrait pas la faillite de l'entreprise, pour aider l'actionnaire de proximité à faire face à ses risques. Force est de constater que les Américains ont mis en place dès 1960 un tel système de transparence fiscale immédiate, le *Subchapter S*, du nom du chapitre du code fiscal qui lui est consacré.

En complément de l'article 1244, le *Subchapter S* est un autre dispositif permettant aux citoyens américains de diminuer, grâce à la transparence fiscale, les risques financiers qu'ils encourent en investissant dans une entreprise en création. En revanche, si l'article 1244 correspond à un simple avantage fiscal, les *Subchapter S* représentent un statut social d'entreprise à proprement parler, au même titre par exemple que la société anonyme ou la société de personnes.

En fait, les *S corporations* cumulent pour l'actionnaire les avantages des sociétés de personnes et ceux des sociétés de capitaux, sans en prendre les inconvénients. La société de capitaux de droit français assure logiquement aux actionnaires la limitation de leur responsabilité financière à leurs apports. Par contre, la transparence fiscale y est impossible ; le déficit comptable d'une année ne peut être ramené au niveau des actionnaires, pour qu'ils puissent le déduire de leur revenu imposable. Les sociétés de personnes, dont font partie les entreprises individuelles, les sociétés en participation et les sociétés en nom collectif, bénéficient en France des avantages rigoureusement inverses. La transparence fiscale y est la règle, et l'actionnaire peut déduire de son impôt les éventuels déficits de la société. Par contre, la responsabilité financière n'est plus limitée aux apports. En cas de faillite, les actionnaires sont responsables de l'ensemble des dettes de la société. Ils doivent les combler en intégralité, même si pour cela ils sont contraints de prélever de l'argent sur leur patrimoine personnel.

Aux Etats-Unis, les *S corporations* offrent à leurs actionnaires la sécurité financière de la responsabilité limitée aux apports, tout en autorisant la transparence fiscale immédiate des déficits. Ce statut est donc particulièrement intéressant pour entreprendre, parce qu'en même temps sécurisant et amortisseurs des pertes. En plus, du point de vue de l'actionnaire, la matérialisation de la transparence fiscale y est beaucoup plus facile qu'au travers de l'article 1244. Avec le *Subchapter S*, on ne parle plus de perte constatée, mais tout simplement de perte comptable. « Grâce aux Subchapter S, la perte de la société passe immédiatement, à la fin de l'exercice annuel, dans la déclaration d'impôt sur le revenu de l'actionnaire », explique Bernard Zimmern, Président de l'IFRAP.

Tout simplement, la perte dont il est question correspond au résultat annuel de l'entreprise, au lieu de l'argent perdu en cas de faillite de l'entreprise. Le résultat annuel de l'entreprise peut soit exprimer la réalisation des bénéficies, soit celle des déficits. S'il y a un bénéfice, la société se voit imposée sur celui-ci, à un taux fixe (33% en France), au titre de l'impôt sur les sociétés. Si au contraire, l'exercice annuel de la société s'est achevé sur un déficit, celui-ci est réparti immédiatement dans le cadre d'une *S corporation*, entre les différents actionnaires de la société. Si le déficit de la société a été de 50 000 dollars, l'actionnaire qui détient 10% du capital obtient donc le droit de déduire, dans sa prochaine déclaration d'impôt sur le revenu, 5 000 dollars de son revenu imposable. Pour bénéficier d'une telle disposition dans le cadre de l'article 1244, il aurait fallu que l'entreprise se trouve en cessation de paiements.

Finalement, ce qui différencie l'article 1244 du *Subchapter S*, c'est que d'un côté on a une transparence conditionnée par l'échec définitif de la société, et de l'autre côté la transparence est immédiate ; elle fonctionne dès que l'entreprise réalise un déficit. C'est pour cette raison que les *S corporations* s'avèrent extrêmement dynamisantes et stabilisantes pour l'actionnaire de proximité. Pour contrebalancer les pertes et difficultés rencontrées durant les premières années, la transparence fiscale immédiate permet à l'actionnaire à chaque année déficitaire, de reconstituer une partie des fonds qu'il a engagés. Le Business Angel reconstitue progressivement le patrimoine qu'il a accepté de risquer, et va donc pouvoir l'investir à nouveau dans d'autres jeunes entreprises, avec l'espoir que celles-ci soient plus chanceuses. En clair, en tempérant le risque de manière fragmentée dans le temps, le *Subchapter S* évite que les mauvais investissements épuisent la capacité financière des Business Angels. Au contraire, l'échec leur redonne en partie les moyens d'investir.

Bien évidemment, le législateur américain a réservé le statut de *S corporation* à un certain type d'entreprises. Pour bénéficier de ce statut dérogatoire, l'entreprise doit réunir moins de 30 actionnaires, et surtout elle doit être « active », c'est-à-dire qu'elle doit réellement fabriquer un produit ou vendre un service. Par exemple, les sociétés immobilières visant à encaisser des loyers et les sociétés financières ne peuvent opter à leur constitution pour le statut de *S corporation*. Celui-ci se voit réservé à l'économie réelle, autrement dit aux pans de notre économie directement créateurs d'emplois. Par contre, si le bénéfice du statut de *S corporation* est limité par la nature de la société, le montant de déficit déductible par actionnaire n'est pas plafonné, ce qui donne au dispositif une réelle portée.

Un simple indicateur statistique permet de s'assurer de l'utilité réelle pour l'actionnaire de ce statut hybride de société : le nombre d'entreprises qui se créent aux Etats-Unis, sous la forme de *S corporations*. Celui-ci révèle un réel succès de la formule juridique, tout comme l'ampleur du phénomène. Selon les investigations de l'IFRAP, sur un échantillon de 3.869.000 sociétés américaines ayant établi en 1992 une déclaration d'impôt, 2 064 000 pouvaient être considérées comme actives, et parmi celles-ci, 1 885 000 étaient des *S corporations*. On dépasse le simple succès d'estime ! Si réellement autant d'entreprises optent aux Etats-Unis pour un tel statut, c'est bien que, quelque part, il s'avère adapté aux attentes des actionnaires.

D'ailleurs, l'histoire économique américaine a montré qu'à chaque fois que l'environnement fiscal a fait en sorte que le *Subchapter S* et l'article 1244 deviennent intéressants pour le contribuable, les créations d'entreprises ont augmenté. Comme nous l'avons vu, la réforme fiscale de Reagan a été suivie par un ralentissement du nombre de créations, alors que la réforme Clinton a précédé un redémarrage. Cette corrélation tend tout de même à laisser penser que les *S corporations* dynamisent réellement, dans les faits, l'investissement de proximité.

Comment pourrions-nous donc transposer le *Subchapter S* en France ? Faut-il créer dans notre Droit des sociétés, un nouveau statut d'entreprises, à mi-chemin entre la société par action et la société en participation ? La question peut se poser. Toutefois, nous pouvons faire beaucoup plus simple, et suivre la piste tracée par la proposition de loi sénatoriale *Nouvelles Entreprises et territoires*. Dans leur proposition de loi, Francis Grignon et Jean-Pierre Raffarin accordaient aux actionnaires de sociétés anonymes la possibilité d'exercer une option fiscale pour le régime des sociétés de personnes. Cette astuce aurait permis aux actionnaires que leur entreprise garde le statut juridique de société de capitaux, et donc la sécurité financière liée la responsabilité limitée aux apports, tout en les autorisant par dérogation à déduire de leur revenu imposable les pertes annuelles de la société. La loi prévoyait d'accorder cette option fiscale, à la condition que l'ensemble des actionnaires le consente, et que chacun conserve ses actions pendant au moins cinq ans. Nous avons donc plus besoin d'une option fiscale réservée aux SA et SARL, que d'un nouveau statut de société à proprement parler.

Aujourd'hui, la transparence fiscale ne rencontre plus vraiment d'opposition quant à son principe. Par contre, les plus sceptiques ne manquent pas de faire remarquer qu'elle pourrait s'avérer fort coûteuse pour les finances publiques. En effet, les économies d'impôt qu'obtiendront les Business Angels en cas d'investissements infructueux, représenteront une rentrée d'argent en moins pour l'Etat. Pour répondre à cette objection, rappelons tout d'abord que le fait que cette économie d'impôt soit liée à la perte, modère l'usage de cette disposition fiscale. Les Business Angels ont plus intérêt à ce que leur investissement réussisse, plutôt que de faire jouer la transparence fiscale. Dans ce dernier cas de figure, ils perdront en effet autant d'argent que l'Etat. C'est la raison pour laquelle, nous pouvons estimer *a priori* que la transparence fiscale serait une mesure relativement peu coûteuse pour l'Etat. Fort de cette analyse, l'IFRAP évalue le « manque à gagner » pour l'Etat à 1,6 milliards de francs par an.

Mais faisons-nous pour quelques instants l'avocat du diable, et calculons ce qu'il en coûterait à l'Etat dans le pire des cas. Ici, le pire des cas nous placerait dans la situation où l'ensemble des sociétés financées par les Business Angels péricliteraient, ou en tout cas auraient épuisé l'intégralité de leurs capitaux propres. Appliquons cette situation à l'objectif fixé par l'IFRAP de 100 000 Business Angels apportant annuellement à l'économie française 60 milliards de francs. Si toutes les entreprises financées faisaient faillites, l'ensemble des Business Angels français aurait perdu 60 milliards de francs. Dans l'hypothèse où tous ces Business Angels seraient imposés à la tranche maximale de l'impôt sur le revenu (54%) - ce qui fait que l'Etat participe à la moitié du risque -, l'imputation des pertes réduirait de 30 milliards de francs la collecte annuelle d'impôt de l'Etat.

Mais cette hypothèse représente le scénario catastrophe. Pour une évaluation plus vraisemblable du coût budgétaire d'une telle mesure, il faudrait considérer que les entreprises financées par les Business Angels connaîtraient un taux d'échec dans la norme des autres créations d'entreprises : 19% cinq années après la création, selon les tribunaux de commerce. Cela signifierait que sur les 60 milliards investis chaque année par les Business Angels, environ 12 milliards seraient perdus au bout de cinq ans. En reprenant l'hypothèse où l'Etat assume la moitié du risque, la transparence fiscale coûterait chaque année à l'Etat 6 milliards de francs.

A titre de comparaison, l'IFRAP a calculé à partir des données du projet de loi de finances pour l'année 1999, que les exonérations fiscales sur l'épargne populaire ont coûté en 1997 à l'Etat, 20,5 milliards de francs. Rappelons que, mis à part le CODEVI qui finance en partie la BDPME, l'épargne populaire et réglementée n'est pas employée en France au financement des créations d'entreprises. On peut donc en déduire que l'émergence de 100 000 Business Angels grâce à la transparence fiscale, coûterait trois fois moins cher à l'Etat, que les remises fiscales qu'il accorde à une épargne à laquelle la création d'entreprise n'a pas accès ! Dès lors, on peut affirmer que la transparence fiscale serait loin de représenter un investissement inconsidéré ou une nouvelle dépense publique faramineuse. L'argument du coût budgétaire ne tient pas.

Pour toutes ces raisons, et vue la force de l'exemple américain, il apparaît nécessaire que l'Etat crée en France un statut d'entreprise similaire aux *S corporations*, et déplafonne la déductibilité des pertes sur faillite liée à l'article 163 octodecies A. A mon sens, il s'agit de la mesure la plus intelligente, la mieux adaptée et la plus efficace, que nous pouvons prendre pour décupler le nombre de Business Angels en France.

Les fonds communs de placement d'épargne de proximité

Si le « *Subchapter S* » à la française peut apporter une réponse fiscale aux Business Angels, la politique économique de demain ne devra pas oublier l'épargne populaire de proximité. Nous savons à quel point la petite épargne de proximité, le *Love Money*, joue un rôle décisif dans le financement de la création d'entreprise, vu que les Business Angels resteront par définition élitistes. L'épargne des plus fortunés d'entre nous ne suffira donc pas à elle seule, à financer l'effort de création d'entreprises que pourrait, demain, accomplir notre pays.

L'épargne populaire devra elle aussi être mobilisée dans ce sens. Il faudra toutefois veiller à sécuriser cette épargne, puisque par définition l'épargne populaire peut venir de personnes parmi les plus modestes. Il est bien évident que l'on n'arrivera pas à drainer des masses conséquentes d'épargne populaire vers la création d'entreprises non cotées, si l'on ne cherche pas à diminuer par la technique financière le risque de ce type d'investissement. Afin d'assurer cette sécurité à l'épargnant, on en revient à la vieille formule magique de la diversification des investissements risqués : *ne pas mettre tous ses œufs dans le même panier*.

C'est pourquoi la mobilisation de l'épargne populaire de proximité passe inévitablement par la constitution de fonds communs de placement, c'est-à-dire des co-propriétés de valeurs mobilières, gérées pour le compte des souscripteurs par des professionnels de l'investissement. Au lieu que les épargnants de proximité deviennent, comme à Pleucadeuc ou à Lalouvesc, directement actionnaires, ils passeraient par l'intermédiaire d'un fonds local qui répartirait l'argent collecté et mis en commun, en investissant dans plusieurs entreprises. Grâce à ce portefeuille de titres détenu en commun par plusieurs épargnants, les risques de ces derniers seraient diversifiés. Le concept s'approche finalement des fonds mutuels de solidarité des travailleurs du Québec, chers à François Hurel, qui organisent le Love Money canadien. En France, la famille des fonds communs de placements (FCP) offre aujourd'hui deux formes juridiques, qui pourraient nous permettre de lever de l'épargne de proximité : les FCPR (Fonds communs de Placement à Risque) et les FCPI (Fonds Communs de Placements dans l'Innovation), les premiers devant être investis à plus de 60% dans des entreprises non cotées, et le second ayant en plus pour contrainte, que ces sociétés doivent présenter un caractère innovant.

Pour ne pas mettre tous les œufs des petits épargnants dans le même panier, Jean-Marc Vernière, dirigeant de la société de capital-risque SOFIMAC, a réfléchi à un procédé sous le nom de *France Région Innovation*, qu'il me paraît intéressant de retenir. L'objectif de ce projet est de « faire des FCPI territoriaux », selon les termes de son concepteur. Ces FCPI territoriaux proposeraient aux habitants d'une même région, d'épargner pour leur propre région. Jean-Marc Vernière imagine très bien la constitution d'un tel FCPI dans la région principale d'action de SOFIMAC, l'Auvergne. Il envisage même très clairement comment, en plus des avantages fiscaux, ce FCPI pourrait attirer par sa simplicité de fonctionnement l'épargnant : « Avec ce montage, celui qui souscrira au fonds saura qu'il investira dans sa région ». « Ce FCPI sera souscrit par les habitants du Massif Central, pour les entreprises du Massif Central : cela rejoint donc bien la dimension de l'épargne de proximité ».

Dans l'analyse de Jean-Marc Vernière, ces FCPI territoriaux se constitueraient à l'échelle des régions. « Il faut lever 100 millions de francs pour constituer un FCPI ; aussi la dimension régionale semble convenable », ce qui justifie par ailleurs le choix d'un FCPI comme interface. Bien évidemment, Jean-Marc Vernière préfère constituer ses fonds régionaux d'épargne de proximité sous la forme de FCPI et non de FCPR, essentiellement pour des raisons fiscales. Les FCPI permettent aux souscripteurs une réduction d'impôt de 25% des sommes investis à l'origine dans le fonds, ce qui n'est pas possible dans le cadre des FCPR. Même si l'avantage fiscal à l'origine demeure plus discutable que la déductibilité des pertes, il apparaît indispensable pour attirer l'épargne populaire, historiquement peu habituée à se porter sur des investissements aussi risqués que la création d'entreprise locale.

Alors qu'elle estime que « les fonds défiscalisés ne représentent rien aux Etats-Unis », Dominique Sénéquier, Président du directoire d'AXA Private Equity juge l'incitation fiscale nécessaire dans le cadre français : « Pour l'épargnant français, c'est différent, puisqu'il n'est pas du tout habitué à l'investissement à risque. Les 25% de défiscalisation des FCPI comptent. Ils ont réellement incité les Français à aller vers notre métier ».

La déduction des pertes comptables à hauteur de l'actionnaire, comme l'instituerait le *Subchapter S à la française*, dynamiserait l'épargne de proximité, dans le sens où elle diminue le risque de l'investisseur. Cet aménagement fiscal est donc adapté aux investisseurs qui calculent leur risque, les investisseurs avertis, c'est-à-dire soit les professionnels du capital-investissement, soit les Business Angels qui se comportent de fait comme des professionnels. Cela dit, ces avantages fiscaux n'attirent pas de nouveaux types d'épargnants, puisque pour bénéficier de la réduction d'impôt, il faut perdre son argent. Ces mécanismes n'ont donc rien d'excitant pour le petit épargnant qui n'a jamais placé un centime dans une création d'entreprise. Pour l'attirer vers ce type d'investissement, il faut lui accorder une réduction d'impôt immédiate, une diminution d'impôt possible dès que son épargne a été investie. C'est en ce sens que les 25% de réduction d'impôt immédiate, possibles dans la formule du FCPI, apparaissent comme les mieux adaptés, pour drainer une épargne de proximité plus populaire que celle des Business Angels.

Hélas, si la forme des FCPI donnerait l'immense avantage de la carotte fiscale, elle risque d'orienter les fonds d'épargne de proximité vers les nouvelles technologies et les valeurs de haute croissance, qui bénéficient déjà de beaucoup de capitaux. L'avantage fiscal ne doit pas nous faire oublier que le I de FCPI signifie Innovation, et que, de la sorte, les sommes collectées par ce véhicule d'épargne doivent être investies à 60% dans des projets innovants, au sens de l'ANVAR. Pour éviter qu'à peine constituée, l'épargne de populaire de proximité devienne elle aussi élitiste, nous ne ferons pas l'économie d'un statut juridique de fonds communs de placement, nouveau et spécifique. Tout simplement, les fonds d'épargne de proximité doivent pouvoir cumuler l'avantage fiscal des 25%, avec la possibilité d'investir aussi bien dans l'ancienne que dans la nouvelle économie.

Un premier pas a été tenté dans ce sens avec le proposition de loi « Entreprises et Territoires », déposée, entre autres, par Jean-Pierre Raffarin au Sénat. Dans son chapitre I, à l'article 1, la proposition de loi instituait les fonds communs de placement d'épargne de proximité, sous le sigle FCPP. Rien de plus simple que cette nouvelle forme de fonds commun de placement, puisque, comme le rappelle Jean-Pierre Raffarin, « il s'agit d'un FCPR doublé de l'avantage fiscal du FCPI ». Le Sénateur de la Vienne voit dans ce nouveau véhicule à épargne, « un dispositif large, fiscalement motivant, et fiscalement compréhensible ».

Dans l'esprit de la proposition de loi, le FCP dédié à l'épargne de proximité serait constitué uniquement par les épargnants d'une même unité géographique, dont l'étendue pourrait aller de la commune jusqu'à la région. Une fois constitués, les FCPP devraient investir au moins 60% de leur fonds, en actions ou quasi-fonds propres d'entreprises situées dans la zone géographique où l'épargne aurait été collectée. En outre, les Sénateurs à l'origine de cette proposition de loi avaient tenu à ce que l'épargne de proximité se porte vers les entreprises les plus créatrices d'emplois, c'est-à-dire les petites entreprises et plus particulièrement les créations.

C'est pourquoi la proposition de loi avait arrêté un profil très précis d'entreprises, auxquelles se destinaient exclusivement les 60% d'investissement minimum en fonds propres. Outre la contrainte géographique, les 60% actions des FCPP pouvaient uniquement être investis dans des entreprises de moins de trois ans, dénombrant moins de cinquante salariés, et détenues en majorité par une personne physique, autrement dit par leur créateur. On restait donc clairement dans le profil standard de la création d'entreprise.

Finalement, à l'inverse de la réflexion menée par Jean-Marc Vernière, les FCPP ne se destinaient pas uniquement aux entreprises innovantes, puisqu'une forme juridique nouvelle pouvait être utilisée en substitution des FCPI. Cependant, l'avantage fiscal aurait permis de drainer le maximum d'épargne locale possible, en rendant le dispositif suffisamment attractif pour le petit épargnant. A ce sujet, la réduction d'impôt de 25% restait dans la proposition de loi sénatoriale, soumise aux plafonds actuels de « l'avantage Madelin » : 37 500 francs pour un célibataire et 75 000 francs pour un couple. Plafonner de la sorte les FCPP favorisait donc clairement l'investissement des petits patrimoines financiers.

Par contre, si les FCPP n'étaient pas soumis à la même contrainte d'investissement dans l'innovation que les FCPI, la loi « Entreprises et territoires » faisait apparaître d'autres contraintes, notamment en ce qui concerne la localisation et le profil des entreprises dans lesquelles les FCPP pouvaient investir. Soucieux que les FCPP bénéficient en priorité aux territoires délaissés par le développement économique, les Sénateurs avaient réservé leur nouveau dispositif au monde rural et aux zones urbaines difficiles. En fait, la loi s'inscrivait clairement dans une perspective d'aménagement du territoire.

Mais d'une certaine manière, ces contraintes sont le prix à payer pour que l'épargne de proximité puisse bénéficier financièrement aux créations d'entreprises classiques. Grâce aux contraintes réglementaires décidées, les FCPP auraient été accessibles à tous ceux qui osent entreprendre, qui plus est dans un milieu géographique plus difficile, sans être spécialement réservés au seul secteur High Tech. En clair, le dispositif financier imaginé par les Sénateurs rassemblait, aux premiers abords, suffisamment de garanties solides contre les dérives élitistes que connaissent pratiquement toujours les dispositifs de capital-risque.

Bien évidemment, la gestion des fonds d'épargne de proximité aurait été confiée à des organismes professionnels, du type société de capital-risque, qui auraient été tenus de respecter les obligations réglementaires d'investissement. Cette délégation de gestion reste, ne l'oublions pas, la source d'un professionnalisme accru et d'un meilleur rendement de l'investissement de proximité.

Pour ce qui est de la souscription des parts de fonds d'épargne de proximité, le réseau bancaire apparaît comme le plus pratique, le plus proche et le plus simple d'accès pour l'épargnant. Les banques, et de préférence les banques mutualistes - puisqu'elles sont organisées en caisses régionales - auraient pu être distributrices des fonds d'épargne de proximité, en tout cas tels que Jean-Marc Vernière de SOFIMAC les imaginaient. Ainsi chaque épargnant qui aurait souhaité que son épargne, tout en lui rapportant, soit utile au développement des entreprises de sa région, n'aurait eu qu'à se rendre à son guichet de banque habituel, pour souscrire à un fond d'épargne de proximité. Avec ce mode de distribution, on résolvait l'aspect pratique de la problématique, puisque dans les faits il est aujourd'hui plus facile d'acheter des actions cotées en Bourse via sa banque ou par le biais d'un courtier en ligne, que d'identifier la « belle création d'entreprise locale » dans laquelle il faut investir.

Diversification du risque, distribution par le réseau bancaire, fiscalité attractive et primauté accordée à toutes jeunes entreprises sans exclusivité de secteur d'activité, les fonds locaux d'épargne de proximité apparaissent comme la forme juridique à retenir, et qui nous permettra d'industrialiser l'utilisation de l'épargne de proximité à des fins productives. Finalement, un seul élément de la loi « Entreprises et territoires » me semble discutable : les plafonds de 37 500 francs et 75 000 francs conditionnant la réduction d'impôt. Comparativement, la souscription de parts de FCPI ouvrent actuellement droit aux mêmes 25% de réduction d'impôt, dans la limite de 75 000 francs pour un célibataire et 150 000 pour un couple marié. Dès lors, malgré la nouvelle loi, les contribuables auraient pu bénéficier de réductions d'impôt supérieures en acquérant des parts de FCPI, au lieu d'investir dans un FCPP. Aussi, il aurait été judicieux de doubler des plafonds initialement attribués aux FCPP, afin qu'ils deviennent fiscalement aussi intéressants que les FCPI, du point de vue de l'épargnant populaire.

Indéniablement, les FCPP de la loi « Entreprises et territoires » remplissaient l'ensemble des conditions résumées par François Hurel, le Délégué Général de l'APCE, pour faire de l'épargne de proximité un soutien dynamique et efficace de la création d'entreprise : « S'il s'agit de faire de l'épargne de proximité artisanale », comme à Pleucadeuc ou Lalouvesc, « on y arrivera toujours, et tous les dispositifs actuels permettent à peu près de le faire ». Seule la motivation de l'élu manque. « Le problème, c'est que jusqu'ici, on n'est pas arrivé à lancer un dispositif qui permette l'industrialisation de cette épargne, ni dans sa procédure de collecte, ni dans sa procédure d'intermédiation, et encore moins dans sa procédure de mise à disposition. Là est toute la question ».

Lorsque François Hurel m'avait fait part de cette analyse, la commission des affaires économiques du Sénat n'avait pas encore déposé sa proposition de loi. Malheureusement, il y a fort à penser que celle-ci ne rentrera jamais en application, puisque le gouvernement Jospin s'est refusé à l'inscrire à l'ordre du jour de l'Assemblée Nationale. Du coup, l'organisme de capital-risque qui souhaiterait aujourd'hui lever un fonds d'épargne de proximité, devrait utiliser la formule du FCPI, pour que les épargnants puissent bénéficier de la réduction d'impôt à l'origine. Aussi, tant qu'une nouvelle loi ne sera pas votée, l'épargne de proximité sera captée par les FPCI, et donc cannibalisée par les nouvelles technologies. Espérons donc que l'idée des FCPP devienne politiquement plus consensuelle, pour qu'une véritable réforme puisse rapidement voir le jour. Peut-être que le rapport du député socialiste Jean-Marie Bockel, qui prône à l'instar de Jean-Pierre Raffarin la constitution de fonds de placement locaux, contribuera à faire évoluer les mentalités.

Rendre l'investissement de proximité déductible de l'ISF

L'exemple américain nous aura au moins appris une chose : pour être efficace, une mesure fiscale en faveur des Business Angels doit cibler en priorité les revenus élevés. Parce qu'elle s'avère particulièrement intéressante pour les contribuables imposés à la tranche maximale de l'impôt sur le revenu, la transparence fiscale aux Etats-Unis touche directement le public des Business Angels. Toutefois, l'impôt sur le revenu n'est pas en France la seule ponction fiscale supportée par les foyers aisés. D'autres impôts les touchent directement, si bien que nous pourrions les aménager eux aussi, pour construire une fiscalité adaptée à l'investissement de proximité. Bien évidemment, on ne peut s'empêcher de penser à la fiscalité sur le patrimoine, qui par définition touche principalement les contribuables les plus riches.

Parmi les impôts les plus célèbres, l'ISF, l'Impôt de Solidarité sur la Fortune, pourrait devenir, si l'Etat en a le courage politique, un atout pour le capitalisme de proximité. On trouvera la raison d'un tel raisonnement dans le fait, qu'un Business Angel installé en France a toutes les chances d'être assujetti à l'ISF. Notons bien que l'on parle ici de Business Angel, et non de Love Money. Pour bien comprendre cette certitude affichée, il suffit de recouper deux informations statistiques. L'étude Sharon-Bell de janvier 1987, a montré que le patrimoine moyen des Business Angels s'élevait aux Etats-Unis à 750 000 dollars. Avec un dollar à 6 francs, cela signifie que la « fortune » d'un Business Angel américain moyen se situe aux environs de 4,5 millions francs. L'importance d'un tel niveau de patrimoine s'explique par les impératifs de diversification du risque, que respecte tout Business Angel averti. Nous l'avons déjà vu.

Justement en France, le contribuable se voit assujetti à l'ISF à partir du moment où son patrimoine dépasse 4,7 millions de francs. La cible est donc claire : on trouvera en France les Business Angels potentiels parmi les contribuables, aujourd'hui imposés à l'impôt de solidarité sur la fortune. Il est donc évident que c'est en proposant à ces contribuables, des réductions d'ISF en fonction de leurs investissements dans le non coté, que l'on parviendra à motiver les hauts patrimoines à financer la création d'entreprises.

La question qui se pose ensuite, consiste à savoir sous quelle forme technique doit s'organiser l'aménagement de l'ISF en faveur des Business Angels. Doit-on proposer un avantage à l'origine, ou plutôt un avantage à terme atténuant les éventuelles pertes sur investissement ? La réduction d'impôt est-elle mieux appropriée que la déductibilité de l'assiette fiscale ? Il faut bien reconnaître qu'il est très difficile de trancher sur cette série de questions, sans être un fiscaliste chevronné. En tout cas, face à la complexité actuelle de notre système fiscal, la recherche de la plus grande cohérence et d'une meilleure complémentarité me semble indispensable. Comme nous avons proposé dans le cadre de l'impôt sur le revenu un soutien fiscal lié aux pertes, il apparaît logique que l'aménagement de l'ISF se destine cette fois-ci à l'investissement d'origine. On ne va pas quand même permettre aux investisseurs de déduire deux fois les pertes qu'ils ont subies, une première fois de l'impôt sur le revenu, et une seconde fois de l'ISF ! Cela signifierait que l'Etat couvrirait jusqu'à 100% de leur risque, ce qui n'est en aucune manière acceptable, et à coup sûr contre-productif.

Non, la cohérence veut que l'on puisse minorer son impôt sur la fortune, de ses investissements et non de ses pertes. Ceci étant admis, on peut imaginer un système où, pour chaque contribuable, la partie du patrimoine investie en actions non cotées ne rentrerait pas dans la base de calcul de l'ISF, le patrimoine imposable qui, rappelons le, est taxé à partir de 4,7 millions de francs. Grâce à une telle mesure, les contribuables se trouvant à la frontière des cinq millions de francs de patrimoine imposable, n'hésiteraient pas un seul instant à investir 300 000 ou 500.000 francs dans une entreprise nouvelle. En renouvelant ce geste chaque année, ils n'auraient plus à payer d'ISF. Reconnaissons que la mesure aurait de quoi les motiver.

Toutefois, une autre stratégie consisterait à accorder une réduction d'impôt proportionnelle aux investissements réalisés en cours d'année, applicable aux sommes dues à l'Etat au titre de l'ISF. Cette deuxième piste de réformes apparaît aujourd'hui comme la plus efficace, en tout cas comme la plus facile à comprendre. Ce n'est d'ailleurs pas sans raison que l'association Croissance Plus a fait une large place à cette proposition, dans le rapport qu'elle a remis au Premier Ministre, le 22 septembre 1999. L'association phare de la Nouvelle Economie propose en effet que tout investissement en actions dans une création d'entreprise, ou dans le cadre d'une augmentation de capital réalisée par une société de moins de dix ans, ouvre droit à une réduction d'ISF équivalante à 50% du montant investi. Pour encourager des investissements élevés, Croissance Plus proposait que la réduction ne soit assortie d'aucun plafond.

Cette mesure aurait en effet le mérite de la clarté, comme en témoignaient les deux illustrations fournies par Croissance Plus dans son rapport. Le contribuable redevable pour une année donnée d'un million de francs d'ISF, ne paierait finalement « que » 750 000, s'il investissait au cours de l'année 500 000 francs dans une jeune entreprise (1 000 000 - 500 000*50% = 750 000). Pour ne pas avoir payer d'ISF, ce même contribuable devrait investir au moins deux millions de francs dans des entreprises du même type (1 000 000 - 2000000*50% = 0). La construction d'une telle mesure relève bien d'une simplicité enfantine, ce qui nous laisse à supposer qu'elle serait vite comprise, et donc fréquemment appliquée.

Bien évidemment, les détracteurs d'une telle mesure opposeront plusieurs objections. Ils soutiendront notamment qu'en ne fixant aucun plafond et en accordant la réduction d'ISF dès l'investissement, ce système pousserait certains contribuables aisés à investir massivement, dans le seul but d'échapper à l'ISF, et ce, sans même regarder la viabilité des entreprises qu'ils contribuent à financer. En outre, ces entreprises pourraient être celles d'amis, et comme un service rendu en vaut un autre en retour, on peut imaginer toutes sortes de dérives. A l'évidence, ce genre de dangers potentiels existent, mais rien ne nous empêche, en parallèle, de bien cadrer ce système sur le plan juridique, et même s'il le faut, de sanctionner pénalement ce genre d'abus.

Cependant, je tiens à rappeler que cette mesure dispose en elle-même de ses propres « gardes-fous ». En limitant la réduction d'impôt à 50% des montants investis, l'Etat ferait en sorte que l'investissement reste deux fois plus cher, que le paiement de l'impôt. Replaçons cette remarque dans l'exemple précédant. Si une telle disposition existait, le contribuable redevable d'un million de francs d'impôt devrait en investir deux dans des entreprises en création, pour ne plus avoir à payer un centime d'ISF. Si l'on s'en tient au strict intérêt immédiat de ce contribuable, il vaut mieux pour lui qu'il paye un million de francs à l'Etat, au lieu de confier une somme deux fois plus importante, à un autre entrepreneur, sans garanties de retour. En effet, une faillite, qu'on ne peut jamais vraiment écarter dans le monde économique moderne, représenterait pour ce Business Angel une perte sèche de deux millions de francs. On conviendra que la première attitude s'avérerait moins coûteuse !

Notons au passage que même la haute administration, pourtant si peu disposée à se priver de ressources fiscales et à faire des « cadeaux » au secteur privé, commence à soutenir des propositions sur l'ISF, proches de celle élaborée par Croissance Plus. On en tiendra notamment pour preuve le rapport de Frédéric Lavenir (avec un nom pareil, on aimerait le suivre !), rendu public le 15 décembre 2000. Dans ce document, cet inspecteur des finances proposait, sans précautions de langage ni artifices sémantiques, un régime d'exonération d'ISF pour les sommes réinvesties dans de jeunes entreprises. Le fait que des membres de la haute administration commencent à adopter un tel point de vue, tend à démontrer que l'idée fait petit à petit son chemin. Ce fait indique clairement que l'aménagement de l'ISF dans le sens d'un soutien accru des pouvoirs publics envers les Business Angels, ne serait pas une mesure aussi injuste sur le plan social et moralement insoutenable, que certains voudraient bien le faire croire.

C'est avec ce type même de mesure que nous parviendrons à redonner un sens au S de ISF. Croissance Plus le soulignait dans son rapport, en estimant que cette réduction d'ISF permettrait « *d'encourager les plus fortunés dans une démarche civique de création d'entreprises à un moment où cet investissement est des plus risqués* » (1). D'une manière générale, cette mesure permettrait d'éviter que l'argent des grandes fortunes ne dorme sous forme de liquidités, d'investissements immobiliers, ou sous tout autre forme d'emplois non productifs. En offrant, une réduction d'ISF équivalente à 50% des montants investis, on invite l'argent à ne jamais s'arrêter de bouger. Mais, à l'inverse de Croissance Plus, je limiterais volontiers cette disposition aux seules entreprises en gestation ou en création et en tout cas âgées de moins de trois ans. Seulement ainsi, nous serions assurés que cet argent ira bien là où nous savons qu'il sera économiquement le plus efficace.

En fait, l'adoption d'une telle mesure permettrait aux pouvoirs publics de trancher enfin la question de l'utilité économique et sociale de l'ISF, dans un sens convenable. Peut-on dire que l'ISF est utile socialement, lorsqu'elle rapporte à l'Etat à peine 1% de ses recettes fiscales ? Rares

(1) *Propositions pour encourager la croissance des entreprises françaises* - remises le 22/09/1999 site Internet www.croissanceplus.com

sont les impôts français connus de tous contribuant aussi faiblement au système de redistribution. Cet argent collecté au titre de l'ISF ne serait-il pas socialement plus utile, en se transformant en fonds propres pour les entreprises, indispensables à la création d'emplois durables ? A l'Etat de nous donner sa réponse.

Sortir le patrimoine non coté du calcul de l'ISF

Au-delà des droits à déductions qui lui sont liés, l'ISF pose des problématiques beaucoup plus catégorielles. L'objet de cette réflexion n'est pas de les étudier, surtout si elles n'ont pas un lien direct avec le financement de l'entreprise nouvelle. Pourtant, nous ferions bien de nous préoccuper de la notion des biens professionnels exonérés, qui devient de plus en plus caduque avec le phénomène de dilution du capital, typique de la Nouvelle Economie. Bien que ce phénomène ne concerne qu'un nombre très limité de contribuables français, il pourrait venir compromettre durablement l'existence de Business Angels sur le sol français. C'est pourquoi il convient de le traiter, malgré son aspect très technique et sa liaison indirecte avec notre problématique.

Ce nouveau problème nous ramène à la notion de patrimoine imposable à l'ISF. L'ISF est construit d'une telle manière que jusqu'à la détention d'un patrimoine de 4,7 millions de francs, on n'y est pas assujetti. Les patrimoines situés au-delà de cette barrière fatidique se voient appliquer un barème progressif, comparable à celui régissant le calcul l'impôt sur le revenu. Dans le cas de l'ISF, le barème démarre au taux de 0,5%, et va jusqu'à 1,5% pour les patrimoines supérieurs à 45,5 millions de francs. Mais avant d'en arriver au calcul de l'impôt à payer, la première question qui se pose consiste à savoir quels éléments du patrimoine rentrent dans la base imposable et quels sont ceux qui n'en font pas partie.

Fort heureusement, le législateur français a eu l'intelligence d'exonérer les biens professionnels. En clair, l'outil de travail ne fait pas partie du patrimoine imposable à l'ISF. Donc, si l'on s'en tient aux grands principes du droit, celui qui possède une entreprise et rien d'autre à côté, ne devrait pas selon toute logique payer d'ISF. Même si la valeur de son entreprise dépasse les cinq millions de francs, son patrimoine imposable restera nul. Décidée en 1989, cette exonération se justifie non seulement par le fait que la possession d'une entreprise reste avant tout un moyen d'exercer une profession, mais aussi parce qu'elle ne représente pas un patrimoine liquide, à l'inverse de ce que sont par exemple les SICAV ou les avoirs en banque. Bien évidemment, pour pouvoir appliquer concrètement cette exonération, le législateur a dû définir une notion très précise des biens professionnels. Ainsi, pour des dirigeants soumis à l'impôt sur les sociétés, la détention d'au moins 25% des parts de leur entreprise détermine le caractère fiscal de biens professionnels exonérés.

En fait, cette définition des biens professionnels ne pose aucun problème à la quasi unanimité des chefs d'entreprises français, qu'il s'agisse des agriculteurs, des dirigeants de PME ou des professions libérales. Par contre, elle pénalise les dirigeants de start-up qui ont connu une hyper croissance de leur chiffre d'affaires, comme de leur valeur vénale. Aussi petite soit-elle à sa création, le propre d'une start-up consiste à devenir grande le plus rapidement possible. Pour cela, elle sollicite d'une manière régulière des financiers extérieurs, capables de lui fournir des fonds propres nouveaux. Ces augmentations de capital successives concernent d'abord le Love Money familial, et puis les Business Angels, le capital-risque, et pour finir dans le meilleur des cas par une introduction en Bourse.

Cette ouverture fréquente du capital entraîne la dilution progressive de la part que le créateur détient lui-même de sa propre entreprise. S'il ne remet pas personnellement de l'argent dans sa société à chaque augmentation de capital - il n'en a d'ailleurs pratiquement jamais les moyens !-, la part qu'il en détient devient de plus en plus petite. Si les 500.000 francs qu'il avait investis à la création de son entreprise pouvaient par exemple représenter 75% du capital, ils ne représenteront plus dans le cas extrême que 1%, après que l'entreprise ait réuni un capital de 50 millions de francs, grâce aux fonds levés en Bourse. Vus les montants en jeu, le créateur ne peut éviter la dilution de ses parts, et peu nombreux sont aujourd'hui les entrepreneurs qui ont réussi à introduire leur entreprise au Nouveau Marché de la Bourse de Paris, tout en possédant encore plus de 10% du capital.

Le problème, c'est que ces 10% du capital ne sont plus considérés, au regard de l'administration fiscale comme un bien professionnel, même s'ils sont détenus par le créateur, et même si, dans les faits, il dirige toujours l'entreprise. Par voie de conséquence, ces 10% rentrent dans le calcul du patrimoine imposable du dirigeant. Dans certains cas, cette réintégration de l'outil de travail entraîne son patrimoine imposable au-delà de la barre des 4,7 millions de francs et le rend redevable de l'ISF.

Dans son rapport du 22 septembre 1999, l'association Croissance Plus donnait en guise d'illustration un cas de figure extrême. L'exemple retenu était celui d'un dirigeant dont l'entreprise cotée au Nouveau Marche était valorisée à 250 millions de francs. Il possédait personnellement 10% du capital de sa société, ainsi qu'un patrimoine immobilier de 10 millions de francs. Enfin, le dirigeant imaginé pour l'exemple touchait un salaire annuel de 350 000 francs, ce qui est loin d'être une rémunération excessive pour ce calibre de chef d'entreprise. Si l'on fait le calcul, on se rendra compte que le créateur en question va devoir payer au titre de l'ISF

350 000 francs, soit l'intégralité de son salaire ! Comprenons bien que seul un effet de seuil a conduit à une situation fiscalement aussi intenable. Si les actions que le créateur possède de sa propre société avaient été considérées comme un bien professionnel, son ISF aurait été dix fois moindre !

Je veux bien reconnaître que l'exemple choisi figure parmi les cas extrêmes. Il n'en reste pas moins que ce phénomène nouveau lié à la définition fiscale des biens professionnels conduit à des situation injustes, dans la mesure où les contribuables concernés, surtout dans la Nouvelle Economie, ne vivent pas forcément de leur patrimoine, mais seulement de leur travail. En tout cas, l'inadaptation de la définition des biens professionnels exonérés n'invite guère les créateurs de start-up à tout faire pour que leur entreprise grandisse. *Créer des emplois en allant chercher les moyens financiers pour grandir, et vous serez redevable de l'ISF* ; reconnaissons qu'il y a quelque chose de frustrant dans ce message adressé par l'administration fiscale aux créateurs d'entreprises, même s'il est ici résumé d'une manière simpliste.

C'est pourquoi l'association Croissance Plus propose au législateur de modifier la définition des biens professionnels exonérés d'ISF. Selon sa proposition, seraient considérées comme biens professionnels exonérés toutes les actions cotées ou non cotées, à condition qu'elles représentent au moins 3% du capital de la société - au lieu des 25 % actuels -, qu'elles soient possédées par le dirigeant salarié de l'entreprise, et que plus de 75% des salaires perçus par ce dernier proviennent de l'entreprise concernée.

« Cette proposition représente aujourd'hui le combat numéro un de Croissance Plus », m'expliquait en août 2000 Sylvain Forestier. « Nous en parlons moins que les stock-options, vu que le sujet est extrêmement peu médiatique, et politiquement il semble difficile que cette réforme puisse passer avant les échéances électorales de 2002. La notion liée à l'ISF des biens professionnels est extrêmement porteuse en délocalisations futures et en pertes pour l'économie française. Une évolution est aujourd'hui vitale, car de plus en plus de sociétés vont se créer à l'étranger, et particulièrement à Londres à cause de cet état de fait ».

C'est bien la raison pour laquelle je souscris entièrement à cette proposition, et que je considère qu'elle s'intègre parfaitement à la stratégie de réformes ici proposées, bien que liées seulement indirectement à la question du financement des créations d'entreprises. Sylvain Forestier est loin d'exagérer la réalité de la situation décrite, à l'inverse de ce qu'on pourrait penser à première vue. Denis Payre, le fondateur de Business Object a par exemple décidé d'aller s'installer à Bruxelles, parce qu'il avait calculé qu'en restant en France, l'ISF lui coûtait entre 5 000 et 6 000 francs par jour ! Du fait de l'éthique personnelle de chacun d'entre nous, certains estimeront qu'il n'y a aucune injustice à ce qu'un créateur d'entreprise qui a réussi brillamment, doive payer un impôt aussi élevé au nom de la solidarité nationale.

Epris d'élans de générosité, ces jugements sont entièrement recevables et concevables, même s'il convient de les modérer dans la mesure où, d'une part, il ne faut pas trop chercher à moraliser l'économie, et d'autre part, dans la mesure où ces entrepreneurs ont déjà servi la collectivité, en créant un nombre important d'emplois en France. Par contre, l'éthique ne doit pas faire abstraction de la réalité économique moderne. Nous vivons aujourd'hui dans une économie ouverte, et qui le sera de plus en plus, ne serait-ce qu'au nom de la construction européenne. Hier, il était très difficile pour les créateurs excédés par la pression fiscale française, d'aller entreprendre ailleurs. Bons nombres de réglementations les en empêchaient. Aujourd'hui, l'Etat n'a plus les moyens de les retenir. C'est bien ce phénomène que journalistes et hommes politiques ont appelé « la fuite des cerveaux », expliquée en grande partie par la problématique de l'ISF.

« On risque d'assister à un phénomène comparable à la fuite des protestants causée par la révocation de l'édit de Nantes », craint Dominique Nouvellet, le dirigeant de SIPAREX. D'ailleurs, le phénomène commence à se faire sentir, puisque même la Direction Générale de Impôts a reconnu discrètement son existence, en mai 2000. Dans une note remise à Didier Migaud, le rapporteur général de la commission des finances de l'Assemblée Nationale, la DGI estimait que 49 000 contribuables redevables de l'impôt sur le revenu et 700 de l'ISF, ont transféré leur domicile fiscal à l'étranger, entre 1998 et 2000. Parmi ceux-ci, trois cents auraient pris cette décision pour des motifs fiscaux crédibles.

Il faut savoir que, toujours selon les mêmes sources officielles, cette évasion fiscale représenterait un « manque à gagner » de 1,4 milliard de francs pour le budget de l'Etat. 1,4 milliard de francs, cela équivaut à peu près à ce que coûterait à l'Etat une politique fiscale audacieuse de soutien aux Business Angels, selon le chiffrage de Bernard Zimmern, le Président de l'IFRAP (1,6 milliard par an). D'ailleurs, l'évaluation qu'a fait la DGI du coût budgétaire de la « fuite des cerveaux », figure parmi les moins alarmistes, pour des raisons qu'il est facile à comprendre. Certaines estimations, comme celles d'Eric Pichet, professeur à l'Ecole Supérieur du Commerce de Bordeaux, vont jusqu'à 600 milliards de francs de recettes fiscales en moins sur dix ans, depuis la création de l'ISF. Sans appréhender la question du point de vue du contribuable, *le Figaro* rappelait en février 2000, que 150 000 Français, toutes professions confondues, sont partis s'installer en Grande Bretagne.

Comprenons bien que ces entrepreneurs aisés partis à l'étranger représentent autant de Business Angels en moins pour la France. S'ils étaient restés en France, ils auraient pu contribuer, grâce à leur fortune, à financer notre tissu de petites et moyennes entreprises. Même si leur nombre se limite à 700 contribuables assujettis à l'ISF, leur départ représente la perte d'une manne financière énorme, dont auraient pu bénéficier ceux qui veulent créer des entreprises aujourd'hui en France. En effet, les Business Angels sont souvent eux-mêmes des chefs d'entreprises en activité, puisque le système « Business Angels » s'auto-entretient. Frédéric De Broglie, Directeur Général de 3i explique cette mécanique, tout en prévenant des risques que notre économie encourt à force de la briser :

« Comment fonctionne le modèle californien ? Vous avez des entrepreneurs qui créent des sociétés, aidés par des Business Angels, ensuite appuyés par des *venture capitalists*, et qui vont finalement se faire coter au Nasdaq. Dans certaines entreprises, la part détenue par les créateurs peut représenter jusqu'à 100 millions de dollars au moment de l'introduction. Une fois qu'ils ont vendu en Bourse leur entreprise, les quatre créateurs à l'origine de la société se retrouvent chez eux avec 25 millions de dollars chacun. Que font-ils vu qu'ils ont à la fois du temps et de l'argent à disposition ? Ils deviennent Business Angels à leur tour. Le système génère des Business Angels ».

« Face à ce phénomène, on retrouve en France des problèmes similaires à ceux que l'on peut constater dans le football. En France, on a des centres de formation excellents, destinés à préparer de jeunes champions. Ensuite, notre fiscalité sur le football fait en sorte que tous les très bons joueurs partent pour des clubs anglais ou italiens. Du coup, les clubs français n'excellent pas au niveau européen. Dans la création d'entreprise de croissance, on vit la même situation. La France dispose d'un groupe d'écoles d'ingénieurs exceptionnelles. Pourtant, une fois formés, les jeunes Français s'en vont. Certes, ils ne s'en vont pas tous, mais on ne parle pas en terme de nombre ; ce sont les meilleurs, ce sont les stars qui partent ».

Pour stopper l'hémorragie, il est urgent d'exclure du champ d'application de l'ISF au moins les actions que détiennent les dirigeants de leur propre entreprise. Les conditions et plafonds proposés par Croissance Plus semblent les bons. Même si cette mesure indisposera certains pour des raisons d'ordre éthique, elle représente le prix à payer pour que les véritables Business Angels de demain restent en France.

L'exonération des plus-values réinvesties

L'ISF et l'impôt sur le revenu ne sont pas les deux seuls leviers par lesquels l'Etat peut construire une fiscalité favorable aux Business Angels. L'impôt sur les plus-values fait également partie des quelques armes fiscales qui nous restent en mains. En effet, nous avons pu constater dans l'étude de l'exemple américain, que les Business Angels obtenaient leur retour sur investissement essentiellement en revendant les actions des sociétés qu'ils avaient contribuées à financer, souvent dans le cadre de cessions industrielles, et plus rarement lors d'introductions en Bourse. Bien évidemment, le fruit de la revente d'actions est soumis en France à un impôt, l'impôt sur les plus-values, qui touche autant les plus-values réalisées sur les actions non cotées de jeunes sociétés, que celles réalisées en moins d'une journée en Bourse.

Bien évidemment, plus le taux de l'impôt sur les plus-values est bas, plus l'activité de Business Angel devient rémunératrice. Comme l'investissement dans le non coté est par essence extrêmement risqué, et par conséquent les moins-values très fréquentes, il vaut mieux que les quelques plus-values ne soient pas trop ponctionnées, pour que les Business Angels retirent un minimum d'intérêt financier à continuer leurs investissements. Les Belges ont très bien compris cette mécanique, puisqu'il n'existe pas dans leur code fiscal, la moindre imposition des plus-values sur actions. En France, le taux de cet impôt s'élève à 16%, auquel il faut rajouter 10% de prélèvements sociaux (CSG et CRDS), ce qui porte en fait la taxation des plus-values à 26%.

La méthode belge serait-elle alors la bonne solution à apporter à la situation fiscale des Business Angels français ? Comme beaucoup, je ne pense pas que faire disparaître totalement l'impôt sur les plus-values de notre droit fiscal, serait des plus efficients. Bien évidemment, des raisons d'ordre éthique et moral guident le choix de ne pas aller en France jusqu'à l'abolition totale de l'imposition des plus-values. Il faut bien tout de même que l'argent de la spéculation contribue à un moment ou à un autre, au financement de l'Etat, de la redistribution et de la politique sociale. Surtout, la disparition de l'impôt sur les plus-values reviendrait à placer sur un même pied d'égalité fiscal la spéculation boursière à court terme et les placements risqués à long terme dans les créations d'entreprises.

Si réforme il doit y avoir, elle ne peut viser à encourager la petite spéculation au jour le jour ; elle serait alors contre-productive. Au contraire, son but doit consister à faire en sorte que le contribuable aisé ait fiscalement davantage intérêt à investir dans le non coté, plutôt que de réaliser des plus-values sur d'autres valeurs que l'entreprise. C'est pourquoi, une distinction d'imposition des plus-values selon leur nature, s'avérerait idéale ; les Business Angels doivent se voir proposer un traitement fiscal spécifique. Ici encore, on peut trouver des sources d'inspiration à l'étranger et une fois de plus en Amérique. Aux Etats-Unis, le taux d'imposition des plus-values, fixé à 28% dans le cas général, est ramené depuis l'administration Clinton à 14%, par dérogation pour les investissements en actions dans de petites sociétés.

Mais il y a encore plus ingénieux. Pour favoriser l'essor des Business Angels, l'association Croissance Plus a proposé au début de l'année 2000 d'exonérer totalement d'impôt, les plus-values sur actions, tant que celles-ci sont réinvesties dans d'autres jeunes entreprises. En quelque sorte, l'exonération d'impôt sur les plus-values dure, tant que le contribuable poursuit son activité de Business Angel. Il peut revendre ses participations financières et empocher tout de même ses plus-values ; il ne paiera pas d'impôt sur cette opération, si l'argent perçu sert à nouveau à financer d'autres créations d'entreprises. La seule plus-value taxée serait la dernière, le jour où le Business Angel décidera d'interrompre ses placements, pour profiter de ses gains. En fait, l'intérêt du dispositif, c'est qu'il pousse l'argent à bouger, au lieu de dormir. Il encourage l'épargne des particuliers à ne pas arrêter son mouvement, de telle sorte que les créations d'entreprises se voient alimenter par un flux continu d'investissements.

Alliant l'efficacité économique à la nécessité de taxer à un moment où à un autre les plus-values, cette proposition de Croissance Plus a rencontré un certain succès. Au point que même le gouvernement Jospin a semblé vouloir la reprendre à son compte. Le 11 avril 2000, à l'occasion de la clôture des Etats Généraux de la création d'entreprise, le Premier Ministre avait en effet cru bon de tenir le propos suivant, pour rassurer les participants déçus de ne voir aucune mesure en faveur des Business Angels, dans le plan gouvernemental qui leur était proposé :

« *Les Business Angels se multiplient. Ils conseillent, soutiennent les projets, font partager aux créateurs d'entreprises leurs réseaux et leurs clients. Le report d'imposition des plus-values réinvesties dans les PME nouvelles est un dispositif d'incitation puissant, qui a fait ses preuves dans d'autres pays. Mais il n'est actuellement permis de ne procéder qu'une seule fois à ce report. Grâce à une mesure qui sera proposée dans le collectif budgétaire, il sera désormais possible de répéter l'opération autant de fois que le capital sera réinvesti* » (1).

Avec un tel propos venu de la part d'un Premier Ministre de gauche, on ne pourra plus en tout cas dire que la défiscalisation des plus-values réinvesties, représente un nouveau « cadeau accordé aux riches » ! Hélas, ce report d'imposition des plus-values réinvesties ressemble un peu à l'Arlésienne. Plus elle se fait attendre, plus elle est annoncée, moins elle arrive. Confronté à l'impatience de la presse, Laurent Fabius a bien

(1) *Allocution de Monsieur Lionel Jospin en clôture des Etats Généraux de la Création d'Entreprise*, transmise par le service de presse du Premier Ministre

indiqué en juillet 2000 en réponse au Premier Ministre, que le Ministère des Finances allait résoudre la question à l'occasion des Assises européennes de l'innovation, fixées pour le 21 novembre 2000 à Lyon. Mais une fois le collectif budgétaire de l'automne passé, rien n'est advenu. Malgré la novation prometteuse du dispositif, le report d'imposition des plus-values réinvesties attend toujours de se voir concrétisé et mis en application au-delà des effets d'annonce.

Un meilleur traitement fiscal de l'épargne patiente

L'idée même d'une épargne à risque repose sur une logique de durée. Investir dans une entreprise non cotée, qui plus est en création, cela revient à accepter de ne pas réaliser son retour sur investissement avant un certain laps de temps. La durée de cette période dépend en fait de la capacité de l'entreprise à croître rapidement, pour atteindre une taille suffisamment importante qui intéressera des acquéreurs éventuels. Cela peut durer deux ans, si la start-up est des plus performante et réussit à s'introduire sur un marché boursier. Mais cela peut durer dans d'autres cas, cinq, dix, ou vingt ans, voire une génération entière. Entre temps, faute de liquidité, il est difficile pour l'actionnaire de proximité, de trouver un autre épargnant prêt à racheter ses actions et réaliser ainsi sa plus-value. Or, sur toute la durée de cette période, l'entreprise est soumise aux aléas des réalités économiques, et peut à tout moment péricliter pour des raisons diverses et variées.

A l'inverse, l'épargnant qui achète une action en Bourse garde la possibilité de la revendre aussitôt. C'est ainsi que bons nombres de boursicoteurs réalisent ce que l'on appelle des « aller-retour » en Bourse, qui leur permettent parfois de réaliser une plus-value en l'espace d'une seule journée. La logique de placement est loin d'être la même, et montre bien que le facteur temps conditionne le niveau de risque d'un placement en actions. Loin de moi l'idée d'émettre un jugement d'ordre moral sur les épargnants qui accomplissent des « aller-retour » en Bourse, notamment à l'occasion des privatisations. D'autant plus que la spéculation est nécessaire au bon fonctionnement des marchés boursiers, en les alimentant en liquidité.

Par contre, on peut constater que la fiscalité française ne fait pas de distinction entre le spéculateur et l'actionnaire de long terme. Les taux d'imposition sur les plus-values auxquelles sont soumises ces deux opérations sont rigoureusement les mêmes : 16% plus 10% de prélèvements sociaux, autrement dit une ponction totale de 26%. Cette égalité de traitement entraîne une véritable injustice fiscale et pousse à une logique pratiquement anti-économique. L'actionnaire qui accepte le risque d'un placement long ne se voit pas moins ponctionné, que celui qui se dessaisit du risque en moins d'une journée. Voilà une situation qui ne pousse guère les épargnants français à privilégier l'investissement dans le non coté, par rapport à l'investissement boursier. Il faut donc y remédier.

C'est pourquoi, je reprendrais volontiers les propositions de l'Association *Entreprise et Progrès*, dirigée par le co-fondateur du Groupe ACCOR, Paul Dubrule, qui vise à mieux récompenser l'épargne patiente. L'idée serait de rendre l'imposition des plus-values dégressive en fonction de la durée de détention des actions. La ponction fiscale resterait au niveau actuel de 26%, pour les plus-values réalisées sur une vente d'actions intervenue moins de six mois après leur acquisition. Ensuite, le taux de prélèvement tomberait à 16% (dont toujours dix points de CSG et de RDS) pour les plus-values sur une durée de détention d'actions comprise entre six mois et cinq ans. Enfin, pour les plus-values réalisées après cinq années de détention, seuls les 10% de prélèvements sociaux subsisteraient. Avec une telle réforme, on privilégie indéniablement l'investissement à risque par rapport à la spéculation à court terme.

Parallèlement, cette réforme fiscale en faveur de l'épargne patiente implique également de rééquilibrer l'imposition des dividendes par rapport à la taxation des intérêts perçus sur les obligations, un fait que l'association Entreprise et Progrès n'a pas également manqué de relever. Sans rentrer dans les détails, comprenons bien qu'il existe aujourd'hui en matière de traitement fiscal une réelle distortion, entre le revenu des actions, le dividende, et le revenu des obligations, l'intérêt. D'un côté, les dividendes sont taxés dans le cadre de l'impôt sur le revenu ; on leur applique donc le barème de cet impôt qui peut monter jusqu'à 54%. De l'autre côté, le revenu des obligations se voit exclu de l'impôt sur le revenu, et soumis à un prélèvement libératoire de 15% (plus 10% de prélèvements sociaux). Cette distortion ne s'accomplit pas au bénéfice de l'investissement en actions et à risque, c'est le moins que l'on puisse dire.

En outre, elle conduit à une aberration sociale profonde. Le contribuable imposé à la tranche maximale de l'impôt sur le revenu, et donc relativement aisé, a tout intérêt à choisir un placement en obligations sur lequel il est assuré de ne pas payer plus de 25% de prélèvements obligatoires, au lieu de dividendes ponctionnés à 54%. A l'inverse, les foyers plus modestes, et surtout ceux exonérés d'impôt sur le revenu, privilégieront un investissement en actions, puisqu'ils ne paieront aucun impôt dessus. En clair, la construction actuelle de notre système fiscal conduit à faire supporter le risque du placement en actions, à l'épargnant qui n'en a pas les moyens !

C'est pourquoi en la matière, il conviendrait d'appliquer aux dividendes des actions, le même régime fiscal que celui du revenu des obligations. Ainsi, nous pourrions sortir les dividendes de la base de l'impôt sur le revenu, et leur appliquer un prélèvement libératoire de 25%, prélèvements sociaux compris, et parvenir selon les termes du Professeur Babeau à « un traitement fiscal des dividendes plus raisonnable ». « Le système forfaitaire a au moins l'avantage de la simplicité ».

Rationaliser, communiquer et exhorter

Entre la transparence fiscale au niveau de l'impôt sur le revenu, les aménagements de l'ISF et l'exonération d'impôt pour les plus-values réinvesties, les premières mesures proposées forment un programme fiscal dense. Bien qu'elle reste perfectible, j'ose croire que cette politique fiscale de soutien à l'actionnariat de proximité, serait à peu près complète, en tout cas telle qu'elle a été présentée. Pour autant, on peut se poser avant même son application, quelques questions quant à son efficacité. En effet, cette politique fonctionnera si, et seulement si, le contribuable français en comprendra totalement les rouages, la finalité et l'intérêt qu'il pourra personnellement en retirer.

Pour que cette stratégie réussisse, le contribuable doit intégrer que le seul et unique moyen de payer le moins d'impôt possible, reste l'investissement dans une entreprise en création. Pour que cette idée imprègne durablement les mentalités, il faut que les déductions fiscales soient connues par un large public, ce qui suppose un effort de communication soutenu. En outre, les dispositions fiscales consenties doivent représenter des avantages rares voire exclusifs, pour qu'elles arrivent à convaincre un nombre significatif de contribuables, de se faire « anges des affaires ».

Force est de constater que c'est aujourd'hui loin d'être le cas en France. Même si les abattements actuellement en vigueur restent extrêmement modestes par rapport à ce que l'on peut observer dans les économies anglo-saxones, le droit fiscal français accorde aujourd'hui quelques possibilités pour réduire son impôt en investissant dans une PME. Nous les avons déjà étudiées. Hélas, bien que ces dispositions existent, on ne peut que constater qu'elles n'ont fait l'objet que d'une utilisation très modérée de la part des contribuables français. Le Député du Haut-Rhin, Jean-Marie Bockel, relevait dans son rapport sur la création d'entreprises, que seulement 2 000 contribuables par an bénéficiaient de la déduction des pertes en capital. De la même manière, à peine 18% des souscripteurs d'actions non cotées et éligibles à la réduction d'impôt à l'origine, atteignait le plafond des 37 500 francs.

Pourquoi les dispositions fiscales en faveur de l'actionnariat de proximité, n'ont-elles pas remporté le succès escompté ? La question doit impérativement être posée, avant même d'envisager une augmentation et un déplafonnement des avantages en question. En fait, la raison de ce semi échec est très simple. La déductibilité des pertes et la réduction d'impôt à l'origine se perdent dans les méandres de notre système d'exonérations fiscales, qui ressemble de plus en plus à une usine à gaz. Ces deux dispositions ne sont pas particulièrement visibles ; elles ne se détachent pas de la multitude d'exonérations, de régimes dérogatoires, de crédits d'impôt, d'avoirs fiscaux, et de déductibilités de l'assiette, qui n'ont rien à voir avec l'investissement productif de proximité.

La floraison de ces remises d'impôts font que la déductibilité des pertes et la réduction d'impôt à l'origine, passent relativement inaperçues, et ne sont finalement que deux avantages fiscaux parmi tant d'autres. Pour le contribuable moyen, il n'est pas fiscalement plus intéressant d'investir dans une PME, que d'effectuer des dons à un organisme reconnu d'utilité publique, de financer un parti politique, ou acheter certains objets d'art. Alors, si l'on peut réduire son impôt autrement qu'en finançant une création d'entreprise, qu'est-ce qui nous pousse à préférer cet investissement plus qu'un autre ? Notons d'ailleurs que ce problème se pose autant avec l'impôt sur le revenu, qu'au niveau de l'ISF.

Au niveau de l'impôt sur le revenu, la série des droits à réduction d'impôt est d'une diversité impressionnante. J'insiste sur le terme réduction, car si l'on parlait des dépenses pouvant être déduites de la base de calcul de l'impôt, il nous faudrait plus d'une page pour en établir la liste. Il existe des réductions d'impôts pour les dépenses de travaux sur l'habitation principale, pour les investissements immobiliers locatifs, pour les frais de garde des jeunes enfants, pour les frais d'emploi d'un salarié à domicile, pour les cotisations syndicales, pour les primes d'assurance sur la vie, pour les investissements en logement dans les DOM-TOM, sans oublier les dons au profit d'œuvres et d'organismes à caractère philanthropique, éducatif, scientifique, social, familiale et culturel. Encore, toutes les possibilités de réductions ne sont pas ici mentionnées. Plus grave, le taux accordé pour la réduction d'impôt pour l'investissement en actions non cotées, figure parmi les plus bas de la liste.

Par exemple, les syndicalistes bénéficient d'une réduction d'impôt égale à 30% du montant annuel des cotisations versées. Déjà, je ne vois pas quelle justification d'intérêt général légitime le fait que l'Etat paye un tiers de la cotisation des contribuables adhérents à un syndicat. Mais ce qui est incohérent, c'est que la réduction d'impôt pour cotisation syndicale est supérieure à celle consentie, aux investissements en actions non cotées dans des jeunes entreprises (30% contre 25%). Cela signifie qu'un salarié qui, au lieu de verser mille francs de cotisations à son syndicat, déciderait de les investir intégralement dans l'entreprise de son voisin, payerait plus d'impôts ! Vues les autres réductions possibles, et les taux supérieures dont celles-ci bénéficient aujourd'hui, on voit bien que « l'avantage Madelin » ne pousse en rien les particuliers à investir dans l'entreprise. Il n'est pas fiscalement suffisamment motivant, et encore moins unique : il subit la concurrence d'un très grand nombre de droits à réduction.

Au niveau de l'ISF, on constate de la même manière une kyrielle de déductions possibles permettant au contribuable de se soustraire de l'impôt. « Aujourd'hui, on peut soustraire à l'ISF les objets d'art. Pourquoi alors n'a-t-on pas le droit de soustraire en partie l'argent qui est investi dans des sociétés ? », se demande Sylvain Forestier, le Président de Croissance Plus. Il faut savoir qu'est notamment exonéré d'ISF, ce que le fisc appelle les collections, autrement dit les antiquités de plus de cent ans, les tableaux, les tapis, les timbres, et les statues. On peut tout de même ici encore se demander ce qu'apportent réellement ces exonérations à l'économie française. Certes, elles doivent faire le bonheur des antiquaires, mais au-delà, sont-elles vraiment utiles à la collectivité ? Est-ce le fait d'acheter un tapis persan pour embellir ma salle de séjour contribue réellement au développement de l'économie française ? Est-ce une démarche autrement plus civique que l'investissement dans le capital d'une jeune entreprise ? En investissant dans une entreprise, je lui donne les moyens financiers de croître, et donc potentiellement de créer des emplois. En achetant des objets d'art, je génère du chiffre d'affaires supplémentaire pour un secteur d'activité bien délimité, mais cela ne va pas plus loin ; la démarche est autrement moins créatrice d'emplois.

C'est pourquoi, il nous appartient d'aplanir notre système fiscal, de le lisser, pour que les dispositions en faveur de l'actionnariat de proximité deviennent fiscalement concurrentielles. Il faut faire en sorte que l'investissement à risque dans les créations d'entreprises devienne pratiquement la seule manière de ne payer ni d'impôt sur le revenu, ni d'ISF. Tant qu'il existera d'autres façons de réduire significativement son impôt, les gros contribuables n'auront que le choix pour leur stratégie d'exonération, et leur argent ne se portera pas naturellement et massivement sur les créations d'entreprises. Bien évidemment, cette entreprise d'aplanissement de notre système fiscal est politiquement des plus périlleuses. On peut être assuré que le gouvernement qui reviendra, par exemple, sur l'exonération d'ISF accordée aux objets d'arts, conduira dans la rue tous les antiquaires de France. Il faudra donc vraisemblablement réformer par petites touches, mais ce travail devra être accompli à un moment ou à un autre, si l'on veut que les nouvelles dispositions fiscales soient efficaces, et permettent d'atteindre notre objectif en terme de Business Angels supplémentaires.

Une fois que ce « toilettage » sera accompli, il faudra veiller à faire connaître au plus large public les nouvelles dispositions fiscales en faveur de l'actionnariat de proximité. Nous devrions faire en sorte que chaque contribuable sache que réaliser son Love Money lui permettra de réduire significativement son impôt. Or actuellement, tout le monde ne le sait pas.

Comment un contribuable peut-il demander à bénéficier d'un avantage fiscal, s'il ne sait même pas que celui-ci existe ? On comprendra qu'il faut remédier rapidement à cette méconnaissance.

Dans ce cas, quel serait le média le plus efficace pour faire connaître d'une manière récurrente à l'ensemble des contribuables cette politique fiscale ciblée ? François Hurel, le délégué général de l'APCE s'est fait son idée sur la question : « *je fais une suggestion toute bête : pour que cette mesure soit plus connue* [NDRL : la réduction d'impôt pour 25% des montants investis], *pourquoi ne pas l'inscrire au verso de chaque feuille de paye pour rappeler son existence à chaque salarié, comme cela se fait au Québec depuis 1986 ?* » (1). Allons même plus loin que la proposition de François Hurel : demandons également à l'administration fiscale de mentionner sur chaque formulaire de déclaration annuelle de revenu, dans un encart en gras situé sous le titre, l'ensemble des réductions d'impôts liées à l'investissement en actions non cotées, et exclusivement celles-ci !

En parallèle de la communication destinée aux investisseurs, doit s'établir une communication technique à l'attention des créateurs d'entreprises. Le Secrétariat d'Etat aux Petites et Moyennes Entreprises a déjà réalisé plusieurs documents récapitulant l'ensemble des aides publiques et privées destinées à la création d'entreprises. Toutefois, les créateurs d'entreprises auraient aujourd'hui besoin d'une brochure beaucoup plus complète, non plus centrée sur la problématique *quel organisme est distributeur d'aides*, mais sur le thème *comment mobiliser légalement et à bon escient des capitaux de proximité*. Non seulement, cet annuaire gratuit recenserait l'ensemble des interfaces à Business Angels et clubs du type « Love Money » existant dans chaque département, mais il détaillerait également toutes les déductions fiscales liées à l'investissement de proximité, et expliquerait enfin les règles COB encadrant l'appel public à l'épargne sans demande de cotation en bourse, jusqu'à présent plutôt méconnues.

Etant destiné aux créateurs d'entreprises potentiels ou déjà passés à l'acte, ce document devrait être disponible dans tous les espaces et lieux d'accueil où ceux-ci peuvent se trouver. Bien évidemment, les Chambres de Commerce et les centres de formalités des entreprises restent des cibles prioritaires, mais pas suffisantes. Sur cette question de la distribution de l'information, il nous appartient d'être beaucoup plus novateur. Il faut en effet étendre la distribution de ce document aux espaces dans lequel évoluent des créateurs d'entreprises en puissance, lieux trop souvent oubliés. Pensons aux organismes privés d'aides à la création d'entreprises, aux incubateurs universitaires ou territoriaux, aux professionnels du conseil comme les experts-comptables et les avocats, aux IUT, écoles de commerces, facultés, et écoles d'ingénieurs, aux banques, caisses d'épargne, et bureaux de postes, aux comités d'entreprises, aux syndicats,

 (1) Magazine *L'Entreprise* - n°177 - juin 2000 - Propos recueillis par Etienne Gless et Guillaume Roquette

et bien évidemment aux mairies. C'est seulement par cette distribution de masse, qui n'a jamais été organisée, que l'on parviendra à vulgariser la démarche.

Ensuite, la communication pourra dépasser le stade de l'information dédiée aux publics ciblés, pour franchir une nouvelle étape grâce aux média grand public, comme la télévision et l'affichage. On peut très bien imaginer une campagne nationale de publicité, incitant les citoyens que nous sommes, à investir dans des créations entreprises, pour contribuer à la croissance tout en réduisant notre feuille d'impôt. Une initiative assez proche avait été réalisée à l'automne 1999 par l'agence de publicité Alice, pour le compte de Paris Bourse SA et de quelques grands groupes industriels. Le thème choisi était celui de l'actionnariat populaire en Bourse. Nous aurions aujourd'hui besoin de la même campagne, mais cette fois-ci sur le thème de l'actionnariat non boursier. En outre, cette nouvelle campagne devrait revêtir une dimension plus didactique, puisqu'elle informerait des principaux soutiens fiscaux. N'ayons d'ailleurs aucun doute sur l'efficacité de telles campagnes d'information. Bien faites, elles marquent durablement les mentalités ; les gens s'en souviennent. Qui a aujourd'hui oublié la très célèbre *en France on a pas de pétrole mais des idées* ou encore *placer de l'argent à gauche, c'est adroit* ? Alors, faisons de même sur le thème *Investir dans une création d'entreprise, cela peut en même temps rapporter, alléger l'impôt, et créer des emplois* !

« Cette proposition est intéressante, mais qui payera cette campagne ? », me demandait Yvon Jacob, parlementaire auteur d'un rapport sur l'épargne de proximité. « Seul l'Etat peut le faire, parce que personne d'autre ne sera suffisamment intéressé pour payer une campagne de cette nature. On en revient donc à la nécessité d'une volonté politique ». Le problème du volontarisme des pouvoirs publics reste pour ainsi dire, éternel. D'ailleurs, comment faire autrement ? Informer le grand public des bienfaits pour l'économie et l'emploi de l'acquisition d'actions non cotées relève d'une mission d'intérêt général. Elle incombe donc au service public, au même titre que, par exemple, les spots publicitaires nous invitant à aller nous faire vacciner contre les maladies virales.

En outre, comme l'expliquait Yvon Jacob, l'importance du coût budgétaire d'une telle campagne implique que seul l'Etat peut l'assumer financièrement. Certes, certains contribuables grinceront peut-être des dents, en voyant l'argent de leur impôt dépensé dans de coûteuses campagnes publicitaires. Mais ne s'agit-il pas d'une dépense économiquement utile et indirectement productive ? D'autres campagnes publicitaires actuellement financées par l'Etat ont un impact économique vertueux beaucoup moins évident.

Plus largement, la remarque d'Yvon Jacob rappelle que la communication grand public sur l'épargne de proximité passe aussi par l'investissement des dirigeants politiques et gouvernementaux. Au cours de leurs conférences de presse et de leurs déplacements en province sur les thèmes économiques, les décideurs politiques disposent de tribunes idéales pour donner à nos concitoyens le goût d'entreprendre et d'investir. Jacques Chirac, Lionel Jospin et Laurent Fabius ne s'y sont pas trompés, puisqu'ils se sont rendus chacun à leur tour dans des incubateurs privés, pour voir comment s'y déroulaient les créations d'entreprises. Lors de tels déplacements, la presse est généralement présente en nombre, attend des discours forts, et espère entendre des propositions audacieuses ; le message peut être relayé. C'est donc en de pareilles occasions, que nos dirigeants pourraient rappeler qu'investir dans l'entreprise d'un autre, relève autant d'une démarche civique, que d'une démarche patrimoniale. Ils peuvent également profiter de cette tribune, pour affirmer haut et fort que l'Etat se tient prêt à se priver d'une ressource fiscale, afin d'accompagner le mouvement.

Dans ces domaines, « le rôle de guide et d'orientation que jouent, ou que devraient jouer, les hommes politiques, est totalement nécessaire », reconnaît Laurent Edel, le fondateur de l'incubateur Republic Alley. Sans vouloir individualiser cette observation, beaucoup de responsables politiques pourraient s'inspirer de l'attitude du Président du Sénat, Christian Poncelet, qui dans le domaine de la création d'entreprises, a été exemplaire. Entre 1999 et 2000, Christian Poncelet aura tout de même accepté de consacrer quatre de ses déplacements en province, pour exhorter les jeunes à créer leurs propres entreprises : en mai 1999 à Sophia Antipolis, le 21 janvier 2000 en compagnie de Raymond Barre à l'école de commerce de Lyon, le 4 avril 2000 au technopole de Troyes et le 15 juin 2000 à l'agropole d'Agen. Selon ses propres termes, Christian Poncelet voulait contribuer à «*former* [la jeunesse] *à l'esprit d'entreprendre qui n'a jamais été enseigné* » (1). Surtout le Président du Sénat a joint le geste à la parole, puisqu'en 1999 c'est sous son égide que le Tremplin Entreprise a été lancé, faisant curieusement du Palais du Luxembourg une pépinière de Business Angels.

D'autres dirigeants politiques, de droite comme de gauche, ont cherché ces derniers temps à développer une démarche volontariste et constructive sur la thématique de la création d'entreprise. Il n'y a qu'un seul message à leur porter : *bravo et continuez*, sachant que dans le cas où des mesures du type transparence fiscale seraient votées, il serait de l'intérêt de tous à ce qu'ils redoublent d'efforts en communication. La communication sur le soutien fiscal à l'actionnariat de proximité, et sa lisibilité, passe surtout par la capacité des hommes politiques à devenir de véritables « porte-paroles » de l'audace économique.

 (1) *Le Figaro* - numéro du samedi 22 janvier 2000 - Propos recueillis par Sophie Huet

Chapitre 10

Pour une structure publique adaptée au capitalisme de proximité

L'ANCP ou le recensement des Business Angels entrepris par les services fiscaux

La conception des réformes fiscales qui viennent d'être envisagées, a reposé sur une idée centrale : cibler en priorité le public des Business Angels. Cet objectif impliquait de proposer des avantages fiscaux de préférence sur les impôts, auxquels sont soumis les épargnants de cette catégorie bien précise. C'est pourquoi, l'aménagement de l'ISF et des taux marginaux de l'impôt sur le revenu, est apparu comme la priorité parmi les priorités. Cependant, notre réflexion sur la manière d'inciter les hauts revenus à se porter sur les créations d'entreprises, appelle à une remarque bien plus simple.

Raisonnons quelques instants par syllogisme. D'un côté, les contribuables imposés à l'ISF disposent chacun d'un patrimoine et d'une assise financière suffisante pour mener correctement et en parallèle de leurs activités professionnelles, une activité de Business Angel. De l'autre côté, les créateurs d'entreprises cherchent à entrer en contact avec des Business Angels sans savoir vraiment où les trouver. Or, si les créateurs d'entreprises savaient réellement qui paient en France l'ISF, ne trouveraient-ils pas plus facilement les moyens financiers, indispensables au développement de leurs projets ?

Sur le papier, ce raisonnement paraît évident. Hélas, il butte sur un principe de base de notre économie qu'il convient de respecter : le secret fiscal. Même en poursuivant un but aussi louable que l'amélioration du financement des créations d'entreprises, on ne peut imaginer un seul instant que l'administration rende public les noms des citoyens assujettis à l'ISF. On ne peut se le permettre, ne serait-ce pour des raisons éthiques. Les citoyens qui ont gagné de l'argent, ont le droit absolu à la confidentialité, comme ceux d'ailleurs qui n'en gagnent pas. Rendre public le patrimoine fiscal et le revenu imposable de chacun, c'est à coup sûr inviter chaque citoyen à juger l'autre, sur le nombre de francs déposés sur son compte bancaire. Attention aux réflexes inquisitoires de la société française !

Bien évidemment, personne ne veut en arriver à ce qui pourrait nous conduire à une dérive poujadiste, même les créateurs de start-up qui peut-être auront un jour fait fortune, et n'aimeront pas alors la voir affichée sur la place publique. Par contre, la problématique de l'identification des véritables Business Angels se pose toujours, et pour l'instant l'administration fiscale reste la seule entité à détenir l'information. Il nous appartient donc de trouver une solution de compromis entre le respect du secret fiscal et l'amélioration des interfaces. En effet, nous avons déjà pu nous rendre compte que le bon fonctionnement des interfaces s'avérait aussi déterminant que les avantages fiscaux dans le rapprochement entre l'épargne et la création d'entreprises.

Cette solution médiane existe et reposerait sur la constitution d'une nouvelle autorité administrative rattachée au Ministère des Finances, que l'on pourrait nommer *l'Agence Nationale pour les Capitaux Privés*. En ayant accès à l'information fiscale, son but consisterait à rapprocher les Business Angels des réseaux de soutien à la création d'entreprises. Composée de fonctionnaires soumis au secret professionnel, cette structure serait chargée d'effectuer un recensement permanent des Business Angels, parmi les contribuables français imposés, soit à l'ISF, soit ceux appartenant à la tranche maximale de l'impôt sur le revenu, et ce, grâce aux informations transmises par les centres des impôts.

Il lui serait bien évidemment interdit, sous peine de sanctions pénales, de transmettre à des intervenants extérieurs, chefs d'entreprise ou réseaux, toute information relative au patrimoine, au revenu et à la situation fiscale des contribuables identifiés. Par contre, cette autorité aurait la charge d'informer régulièrement chaque Business Angel potentiel de l'utilité d'une telle activité, des avantages fiscaux possibles, pour au final les convaincre de devenir *réellement* Business Angel. L'ANCP pourrait par exemple donner à chaque contribuable identifié, les coordonnées des *fund raisers* et des organismes privés ou publics se proposant de faire l'interface entre les créateurs d'entreprises et les capitaux privés.

On pourrait même imaginer que ce nouvel organisme public publie un annuaire des Business Angels français, qui bien évidemment accepteraient de rendre public leur activité. Au niveau européen, l'EBAN (*European Business Angels Network*) travaille aujourd'hui à la rédaction d'un tel annuaire. Mais à la différence de la structure envisagée, l'EBAN n'a pas accès à l'information fiscale émanant des Etats membres de la communauté européenne. Plus largement, on voit bien que l'ANCP devrait travailler en étroite collaboration avec deux organismes déjà existant, en plus de sa coopération naturelle avec les services fiscaux : l'EBAN et l'APCE. La collaboration avec l'EBAN se justifierait par la nécessité d'ouvrir les travaux de l'ANCP sur une perspective européenne, et en même temps d'obtenir la coopération des réseaux de Business

Angels déjà structurés, dans l'idée de pousser des Business Angels étrangers à investir en France.

La coopération avec l'APCE permettrait quant à elle, d'orienter les contribuables désireux de devenir Business Angels, vers l'ensemble des structures françaises en charge de la création d'entreprises. Ainsi, on pourrait imaginer que l'ANCP puisse transmettre directement aux contribuables intéressés, les dossiers en provenance de ces organismes et répondant à leur critère d'investissement. Mais dans un cas comme dans l'autre, elle seule et personne d'autre, saurait qui est en France Business Angel au sens fiscal et patrimonial du terme. L'Agence Nationale pour les Capitaux Privés garderait la pleine maîtrise de l'information.

En fait, cette structure publique serait une des plus originales de notre administration, dans le sens où elle serait chargée de motiver en permanence les Business Angels à investir, et du coup, à payer moins d'impôt ! Elle représenterait en priorité les intérêts des contribuables, et seulement ensuite ceux des services fiscaux. Pour garantir cette originalité, il faudrait que cette agence soit rattachée au Ministère des Finances pour qu'elle puisse disposer de l'information fiscale. Mais il lui faudrait en même temps que son statut lui accorde une relative indépendance par rapport à son ministère de tutelle. En effet, il ne faudrait pas qu'en période de faibles rentrées fiscales, cette agence puisse recevoir des ordres hiérarchiques lui demandant de modérer son activité, et de moins inciter les contribuables à diminuer leurs impôts grâce à l'investissement de proximité. D'où la nécessité de la plus grande autonomie possible pour l'ANCP.

Certains diront que la création de cette agence reviendrait une fois de plus à instaurer un dispositif coûteux pour les finances publiques, et donc pour nos impôts, ce qui n'irait pas vraiment dans le sens de la réflexion ici menée. En guise de réponse, remarquons que le nombre de contribuables assujettis à l'ISF, ou en tout cas répondant à la définition patrimoniale des Business Angels, n'est pas important au point de mobiliser un nombre considérable de fonctionnaires.

Une autre objection serait cette fois relative au statut de semi indépendance de l'organisme, vis-à-vis du Ministère des Finances. A celle-ci, je répondrais que la France est loin d'être dépourvue d'autorités administratives indépendantes. La CNIL (Commission Nationale Informatique et Liberté), le CSA (Conseil Supérieur de l'Audiovisuel) et bien entendu la COB (Commission des Opérations de Bourse) en font partie. Certes, ces dernières entités ne sont soumises à la tutelle d'aucun ministère spécifique, du fait du statut très précis d'autorité administrative indépendante dont elles bénéficient. Leur seul lien avec le pouvoir politique repose sur le mode de désignation de leurs administrateurs ou commissaires. Dans le cas de l'ANCP, un lien hiérarchique plus net avec

Bercy serait nécessaire, afin de contrebalancer la transmission de l'information fiscale. Mais, nous est-il impossible de faire preuve d'un peu d'audace statutaire, au point de renoncer à constituer l'ANCP ?

D'ailleurs, aux Etats-Unis, l'organisme public en charge des petites entreprises, la SBA, *Small Business Administration*, dont l'efficacité est reconnue au plan international, dispose d'une très large autonomie par rapport à l'administration. Créée en 1953 pour aider les anciens combattants de la guerre de Corée à se réinsérer dans l'économie, la SBA exerce entre autre un rôle de lobbying à l'intérieur de l'Etat en faveur des petites entreprises, bien que son budget de 500 millions de dollars soit intégralement financé sur fonds publics. Comme l'expliquait *le Figaro* en date du 11 mai 2000, un des bureaux de la SBA « *est chargé, lors de l'établissement des lois et règlements, de veiller à une meilleure prise en compte des intérêts des PME et, le cas échéant, de proposer des amendements dans le sens d'une simplification ou d'un moindre coût* ». Les Etats-Unis nous apportent la preuve vivante que l'autonomie des agences publiques en faveur des entreprises est possible, même à l'intérieur de l'Etat. On peut donc envisager qu'elle réussisse en France pour les Business Angels.

Seule une autorité administrative indépendante, soumise au secret professionnel et ayant accès à l'information fiscale, peut effectuer avec efficacité le recensement permanent des Business Angels. Telle est la justification d'une Agence Nationale pour les Capitaux Privés.

Populariser la procédure d'appel public à l'épargne

Faciliter la rencontre entre l'épargne de proximité et la création d'entreprise, nécessite de nouveaux outils d'intermédiation comme l'ANCP. Encore faut-il, au préalable, que cette démarche de recherche de fonds que nous désirons améliorer, s'inscrive dans un cadre parfaitement légal. Or, rien n'est moins sûr, puisque nos interrogations sur la légalité de la mobilisation de l'épargne de proximité nous renvoient à la réglementation française de l'appel public à l'épargne, et donc à la COB.

Parce que l'épargnant doit être protégé, la COB (Commission des Opérations de Bourse) a notamment pour mission de contrôler en France toutes les opérations menées par des entreprises qui sollicitent publiquement l'épargne des particuliers pour financer leur développement. Le fait que l'appel à l'épargne ne passe pas par un marché boursier, ne modifie en rien le pouvoir de contrôle de la COB. A l'inverse, certaines opérations de mobilisation d'épargne de proximité ne sont pas considérées comme des appels publics, mais comme de simples placements privés, pour lesquels l'entrepreneur n'a pas obligation de solliciter l'approbation de la COB. Le tout est de savoir exactement ce qui relève de l'appel public et ce qui relève du placement privé, pour ne pas lancer un entrepreneur à l'aveuglette.

Force est de reconnaître que beaucoup d'avancées positives ont été récemment accomplies dans ce domaine. Des clarifications ont été apportées, notamment par la loi du 2 juillet 1998, qui a au moins le mérite d'exister. Elle prouve que la place financière comme le législateur a admis l'idée que des réformes s'avéraient nécessaires dans le domaine de l'appel public à l'épargne, dans l'objectif d'assouplir les règles régissant la recherche de capitaux privés. Pourtant, la loi du 2 juillet 1998 est loin d'avoir résolu tous les problèmes. C'est en tout cas ce que pense Eric Gaillat, le co-fondateur de *BusinessAngels.com* qui est confronté tous les jours à la nécessité de respecter les dispositions légales relatives à l'appel public à l'épargne :

« Revoir la réglementation de l'appel public à l'épargne devrait être une priorité des pouvoirs publics, car les lois et règlements sont tout bonnement inapplicables. Certes, la loi de juillet 1998 a l'avantage d'introduire la notion d'investisseur averti. Selon la loi, on ne peut pas faire de démarchage pour une [entreprise] en particulier, par contre on peut le faire pour un système en général ». Mais malgré ces précisions, il reste des cas litigieux. « Quand la presse parle d'une start-up à la recherche de fonds, fait-elle un appel public à l'épargne ? En fait, il y a surtout une tolérance. ».

A l'époque où Eric Gaillat me faisait cette remarque (mars 2000), les autorités financières, COB et CMF (Conseil des Marchés Financiers), n'étaient pas excessivement exigeantes, vis-à-vis des jeunes entreprises qui sollicitaient l'épargne de tout un chacun. Mais depuis, les choses ont quelque peu bougé. D'une relative tolérance, la COB est passée à une attitude beaucoup plus regardante, surtout depuis que le krach boursier de la Net-economie a englouti les économies de petits porteurs, ayant trop fait confiance aux rendements surréalistes promis par quelques start-ups peu rigoureuses. Finalement, la COB a repris, et à juste titre, son rôle de gendarme et de contrôle des opérations financières.

Le 23 mai 2000, la COB rappelait que « *l'incitation faite par des prestataires de services à la divulgation d'informations privilégiées sur leur site Internet est susceptible, sous certaines conditions de constituer une infraction pénalement répréhensible* » (1). Le même jour, la COB donnait un avertissement sur cinq valeurs du Nouveau Marché de la Bourse de Paris, dont des stars comme Genset et Bourse Direct, du fait de l'augmentation de leurs pertes, du non respect de leurs promesses de distribution de dividendes et du non respect aggravé de leur Business Plan. Trois jours plus tard, les autorités boursières de 18 pays - comparables à ce qu'est la COB en France - organisèrent le *Internet Surf Day*, pour vérifier si les sites de placements financiers respectaient les

(1) Supplément *Placements* du quotidien *La Tribune* - vendredi 26 mai 2000

réglementations relatives à l'épargne. En l'espace d'une seule journée, 220 agents des autorités en question ont cumulé 1 000 heures de connexion, et visiter 10 000 sites financiers. Résultat de l'opération : mille sites ont été jugés douteux, ce qui représente tout de même 10 % du nombre total des sites contrôlés.

Certes, ce renforcement des opérations de contrôle concerne davantage les opérations effectuées en Bourse et la prévention du délit d'initié, que les appels à l'épargne de proximité réalisés par les sociétés non cotées. Toutefois, le changement d'attitude de la COB et du CMF indique une tendance générale, qui pourrait demain toucher également le non coté. Qui plus est, ayons bien conscience que cette question de la réglementation de l'appel public à l'épargne soulève des risques graves. Il faudrait tout de même rappeler que le non respect de la réglementation en question fait l'objet de sanctions pénales. Personne ne peut plaisanter et agir avec légèreté dans ce domaine, au risque de se voir conduire en prison. Aussi, il convient de préciser ce que le Droit autorise à l'entrepreneur en matière de prospection d'actionnaires, sans que les caractéristiques de sa recherche de capitaux ne soient juridiquement constitutives d'un appel public à l'épargne.

La première erreur à ne pas commettre serait de confondre la notion d'investisseur averti et celle d'investisseur qualifié. La première désigne tout épargnant à la recherche d'opportunité de placement, et bénéficiant d'une expérience personnelle suffisante pour juger seul de la viabilité d'un investissement en actions. Il serait donc logique que seuls les investisseurs avertis puissent être sollicités dans le cadre d'une augmentation de capital non visé par la COB. Mais ne nous y méprenons pas, la loi de juillet 1998 ne reconnaît pas la notion d'investisseur averti. Elle reconnaît seulement la notion d'investisseur qualifié.

Selon Helman le Pas de Sécheval, le chef à la COB du service des opérations et de l'information financières, les décrets considèrent comme investisseur qualifié « les sociétés d'investissement et de capital-risque, les organismes bancaires et de crédit, les compagnies d'assurance, et plus largement toute société dont la taille de bilan est supérieure à un milliard de francs, et dont le conseil d'administration s'est lui-même déclaré investisseur qualifié ». « Il fallait un critère de taille. Au-delà d'un milliard de francs de bilan, on peut supposer que la société emploie des professionnels de la finance, un directeur financier ou un directeur de la trésorerie. Surtout, il faut que la société accomplisse une démarche volontaire [afin que la qualité d'investisseur qualifié soit retenue]. Il faut que son conseil d'administration déclare ne pas avoir besoin de la protection des épargnants prévue par la loi ».

Certes, la notion d'investisseur qualifié, telle que définie par le décret du 1er octobre 1998, garde le mérite de la précision. Toutefois, les entrepreneurs qui auraient pensé pouvoir légalement financer leur activité en allant démarcher des particuliers, qui se seraient reconnus par écrit suffisamment aptes à juger seuls de la viabilité de leur investissement, resteront sur leur faim. Déjà, la loi précise que seules des entreprises peuvent être considérées comme des investisseurs qualifiés. De fait, les particuliers en sont exclus, ce qui signifie que la loi interdit aux entrepreneurs de solliciter l'épargne de proximité des particuliers, sans avoir au préalable soumis à la COB, pour visa, un prospectus d'information. Sans ce visa, l'appel public au Love Money local n'est pas légalement possible. Qui plus est, le statut d'investisseur qualifié n'est pas ouvert à n'importe quelle entreprise. La contrainte d'un total de bilan supérieur à un milliard de francs, implique le fait que l'entrepreneur ne peut en réalité s'adresser qu'aux banques, assurances, sociétés de capital risque, et grands groupes industriels, pour financer ses projets.

Si l'entrepreneur en quête de financements s'adresse à des investisseurs autres que qualifiés, elle doit limiter sa prospection au cercle restreint de relations personnelles, pour que l'opération ne tombe pas dans la réglementation de l'appel public à l'épargne. « Le cercle restreint est présumé dès lors qu'il est inférieur à cent personnes », explique Helman le Pas de Sécheval. « Comme les textes précisent qu'il est présumé, il peut très bien être restreint en s'élevant à mille. Mais plus le chiffre sera grand, plus il sera difficile d'expliquer, notamment à un juge, que le cercle d'investisseurs est effectivement restreint ». On constatera donc qu'il existe un certaine flexibilité juridique, voire un flou, sur la notion de cercle restreint. En plus, du fait que la loi et les règlements sont assez récents, il n'existe aucune jurisprudence, qui nous permettrait d'évaluer plus précisément où se situe la frontière du cercle restreint d'investisseurs. La clarification souhaitée par Eric Gaillat pourrait donc rapidement s'imposer comme une nécessité.

On pourrait en effet imaginer une réglementation beaucoup plus souple, permettant aux entrepreneurs de prospecter légalement, et sans en référer à la COB, des épargnants de proximité personnes physiques, tout en offrant une protection réelle et significative à l'épargne privée. D'autres pays sont allés beaucoup plus loin que nous dans ce domaine. « Aux Etats-Unis, on peut faire signer à un investisseur un papier représentant une décharge de responsabilité », rappelle Eric Gaillat de *BusinessAngels.com*. Constate-t-on pour autant aux Etats-Unis d'avantages de cas d'épargnants ruinés et abusés par des Business Plan irréalistes présentés par des entrepreneurs peu scrupuleux ? Si cette souplesse fonctionne correctement outre-Atlantique et sans trop d'abus, pourquoi alors ne pas l'autoriser en France ? Reconnaissons au moins que la question peut se poser.

D'ailleurs, cette transposition de la règle américaine serait la seule véritable retouche à apporter en France à la réglementation de l'appel public à l'épargne. Cette réforme ciblée permettrait de donner une validité juridique au concept d'investisseur averti, et surtout de l'étendre aux particuliers, en contrepartie d'une acceptation écrite et volontaire de leur part. Hormis cette évolution souhaitable, nous disposons aujourd'hui en France de tous les outils nécessaires, pour que les entrepreneurs puissent solliciter « proprement » et directement l'épargne des particuliers. Bien évidemment, si un entrepreneur n'arrive pas à trouver l'intégralité des fonds recherchés auprès d'investisseurs qualifiés, et que ses relations personnelles ne disposent pas de suffisamment d'argent pour répondre à toutes ses attentes, il est normal qu'il doive solliciter le visa de la COB, s'il veut faire appel aux économies de particuliers plus éloignés, et que ceux-ci se refusent à signer une décharge de responsabilité. Or ceci, la loi du 2 juillet 1998 le permet, et elle a en plus simplifié la procédure d'autorisation.

Cette procédure nouvelle encadre ce que la COB désigne, d'une manière quelque peu barbare, comme des offres au public d'instruments financiers dont l'admission aux négociations sur un marché réglementé n'est et ne sera pas sollicitée. Elle représente en fait une des grandes innovations de la réforme de 1998. En effet, le règlement n°98-08 stipule que toute entreprise bénéficiant du statut juridique de société anonyme et disposant d'un capital supérieur à 1,5 millions de francs, peut légalement en appeler à un très large public d'épargnants, pour financer son développement, sans trop de formalités. Elle doit simplement en avertir la COB, lui transmettre ses comptes annuels, ses comptes prévisionnels et un document résumant son projet de développement. La COB dispose alors de trente jours au maximum pour donner un avis *a priori* sur l'opération d'appel public à l'épargne sans cotation en bourse. Pour cela, elle établit un prospectus simplifié et visé, contenant son avis, les documents comptables et différents documents sur la société désirant faire appel public à l'épargne. La société à la recherche de fonds devra alors mettre ce prospectus à la disposition de tous les épargnants qu'elle compte prospecter.

On remarquera que la procédure est relativement rapide - trente jours, on a vu pire ! -, et finalement peu coûteuse ; la rémunération de la COB est proportionnelle aux fonds levés. « Il est vrai que la procédure exige un certain formalisme », reconnaît Helman le Pas de Sécheval. « Pour autant, je crois qu'il faut l'observer également d'une manière positive. Dire aux épargnants *nous vous proposons de souscrire à une entreprise en création, il y a des idées, on le fait sur une base écrite, on vous décrit le projet, et en plus l'opération est visée par la COB*, c'est aussi une manière de fortifier le projet ».

En fait, la seule amélioration que l'on pourrait apporter, consisterait à abaisser à 250 000 francs le capital minimum de l'entreprise faisant appel public à l'épargne, pour que la procédure « hors bourse » soit accessible à toutes les sociétés anonymes. Pour l'instant, la procédure est réservée au seules sociétés anonymes disposant d'un capital social supérieur à 1,5 million de francs. Or, une entreprise déjà dotée de 300 000 francs de capital, peut très bien avoir besoin d'un million de francs pour développer un projet de qualité et moins risqué qu'une entreprise pharaonique et irréaliste capitalisée à quatre millions. Pourtant, faute d'atteindre le seuil de 1,5 million, la société en question ne peut pas aujourd'hui entreprendre la procédure d'appel public à l'épargne non boursier. Comme beaucoup, je ne vois pas quel élément, même relatif à la protection des épargnants, justifie l'existence d'un tel seuil. Il conviendrait donc de le ramener au niveau de 250 000 francs, ce qui équivaut au capital minimum indispensable à la constitution d'une société anonyme. Mais mis à part cet ajustement, la procédure d'appel public à l'épargne non boursier, dans sa formule actuelle, offre une grande liberté aux entreprises.

Le problème reste que cette procédure est très peu utilisée par les entrepreneurs en recherche de ressources financières, qui finalement préfèrent soumettre leurs projets à des sociétés de capital-risque. Souvent, ils se voient signifier un refus par les institutions financières, alors que la procédure « hors bourse » de la COB leur donnerait légalement accès à une multitude de petits porteurs de proximité, moins exigeants en terme de retour sur investissement. En fait, c'est plus une méconnaissance de l'existence même de cette procédure, qu'une opposition à son principe, qui explique le fait que les entrepreneurs ne l'utilisent pas. La plupart d'entre eux n'imagine pas un seul instant, que solliciter un avis a priori de la COB peut accélérer leur recherche de financement. La COB leur apparaît comme une institution bien trop boursière, parisienne et lointaine, pour pouvoir jouer un rôle dans l'économie des petites et moyennes entreprises non cotées.

C'est pourquoi il apparaît nécessaire d'informer le public d'entrepreneurs le plus large possible de l'existence de la procédure d'appel public à l'épargne non boursier. En fait, on en revient à nouveau à un problème de communication, comme il s'en posait déjà un sur l'existence des différents avantages fiscaux liés à l'acquisition d'actions non cotées. Dans les brochures d'informations actuellement diffusées par le Secrétariat d'Etat aux PME, figurent par exemple les coordonnées des différentes sociétés de capital-risque et organismes appuyant financièrement les créations d'entreprises, mais jamais, à ma connaissance, des explications relatives à la procédure simplifiée d'agrément COB.

Dès lors, la vulgarisation de cette procédure intègre à mon sens la stratégie nationale de communication sur l'investissement à risque, exposée précédemment. Dans le document intitulé *comment mobiliser légalement et à bon escient des capitaux de proximité*, une partie entière pourrait être consacrée à la façon de prospecter par soi-même, en tant qu'entrepreneur, des petits porteurs locaux, dans le strict respect de la réglementation française de l'appel public à l'épargne. Les informations détaillées distingueraient également les opérations d'appel public et de placements privés. Les coordonnées de la COB et les délais de ses interventions seraient mentionnés.

En reconnaissant une valeur juridique aux décharges volontaires de responsabilité, en abaissant à 250 000 francs le capital minimum des sociétés ayant droit à réaliser une opération d'ouverture de capital privé, et en résumant les procédures COB dans les documents distribués aux créateurs d'entreprises actuels et potentiels, nous construirons enfin un cadre juridique qui conciliera deux contraintes fortes : protéger l'épargnant, et autoriser les créateurs d'entreprises à prospecter d'une manière dynamique les capitaux privés, sans risque de sanctions pénales.

A l'heure où sont écrites ces quelques lignes, le Ministère des Finances souhaite réorganiser les autorités de contrôles financiers, en procédant à la fusion de la COB et du CMF (Conseil des Marchés Financiers). En fait, Laurent Fabius souhaite tout simplement instituer un organisme unique de contrôle, comme Tony Blair l'a fait en Grande Bretagne avec la création de la *Financial Service Authority*, la FSA. Cette fusion de la COB et du CMF représente une occasion adaptée pour procéder aux quelques ajustements de la réglementation française de l'appel public à l'épargne. Espérons que cette réforme verra le jour et ne se limitera pas à une simple réorganisation administrative.

Pour un droit à la formation des interfaces

La constitution de l'Agence Nationale pour les Capitaux Privés (ANCP) permettrait d'améliorer, dans un cadre protégé, la circulation de l'information entre la demande de capitaux exprimée par les créateurs d'entreprises et l'offre de capitaux proposée par les Business Angels. En parallèle, l'amélioration de la réglementation de l'appel public à l'épargne autoriserait les créateurs d'entreprises à organiser leur propre prospection de capitaux et d'investisseurs privés, sans encourir le risque de sanctions pénales, pour cause actuelle de cadre juridique incertain. Souhaitables, ces deux réformes faciliteraient la rencontre entre l'épargne et l'entreprise, en agissant sur la problématique de l'interface.

Heureusement, il existe à l'heure actuelle des interfaces de droit privé. Elles se sont multipliées au cours des deux dernières années par l'essor de la Nouvelle Economie, en réponse à l'absence de système public type ANCP et d'évolution du cadre juridique réglementant la recherche de financement. Nous avons vu que certaines de ces interfaces s'inscrivent dans une action à but lucratif. Ces fund raisers s'organisent indifféremment en sociétés comme *Léonardo BusinessAngels.com* et *Capital & Croissance*, ou bien en simples professions libérales. D'autres interfaces de droit privé ont choisi la forme associative à but non lucratif, à l'image de l'ensemble des clubs de Business Angels qui se sont récemment montés en France, sans oublier les associations Love Money pour l'Emploi, de Jean et Didier Salwa. Enfin, l'interface entre les capitaux privés et les entreprises a été assurée dans plusieurs cas, par des collectivités locales, ou des organismes consulaires du type chambres de commerce.

Aujourd'hui, la diversité de ces intervenants forme l'humus de l'épargne de proximité française. Sans eux, bons nombres d'entreprises récentes n'auraient pas vu le jour. Aussi, toute politique de développement de l'épargne de proximité en France qui ne se baserait pas sur une large coopération avec ces acteurs de terrain, serait vouée incontestablement à l'échec. L'Agence Nationale pour les Capitaux Privés (ANCP) dont la création a été envisagée, ne vise en aucun cas à se substituer aux chevilles ouvrières de l'épargne de proximité française. Une telle erreur reviendrait à « nationaliser » l'intermédiation entre les capitaux privés et la création d'entreprises. Nos décideurs ont déjà pu s'apercevoir à quel point la constitution de guichets uniques pouvait conduire à la contre-performance de l'inertie, pour ne pas vouloir reproduire ici la même erreur.

Il vaut mieux que les créateurs d'entreprises disposent de l'éventail de choix le plus large en matière d'intermédiaires, pouvant les mettre en relation avec des particuliers, investisseurs potentiels. Comme cela, ils garderont la faculté de mettre ces différents réseaux en concurrence. Si une interface ne leur permet pas de réunir les capitaux attendus malgré la qualité et la viabilité de leurs projets, ils pourront toujours s'adresser à un autre prestataire, ce que ne pourrait leur permettre un guichet unique. Selon François Hurel de l'APCE, les créateurs d'entreprises ont tout à gagner de la diversité des intervenants qui se proposent de les aider, et donc *a fortiori* dans le domaine de l'intermédiation financière : qu'il y ait deux intervenants au lieu d'un, « c'est tant mieux pour la petite entreprise qui saura profiter du jeu de la concurrence entre l'un et l'autre ». « Après tout, il s'agit de l'esprit même des lois de décentralisation ». « Si une commune [ou un autre intervenant] est capable d'offrir une meilleure prestation qu'une autre aux créations d'entreprises, pourquoi devrait-on l'en empêcher ? ».

En la matière, l'analyse conceptuelle de Jean-Pierre Raffarin m'apparaît la meilleure : « pas de serveur unique, mais un réseau unique avec des entrées multiples ». Dès lors, il semble souhaitable que l'ANCP, une fois constituée, engage une large coopération avec les interfaces locales de l'épargne de proximité, à la manière de celle qu'a établi l'APCE (Agence Pour la Création d'Entreprise) avec les réseaux locaux privés et publics de soutien à la création d'entreprises. Disons donc oui à une intervention en support et non à une intervention de substitution.

Maintenant, se pose la question de savoir sous quel axe stratégique, ou plutôt sous quelle thématique, pourrait s'organiser la coopération entre l'éventuelle ANCP et les acteurs actuels et futurs de l'épargne de proximité ? Par quels liens cette nouvelle émanation du Ministère des Finances pourrait apporter la plus forte valeur ajoutée à ceux qui établissent aujourd'hui l'interface entre l'épargne privée et la création d'entreprises ? Sans hésitations, c'est sur la question de la formation des interfaces actuelles, que cette coopération deviendra la plus fructueuse, ce qui nous ramène précisément à la réglementation COB du placement privé et de l'appel public à l'épargne.

Si, de la loi de 1966 sur les sociétés jusqu'à la nouvelle réglementation de l'appel public à l'épargne votée en 1998, le législateur a pratiquement souhaité empêcher les créateurs d'entreprises d'aller collecter librement de l'épargne, c'est parce qu'essentiellement il craignait de faire le jeu des escrocs en tout genre. Un minimum de règles doit tout de même encadrer la recherche de capitaux menée par les entreprises non cotées, si l'on veut que l'épargnant soit un minimum protégé. Libéraliser totalement la démarche reviendrait à exposer les épargnants au risque de rencontrer de prétendus chefs d'entreprises venus solliciter leur argent, qui ne seraient en fait que de doux rêveurs promettant des rendements ubuesques, ou pire encore, des individus malintentionnés disparaissant par la suite avec leur précieux butin. Légitime, cette crainte explique la grande prudence qui fut celle de la COB et la rigidité drastique de l'ancienne réglementation de l'appel public à l'épargne.

Justement, les interfaces actuelles à Business Angels ont vocation à trier les projets d'entreprises, avant de les proposer à leurs membres investisseurs. Le critère de la moralité du dirigeant est le premier à rentrer en compte dans la sélection qu'elles opèrent. Ensuite, ces intermédiaires qu'ils soient privés ou publics, tentent grâce à leur expertise d'analyser la viabilité économique des projets d'entreprises et le réalisme de leurs comptes prévisionnels, pour écarter les dossiers les plus fantaisistes. C'est ainsi que, grâce à leur sélection, les interfaces réduisent d'une manière considérable le risque des placements qu'elles comptent proposer à leurs Business Angels et épargnants de proximité.

Bien évidemment, la qualité de la sélection dépend dans une large mesure des compétences professionnelles des bénévoles ou salariés qui animent ces interfaces. Un club de Business Angels dont le comité de sélection se compose de dirigeants chevronnés d'entreprises, présentera vraisemblablement des dossiers moins risqués, qu'une opération de capital-populaire accomplie à la sauvette par le maire d'une commune rurale, qui n'a jamais mis dans sa vie les pieds dans une entreprise. Qu'est-ce qui nous permet d'affirmer cela ? Tout simplement, parce que pour juger de la viabilité d'une entreprise et du risque d'un investissement, il faut bénéficier d'une expérience personnelle capitalisée en matière d'entreprise, de commerce, de management, de comptabilité et d'ingénierie financière, ce qui est loin d'être le cas de tout bénévole, même de bonne volonté. En plus l'idéal est d'avoir soi-même déjà par le passé investi dans une entreprise, pour recommander ou non un investissement à d'autres.

Conformément à leur rôle de protecteur de l'épargne, les autorités financières ont donc tout intérêt à veiller à la compétence et au professionnalisme des acteurs assurant localement l'interface entre l'épargne de proximité et les créateurs d'entreprises. En effet, pour assouplir d'un côté la réglementation de l'appel public à l'épargne et autoriser le placement privé non réglementé, il faudrait que, de l'autre côté, les autorités financières s'assurent du sérieux des organismes qui iront justement collecter librement cette épargne de proximité. Et elles en seront d'autant plus assurées, qu'elles auront formé les animateurs de ces structures locales à l'ingénierie financière, aux règles juridiques régissant l'appel public et au tri sélectif d'entreprises en formation.

C'est pourquoi il m'apparaît intéressant que l'ANCP, dont nous projetions la création, propose, en coopération avec la COB et l'APCE, une formation de base à l'ingénierie et l'intermédiation financière, à tous les clubs et particuliers, qui se proposent de mettre localement en relation, les épargnants et les porteurs de projets. En fonction de cette formation, l'ANCP pourrait décerner un label aux hommes et structures qui l'ont suivie, et qui donnerait droit à prospecter des capitaux privés pour le compte de créateurs d'entreprises, par dérogation aux règles de 1998 régissant l'appel public à l'épargne. En clair, les levées de fonds organisées grâces aux structures labellisées, seraient dispensées de la procédure COB d'appel public à l'épargne non boursier, même si elles utilisent des techniques de démarchage et en l'absence de signature de décharge de responsabilité. De la sorte, les structures labellisées n'auraient pas à demander le visa de la COB pour chacune des entreprises bénéficiant de leurs services : le label vaudrait pour toutes les opérations de levée de fonds.

En contrepartie, le label serait attribué seulement pour une durée déterminée, probablement bi-annuelle, afin que les autorités de contrôle financier puissent sanctionner éventuellement les acteurs qui ne rempliraient plus les critères de professionnalisme arrêtés. Pour que cette tentative de rationalisation réussisse, il faut qu'elle s'applique à tous les acteurs de l'intermédiation financière. Non seulement les clubs de Business Angels devraient y être assignés, mais également les professions libérales exerçant à but lucratif une activité de *fund raising*, ou encore les maires désireux d'organiser dans leur commune une opération de capital-populaire.

La formation que l'on verrait bien dispensée par la nouvelle ANCP ne toucherait pas uniquement les maires, mais l'ensemble des interfaces, personnes morales et personnes physiques. Ainsi, n'importe quel acteur, maire ou non, pourrait après avoir suivi la formation et obtenu le label, imiter un Joseph Briend ou un Jean Salwa, sans avoir trop de formalités à accomplir. Il pourrait le faire sans en demander l'autorisation aux pouvoirs publics à chaque opération, et surtout sans vivre quotidiennement l'angoisse de se voir peut-être un jour inquiété par la COB, pour un non respect de la réglementation de l'appel public à l'épargne, une déviance vite accomplie en l'état actuel des textes.

Pour que l'obtention du label soit considérée comme un atout et non comme une contrainte, il faudrait que celle-ci ouvre droit à certains accompagnements spécifiques, au-delà de la dispense de procédure « hors bourse » de la COB. Notamment, il serait judicieux que les entreprises dont la recherche de capitaux aurait été assurée par une structure labellisée, aient le droit de souscrire, pour minorer le risque de leurs actionnaires, à des fonds de contre-garantie levés par l'Etat dans le cadre de la SOFARIS. Nous verrons plus loin cette éventualité de contre-garantir via la SOFARIS certains investissements de proximité, au premier rang desquels ceux dont l'intermédiaire aurait été un intervenant labellisé. En tout cas, l'effort de formation des interfaces apparaît comme une des seules manières, pour que l'épargne et l'entreprise se rencontrent plus rapidement sur le terrain, sans que l'épargnant soit exposé au risque des projets irréalistes. Seulement ainsi, le Love Money pourra devenir un automatisme.

Défiscaliser le prêt de proximité

La création d'entreprise naît d'une confrontation du rêve à la réalité. Certes, les motivations des créateurs sont extrêmement éclectiques, et dépendent en fait de chaque porteur de projet. Certains recherchent en priorité l'indépendance, d'autres l'argent bien que ces derniers soient loin d'être majoritaires. En tout cas, quels qu'ils soient, les porteurs de projets attendent de leur parcours d'entrepreneur un accomplissement personnel, et c'est pourquoi, à l'origine de leur démarche, il y a toujours une part de rêve, d'espoir, voire d'irrationnel. Bien qu'une fois le pas franchi, la dureté de la réalité économique amène son lot de désillusions, cette part de rêve est bénéfique, car elle pousse les créateurs à ne pas pêcher par manque d'ambition, à se surpasser, à se motiver, et surtout à donner une raison au fait de supporter une charge considérable de risque et de travail.

Le problème n'est donc pas tant l'irrationnel parfois constaté chez les créateurs d'entreprises, mais plutôt l'irréalisme de quelques-uns de leurs accompagnateurs ou de ceux qui, comme moi, essaient d'analyser la problématique générale de la création d'entreprises. Depuis l'arrivée de la Nouvelle Economie, nous avons quelque peu tendance à fantasmer sur la création des start-ups, à présenter les *success stories* américaines comme des exemples représentatifs de *l'entrepreneurship*, et à considérer que le financement de la jeune entreprise grâce à l'épargne, passe uniquement par davantage d'introductions en bourse. Je veux bien reconnaître ma part de responsabilité, puisque jusqu'ici l'ensemble des mesures proposées vise essentiellement à développer l'épargne de proximité en accroissant le nombre de Business Angels actifs en France.

Cette analyse a beau être excitante, la réalité de la création d'entreprises ne correspond aucunement à cette image. Le modèle des entreprises d'hyper croissance se finançant au travers d'augmentations de capital successives, ne représente qu'une part infime de la pluralité de la création. Certes, nous avons raison d'inciter au développement des entreprises répondant à ce modèle financier, notamment via l'investissement des Business Angels, car d'un point de vue macro-économique, elles restent le plus gros pourvoyeur d'emplois potentiels. Toutefois, les différentes catégories de créations d'entreprises doivent toutes être financièrement soutenues, sans exclusivité de modèle ni de secteur. En outre, le soutien apporté devra redoubler d'importance, pour les catégories d'entreprises nouvelles qui s'avèrent majoritaires, parmi le nombre de sociétés créées chaque année en France. Sur ce point, François Hurel, le Délégué Général de l'APCE, s'est forgé sa propre conviction, notamment pour ce qui est de l'inadaptation parfois constatée, de l'offre de services des réseaux de soutien, par rapport à la demande des créateurs :

« A qui s'adresse-t-on ? Une agence de développement économique est-elle vraiment capable de traiter le sort du laveur de carreaux ? (...) [les dispositifs de soutien] sont insuffisamment adaptés au spectre de la création, puisque sur les 166 000 entreprises qui se créent en France, certains créateurs viennent de public en réinsertion sociale, et d'autres sont des ingénieurs high tech. Nous ne sommes donc pas tout à fait dans les mêmes domaines, et on ne peut pas du tout apporter la même aide à l'un et à l'autre. (...) Or aujourd'hui, le problème c'est qu'on dépouille une partie de la population de l'accès à la création. Le microscopique n'intéresse personne. Il est aujourd'hui temps que l'on s'intéresse à lui ».

L'analyse de François Hurel doit d'autant plus nous interpeller, que la nécessité d'un retour à la réalité s'est vue confirmée par les récentes statistiques relatives à la création d'entreprises. A titre d'exemple, 27 % des créations d'entreprises de l'année 1999 concernaient le secteur du commerce et de la réparation. Si l'on y ajoute les hôtels, cafés, restaurants et les services aux ménages, on arrive à un panel représentatif à 55% de la création d'entreprise française. A l'évidence, ce n'est pas dans de tels secteurs que l'on retrouve la majorité des entreprises de croissance, éprouvant de gros besoins capitalistiques.

D'ailleurs, 62% des créations pures, des reprises et des réactivations se sont faites en 1999 sous la forme d'entreprises individuelles. Dernier chiffre : 76 % de l'ensemble des créations d'entreprises en 1999 n'employaient aucun salarié. Le constat est donc sans appel : le « microscopique » cher à François Hurel forme l'essentiel de la création d'entreprises. Il suffit d'ailleurs de se rendre un jour dans un centre de formalité des entreprises, ou à l'URSSAF, pour comprendre que la création d'entreprises se compose en France d'une multitude de professions libérales et d'artisans, allant des médecins jusqu'aux forains, uniquement désireux de créer leur propre emploi. Il appartient donc aux pouvoirs publics de trouver également pour ses créations moins médiatiques, des solutions financières auprès de l'épargne des particuliers, s'ils souhaitent que la politique de rapprochement entre l'épargne et l'entreprise, porte ses fruits en terme de création d'entreprises et d'emplois.

Malheureusement, cette dernière analyse appelle à d'autres raisonnements, que ceux qui nous ont conduits à vouloir encourager le développement de l'actionnariat non coté pour stimuler l'emploi. En effet, à la différence des SARL et des sociétés anonymes, l'entreprise individuelle ne dispose pas de capital fixe. Il y a confusion de patrimoine entre l'entreprise individuelle et son créateur. Le patrimoine personnel de celui-ci, sa maison comme ses avoirs en banque, servent de sécurité financière sur laquelle les créanciers peuvent se retourner en cas de difficultés. Qui dit absence de capital social, dit absence d'actions. Par définition, aucune action ne compose la structure financière d'une entreprise individuelle. Il est donc juridiquement quasiment impossible pour un tiers de réaliser dans une entreprise individuelle un apport en fonds propres. Ce constat invite François Hurel à penser qu'on « ne trouvera aucune solution par un dispositif de capital-risque ou par un dispositif de titrisation » pour que l'épargne se porte vers les créations d'entreprises microscopiques.

D'ailleurs, même si juridiquement l'opération était possible, elle n'intéresserait aucun investisseur. Que peut en effet rapporter à un particulier un investissement en fonds propres d'un montant de 30 000 francs, dans l'entreprise sans salarié créée par un laveur de carreaux ? Déjà, une telle entreprise aura de fortes chances de disparaître au cours de ses premières années d'existence, puisque le marché des petits services à faible valeur ajoutée est particulièrement peu lucratif, atomique, et ses marges faibles. Ensuite, réalisant peu de bénéfices, l'entreprise n'arrivera pas à accroître la valeur comptable de la participation de son investisseur d'une manière significative. Il sera donc impossible d'atteindre le taux de rendement annuel de 25%, que les Business Angels et capitaux-risqueurs attendent au minimum pour leurs investissements.

Enfin, pour retrouver son argent, il faudra que l'investisseur puisse revendre à terme à un tiers sa prise de participation. Comme celle-ci n'intéressait déjà personne lors de l'investissement d'origine, on voit mal comment elle pourrait intéresser quelqu'un à la revente ! Que ce soit pour des raisons d'ordre juridique ou liées au risque et à la rentabilité de l'investissement, tous nos espoirs de financement en fonds propres s'envolent. Les Business Angels, et même le Love Money en actions, n'ont aucune raison de s'intéresser au microscopique.

Dès lors, c'est par des mécanismes autres que l'investissement à risque, que nous trouverons un moyen de financer les très petites entreprises grâce à l'épargne de proximité. Car celles-ci éprouvent comme les autres des besoins financiers au moment de leur constitution, auquel il est souvent impératif de trouver une solution externe. Souvent, le créateur de TPE se trouve en situation de reconversion professionnelle, et ne dispose même pas des 30 premiers mille francs indispensables au lancement de son activité. L'étude sur le financement de la Très Petite Entreprise (TPE) réalisée en Novembre 2000 par l'APCE, en partenariat avec la Caisse des Dépôts et Consignations et la BDPME, l'a confirmé. 24,3% des entrepreneurs interrogés faisaient état « *de dons ou de prêts de la famille et d'amis* » (1), pour financer leur activité indépendante. L'axe stratégique à prendre se situe donc bien dans une logique de prêts de proximité qu'il faudra essayer, par des astuces juridiques et financières, de rapprocher le plus possible d'une formule de fonds propres. Plus les prêts de proximité ressembleront à des fonds propres, plus ils seront à même de motiver conjointement créateurs et investisseurs.

En effet, rappelons-nous quelques instants de ce qui différencie fondamentalement l'investissement en actions, d'un simple prêt à la création d'entreprise. D'un côté, l'investisseur en actions prend le risque de perdre l'intégralité de sa mise, et sa rémunération - le dividende - dépend du résultat annuel de la société. Enfin, ses actions lui confèrent une partie du pouvoir dans l'entreprise. Le créateur retire quant à lui

(1) Site Internet de l'Agence Pour la Création d'Entreprises www.apce.com

l'immense bénéfice de ne pas avoir à rembourser son actionnaire. Pour se rembourser, l'actionnaire devra plus tard s'adresser à un autre épargnant désireux de lui racheter sa participation.

De l'autre côté, la formule du crédit garde l'avantage de sécuriser l'opération du point de vue du financier ; les intérêts qui formeront le revenu du prêteur sont connus d'avance, et les rentrées d'argent commencent pour lui dès que le prêt a été conclu. Par contre, l'entrepreneur doit rembourser lui-même et progressivement le montant du prêt dont il a bénéficié, majoré des intérêts qui grèvent le résultat de son entreprise. Même si l'entreprise fait faillite, il devra en rembourser l'intégralité en cas de garantie, quitte à devoir prélever des avoirs sur son patrimoine personnel.

Heureusement, le Droit français autorise des formules hybrides, situées à mi chemin entre l'investissement en actions et le crédit. De ce fait, on parle de quasi-fonds propres. Par exemple, la Banque de Développement des PME (BDPME), l'organisme financier public créé en 1995, propose depuis 1998 une telle formule de financement, sous le nom de contrat de développement, un produit inspiré du prêt à redevance québécois. Pascal Gendreau, le directeur général adjoint de la BDPME en charge du pôle « fonds propres », en explique le principe :

« En France, le terme quasi-fonds propres n'a pas de définition juridique, mais dans le cadre du contrat de développement, il traduit une idée triple. La première, c'est que le contrat de développement n'est pas assorti des garanties classiques. La BDPME ne bénéficie pas d'hypothèques sur la résidence de l'emprunteur. Elle ne procède pas à un nantissement sur le matériel acheté. Deuxième différence avec un prêt classique : la rémunération est assortie d'une clause d'intéressement, non pas au résultat, mais liée aux performances de l'entreprise, ce qui est finalement assez proche. En cas de succès, la BDPME se trouve ainsi mieux rémunérée. Enfin, le contrat de développement n'est pas affecté spécifiquement à l'achat de matériel. Il peut donc servir à renforcer le fonds de roulement, ce qui est la vocation première des fonds propres ».

Comme la BDPME prête l'argent à l'entreprise sans caution ni garantie, l'entrepreneur n'aura pas, en cas de faillite, à rembourser l'argent sur son patrimoine personnel ; la banque prend donc réellement un risque comparable à celui d'un actionnaire. Parallèlement, le mode de rémunération du prêteur s'approche de la notion de dividendes, même si du point de vue juridique, il s'agit toujours d'un intérêt financier. Par contre, l'apport en argent représente toujours du crédit, si bien que l'entreprise devra rembourser chaque mois sur sa trésorerie les montants prêtés, sauf accident fatal. On le voit bien, la formule se situe réellement à l'intermédiaire de l'action et du crédit.

En France, deux principaux intervenants proposent aux entrepreneurs des financements en quasi-fonds propres : la BDPME au travers du contrat de développement, et l'ADIE (Association pour le Droit à l'Initiative Economique) en réalisant du crédit solidaire. Toutefois, ces deux organismes s'adressent à des publics totalement différents. La BDPME destine ses contrats de développement à des entreprises rentables et en phase de développement. Ce produit s'adresse donc à des entreprises qui marchent et qui peuvent présenter au moins deux exercices comptables achevés. Les montants prêtés par société varient entre 500 000 francs et un million de francs. Du fait des montants d'intervention, le contrat de développement ne concurrence pas les sociétés de capital-investissement, mais il ne s'adresse pas non plus aux entrepreneurs individuels à la recherche de 30 000 francs pour se lancer. « Dans notre esprit, nous considérons le contrat de développement comme l'antichambre du capital-développement », confirme Pascal Gendreau.

En plus, jusqu'à présent, la BDPME n'intervenait pas, via les contrats de développement, sur des entreprises en création, bien qu'une réflexion ait été animée sur *un contrat de développement création*, et quelques tests réalisés. Depuis son lancement, le contrat de développement a connu un certain succès : 488 millions de francs de contrats de développement ont été mis en place au cours de l'année 1998, contre 266 millions de francs en 1997. Il est toutefois vraisemblable que le nombre de contrats de développement octroyés n'augmente pas au cours des années à venir, dans des proportions significatives.

A l'opposé, existe l'Association Pour le Droit à l'Initiative Economique, l'ADIE, une association loi 1901 qui propose des financements en quasi-fonds propres, à un public d'entrepreneurs situé aux antipodes de celui auquel touche la BDPME. L'ADIE prête exclusivement aux porteurs de projet en situation de précarité sociale. Pour bénéficier de son soutien, le créateur d'entreprise doit être obligatoirement allocataire du RMI ou demandeur d'emploi, et le financement de son projet doit en tout cas s'être vu refusé par le circuit bancaire classique. Créé en 1990 à l'initiative de Madame Maria Nowak, aujourd'hui toujours en charge de la présidence mais également conseillère du Ministre des Finances Laurent Fabius, l'ADIE s'inspire en fait de l'exemple de la Grameen Bank. Fondée au Bangladesh par l'économiste Muhammad Yunus, la Grammen Bank a œuvré pour le financement des créations d'entreprises dans les villages du Tiers-Monde.

Vus les publics concernés, la presse n'a pas hésité à employer le terme de *banque des pauvres* pour désigner l'ADIE. « *Créez son propre emploi lorsque les portes se referment devant vous est un acte de révolte positive, une pulsion de vie* », affirme avec conviction Maria Nowak (1). En dix ans, l'ADIE aura appuyé aussi bien des laveurs de carreaux, que des

(1) Discours en date du 19 septembre 2000 à l'occasion des dix ans de l'ADIE - Site Internet de l'ADIE : www.adie.org

coursiers, des coiffeurs à domicile, des vendeurs sur les marchés, des restaurateurs et des ramoneurs. Grâce à son historique de financements, on peut constater que l'ADIE s'adresse effectivement aux créateurs de très petites entreprises, à ceux que François Hurel appelle les microscopiques, puisque les montants prêtés ne dépassent jamais 30000 francs, d'où le terme de microcrédit. Les remboursements des prêts s'étalent à fréquence mensuelle sur une durée maximale de deux ans. Toutefois, on peut assimiler les interventions de l'ADIE à des quasi-fonds propres, puisque la garantie se limite à une caution solidaire de 50% du montant du prêt, assurée par l'entourage du créateur.

En dix ans, l'ADIE a plus que fait ses preuves. Elle a en effet financé plus de 9 000 entreprises créées par des chômeurs et Rmistes, contribuant ainsi à la création de 10 000 emplois. Fin 1999, les 7 000 prêts accordés depuis la création de l'organisme représentaient un apport financier aux TPE d'environ 150 millions de francs. Le bilan est élogieux ! C'est le moins que l'on puisse dire, d'autant plus que l'utilité sociale de l'ADIE, créée à l'origine sans soutien public, est évidente. Les mérites de ce succès reviennent d'abord à Maria Nowak qui, grâce à sa détermination, a déjà réussi la prouesse de faire admettre en France, l'idée que l'on peut prêter aux chômeurs pour qu'ils créent leur entreprise, tout en recherchant la viabilité économique et financière. A ce sujet, l'ADIE est fière de pouvoir aujourd'hui présenter un taux de survie des entreprises qu'elle finance égal à 75%, après deux années d'existence.

Selon les analyses de Maria Nowak, la demande de crédit solidaire est bien supérieure à ce que l'ADIE et les autres dispositifs existant peuvent aujourd'hui proposer. Il y aurait aujourd'hui en France entre 20 000 et 30.000 créateurs potentiels, 100 000 selon certaines estimations, qui nécessiteraient d'un tel soutien, alors que l'ADIE a accordé près de 3 000 prêts en l'an 2000. Bien que cette dernière statistique impressionne par son ampleur, elle signifie que l'offre actuelle couvrirait moins de 10% des besoins potentiels. Il est donc clair que nous pouvons aller plus loin en matière de prêts sans garantie aux créateurs de petites entreprises individuelles. Malgré ses 70 antennes départementales et ses 500 permanents et bénévoles, l'ADIE ne suffira pas.

Heureusement, l'institution financière n'est pas la seule à disposer des moyens financiers pour prêter en quasi-fonds propres aux créateurs d'entreprises. La proximité les a également. Vues leurs ressources, les particuliers pourraient prêter aux entreprises, ce qui nous ramène à la notion d'épargne de proximité. Plus précisément, il faudrait parler de Love Money sous forme de prêt, tant l'affectif joue pour beaucoup dans ce type de financements. Les prêts de proximité pourraient en effet abonder les créations locales, à la condition bien évidemment que notre système fiscal encourage réellement les particuliers à prêter sous cette forme aux entrepreneurs. En effet, l'avantage fiscal à consentir représenterait la contrepartie pour l'investisseur de la faiblesse du rendement de son placement. Hélas, le libéralisme fiscal n'est pas encore allé aussi loin en France.

La logique voudrait que l'on accorde au moins aux particuliers qui prêtent à des créateurs, l'avantage fiscal « Madelin » attaché à l'acquisition d'actions non cotées. Rappelons que depuis 1994, le contribuable qui investit en actions dans une jeune entreprise non cotée, bénéficie d'une réduction d'impôt équivalente à 25% du montant de son investissement. Comme beaucoup, je ne vois pas pourquoi le contribuable qui prête de l'argent à des entreprises semblables sinon plus petites, n'a pas le droit de bénéficier des 25% de réduction d'impôt. On assiste tout de même à une forme d'inégalité fiscale, voire d'injustice, au détriment des petites entreprises individuelles : les sociétés de capitaux peuvent récompenser leurs nouveaux actionnaires grâce à l'avantage fiscal à l'origine, alors que le microscopique ne peut en faire autant avec ses amis qui jouent le rôle de banquier.

D'ailleurs, les 36 sénateurs auteurs de la proposition de loi « Nouvelles entreprises et territoires » se sont inquiétés de cette absence de reconnaissance fiscale du prêt de proximité. L'article 10 de la proposition de loi sénatoriale étendait justement la réduction d'impôt de 25%, aux prêts accordés par les particuliers aux créateurs d'entreprises. Pour justifier leur réforme, les sénateurs rappelaient que « *58% des fonds mobilisés pour la création d'entreprise provenaient en 1997 de l'épargne du créateur ou de ses proches* » (1). Mais l'on sait ce qui est advenu de cette proposition de loi.

Certes, l'investissement en actions est plus risqué et davantage porteur en terme de croissance et de créations d'emplois ; il convient donc de mieux le récompenser fiscalement. Toutefois, l'investissement en fonds propres et les prêts de proximité ne concernent ni les mêmes investisseurs, ni les mêmes publics de créateurs d'entreprises. Ces deux formules ne se substituent donc pas l'une à l'autre. L'investissement en actions, même à un niveau modéré, se place davantage dans une logique de Business Angel, et à l'inverse le prêt de proximité, plus dans une logique de Love Money. Pour ce qui est des sociétés destinataires, les petites entreprises individuelles, par leur activité et leur insignifiante capitalisation financière, peuvent péricliter à tout moment. Donc, finalement, leur prêter sans garantie représente un acte aussi risqué, sinon plus, qu'un investissement en actions dans une société de capitaux, même s'il ne s'agit pas tout à fait d'une dotation en fonds propres.

En outre, on peut très bien fixer de manière réglementaire la typologie des entreprises pour lesquelles les particuliers « prêteurs de proximité » auraient droit à la réduction d'impôt à l'origine. De la sorte, nous nous

(1) *Proposition de loi tendant à favoriser la création et le développement des entreprises sur les territoires* - Sénat - Session ordinaire de 1998-99

assurerions que l'avantage fiscal récompense effectivement la prise de risque dans la très petite entreprise. C'est ce qu'avaient accompli les sénateurs, puisque dans leur proposition de loi, l'extension de l'avantage Madelin était consentie uniquement aux personnes physiques accordant des prêts aux entreprises individuelles. Qui plus est, pour bénéficier de la réduction d'impôt, la durée de remboursement du prêt ne pouvait être inférieure à cinq ans, et bien évidemment le prêt ne pouvait être assorti de garanties sur le patrimoine personnel du créateur. On récompensait donc à la fois l'investissement patient et la prise de risque, ce qui apparaît être la bonne solution.

Cela étant dit, il est indispensable que nous restions cohérents avec les autres accompagnements fiscaux de l'investissement de proximité déjà proposés. Reprenant une proposition de l'association Croissance Plus, nous avons notamment proposé que la souscription d'actions non cotées dans de jeunes entreprises ouvre droit à une réduction d'ISF égale à la moitié du montant investi. La proposition visait à doper l'investissement participatif des Business Angels. Par souci de cohérence et d'équité, il me semble logique que la réduction d'impôt sur le revenu accordée aux « prêteurs de proximité » soit portée, non pas à 25% comme le proposaient les sénateurs, mais à 50%. Ainsi, il n'y aurait pas d'inégalité de traitement fiscal entre l'investisseur de proximité assujetti à l'ISF, et celui, plus modeste, assujetti seulement à l'impôt sur le revenu. Le fisc leur accorderait à tous les deux le même avantage, mais applicable sur des impôts différents, pour des types d'investissement de proximité différents. De la sorte, nous concilierions la justice fiscale et l'efficacité économique.

Par contre, pour que l'avantage fiscal s'applique exclusivement au petit Love Money destiné aux TPE, les plafonds de 37 500 francs et 75.000 francs d'investissements par an devraient être appliqués à la réduction d'impôt pour les prêts de proximité. Ainsi, la mesure serait relativement plus intéressante pour les petits investisseurs et les contribuables moyens, ce qui correspond bien à la cible voulue. En plus, cette remise d'impôt accordée aux prêts de proximité ne s'effectuerait pas au détriment d'un investissement similaire en actions. En effet, comme nous proposions que l'ensemble des déductions fiscales liées à l'action non cotée soient déplafonnées, le contribuable réduirait toujours davantage sa feuille d'impôt en investissant en fonds propres, plutôt qu'en prêtant aux mêmes entreprises. L'action resterait ici fiscalement privilégiée.

D'une manière ou d'une autre, ce système s'avérera utile au Love Money familial et affectif, et surtout aux petits projets, sans pour autant porter de préjudices aux créations d'entreprises de croissance. En étendant l'avantage « Madelin » aux prêts des particuliers, et en portant le montant de la réduction d'impôt à 50%, les grand-mères n'hésiteront plus un seul instant à prêter 50 000 francs à leurs petits-enfants pour qu'ils créent leur entreprise, au lieu d'effectuer à d'autres fins une donation de vivant d'un même montant, actuellement exonérée de droits de mutation. Sur les 50.000 francs qu'elles prêteront à leurs petits enfants, le fisc leur en rembourserait automatiquement et immédiatement 25 000, qui permettraient d'amortir les éventuels accidents de remboursement. Dans un tel système, personne n'est réellement perdant.

Ne pas prendre une telle mesure, et instaurer exclusivement des avantages fiscaux réservés à l'investissement en actions, reviendrait *de facto* à exclure les deux tiers des créations d'entreprises potentielles, de la politique de soutien qui leur est pourtant destinée. A l'évidence, les impacts de cette dernière en terme d'emplois, comme son efficacité, s'en trouveraient profondément minorés, au point que tout gouvernement sage ne devrait point commettre une telle erreur.

De nouveaux fonds de contre-garantie

Tel qu'il est ici proposé, le traitement fiscal des prêts de proximité se limite à un avantage à l'origine. Le contribuable bénéficierait de la réduction d'impôt sur le revenu à hauteur de 50%, l'année où, effectivement, il prête son argent à l'entreprise. Cependant, nous n'avons proposé pour le prêt de proximité, aucun aménagement à la perte, à l'inverse de ce qui a été préconisé pour les investissements en actions. Ne pas avoir retenu un soutien fiscal supplémentaire vise bien évidemment à favoriser l'investissement en actions, par rapport aux prêts à la création. Il n'en reste pas moins, qu'en l'état actuel de nos propositions, la puissance publique ne couvrirait pas le risque de non remboursement des prêts de proximité, en cas de faillite de l'entreprise bénéficiaire. Certes, l'Etat aurait déjà restitué au contribuable la moitié des sommes prêtées, grâce au mécanisme de la réduction d'impôt à l'origine. Pour autant, le prêteur ne récupérerait pas la moitié restante en cas de défaillance de l'entreprise. Cette réforme ne diminuerait donc pas le risque financier des prêts de proximité.

Aussi, si nous voulons développer réellement cette nouvelle formule de micro-financements, l'Etat devra tout de même veiller à aider les prêteurs ayant subi des pertes sèches, en atténuant leur portée financière. Pourtant, nous ne sommes pas obligés pour cela, de passer par un mécanisme d'inspiration fiscale, du type *Subchapter S*. En France, nous avons la chance de bénéficier d'un organisme parapublic couvrant les risques financiers des banques qui osent prêter aux entreprises. Il s'agit de la SOFARIS, la Société française pour l'assurance du capital-risque pour les PME. Créée en 1979 sous la forme d'une société d'économie mixte et possédée à 34% par l'Etat, la SOFARIS fait partie, depuis le 1er janvier

1997, du Groupe BDPME (Banque de Développement des PME), avec le CEPME.

Dotée d'un capital de 100 millions de francs, la SOFARIS a pour objectif d'inciter les banques à prendre des risques sur les PME, et de se substituer aux garanties et quasi-garanties patrimoniales ou personnelles des chefs d'entreprises. Pascal Gendreau, le directeur général adjoint de la BDPME, en explique le fonctionnement, largement assis sur des techniques d'assurance et de réassurance :

« Le métier de SOFARIS consiste à accorder aux banques des garanties assises sur des fonds de garanties, dotés par les crédits budgétaires de l'Etat », autrement dit l'impôt. « Quand l'Etat confie à la SOFARIS par exemple 100 millions de francs, on calcule les risques de sinistres. On en déduit alors qu'avec 100 millions de garantie, on peut faire par exemple un milliard de francs de crédit aux PME, dans de bonnes conditions de sécurité. Dans cette hypothèse, les banques font un milliard de francs de crédit aux entreprises, garantis par la SOFARIS. La dotation budgétaire sert à honorer la garantie que SOFARIS a acceptée auprès des banques, en cas de sinistre ».

En clair, la SOFARIS se substitue en partie au dirigeant, pour donner aux banques les garanties de remboursement, qu'elles exigent avant l'octroi d'un crédit à l'entreprise. Nous l'avons déjà vu, les banques n'aiment pas prêter aux jeunes entreprises, encore moins si elles en sont au stade de la création, parce qu'en cas de défaillance, ces dernières sont dénuées de toute valeur liquidative. A l'inverse, les banques hésitent beaucoup moins à prêter aux particuliers salariés, dans le but par exemple d'acquérir un logement. En effet, les banques savent que dans le cas où leur débiteur n'arrive plus à honorer ses dettes, elles peuvent toujours saisir sa résidence principale, et en la vendant aux enchères récupérer une grande partie de leur argent.

C'est pourquoi les banques demandent dans la plupart des cas aux créateurs d'entreprises, d'hypothéquer leur résidence principale, avant de prêter le moindre franc à leur nouvelle société. Bien évidemment, ces demandes de garanties représentent une remise en cause fondamentale de la loi sur les sociétés anonymes, dont le grand principe voudrait que la responsabilité financière des dirigeants actionnaires soit limitée à la hauteur de leurs apports. Surtout, cette perspective sordide de l'échec effraie bons nombres de créateurs d'entreprises potentiels qui, s'ils sont prêts à accepter un risque financier, ne veulent pas pour autant condamner définitivement leur avenir personnel et professionnel.

Heureusement, l'entrepreneur peut demander à la SOFARIS, dans certains cas et moyennant l'acquittement d'une prime - comme dans un système d'assurance -, qu'elle supporte à sa place une partie de la garantie des prêts bancaires, dont il a besoin pour mener à bien son activité.

Certes, la SOFARIS ne couvre pratiquement jamais l'intégralité de la garantie, mais elle le fait suffisamment pour que le risque financier de l'entreprise devienne acceptable du point de vue du dirigeant. En outre, la SOFARIS intervient en couverture de risques bien au-delà des seuls prêts bancaires destinés aux entreprises en création et en développement. Depuis mars 1993, elle étend notamment son activité au capital-risque, comme l'explique Jacques Lesueur, le Président Directeur Général de la SOPROMEC : « En tant que société de capital-investissement, nous devons nous souvenir que la SOFARIS garantit aujourd'hui de 50 à 70% du risque pour les interventions sur les créations d'entreprises ».

Cela étant dit, la SOFARIS ne peut en l'état actuel des choses, couvrir les risques pris par des intervenants autres que les institutions financières, autrement dit les banques et les sociétés de capital-investissement. En aucun cas, elle ne couvre le risque de non remboursement des prêts consentis par les particuliers aux entreprises. Or justement, les prêts de proximité que nous avons proposés d'encourager fiscalement, ne doivent être assortis d'aucune garantie financière sur le patrimoine personnel du créateur d'entreprise. C'est la juste condition à accepter pour que les prêts de proximité s'assimilent véritablement à des quasi-fonds propres, et motivent les créateurs d'entreprise parce que largement sécurisés. Entre-temps, le risque de pertes des particuliers prêteurs ne serait pas couvert. C'est pourquoi il semble intéressant d'accorder à la SOFARIS la capacité de contre-garantir les prêts des particuliers aux entreprises. Après tout, pourquoi l'institution, les banques et les sociétés de capital-investissement seraient les seules à pouvoir bénéficier de cette couverture accordée par l'Etat ?

L'ancien député de Rennes, Yvon Jacob, avait déjà émis cette proposition dans son rapport remis en 1997 au Premier Ministre, intitulé *le développement de l'épargne de proximité, rapprocher l'entreprise du citoyen*. En se référant aux entretiens qu'il a menés en préparation de la rédaction de son rapport, Yvon Jacob assure que « les dirigeants de la SOFARIS n'auraient pas du tout été hostiles à contre-garantir les prêts des particuliers ». Hélas, cette proposition n'a pas été reprise. Toutefois, si l'on en croit les affirmations de l'ancien député d'Ile-et-Vilaine, on ne peut qu'être heureux de constater, que le principe général de cette proposition n'effraie pas les intervenants qui pourraient être chargés, un jour, de la mettre en place sur le terrain.

En complément des prêts de proximité, la SOFARIS pourrait également contre-garantir une autre catégorie d'investissements des ménages, si l'Etat souhaitait réellement donner un « coup de booster » au capitalisme de proximité. Je pense en fait aux investissements en actions réalisés par les particuliers, dans une entreprise leur ayant été présentée par une structure labellisée. Rappelons-nous qu'il a été proposé d'accorder un label aux interfaces, qu'il s'agisse de maires, d'autres personnes physiques, de *fund raisers* ou de clubs d'investissement, qui auraient suivi une formation à l'ingénierie financière et la sélection d'entreprises, dispensée par la COB ou par l'éventuelle ANCP (Agence Nationale pour les Capitaux Privés).

Dans notre esprit, l'obtention du label ouvrirait droit à un certain nombre de facilités, dont la dispense du visa COB pour collecter des capitaux de proximité. Mais le label pourrait également permettre aux actionnaires ayant investi dans des entreprises par l'intermédiaire des interfaces en question, de souscrire auprès de la SOFARIS une contre-garantie sur leur investissement, comme le font actuellement les sociétés de capital-risque. Moyennant une contribution financière, les dits actionnaires s'assureraient ainsi du risque éventuel de perte sur leurs investissements en actions non cotées. Ici, on reprend en fait la suggestion de Jacques Pélissard, le Vice-président de l'AMF (Association des Maires de France). Celui-ci estimait que l'on ne pourrait durablement inciter les maires à réaliser des opérations de capital de proximité, sans mettre en place « un mécanisme de garantie qui fasse en sorte que l'investisseur mécontent ne devienne pas un électeur hostile ». Toutefois, au lieu de limiter la portée de ce mécanisme aux seuls maires, on l'étendrait à toutes les interfaces qui puissent exister.

Comme cette assurance auprès de la SOFARIS serait uniquement accordée pour les investissements réalisés par le biais de structures labellisées, les interfaces à Business Angels et à épargnants de proximité auraient tout intérêt à rechercher l'obtention du label. En offrant de meilleures garanties, elles auraient ainsi de meilleures chances de convaincre les particuliers d'investir dans les entreprises en recherche de capitaux qu'elles représentent. Or une telle attitude équivaudrait à un réel gage vis-à-vis du principe de protection de l'épargnant auquel veille la COB. En effet, pourront être labellisées uniquement les interfaces ayant suivi sa formation.

Pour que la SOFARIS puisse contre-garantir les prêts des particuliers et leurs investissements par l'intermédiaire d'interfaces labellisées, l'Etat peut agir assez rapidement. En effet, il lui faudrait simplement constituer deux nouveaux fonds publics de contre-garantie, et cette décision reste d'ordre réglementaire ; elle n'est pas soumise à un accord au préalable du pouvoir législatif. Une fois ces fonds constitués sur argent public, ils seraient mis à disposition de la SOFARIS pour qu'elle gère le système, bien évidemment dans les conditions fixées par l'Etat.

Un fond serait destiné à contre-garantir les prêts de proximité, et le second, les investissement des particuliers par l'intermédiaire d'interfaces labellisées. Vue l'importance des fonds que l'Etat a récemment consacrés au capital-risque technologique, une enveloppe budgétaire globale d'un milliard de francs pour les deux fonds réunis, me semble convenable et équitable. D'autant plus, qu'avec des montants aussi significatifs, la SOFARIS devrait pouvoir contre-garantir jusqu'à dix milliards de francs de prêts et d'investissements en actions.

Le fonds destiné à couvrir les prêts des particuliers apporterait une garantie à hauteur de 50% du montant du crédit consenti, après déduction bien entendu de la réduction d'impôt. Comme celle-ci s'élevait elle-même à 50% dans notre proposition précédante, cela signifierait *de facto* que les prêts accordés par les particuliers aux créations d'entreprises seraient couverts jusqu'à 75% en cas de sinistre. Le Love Money sous forme de prêts deviendrait alors une pratique peu risquée, à l'inverse de ce qu'elle est aujourd'hui. Rappelons que, pour l'instant, les prêts de proximité ne bénéficient ni de la réduction d'impôt dite « Madelin », ni de la couverture de la SOFARIS. L'épargnant perd l'intégralité de sa mise en cas d'accident. On comprend alors beaucoup mieux pourquoi aujourd'hui le Love Money destiné aux TPE n'intéresse personne. A l'inverse, dans les conditions que nous proposons, le Love Money sous forme de prêts pourrait réellement séduire les épargnants les plus modestes.

Quand au fonds de contre-garantie lié aux interfaces labellisées, la logique voudrait qu'il couvre le risque de perte définitive sur actions, seulement à hauteur de 25% du montant de l'investissement. A l'inverse des formules de prêts, les actions non cotées bénéficient déjà d'un mécanisme de couverture du risque, qui s'établit au travers de la déductibilité des pertes de la feuille d'impôt de l'actionnaire. Aussi, l'éventuelle contre-garantie apportée par la SOFARIS ne pourrait excéder les 25%, si l'on veut rester dans les limites du raisonnable. Rappelons toutefois que la mesure ne s'appliquerait pas, telle qu'elle est présentée, à tous les investissements des particuliers en actions non cotées. Y seraient éligibles uniquement les investissements réalisés par l'intermédiation financière de structures labellisées au titre de la formation à l'ingénierie financière.

Pour ne pas trop prélever sur les deniers publics, l'Etat pourrait constituer les deux fonds en question, en coopération avec ses deux organismes financiers de référence : la Caisse des Dépôts et Consignations (CDC) et la Banque européenne d'investissement (BEI). Un tel partenariat a été notamment mis en place pour la constitution en août 2000 du Fonds de promotion pour le capital-risque, le FCPR 2000, doté de 150 millions d'euros, et pour lequel les trois partenaires avaient investi à parité. Si cette coopération est possible pour des fonds ayant vocation à être intégralement consommés et directement investis dans des entreprises, elle devrait l'être également pour des fonds simplement destinés à de la contre-garantie, et délégués à des professionnels comme la SOFARIS.

Pourtant, de l'avis d'investisseurs en capital comme Marie-Annick Péninon, Délégué Général de l'AFIC, il y aurait aujourd'hui difficulté à solliciter la Caisse des dépôts pour de nouveaux concours financiers : « Les allocations de la Caisse des dépôts à la SOFARIS sont loin d'être en progression. La SOFARIS joue un rôle important vis-à-vis de notre métier d'investisseurs en capital. On essaye de faire comprendre à la CDC, qu'on ne peut pas vouloir jouer un tel rôle sur un marché en pleine expansion comme le capital-risque, et puis ne pas donner de moyens nouveaux ».

Les données du problème sont donc posées en termes simples ; ce serait l'Etat qui emporterait la décision, si une telle disposition devait être proposée. On en revient donc, encore et toujours, à une question de volonté politique. Seul l'Etat dispose de la puissance financière et politique suffisante, pour imposer la constitution des deux fonds de contre-garantie que nous envisageons. La SOFARIS deviendrait alors son bras armé, pour contre-garantir les prêts de proximité et l'investissement en actions des particuliers par le biais de structures labellisées. D'ailleurs, le fait que l'Etat travaille dans cette optique en étroite collaboration avec la SOFARIS, procurerait l'immense avantage de la décentralisation. En effet, la SOFARIS reste une des structures financières et parapubliques les plus décentralisées, parmi celles qui existent aujourd'hui en France. La SOFARIS dispose de quatorze délégations régionales réparties sur l'ensemble du territoire. A l'évidence, seule une structure décentralisée peut appuyer l'investissement de proximité. La SOFARIS offre cet avantage.

En procédant de la sorte, les actionnaires et prêteurs de proximité disposeraient d'une structure de soutien, géographiquement proche d'eux. Les interfaces pourraient donc aller facilement la solliciter. Ainsi, les délégations régionales de la SOFARIS se transformeraient, petit à petit, en un équivalent français des SBIC américaines, les *Small Buisness Investment Companies*, créées en 1958.

« La SBIC est un organisme qui a permis aux banques de faire quelque chose qu'elles ne peuvent normalement pas faire : financer les start-up », explique Bernard Zimmern, le Président de l'IFRAP. « L'Etat américain a en fait transposé le *Subchapter S* à la banque », par un mécanisme d'assurance pertes partielle, lié au crédit. « Quand une banques décide de prêter un dollar à une entreprise à risque, la SBIC en met un de plus. S'il y a échec, la banque commence par perdre le dollar qu'elle a prêté, mais le deuxième dollar est intégralement couvert par la SBIC ». Pour que les SBIC puissent apporter leur garantie aux emprunts à long terme des sociétés locales d'investissement, elles bénéficient de prêts à taux bonifié et de couvertures, en provenance de la fameuse SBA fédérale, la *Small Business Administration.* L'échéance de ses concours peut aller jusqu'à vingt ans, ce qui privilégie très clairement l'épargne patiente, dont a besoin l'investissement à risque.

Des sociétés comme Reebok et Federal Express ont bénéficié, à leurs débuts, du soutien des SBIC, preuve s'il en est du bon fonctionnement de ce système aux Etats-Unis. D'ailleurs, les montants globaux de ses interventions annuelles sont loin d'être insignifiants. Selon les informations d'Yvon Jacob, les SBIC auraient en 1992 prêté environ 500 millions de dollars aux petites entreprises américaines (approximativement 3 milliards de francs). On ne peut que souhaiter que les PME françaises puissent bénéficier d'un soutien financier, aussi fort et aussi décentralisé. Mais ici encore, ne nous faisons pas de leurre sur les efforts à accomplir, pour bâtir en France une telle structure. Comme le rappelle Marie-Annick Péninon, « il ne faudrait pas oublier que sans la détermination en 1945 du gouvernement fédéral américain, la SBIC n'existerait pas aujourd'hui ». A l'Etat français de trouver en lui-même une volonté comparable, pour appuyer d'une manière décentralisée l'initiative privée.

Entre les prêts de proximité et la transparence fiscale liée aux actions, la ré-affectation de l'épargne de proximité à destination des créations d'entreprises devrait enfin devenir un fait tangible. Une interrogation subsiste cependant, malgré toutes les innovations dont peuvent faire preuve ses différentes mesures : suffiront-elles à relancer la pompe de la création d'entreprises ? Il faut bien comprendre qu'en concentrant nos réflexions sur l'épargne de proximité, nous avons abordé la création d'entreprises uniquement sous l'angle de sa problématique financière. Or, on peut se demander si accroître le niveau d'argent disponible poussera automatiquement les Français à devenir plus entreprenants. Est-ce que le nombre des créations d'entreprises exploserait à la suite d'une politique qui accompagnerait l'initiative individuelle uniquement sur le plan financier ?

Certains investisseurs en capital estiment aujourd'hui que le niveau de la ressource en financement disponible, conditionne effectivement la capacité entrepreneuriale d'une nation. Dominique Sénéquier, Président d'AXA Private Equity fait partie de ceux-ci : « Le plus important, c'est la confiance qu'ont les jeunes dans le fait qu'ils ne vont pas mettre quatre ans à trouver de l'argent pour financer leur entreprise. Il faut qu'il y ait beaucoup d'argent disponible, pour que les jeunes aient le sentiment que la concrétisation de leur projet est à portée de main. La dynamique de la création d'entreprise ne va pas loin sans une masse d'argent stable et durable. L'envie d'entreprendre est conditionnée par l'argent disponible ».

En introduction de l'ouvrage, nous avons pu étudier à quel point le facteur « fonds propres » pouvait s'avérer déterminant dans la décision de créer ou non sa propre entreprise. Je ne contredirai donc pas l'avis de Dominique Sénéquier. Par contre, si l'accès au financement représente la condition numéro un à la faculté de créer, nous avons également vu que des facteurs autres que monétaires, influençaient cette alchimie étrange qu'est la création d'entreprises. Souvenons nous du modèle proposé par l'entrepreneur André Marcon, « un homme, une idée, un marché ». C'est pourquoi j'ajouterais volontiers à l'avis de Dominique Sénéquier, l'image employée par Marc Wauthoz : « avec une valise de dollars, on ne fait pas une entreprise ». Par extension, un simple gonflement de l'épargne disponible ne suffira pas à bâtir une politique efficace de soutien à la création d'entreprises. L'argent n'a pas réponse à tout.

D'ailleurs, dans les deux exemples historiques évoqués, on a pu s'apercevoir que Georges Pompidou comme Napoléon III avaient œuvré par symétrie. L'un comme l'autre ont tenu à compléter leur politique économique en élaborant un cadre réglementaire favorable à l'initiative individuelle, en parallèle des dispositions relatives au développement du capital-risque et des activités financières. Napoléon III restera le chef d'Etat qui a autorisé la première société de capital-risque à se constituer. Il est également celui qui fit voter la loi sur les sociétés anonymes. Même constat sous la Présidence de Georges Pompidou : le père de l'industrialisation française aura autant mis les banques en concurrence pour enrichir les flux de crédits destinés aux entreprises, que nommé le premier secrétaire d'Etat en charge des PME. Cette action de l'Etat par symétrie est la clé de la réussite des politiques de soutien à la création d'entreprises.

C'est pourquoi, demain, nous devrons comme hier jouer sur les deux tableaux pour que la France dispose d'un taux de créations d'entreprises digne de son rang économique. Pour cela, des mesures relatives au statut de l'entrepreneur devront être prises, en même temps que le pari de l'épargne de proximité sera relevé. Plusieurs idées circulent actuellement sur cette question, dans les cercles de réflexion ayant choisi de développer leur force de propositions sur cette thématique. A force de circuler, ces propositions commencent à recueillir un large consensus, bien que le législateur ne les ait pas encore transformées en réalités.

La proposition de loi sénatoriale « Nouvelles Entreprises et Territoires » en avait d'ailleurs repris les plus essentielles. Je pense notamment à l'instauration d'un temps partiel pour création d'entreprise. L'objectif de cette réforme consistait à permettre aux salariés désireux de développer en indépendant un projet, de se dégager au moins une journée par semaine, consacrée à la gestation de leur future société. Ainsi, on réglerait la question de la difficile éclosion des projets « dormants » dans les grandes sociétés, en leur offrant par le biais du droit du travail une solution d'incubation.

Il en va de même pour la mise en place d'un système d'assurance chômage destiné aux créateurs d'entreprises. Est-il socialement acceptable que, dans la France de l'an 2000, les citoyens qui prennent le risque d'entreprendre, ne bénéficient d'aucune couverture en cas de chômage, alors que tous les salariés astreints à cotisation ont droit aux ASSEDIC ? Bien évidemment, nous sommes ici face à une injustice sociale majeure, qu'il convient de combler, si nous désirons réellement que les Français osent davantage entreprendre.

Enfin, l'affectation du patrimoine pour les entrepreneurs en nom propre, revient dans la plupart des rapports en faveur de la création d'entreprises. Parce qu'il y a aujourd'hui confusion entre le patrimoine personnel de l'entrepreneur individuel et celui de sa société, une faillite peut s'étendre sur l'ensemble des biens de sa famille. Pour remédier à cela, le Droit des sociétés pourrait donner aux créateurs d'entreprises, la possibilité d'isoler une partie de leur patrimoine personnel, sur laquelle les créanciers ne pourraient pas se retourner en cas de liquidation. « C'est possible à peu près partout dans le monde, notamment dans les trusts anglo-saxons » explique François Hurel, le Délégué Général de l'APCE. « Le problème avec l'affectation de patrimoine, c'est que l'on touche à un dogme du Droit Civil. La réforme n'est donc pas aussi simple à mettre en place qu'on pourrait le penser ».

D'une manière générale, toutes les propositions visant à conférer aux créateurs d'entreprises un statut social plus confortable, doivent être étudiées puis encouragées. Lorsque l'on pourra enfin entreprendre en France avec un risque limité, les derniers freins à l'envie de créer se lèveront d'eux-mêmes. Pour ma part, je souscris pleinement aux propositions allant dans ce sens. Mais ces dernières ayant récemment rencontré un large écho dans les média, je ne m'attarderai pas plus longuement dessus. Finalement, je n'en développerai qu'une seule, dont l'audace ne lui a pas encore permis de rencontrer l'approbation générale, et qui vise à compenser les effets néfastes d'un dépôt de bilan, sur le parcours professionnel d'un entrepreneur.

Faire du cursus entrepreneur une formation diplômante

La portée de l'échec reste en France un des freins majeurs à la création d'entreprises. D'ailleurs, le problème n'est pas tant financier, mais relatif aux considérations sociales. Pour des raisons d'ordre culturel et historique, un dépôt de bilan demeure en France synonyme d'un échec, alors que dans les pays anglo-saxons, il est généralement considéré comme une expérience. Bien évidemment, le dépôt de bilan reste toujours un moment difficile dans le parcours d'un entrepreneur, même sur l'autre rive de l'Atlantique. Pour autant, la nuance ne se limite pas au vocabulaire. Le fait d'assimiler une faillite à un simple accident de parcours et non à une faute, permet au chef d'entreprise ayant dû mettre la clé sous la porte, de valoriser son expérience auprès d'éventuels recruteurs, et de pouvoir ainsi rebondir professionnellement sur une carrière salariée.

En France, il est bien plus difficile de trouver une porte de sortie après un dépôt de bilan. Quand votre entreprise a été contrainte de cesser son activité, la société a tendance à vous considérer comme un mauvais gestionnaire, une sorte d'inconscient qui aurait dépensé de l'argent à tort et à travers. Pire, la société assimile l'entrepreneur ayant subi un revers à un fraudeur ou un escroc, et a tôt fait de lui jeter son opprobre. En clair, s'il y a eu dépôt de bilan, c'est qu'il y a eu faute. Dans une telle situation, il est bien difficile à l'ex-entrepreneur de trouver un employeur bien veillant, prêt à lui accorder une seconde chance. Pourtant, si l'on regarde les chiffres des tribunaux de commerce, on sait pertinemment qu'au bout de cinq ans, 19% des créateurs d'entreprises sont condamnés à ce sort peu enviable.

On peut donc comprendre que certaines personnes, animées dans un premier temps par l'envie d'entreprendre mais intégrant à juste titre la possibilité d'un échec, aient peur de se retrouver à un moment ou un autre dans cette impasse professionnelle, au point de renoncer à leur projet. L'enquête IFOP réalisée en janvier 2000 pour le compte de l'APCE, a d'ailleurs mis en évident le fait que la crainte de l'échec annihile l'envie d'entreprendre. L'enquête a en effet relevé que « *37% des Français qui n'ont pas envie d'entreprendre, s'y refusent en raison du risque qu'ils craignent encourir* » (1).

Il convient donc de lever cette crainte, pour que les candidats potentiels à la création d'entreprise n'hésitent plus à passer à l'acte. Hélas, les mentalités restent les facteurs de blocage les plus difficiles à faire évoluer. On ne changera pas les habitudes de notre société à coups de décrets, et encore moins le jugement que se font nos concitoyens du dépôt de bilan. C'est pourquoi il faut chercher avant tout à atténuer la portée sociale de l'échec, en imaginant un dispositif de compensation, par lequel tout créateur d'entreprise se verrait officiellement reconnaître l'expérience retirée de son parcours professionnel.

Qu'il y ait réussite ou échec, notre Droit pourrait reconnaître la création et la gestion d'une entreprise comme une formation diplômante. Pour y parvenir, le mécanisme serait le suivant : tout créateur d'entreprise qui aurait réussi à franchir le cap de la troisième année d'activité, se verrait reconnaître par le Ministère de l'Education nationale une équivalence universitaire, au niveau Bac +3 ou Bac + 4, dans les domaines du commerce, de la gestion, et de la comptabilité. Ainsi, le créateur d'entreprise qui aurait réussi à pérenniser son activité, garderait

 (1) Site Internet de l'Agence Pour la Création d'Entreprises : www.apce.com

la jouissance de cette équivalence universitaire, tout en ne l'exerçant pas. Le créateur plus malheureux pourrait s'il le souhaite exercer l'équivalence, et repartir après sa cessation d'activité dans le cycle des études.

Grâce à cette équivalence universitaire, l'entrepreneur en reconversion pourrait tenter d'obtenir un diplôme de niveau bac + 5, qui lui serait fort utile pour retrouver un emploi salarié motivant. Il est bien évident que la mesure intéressera davantage le public de créateurs d'entreprises les plus jeunes, qui ont encore en tête l'idée de compléter leur formation. La plupart du temps, leur entourage les décourage à entreprendre à la sortie de leurs études, prétextant qu'ils ne sont pas assez formés et ne bénéficient pas d'une expérience suffisante.

« Donner un diplôme après un échec ; il ne faudrait peut être pas tomber dans l'excès », estime Jean-Marc Vernière, le directeur général de SOFIMAC. Je veux bien reconnaître que cette mesure fasse partie des plus audacieuses parmi celles proposées. « Avec une telle mesure, on renverserait complètement la vapeur », enchérit André Marcon, entrepreneur et membre de Conseil économique et social. C'est justement, l'objectif poursuivi ! Après tout, ce livre s'appelle l'audace économique.... En fait, les opposants à une telle mesure craignent qu'elle ne conduise à valoriser abusivement l'échec, au détriment de la réussite. De la sorte, elle pousserait à la création d'entreprise, des personnes qui ne seraient pas préparées à relever un tel défi. Seule l'obtention d'un diplôme que le système universitaire leur aurait refusé, motiverait leur décision. Il est vrai que l'entreprise marche aussi, parce qu'à son origine il y a une prise de risque. Il ne faudrait donc pas transformer en entrepreneur des personnes qui ne sont pas prêtes à assumer ce risque, des personnes qui ne sont pas mentalement des entrepreneurs.

A cette objection, plusieurs arguments restent opposables. Le premier concerne la conception et la présentation du dispositif. Dans l'esprit de la réforme proposée, l'équivalence universitaire n'arriverait pas en reconnaissance de l'échec, mais sanctionnerait l'ensemble du cursus professionnel de l'entrepreneur. Autrement dit, pour obtenir l'équivalence universitaire, peu importe que l'entreprise ait ou non dû arrêter son activité sous contrainte judiciaire. La réussite comme l'échec ouvriraient droit à la reconnaissance officielle de la formation obtenue. Si le dispositif était construit de cette manière, aucune raison valable ne pousserait le créateur d'entreprise à rechercher l'échec plutôt que la réussite, au point de l'inviter à mal gérer ses affaires. Qu'elle que soit l'issue de son entreprise, la collectivité validerait l'expérience personnelle acquise.

C'est la raison pour laquelle, l'obtention du titre universitaire serait possible, uniquement dans le cas où l'entreprise nouvelle aurait franchi le cap de la troisième année d'existence. Dans ce cas, personne ne pourrait créer son entreprise avec quelques francs en poche, pour immédiatement et sciemment déposer le bilan, juste dans l'objectif d'obtenir l'équivalence de formation. Pour obtenir la reconnaissance, il faudrait que le créateur attende au moins la troisième année d'activité. Or, faire fonctionner une entreprise nouvelle pendant une aussi longue période, n'est pas une mince affaire.

Nous avons déjà pu observer à quel point le cap de la troisième année pouvait distinguer les créations d'entreprises pérennes, de celles qui ne le sont pas. Dans le dispositif proposé, ce ne serait qu'à partir de la troisième année que l'entrepreneur pourrait demander la reconnaissance officielle de son expérience, même en cas d'arrêt brutal de l'entreprise. C'est pourquoi, afin de présenter le dispositif, les pouvoirs publics ne devraient pas tenir aux entrepreneurs potentiels le message *obtenez un diplôme en créant une entreprise dont vous déposerez le bilan*, mais plutôt *entreprenez car au bout de deux ans l'Education Nationale reconnaîtra toute l'expérience que vous aurez acquise*.

Ensuite, la deuxième raison qui invite à la mise en place d'un tel dispositif, relève plus de notre conception de la société française. Souhaitons-nous réellement que le règne absolu du diplôme continue en France, et que les études demeurent la référence absolue en matière de réussite sociale ? Ou voulons-nous bâtir une société où l'autodidacte retrouverait toute sa place, une société où la reconnaissance de ses mérites lui permettrait de ne plus se retrouver marginalisé ? Plusieurs sociologues et hommes politiques prônent la mise en place en France d'une « école de la deuxième chance ». Or, une « école de la seconde chance » ne réussirait pas à atteindre ses objectifs sociaux, si son organisation reposait une fois de plus sur une logique universitaire et magistrale. Une « école de la seconde chance » ne peut que s'appuyer sur l'école de la vie. La création d'entreprise en est précisément une. « Quand vous devez faire face à des impayés, vous apprenez beaucoup plus qu'en trois années de faculté », confirme Jean-Michel Fourgous, le maire d'Elancourt, en se souvenant de ses débuts d'entrepreneur. C'est pourquoi, d'un point de vue philosophique, notre système d'enseignement supérieur ne devrait pas craindre de se voir dévalorisé, si nous créons effectivement cette passerelle « à l'envers » entre le monde de l'éducation et la création d'entreprise.

Deux dernières précisions doivent être apportées pour lever les craintes causées par l'audace de la proposition. Tout d'abord, il faut préciser que la validation des deux premières années du cursus entrepreneur ne se traduirait pas par la délivrance d'un diplôme, mais par l'obtention d'une équivalence d'enseignement supérieur. La nuance est de taille. Dans le système proposé, l'entrepreneur qui aurait subi un revers obtiendrait seulement le droit de pouvoir reprendre des études à un niveau déterminé, peut être supérieur à celui où il les avait arrêtées. S'il ne reprenait pas ses études, au moins pour une durée supérieure à six mois, l'équivalence obtenue n'aurait aucune valeur, puisqu'aucun diplôme officiel ne serait venu sanctionner définitivement l'expérience acquise.

Ensuite, comme le rappelle Jean-Marc Vernière, le directeur général de la SOFIMAC, « il y a dépôt de bilan et dépôt de bilan ». Certains sont inévitables, malgré un dynamisme commercial et une gestion rigoureuse de part de l'entrepreneur. C'est le cas notamment des faillites causées par des impayés. Par contre, quelques dépôts de bilan interviennent parce qu'il y a eu faute de gestion commise par l'entrepreneur. Aujourd'hui, la justice n'hésite plus à sanctionner sévèrement ces cas de figures. Bien évidemment, les faillites pour négligence de gestion seraient exclues du système de reconnaissance de la formation acquise que nous prônons ici.

Cette mesure ne doit pas autoriser tout et n'importe quoi. Elle vise seulement à atténuer les conséquences des dépôts de bilan « injustes ». En effet, certaines entreprises périclitent en raison de difficultés passagères qui, si elles avaient été surmontées, se seraient muées en de brillantes *success stories* à l'américaine. La SOFIMAC ayant accompagné en Bourse huit sociétés de son portefeuille, son dirigeant Jean-Marc Vernière en sait quelque chose : « certains des entrepreneurs que nous avons accompagné en Bourse, ont failli à un moment ou à un autre déposer le bilan ». En proposant une équivalence et non un diplôme, et en excluant de ce nouveau droit les dépôts de bilan qui auraient clairement pu être évités, je pense que nous encadrerions suffisamment le dispositif, pour se parer contre les risques de dérive.

Enfin, on remarquera qu'une telle proposition s'intégrerait parfaitement dans le projet du « diplôme acquis grâce à l'expérience », qu'essaie de faire passer depuis plusieurs années Nicole Péry, la Secrétaire d'Etat à la formation professionnelle du gouvernement Jospin. Il s'agit de la VAP, la Validation des Acquis Professionnels, un élément notoire de la loi sur la réforme sociale examinée le 9 janvier 2001 à l'Assemblée Nationale. Particulièrement intéressant pour les autodidactes, ce projet de loi prévoit que tout salarié pourrait solliciter un jury composé de socioprofessionnels, dans le but de se voir officiellement reconnaître l'aspect formateur de son expérience professionnelle. Dans l'esprit de la loi, l'approbation du jury donnerait lieu à la délivrance d'un diplôme concordant. Logiquement, l'obtention du titre universitaire devrait s'établir sur la base de trois années de travail « *ayant rapport direct avec le contenu du diplôme* ». A notamment été prévue avant l'application de la loi, une commission nationale d'homologation chargée de répertorier l'ensemble des diplômes.

Dans ce dossier, les journalistes comme les pouvoirs publics ont remarqué que l'Education Nationale avait fait traîner le projet. En revanche, les partenaires sociaux en ont profité pour remettre à plat l'ensemble du système de formation continue. Quoi qu'il en soit, cette disposition de la loi sur la réforme sociale va dans le bon sens, dans la mesure où elle s'affirme à contre courant d'une veille tradition française, qui a laissé le diplôme assurer sa suprématie sur l'expérience professionnelle. Avec une telle disposition, un rééquilibrage devrait s'opérer au bénéfice de cette dernière, et on ne peut que féliciter le gouvernement actuel pour avoir entrepris une réforme aussi audacieuse.

Cela étant dit, on peut se demander pourquoi Nicole Péry n'a pas considéré la création et la gestion d'une jeune entreprise comme un acquis professionnel formateur. Malheureusement, la création d'entreprises ne fait pas partie de la liste des expériences et métiers qui pourront, selon la loi de modernisation sociale, valoir la reconnaissance d'un titre universitaire. Dommage, car cette décision aurait très certainement permis d'atténuer la portée sociale du dépôt de bilan. Elle aurait accordé une seconde chance à celles et à ceux qui ont osé prendre des risques au cours de leur parcours professionnel, et qui se voient injustement pénalisés par un échec qui n'est souvent pas de leur fait. En même temps, cette réforme aurait offert le « simili » de confort nécessaire pour faire basculer de nouvelles populations, plus nombreuses, vers la création d'entreprises.

L'ensemble des mesures qui viennent d'être développées, ont prises directes avec la création d'entreprises. Certes, certaines privilégient l'investisseur par rapport à l'entrepreneur. Je pense tout particulièrement à l'ensemble des dispositions fiscales destinées aux Business Angels et aux épargnants de proximité. L'évolution de notre droit dans le sens d'une plus grande souplesse accordée à l'ouverture de capital privé, s'attache également à l'aspect financier de la création d'entreprise. Mais dans un cas comme dans l'autre, les réformes proposées concernent directement les jeunes entreprises. Sans changer de sujet, il nous appartient maintenant d'élargir notre champs d'observation, comme celui de nos propositions.

Nous avons vu qu'un nouveau plan en faveur de la création d'entreprises n'atteindrait pas ses objectifs, s'il ne s'intégrait pas dans une vision globale de la question, et surtout au sein d'une politique économique plus large, et en même temps compatible. Négliger ces points de la politique économique plus éloignés mais connexes, c'est à coup sûr réduire les précédentes dispositions à de nouvelles « mesurettes » sans impact. On ne peut pas d'un côté mettre en place quelques dispositions fiscales pour faciliter le financement des start-ups, et en même temps creuser les déficits publics. Bien que la liaison n'apparaîtra pas évidente aux néophites en économie, toute politique économique doit afficher une certaine cohérence vis-à-vis d'elle-même. C'est ce qu'il convient maintenant d'expliquer, pour ce qui touche aux mesures générales de politique économique, connexes aux réformes spécifiquement liées au financement des créations d'entreprises.

Aussi, avant de refermer ce volet « propositions » de *l'audace économique*, il m'apparaît indispensable d'ouvrir notre réflexion à l'attitude réformatrice que l'Etat devra porter dans deux domaines, s'il veut réellement accompagner l'éclosion des créations d'entreprises. Il s'agit de la réglementation de l'épargne populaire et de la gestion des finances publiques.

Diminuer les taux réglementés

Au fil des années, l'épargne populaire est pratiquement devenue en France un mythe, ou plutôt une chasse gardée à laquelle il ne faudrait pas toucher. Mais après tout, la question peut se poser de savoir, si réellement nous avons besoin de solliciter l'épargne populaire pour assurer le financement des jeunes entreprises. A première vue, on serait tenté de répondre par la négative, puisque, comme nous l'avons déjà vu, seuls les Business Angels disposent de moyens significatifs pour jouer les premiers rôles dans ce défi financier. Investir dans une entreprise en création suppose la possession d'un patrimoine suffisamment élevé, pour assumer les risques spécifiques à ce type de placement. A l'inverse, les foyers modestes ont besoin de produits d'épargne sécurisés voire garantis, afin d'éviter que le risque n'engloutisse leur modeste capital. Ayant déjà pris en compte ces considérations sociales, les principales réformes fiscales présentées, telle l'assurance perte, sont loin d'être des plus intéressantes pour les petits patrimoines.

Mais en considérant la question de plus près, il pourrait finalement s'avérer intéressant de mobiliser également l'épargne populaire à des fins productives. Des raisons d'ordre technique motivent en premier lieu ce changement de point de vue. En effet, la technique financière nous permet aujourd'hui d'imaginer des instruments d'épargne populaire destinés à financer l'entreprise, plus complexes, plus diversifiés et donc plus sécurisés, que ne l'est un investissement direct en actions non cotées. Les fonds communs de placement de proximité (FCPP), précédemment présentés, font partie de ces nouveaux produits de placement. Affichant des conditions de sécurité acceptables pour un foyer modeste, les FCPP devront être suffisamment attractifs du point de vue fiscal et de leur rendement, afin de faire en sorte que le petit épargnant vide en partie son livret A pour y souscrire.

Ensuite, l'intérêt porté à l'épargne populaire s'explique pour des raisons de volume. Quand on évoque l'épargne populaire, il faut tout de même avoir une idée des masses financières auxquelles on a affaire. Aujourd'hui, 46 millions de Français possèdent au moins un produit d'épargne populaire, soit plus de 80% de la population française. Fin 1998, l'en-cours total des produits d'épargne réglementée s'élevait à 717 milliards de francs. A titre de comparaison, ces 717 milliards de francs représentent une masse financière 42 fois plus importante, que les fonds levés par le capital-investissement français la même année ! (17,080 milliards de francs). Il est donc clair que le basculement d'une infime partie de cette épargne populaire et réglementée vers les jeunes entreprises, pourrait entraîner des effets économiques considérables.

Restons toutefois extrêmement prudent. Avec l'épargne populaire, nous marchons sur un terrain miné. En France, l'épargne populaire reste soumise à certaines règles typiquement françaises. Qu'il s'agisse du livret A des postes et caisses d'épargne, du livret bleu du Crédit Mutuel, du CODEVI, des livrets d'épargne populaire, ou des comptes d'épargne-logement, l'épargne populaire reste en France captée par un tuyau unique, et affectée à des emplois spécifiques. S'agissant de la Caisse des Dépôts et Consignations (CDC), ce « tuyau » mis en place par les pouvoirs publics, est bien connu des milieux financiers. A l'inverse, le petit épargnant qui, lui, place souvent ses économies sur un livret A, n'en connaît parfois même pas le nom. Pour ceux qui se trouveraient dans ce cas, rappelons simplement que les postes et caisses d'épargne ont l'obligation juridique de reverser l'intégralité de leur en-cours d'épargne populaire à la CDC, qui se charge ensuite de le placer. En clair, la Caisse des Dépôts et Consignations a gardé, malgré le libéralisme actuel, le monopole de la collecte et du placement l'épargne populaire, dite épargne réglementée.

Au travers de différentes filiales, la CDC est censée investir l'épargne réglementée. L'une des affectations les plus connues, reste le logement social, puisque la Caisse des Dépôts et Consignations a l'obligation de prêter aux offices de HLM. D'une manière générale, la CDC emploie l'épargne réglementée à des affections sociales et publiques, mais pratiquement jamais au financement de l'entreprise. Seul le CODEVI, créé en 1983, échappe logiquement à cette règle, puisque ses initiateurs avaient voulu qu'il contribuât au financement du développement industriel. Ainsi, une partie des ressources de la Banque de Développement des PME (BDPME), provient de l'en-cours des CODEVI, apporté au nom de l'Etat par la Caisse des Dépôts et Consignations. Les ressources CODEVI permettent à la BDPME d'octroyer du crédit aux petites et moyennes entreprises. Toutefois, l'affectation du CODEVI relève plus de l'exception que de la règle. Quoi qu'il en soit l'épargne réglementée n'a pas spécialement vocation a être transformée en fonds propres, et risquée dans des entreprises. Surtout, la logique de la CDC reste avant tout une logique de banque, donc une logique de prêt.

Certes, la Caisse des Dépôts et Consignations a développé ses dernières années, des activités de capital-risque et d'investissement en fonds propres dans des entreprises nouvelles, des activités qui lui étaient auparavant profondément étrangères. Sur l'année 1999, la CDC aura effectivement investi pas moins de 1,3 milliard de francs dans toutes sortes d'entreprises, en prenant en compte l'ensemble de ses activités de capital-investissement, c'est-à-dire aussi bien ses fonds d'amorçage destinés aux start-ups, que ses opérations de rachats d'entreprises du type LBO. Avec des montants d'investissement aussi importants, la Caisse des dépôts est devenue un des acteurs majeurs du capital-investissement français. Ainsi, la filiale CDC Innovation s'est classée en 1999 en troisième position dans le classement des dix sociétés de capital-risque les plus actives en France, en nombre d'opérations réalisées. S'il convient de saluer cette diversification réussie des activités de la CDC, il faut se rappeler qu'elle ne règle pas pour autant le problème d'une utilisation plus industrieuse de l'épargne réglementée. Au regard des 700 milliards de francs d'épargne réglementée qu'elle gère, que représentent les 1,3 milliard de francs que la CDC consacre au capital-investissement ?

Bien que la comparaison puisse paraître simpliste, l'épargne populaire et réglementée est l'antithèse parfaite de l'épargne risquée et industrieuse. Aussi, une fois que seront mis en place les instruments permettant de transformer l'épargne populaire en fonds propres pour l'entreprise, il faudra que l'Etat fasse en sorte que ces nouveaux instruments deviennent *relativement* plus intéressants, que les produits réglementés administrés par la CDC. Pour cela, on peut déjà leur offrir un régime fiscal attractif, puisqu'en comparaison les intérêts des livrets A sont actuellement exonérés d'impôts jusqu'à de larges plafonds. Avec tout ce qui a été proposé en matière de transparence fiscale, de crédit d'ISF et de défiscalisation du prêt de proximité, je pense que les fiscalités de l'épargne industrieuse et de l'épargne réglementée seraient déjà rééquilibrées, si ces mesures étaient effectivement mises en œuvre. Il n'y aurait guère nécessité à aller plus loin.

Par contre, au-delà de l'aspect fiscal de la problématique, il serait judicieux d'agir également sur le rendement comparatif des produits d'épargne. Pour cela, je ne vois pas d'autre manière que de diminuer les taux d'intérêt des produits d'épargne réglementée. En effet, plus les taux de rémunération de l'épargne réglementée seront bas, moins les petits épargnants auront intérêt à laisser leur épargne dormir sur un livret A. A l'inverse, tant que l'épargne réglementée bénéficiera d'une rémunération élevée, aucun avantage comparatif significatif ne poussera l'épargnant moyen à prendre le risque d'un placement industriel. Pour que l'épargne des particuliers vienne demain abonder les fonds communs de placement de proximité, et pour que les personnes âgées n'hésitent plus à consentir un prêt à leurs petits enfants créateurs d'entreprises, il faut avant cela que la rémunération de l'épargne réglementée devienne moins concurrentielle, au point que l'argent sorte en partie des livrets A et consorts, pour partir à la recherche d'emplois plus rémunérateurs.

Réorienter l'épargne des ménages vers les entreprises suppose donc des taux d'épargne réglementée les plus bas possible. En soi, l'objectif n'est pas des plus difficiles, puisque la diminution des taux d'épargne réglementée relève d'une décision politique. C'est d'ailleurs bien l'une des rares marges de manoeuvre, qui reste aujourd'hui entre les mains du pouvoir politique. Comme leur nom l'indique, les taux réglementés sont fixés par le gouvernement. Certes, depuis 1998 à la suite d'une décision de Dominique Strauss-Kahn, le gouvernement se trouve dans l'obligation de consulter, avant toute modification des taux réglementés, un comité consultatif composé de neuf membres indépendants, et présidé par le Professeur Babeau. Le gouvernement n'est pas pour autant tenu de suivre les recommandations du comité consultatif. Il peut passer outre, et mener comme bon lui semble sa propre politique.

Aussi, si le gouvernement souhaite entraîner une décollecte d'épargne réglementée au bénéfice de l'épargne industrieuse, une simple décision réglementaire suffit. Celle-ci doit toutefois s'inscrire dans un certain réalisme économique, notamment vis-à-vis des taux d'intérêt et d'inflation. Mais le problème reste avant tout politique, puisque la baisse des taux réglementés reste une mesure à caractère impopulaire, dans un pays qui raffole des produits défiscalisés et des placements dits de bon père de famille. Généralement, le gouvernement qui ose baisser les taux réglementés, se voit accusé de privilégier les citoyens les plus aisés, au détriment de l'épargne des foyers modestes, privée soi-disant de tout rendement. De la même manière, les opposants à la baisse des taux réglementés accusent généralement les gouvernements en faveur de celle-ci, d'empêcher, faute de fonds, la construction de nouveaux logements sociaux.

Pourtant, le gouvernement Jospin, supposé de gauche, a entrepris une telle baisse des taux d'épargne réglementée, le 21 juillet 1999, en ramenant le taux du livret A de 3% à 2,25%. Trois baisses célèbres avaient précédé cette initiative du gouvernement Jospin. La baisse « Balladur » de 6 à 4,5% qui en 1986 avait engendré, à l'heure des privatisations, un tollé général de protestations. Vint ensuite l'abaissement à 3,5% entrepris par le gouvernement Juppé, dans le cadre du plan de relance Franco-allemand de 1996, et finalement la première diminution décidée par Lionel Jospin, le 15 juin 1998. Les taux avaient été alors ramenés à 3%. Le fait qu'un gouvernement de gauche se soit risqué à deux reprises à une décision aussi impopulaire, montre bien que la baisse des taux réglementés n'est pas une idée aussi insensée, que certains voudraient bien le faire croire. Pour l'investissement à risque, il s'agit d'une nécessité ; elle répond à un véritable besoin. D'ailleurs, une baisse des taux réglementés n'entraîne pas des effets aussi néfastes qu'on pourrait le penser. Bien au contraire.

Même dans l'intérêt des logements sociaux, une baisse des taux réglementés reste parfaitement défendable. En effet, pour pouvoir être rentable, la CDC prête aux offices HLM à un taux légèrement supérieur à celui qui lui permet de collecter l'épargne populaire par l'intermédiaire des postes et caisses d'épargne. Aussi, diminuer les taux de rémunération des livrets d'épargne réglementée rend possible une baisse du taux, auquel empruntent les offices HLM pour construire de nouveaux logements sociaux. En diminuant les intérêts à payer, la baisse des taux réglementés entraîne mécaniquement un allégement de la dette des logements sociaux. Il faut savoir que celle-ci s'élevait, en juillet 1999, à 420 milliards de francs. La baisse à la même date de trois quart de points des taux réglementés a représenté pour les offices HLM, un allégement de 40 milliards de francs de leur dette auprès de la CDC, soit pratiquement 10% de celle-ci. En ce sens, la baisse des taux réglementés sert la politique d'aide au logement social.

Reste toutefois l'effet néfaste par lequel la baisse des taux réglementés pourrait amoindrir les ressources allant financer la construction de nouveaux logements sociaux. Expliquons tout d'abord que les offices HLM pourraient emprunter auprès d'autres intervenants bancaires, afin de financer la construction de nouveaux logements sociaux. Le Professeur Babeau l'a constaté en tant que Président du comité des taux réglementés, sur la période 1998-99, où le niveau des taux réglementés dépassait largement les taux d'intérêts fixés au gré du marché : « Nous avons assisté à des phénomènes pas tout à fait normaux, même du point de vue des objectifs sociaux. Par rapport aux emprunts des sociétés HLM, la Caisse des dépôts se trouvait en situation de surliquidité ». Elle disposait de trop de fonds. « En fait, les HLM ne souhaitaient plus s'endetter à 4,30%, tout simplement parce qu'au niveau du logement social, le marché est concurrentiel, et l'on peut trouver des fonds à bien meilleur marché ».

Même dans le pire des cas où la baisse des taux réglementés bloquerait effectivement la construction de nouveaux logements sociaux, des mesures d'accompagnement pourraient être décidées. Nous pourrions en effet changer radicalement notre politique de financement du logement, dans le sens de l'accession à la propriété et d'un recours plus massif des particuliers au crédit. Au lieu de construire toujours davantage de logements sociaux, pourquoi ne pas faire en sorte que les personnes habitant actuellement en HLM, puissent grâce à des mesures du type « prêts à taux zéro » acquérir leur habitation ? Ils rendraient ainsi vacants les logements sociaux qu'ils utilisaient jusqu'à présent, et donc disponibles pour des foyers en plus grandes difficultés financières, qui éprouvent parfois du mal à trouver un toit auprès des offices HLM. D'une manière générale, le financement de l'immobilier devrait davantage reposer sur des crédits consentis aux particuliers, alors que le financement de l'entreprise devrait s'asseoir sur une logique de fonds propres, et dépendre cette fois-ci non plus du crédit, mais de l'épargne de ces mêmes particuliers.

Pour toutes ces raisons, notre politique française du logement ne devrait pas souffrir d'une manière insupportable, de l'éventuelle baisse des taux réglementés. D'ailleurs, même pour ce qui est du crédit aux petites et moyennes entreprises, une baisse des taux réglementés s'avérerait profitable. En effet, elle amoindrirait le coût de la ressource CODEVI, et donc permettrait à la BDPME et aux banques commerciales collectrices de CODEVI, de proposer des crédits aux PME à des taux d'intérêt plus faibles. On retrouve en fait au niveau du crédit aux entreprises, la même mécanique que celle par laquelle une baisse des taux réglementés allège la dette des offices HLM. C'est pourquoi nos gouvernants ne devraient pas hésiter à entreprendre cette baisse, surtout si nous restons dans le contexte actuel d'inflation quasiment nulle. La mesure pourrait être prise, d'autant qu'il n'y a plus de doute à avoir sur son efficacité immédiate. Les dernières baisses des taux réglementés ont effectivement montré qu'une décollecte massive d'épargne les suivait automatiquement.

A en croire les données à notre disposition, les petits épargnants sont extrêmement réactifs à une modification, à la hausse ou à la baisse, des taux réglementés. Ainsi, en 1998, on avait enregistré une décollecte d'environ 15 milliards de francs, dans le mois qui a suivi la baisse des taux réglementés. En 1999, ce sont 55 milliards de francs de décollecte qui ont marqué la nouvelles baisse des taux réglementés. En outre, le mouvement inverse s'est vérifié lorsque le gouvernement Jospin a décidé en juillet 2000 de relever les taux ; la collecte d'épargne est subitement repartie pour 3,8 milliards de francs supplémentaires, sur les quinze premiers jours du mois de juillet.

On en déduira qu'une modification des taux réglementés n'est jamais neutre ; elle est toujours suivie d'incidences économiques. Les épargnants français en prennent acte, et réagissent assez rapidement, dans le sens de leur strict intérêt personnel. On peut donc penser que le mouvement de vases communiquants attendu aurait bien lieu, si une baisse des taux réglementés intervenait au moment même de la constitution des fonds communs de placement d'épargne de proximité. L'argent devrait alors effectivement sortir des livrets d'épargne populaire, pour s'investir là où il crée des emplois, c'est-à-dire dans les placements destinés à financer l'entreprise en fonds propres.

Certes, certaines personnalités pensent qu'une modification de l'utilisation de l'en-cours d'épargne réglementée, serait préférable à une baisse à proprement parler. En effet, on pourrait très bien imaginer ne pas baisser les taux réglementés pour maintenir l'en-cours d'épargne populaire à son niveau actuel, et demander en parallèle à la CDC de l'investir plus massivement dans des jeunes entreprises. On aurait pu en arriver jusque là, puisqu'en juillet 1999 le gouvernement avait suivi l'avis du Président du conseil de surveillance de la CDC, Jean-Pierre Balligand, par ailleurs député socialiste de l'Aisne, qui l'invitait à affecter les fonds collectés au travers de l'épargne réglementée, à des emplois nouveaux, en tout cas autres que le financement du logement social.

« Hélas, je crains que l'investissement industriel soit réduit à la portion congrue parmi ces autres emplois », me faisait part en janvier 2000 le Professeur Babeau, en tant que Président du comité consultatif des taux réglementés. En effet, par nouveaux emplois, le gouvernement entendait les transports collectifs, les tramways, les déchetteries, et plus largement les investissements des collectivités locales en faveur de l'environnement.

On est donc encore loin de l'investissement à risque dans des créations d'entreprises. Si depuis quelques années la CDC s'est lancée avec succès dans des activités de capital-risque, sa propre révolution culturelle n'est pas encore totalement achevée, en tout cas pas au point que l'Etat lui demande d'affecter les fonds collectés au titre de l'épargne réglementée, à des investissements productifs. En fait, le problème vient plus de l'Etat que de la Caisse des Dépôts qui, elle, a su au moins remettre en cause certaines de ses habitudes. C'est pourquoi, même s'il convient de soutenir et d'approuver les évolutions sensibles en la matière, une baisse des taux réglementés, en parallèle de la constitution des FCPP et d'un meilleur traitement fiscal de l'investissement de proximité, me paraît largement préférable, à une simple ré-affectation des fonds gérés par la CDC.

A plus long terme, les taux réglementés pourraient rester au niveau le plus bas possible, c'est-à-dire très légèrement supérieur au taux annuel d'inflation. Ainsi, nous offririons une rémunération réelle positive à l'épargne des foyers les plus modestes, sans pour autant que le livret A accueille une épargne en provenance de foyers plus aisés, qui ne lui est pas logiquement destinée. Actuellement, un règlement impose que dans tous les cas de figures, les taux réglementés doivent être supérieurs au minimum d'un point du taux d'inflation. Peut-être que cette contrainte devrait être revue et abaissée de moitié.

Cependant, notons que les deux stratégies sont possibles et parfaitement cumulables ; elle peuvent être menées en parallèle. Avec une gestion ultra rigoureuse, on pourrait très bien en même temps baisser les taux réglementés, et donner des affectations plus industrielles et entrepreneuriales aux fonds gérés par la CDC. Aussi, en accompagnement de la baisse souhaitée des taux réglementés, nous pourrions augmenter la dotation en ressources CODEVI de la BDPME, afin d'accroître les fonds ayant vocation à se transformer en crédit pour les entreprises. De la même manière, la baisse des taux réglementés doit s'accompagner d'une nouvelle politique d'Etat de « prêts à taux zéro » visant à favoriser l'accession à la propriété des foyers les plus modestes, pour pouvoir, à parc de HLM égal, fournir un logement pour tous.

Pour l'instant, les pouvoirs publics ne semblent pas avoir fixé cette baisse des taux réglementés, à l'ordre du jour de leurs priorités. Alors que le principe de taux réglementés bas devenait politiquement de plus en plus consensuel, le gouvernement a procédé le 1er juillet 2000 à leur augmentation, ces derniers repassant de 2,25% à 3%. Première hausse depuis dix neuf ans, cette augmentation s'avérait nécessaire, car du fait d'un léger regain d'inflation et de la remontée des taux d'intérêt, la rémunération réelle de l'épargne populaire devenait pratiquement insignifiante. Toutefois, le gouvernement est allé beaucoup plus loin qu'un simple réajustement vis-à-vis de l'inflation. D'une part, cette augmentation annule totalement la baisse intervenue en juillet 1999, et d'autre part, le comité consultatif avait proposé de limiter la hausse à un taux plafond de 2,5%, soit le strict minimum légal. Il est vrai qu'il est politiquement bien plus facile pour le gouvernement, d'augmenter arbitrairement les taux réglementés, que d'éviter toute poussée d'inflation, même légère.

C'est en évitant que l'inflation ne vienne grever le revenu réel de l'épargne populaire, que l'on offrira d'une manière efficiente un rendement socialement acceptable aux économies des foyers les plus modestes. Certainement pas en augmentant les taux réglementés. Seulement ainsi, le soutien à l'épargne populaire ne s'accomplira pas au détriment du financement des jeunes entreprise. Mais pour cela, il faudra également que l'Etat veille à limiter son endettement, et donc son train de vie et ses déficits. Car, aussi curieux que cela plus paraître, le financement de l'audace entrepreneuriale passe aussi par ce douloureux acte de contrition de la part de l'Etat.

Entreprendre une véritable politique de désendettement de l'Etat

Les dettes de l'Etat empêchent aujourd'hui tout afflux majeur d'épargne privée vers l'entreprise. Bien que la liaison économique n'apparaisse pas à première vue évidente, il est un fait que tant que l'Etat n'arrêtera pas de creuser ses déficits, les créations d'entreprises auront du mal à trouver auprès des particuliers de l'argent frais. En fait, les dettes et déficits publics assèchent la ressource en épargne disponible à l'échelle d'une nation. Rien n'est plus simple à comprendre que ce cercle vicieux de l'endettement public, qui conduit à détourner l'épargne du financement de l'entreprise.

Chaque année, l'Etat établit son budget, et demande son approbation au Parlement en lui soumettant sa loi de finance. A l'image du budget d'un ménage, la loi de finance s'organise en un volet « dépenses », qui résume à quels emplois l'Etat affecte ses crédits, et un volet « recettes », celles-ci se composant essentiellement de la collecte d'impôts. Bien évidemment, l'Etat a le droit de présenter un budget excédentaire, comme il a le droit de présenter un budget déficitaire. Depuis la Libération, l'intervention de l'Etat a connu une croissance vertigineuse, au point que, chaque année, de nouvelles dépenses publiques apparaissent, sur lesquelles il est généralement impossible de revenir l'année suivante. C'est ce phénomène que l'on appelle *l'effet cliquet*, et qui conduit finalement à rendre les dépenses publiques incompressibles. Or, plus les dépenses publiques deviennent incompressibles, moins les recettes n'arrivent à les couvrir. Dès lors, les déficits publics annuels tendent à devenir structurels.

Bien évidemment, le déficit public doit être financé. L'Etat n'est ni au-dessus des lois, ni au-dessus des réalités économiques. Tout comme un ménage, il a l'obligation de présenter des comptes équilibrés. A chaque fois qu'un budget public se solde par un déficit, le gouvernement doit trouver de nouvelles sources d'argent supplémentaires, pour apporter un financement complémentaire à la partie des dépenses, non couverte par les recettes habituelles. Pour cela, l'Etat a deux possibilités. Tout d'abord, il peut toujours trouver de nouvelles recettes en augmentant les impôts. Cependant, au lieu de relever les impôts, l'Etat peut choisir d'emprunter. Aujourd'hui, les prélèvements obligatoires représentent approximativement 47% du PIB ; un niveau record. Tant pour des raisons économiques que pour des raisons politiques, toute nouvelle hausse des impôts semble impossible.

C'est pourquoi l'Etat préfère aujourd'hui emprunter pour combler ses déficits. La question qui se pose maintenant consiste à savoir, avec qui l'Etat peut contracter des emprunts. Il est vrai qu'il peut aller chercher de l'argent à l'étranger, en demandant à un autre Etat de lui consentir un prêt. L'Etat peut également décider d'emprunter auprès de ses citoyens, et c'est là où le fait devient gênant pour le financement des entreprises. En effet, pour pouvoir emprunter auprès de particuliers, qu'ils soient d'ailleurs nationaux où étrangers, le Trésor Public émet des obligations pour le compte de l'Etat. Celles-ci sont remboursables au porteur au bout d'une durée de plusieurs années, déterminée à l'avance. Autrement dit, l'Etat promet d'honorer la dette que représente chaque obligation, sur les collectes d'impôts futures. L'achat d'une obligation d'Etat équivaut donc, du point de vue du particulier, à un placement sans risque, puisqu'il y aura toujours à l'échéance une levée d'impôt pour le rembourser.

Du fait de cette absence de risques, les particuliers n'hésitent pas à placer leur épargne en obligations du Trésor. C'est par ce mécanisme insidieux que l'épargne des particuliers prend la direction de l'Etat, au lieu d'aller financer l'entreprise. L'argent que les Français placent en obligations du Trésor, représente autant de fonds propres en moins pour les entreprises en création et en développement. Par voie de conséquence, plus l'Etat creusera ses déficits, plus il devra emprunter, plus il émettra des obligations, et plus l'épargne des particuliers se détournera de l'entreprise. Voilà une des conséquences les plus graves des déficits publics, beaucoup moins connues que l'augmentation des impôts. Chacun sait que l'augmentation des déficits publics entraîne inévitablement la hausse des impôts. Par contre, le fait que dettes et déficits obligent l'Etat à ponctionner l'épargne des particuliers, est loin d'être une réalité aussi bien comprise et admise.

En outre, cette réaction en chaîne se transforme en un véritable cercle vicieux, puisque l'Etat doit non seulement rembourser à terme le capital qu'il a emprunté auprès des particuliers, mais également verser les intérêts attachés à chaque obligation. Ces derniers représentent le taux auquel l'Etat emprunte. Ainsi, du fait des intérêts à payer, la ponction à terme sur le budget de l'Etat au titre de la dette, devient supérieure à ce qu'elle aurait été, si cet argent n'avait pas été emprunté. C'est de cette manière que l'on en arrive à la situation actuelle, où près de 20 % du budget de l'Etat est consacré chaque année au remboursement de la dette !

Il nous appartient d'inverser la tendance. Or, la seule façon de mettre un coup frein à ce désastre financier, dépend de la capacité de l'Etat à devenir plus économe et moins dépensier. En présentant des budgets excédentaires, l'Etat réduirait son besoin d'emprunts supplémentaires et limiterait, par voie de conséquences, les émissions d'obligations du Trésor. Réduire les déficits publics reste donc la condition *sine qua non* à remplir, avant la mise en œuvre de toute politique de soutien à l'actionnariat de proximité. L'assainissement des finances publiques permettrait en effet aux particuliers de disposer d'un volume d'épargne suffisant, non placé en OAT et en bons du Trésor.

Il faut savoir que la situation actuelle des finances publiques françaises rentre trait pour trait, dans cette spirale économique infernale. Sur la décennie 1990, l'Etat français n'a pas présenté un seul budget excédentaire. Certes, depuis 1993, les déficits publics baissent d'année en année, par rapport au PIB. De 6% du PIB en 1993, le déficit public est passé à 3,5% du PIB en 1997, pour finir à 1,8% en 1999. Cette résorption a été principalement motivée par la qualification de la France à l'euro, pour laquelle la France comme les autres pays candidats, devait présenter dès 1998 un taux de déficit public inférieur à 3% du PIB. Pour autant, le déficit budgétaire français n'a pas disparu avec l'entrée dans le troisième millénaire. Notre Etat n'a pas pu, ou n'a pas su, encore présenter un budget équilibré. Aujourd'hui, notre déficit public se situe dans un ordre de grandeur de 1% du PIB.

Peut-être que ce constat étonnera celles et ceux d'entre nous qui ont été trompé par le mythe de la fameuse « cagnotte fiscale ». Depuis mars 2000, beaucoup de Français croient malheureusement que l'Etat a perçu plus d'argent, qu'il n'en a dépensé. Grave vue de l'esprit que la cacophonie politique et les contresens médiatiques ont vivement entretenue ! En fait, ce que l'on a appelé « cagnotte fiscale » n'est rien d'autre qu'une différence positive entre le volume d'impôts effectivement encaissé par l'Etat, et l'estimation de collecte prévisionnelle qui avait servi a élaborer le volet « recette » du budget. Rappelons qu'afin d'établir le budget pour l'année à venir, le gouvernement procède à des estimations du montant des impôts qu'il compte percevoir. Au début de l'année 2000, il s'est trouvé que la collecte d'impôt fut supérieure à ce que le gouvernement avait estimé quelques mois plus tôt. La croissance économique ayant été plus forte que prévue, la collecte d'impôt s'est envolée grâce une augmentation de sa base de calcul, à taux de prélèvement égal.

Il résulte de cette différence positive entre la réalité et la prévision, un surplus de recettes d'impôts sans affectation prévue, égal à approximativement 30 milliards de francs. Pour autant, et malgré ces 30 milliards de surplus d'impôts collectés, les dépenses de l'Etat demeuraient toujours supérieures aux recettes. En septembre 2000, il manquait toujours 186 milliards de francs à Laurent Fabius pour boucler le budget de l'année 2001. L'Etat est donc loin d'avoir de l'argent en trop ; au contraire, il n'en a pas assez pour faire face à ses dépenses.

Dans un tel contexte, la France est restée en matière de déficit public le « vilain petit canard » de la zone euro. Des pays de moindre importance économique comme l'Espagne, ont présenté un budget équilibré, autrement dit un déficit public nul. Ne parlons même pas de la Grande-Bretagne dont le budget 2000 s'est soldé par un excédent équivalent à 1,1% du PIB. Pour l'année 2001, la Suède avait quant à elle prévu un excédent budgétaire de l'ordre de 3,5% de son PIB. Avec un déficit prévisionnel pour 2001 estimé à 1,95%, force est de constater que la France fait aujourd'hui pâle figure. Même avec des prévisions de croissance élevées, le Ministre des Finances Laurent Fabius n'envisage pas un retour à l'équilibre budgétaire, avant l'horizon 2004-2005. Et encore, la croissance ne pourrait pas être, d'ici là, au rendez-vous.

Du fait de déficits publics encore trop importants, l'Etat français a toujours recours à l'endettement. Déjà, il emprunte de l'argent là où il peut en trouver le plus facilement, c'est-à-dire auprès de la Caisse des Dépôts et Consignations, la CDC, un organisme dont nous avons déjà étudié la mission. Selon le quotidien *Les Echos* (édition du 22 juillet 2000), la Caisse des dépôts porterait aujourd'hui 12% de la dette de l'Etat. D'une manière assez curieuse, on en revient à la question de l'épargne populaire, puisque nous avons vu que la CDC dispose, au nom du financement du logement social, du monopole de la collecte de l'épargne réglementée.

Ceux qui croyaient que l'épargne réglementée servait effectivement à financer le logement social, seront déçus. Sur les 700 milliards d'en-cours d'épargne sur livret, 280 sont en fait placés en bons du trésor. Déjà l'épargne réglementée ne pouvait servir à financer la jeune entreprise, puisqu'elle était sensée être consacrée à des usages considérés socialement d'une utilité supérieure. Mais dans les faits, cette épargne collectée par les livrets réglementés ne va pas autant que prévu au logement social ; elle sert surtout à financer la gestion déséquilibrée d'un Etat, qui n'a plus comme seul recours l'emprunt.

D'ailleurs, ce fait est loin d'être nouveau. On se souvient que la période 1850-1865 avait vu au travers d'organismes comme le Crédit Mobilier, la naissance d'un véritable capital-risque français, qui permit de financer la croissance économique et l'innovation technologique. Le chemin de fer en demeure la réalisation industrielle la plus visible. L'historien Alain Plessis explique comment le système financier a, par la suite, dévié : « Je sais que cette question est extrêmement controversée, mais le développement des caisses d'épargne postales en France à partir des années 1880, a réduit le dynamisme des banques. En fait, la Troisième République avait besoin de beaucoup d'argent, à cause de la dette de la guerre de 1870 et du fait de l'inexistence d'un véritable système fiscal. Ce fut un véritable élément de frein, puisque les caisses d'épargne ont permis, à l'époque, de détourner l'épargne des banques vers l'Etat ». On dit que l'histoire est un éternel recommencement...

Vraie hier, la faculté de l'Etat à capter l'épargne des particuliers par le biais d'émissions d'obligations, est tout aussi vérifiable dans la France d'aujourd'hui. Selon le rapport annuel du gouverneur de la Banque de France, « *en 1999, sur le marché obligataire de la place de Paris, les émissions brutes réglées par les résidents se sont établies à 108,7 milliards d'euros (...) en sensible progression par rapport à 1998 (86 milliards)* ». « *Les émissions brutes de l'Etat ont représenté 40,3% du montant total émis sur la place de Paris* » (1). L'IFRAP va plus loin dans ses estimations, en affirmant que 78% des émissions brutes d'obligations sont, en France, le fait de l'Etat.

Le professeur Babeau ne contredirait pas cette relation de cause à effet entre l'augmentation des déficits publics et la captation de l'épargne des particuliers par l'Etat. En effet, il a pu la constater sur la première partie des années quatre-vingt-dix, qui correspond à l'apogée de l'assurance-vie

 (1) *Rapport adressé à Monsieur le Président de la République et au Parlement* par Jean-Claude Trichet, Gouverneur de la Banque de France - Exercice 1999

française et des OPCVM monétaires, ainsi qu'à l'explosion des déficits publics : « La contrepartie de l'assurance-vie a été massivement placée en obligations, pour boucler le réseau des emprunts d'Etat. Dans le même temps, nous avons dû gérer des déficits publics très lourds. On dit qu'ils représentaient 2 à 4% du PIB. Certes, mais par rapport au budget de l'Etat, ces déficits représentaient 15 voire 20% ! Curieusement, la presse en parle peu. En tout cas, il n'y a pas de doute à avoir sur le fait que tout cela a ralenti la croissance, en contribuant à réorienter d'une manière perverse toute l'épargne des ménages vers des produits de taux, alors que nous avions déjà une culture de rentiers et d'obligataires ».

L'ancien parlementaire Yvon Jacob s'est quant à lui rendu compte, lors du débat à l'Assemblée Nationale en 1996 de la loi sur les fonds de pension, comment l'Etat cherchait à capter toute nouvelle ressource d'épargne privée : « Bercy a toujours eu pour tendance naturelle de vouloir garder le contrôle de l'orientation des flux financiers et d'épargne, là il voulait bien qu'ils aillent ». « Cette prétention à diriger la destination des flux financiers s'explique par le fait que l'Etat est aujourd'hui le plus gros emprunteur français ». « A partir du moment où l'on dirige l'argent vers des emplois qui ne sont pas publics, et donc non contrôlés par l'Etat, on devient concurrent de l'Etat en tant qu'emprunteur ». « Peut-être qu'une des préoccupations de Bercy à l'époque était de réorienter les fonds de pension vers des emprunts d'Etat ».

Aujourd'hui, 28% de la dette française serait détenue par des investisseurs étrangers, selon les statistiques réunies par le *Figaro*. Cela signifie *a contrario* que 72% de la dette publique est détenue par des investisseurs français. Quand on sait que notre dette représentait en 1999, selon les estimations de la Banque de France, 58,6% du PIB, un rapide calcul suffit pour comprendre que la masse d'épargne que les Français ont prêté à l'Etat, s'élève à 42% de la richesse nationale annuelle ! Un tel gigantisme a de quoi faire trembler. Vue l'importance des masses financières auxquelles nous sommes mis en présence, réorienter vers la jeune entreprise ne serait-ce qu'un pour-cent des sommes jusque là prêtées à l'Etat, aurait un impact considérable sur la croissance. C'est pourquoi il devient urgent que nous procédions à un véritable désendettement public, pour que cette nouvelle stratégie se fonde avec les mesures de soutien à l'actionnariat de proximité, en une politique ambitieuse et cohérente. Alors, comment assainir les finances publiques ?

La Nouvelle Economie aurait pu nous permettre de régler le problème de notre dette. Par exemple, de nouvelles privatisations auraient permis à l'Etat d'engranger des recettes exceptionnelles considérables, que l'on aurait pu affecter au remboursement de la dette. Alors que l'année 1999 n'a pas été marquée par aucune grande vague de privatisations, les recettes collectées cette année-là sur les quelques-unes réalisées, ont tout de même représenté une rentrée d'argent de 7,8 milliards d'euros. Aujourd'hui, l'Etat possède encore un certain nombre d'entreprises publiques, évoluant sur le secteur concurrentiel, qu'il pourrait vendre. Pensons notamment à la participation majoritaire que l'Etat détient toujours dans France Télécom. Hélas, nous avons manqué le coche, puisque depuis les déconvenues de l'augmentation de capital d'Orange, le secteur des télécoms vit une véritable crise boursière. L'Etat aurait dû revendre sa participation dans France Télécom au début de l'année 2000, pour faire rentrer le maximum d'argent dans ses caisses. Maintenant, il nous faut attendre que les télécommunications reprennent de la vigueur sur l'ensemble des places boursières européennes, pour que l'opération reprenne tout son intérêt financier.

Nous avons également pris un train de retard dans la deuxième stratégie de réduction de la dette que nous offrait la Nouvelle Economie : l'attribution des licences UMTS, la téléphonie mobile de troisième génération. Pour concéder aux opérateurs privés de téléphonie mobile le droit d'implanter leur réseau sur le territoire national, plusieurs Etats européens ont décidé d'offrir un nombre de licences limité, aux entreprises les plus offrantes. Grâce à cette procédure de mise aux enchère, l'Etat allemand a réussi à encaisser 50,5 milliards d'euros en provenance des opérateurs européens de télécommunications. Ayons conscience que cette arrivée d'argent frais dans les caisses de l'Etat allemand représente approximativement une fois et demie le déficit public français annuel ! Il y avait donc matière à réduire de manière significative notre dette, en lançant en France une démarche similaire.

D'ailleurs, c'est bien ce que comptait faire notre gouvernement avec sa procédure d'attribution des droits d'implantation des réseaux UMTS. 130 milliards de francs sur les recettes escomptées étaient justement censés être consacrés à la réduction de la dette publique française. Hélas, le gouvernement français a trop tardé. Il a lancé sa procédure d'attribution des licences UMTS au moment où le secteur des télécommunications revoyait durablement à la baisse ses perspectives d'investissements, pour cause d'endettement non maîtrisé. Résultat : du fait d'un manque d'entreprises candidates aux attributions, la France a dû reporter sa « mise aux enchères ». Une fois de plus, on peut malheureusement craindre que la coche a été manqué, tant les groupes de téléphonie mobile mettront du temps à retrouver de la trésorerie.

Comme les deux perspectives que nous offrait la Nouvelle Economie ne semblent plus d'actualité, il ne reste plus qu'une seule manière à l'Etat pour se désendetter, et faire en sorte que l'épargne des particuliers ne se détourne plus à son profit : poursuivre et amplifier la réduction des déficits publics. L'objectif serait de parvenir à l'équilibre budgétaire en même temps que les économies européennes les plus dynamiques, c'est-à-dire bien avant l'horizon 2004-2005 envisagé par Laurent Fabius. Une fois de plus, deux méthodes s'offrent au gouvernement pour accélérer la cadence, et elles sont rigoureusement identiques à celles qui permettraient d'équilibrer un budget familiale. Soit on augmente les recettes, c'est-à-dire l'impôt, soit on diminue les dépenses. Il est évident qu'avec des taux de prélèvements obligatoires de l'ordre de 47% du PIB, il est rigoureusement inimaginable d'augmenter encore un peu plus les impôts. Bien au contraire, baisser significativement la pression fiscale devient aujourd'hui une priorité.

Aussi, diminuer les dépenses publiques est la seule possibilité qui reste entre les mains de l'Etat pour réduire sa dette. Finalement, c'est bien à ce niveau là que le bât blesse. Si effectivement les déficits publics ont connu une décrue continue depuis 1993, on ne peut pas en dire autant des dépenses de l'Etat. Le Ministre du Budget en personne, Florence Parly, reconnaissait sans s'en rendre compte cette dérive, lors d'une interview publiée le 30 janvier 2001 par le *Figaro* : « *Nous ne sommes pas laxistes. Sur les trois derniers budgets, les dépenses ont progressé de 1% au total* ». Personnellement, je fais partie de ceux qui voient une contradiction profonde dans les deux propos tenus par le Ministre. Une véritable maîtrise des dépenses publiques représente au mieux une diminution, au minimum une stagnation ; pas une augmentation, même légère, surtout dans le cas de la France, où le niveau des dépenses publiques a franchi les bornes du raisonnable.

En 1996, alors qu'au Royaume-Uni les dépenses publiques représentaient 43,7% du PIB, et aux Etats-Unis 34,6%, la France atteignait les 54,7%. Comprenons bien que cela signifie que nous nous situons dans une économie où l'Etat dépense plus d'argent que la totalité du secteur privé. C'est à se demander si le cas de figure français rentre davantage dans un modèle d'économie de marché que dans un modèle marxiste. On notera en outre que, depuis 1996, la situation est loin de s'être améliorée, de l'aveu même de Florence Parly. En fait, en cinquante ans, l'Etat français n'aura réussi qu'une seule fois à présenter un budget égal à celui de l'année précédente. Il s'agit du budget 1997, voté en 1996, dans lequel les dépenses avaient été maintenues au niveau de l'année 1996 (1 552 milliard de francs), soit une baisse réelle de 2% si l'on tient compte de l'inflation. Hormis cette année unique dans l'histoire des finances publiques françaises, les dépenses de l'Etat ont augmenté d'année en année. Sur la période 1960-1996, la hausse aura été au total de plus de 20%.

Il faut reconnaître que parvenir à l'équilibre budgétaire en diminuant les dépenses publiques, n'est pas un exercice facile. Il s'agit même d'un exercice à haut risque politique, tant les ministères et administrations tiennent à garder leurs crédits. Toutefois, il convient de remarquer que l'on peut entreprendre une politique de maîtrise de dépenses publiques relativement« indolore », dans la mesure où nous pourrions l'étaler dans le temps. Notamment, une réduction des dépenses publiques ne signifie pas forcément des licenciements dans l'administration. Pour ne pas en arriver à de tels excès, l'Etat peut simplement décider de ne pas renouveler les postes de fonctionnaires, après les départs en retraite. Justement, la vague prochaine de départs en retraite qu'annonce le « papy boom » dans la fonction publique, est à mon sens une occasion unique à saisir, pour que l'Etat puisse entreprendre une maîtrise structurelle et progressive des dépenses publiques, et par là de ses déficits. Encore faut-il l'anticiper et la programmer.

A ceux qui estiment que le désendettement de la France est un défi trop ambitieux et trop difficile à surmonter, rétorquons que les Etats-Unis viennent de nous montrer l'exemple. Depuis 1997, l'Etat fédéral américain a dégagé trois excédents budgétaires annuels et consécutifs. Consciente que ses excédents budgétaires ne relevaient plus de la conjoncture économique mais devenaient structurels, l'administration Clinton a voulu s'en servir pour concrétiser un « rêve » qui, quelques années auparavant, aurait paru surréaliste : supprimer la dette publique. Le 27 janvier 2000, à l'occasion de son avant-dernier discours de l'Union, Bill Clinton avait indiqué le cap : « *Nous allons réussir à rembourser l'intégralité de notre dette en treize ans, et libérer l'Amérique du poids de la dette pour la première fois depuis 1835* » (1).

Force est de constater que le chemin tracé a commencé à être suivi. En mai 2000, l'ensemble de la dette publique américaine représentait 3 500 milliards de dollars d'obligations cotées, les T-Bounds (les obligations du Trésor, l'équivalent des OAT françaises). L'Etat américain a décidé de racheter, grâce aux excédents budgétaires dégagés, les obligations du Trésor actuellement en circulation, avant leur arrivée à échéance. Du coup, au travers des porteurs d'obligations, l'Etat américain a injecté de l'argent frais dans l'économie privée. En poursuivant cette politique de rachat, la dette publique américaine ne devait représenter plus que 6% du PIB en l'an 2010, et s'éteindre définitivement en 2015. Rien que sur le premier semestre 2000, l'Etat américain a déjà consacré 20 milliards de dollars aux rachats des T-bounds, entre les rachats directs et les obligations parvenues à échéance.

Finalement, du fait du ralentissement de l'économie américaine constaté au début de l'année 2001, la nouvelle administration américaine prévoit de consacrer « seulement » 2 000 milliards de dollars au remboursement de sa dette, sur les dix excédents budgétaires à venir. Quoi qu'il en soit, la tempérance de l'administration Bush ne doit pas nous laisser à penser que les Américains auraient pris le mauvais chemin, et qu'ils n'arriveraient plus à tenir leurs ambitions. Au moment où les

 (1) Magazine *Le Revenu Hebdo* - n°573 - 12 mai 2000

Américains ont sérieusement envisagé d'éteindre leur dette d'ici à 2015, nous en étions en France à penser ne pas pouvoir présenter de budget équilibré avant l'année 2005. Quand notre Etat génère un déficit public de l'ordre de 200 milliards de francs, le budget fédéral américain se trouve la même année (2000) en excédent pour 230 milliards de dollars. 230 milliards de dollars, cela correspond approximativement à 1790 milliards de francs, soit davantage que la totalité du budget français (1660 milliards de francs) !

Certes, on dira que l'économie américaine a bénéficié de neuf années de croissance consécutives, sans lesquelles ces excédents budgétaires n'auraient pas été possibles. Justement, nous ferions bien de nous en inspirer ! En plus, il faut tout de même rappeler que, du point de vue des finances publiques, les Américains sont partis d'une situation globalement comparable à la nôtre. Le budget fédéral ne s'était pas trouvé en situation d'équilibre depuis l'année 1951. En 1999, les obligations du Trésor américain (T-bounds) représentaient 40% du PIB. Les points de départ de nos économies respectives sont donc parfaitement comparables ; seuls l'effort et l'audace diffèrent.

C'est pourquoi la France n'est pas condamnée à vivre un avenir au rythme de finances publiques déséquilibrées. Certes, l'effort à fournir n'est pas des plus faciles. Mais c'est le prix à payer pour que les déficits publics ne viennent plus ponctionner d'une manière sclérosante l'épargne des particuliers. Lorsque notre épargne sera libérée de l'entreprise de captation publique, alors chacun d'entre-nous pourra en affecter une petite partie à des entreprises en création. Les nouveaux dispositifs prévus tels les fonds communs d'épargne de proximité, et les aménagements fiscaux en faveur de l'actionnariat de proximité, seraient alors là pour que notre surplus d'épargne non affecté trouve un emploi plus utile, conformément à l'intérêt économique général.

C'est sur l'impératif de désendettement de l'Etat que s'achève la série de mesures, dont *l'audace économique* se devait d'élaborer une synthèse. Tant du point de vue fiscal que du point de vue de l'intermédiation, de la diversification du risque, et de la protection de l'épargnant, je pense que nous proposons ici une architecture cohérente, pour ce qui pourrait servir demain de support à la réforme. Surtout, les mesures proposées ne privilégient aucune caste d'entreprises, ni la start-up d'ultra-croissance, ni la TPE artisanale. Des réponses financières adaptées à chacune de ces réalités de la création d'entreprise française, ont pu être apportées.

Certes, la liste ici développée est loin d'être exhaustive. Des domaines entiers et connexes à l'investissement à risque n'ont pu, faute de place, être directement abordés. Il en va ainsi de la question de l'épargne-retraite pour laquelle la France semble avoir du mal à se faire une raison, alors qu'un gouvernement social-démocrate a eu l'audace en Allemagne d'introduire un système de capitalisation. Pourtant, l'investissement à risque a besoin de trouver de nouvelles ressources d'épargne, et les fonds de pension ont au moins le mérite d'apporter une esquisse de solution.

Tout aussi brûlant et sujet à polémiques, le dossier de l'épargne salariale et des stock-options trouvait sa place légitime parmi les propositions émises. Sur le fond, qu'y a-t-il de choquant à proposer aux salariés, d'affecter librement une partie de leur épargne par des mécanismes adaptés, au financement de l'entreprise qui les emploie ? Eux aussi devraient pouvoir bénéficier des fruits de la croissance, auxquels l'action ouvre droit. Les exclure de l'accès à l'action, revient à réserver les revenus du capital aux seuls chefs d'entreprises. Est-ce la consonance anglo-saxone du terme « stock-option » qui catalyse ou plutôt cause ces craintes non fondées ? Pourtant, c'est bien le très français Général De Gaulle qui, il y a plus d'un demi siècle, a parlé pour la première fois de l'association travail-capital, prenant par la suite le nom de participation, avant que la France de l'an 2000 lui préfère le terme politiquement neutre d'épargne salariale.

Plusieurs évolutions nécessaires auraient également pu être abordées dans les domaines de la Bourse du capital-risque et de l'incubation. Quand je vois que le Nouveau Marché, pourtant destiné à l'origine aux petites entreprises performantes et ambitieuses, n'arrive plus à accueillir d'entreprises en dessous d'une certaine taille, je pense comme beaucoup que de nouveaux moyens de liquidité doivent être imaginés. De la même manière, quand je vois qu'au cœur des Monts du Lyonnais, à Saint-Laurent-de-Chamousset, un incubateur lancé il y a treize ans par le Sénateur Trégouët a permis de créer plus de 300 emplois, dont 40% de cadres, dans une zone enclavée qui n'avait connu aucune implantation industrielle entre 1914 et 1970, je me dis, bien évidemment, que l'Etat devrait étendre ses concours financiers aux incubateurs des collectivités locales, au lieu de les limiter aux seuls incubateurs émanants des centres de recherche universitaire.

On le voit bien, une multitude de réformes connexes à la création d'entreprise et au financement de l'audace entrepreneuriale, restent à envisager. Mais quelles que soient les audaces futures et à venir de l'Etat, la ré-affectation de l'épargne des particuliers par le biais de l'action non cotée restera le nerf de la guerre des politiques économiques les plus porteuses. Après tout, c'est bien dans le domaine de l'actionnariat de proximité que les gouvernements successifs ont le moins réformé. Il nous reste donc un potentiel d'évolutions à accomplir dans cette frange de l'économie. L'Europe nous y pousse aujourd'hui, comme le constate René Monory pour lequel « la concurrence européenne changera les mentalités ». « La France retarde les problèmes, mais un jour où l'autre, l'Europe les réglera à sa place ».

Même les détracteurs de l'actionnariat de proximité ont du mal à trouver un socle aussi novateur et audacieux à la politique économique de demain, sans tomber dans le classicisme et la pensée unique. D'ailleurs, de quelle autre marge de manoeuvre l'Etat dispose-t-il aujourd'hui pour influencer l'avenir économique du pays ? Existe-t-il une multitude de stratégies positives à même de relancer ou de dynamiser la croissance, en dehors d'une gestion conventionnelle des grands équilibres économiques ? Après tout, à l'heure où l'euro empêche l'Etat de jouer sur la valeur de sa monnaie et de se servir de son budget pour moduler la croissance, peut-on réellement parler de politique économique ?

Des réponses que nous pourrons apporter à cette série d'interrogations, apparaîtra ou non la nécessité pour l'Etat de préparer le cadre économique et réglementaire, dont l'actionnariat de proximité a besoin pour s'épanouir. L'avis du Professeur Babeau nous aidera probablement à éclairer notre jugement : « La liberté budgétaire est restreinte, la liberté monétaire également. Il ne nous reste effectivement plus que la ré-allocation de l'épargne en direction des emplois productifs. Je crois que nous sommes face à l'enjeu économique des vingt prochaines années. Il s'agira de gérer la croissance des fonds propres à la fois en volume et en prix. Pas facile ! » A-t-on déjà vu des réformes qui ne se fassent pas sentir, des mutations paisibles ? A l'heure du défi économique et financier mondial, la facilité ne sera pas au rendez-vous. En dépend pourtant notre prospérité à venir, tant la mondialisation grandissante pourrait s'avérer hégémonique, si nous n'offrons pas à notre économie une forme de capitalisme éclairé.

CONCLUSION

Vers une société de mouvement à l'heure de la nouvelle économie

« La société a besoin d'une échelle pour permettre à l'individu d'améliorer sa condition par son travail, et d'un filet de sécurité pour que personne ne tombe ».

Winston Churchill

Europe, globalisation des mouvements de capitaux, internationalisation des marchés financiers, pour en venir finalement à la mondialisation ; cette réflexion sur l'épargne et la création d'entreprises nous a conduits à des thématiques habituelles du débat économique actuel. Il est vrai qu'en abordant la dimension européenne de la finance de demain, cet ouvrage apparaît un peu plus « économiquement correct », aux yeux de la communauté financière. Parler de Bretons et d'Ardéchois ayant mobilisé 250 000 francs pour dynamiser leur économie communale, est tellement inattendu dans un essai d'économie, que la démarche peut décrédibiliser la rigueur de la réflexion menée. Evoquer à l'inverse la mondialisation des mouvements financiers dans une Europe qui se dote d'une monnaie unique paraît à l'inverse beaucoup plus sérieux.

Les détracteurs les plus virulents des thèses exposées estimeront certainement que le désir de plaire aux mandarins de la pensée économique m'a poussé, à l'heure de l'avènement de l'euro, à rendre plus « marketing » la conclusion de mes réflexions...quitte à m'éloigner, voire oublier l'aspect micro-local des premières idées développées, séduisantes par leur atypisme. En clair, les quelques initiatives présentées n'auraient servi qu'à cautionner un plaidoyer en faveur de l'ultra-libéralisme mondial, dont le fond de la pensée ne serait révélé que subrepticement, au cours des dernières pages.

J'ai pleinement conscience que ce genre de suspicions en arrières-pensées doctrinaires peuvent naître dans l'esprit de celui qui aborde la conclusion de cet ouvrage. Dans une réflexion qui se veut rigoureuse, le paradoxe surprend et entraîne mécaniquement toutes sortes d'interrogations. Il m'appartient donc de lever cette éventuelle ambiguïté, et je sais parfaitement que ma défiance pour les mots en -isme ne suffira pas à convaincre les lecteurs les plus sceptiques.

L'idée de mobiliser de l'épargne à des échelles microscopiques n'est point contradictoire avec la nécessité d'ouvrir nos frontières, pour que l'argent circule et se déverse là où il faut, quitte à entraîner un regain de spéculation et un accroissement de la contrainte extérieure sur notre compétitivité. Bien au contraire, ces deux visions de l'économie, opposées seulement par l'échelle, se rejoignent.

Personnellement, je reste attaché au concept de nation, et j'estime que l'Etat a plus que jamais un rôle à jouer en cette aube du troisième millénaire. Pourtant, ma conception de la finance risquée m'invite à penser que l'action locale assurera le développement de l'économie nationale en répondant, à sa place, au défi que lui lance aujourd'hui l'économie internationale. Si l'on en croit ce raisonnement, le capitalisme populaire permettrait à la France de transformer la mondialisation en une opportunité, en une chance, au lieu de la laisser dériver vers le fardeau social auquel nous nous attendons. *Une aberration de théoriciens !* s'indigneront les pourfendeurs du libre-échange international. Non, il s'agit d'un véritable défi social, qu'il nous appartient dès à présent de préparer.

Le capitalisme éclairé

La confirmation de cette complémentarité entre le fait local et le fait international m'est venue au cours d'une discussion avec Jean-Pierre Thomas, le concepteur de la loi sur l'épargne-retraite française. L'ancien député des Vosges me rappelait un paradoxe trop souvent ignoré des échanges passionnés entre économistes confirmés. Son explication se résuma dans les termes suivants :

« Il est fort amusant de remarquer que les pays comme le nôtre, soi-disant très socialisés, font finalement le capitalisme de quelques noyaux durs, et donc de quelques-uns, avec une masse qui n'a pas d'actions. Regardez simplement la composition du capital des cinq plus grandes entreprises françaises, et vous en conviendrez. A l'inverse, les pays reconnus comme les plus capitalistes sur le plan mondial, et qui gardent la suprématie de la technologie et du capital, sont des pays de capitalisme populaire. Le chauffeur de taxi qui vous prend à l'aéroport de New-York, suit sur sa radio les cours de Wall Street, parce qu'il possède quelques actions. Au fond, la masse a les moyens du capital. C'est pourquoi il faut rendre la société française actionnaire. Il faut que tous les Français soient partie prenante. Il ne faut plus que l'employé de bureau français regarde le soir sur le câble, la progression ou la chute des actions, et se dise dans son for intérieur ; *ceci n'est pas pour moi, c'est pour les riches* »

Le capitalisme populaire, n'est-ce pas finalement le thème central sur lequel cet ouvrage s'est concentré ? Plus exactement, nous avons aussi bien parlé du capitalisme populaire que du capitalisme de proximité. Bien que ces deux notions demeurent très proches, elles n'évoquent pas tout à fait la même réalité. Le capitalisme populaire se réalise lorsque le financement de l'économie réelle est essentiellement assuré par une masse d'épargnants, et non par quelques fortunes isolées, maîtresses du devenir de l'économie. Le capitalisme populaire est finalement le fait de ces actionnaires que nous appelons les « petits porteurs », ces petits ruisseaux capables de former de grandes rivières.

Dans un autre registre, le capitalisme de proximité représente un système économique où l'activité se finance à une échelle microscopique. Les moyens financiers s'échangent de gré à gré entre deux acteurs économiques, avec le moins d'intermédiaires possibles. L'argent arrive directement jusqu'à l'entreprise, sans qu'il soit au préalable recyclé, par les canaux institutionnels qui globalisent l'épargne, hier au niveau national, aujourd'hui sur le plan mondial.

Le capitalisme de proximité n'est pas forcément un capitalisme populaire, et inversement. Les Business Angels demeurent par exemple les acteurs contemporains les plus représentatifs du capitalisme de proximité. Il en sont en quelque sorte les figures de proue, alors que leur fortune personnelle empêche de qualifier ce capitalisme de « populaire ». Réciproquement, les fonds de pensions qui abondent l'investissement des sociétés de capital-risque, correspondent bel et bien à de l'épargne populaire, puisqu'ils peuvent se composer des finances de personnes actives modestes, notamment les ouvriers. Pour autant, les fonds de pensions ne construisent pas un capitalisme de proximité, vu qu'ils recyclent l'épargne-retraite dans des fonds mouvants sur le plan international, et dont la gestion se voit confiée à des Léviathans de la haute finance.

Par contre, capitalisme populaire et capitalisme de proximité ne font qu'un dans des traductions particulières, et surtout nouvelles pour l'économie française. C'est notamment le cas du Love Money qui relève autant du petit porteur que de l'investissement de proximité. S'il se présente comme un des premiers financiers des entreprises américaines et canadiennes, le Love Money reste une innovation dans le cas français. Opposés parfois dans les vecteurs assurant leur fonctionnement, le capitalisme populaire et le capitalisme de proximité ont vocation à se compléter, pour répondre à la multitude et à l'infinité des besoins financiers.

En tout cas, ils procèdent d'une même conception de l'économie. Dans le capitalisme populaire comme dans le capitalisme de proximité, l'économie demeure toujours contrôlée par l'homme, et non par le système. Même dans le cas de l'épargne populaire la plus institutionnalisée, les salariés, au travers de leur représentant statutaire, peuvent toujours choisir un autre gestionnaire pour leur fonds de pension.

Que les hommes maîtrisent les « cordons de la bourse », à un moment où l'économie se globalise et dépasse les Etats-Nations, n'est-ce pas le plus beau « pied de nez » que nous pourrions faire à la mondialisation ? Surtout, venu de la part d'un pays comme le nôtre, où l'épargne a historiquement fait l'objet d'une captation, ou plutôt d'une centralisation de la part des maîtres de la finance. La France reste encore aujourd'hui le pays des « deux cents grandes familles » qui formèrent le socle de la

Banque de France en 1800, lorsque Bonaparte la constitua. Ce n'est pas le cas des Etats-Unis. Si le pétrole de Dallas pèse bien évidemment plus que les appétences de l'ouvrier métallurgique de Cleveland, la masse financière que représente globalement l'épargne-retraite de la population ouvrière, peut affirmer sa suprématie sur les aspirations des barons de l'industrie et de la Nouvelle Economie.

Voilà la seule grande alternative que nous propose encore la mondialisation, pour mieux contenir ses dérives. Ce choix est-il intrinsèquement négatif ? Est-ce que le fait de concéder à l'homme en tant qu'actionnaire un plus grand contrôle sur ce qu'il subit, remet en cause ses droits les plus fondamentaux ? Certainement pas. Malheureusement, à chaque fois qu'on évoque l'inévitable mondialisation, nous pensons en bons français au culte de la productivité, à l'augmentation des cadences de travail, à l'apparition des nouveaux pauvres...En bref, à plus d'insécurité économique.

Si la France considère de plus en plus la mondialisation comme un vice, il faut n'y voir qu'un simple réflexe culturel. Les Français ont toujours aimé se considérer tels des Gaulois résistant toujours à l'envahisseur. La patrie de Marianne et de Gavroche se trouve à chaque époque une nouvelle angoisse existentielle, un nouveau péril qui tourne à la crainte apocalyptique. Il y a quelques années, nous nous inquiétions du « péril jaune ». Si aujourd'hui nous nous arc-boutons sur l'idée même de mondialisation, c'est que nous l'assimilions à une américanisation inéluctable de notre société. Mondialisation rime avec suprématie américaine pour la plupart d'entre nous. Nous n'y voyons aucunement la possibilité de faire de l'homme le seul acteur de l'économie.

Craignant de perdre définitivement notre suprématie au profit des Etats-Unis, nous réduisons notre perception de l'évolution à une sorte de sinistrose, alimentée par un profit voué aux gémonies parce que considéré comme la cause de l'insécurité économique. Le plus sinistre dans cette réaction, c'est que dans notre for intérieur, aucun d'entre-nous n'y croit vraiment, même les adversaires les plus acharnés de la mondialisation. On cherche à s'auto-persuader que nous pouvons résister à celle-ci, et donner ainsi à notre peuple une raison d'être : moraliser les rapport économiques et prévenir la société européenne d'une dérive intellectuelle qui la conduirait à un abêtissement général ; la cime de l'orgueil français.

Alors, la sinistrose vire aux douces rébellions, celles qu'il est très facile de mener en dissertant au sein d'un club de réflexion, ou depuis un plateau de télévision. Pour mener ces petites révolutions, les Gaulois que nous sommes se choisissent de nouvelles figures de proue, tels le sympathique José Bové, qu'une proportion non négligeable de Français souhaiterait voir candidat aux prochaines élections présidentielles. On réclame ensuite l'instauration d'une taxe internationale sur les mouvements de capitaux pour financer les dépenses sociales, et on appelle nos dirigeants à construire les premières lignes Maginot virtuelles de cette ère numérique. En attendant, chacun éprouve l'irrésistible envie d'écrire son propre livre noir du capitalisme. Les *rapports Lugano* et autres *horreurs économiques* peuplent de plus en plus les linéaires des librairies grand public.

La tentation est forte. Hélas, si toute cette agitation intellectuelle est fort sympathique et souvent empreinte de sincères élans de générosité, notre pays perd du temps en attendant. La France a des charmes, mais il faudrait qu'un jour nous nous attaquions à la cause et non plus à la conséquence. Nous ne pourrons pas vivre éternellement sur notre capital. Si ce capitalisme mondial et implacable ne nous convient pas, alors changeons-le, dans les limites de ce que nous autorise le réalisme économique. Construisons donc cette forme de capitalisme éclairé que chacun attend, sans savoir réellement en quoi il consiste.

Si nous faisons preuve d'une curiosité suffisante pour découvrir quel serait ce capitalisme idoine, ce capitalisme plus humaniste, nous nous rendrions compte qu'au lieu de critiquer systématiquement l'économie de l'Oncle Sam, nous ferions mieux de réformer notre propre système où l'institution prime toujours sur l'homme. Nous nous rendrions compte qu'un capitalisme éclairé s'assoit avant tout sur un capitalisme populaire et un capitalisme de proximité ; il n'est que la résultante de leur association. Lorsque nous aurons admis ces vertus du capitalisme moderne, le modèle américain deviendra alors pour la France une source d'inspiration, au lieu d'une menace permanente. Bien évidemment, il ne s'agira que d'une source d'inspiration parmi d'autres, et nous en retiendrons uniquement les forces conformes au modèle social français. Mais déjà, nous aurons accru la capacité de notre pays à se réformer.

Finalement, si aujourd'hui nous faisons rigoureusement le contraire de ce que nous devrions faire, c'est que nous avons oublié une chose toute simple. Nous puisons tous nos raisonnements conservateurs sur une méprise grave : le développement du fait mondial. Or, même si cela en étonnera plus d'un, la mondialisation n'existe pas dans le domaine économique ; elle n'est qu'un simple leurre, une vue de l'esprit. René Monory en donnait l'explication : « Nous n'assistons pas vraiment à une mondialisation, mais plutôt à une guerre économique entre l'Europe et l'Amérique du Nord. Pour parler de mondialisation, il faudrait intégrer dans nos raisonnements l'Extrême Orient et l'Afrique qui meurt de faim ».

Rien ne nous empêche de refuser culturellement un concept théorique et abstrait. La mondialisation en est un ; nous pouvons donc la nier. Par contre, on ne peut malheureusement refuser de livrer une guerre, quand celle-ci s'impose à vous. Je n'aime pas spécialement les termes du marketing guerrier. Mais il faut bien reconnaître que celui qui, attaqué, refuse de se défendre, se condamne sans le savoir. Il rentre dans le jeu de la fatalité. Cette règle ne s'applique pas qu'aux seuls conflits humains. Elle se vérifie aussi dans la guerre économique telle que nous la vivons. Ayons donc bien conscience que perdre cette guerre reviendrait à prendre le risque de condamner le modèle social auquel nous sommes si attachés. Pour le défendre, il faudra donc accepter de livrer cette guerre économique. Or, pour gagner un conflit, il faut se préparer. Le capitalisme populaire de proximité est une des ces préparations indispensables.

Force est de constater que dans le domaine économique, nous n'avons pas encore suffisamment réformer notre système financier pour que l'argent fournisse l'énergie nécessaire à la création de richesses. Dans ce domaine, les Etats-Unis sont mieux armés. Dès la fin du 19ème siècle, ils ont fait leur force du « suffrage universel des capitaux », pour reprendre l'expression que l'historien Louis Girard avait employé pour désigner la finance risquée sous le Second Empire Français. Cette démocratie du capitalisme a traversé l'Atlantique à l'époque de Théodore Roossevelt, et curieusement, la suprématie économique américaine est apparue à cette époque. Grâce au dynamisme de leur capitalisme, les Etats-Unis ont maintenu leur leadership sur l'économie mondiale durant tout le vingtième siècle. Pourtant, plusieurs crises aiguës comme la grande dépression de 1929, auraient pu avoir raison de leur hégémonie économique, un fait que nous avons parfois tendance à oublier.

Si nous voulons que le 21ème siècle marque l'inversement de la tendance au profit de l'Europe, il appartient à ses nations motrices de se doter chacune d'une puissance financière comparable au capitalisme populaire américain. L'Allemagne a accompli sur les cinq dernières années des efforts considérables pour dynamiser son capitalisme. « Le capital-risque allemand a littéralement explosé », me confait Marie-Annick Péninon, déléguée général de l'AFIC. « Au niveau de chaque land, mais également au niveau fédéral, s'est manifestée il y a trois ans une volonté politique en rien comparable à la nôtre. La SOFARIS fait figure de sous-produit d'une sous-préfecture, par rapport à ce que font les réassureurs allemands qui se proposent aujourd'hui de couvrir la totalité de la mise des investisseurs. Les Länder consacrent des fonds à cet effet ; c'est donc bien de l'argent public et la manifestation d'une volonté politique ».

L'Allemagne a su s'inspirer de ce qu'il y avait d'efficace dans le capitalisme américain, pour mieux peser demain dans la concurrence mondiale. En tant que deuxième force motrice de la zone euro, la France devrait en faire autant si elle désire réellement gagner cette guerre dépeinte par René Monory. En se dotant d'un capitalisme populaire de proximité, la France donnera à l'Europe les moyens de maintenir son poids dans l'économie mondiale. Nous lutterons enfin à armes égales avec les Etats-Unis.

C'est en maintenant notre poids que nous éviterons l'américanisation progressive de la société européenne. Puissants économiquement sur le plan international, nous aurons toute la force et le loisir de refuser que nos enfants se nourrissent de hamburgers et de Coca-Cola. Pauvres, nous devrons malheureusement le subir ; nous n'aurons plus le choix. En fait, la moralité de tout ce paradoxe de la mondialisation, c'est que nous avons tendance à confondre l'économie avec ce qui relève du culturel.

Toute la question consiste à savoir si l'on considère l'économie comme une fin, ou comme un moyen. Si vous la considérez comme une finalité, alors effectivement, gagner la guerre économique par le capitalisme populaire de proximité revient à s'américaniser. Si, à l'inverse, vous abordez la puissance économique comme un simple moyen capable de dégager des richesses suffisantes pour garantir la liberté, la culture, l'action sociale et l'éducation, alors la construction du capitalisme éclairé donnera au citoyen européen, en le replaçant au centre de la société, le luxe financier d'affirmer sa différence culturelle.

Pour savoir si la force financière du capitalisme populaire est réellement un gage d'indépendance culturelle, il faudrait demander directement l'avis des premières personnes concernées : les Américains. Après tout, ce sont bien eux qui ont mis en place ce système économique, et qui arrivent aujourd'hui à élargir leur influence culturelle sur le reste du monde. Les Américains considèrent-ils l'économie comme une fin ou un moyen ? Au lieu d'en référer à une énième enquête d'opinion, je donnerai simplement l'avis de leur Président. Que nous dit George Bush junior, dont le mouvement politique - le parti républicain - est considéré comme le chantre de l'ultra-libéralisme, et dont la famille évoque le symbole même du capitalisme pétrolier texan ?

Quitte à surprendre les Européens qui voyaient Al Gore comme le candidat le moins mercantile de l'élection américaine, George W. Bush estime qu'une société ne doit pas tout attendre de l'économie. Lorsqu'au début de l'année 1995, il prêta serment pour devenir gouverneur du Texas, le futur président américain déclarait que « *réduire des problèmes qui se posent à de simples faits économiques relève tout simplement du matérialisme* » (1). Voilà une déclaration surprenante de la part d'un homme qui allait prendre la direction d'une nation, où l'argent affirme soi-disant sa raison !

L'économie n'est pas la valeur cardinale de la société. Elle n'en est que le support. Comme je l'avais rappelé en avant-propos, je ne suis pas un universitaire. A ce titre, je ne considère pas l'économie comme une discipline qui doit prévaloir sur tout. Le social, le culturel et le spirituel ne sont bien évidemment pas des annexes de l'économie. Cela dit, il est

(1) *Avec l'aide de Dieu* de George W.Bush - Editions Odile Jacob - septembre 2000

difficile de poursuivre une politique sociale ou de préserver une certaine culture, sans qu'au préalable la dynamique économique ne nous en ait donné les moyens. Aussi, si l'économie ne doit pas être observée comme une science suprême dans la hiérarchie des disciplines qui nous gouvernent, elle doit faire l'objet de toutes nos attentions ; sans son dynamisme aujourd'hui, nous ne pourrions réaliser demain les desseins qui lui semblent supérieurs.

L'avènement du capitalisme populaire de proximité est donc plus que jamais d'actualité. Malheureusement, l'économie ayant été pendant longtemps considérée en France comme une discipline intellectuellement et éthiquement inférieure, les décideurs éprouvent du mal à attirer l'attention de nos concitoyens sur la nécessité urgente de réformer dans ce domaine. Le problème ne date pas d'hier, puisque déjà en 1969, Georges Pompidou, alors qu'il écrivait *le noeud gordien*, s'interrogeait sur ce constat amer : « *Il est presque impossible, en France, de définir froidement une politique économique tant notre tempérament national répugne à regarder l'économie en elle-même* » (1).

Que se passe-t-il pour que, malgré la nécessité urgente de réformes, les Français semblent se défier de l'aspect économique de la problématique sociale ? Toutes les mesures relatives à l'épargne de proximité et aux Business Angels sont de plus en plus reconnues par les spécialistes comme des évidences. Alors, pourquoi ne les mettons-nous pas en place ? Serait-ce un problème de formation à la discipline de l'économie ? Peut-être. Nous avons déjà évalué nos besoins face à cet enjeu de l'éducation de la jeunesse.

Mais le mal est beaucoup plus profond. Le problème n'est pas tant le rapport que les Français entretiennent avec l'économie, mais l'image que celle-ci véhicule depuis des siècles entiers à notre civilisation. Dans nos esprits, l'économie, et encore plus la finance et le profit, sont assimilés à l'argent, avec toutes les idées préconçues et préjugés moralisateurs que supposent un tel paradigme. Indéniablement, l'implication des Français dans les enjeux économiques qui se présentent à eux, pose le problème de notre rapport à l'argent.

Notre rapport à l'argent

« La France a un problème avec l'argent », résume tout simplement l'ancien Ministre Jean-Pierre Raffarin. Bien que ce mot tabou n'ait été utilisé que très modérément durant cette démonstration, l'argent demeure la substance même du capital. Soyons concrets et reconnaissons-le ; le capital, ce n'est rien d'autre que de l'argent, ce qui confirme l'aspect crucial de la remarque de l'ancien ministre. Le capitalisme éclairé ne pourra en effet s'éveiller dans notre pays, tant que nous n'aurons pas au

 (1) *Le noeud gordien* de Georges Pompidou - Editions Plon - 1974

préalable réglé le tabou culturel qui régit nos rapports à l'argent. Comment arriver à convaincre la majorité des épargnants français d'investir dans le non coté, si leurs principes et la culture héritée de leurs parents leur représentent l'argent sale et immoral ? De la même manière, comment inviter de jeunes gens à créer leur propre entreprise, s'ils craignent que leur éventuelle réussite sociale incitera le cœur de la population à les rejeter ?

On pourra imaginer toutes les réformes que l'on voudra, elles n'auront aucun effet durable tant que la population n'admettra pas enfin, et sans préjugés moralisateurs, que l'argent joue un rôle économique moteur. Après avoir réformé les SICAV, René Monory a pris pleinement conscience de la nécessité d'une évolution culturelle sur ce sujet : « je n'ai jamais tourné autour des mécanismes pour obtenir des résultats. C'est sur les mentalités qu'il faut savoir peser ». L'ancien Ministre de l'Economie a vu juste. Malheureusement, il est bien plus difficile de changer les mentalités, que de décréter des décisions politiques. L'évolution culturelle exige du temps et de la pédagogie, alors que c'est aujourd'hui que nous avons besoin de l'investissement à risque. Les mentalités restent toujours la plus grande barrière à lever.

Dans le cas français, on ne peut prétendre vouloir modifier la perception de l'argent, sans connaître les causes historiques précises de cette méprise. Notre problème avec l'argent dure en effet depuis très longtemps ; depuis trop longtemps ! L'histoire française a forgé ce mythe de l'argent sale, cette allégorie de l'argent impropre qui nous empêche aujourd'hui de relever les défis économiques, dont dépendra notre devenir. Deux influences culturelles ont généré ce schisme intellectuel.

La première va de soi, puisqu'il s'agit des influences marxistes. Au nom de la lutte des classes, les différents courants de pensée marxiste ont fait culpabiliser celui qui possède honnêtement de l'argent, au mépris de son travail et de l'effort qu'il a consenti pour réussir. Selon Marx, le propriétaire du capital n'a aucun rôle économique. La société pourrait même se passer de lui pour financer l'économie, puisqu'il serait seulement voué à exploiter le prolétaire. Dès lors, la rhétorique marxiste déclara les plus-values illégitimes, bien qu'en réalité leur réalisation entraîne l'autofinancement et la rémunération du capital, les deux conditions à l'investissement et l'emploi.

Par avance, je présente mes plus plates excuses aux quelques communistes français encore attachés à Marx, pour cette présentation extrêmement simpliste des théories du père de l'économie socialiste. Aussi sommaire soit elle, cette présentation n'en est pas pour le moins révélatrice du fond de la pensée marxiste, qui entraîne un sentiment de honte chez celui qui gagne de l'argent. Elle conduit en plus à la jalousie, celui qui n'a pu vivre la même réussite. C'est pourquoi généralement en

France, quand on gagne de l'argent, on se cache. Le système ne génère pas des entrepreneurs modèles de réussite sociale, spontanément visibles par tous ceux qui hésitent à créer leur propre entreprise.

Depuis le Front Populaire, les thèses marxistes ont été largement relayées par les syndicats, la presse et surtout l'Education Nationale. Mai 1968 n'a fait que renforcer leur poids dans la réflexion collective, si bien que des générations entières de Français ont été touchées par ce discours condamnant l'enrichissement. Chacun connaît cette vérité, même si le « politiquement correct » nous empêche encore de l'affirmer ouvertement. De toute façon, le rôle qu'ont joué en France les thèses marxistes dans la dévalorisation de l'argent est devenu une évidence, au point qu'il n'y a plus lieu de débattre de la question. D'ailleurs, le mur de Berlin est tombé depuis dix ans, si bien que l'on peut espérer une disparition au fil du temps des subsides moralisateurs du discours marxisant. En outre, « on dit surtout ceci pour justifier nos défauts », comme le rappelle avec réalisme René Monory. Le marxisme n'est pas la seule cause. D'autres influences culturelles empêchent toute vision rationnelle de l'argent, et en outre, elles sont loin d'être aussi dépassées.

Moins évidentes mais beaucoup plus pesantes, nos origines chrétiennes ont également contribué à assimiler l'argent à un mal absolu. Ceux qui n'en seraient pas convaincu n'auront qu'à s'en référer aux écrits du catholicisme moyenâgeux. Le texte le plus éloquent à ce sujet reste très certainement le décret de Gratien, la source du droit canonique. Rédigé par un moine italien à l'instigation de la papauté, le décret Gratien était au début du second millénaire la référence absolue en matière de justice commerciale. Il inspirait ce qui faisait alors office de droit des sociétés, dans les monarchies catholiques comme la nôtre. J'aimerais citer ici quelques extraits qui ne manqueront pas de nous renseigner sur le sentiment du droit canon envers l'argent, la finance et l'entreprise :

« *Qui achète une chose pour faire un bénéfice en la vendant telle qu'il l'a achetée, cet homme est de ces acheteurs, de ces marchands chassés du temple de Dieu* ».

« *De tous les marchands, le plus maudit est l'usurier, car il vend une chose donnée par Dieu, non acquise des hommes et, après l'usure, il reprend la chose avec le bien d'autrui* » (1).

Beaucoup me rétorqueront que le Droit canon est mort avec la féodalité, et qu'il est quelque peu réducteur d'aller chercher des références aussi lointaines, pour expliquer notre défiance sociale envers l'argent. Certes, cette conception chrétienne de l'argent et de l'économie est aussi vieille que notre civilisation. Mais justement, elle a eu tout le temps pour pénétrer durablement les esprits. Pour s'en convaincre, il suffit d'observer comment les nations de confessions différentes n'éprouvent pas la même gêne sur cette question. Est-ce un hasard si la religion juive

 (1) *Histoire des institutions jusqu'à la révolution de 1789* de Christian Baudet - Editions Centre de Publications Universitaires

est extrêmement représentée dans les milieux financiers, et cela dans tous les pays ? Privé de terre pendant deux mille ans, le peuple de Moïse a été contraint de liquider son patrimoine pour pouvoir le transporter, et d'être plus entreprenant pour se préserver.

Le même contraste est vérifiable avec les nations protestantes et anglicanes. Conformément à sa conception de la rigueur, la doctrine protestante a toujours estimé que l'homme se valorise socialement en épargnant, alors que la noblesse catholique voyait la dépense comme la meilleure façon de s'affirmer en société. Dans la France du 18ème siècle, les nobles ne travaillaient pas, alors que les pères fondateurs américains, tous de confession protestante, ne se fixaient pas des interdits aussi confortables. Ils ont construit à la sueur de leur front ce qui est aujourd'hui la première puissance économique mondiale, tandis que la France a dû en venir au bain de sang de la Révolution pour que les roturiers reprennent les rênes de la société. Dès le début du siècle, le sociologue allemand Max Weber a mis en évidence ces facteurs religieux, en écrivant son œuvre maîtresse, *De l'éthique protestante au capitalisme moderne*. D'ailleurs, il est fort intéressant de constater que cet auteur n'a jamais eu grâce au yeux de la sociologie française ; peut-être que nos sociologues ont eux aussi été rattrapés par leur origines judéo-chrétiennes.

De nos jours, ces conceptions judéo-chrétiennes sont encore présentes dans les esprits français. Elles influencent toujours notre perception de l'argent, dans la mesure où la nation française a entièrement et délibérément été construite sur le catholicisme. Avec l'Espagne et l'Italie, la France fait partie des rares peuples européens à être composé à plus de 90% par des catholiques. En révoquant l'édit de Nantes, Louis XIV a réduit à néant l'influence protestante dans la société française. Le Roi Soleil en profita pour achever, avec la bénédiction de Rome, la construction de l'administration la plus centralisée que l'on puisse imaginer. Napoléon Premier a certes institué un droit civil plus libéral et d'inspiration romaine que ne l'était le droit canonique. Il n'empêche que la toute puissance publique, mise à mal par la Révolution, a été restaurée. Nous la vivons encore aujourd'hui ; beaucoup s'en plaignent, d'ailleurs à plus ou moins juste titre.

Entre-temps, l'éducation de la jeunesse française a été confiée soit à l'Eglise, soit à l'école de la République. Parmi ces deux institutions, l'une comme l'autre avaient leurs propres raisons pour présenter aux jeunes écoliers une image détestable de l'argent et du profit. Dans l'école de Jules Ferry, l'instituteur « hussard de la République » avait pour mission de valoriser l'image du fonctionnaire, non motivé par l'argent mais par son dévouement pour l'Etat, auprès d'une population de jeunes ruraux dont les parents agriculteurs avaient tendance à voter conservateur.

Bien heureux sont les pauvres au royaume de Dieu. N'avons-nous pas tous appris ce précepte chrétien au cours de notre enfance ? Bien qu'elles gardent le profond mérite de tous nous pousser à plus de solidarité et de générosité, cette formation spirituelle et cette éducation républicaine ne modèrent-elle pas nos envies de créativité et d'épanouissement personnel ? La question peut se poser, malgré tout le bien que l'on peut penser, et que je pense personnellement, des apports de l'Eglise catholique et l'école de la République à la société française.

Les religions comme les idéologies politiques de masses marquent une population. Mais l'histoire économique française a tout aussi contribué à construire les tabous actuels. Vérifiable pour notre conception caricaturale de l'argent, la responsabilité des grands événements économiques explique encore plus précisément notre faible engouement à prendre des risques financiers. Souvent, on s'indigne du goût des Français pour l'épargne « de bon père de famille ». Avant d'inviter nos concitoyens à se tourner vers une épargne plus risquée, il faudrait peut-être trouver les raisons culturelles de leur défiance, au lieu de se limiter à la constater.

On trouvera un élément de réponse du côté des grands scandales financiers qui ont rythmé ces trois siècles derniers. Leur récurrence a hautement conduit les Français à ne plus vouloir risquer leur épargne dans des projets industriels. La faillite des uns et la corruption des autres nous ont ôté l'envie de spéculer, et certainement pas amélioré l'image que nous nous faisions de l'argent et du profit. Ces scandales ont été socialement et culturellement d'autant plus dévastateurs qu'ils ont pour la plupart touchés de « petits porteurs ». Souvent ruiné en intégralité par des projets mal calibrés et pourtant présentés comme peu risqués, l'épargnant populaire français n'a pas voulu renouveler la triste expérience. En France, la listes de ces scandales est malheureusement longue.

Que dire des frasques de l'écossais John Law, qui eut l'audace de créer en France en 1716 le premier billet de banque ? L'histoire a retenu que le banquier écossais fut dans l'impossibilité de rembourser, malgré le soutien de l'Etat, l'argent que lui avaient confié les épargnants français contre du papier. Les hautes figures de la Révolution ne firent guère mieux que la royauté, avec la sordide affaire des assignants, la deuxième tentative de création de papier monnaie. Gagés sur les biens du clergé saisis en novembre 1789, les 45 milliards d'assignats imprimés par l'Etat avaient perdus plus de 99% de leur valeur, seulement trois années après leur émission.

Dans le même registre, on pourrait parler des 85 000 petits porteurs ruinés en 1889 par la faillite de la Compagnie universelle du canal interocéanique de Panama. L'entreprise de Ferdinand de Lesseps a englouti plus de 1,2 milliards de francs d'épargne populaire pour percer le canal de Panama, dont la construction n'a même pas pu être achevée. La

« palme d'or » revient dans cette affaire aux députés français de l'époque qui se sont laissés acheter par Ferdinand de Lesseps. Surnommés les « chéquards », cent quatre députés ont monnayé leur suffrage lors d'un vote parlementaire indispensable à deux émissions de 600 millions de francs d'obligations. On peut comprendre que les Français attendaient que leur épargne serve à autre chose qu'à soudoyer des députés, surtout venu de la part d'une personnalité aussi populaire que Ferdinand de Lesseps.

Comble de malchance, la finance française continua en cette même fin de 19ème siècle, à vivre des heures sombres avec la faillite de l'Union Générale, une banque de dépôt aussi importante à l'époque que le Crédit Lyonnais ou la Société Générale. L'Union Générale avait osé se lancer dans une activité de capital-risque, en investissant dans le chemin de fer serbe. Hélas, le risque n'avait pas été aussi bien calculé qu'il aurait dû l'être, et surtout la banque a affecté des ressources à court terme à des investissements à long terme.

« Ce n'était pas du capital-risque, mais du capital naïf », explique sous forme de boutade Dominique Nouvellet, pour mieux rappeler le non-sens financier que représentait une telle stratégie. A l'inverse de ce qu'il a pu faire en 1993 pour le Crédit Lyonnais, l'Etat n'a pas garanti par l'impôt les avoirs monétaires des clients de la banque, au moment où celle-ci a dû fermer son guichet. Encore quelques centaines de milliers de petits épargnants supplémentaires, furent portés à la ruine par le faillite de l'Union Générale.

Ajoutons enfin à cette douloureuse série les fameux « emprunts russes », ces emprunts obligataires que la Russie tsariste avait contractés auprès des petits épargnants français, pour financer son équipement. Au mépris de la règle de la continuité de l'Etat, les Bolchevicks, une fois arrivés au pouvoir en 1917, se sont empressés de geler le remboursement des emprunts. Ne parlons pas de la catastrophe boursière d'Eurotunnel, une société pourtant présentée en 1987 comme l'affaire du siècle.

La souscription avait même été délibérément fixée au niveau inhabituel de 35 francs par action, pour pouvoir en faire profiter le petit épargnant. Malheureusement, l'action en vaut aujourd'hui à peine sept. Il faut dire qu'entre temps toutes les erreurs commises un siècle plus tôt dans l'affaire de Panama ont été reproduites, hormis fort heureusement la corruption du pouvoir politique. On dit que l'histoire n'est qu'un éternel recommencement... Pour avoir sous-estimé les coûts de construction, la société Eurotunel a dû emprunter pratiquement quatre fois ce qu'elle avait réuni de capital. Il n'a donc pas lieu de s'étonner que, jusqu'à récemment, les frais financiers absorbaient l'intégralité des bénéfices réalisés au niveau de l'exploitation, empêchant ainsi les actionnaires de percevoir le moindre dividende, ne serait-ce que symbolique.

En faut-il davantage pour que les Français soient échaudés pour longtemps et décident de consacrer leur épargne exclusivement à des placements sécurisés ? Il faut bien reconnaître qu'on ne les a pas vraiment aidés à aimer les projets industriels. On aurait voulu que la population française se détourne définitivement de l'investissement à risque, on ne s'y serait pas pris autrement. Ici encore, on m'opposera que tous ces faits historiques appartiennent au passé. Malgré son semblant d'évidence, le contre-argument de l'ancienneté ne prend pas en compte trois incidences notoires des grands scandales financiers.

Tout d'abord, les ratés de notre histoire financière ont nourri le mythe de l'argent virtuel, qu'on a vu renaître dans l'esprit lors de l'apogée boursier de la Nouvelle Economie ; on a notamment cherché à faire croire aux Français que les stock-options n'étaient pas un véritable complément de rémunération. Ce mythe de l'argent virtuel distingue l'existence d'un argent réel, l'unité de compte du travail et de la consommation, de l'existence d'un argent sans valeur tangible qui ne serait que le fruit d'une anticipation ou d'une spéculation ; en clair, il s'assimilerait à une sorte de crédit déguisé. Ceux qui adhérent à ce mythe considèrent comme argent réel uniquement le numéraire immédiatement disponible sur un compte en banque, et échangeable en liquide à tout moment.

Cette crainte de la « monnaie de singe » s'inspire des expériences malheureuses de John Law et des assignats. Il a fallu plus d'un siècle après l'exil de Law, pour que les autorités financières parviennent enfin à mettre en place un système de monnaie fiduciaire, comparable à ceux que les autres puissances européennes avaient déjà mis en place depuis plusieurs années. Jusque-là, les Français ont thésaurisé, parce qu'il avaient toujours le sentiment d'être payés avec du papier. Le fait que la métaphore du « bas de laine » remonte à la France rurale de cette époque, n'est point un hasard. Tout au long du 19ème siècle, certains paysans français se rendaient à leur guichet de banque pour simuler une clôture de compte, et vérifier ainsi s'ils pouvaient récupérer, comme promis, l'intégralité de leurs avoirs sous forme de monnaie métallique. Le chèque n'inspirait pas encore confiance.

Pire encore, le scandale de Panama engendra un amalgame auquel on assiste encore fréquemment de nos jours ; la confusion populaire entre les notions de faillite et d'escroquerie. Nous n'avons qu'à observer la façon dont est aujourd'hui considéré l'entrepreneur qui dépose son bilan, pour comprendre comment les incidences de tels scandales restent tenaces. Selon la perception française, s'il y a eu faillite, c'est que l'entrepreneur a forcément commis une erreur de gestion, ou a en tout cas fait preuve d'intentions néfastes. Chacun sait pourtant que l'on peut très bien être en état de cessation de paiements à la suite d'un impayé.

Parce qu'elle a mêlé la corruption politique et une mauvaise utilisation de l'épargne populaire, l'affaire de Panama a alimenté un des mythes les plus virulents et les plus poujadistes du peuple français : la collusion entre le pouvoir économique et le pouvoir politique. L'affaire a accrédité l'idée selon laquelle nos gouvernants utiliseraient notre épargne à des fins personnelles. L'enrichissement personnel figure parmi les fautes que nous considérons comme les plus inexcusables. On voit quel genre de désastres peut faire encourir un doute aussi grave sur l'investissement à risque.

Il a suffi de cette affaire de Panama pour susciter la méfiance des classes moyennes envers chaque projet risqué soutenu par les pouvoirs publics. Les Français affligent inconsciemment à ces paris osés une présomption de malhonnêteté et imaginent qu'ils cachent de gigantesques carambouilles bien préparés. Pourtant, les exemples d'utilisation frauduleuse de l'épargne populaire ne représentent que quelques cas isolés. Mais avec Panama, le mal était fait pour longtemps. En plus, l'homme d'affaires anglais Robert Maxwell a montré, en prélevant dans la caisse de retraite de ses propres salariés, que tels cas inadmissibles pouvaient se reproduire à l'époque moderne.

Conséquence autrement plus grave, les grands scandales du passé ont gardé un lien avec le présent. Quand on évoque la Russie du Tsar Nicolas II, on a l'impression de remonter à la nuit des temps, et d'évoquer des événements qui n'ont plus aucune prise avec l'actualité. Pourtant, l'affaire des emprunts russes n'est pas encore réglée. La possibilité d'une indemnisation des petits porteurs français est envisageable, seulement depuis l'accord franco-russe de 1996. Cela signifie qu'il existe encore dans la France de l'an 2001 des épargnants qui attendent d'être remboursés par l'Etat russe.

En plus, ces victimes ne représentent pas une population numériquement négligeable ; on en dénombre 316 000 selon les dernières estimations ! Ces héritiers de porteurs lésés en sont même venus à se rassembler sous une association commune, l'AFPER (Association Française des Porteurs d'Emprunts Russes). L'année dernière, ils ont déposé pas moins de 2 244 plaintes à titre individuel devant la Cour Européenne des Droits de l'Homme, pour dénoncer la faiblesse de l'indemnisation versée par la Russie à l'Etat français : 2,5 milliards de francs.

L'AFPER estime que les 50 millions de dollars versés par la Russie en août 2000 ne représentent qu'un acompte de moins de 1% des sommes dues. D'ailleurs, la procédure d'indemnisation votée par le Parlement Français en novembre 1999, ne leur laisse espérer qu'un modeste dédommagement individuel, compris entre un forfait de 806 francs et un plafond de 97938 francs ! En laissant traîner l'affaire jusqu'à l'année dernière - soit pendant plus de quatre-vingt ans -, la Russie a créé un nouveau lobby puissant de petits porteurs spoliés, qui aura toutes les raisons de se défier personnellement des placements risqués, et d'inviter d'autres épargnants à s'en méfier. Les situations de ce type font désordre, surtout quand elles arrivent au moment où la France doit développer son capitalisme populaire.

Bien évidemment, l'affaire des emprunts russes restera dans les livres d'histoire comme la plus longue, ce qui l'empêche d'être représentative des autres célèbres imprudences financières. Ce scandale relève tant de l'exception que de la caricature. Ayons toutefois conscience qu'il suffit de quelques années, et non forcément quatre-vingt ans, pour générer une préférence culturelle en matière de placement, et affliger l'argent d'une image sombre. N'oublions jamais que les enseignements des mauvaises expériences financières, ainsi que les sages conseils en matière de gestion, se transmettent de générations en générations, surtout dans un pays aussi terrien et rural que la France. Ainsi s'entretiennent et perdurent les mythes. La défiance pour le risque industriel n'y échappe pas.

Dominique Nouvellet, le dirigeant de la société de capital-risque SIPAREX, raconte l'anecdote suivante, au sujet des avertissements transmis entre générations : « Le krach de l'Union Générale en 1882 a eu des répercussions importantes dans la Région Lyonnaise. L'Union Générale avait une filiale à Roanne, et la coïncidence a fait que mon arrière-grand-père en était administrateur. Comme bien d'autres, il fut malheureusement ruiné. Or, j'ai récemment retrouvé le « journal » au jour le jour de mon arrière grand-mère dans laquelle elle déclarait souhaiter qu'aucun de ses enfants ne fasse de la finance ou travaille dans les milieux boursiers ».

Guère de circonstances pour de pareils exemples, l'humour nous amènerait à penser que le capital-risque lyonnais a eu de la chance que Dominique Nouvellet ne suive pas les conseils de son arrière grand-mère ! En tout cas, ce genre de témoignage a le mérite de rappeler, au-delà de l'anecdote, que les grandes ratés du capitalisme populaire ont effectivement pesé sur les mentalités. Les mythes de l'argent virtuel et des dangers du risque financier ne sont pas arrivés jusqu'à nous par le simple fait du hasard. Les générations se les sont transmises, de la même manière que les fondements spirituels et politiques de notre civilisation les ont entretenus. L'histoire a sa responsabilité dans cette affaire. Il n'y a plus l'ombre d'un doute à avoir là dessus.

Heureusement, les mentalités commencent à changer dans la France du 21ème siècle. Les préférences culturelles ne sont jamais immuables. Force est de constater que notre mythologie de l'argent n'a peut-être pas résisté à la bourrasque de la Nouvelle Economie. Qui plus est, nous avons enfin à notre disposition quelques éléments tangibles pour confirmer l'existence de cette évolution, qui n'était il y a encore quelques temps qu'une simple impression. Que la publicité coiffe Mao Zedong d'un haut de forme, ne suffisait certainement pas pour démontrer le bouleversement de nos mentalités !

Selon une enquête d'opinion réalisée en mai 2000 par la Sofres, 58% des Français déclarent ne pas être choqués par les fortunes rapides de la Nouvelle Economie. Certes, les avis restent très tranchés puisque 39% des personnes interrogées pensent rigoureusement l'inverse. Notons tout de même que si l'on en croit ce sondage, pratiquement deux Français sur trois n'émettent aucun jugement moralisateur vis-à-vis des entrepreneurs qui osent gagner de l'argent. Au regard des faits précédemment rappelés, nous voilà face à une évolution remarquable. Ce qui est encore plus remarquable, c'est que 50% des Français verraient dans ces fortunes rapides, la juste récompense de l'innovation et de la prise de risque. Une pédagogie du risque financier et de l'entrepreneuriat aurait-elle eu lieu dans ce pays, sans que nous nous en rendions compte ? L'enrichissement par la création d'entreprise ne serait-il enfin plus considéré en France comme un travers immoral ?

D'autres études semblent confirmer cette évolution. Ipsos a mis en évidence le fait que 20% des jeunes Français âgés de 15 à 29 ans considéraient la bourse comme un moyen honnête et efficace de devenir millionnaire ; l'enquête indiquait qu'ils envisageaient eux-mêmes d'en profiter. Jamais un avis aussi favorable ne s'était dégagé dans une enquête d'opinion, à propos de l'argent et de la Bourse. Mais l'élément le plus fondamental de cette enquête reste le fait que la réponse favorable vienne de la part des jeunes. Petit à petit, la France sort de ses complexes culturels les plus anciens, et elle en sort grâce à sa jeunesse.

Des éléments plus probants que de simples sondages sont venus récemment attester de cette évolution des mentalités. En juillet 2000, l'étude annuelle menée par la Banque de France sur les valeurs mobilières, a indiqué que la hausse de l'actionnariat se vérifiait plus particulièrement chez les jeunes générations. Alors que l'augmentation du nombre d'actionnaires, toutes classes d'âges confondues, a été évalué à 7,7% sur un an, la hausse atteint 15,2% chez les personnes âgées de 25 à 34 ans, et 26,9% chez les moins de 25 ans. Il est fort probable que le développement du courtage en ligne a fortement contribué à dynamiser l'actionnariat des plus jeunes. Il n'en reste pas moins que ces derniers ne semblent pas éprouver les mêmes complexes culturels que leurs parents et grands-parents vis-à-vis de l'argent. Un pas supplémentaire vient d'être accompli vers le capitalisme éclairé.

La jeunesse a peut être tout simplement admis que l'argent, comme l'économie, n'est pas une fin en soi, mais un simple moyen. Il permet à l'homme de devenir plus libre, en s'affranchissant progressivement des contraintes matérielles. Finalement, l'argent reste un moteur surtout pour celui qui n'en a pas ; il pousse cette catégorie précise d'individus à bouger, et à entreprendre pour en gagner davantage. La quête de l'argent est une des motivations, parmi d'autres, des créateurs d'entreprises, ce qui nous donne une raison supplémentaire de ne pas la condamner.

Malheureusement, nos préjugés culturels ont entraîné jusqu'à présent en France la conséquence inverse. L'argent est devenu sclérosant. Au lieu de pousser les individus à s'activer, l'argent et les craintes qu'il véhicule ont maintenu la société française dans un immobilisme latent. René Monory constate que « nous nous sommes enfermés dans un système ridicule, où les uns ont toujours peur que les autres gagnent plus ». Hélas, en immobilisant l'avancée économique, nous immobilisons également le progrès social.

Pour une politique sociale en mouvement

Changer notre conception de l'argent ne doit pas nous conduire à rendre l'économie prioritaire sur le social. L'argent n'est pas aussi antisocial que les théoriciens de la croissance zéro l'ont estimé. Bien au contraire, la création de richesse reste la condition indispensable au progrès social, même si nos concitoyens n'en sont pas forcément convaincus. Avant de répartir des richesses, il faut avoir su les générer. Comment partager les fruits de la croissance, si justement il n'y a pas de croissance ?

L'économique permet le social, mais le social n'a que très rarement permis l'économique. Seul le New Deal de Roosevelt semble avoir réussi à démontrer l'inverse. Toutefois, l'Amérique a pu se relever de la grande dépression, surtout grâce à son engagement dans le second conflit mondial. En 1982, la dernière tentative française de relance par la consommation montrait que ces stratégies n'avaient plus lieu d'être dans un monde ouvert, comme celui d'aujourd'hui.

Face aux contraintes du monde actuel, il nous faut garder à l'esprit l'ordre de la méthode qui conduit au progrès social. Dans son *Noeud gordien*, Georges Pompidou la résumait tel un algorithme : « *Les gains des entreprises, non seulement n'ont rien d'antisocial, mais sont la matière même dont peut se nourrir le progrès social. Les problèmes de la répartition sont une réalité, mais encore faut-il qu'il y ait quelque chose à répartir, et j'ai la faiblesse de croire que la solution serait facilitée s'il y avait beaucoup à répartir. La Suède, paradis du socialisme démocratique* [NDRL : le texte date de 1969] *est à la fois un des pays où les marges bénéficiaires des entreprises sont les plus élevées, et le second pays au monde pour le produit national par tête d'habitant. Il n'y a pas là de contradiction, mais relation de cause à effet* » (1).

 (1) *Le noeud gordien* de Georges Pompidou - Editions Plon - 1974

La richesse économique reste l'humus du progrès social, et je ne vois pas de discours plus clair que celui de Georges Pompidou. En 1969, les réflexions du futur Président de la République nous ramenaient déjà à l'époque à la problématique du capitalisme populaire, pourtant bien contemporaine. Poursuivant son exemple, Georges Pompidou relevait à la suite de ses réflexions « *le caractère populaire particulièrement affirmé* » du capitalisme suédois (1). Il en prenait pour preuve la plus grande banque du pays, composée de 92 000 actionnaires, dont aucun ne détenait à lui seul plus de deux pour-cents du capital ! Si l'on en croit l'illustration, le capitalisme populaire conduirait au progrès social, puisqu'en 1969 la Suède figurait effectivement parmi les pays où le revenu par habitant était le plus fort.

Quitte à créer de l'activité, utilisons donc la méthode la plus directe. Celle-ci n'a qu'un nom : le développement économique. Bien évidemment, le regain d'activité procure la prospérité à ceux qui ont directement part à la création de richesses. Le créateur d'entreprises comme le propriétaire du capital, sont effectivement les premiers à bénéficier des nouvelles richesses. Dénoncée par les pourfendeurs de l'économie de marché, cette priorité est pourtant socialement juste, puisqu'elle récompense le risque et l'esprit d'initiative, sans lesquels rien de tout ceci ne serait possible. En effet, pourquoi un individu quitterait un statut confortable de salarié, ou mettrait en jeu son épargne personnelle, si ce risque ne peut le conduire vers une plus grande aisance matérielle ?

Cependant, le regain d'activité profite à tous. L'entreprise reste le fait d'un créateur, mais elle se forme également de collaborateurs salariés ; il ne faudrait pas l'oublier. L'augmentation du profit, grâce à l'autofinancement, permet embauches et augmentations de salaires. Certes, ce théorème économique n'a pas de réciproque valable. Une entreprise réalisant d'importants bénéfices peut très bien décider de ne pas augmenter les salaires, ni embaucher, pour gagner en compétitivité. Elle peut également dégager des profits et en même temps licencier, comme le fit Michelin à l'automne 1999, indignant une bonne partie de l'intelligentsia française.

Certes, croissance et profit ne garantissent ni l'emploi ni le pouvoir d'achat. Mais *a contrario*, la quête du plein-emploi comme le partage des fruits de la croissance, ne pourront avoir lieu en l'absence de bénéfices. Notons que l'expression « partage des fruits de la croissance », est ici employée avec rigueur, dans tous les sens du terme. Comme pour les salariés, le profit s'avère socialement bénéfique, grâce au système de redistribution, organisé aux travers des prélèvements obligatoires. Même si cela relève de l'évidence, il serait peut être utile de rappeler que les bénéfices des entreprises restent soumis à l'impôt. Plus d'un tiers des

(1) *Le noeud gordien* de Georges Pompidou - Editions Plon - 1974

profits de nos entreprises vont à l'Etat, sans parler des prélèvements sociaux réglés avant la réalisation des bénéfices.

Très schématiquement, l'ensemble des prélèvements obligatoires servent à financer l'administration, les équipements collectifs, et les systèmes sociaux. Donc, plus l'économie marchande se développe, plus les sommes allouées à la politique sociale augmentent. Cela nous autorise à réaffirmer que l'audace économique correspond à l'antichambre du progrès social. Pourtant, certains économistes préfèrent toujours aujourd'hui partager un gâteau petit, plutôt que de chercher à le faire grossir. Un jugement curieux, à l'heure où même les socialistes se félicitent d'une croissance, garante de la baisse du chômage ! Pourtant, ceux qui opposent profit et justice sociale prennent justement l'exemple de la période actuelle, pour justifier leur analyse. Comme bien évidemment la croissance n'a pas réglé tous les maux de la société, on prêterait pratiquement du crédit à leurs théories.

La Nouvelle Economie a en effet oublié ses exclus. Socialement, il existe des vérités difficiles à accepter ; celle-ci en fait partie. Le contraste entre la misère des classes défavorisées et la fortune de certains chefs d'entreprises parvenus aux marchés boursiers, glace notre enthousiasme, même celui des citoyens les moins enclins à moraliser les rapports sociaux. Dans un contexte où l'on parle tous les jours de croissance économique, et où l'on annonce la fin du chômage pour demain, l'observation de la réalité sociale peut faire mal. En mai 2000, *Le Figaro économie* rappelait que les contrats à durée indéterminée représentaient un tiers à peine de la création totale d'emplois, sur le premier trimestre de l'année 2000. Parallèlement, le nombre de bénéficiaires du RMI n'a cessé d'augmenter depuis 1996. Fin 1997, nous dépassions le seuil psychologique des un million d'allocataires. Rien que sur l'année 1998, 18 000 personnes de plus sont rentrées, en terme net, dans le dispositif du revenu minimum d'insertion.

Toutefois, les chiffres ne sont jamais les meilleurs révélateurs de la conjoncture sociale. Un exemple contrasté, voire décalé, a beaucoup plus d'impact sur la population. A l'image ce que Vilvorde a été pour la sinistrose du milieu de la décennie, la misère sociale à l'heure de la nouvelle économie, a trouvé son symbole dans l'affaire Gellatex, survenue en juillet 2000. L'histoire de ces ouvriers, licenciés, et prêts à détériorer l'environnement pour manifester leur colère, a touché toutes celles et tous ceux qui avaient considéré la prospérité comme définitivement acquise. Pathétiques, ce genre d'exemple invitent les Français au doute. Ils en viennent à se demander si la croissance reste le meilleur gage d'une prospérité partagée. Ils se demandent également si le « boom » de la Net économie ne s'apparenterait pas à une sorte de voile, couvrant pudiquement des réalités, qu'économistes et dirigeants cherchent à oublier.

On peut comprendre que ce genre d'interrogations apparaissent dans l'esprit de nos concitoyens, perturbés par la dureté d'un contraste social insoutenable. Il faut dire que la bulle médiatique a, depuis les années soixante-dix, tendance à amplifier notre perception de la réalité économique et sociale. Lorsque nous vivons une passe difficile sur le plan économique, la presse et l'opposition politique adoptent volontiers un vocabulaire de crise, et n'hésitent pas insister sur la douleur des personnes condamnées à l'inactivité. A l'inverse, dès que la croissance fait son retour, les faiseurs d'opinion publique n'éprouvent aucune gêne à célébrer une prospérité, pourtant loin d'être partagée. Au milieu des fluctuations du moral social, les Français croient volontiers au message qu'on leur porte sur la conjoncture. C'est pourquoi, lorsque des drames sociaux tels Gellatex tranchent soudainement avec l'euphorie consensuelle, la violence et l'outrage envahissent nos réactions.

Cette indignation a pour conséquence que certains Français portent aujourd'hui une oreille attentive aux discours pourtant dépassés des anti-mondialistes et protectionnistes avoués. Confrontés à de telles réactions intellectuelles, les adeptes du capitalisme populaire de proximité se doivent de réagir. Bien évidemment, leur intérêt pour l'économie ne les exempte pas de proposer des portes de sorties aux maux sociaux. Ils ont eux aussi leur mot à dire dans l'élaboration de la politique sociale. Alors quel est-il ?

Les apôtres du capitalisme éclairé pourraient déjà rappeler que l'audace économique n'est que la première étape d'un projet de société plus global. Elle doit s'accomplir en préambule d'une audace sociale. Pour s'en convaincre, il suffit d'en revenir au propos de Georges Pompidou ; il ne peut y avoir de richesse collective, sans richesses individuelles. Avant de rétrocéder des moyens aux plus démunis, il faut dans une première étape constituer les richesses que l'on va partager. L'appui à la création d'entreprises et ses problématiques connexes s'intègrent à la première étape, l'économie, la deuxième étape étant le social. Et, encore une fois, cette façon de procéder ne revient pas à rendre l'économie prioritaire. Segmenter l'avancée sociale en deux étapes distinctes n'introduit aucune hiérarchie de valeurs, mais une méthode ayant pour finalité l'avancée de tous. Les moyens conduisent à la fin, et non l'inverse.

En conséquence, gardons à l'esprit pour notre approche des enjeux sociaux, cette autre analyse de Georges Pompidou : « *la répartition des richesses est indépendante de la politique économique, et doit être considérée séparément* » (1). En clair, il ne faut pas chercher à faire du social, en bloquant le progrès économique, même si les expressions de ce

(1) *Le noeud gordien* de Georges Pompidou - Editions Plon - 1974

dernier contrastent avec la notion de solidarité. Bien qu'elle n'apparaisse pas comme telle, l'introduction en Bourse est socialement utile. A l'inverse, il faut chercher à accroître la création de richesse, pour qu'une politique sociale digne de ce nom devienne financièrement possible, tout en veillant à ce qu'elle ne freine à aucun moment la croissance économique.

Les adeptes du capitalisme éclairé devront également expliquer que la réinsértion par l'économie est un fait, pour ne pas dire une réalité sociale. En prêtant depuis dix ans aux chômeurs créateurs d'entreprises, l'ADIE a prouvé que le micro-crédit pouvait directement concilier dynamique économique, et action sociale. A ce niveau là, politique économique et politique sociale ne font plus qu'une. Y aurait-il ici contradiction avec l'analyse de Georges Pompidou ? Non. L'ancien président expliquait seulement qu'on ne peut rendre une justice sociale en restreignant la croissance. Il ne disait pas pour autant que la création de richesse ne peut engendrer immédiatement une avancée sociale, sans passer par un mécanisme de redistribution. En fait, la répartition ne représente pas la manière unique et exclusive, pour élever matériellement les classes modestes ou en difficulté. En effet, d'autres moyens peuvent rendre cet objectif possible. Le retour à l'activité des personnes sans emploi figure au premier rang de ceux-ci.

Créer des emplois nouveaux reste effectivement la meilleure façon pour amener la prospérité aux catégories sociales qui n'ont pu en bénéficier. En ce sens, le capitalisme populaire de proximité contribuera au progrès social, en apportant aux créateurs les moyens financiers pour employer. Il n'aura échappé à personne que toutes les expériences présentées dans cet ouvrage ont été créatrices d'emplois. Oui, des emplois nouveaux sont apparus en Bretagne, du fait de l'épargne de proximité. Grâce au capital d'amorçage fourni par les incubateurs, certaines start-ups ont également pu embaucher. Quant aux autres entreprises de haute croissance, le Nouveau Marché leur a parfois permis de décupler leur effectif.

Je vois déjà quelle objection on voudra m'opposer. L'investissement en capital se portant par définition vers des entreprises ambitieuses, il dynamise uniquement l'emploi qualifié. Tenir ce genre de raisonnements, c'est oublier que même une start-up de haute technologie ne propose pas uniquement des emplois de cadres. Comme les autres, ces entreprises ont besoin d'employés, et parfois même d'ouvriers. Ne nécessitant souvent aucune formation initiale spécifique, ces postes sont accessibles à tous. Dans son expérience d'épargne de proximité, Georges Chavanes en a vécu la plus belle illustration, pour ne pas dire la plus poignante : « La SAMOV a embauché un enfant handicapé mental. Maintenant, il travaille dans l'entreprise, et il est moins handicapé qu'à ses débuts. Il a été pris en charge par la collectivité, à travers l'entreprise ». En évoquant ses années passées à la tête de l'ADIE à financer les TPE, Maria Nowak parle « *d'années de bonheur. (...) Bonheur de voir des hommes et des femmes retrouver leur place dans la société, affirmer haut et fort leur dignité* ». L'ADIE représente, selon sa présidente, « *une application concrète de la devise de la République : liberté d'entreprendre, égalité des chances et fraternité des citoyens qui ne peut être remplacée par le lien vertical et anonyme avec l'Etat* » (1).

Au-delà des créations directes d'emplois et de la redistribution, le dynamisme de nos entreprises les conduit parfois à devenir d'elles-mêmes citoyennes. Le CIME, Comité d'Information et de Mobilisation pour l'Emploi, a communiqué à ce sujet des chiffres très intéressants. Selon ses investigations, une entreprise sur deux aurait mené des actions sociales, au cours du premier trimestre 2000 ; 20% y consacreraient plus de cinq millions de francs ! A l'évidence, une entreprise aura une plus grande propension à s'investir d'elle-même dans des œuvres sociales si elle est confortablement capitalisée, et fiscalement peu ponctionnée. L'entreprise en difficulté ne bénéficie pas, à l'évidence, de la même latitude.

Enfin, la recherche de l'audace économique ne dispense pas le législateur de réfléchir à la manière de rendre la richesse nouvelle, socialement plus acceptable. Il faut bien reconnaître que l'intégration au monde du travail ne relève pas forcément, dans tous les cas, du simple regain de croissance économique. Les pénuries de main d'œuvre, ressenties actuellement dans des secteurs comme le transport, le confirment. La création d'entreprises n'apportera aucune réponse à certaines situations sociales. Ce n'est ni elle, ni la finance risquée, qui donneront une signification réelle au S de ISF et au I de RMI. « Il faut prendre les Rmistes par la main, pour les remettre sur le chemin du travail », insiste René Monory. L'ancien Président du Sénat a raison. La croissance, pourtant indispensable, ne suffit pas. Des mécanismes de réinsertion sociale doivent venir compléter l'audace économique, pour qu'elle se traduise en une prospérité pour tous.

Il s'agit toutefois d'un autre débat, auquel ce livre ne prétend apporter aucune réponse. D'une part, l'importance de la question mériterait qu'on lui consacre un livre entier. D'autre part, cette réflexion revient à des spécialistes du social, domaine pour lequel je ne bénéficie d'aucune compétence particulière. Reconnaissons cependant que l'audace économique ne rend en aucune façon impossible la politique sociale à laquelle nous pourrions réfléchir. Bien au contraire...

Finalement, le capitalisme éclairé doit permettre à l'économie de bouger. Mais faire en sorte que l'économie bouge n'aurait aucun intérêt, si la société restait inerte : elle aussi doit bouger à son tour. Le mouvement économique aspire à entraîner le mouvement social, telle une succession

(1) Discours en date du 19 septembre 2000 à l'occasion des dix ans de l'ADIE - Site Internet de l'ADIE : www.adie.org

d'engrenages. C'est pourquoi, pris seul, le capitalisme éclairé auquel vise la finance risquée, ne peut être considéré comme un projet de société. Un tel projet de société se construira, lorsqu'il reposera sur deux piliers : le mouvement économique et le mouvement social. A ce moment-là, nous pourrons véritablement dire que notre pays se sera transformé en une société de mouvement, pourtant située aux antipodes de notre tradition française.

La France en mouvement ou l'homme au centre de la société

« Je n'ai jamais compris pourquoi on était aussi figé en France », se demande René Monory. Sans vouloir relativiser la justesse de l'analyse de l'ancien Président du Sénat, le constat de l'immobilisme de la société française n'est pas une nouveauté en soi. Déjà en 1976, Alain Peyrefitte avait rencontré le succès littéraire grâce cette analyse, largement développée dans *Le Mal Français*. Dans une France où créer sa propre activité n'intègre pas, malgré la croissance, la norme sociale, nous devrions nous souvenir de ces quelques réflexions, que formulait il y a vingt-cinq ans l'ancien ministre du Général De Gaulle :

« *Le jardin à la française symbolise cet univers immobile. Tiré au cordeau, d'une rigueur mathématique, hostile aux improvisations de la nature. Dévoreur de temps et de moyens, car si jamais la vigilance des jardiniers se relâche, il donne l'image de la désolation. (...) C'est le jardin d'une société hiérarchisée, cloisonnée, militaire, artisanale et rurale ; le jardin raffiné d'un monde clos. Le jardin à l'anglaise prétend seulement aménager la nature pour l'accomplir, l'humaniser sans la violenter. (...) C'est le jardin d'une société dont les valeurs sont le respect des lois naturelles et leur habile exploitation, la confiance faite à la spontanéité et à la croissance des choses* ».

« *Les hommes politiques se voueraient au suicide électoral, s'ils voulaient forcer au changement des électeurs qui ne le souhaitent qu'en paroles. Ils sont presque toujours victimes de leurs initiatives, presque jamais de leur immobilisme* ».

« *Un maire ou un parlementaire qui s'arrange, ne fut-ce que par son inertie, pour qu'aucune industrie ne vienne bouleverser la composition socio-professionnelle de sa circonscription, a de bonnes chances d'être réélu à vie ; il trouve en face de lui le même corps électoral, habitué à sa présence et à ses menus services, et qu'il transforme peu à peu en clientèle. S'ingénie-t-il à faire naître de l'activité, du changement ? Il prend le risque de sa propre éviction* ».

« *Quelles forces, en France, ont jamais réclamé l'industrialisation ? L'augmentation du nombre d'enfants ? La réduction du nombre des agriculteurs, artisans, petits commerçants ? La préférence donnée aux techniques de pointe sur les activités du passé ?* ».

« *L'avenir ne dispose pas de groupes de pression. Ceux qui occupent la scène sont aussi ceux qui entendent bien ne pas la quitter. Comment en vouloir à un Etat démocratique d'être conservateur, si le peuple dont il reçoit mandat est lui-même conservateur ?* » (1).

Connaissant sa foi en l'action politique, je suis persuadé qu'Alain Peyrefitte écrivait ces quelques lignes en pensant que, finalement, le courage réformateur allait remettre la société en mouvement. Hélas, vingt ans plus tard, la soif d'entreprendre des Français les plus conquérants butte toujours sur des rigidités majeures. Durant les années quatre-vingt-dix, qui viennent fort heureusement de s'achever, la France aura vu l'immobilisme atteindre son paroxysme. Jamais nous n'avions voté autant de lois. Jamais nous n'avions aussi peu créé d'entreprises. Jamais l'argent n'a été aussi peu disponible. Jamais la sécurité d'un emploi dans la fonction publique n'a été autant recherchée. Seule l'internationalisation des échanges et l'impact des nouvelles technologies ont permis de redonner aux Français qui l'ont souhaité la capacité de bouger. Grâce à ces évolutions internationales majeures, et seulement grâce à elles, les deux dernières années de la décennie quatre-vingt dix auront été marquées par un infléchissement sensible de ce refus social, du risque et du mouvement.

Le fait que des aspirations inattendues soient apparues au cours des trois dernières années, montre indéniablement qu'une partie de la population ne veut plus de cette société d'immobilisme. Au lieu de railler régulièrement la Nouvelle Economie, au lieu de douter sempiternellement de la viabilité des start-ups, et au lieu de disserter sur les méfaits sociaux de l'Internet que l'on cherche toujours, nous ferions mieux de nous féliciter de voir la jeunesse en quête de dynamisme. Celle-ci inquiète peut-être parce qu'on la soupçonne de vouloir assister à une révolution qui balaiera les mentalités et les vieilles habitudes du passé. Mais à l'inverse des révolutions qu'ont voulu mener les générations aînées, la jeunesse entreprenante d'aujourd'hui veut construire, et non détruire.

C'est à mon sens la plus grande leçon qu'il y a à retenir de la révolution financière et technologique à laquelle nous venons d'assister. Si nous acceptons avec fierté cet enseignement malgré des soubresauts économiques qui resteront inévitables, il convient alors de nous interroger sur la forme sociale que devra revêtir ce regain de dynamisme, pour mieux le construire. Si nous refusons aujourd'hui la poursuite de l'immobilisme, quelle nouvelle société voulons-nous bâtir ?

Aujourd'hui, certains analystes voudraient construire une société d'entrepreneurs. « Il faut que le chef d'entreprise soit vénéré », me disait Jean-Pierre Ferretjans d'*Entreprise et progrès*. « le chef d'entreprise doit

(1) *Le Mal Français* d'Alain Peyrefitte - Editions Plon - 1976

pouvoir devenir un missionnaire », pense de la même manière, Bernard Kraeutler, le PDG de NERGECO, cotée au Second Marché. La proposition ne manque pas à première vue de logique, puisque les entrepreneurs représentent intrinsèquement l'antithèse de l'immobilisme. Après tout, chaque grande époque de l'histoire de France a eu ses propres héros. Au siècle des Lumières régnaient les philosophes, tandis que l'Empire mit en exergue ses militaires. Sous la Troisième République, l'instituteur devint le modèle de la réussite sociale, alors que la France des Trente Glorieuses vénérera ses résistants, symboles du courage sous l'Occupation.

Aujourd'hui, le cœur des Français semble battre pour les champions sportifs qui restent les seuls héros de la période post-moderne, dignes de ce titre. Bons nombres de Français, et surtout les plus jeunes, voient en eux l'effort, le dépassement de soi, l'accomplissement et la réussite sociale. En tout cas, les champions sportifs représentent à l'heure actuelle, les seuls leaders en lesquels les Français semblent avoir encore confiance, au point de vouloir les imiter.

Après le règne des sportifs, celui des chefs d'entreprises serait-il venu ? Bien que leur rôle social doive être valorisé et leur utilité réaffirmée, je ne suis pas si sûr que cette méthode soit la meilleure, pour pousser notre société à une plus grande audace. En outre, cette tentation pourrait conduire à des effets néfastes. En effet, transformer les entrepreneurs en figure de proue reviendrait une fois de plus à recentrer la dynamique sociale sur une logique corporatiste. Or, le corps social a besoin d'une valorisation dans son ensemble, pour trouver l'audace dans l'unité. Certes, le créateur d'entreprise est peut-être le plus bel agitateur, auquel la haute fonction publique ne s'était pas attendu.

Mais en même temps, les entrepreneurs n'ont pas le monopole de l'audace. Il existe une multitude d'entrepreneurs ailleurs que dans l'entreprise sous sa forme classique. Certains de ces entrepreneurs d'un autre genre s'accomplissent dans le domaine des arts et lettres, comme dans le sport. Oui, nous pouvons considérer ces derniers comme des chefs d'entreprise à part entière, dans la mesure où pour vivre de leur passion, ils ont dû emprunter des chemins autrement plus risqués qu'un simple contrat de travail salarié.

Comme les « entrepreneurs des affaires », ils sont confrontés à la problématique du financement de leur activité. Pour financer ses expositions, le peintre doit trouver un mécène. De la même manière, les navigateurs en solitaire partent avant toute expédition, à la course aux sponsors. L'artiste chanteur accepte lui aussi les risques d'une carrière en dents de scie. Comme un entrepreneur individuel, ses revenus dépendent de ses ventes réalisées, et il le sait. Tous ces risques et conforts sacrifiés, sont le prix de leur passion. Il en va ainsi pour tous les créateurs d'entreprises, qu'ils aient un profil classique ou atypique.

Il réside dans le terme de « création d'entreprise », un parfum artistique, diffusé par la notion même de créativité. La diversité des formes d'entreprises nouvelles ne doit pas s'arrêter à la stricte nomenclature APE. Elle doit au contraire s'étendre à tout acte où un homme entreprend. Une chambre de commerce avait invité à un forum au cours de l'année 1999, entre autres des chanteurs de rap et des explorateurs, pour communiquer l'image de cette création d'entreprise plurielle. D'ailleurs, il y a fort à penser que c'est sous cette présentation à multiples facettes que la création d'entreprises séduira le plus la jeunesse, motivera sa volonté de bouger, pour enfin susciter de nouvelles vocations. Surtout, elle véhiculera le goût de l'effort et de la performance, autrement plus efficacement, que ne le ferait une valorisation sociale des entrepreneurs du monde des affaires. Cette dernière procure parfois seulement le goût de l'argent facile et de l'enrichissement matériel rapide, une méprise de plus en fréquente dans l'inconscient collectif.

Finalement, l'acte d'entreprendre apparaît à partir du moment où l'homme décide d'agir de son propre chef, en dehors du chemin tout tracé que lui propose la société, et cela dans l'idée de reprendre en main la maîtrise de son destin. Tout simplement, l'homme entreprend pour exister. Quelque part, cet acte relève bien plus de la philosophie comportementale que du statut social. Or, c'est cette attitude audacieuse dans nos domaines de compétence respectifs, qu'il convient de diffuser à chacun. L'homme n'a pas forcément besoin d'un statut en tant que tel, pour entreprendre. « A dix ans, on est finalement beaucoup plus entreprenant qu'à vingt, trente ou quarante ans », analyse Laurent Edel, le fondateur de l'incubateur Republic Alley. « Quand un enfant apprend à marcher, n'est-ce pas sa plus grande entreprise ? ».

C'est pourquoi glorifier les entrepreneurs telle une caste modèle ne m'apparaît pas socialement très constructif. C'est plutôt l'esprit d'entreprise, pris dans sa globalité et sans exclusivité, qu'il faut valoriser et développer, pour répondre à l'immobilisme sclérosant de grande tradition française. Une fois cette réalité admise, il suffit de se poser quelques questions extrêmement simples, pour envisager quelle forme prendrait demain une société plus audacieuse. Entreprendre, n'est-ce pas tout simplement vouloir bouger, ou plus exactement désirer vivre en perpétuel mouvement ? Cette évidence, valable pour l'individu, peut-elle être transposée au niveau de la société ? Quelle serait l'antithèse parfaite d'une société condamnée à l'immobilisme, si ce n'est une société de mouvement qui préférerait l'actif au passif, et l'innovation à la renonciation ?

Oui, le temps est peut-être venu de mettre la France en mouvement. A l'inverse des propositions très « terre-à-terre » dont ce livre s'est fait l'écho, la France en mouvement est un véritable projet de société. Mais que signifie-t-il très concrètement ? S'agit-il d'un nouveau slogan politique, que les éminences du marketing électoral auraient imaginé, pour satisfaire des candidats en quête d'un positionnement idéal ?

Non, la France en mouvement est un objectif que nous pouvons chercher à atteindre. Cette société de mouvement permettrait tout simplement à l'homme qui souhaite bouger, de le faire, tout en évitant à celui qui ne peut, ou ne veut pas bouger, de se retrouver à la périphérie de la cité. Dans cette société de mouvement, nous retrouverions aussi bien l'échelle que le filet de sécurité, tel que le réclamait Winston Churchill pour l'Angleterre. D'ailleurs, dans d'autres contrées, le chancelier allemand Ludwig Ehrard ne proposait pas autre chose à ses concitoyens, lorsqu'il leur annonçait vouloir construire une économie sociale de marché. Au moment où celui que l'on considère comme le père du « miracle allemand », écrivait ses propositions de réformes économiques, Berlin croulait sous les bombes des forces alliées. Cinquante-cinq ans plus tard, l'Allemagne, troisième puissance économique mondiale, ne semble pas avoir de quoi regretter cette économie sociale de marché !

En effet, comment peut-on vouloir bâtir une société solidaire, tout en restant immobile ? Comment la richesse économique des uns pourrait-elle se traduire en progrès social partagé, si l'on empêche tout homme de bouger ? Dans une société qui ferait entièrement confiance aux initiatives des hommes et des femmes qui la composent, le mouvement économique des uns s'accorderait avec la nécessaire intégration sociale, de ceux qui n'ont pu bouger. Au lieu de se neutraliser mutuellement comme cela a été le cas trop souvent, mouvement économique et mouvement social se motiveraient réciproquement. « Quand un homme entreprend, il génère autour de lui un autre homme qui entreprend », résume André Marcon, l'initiateur de l'épargne de proximité en Haute-Loire.

Pour mieux comprendre la place que cette société de mouvement réserverait à l'homme, nous pourrions la comparer à un atome. Dans notre métaphore, le noyau de l'atome représenterait le cœur de la société, et l'électron symboliserait l'homme. Sans être physicien, chacun se souvient que l'électron effectue une rotation satellitaire autour du noyau, à la manière d'une lune en orbite autour de la Terre. L'électron est en fait en mouvement perpétuel. Lorsque l'œil humain essaie d'observer un atome, il ne voit qu'une sphère. Il pense alors observer le noyau, et s'attend à voir apparaître l'électron en orbite, sortir de la face cachée de l'atome. Pourtant, l'observateur est victime de sa perception ; l'œil humain n'est pas en train de voir le noyau, mais au contraire l'électron accomplir sa rotation. Celle-ci est trop rapide pour que l'œil humain distingue l'électron du noyau. Son mouvement cache le noyau.

Le mouvement perpétuel de l'électron crée la surface visible de l'atome. Il devrait en être de même du mouvement humain, dont la rapidité et la diversité formeraient la texture de la société. Si le mouvement de l'homme s'arrêtait, la société disparaîtrait pour laisser la place à un ordre social figé, et par conséquent sans utilité. C'est bien la réalité de l'atome, puisque sans le mouvement de l'électron, celui-ci n'existerait plus. L'avenir de la société dépend de la poursuite du mouvement des hommes, comme l'existence de l'atome dépend de celui de l'électron.

En physique, pour créer de l'énergie, il faut que l'électron devienne libre, et sorte de son mouvement satellitaire autour du noyau, pour se déplacer d'atome en atome ; c'est de cette manière que se forme l'électricité. Force est de constater que les mêmes règles régissent l'énergie sociale. Plus les hommes peuvent bouger, plus ils dégagent une énergie collective qu'on appelle croissance. Le mouvement général s'organise alors, sortant de l'inertie les éléments les plus figés de l'ensemble. La prospérité collective dépend de l'énergie que le mouvement de chacun saura dégager. Sans mouvement, il n'y a plus d'énergie. Telle est la règle pour l'atome comme la société.

Bien qu'elle résume parfaitement la force du mouvement, il ne faudrait pas voir dans cette métaphore de l'atome, une invitation au règne de l'individualisme le plus prononcé. Bien évidemment, l'homme ne peut être assimilé à un électron libre qui ne sait où aller, et qui tourne autour d'un noyau social sans vraiment comprendre pourquoi. Cette métaphore vise seulement à rappeler l'harmonie qui ressort du mouvement, et la force qu'il procure à la société. Mais les mouvements individuels ne doivent jamais s'exagérer, et devenir divergeants. D'ailleurs, la fission de l'atome n'entraîne rien de moins qu'une explosion nucléaire !

C'est pourquoi il ne faut pas aller jusqu'à un individualisme exacerbé, ce à quoi n'invite point la vision moléculaire de la société. On aura par exemple remarqué que les opérations d'épargne de proximité, dans lesquelles l'homme joue un rôle fondamental, recréaient une nouvelle forme de lien social. Dans la « méthode municipale », le créateur et l'actionnaire de proximité, qui ne se connaissaient pas la veille dans certains cas, sont obligés par la force de leur entreprise commune, de s'écouter et de coopérer. On pourrait également mettre en avant l'esprit de tutorat transparaissant dans les conseils et apports immatériels des Business Angels, qui n'hésitent pas à épauler les créateurs sur lesquels ils ont parié.

En fait, l'audace consisterait à remettre l'homme au cœur de la société, grâce à son mouvement, qu'il soit d'ordre économique ou social. Cet angle d'observation se situe aux antipodes de la vision déterministe des pourfendeurs de la mondialisation, qui imaginent l'homme comme la conséquence de la société, et non l'inverse.

Sincèrement, s'il y a un projet de société à adopter, ne serait-ce pas celui qui ne ferait plus de l'homme un robot, salivant devant la fortune des autres, que lui renvoie chaque soir la télévision grand public pour mieux l'agresser, sans pourtant lui donner de clés pour s'élever ? La société doit redonner à l'homme les moyens d'être maître de son destin. Qui pourrait s'en plaindre ?

A l'inverse de ce que Durkheim pensait, l'homme n'est pas conditionné par la société ; il la fait au travers de sa créativité. Il ne veut pas être victime de son environnement, mais le construire. A condition toutefois qu'on lui en donne les moyens, autrement dit qu'on lui donne la capacité de bouger ! Effectivement, pour créer une entreprise, il faut du capital, et ce serait un leurre que de penser l'inverse. Le capital est le moyen du mouvement économique, comme l'instruction et la formation demeurent les capitaux du mouvement social et culturel. Aussi, une véritable société de mouvement serait celle qui apporterait aux créatifs dénués de moyens, le capital nécessaire à leurs initiatives. Nous nous situerions alors dans « une société de partage », comme l'espère René Monory. « De plus en plus, les salariés seront présents au capital de l'entreprise. Ils seront donc plus solidaires de son devenir. Les revendications diminueront, et le tête-à-tête entre ouvriers et patron s'estompera ».

« Dans la nouvelle économie, où se situe le travail, et où se trouve le capital ? », renchérit Jean-Pierre Thomas. « Aujourd'hui, les techniciens supérieurs forment le capital de l'entreprise grâce à leur matière grise ». « Si en plus ils en sont actionnaires, il n'y a plus cette dichotomie, voire ce mur social entre le travail et le capital. Les vieux clivages politiques disparaissent avec la mondialisation. Germinal est derrière nous ».

Oui, la société de mouvement s'apparente à un vaste projet en faveur de l'égalité des chances. La nature fait que nous naissons tous différents, et que nous ne disposons pas dès le départ des mêmes moyens, prédispositions et facilités pour bouger. La recherche d'une société plus juste nous inviterait à rééquilibrer les moyens de départ, pour que les créatifs défavorisés ne soient pas condamnés à l'immobilisme. Dans le domaine économique, la logique même de l'investissement en capital permet de résoudre ce genre d'inégalités ; une entreprise prometteuse peut en effet trouver à l'extérieur les financements, dont son créateur, parfois autodidacte, ne dispose pas à titre personnel.

Mais l'égalité des chances ne doit pas être confondue avec l'égalitarisme sectaire. Donner ses chances à chacun implique un rééquilibrage des moyens à l'origine, mais certainement pas à l'arrivée.

En effet, la perspective d'une ponction outrancière des fruits de l'initiative à l'arrivée pourrait stopper le mouvement, en annihilant l'envie d'entreprendre. C'est exactement l'effet pervers que l'on constate aujourd'hui avec l'ISF, qui pousse des créateurs d'origine française à entreprendre à l'étranger, de peur d'être dépouillé en France du bénéfice de leur audace. En ce sens, l'Impôt de Solidarité sur la Fortune perd sa vocation solidaire, puisqu'il déplace le mouvement économique à l'extérieur de nos frontières. Il empêche ainsi les citoyens français les plus défavorisés de bénéficier de ses retombées, au travers de la redistribution. L'Etat n'est plus en mesure de distribuer une richesse partie ailleurs ; on ne peut pas partager des fruits nés sur un autre arbre.

Le mouvement gomme par lui-même les différences sociales, dans la mesure où il reste accessible à tous. Pour autant, cette intégration par le mouvement n'exempte pas notre société de réfléchir à de nouveaux modes de redistribution. Toutefois, cette réflexion doit s'accomplir, comme l'expliquait Georges Pompidou, indépendamment de celle relative à l'essor économique, tout comme la redistribution ne doit pas obstruer celui-ci.

Alors les Français comprendront que la société de mouvement demeure avant tout une société d'optimisme. « Pour être entrepreneur, il faut être optimiste », assure Dominique Nouvellet de SIPAREX. A l'évidence, l'homme qui prend des risques garde l'intime conviction qu'ils ne se réaliseront pas. Si l'entrepreneur n'avait pas foi en la réussite de ses projets, il n'entreprendrait pas. Cet optimisme, condition indispensable à l'esprit d'initiative, se vérifie autant au niveau de la société, qu'au niveau de l'individu. On en trouvera la preuve dans le sentiment qui a envahi la France avec la Nouvelle Economie. La France des années 2000 ne ressemble plus à la France morose, que nous avons connue au cours de la première partie des années quatre-vingt-dix. Le Président de la République en personne remarquait ce « *changement de climat* » (1), lors de sa visite de l'incubateur Republic Alley, le 2 mars 2000.

Dépeinte par Viviane Forrester dans son pamphlet de 1996, la France de l'horreur économique semble s'être volatilisée. Déjà, on pourrait se demander, si cette France où « *des millions de vies sont ravagées* » et « *des destins sont anéantis* » a, dans un passé récent, existé (2). Il est vrai que les talents littéraires de Viviane Forrester ont fait croire à la réalité de cette sinistre analyse. La beauté des mots masque souvent la réalité, comme l'indignation du verbe cache des situations qui n'ont rien d'apocalyptiques. Mais même si l'on accepte l'analyse de l'horreur économique pour la décennie précédente, force est de constater que la France a changé depuis, et qu'elle n'est point régie par « *une étrange dictature* ». Bien au contraire ! En montrant qu'il était possible d'entreprendre en France, des milliers de jeunes créateurs ont, par leur

(1) *Le Figaro* - numéro du vendredi 3 mars 2000

(2) *L'horreur économique* de Viviane Forrester - Editions Fayard - 1996

audace, redonné une bouffée d'optimisme à notre société, qui après tant de discours lénifiants en avait besoin.

La Nouvelle Economie, et la place qu'elle a conférée à la jeunesse, ont fait mentir les prédictions de cette romancière, qui voyait notre pays se transformer en une société où « *l'ensemble des êtres humains est de moins en moins nécessaire au petit nombre qui façonne l'économie et détient le pouvoir* » (1). Finalement, Viviane Forrester aura commis la même erreur que Karl Marx. Marx était convaincu que le capitalisme mourait de lui-même, puisque la réalisation d'une plus value optimale invitait le patronat à sous-payer les ouvriers. Arriverait un jour où la situation ne serait plus tenable sur le plan social, et où les prolétaires prendraient le pouvoir. Le grand soir aurait donc eu lieu à un moment ou à un autre, et en tout cas dans une capitale à forte population ouvrière, telle le Londres de la fin du 19ème siècle.

Mais Marx n'avait pas prévu la conception fordiste de l'économie de marché, apparue quelques années après sa disparition. Dans ses usines d'automobiles à Détroit, Ford a prouvé que l'entreprise avait tout intérêt à rémunérer ses forces humaines le mieux possible. Simulés par un plus fort pouvoir d'achat, la consommation et l'épargne des salariés tireraient à nouveau l'économie vers le haut. Grâce à de tels apports, la révolution prolétarienne n'a pas eu lieu, et certainement pas à Londres, devenue depuis la capitale européenne des activités financières. Un siècle plus tard, les prédictions alarmistes de Viviane Forrester semblent avoir été condamnées à la même désuétude. Il y a cinq ans, son horreur économique n'avait pas prévu que l'audace d'une jeunesse entreprenante allait bouleverser un scénario bien programmé, de la même manière que les marxistes n'avaient pas imaginé voir les postulats sur lesquels reposaient leurs analyses, condamnés par l'avènement du fordisme.

Aujourd'hui, les rapports de pouvoir se sont inversés. Il y a quelques années, il était extrêmement difficile, pour ne pas dire impossible, d'entreprendre sans argent. De nos jours, celui qui détient l'innovation et qui a la soif de bouger, peut drainer jusqu'à lui des moyens financiers insoupçonnés. Ce n'est plus le capital qui prime l'homme, mais l'innovation sur l'argent.

L'horreur économique s'est dissoute dans l'audace économique, et les Français veulent que la prospérité tant attendue perdure. C'est pourquoi il convient d'entreprendre le plus rapidement possible, les réformes très concrètes envisagées. D'où un regain de confiance de la part des Français qui voient bien que la période actuelle se prête davantage au mouvement, que les heures sombres d'hier. Selon l'enquête IFOP commandée en janvier 2000 par l'APCE, 21% des personnes interrogées estimaient qu'il est plus facile de créer aujourd'hui qu'il y a quelques années. Toutefois, la

 (1) *L'horreur économique* de Viviane Forrester - Editions Fayard - 1996

situation est encore loin d'être idéale ; le changement n'est pas total, les réformes tardent, et il reste encore beaucoup à faire.

Par définition, la société de mouvement ne peut qu'être une société optimiste. Elle s'apparente également à une nouvelle donne, où la jeunesse se situe au cœur du mouvement économique et social. Un chiffre témoigne de la place réservée aux jeunes générations par cette nouvelle société ; 17% des actionnaires français ont moins de 37 ans, selon l'enquête publiées par le Sofres en l'an 2000. Dans la France de l'audace économique, le riche retraité n'est plus le seul financier de l'économie. Les jeunes prennent également le risque d'investir.

Dans une société en mouvement, le rôle de la jeunesse se voit réaffirmé, non seulement en terme financier, mais surtout au travers de la confiance que l'ordre social accorde à ses initiatives. Pour que la société bouge, la fougue de la jeunesse reste le meilleur stimulant. Effectivement, on ne s'étonne pratiquement plus dans la France d'aujourd'hui, de voir de jeunes gens de moins de vingt-cinq ans, à peine sortie de leurs études, diriger des entreprises qu'ils ont pris le risque de créer. Qui aurait pu imaginer, il y a seulement dix ans, un Jérémie Berrebi, PDG fondateur de Net2one, déstabiliser en direct à la télévision, un Alain Krivine qui n'a su quoi lui répondre ? Embourbé dans ses discours trotskistes arriérés, le leader d'extrême gauche n'a certes pas encore accepté que la jeunesse n'est plus la chasse gardée de l'esprit de contestation. N'en déplaise à Madame Forrester et Monsieur Krivine, la France change, et la société de mouvement, qui est à portée de main aujourd'hui, fera une plus grande place à la jeunesse, que toutes les utopies révolutionnaires n'ont sue lui faire.

Généralement, le développement économique n'invite pas au rêve. En économie, celui qui ose emprunter le chemin de l'idéal, risque effectivement d'être considéré comme un doux rêveur. Pourtant, il ne faut pas confondre idéal et utopie. La réalité n'est pas faite uniquement de matérialisme. Heureusement, tous les citoyens ne mesurent pas le progrès social en unités monétaires. Or je préfère que les idéalistes aspirent à améliorer la condition humaine, en permettant à la créativité économique de s'exprimer, plutôt qu'ils ne cherchent à bouleverser l'ordre social, sous prétexte que seul le chaos amène le changement. Pis encore m'apparaissent les idéalistes résignés ; celles et ceux ayant renoncé à leurs rêves, parce que socialement assimilés à des illusions.

L'utopie est un rêve que la réalité ne permet pas de concrétiser. A l'inverse, l'idéal reste un objectif difficile à atteindre, mais dont la quête conduit la société à s'améliorer. C'est pourquoi je pense qu'il faut envisager la société de mouvement, à la manière de ce que Richard Nixon appelait un idéal pragmatique. Selon le défunt président américain, « *il n'y a pas de magie en démocratie. La constitution, si bonne soit elle, ne peut en soit sécréter la paix et la prospérité. Seules l'énergie et la vision à long terme des dirigeants - telles qu'elles s'exercent par le système démocratique - peuvent permettre d'atteindre ce but. L'idéalisme sans pragmatisme est inefficace. Le pragmatisme sans idéalisme n'a pas de sens. L'efficacité du dirigeant passe par un idéalisme pragmatique* » (1). La société de mouvement en est un. Nous devrons offrir cette nouvelle perspective, à celles et ceux qui veulent aujourd'hui construire la France de demain.

Alors, si cette société de mouvement est à la fois idéale et réalisable, si elle est si jeune et si optimiste, et si elle est en même temps juste et riche, pourquoi ne l'avons nous pas encore mise en place ? Il y a une réponse très simple à cette interrogation remplie de bon sens. L'immobilisme procure un grand confort à ceux qui en bénéficient. Ce qu'Alain Peyrefitte disait en 1976 du député qui a tout a gagné de la non industrialisation de sa circonscription, est aussi vrai en l'an 2000. Souvenons-nous de cette phrase de Tristan Bernard : « *ils pensaient être heureux parce qu'immobiles* ». Ne rien changer est réconfortant. En décrétant le statu quo, on est à peu près sûr de quoi demain sera fait. En clair, la permanence amène la quiétude.

Certes, il faut être quelque peu masochiste pour rechercher l'inquiétude en soi. Cependant, la quiétude béatifiante ne représente-t-elle pas un plus grand danger ? N'est-ce pas ce à quoi s'expose notre société, lorsque nous nous gargarisons d'avoir atteint un certain optimum économique, dont pourtant on recherche toujours l'existence ? Avons-nous raison d'être quiets, quand personne ne sait réellement comment seront payées demain les retraites de nos aînés ? Laissons les chantres de l'immobilisme méditer ces quelques interrogations.

En outre, le fait que nous considérions le changement comme un saut vers l'inconnu, révèle que notre société a intérieurement peur de la contrepartie du mouvement. En effet, pour bouger, on ne peut s'abstenir de prendre des risques. Pour ce qui est de l'argent des autres, notre société n'a pas d'états d'âme. On exige des banques qu'elles prennent des risques. On demande au capital qu'il soit risqué. Mais ensuite, quand il s'agit d'investir une partie de son épargne personnelle sur un Nasdaq turbulent, ou d'inciter sa progéniture à tenter le pari de la création d'entreprises, nous sommes tous beaucoup plus prudents. Et c'est ainsi, que la somme des hésitations individuelles entraîne petit à petit la société dans l'immobilisme. Il y a sept siècles Saint Thomas d'Aquin n'en disait pas moins : « *Si le but ultime d'un capitaine était de préserver son navire, il le laisserait perpétuellement au port* ».

Heureusement, les nouvelles générations acceptent plus volontiers le risque inévitable à la prise d'initiatives. On le remarque par exemple chez ces jeunes qui osent créer leur propre entreprise, alors que leurs parents ne

 (1) *Dans l'arène* de Richard Nixon - Editions Tsuru - 1990

l'auraient peut être pas fait à leur place, au même âge. Très certainement, le fait d'avoir entendu, durant toute leur jeunesse, uniquement parler de crise, les pousse aujourd'hui à réagir. Toutefois, l'évolution des mentalités vis-à-vis du risque, se vérifie également chez la génération de leurs parents. Malgré les perturbations économiques des deux dernières décennies, la plupart des baby-boomers ont réussi à s'accomplir professionnellement, et même, pour certains, à se constituer un petit capital. Voulant rendre leur argent utile, beaucoup sont prêts à en risquer une partie, pour soutenir le mouvement des générations futures. Personnellement, j'en suis convaincu.

Marc Wauthoz confirme mon pressentiment, en me certifiant que « sur le plan de l'argent, nous assistons à la fin des années Bérégovoy ». « Le règne de l'argent qui dort s'est achevé avec la Nouvelle Economie. Elle a permis le réveil du capitalisme et a secoué la veuve de Carpentras en lui disant de ne pas mettre toutes ses économies sur un livret A. Les bas de laine se réduisent, bousculant ainsi la fantastique inertie de l'argent. Il y a beaucoup d'argent qui dort et qui se consomme inutilement ».

L'argent commence à bouger, si l'on en croit le discours des financiers. Toutefois, nous ne pourrons parler pleinement de société de mouvement, tant que les hommes ne bougeront pas aussi rapidement que les capitaux. Pour cela, il faudra bien évidemment que l'argent poursuive son mouvement. Mais il faudra également que le pouvoir politique décide des réformes qui permettront, demain, au mouvement financier de rencontrer le mouvement humain. Seul le politique peut impulser la marche et, dans cet objectif, il devra lui aussi prendre des risques. Cela étant dit, nos dirigeants auront besoin, pour faire preuve d'une telle audace, de ressentir que ces réformes font l'objet d'une attente de la part de la population. Au préalable de toute réforme, nous comprendrons bien qu'ils veuillent constater que les citoyens bougent par eux-mêmes. Afin de stimuler leur fibre réformatrice, nos élus devront avoir le sentiment que les forces vives ne les ont pas attendus pour construire la société de mouvement, malgré toutes les barrières qui s'y opposent.

Le mouvement par soi-même

La société de mouvement commencera vraiment à se construire le jour où nos forces vives auront réellement décidé de relever le pari. Côté économie, les initiatives ne manquent pas, puisque nous avons vu que l'investissement et les créations d'entreprises repartaient à la hausse, après des années de stagnation, voire de diminution. Côté culturel, nous assistons à un début d'évolution des mentalités. Mais côté politique, la mue semble beaucoup plus difficile à s'accomplir. Les réformes économiques de fond se font toujours attendre, au point que de fortes personnalités tel l'ancien Président Valéry Giscard d'Estaing, doutent aujourd'hui ouvertement de la faculté de notre pays à se réformer. L'audace politique serait-elle aussi impossible qu'on le pense aujourd'hui ?

Pourtant, l'audace économique a besoin de celle-ci. Si l'on veut voir la France bouger, il faudra bien qu'un jour les réformes se fassent, tant sur le plan économique que sur le plan social. Cependant, la question qui se pose à nous aujourd'hui, est de savoir s'il faut attendre que le pouvoir régisse, pour entreprendre. Doit-on réellement attendre que nos décideurs politiques évoluent dans leur perception des évolutions de l'économie et de la société ? A mon sens, la société de mouvement ne se construira pas pleinement, tant que nous attendrons tout de l'Etat. Elle se construira par elle-même, aux travers des initiatives et du courage de ceux qui la composent : les hommes.

On peut en faire la démonstration *a contrario*, en se posant quelques questions pleines de bon sens. Est-ce que les créateurs de start-ups ont attendu une quelconque évolution de l'Etat, et du cadre juridique français, pour lancer leurs projets sur Internet ? Le sursaut de la création d'entreprises constaté en 1999 puis en 2000 est-il la conséquence indiscutable des mesures incitatives, décidées par les gouvernements qui se sont succédés au cours des dernières années ? Les entreprises ont-elles subitement décidé d'investir, parce que l'Etat a fait tout son possible, pour construire un cadre économique plus souple ?

A l'évidence, le législateur français n'a pas décrété la Nouvelle Economie ; elle s'est imposée à lui. Ni Al Gore, ni Lionel Jospin n'ont inventé Internet ! De toute façon, vue l'ampleur du mouvement de fond au niveau international, l'Etat n'aurait absolument rien pu faire, s'il avait voulu empêcher cette nouvelle donne économique de bouleverser la France. Mais si la Nouvelle Economie est née toute seule, seule une évolution de nos structures pourra la faire perdurer. En l'état actuel de l'économie et des marchés boursiers, rien n'assure que l'embellie se poursuive. Alors, l'Etat est-il prêt à évoluer pour que l'investissement à risque revigoré se transforme en une croissance durable, condition *sine qua non* de la prospérité française ? En ce sens, nous aurions tout à gagner à mettre en œuvre les réformes précédemment évoquées. L'action du politique et l'intervention du législateur se justifient aujourd'hui, soyons-en assurés.

Mais en attendant, oeuvrons chacun dans nos domaines de compétence respectifs, comme si cette évolution politique tant attendue ne venait pas. Faisons en sorte que la poursuite de la Nouvelle Economie s'impose aux pouvoirs publics, comme le fit avec brio sa naissance. Pour construire la société de mouvement, encore faut-il accepter de bouger ! En l'occurrence, rien n'empêche aujourd'hui dans ce pays l'homme de bouger. Certes, certaines barrières et freins existent encore. De l'inadaptation de la fiscalité à celle des statuts sociaux, nous avons déjà diagnostiqué celles et ceux qu'il convient de lever.

Cependant, ces barrières n'apparaissent-elles pas minimes, par rapport aux bouleversements que l'homme, même seul, peut accomplir au travers de ses initiatives ? Quand vous avez l'irrésistible envie de bouger, ni la fiscalité, ni les réglementations, et encore moins le manque de ressources, ne vous feront renoncer. Alors, bougeons et l'Etat suivra, en apportant les réformes et l'audace politique escomptées, en réponse à une évolution de société qu'il ne pourra plus contenir. Si au contraire, l'attente des réformes nous conduit à calmer nos ardeurs, notre envie de bouger, pour en arriver finalement à l'immobilisme, aucun fait social n'existera pour faire prendre conscience à l'Etat, de l'urgence des réformes. Dans un tel contexte d'attentisme, rien ne garantit que les pouvoirs publics se décident à les mettre en oeuvre. C'est aussi cela la révolution économique ; elle vient comme les autres, du cœur de la société, et non de son sommet.

Nous pouvons en trouver la preuve dans les événements de Mai 68 et leurs prolongements socio-culturels, qui ont conduit l'Etat à prendre définitivement acte d'évolutions sociales immuables. Mêmes les éléments les plus conservateurs du pouvoir n'ont pu par la suite revenir sur des acquis comme la majorité à dix-huit ans, l'avortement, la contraception ou l'abolition de la peine de mort. Les Français ont réussi à imposer à ceux qui les gouvernent, le volet social de la révolution culturelle qui secoue l'Occident depuis les années soixante-dix. Quant au « round économique », il attend toujours aujourd'hui sa concrétisation. Il appartient donc aux femmes et aux hommes de ce pays d'en démontrer la nécessité, pour que se dégage ensuite au niveau de l'exécutif, l'audace politique indispensable à sa mise en œuvre. C'est pourquoi, avant d'être un plaidoyer en faveur de l'audace politique, ce livre se veut un encouragement total à la prise d'initiative individuelle, et au mouvement de chacun d'entre nous.

Bougeons, et cette invitation ne s'adresse pas uniquement aux futurs entrepreneurs français. Elle s'adresse également aux autres sources du mouvement français, à ceux qui généreront du mouvement social, comme du mouvement culturel. Elle s'adresse de la même manière aux autres bénévoles, aux bénévoles de l'économie, ceux qui accompagneront et guideront demain le mouvement entrepreneurial. Les exemples de l'épargne de proximité, tant selon la méthode municipale que sous l'expression du Love Money et des Business Angels, nous ont montré que l'audace économique avait souvent besoin d'interfaces pour se concrétiser. Le mouvement économique généré par les créations des entreprises des uns et par l'épargne des autres ne suffit pas. Il a besoin d'être accompagné par un mouvement citoyen. Des hommes comme

Georges Chavanes et Joseph Briend ont été à leur niveau les catalyseurs de cette audace citoyenne, et ont montré qu'elle pouvait s'accorder avec la rationalité de l'audace économique.

En attendant l'audace politique, imitons leurs initiatives. Créons le mouvement par nous-mêmes, si nous souhaitons assister un jour à l'avènement de cette société de mouvement. Pour cela, nous ne devons pas hésiter, chacun à notre niveau, à jouer l'interface entre l'épargne de proximité et les créateurs d'entreprises, ou encore à contribuer à la constitution de dispositifs d'appui local à l'audace économique. Bien évidemment, cet appel à l'initiative citoyenne me ramène à mon expérience personnelle de l'épargne de proximité et de l'incubation. Non pas qu'à la fin de cet ouvrage, j'éprouve l'envie incontrôlable de témoigner. Mais les expériences vécues m'ont définitivement fait comprendre que l'on pouvait générer du mouvement économique de sa propre initiative, tout en poursuivant une démarche citoyenne.

Quand avec quelques amis nous avons décidé en 1995 de fonder Loire Action, nous n'étions pas des plus nombreux ! Et pourtant, en cette année 1996, nos ambitions étaient tout sauf à la hauteur de nos moyens. A travers notre réflexion personnelle et nos actions communes, nous voulions contribuer au développement économique du département de la Loire. Très vite, l'appui à la création d'entreprises nous est apparu comme un créneau sur lequel il restait beaucoup à accomplir. Bien que novices, notre intérêt s'est porté sur la problématique financière de la création d'entreprises, à une époque pas si lointaine, où capital-risque, start-up, Business Angel et Nouvelle Economie étaient des termes inconnus de notre vocabulaire.

En 1996, la région de Saint-Etienne ne disposait pas de son propre outil de capital-risque. Certes, existait Loire Développement, une société anonyme destinée à l'investissement en capital ; elle avait été créée en 1989 à l'initiative de mon grand-père, en tant que directeur du comité d'expansion local. Hélas, avec seulement un million de francs de fonds disponibles, cette société de capital-risque qui n'en était pas une, ne pouvait pas faire grand chose pour le financement des créations locales. Bien évidemment, Loire Action a fait partie, dès 1997, des plus ardents défenseurs d'un capital-risque local revigoré. Pour cela, nous tentions avec l'appui de SOFIMAC de sensibiliser les milieux politiques et économiques locaux, aux enjeux territoriaux de la question. Mais une fois ce travail de sensibilisation effectué, nous avons laissé œuvrer les élus et professionnels du capital-risque. En tant que personnes physiques, nous n'avions pas les moyens de constituer par nous-mêmes une structure de capital-risque.

A Loire Action, nous désirions contribuer directement à nos préconisations. Nous pensions qu'il fallait, après la réflexion, un temps pour l'action, et nous souhaitions participer pleinement à celle-ci. Sur le capital-risque, la contribution directe nous était impossible. Pourtant, il existait bien d'autres procédés auxquels nous pouvions cette fois participer, visant à rapprocher l'épargne locale, des créateurs locaux.

C'est à ce moment précis, que je me suis souvenu d'un article que j'avais lu dans la presse économique, à l'époque où je préparais mon baccalauréat. Paru dans *Alternatives économiques*, cet article racontait l'initiative atypique du maire d'une petite commune bretonne, qui n'était autre que Pleucadeuc. C'est à partir de cette simple lecture que j'ai découvert le concept de l'épargne de proximité, et trouvé un procédé que Loire Action pouvait reproduire sur nos terres stéphanoises. Depuis le jour où j'ai retrouvé cet article, je n'ai jamais modifié le cap de mon action, tout d'abord local à travers Loire Action, et qui finalement m'a poussé à écrire ce livre.

Au printemps 1997, je prenais contact avec la municipalité bretonne, pour faire part à Joseph Briend de mon intention de le rencontrer. Fin avril, la rencontre avait lieu sur place, à Pleucadeuc. Le maire me raconta son histoire, comme il avait dû le faire des centaines de fois auparavant. Il n'eut toutefois pas besoin d'insister longuement sur le caractère innovant de son opération. J'en étais profondément convaincu, avant même de me rendre en Bretagne. J'attendais une confirmation à mes premières impressions, et ce déplacement en Bretagne me l'avait procuré. Aussi, je ne manquais pas d'inviter Joseph Briend dans la Loire, pour expliquer à ses pairs son expérience originale d'utilisation de l'épargne de proximité.

Le jeudi 23 octobre 1997, Loire Action organisa dans la ville de mon ami Claude Giraud, la conférence publique à laquelle Joseph Briend devait intervenir, venu spécialement de Bretagne. Avec une petite idée derrière la tête, nous avions pris le soin d'inviter à cette réunion publique la plupart des maires et des élus municipaux influents sur la Plaine du Forez. Seulement une cinquantaine de personnes avaient fait le déplacement, mais cela nous suffisait pour parvenir à nos objectifs. En moins d'une heure, Joseph Briend raconta, avec la plus grande simplicité, comment il avait procédé pour créer huit cents emplois dans sa commune en déperdition. Jamais je n'ai vu au cours des réunions qu'il m'a été amené d'animer, une assistance aussi captivée.

Avec un public d'élus convaincus, je n'avais plus qu'à rappeler que Loire Action n'avait pas fait venir Joseph Briend, juste pour le plaisir d'entendre une expérience de développement locale réussie. Nous nous déclarions prêts à « *apporter* [notre] *aide à un élu d'une commune de la Loire tenté par l'aventure et qui serait la figure de proue de l'épargne populaire dans* [notre] *département* » (1).

Ce soir là, un élu entendit notre appel. Il s'agissait de Serge Bérard, le maire de Saint-Romain-le-Puy, une commune de trois mille habitants

(1) Quotidien *La Tribune Le Progrès* du mardi 28 octobre 1997 - Propos recueillis par Olivier Henry

située à trente kilomètres de Saint-Etienne. Serge Bérard prit rapidement contact avec mes amis Patrick Hippocrate et Jean Barnier. Le 21 décembre 1997, nous nous rencontrions pour la première fois, dans un hôtel de Montbrison. Le maire me fit part de son intention de relever le pari, et sollicitait notre appui. Aider le maire de Saint-Romain-le-Puy à financer sur sa commune des créations d'entreprises, grâce à l'épargne de proximité ; nous ne pouvions que souscrire à l'idée, et offrir notre collaboration.

Dès le mois de janvier 1998, Loire Action se mit à travailler avec le maire de Saint-Romain-le-Puy, pour reproduire l'expérience bretonne sur nos terres foreziennes. D'une part, nous recherchions des « entrepreneurs sans argent », prêts à venir s'installer sur la commune pour relever le challenge. D'autre part, nous étudions point par point la manière dont Joseph Briend avait procédé à Pleucadeuc, pour réussir sur expérience d'épargne de proximité. Ces travaux me conduisirent une seconde fois à Pleucadeuc, mais cette fois-ci accompagné de mon ami Robert de Chabanolle, et surtout de Serge Bérard venu avec trois de ses adjoints, Serges Pelloux, Jean-Paul Lyonnais et Gérard Di Fruscia. Pendant une journée entière, Joseph Briend nous fit visiter les entreprises financées par le capital-populaire, rencontrer les entrepreneurs qui avaient bénéficié de la formule, ainsi que quelques villageois qui avaient participé dès 1975 aux premières souscriptions.

Revenus dans la région stéphanoise, nous rencontrions les premiers créateurs d'entreprises intéressés par l'opération que leur proposait le maire de Saint-Romain-le-Puy. Un premier appel à projet avait été lancé dans la presse locale le 14 mai 1998 ; un second eut lieu le 27 novembre de la même année. Dans le bureau de Serge Berard, nous rencontrâmes entre l'été 1998 et la fin de l'année 1999, une dizaine de porteurs de projets. Des innovations nous étaient proposées dans le domaine du papier micro-perforé, d'autres dans celui des serrures électroniques. Toutefois, la municipalité de Saint-Romain-le-Puy et nous-mêmes, n'avons rencontré aucun projet susceptible de rentrer dans une opération de capital-populaire. Nous faillîmes même renoncer, faute de candidats.

Jusqu'à ce jour du 17 décembre 1999 où je repris par hasard contact avec Yvan Guy-Mercier, un de mes amis entrepreneurs. Yvan faisait depuis 1995 du négoce à échelle internationale, de matériel agricole d'occasion, plus précisément des tanks à lait. En cinq ans, il avait bâti à Cléppé en plein milieu rural, une entreprise forte d'une dizaine de salariés, et de sept millions de francs de chiffre d'affaires. Sous le nom du *Commerçant Gaulois*, son entreprise exportait dans une quinzaine de pays, grâce aux sept langues parlées par ses collaborateurs. Fin 1999, Yvan Guy-Mercier souhaitait poursuivre son développement prometteur, plus particulièrement en reconditionnant les tanks à lait achetés d'occasion, pour les écouler sur des marchés plus exigeants.

Pour lancer cette activité manufacturière, Yvan Guy-Mercier devait créer une nouvelle société qui, vues les premières évaluations financières, nécessitait 300 000 francs de capital social. Toutefois, Yvan ne disposait immédiatement que de la moitié de cette somme. Il me déclarait donc être prêt à installer la future entreprise sur la commune de Saint-Romain-le-Puy, si des actionnaires de proximité venaient compléter ses moyens financiers personnels.

Avec mes amis de Loire Action, nous avions compris que nous tenions enfin entre nos mains le projet qu'il nous manquait pour réaliser l'opération d'épargne de proximité de Saint-Romain-le-Puy. Dès la première semaine de janvier 2000, je présentais Yvan Guy-Mercier au maire, Serge Bérard. Après seulement deux rencontres, nous décidions tous les trois de tenter l'opération. Les 16 et 18 février 2000, Yvan Guy-Mercier exposait son projet de nouvelle entreprise à plusieurs chefs d'entreprises résidant à Saint-Romain-le-Puy, que Serge Berard nous avait présentés. Les 22 et 23 mars, Loire Action faisait de même avec certains de ses adhérents, intéressés d'investir dans la nouvelle entreprise.

Grâce à ces rencontres informelles d'investisseurs avertis, Yvan Guy-Mercier put réunir les 330 000 francs nécessaires à la création de la société, qui prit le nom de *Astrée Froid et Technologies.* Le 6 avril 2000, la société était juridiquement constituée en mairie de Saint-Romain le Puy ; trois Business Angels résidant sur la commune de Saint-Romain-le-Puy avaient investi 40 000 francs chacun, et dix adhérents de Loire Action rentraient au capital *d'Astrée Froid Technologies*, en contrepartie des 39 000 francs apportés en commun.

Aujourd'hui, *Astrée* poursuit son développement, et ses actionnaires de proximité semblent en être satisfaits. La réussite de cette opération d'épargne de proximité est à porter au crédit de Serge Bérard, le maire de Saint-Romain-le-Puy, qui s'est dépensé sans compter pour trouver les actionnaires de proximité escomptés. En parallèle, cette première réussite a crédibiliser au niveau local la cause de Loire Action. Avec Serge Bérard et Yvan Guy-Mercier, nous avions démontré par un cas pratique, que l'épargne de proximité pouvait très concrètement répondre aux besoins financiers des créateurs d'entreprises. La démonstration était d'autant plus forte, qu'une entreprise comme *Astrée Froid et Technologies* se trouvait trop petite et pas assez technologique pour intéresser le capital-risque, comme elle n'avait pas un objet assez « social » pour bénéficier d'une formule d'épargne solidaire. D'ailleurs, Yvan Guy-Mercier me l'avait confirmé : sans l'épargne des particuliers de Saint-Romain-le-Puy, il n'aurait pas créé *Astrée.*

Confortée par cette réussite, Loire Action rencontra plus d'échos de la part des milieux locaux. Ainsi, nous fûmes écoutés lorsque nous expliquâmes qu'une telle opération ne relevait que du ponctuel, et reposait uniquement sur la volonté des hommes qui l'avaient menée. Nous fumes tout aussi écoutés, lorsque nous avons expliqué qu'il fallait passer du ponctuel au permanent, et créer un incubateur dans la Loire qui, non seulement proposerait aux créateurs d'entreprises des solutions de financement en capital-risque et en épargne de proximité, mais également une assistance complète dans les domaines juridiques, comptables et administratifs.

Parce qu'ils savaient que la réalité à Saint-Romain-le-Puy avait confirmé le bien fondé de nos idées, plusieurs élus locaux ont commencé à nous suivre dans notre projet d'incubateur. Le vendredi 9 juin 2000, nous en emmenions quatorze visiter l'incubateur AXONE a Saint-Laurent-de-Chamousset dans le Rhône, œuvre du Sénateur René Trégouët que ce livre a déjà abordé. Séduits, les élus présents nous demandèrent de formuler plusieurs propositions pour créer dans notre département un dispositif similaire à AXONE.

A la rentrée, le 20 septembre 2000, le porte-parole de Loire Action, Marc Badel, et moi-même présentions nos conclusions. Pour soutenir le projet, je rencontrai le Président du Conseil Général de la Loire, Pascal Clément, l'ancien ministre d'Edouard Balladur. Dans le même objectif, nous demandions à François Hurel, le Délégué Général de l'APCE de venir à Saint-Etienne, expliquer l'intérêt des incubateurs vis-à-vis de la création d'entreprises. Ce fut chose faite le lundi 9 octobre 2000, où nous eûmes le plaisir de le recevoir en compagnie de Jean Salwa, venu de Paris pour constituer un club Love Money dans la Loire.

Grâce à cet activisme, notre projet d'incubateur put commencer à émerger. Le 10 novembre 2000, la communauté de communes du Pays de Saint-Bonnet-le-Château, présidée par le Sénateur Bernard Fournier, délibéra favorablement quant à sa participation, et nomma le 8 mars 2001 ses trois représentants au conseil de surveillance, dont Messieurs Marc Boudon et Christian Barjon. SOFIMAC, la société de capital-investissement leader sur la région Massif Central, accepta tout de suite, sous l'impulsion de son dirigeant Jean-Marc Vernière, de devenir membre fondateur de l'incubateur.

Pourquoi rappeler ces initiatives purement locales, au moment de clôturer ce qui se veut être une réflexion économique d'ordre général ? En puisant dans ces souvenirs personnels, je trouve la foi suffisante pour affirmer que, malgré toutes les réformes que la situation française rend indispensables, il est encore possible de bouger dans notre pays. La société de mouvement par lui-même n'est point un leurre, encore moins une abstraction théorique, vu l'aspect très « terre à terre » des expériences que j'ai exposées.

Le mouvement ne s'effectue pas forcément dans une perspective intéressée. Il n'y a pas que le mouvement des entrepreneurs et des épargnants qui comptent. Loire Action n'a jamais été une société, mais une association à but non lucratif qui n'a jamais rien retiré de ses réalisations. Elle ne réunit pas particulièrement des épargnants qui cherchent à placer leur argent, ni des entrepreneurs en quête de financements. Elle réunit simplement des citoyens qui, à l'échelle locale, veulent bouger. Elle rassemble des citoyens qui par leur réflexion et leurs actions, veulent contribuer au développement de la terre de leurs racines.

Vous vous dites probablement qu'accomplir une telle démarche nécessite une multitude de moyens, tant humains que financiers. Détrompez-vous ! Loire Action n'a jamais reçu la moindre subvention en provenance des collectivités territoriales. Nous ne l'avons d'ailleurs pas souhaité. Notre association se finance uniquement par les cotisations de ses adhérents. Même du côté des moyens humains, nous ne pouvons pas dire que nous pesons beaucoup ; trente personnes à jour de cotisations à la fin de l'année 2000 et cent vingt participants à la dernière conférence publique...c'est tout de même mince ! Mais ce qui compte, c'est que notre motivation reste inébranlable.

Finalement, la modestie de nos moyens m'invite à trois réflexions. Tout d'abord, je reste intimement convaincu que l'on peut bouger par soi même en France, pour faciliter la rencontre entre l'épargne et la création d'activité. En outre, le fait que nous ayons réussi à atteindre quelques résultats en l'absence totale de moyens, m'invite à penser que n'importe quel petit groupe de personnes motivées, peut reproduire dans ses contrées, ce que nous avons tenté dans la Loire. A l'heure où j'écris ces quelques lignes, l'entreprise *Astrée Froid et Technologies* n'en est qu'à sa seconde embauche. La réussite de notre opération en termes d'emplois, est infinitésimale par rapport à celle de Joseph Briend à Pleucadeuc. Elle l'est encore plus par rapport aux besoins économiques, auxquels notre action souhaite répondre.

De la même manière, notre incubateur n'en est qu'à ses balbutiements. Virtuel pour l'instant, il n'existe aujourd'hui que sur le papier. Loire Action souhaitait associer trois communautés de communes à la constitution du dispositif. Une seule sera finalement allée jusqu'au bout de la démarche ; la communauté de communes des Pays de Saint-Bonnet-le-Château. L'audace de celle-ci s'explique en grande partie par la détermination du Sénateur Bernard Fournier. A la vue de résultats aussi modestes, je me dis qu'une telle démarche est à la portée de tous ; elle est reproductible par quiconque souhaite voir l'économie locale bouger. Or, plus nous seront nombreux aux quatre coins de France à tenter d'interpeller élus et responsables économiques sur la question, plus les contours de cette France en mouvement s'affirmeront.

Enfin, les succès de Loire Action comme ses échecs m'ont enseigné que ce ne sont pas les moyens qui conditionnent la réussite d'une démarche, mais la détermination de ses initiateurs. De la détermination, il nous en a fallu pour ne pas renoncer à mener l'opération de Saint-Romain-le-Puy, comme il nous en a fallu pour constituer l'incubateur. Surtout, nous avons dû faire avec le temps, et accepter l'attente. « *Durant deux ans, le maire de Saint-Romain-le-Puy et Loire Action ont « ramé » pour trouver le porteur de projet idéal* », écrivait la journaliste Marie-Christine Jaspard dans les colonnes du quotidien local, *La Tribune Le Progrès* (1). Il est profondément vrai que, si vous manquez de détermination dans la conduite d'une telle opération, vous jetterez à un moment ou à un autre l'éponge. Seule la détermination permet de lutter contre le facteur temps.

Aujourd'hui, quand je vous dis que notre action se limite dans la Loire à une seule opération d'épargne de proximité, et un incubateur virtuel composé d'une intercommunalité au lieu de trois, je vous annonce en filigrane que nous allons persévérer. Nous allons persévérer pour que d'autres maires, dans d'autres communes de la Loire, mobilisent l'épargne locale et motivent les Business Angels. Nous allons également persévérer, pour que notre incubateur s'étende finalement sur l'ensemble du territoire, que nous avions dans un premier temps imaginé.

Persévérance ; telle est finalement l'attitude que devront continuer à adopter, les défenseurs du capitalisme populaire de proximité. Le parcours de Loire Action n'est qu'un exemple parmi tant d'autres, du mouvement que commence à dégager le capitalisme éclairé. A son échelle, l'histoire de Loire Action fait même partie des plus modestes. Mais ce qui est vrai dans la Loire, l'est tout autant dans le Rhône ou en Bretagne. Audace, persévérance, et détermination, paieront en toute circonstance. Quoi qu'il advienne, ces trois qualités nous amèneront toujours vers une situation économique et sociale, meilleure. Alors, entrepreneurs, entreprenez ! Epargnants, investissez ! Et citoyens, interpellez nos décideurs, tout en gardant à l'esprit cette citation d'André Malraux : « *les idées ne sont pas faites pour être pensées, mais vécues* ».

La France a tout à gagner du mouvement que vous initierez. En tout cas, vos démarches distinctes et parfois si différentes, nous conduiront à tout, sauf à l'immobilisme. Votre courage et votre détermination deviendront exemplaires, malgré vos échecs, et peut-être qu'à ce moment là, l'Etat, ce fameux Léviathan qui nous apparaît si statique, comprendra que ses forces vives lui indiquent le bon chemin. Afin que la nation redonne à ceux qui la forment la capacité de bouger, des réformes qui auraient dû être entreprises depuis bien des années, seront enfin décidées. Certes, l'Etat devra alors faire preuve d'un courage sans précédent, et

 (1) Quotidien *La Tribune Le Progrès* - n°47 325 - jeudi 25 mai 2000

d'une détermination comparable à celle de ses forces vives, pour lutter contre les conservatismes propres à ce « *pays qui nie l'industrie* ». Mais après tout, n'est-ce pas ce que nous appelons volonté politique ? Pour que l'audace économique se mue en une société de mouvement, elle ne pourra faire l'économie d'une véritable audace politique.

De l'audace politique

Cet appel vibrant à l'intervention de l'Etat déroutera celles et ceux qui auront assimilé cette réflexion à un plaidoyer en faveur du libéralisme. « Plus le politique intervient dans l'économie, moins cela marche », expliquait René Monory. Pour autant, il ne faut pas confondre intervention de l'Etat et interventionnisme public. Pour démontrer cette nuance, je prendrais une phrase du leader des travaillistes britanniques, Tony Blair :

« *Il n'y a ni une gestion de droite, ni une gestion de gauche, mais une bonne et une mauvaise* », avait affirmé en 1997 le Premier Ministre anglais, devant les députés français. En effet, la gestion est une affaire de professionnels. Dégager des bénéfices à partir d'un chiffre d'affaire ou d'une masse financière n'est pas une mince affaire. Pour surmonter la difficulté, le gestionnaire doit voir sa responsabilité directement indexée sur son résultat. Dans sa gestion, il risque un élément de lui-même, soit ses fonds personnels, soit son poste professionnel. En fait, l'acteur du secteur privé est condamné à la réussite, s'il veut poursuivre son activité, ce qui explique sa réussite.

A l'inverse, un gouvernement peut présenter une mauvaise gestion, et en même temps remporter les élections. Quand nous mettons notre bulletin de vote dans l'urne, nous n'avons pas tous lu le rapport de la cour des comptes, et encore moins le rapport annuel de chaque entreprise publique ! Le degré de responsabilité financière des pouvoirs publics n'est en rien comparable à celui du secteur privé ; leur responsabilité est en tout cas moins directe. Force est de constater, qu'à chaque fois que l'Etat s'est substitué au secteur privé dans le domaine financier, l'échec a été au rendez-vous. Des exemples comme celui de l'IDI, déficitaire sous l'autorité de l'Etat, et bénéficiaire après sa privatisation, le confirment.

En fait, « le malheur avec les hommes politiques, c'est qu'à un certain moment, ils ont voulu intervenir dans la gestion des entreprises », précise René Monory. Fort heureusement, l'Etat peut contribuer à l'essor économique sans pour autant s'immiscer dans la gestion privée. Inviter l'Etat à la réforme ne signifie aucunement qu'il doit se substituer aux acteurs privés du marché de l'investissement en capital. Le marché laisse une place à l'action politique, dans le domaine économique.

Plus précisément, l'Etat peut se rendre utile à l'économie française, de trois manières. Tout d'abord, il est reste seul à même de décider des réformes, pour faciliter l'audace du secteur privé. Notre cadre juridique n'est pas en effet le mieux adapté à l'initiative individuelle. Pour ne prendre qu'un exemple, la loi française ne permet pas aujourd'hui de constituer des fonds communs d'épargne de proximité, d'une manière fiscalement attractive. Si l'on souhaite en offrir la possibilité aux épargnants français, personne d'autre que le législateur ne pourra voter une loi à cet effet. Il en va de la sorte pour la plupart des réformes proposées dans cet ouvrage. Par définition, la loi s'inscrit dans une vision statique de l'ordre social, puisqu'elle doit être durable et de portée générale. Elle s'affirme donc en opposition au mouvement de la société. C'est pourquoi, le législateur doit veiller en permanence à ce que la loi et le mouvement économique ne se neutralisent pas mutuellement

Ensuite, l'Etat peut mettre à disposition du secteur privé des moyens financiers que seule l'institution publique peut risquer. Dans le domaine du capital-investissement, cette perspective se vérifie tout particulièrement. On sait par exemple que les fonds d'épargne-retraite gérés par les investisseurs en capital sont souvent trop exigeants en terme de rendements financiers, pour pourvoir être investis dans des créations d'entreprises. Pour sortir de cette impasse, l'administration, nationale ou régionale, garde la possibilité de confier aux gestionnaires privés des fonds publiques, moyennant deux contraintes : d'une part, les investir dans des créations d'entreprises, et d'autre part, les restituer à terme, avec un rendement financier certes amoindri, par rapport à ce qu'il aurait pu être si les fonds s'étaient portés sur des valeurs spéculatives. En déléguant gestion et politique d'investissement, l'Etat se préserve d'un interventionnisme dangereux. Il n'intervient qu'en support du secteur privé et se préserve ainsi des éventuelles erreurs de gestion qu'il aurait pu commettre.

Frédéric de Broglie, le dirigeant de la société de capital-risque 3i, n'en dit pas moins lorsqu'il explique que son « métier consiste à gérer des capitaux, et non à gérer l'économie française ». « Les pouvoirs publics sont là pour le faire, s'ils estiment qu'il y a des trous dans le marché. Intervention en support, oui ; intervention en direct, non ! » complète Yvon Jacob. « Si les pouvoirs publics investissent en direct, la tentation de diriger l'investissement est immédiate. La puissance publique deviendra de fait celle qui arrêtera les choix des sociétés dans lesquelles investir, à partir de critères qui ne seront plus basés sur la rentabilité économique, mais sur des critères politiques ». La délégation de gestion et l'intervention indirecte restent en effet les meilleurs « gardes fous », contre un retour à la planification administrative.

Enfin, l'Etat peut intervenir sainement en se donnant un rôle d'éclaireur. Ne serait-ce que par le verbe, la puissance publique peut encourager les citoyens à bouger ; elle peut les exhorter à entreprendre. Lorsque les forces vives de la nation sont reçues à l'Elysée ou Matignon, le symbole du geste ne se résume pas à un simple événement médiatique, qui vire au marketing politique. Au contraire, la reconnaissance est un élément important, dans la mesure où elle motive. Il est de la responsabilité des dirigeants gouvernementaux, d'évoquer systématiquement la création d'entreprises dans leurs discours, de valoriser ceux qui prennent des risques, pour finalement établir le climat de confiance dont l'audace économique a besoin. Pour entreprendre, une société doit ressentir le soutien total de ceux qui la dirigent, comme l'entrepreneur a besoin de se sentir épauler par son entourage.

Finalement, l'Etat peut faire beaucoup, s'il s'en donne les moyens. Il peut adopter une attitude volontaire et entreprenante, sans pour autant se mêler d'affaires qui ne le concernent pas. Un soutien intelligent ne le conduira pas non plus à s'immiscer dans une gestion qu'il réalisera mal, et à renoncer à la sagesse financière qu'il doit aux contribuables. En clair, l'Etat peut intervenir dans les bornes que lui autorise l'économie de marché. Cette nouvelle forme d'intervention publique à laquelle le capitalisme éclairé appelle, fait figure d'antithèse à l'économie administrée, tout en s'opposant au « *laisser faire laisser aller* ».

Jusqu'à présent, deux visions du rôle économique de l'Etat se sont affrontées. Alors, en ce début de millénaire, faisons preuve d'un peu plus d'innovation, tant ces deux écoles de pensées ont pu nous mener à l'impasse. Des hommes politiques ont voulu se substituer aux acteurs privés ; ils ont échoué, au prix de lourdes conséquences financières pour la collectivité. Parallèlement, certains prennent aujourd'hui le marché comme prétexte pour justifier leur immobilisme. Tels s'apparentent les dangers de l'ultra-libéralisme.

Après tout, même René Monory qui n'éprouve aucune gêne à se qualifier de libéral, affirme « qu'il y a d'abord une volonté politique, pour qu'après se construisent les outils ». « Sans volonté politique, il ne se passe rien ». A un niveau plus modeste, André Marcon m'expliquait que « les responsables territoriaux sont toujours à la recherche de remèdes techniques ». « Mais, ce n'est pas comme cela que ça marche. Il faut créer un climat favorable pour que les gens travaillent entre eux. Il faut valoriser ceux qui réussissent, utiliser leur expérience, mais ne jamais arrêter de les aider à aller plus loin ».

Nous savons à peu près de quels outils il s'agit : une loi sur les fonds d'épargne de proximité, une autre sur la constitution des fonds de pensions, l'introduction dans notre droit fiscal d'une mesure similaire au *Subchapter S* américain... *L'audace économique* n'aura pas été le premier ouvrage à en établir la liste. Une quantité impressionnante d'études, de colloques, de parutions ont sensibilisé les pouvoirs publics sur ces propositions ; le législateur les connaît. Hélas comme le disait Jean-Pierre Thomas, « en France, nous sommes très bons pour les rapports ». « Nous sommes certainement les meilleurs au monde pour cela. Mais il faudrait qu'un jour ou l'autre, on devienne bon pour l'action ». « *Il ne se passe plus un an sans la publication d'un rapport ou d'un livre blanc en faveur de la création d'entreprises* », écrivait *Le Figaro* en janvier 2001.

Dernier exemple en date : le rapport sur la simplification de la création d'entreprises, remis au Premier Ministre le 23 janvier 2001, par le parlementaire socialiste Jean-Marie Bockel. On ne peut que se satisfaire de voir le Député-maire de Mulhouse prôner lui aussi le lancement de fonds régionaux d'épargne de proximité. Par contre, on peut se demander pourquoi le Premier Ministre a demandé un énième rapport sur cette proposition, alors que les Sénateurs ont déjà voté un an plus tôt, une proposition de loi instituant ces fonds, que le gouvernement n'a pas suivie !

Effectivement, la France s'est faite une spécialité d'attendre, sous prétexte de réfléchir. Dans le domaine précis de l'investissement à risque, des concours de circonstances regrettables ont malheureusement renforcé cet attentisme. Par exemple, le rapport parlementaire d'Yvon Jacob sur l'épargne de proximité est arrivé sur le bureau du Premier Ministre en avril 1997. La campagne législative battant alors son plein, l'heure rendait toute réforme matériellement impossible. Avec une certaine amertume, l'ancien parlementaire en conclut aujourd'hui que « ces mesures restent d'actualité, mais [qu']on les fera toujours en retard, par rapport à l'époque où on aurait du les faire ».

Plus grave encore, il ne faudrait pas croire que notre tendance à l'attentisme remonte à la seule décennie des années quatre-vingt-dix. Pour reprendre le titre de l'ouvrage phare d'Alain Peyrefitte, le *Mal Français* est bien plus ancien. Déjà, le diagnostic en immobilisme réalisé par l'ancien ministre, remonte à 1976. A la même époque, le Président Valéry Giscard d'Estaing voulait lui aussi « *décrisper* » la société française. Le fait n'est pas nouveau. Mais pendant que nous restons immobiles, les autres puissances économiques internationales poursuivent leur développement. N'oublions jamais que dans l'économie moderne, attendre et rester sur place reviennent à reculer.

En plus, on peut tout de même se demander s'il est bien raisonnable d'attendre, alors que l'on sait très bien que la croissance actuelle s'explique par des raisons conjoncturelles, et non structurelles. Le moindre incident économique extérieur à la France pourrait renverser la tendance. Le krach du Nasdaq en avril 2000, comme la flambée des prix du pétrole brut en septembre de la même année, nous ont montré que ce genre d'incidents pouvaient se produire. Pensons également aux signes de ralentissement affichés par l'économie américaine, au début de l'année 2001. Comme la croissance n'est de toute façon jamais acquise, et comme nous ne sommes à l'abri d'aucune de ces perturbations, elles devraient nous inviter à la plus grande prudence.

Face à ces incertitudes, une volonté politique devient de plus en plus nécessaire. En l'absence de toute intervention publique, la Nouvelle Economie et la révolution technologique ont lancé le mouvement économique international, dont nous retirons aujourd'hui en France les bénéfices. Certes, le monde en réseau amène par lui-même du mouvement et de l'argent dans notre société ; il n'aura pas pour autant réponse à tout. Imagine-t-on une lame de fond venue d'ailleurs, réformer la France à sa place ? Bien évidemment, non. A l'inverse du dynamisme économique, les réformes ne se décident pas toutes seules. Si on ne peut lui attribuer la paternité de l'effervescence actuelle, la reforme sera indispensable à la poursuite du mouvement.

En définitive, la Nouvelle Economie est née en l'absence de réformes politiques structurelles, tout comme elle ne pourra perdurer sans elles. Plus particulièrement par l'exemple du Second Empire, notre réflexion a montré qu'au cours de notre Histoire, chaque montée en puissance en France de l'investissement à risque et de la création d'activité, a été rendue possible par une volonté politique éclairée. Même dans les exemples situés à des échelles plus locales, comme l'épargne de proximité municipale, l'audace politique a joué un rôle fondamentale. Alors, pourquoi cette audace politique qui a tant réussi aux France de Pompidou et de Napoléon III, ne réussirait-elle pas l'économie française d'aujourd'hui ? Les bons remèdes sont comme les bonnes équipes : on ne les change pas !

Il est donc temps d'agir. Hélas, les années 2001 et 2002 ne s'annoncent guère propices à l'action. Les consultations électorales freinent généralement la fièvre réformatrice des pouvoirs en place. A l'évidence, l'audace perturbe un certain « ron-ron » social ; on imagine mal les pouvoirs publics prendre un tel risque, en pleine année électorale. Il y a donc fort à penser que l'attentisme se prolongera jusqu'au printemps 2002.

Par contre, au lendemain des consultations présidentielles et législatives, les Français auront exprimé leur choix. Quel qu'il soit, la logique de nos institutions fera que le nouveau pouvoir aura cinq années devant lui, pour entreprendre les réformes qui s'imposent. Président, gouvernement et parlement disposeront du temps nécessaire et des marges de manoeuvre suffisantes pour réformer vigoureusement, sans que l'audace de leurs décisions ne les condamne à la perte électorale. En cinq ans, les réformes auront le temps de porter leurs fruits. Au final, leur bien-fondé vérifié entraînera l'adhésion d'une population, qui aura pu être dans un premier temps déroutée par une audace remettant en cause conforts et conformismes. Pour ces raisons d'ordre constitutionnel, l'Etat ne devrait craindre, en 2002, les conséquences de ses choix futurs.

En plus, les mentalités et le climat économique devraient être, à ce moment-là favorables à de telles évolutions sauf, entre-temps, bouleversement économique majeur. Au milieu des années quatre-vingt-dix, la France, noyée dans la morosité, n'était pas culturellement et mentalement prête à l'audace économique. Confronté au taux de chômage à deux chiffres, notre pays voulait être rassuré. Depuis, la Nouvelle Economie est passée par là et les mentalités ont changé. Marc Wauthoz me rappelait que « la veuve de Carpentras qui investit aujourd'hui sur le Nouveau Marché n'a plus l'impression, comme hier, d'exporter des capitaux ». « Elle a le sentiment d'aider de jeunes chefs d'entreprises à développer leurs projets ». Avec ces attitudes nouvelles, dignes d'une France moderne, l'audace politique devrait être facilitée. La France est prête ; elle n'attend que cette dernière.

En attendant que l'année 2002 précise les grandes orientations du pays, la période électorale nous procurera notre dose en débats et discussions sur la politique économique. Profitons-en, qu'elles que soient nos opinions personnelles, pour développer ces thématiques du mouvement social et du capitalisme éclairé. La rhétorique politique pourrait les oublier. Finalement, le monde économique demande seulement au monde politique d'avoir le courage de ses pensées profondes. Nous lui demandons de ne pas trop se soucier des humeurs de l'opinion publique que son audace pourrait très provisoirement déconcerter.

Surtout, nous lui demandons d'avoir encore foi en sa capacité à modifier le cours prétendu inéluctable des choses. Malgré ce que pensent certains, nos élus ne sont pas sourds. Ils entendent comme nous chaque jour la politique un peu plus décriée et accusée de tous les maux. A force d'être exposés à ce poujadisme envahissant, les décideurs politiques pourraient en venir à douter de leur influence sur l'avenir de la cité. De la même manière, l'immobilisme diagnostiqué peut conduire nos dirigeants, à s'interroger sur la capacité de notre société à assimiler l'audace réformatrice.

Si ces interrogations persistent, souvenons-nous que de véritables discours mobilisateurs réaniment un corps social inerte. La France en a déjà fait l'expérience. C'était en 1792, à l'époque où notre pays découvrait brutalement la république. Sous le haut commandement du Duc de Brunswick, l'armée prussienne menait alors une guerre contre la France, afin de rétablir l'ordre ancien. A Verdun, les forces étrangères furent accueillies avec des fleurs par la population locale, royaliste dans l'âme. N'ayant aucune armée sérieuse à leur opposer, la jeune république de Danton pouvait douter de ses chances de pérennité. La seule carte qui lui restait en main, consistait à en appeler à l'esprit de résistance collective. Mais pour catalyser une telle énergie, la France avait besoin d'entendre des mots justes. Le 2 septembre 1792, Danton s'adressa à l'assemblée législative, en employant ceux-ci :

« Le tocsin que l'on sonne n'est point un signal d'alarme, c'est la charge contre les ennemis de la patrie. Pour les vaincre, Messieurs, il nous faut de l'audace, encore de l'audace, toujours de l'audace, et la France est sauvée ».

Dix-huit jours plus tard, l'armée républicaine née en une semaine des profondeurs de la société, remportait une victoire historique à Valmy ; la République était sauvée. Mais aujourd'hui, notre ennemi n'est plus un pays frontalier. Cette fois-ci, le danger vient de nous même. Il s'agit bien de cet immobilisme caractéristique de la société française.

Les deux siècles écoulés n'auront donc pas périmé l'appel de Danton. Dans la France d'aujourd'hui, cette invitation révolutionnaire retrouve tout son sens, ainsi qu'une multitude de déclinaisons sur les plans économiques, scientifiques, sociaux et culturels. Cette citation devrait être inscrite sur chaque carte d'électeur, visible dans toutes les mairies de France, et figurer sur les tableaux noirs de l'école républicaine. En l'an 2000, les mots du 2 septembre 1792 s'adressent à toutes celles et tous ceux en proie au doute, tant cet appel à l'audace peut conduire l'homme à réaliser ce qu'il a de plus fort en lui. Leur lyrisme nous donne tout simplement foi en l'avenir. Dirigeants, épargnants, et créateurs de ce pays, auront besoin que nous motivions en permanence leur audace, pour qu'ils entreprennent le Valmy économique, que notre attentisme nous avait fait croire impossible.

Paris, le Vendredi 6 juillet 2001

Remerciements

Mes remerciements vont évidemment à l'ensemble des personnalités qui ont bien voulu me consacrer un peu de leur temps précieux, pour me conseiller dans ma réflexion et pour contribuer à l'alimenter en répondant à mes questions :

André Babeau, Joseph Briend, Georges Chavanes, Christian Deblaye, Eloi Delorme, Frédéric De Broglie, Jacques Dughera, Laurent Edel, Bernard Esambert, Jean-Pierre Ferretjans, Sylvain Forestier, Jean-Michel Fourgous, Eric Gaillat, Pierre-Henri Gaudriot, Pascal Gendreau, Jacques Guichenduc, Pauline Grosso, Patrick Grumelart, François Hurel, Yvon Jacob, Antoine Jarmak, Pierre-Yves Jousselin, Bernard Kraeutler, Antoine Le Bourgeois, Patrick Lemaire, Helman le Pas de Sécheval, Jacques Lesueur, Thierry Letailleur, André Marcon, René Monory, Dominique Nouvellet, Maria Nowak, Jacques Pélissard, Marie-Annick Péninon, Alain Plessis, Gérard Pluvinet, Bernard Poli, Jean-François Prat, Jean Proriol, Jean-Pierre Raffarin, Claire Richard, Guy Rigaud, Jean-Luc Rivoire, Jean et Didier Salwa, Dominique Sénéquier, Jean-Pierre Thomas, Daniel Venon, Jean-Marc Vernière, Marc Wauthoz, et Bernard Zimmern

Qu'ils soient ici assurés de ma profonde gratitude.

Que celles et ceux dont les réflexions et idées n'auraient pu, faute de place, être directement retracées au cours de cet ouvrage, reçoivent toutes mes excuses.

Le lecteur comprendra aisément ma reconnaissance envers Monsieur Alain Juppé, qui a accepté de préfacer ce livre.

De la même manière, je tiens tout particulièrement à remercier Monsieur Georges Pariente, Docteur en économie, Maître de conférences à l'Université de Paris la Sorbonne, ainsi que Mademoiselle Michèle Fialon, Professeur en lycée à Vichy, pour le temps qu'ils ont bien voulu passer à la relecture des manuscrits, en les agrémentant de leurs judicieux conseils d'économistes.

Un remerciement tout particulier ira à Monsieur Michel Siéronneau, pour la totale confiance dont il a bien voulu m'honorer.

Sans mon collaborateur des premiers jours, Frédéric Le Moal, qui, outre les relectures, a passé un temps inimaginable en négociations, ce livre n'aurait jamais pu voir le jour.

Surtout, ma gratitude va à Sophie, que je souhaite remercier pour sa patience et pour m'excuser des longues soirées que je n'ai pu lui consacrer au nom de l'écriture.

Puisse ce livre lui avoir prouvé, comme à l'ensemble des adhérents de LOIRE ACTION dont la confiance n'a pas de prix, l'utilité de projets aussi fous, mais qui représentent, pour le moins, des causes justes.

INDEX DES PERSONNALITES INTERVIEWEES

André BABEAU

Professeur émérite à l'Université de Paris IX-Dauphine depuis 1994, Directeur Général du CREP (Centre de Recherche sur l'Epargne), et Président depuis 1998 du Comité consultatif des taux réglementés. Auparavant, André Babeau a participé au Comité de financement du VIIème Plan (1974-75), et a assuré entre 1976 et 1984 la direction du CREDOC auprès du Commissariat au Plan, avant de publier en 1984 *La Fin des retraites*. Sur un plan plus anecdotique, André Babeau a été le professeur de Dominique Strauss-Kahn à HEC et à l'Université de Paris-Nanterre, avec lequel il a publié *La Richesse des Français* (PUF-1977).

Rencontre en date du lundi 25 janvier 2000.

Joseph BRIEND

Maire de Pleucadeuc (Morbihan) entre 1971 et 2001, Conseiller général du canton de Questambert, agriculteur de formation. Joseph Briend est considéré comme « l'inventeur » en France du capital-populaire. En invitant ses administrés à investir dans des entreprises en gestation, ses initiatives lui ont permis de créer 850 emplois directs sur sa commune.

Rencontre en date du mardi 23 novembre 1999.

Georges CHAVANES

Ancien Président de Leroy-Somer, Ministre du Commerce, de l'Artisanat et des Services (1986-1988), Député-maire d'Angoulême (1989-1997). Georges Chavanes reste à ce jour la première personne connue pour avoir réalisé et réussi, en France, une opération d'épargne de proximité. Elle eut lieu à Lalouvesc (Ardèche) dans les années soixante.

Rencontre en date du lundi 6 décembre 1999.

Frédéric DE BROGLIE

Directeur Général de 3i Gestion France, leader européen du capital-risque. Frédéric de Broglie a rejoint le groupe 3i France en janvier 1984, et en assume la direction depuis septembre 1992.

Rencontre en date du mercredi 17 mai 2000.

Laurent EDEL

Fondateur de l'incubateur Republic Alley.

Rencontre en date du mercredi 30 août 2000.

Bernard ESAMBERT

Ancien conseiller industriel du Président de la République Française Georges Pompidou. Polytechnicien, Bernard Esambert a, en 1974, orienté sa carrière vers le secteur bancaire. Entré « par la petite porte » comme *grouillot-guichetier-plan* à l'agence du Crédit Lyonnais de Saint-Philippe-du-Roule (Paris 8ème), il assure la direction nationale « entreprises » de cette même banque, dès 1977. Il dirigea pendant 16 ans la Compagnie Financière Edmond de Rothschild, dont l'essentiel du développement eut lieu sous sa direction, avec deux points forts : la création de la salle de marché et celle de la première SICAV française de valeurs de haute technologie en 1979. Aujourd'hui, Bernard Esambert occupe les fonctions de Président du Conseil de Surveillance de la banque ARJIL (la structure financière du Groupe Lagardère, qu'il a rejoint depuis 1994), Vice-président du Groupe Lagardère, Vice-président du Groupe Bolloré, membre de la COB nommé par le Président du Conseil Economique et Social, et Conseiller Municipal à Boissy-lès-Perches.

Rencontre en date du mardi 30 novembre 1999.

Jean-Pierre FERRETJANS

Ex-Président du Conseil de Surveillance de Banque Populaire Asset Management. Spécialiste des questions fiscales au sein de l'association *Entreprise et progrès*, Jean-Pierre Ferretjans est Docteur en Droit, titulaire du diplôme supérieur de la Faculté Internationale de droit comparé à Luxembourg, et du Centre de perfectionnement de l'administration des affaires (CPA) de Paris.

Rencontre en date du mercredi 12 janvier 2000.

Sylvain FORESTIER

Président de l'association Croissance Plus, depuis le 20 janvier 2000. Diplômé de l'ESSEC en 1984, Sylvain Forestier a fondé en 1986 le Groupe D, aujourd'hui D Interactive dont il assure toujours la direction. D Interactive est une société de service en marketing technologique, réalisant 450 MF de chiffre d'affaires, et employant 300 personnes. D Interactive a été introduite au Nouveau Marché de la Bourse de Paris en 1999.

Rencontre en date du vendredi 18 août 2000.

Jean-Michel FOURGOUS

Maire d'Elancourt, ancien député.

Rencontre en date du vendredi 19 novembre 1999.

Eric GAILLAT

Co-fondateur du groupe IPEN et de *BusinessAngels.com*

Rencontre en date du mardi 29 février 2000.

Pierre-Henri GAUDRIOT

Fondateur et PDG de Gaudriot conseils, société introduite en 2000 au Nouveau Marché de la Bourse de Paris. Président de la Chambre Régional de Commerce et d'Industrie du Limousin-Poitou-Charentes. Conseiller général de Guéret.

Rencontre en date du samedi 22 janvier 2000.

Pascal GENDREAU

Directeur général adjoint de la BDPME en charge du pôle « fonds propres ».

Rencontre en date du mardi 14 décembre 1999.

François HUREL

Délégué Général de l'APCE (Agence Pour la Création d'Entreprises), depuis 1996. Avocat de formation, François Hurel a assuré le secrétariat général de la Cour d'arbitrage européenne (1990-92), avant de devenir conseiller technique chargé de la simplification administrative et des questions juridiques, au cabinet des ministres des PME Alain Madelin et Jean-Pierre Raffarin (1993-97).

Rencontre en date du jeudi 4 novembre 1999.

Yvon JACOB

Député d'Ile-et-Vilaine (1993-97), Yvon Jacob a remis en janvier 1997 au Premier Ministre Alain Juppé, un rapport intitulé *l'épargne de proximité : rapprocher l'entreprise du citoyen.* Entrepreneur à la tête de Legris Industries (dont il assure encore la Présidence du Conseil de Surveillance), Yvon Jacob a été désigné en 1994 dans le cadre de ses activités parlementaires, rapporteur de la loi dite « Madelin ». Aujourd'hui, Yvon Jacob assure la Vice-présidence du Conseil Régional de Bretagne.

Rencontre en date du vendredi 3 décembre 1999.

Bernard KRAEUTLER

Fondateur et Président Directeur Général de NERGECO, société de production de portes industrielles « de productivité », basée à Dunières en Haute-Loire, et introduite en 1997 au Second Marché de la Bourse de Paris.

Rencontre en date du vendredi 26 novembre 1999.

Antoine LEBOURGEOIS

Directeur Général de Web LCFR, structure d'investissement en capital-création au sein de la Compagnie Financière Edmond de Rothschild.

Rencontre en date du jeudi 18 mai 2000.

Helman LE PAS DE SECHEVAL

Chef du service des opérations et de l'information financières à la COB (Commission des Opérations de Bourse).

Rencontre en date du jeudi 9 décembre 1999.

Jacques LESUEUR

Président Directeur Général de la société de capital-investissement SOPROMEC, basée à Paris.

Rencontre en date du mercredi 24 mai 2000.

André MARCON

Maire de Saint-Bonnet-le-Froid (Haute-Loire) depuis 1989, Président de la Chambre de Commerce et d'Industrie du Puy-en-Velay-Yssingeaux, membre du Conseil Economique et Social national (depuis 1999), section de l'aménagement du territoire et de l'action régionale. André MARCON a conduit au début des années quatre-vingt-dix, dans sa commune, une opération d'épargne de proximité dans le secteur du tourisme.

Rencontre en date du samedi 20 novembre 1999.

René MONORY

Actuellement Sénateur et Président du Conseil Général de la Vienne, René Monory a été entre autre Président du Sénat (1992-98), Ministre de l'Education Nationale (1986-1988), fondateur du Futuroscope en 1987, membre et Président du comité intérimaire du FMI (1980-81) Ministre de l'Economie et des Finances (1978-81), Ministre de l'Industrie du Commerce et de l'Artisanat (1977-78), et Maire de Loudun (1959-1999). En tant qu'ancien ministre de l'Economie et des Finances, René Monory est l'initiateur de la loi du 13 juillet 1979 sur les FCP à vocation générale et ouverts au public, et de la loi du 27 décembre de la même année généralisant la diffusion des SICAV. En 1978, René Monory avait fait voter les premières lois de défiscalisation des investissements des particuliers en actions.

Rencontre en date du mercredi 19 janvier 2000.

Dominique NOUVELLET

Président co-fondateur du groupe de capital-investissement privé SIPAREX. Lyonnais de naissance, Dominique Nouvellet est Docteur en Droit, diplômé de l'IEP, énarque (promotion 1969), et Chevalier de la Légion d'honneur. Au cour de sa carrière, Dominique Nouvellet a notamment occupé les fonctions suivantes : chargé de missions à la Direction du Trésor (1973), chef du service des études financières à la Caisse des Dépôts et Consignations (1975), administrateur de Sofinnova, conseiller du Président de la Sofaris (1983-1985), vice-président fondateur de CDC-Participations (1985-89), co-fondateur et vice-président de l'AFIC (1984-86), et actuellement administrateur de la société du Nouveau Marché.

Rencontre en date du mercredi 15 mars 2000.

Maria NOWAK

Présidente de l'ADIE (Association pour le Droit à l'Initiative Economique), et conseillère auprès du Ministre de l'Economie et des Finances, Laurent Fabius, pour les questions de microcrédit.

Rencontre en date du lundi 13 décembre 1999.

Jacques PELISSARD

Député-Maire de Lons-le-Saunier (Jura). Vice-président de l'AMF (Association des Maires de France)

Rencontre en date du mardi 14 décembre 1999.

Marie-Annick PENINON

Délégué général de l'AFIC (Association Française des Investisseurs en capital)

Rencontre en date du mardi 18 avril 2000.

Alain PLESSIS

Historien, Professeur à l'université de Paris X (Nanterre). Alain Plessis est reconnu en France comme le spécialiste du Second Empire et de Napoléon III.

Rencontre en date du vendredi 10 mars 2000.

Gérard PLUVINET

Président du directoire de 21 Société Centrale pour l'Industrie, société de capital-investissement basée à Paris.

Rencontre en date du mercredi 14 juin 2000.

Jean-François PRAT

Fondateur de Proxicap et de Capital & Croissance, sociétés d'intermédiation financière et de mise en relation avec des Business Angels.

Rencontre en date du mardi 15 février 2000.

Jean-Pierre RAFFARIN

Ancien Ministre délégué aux Petites et Moyennes Entreprises, au Commerce et à l'Artisanat (1995-97). Après avoir exercé les fonctions de directeur de Bernard Krief Communication (1981-1988) et enseigné à l'Institut d'Etudes Politiques de Paris (1979-88), Jean-Pierre Raffarin est depuis 1997, Sénateur de la Vienne, Président du Conseil Régional de Poitou-Charentes et Président de l'Association des Régions de France depuis 1998. En tant que ministre, il fut à l'origine du Plan PME pour la France (décembre 1995), dont la principale réalisation fut la création de la BDPME (Banque de Développement des PME). En tant que sénateur, il initia la proposition de loi *tendant à favoriser la création et le développement des entreprises sur les territoires.*

Rencontre en date du mercredi 5 janvier 2000.

Jean SALWA

Co-fondateur de la fédération nationale Love Money pour l'Emploi.

Rencontre en date du mercredi 26 janvier 2000.

Didier SALWA

Co-fondateur de la fédération nationale Love Money pour l'Emploi.

Rencontre en date du mercredi 26 janvier 2000.

Dominique SENEQUIER

Président du Directoire d'AXA Private Equity Europe, Dominique Sénéquier est diplômée de l'école Polytechnique (Promotion 1972), titulaire d'un DEA d'économie monétaire et bancaire (Université de la Sorbonne), et membre de l'Institut des actuaires français. Responsable des acquisitions du Groupe GAN (1980-1987), Dominique Sénéquier a par la suite créé et développé au sein du même groupe, entre 1987 et 1995, la filiale *GAN Participations*, avant de rejoindre le Groupe AXA en 1996.

Rencontre en date du mercredi 21 juin 2000.

Jean-Pierre THOMAS

Député des Vosges de 1993 à 1997, Jean-Pierre Thomas a été à l'origine de la loi du 25 mars 1997 instituant en France les fonds d'épargne-retraite, abrogée officiellement en janvier 2001. En 1997, Jean-

Pierre Thomas a quitté la sphère politique, pour devenir associé-gérant chez Lazard Frères et Gestion.

Rencontre en date du mercredi 9 août 2000.

Daniel VENON

Directeur Général d'Avenir Entreprises, société de capital-investissement membre du groupe BDPME.

Rencontre en date du mercredi 24 mai 2000.

Jean-Marc VERNIERE

Directeur Général depuis 1994 de la société de capital-investissement SOFIMAC, basée à Clermont-Ferrand. Biologiste de formation, Jean-Marc Vernière a rejoint le Groupe SOFIMAC en 1992, après plusieurs années d'expérience professionnelle à Paris dans la pharmacie et les biotechnologies.

Rencontre en date du mercredi 29 mars 2000.

Marc WAUTHOZ

Directeur de la stratégie de NATEXIS Banques Populaires.

Rencontre en date du jeudi 18 mai 2000.

Bernard ZIMMERN

Président et fondateur de l'IFRAP (Institut Français pour la Recherche sur les Administrations Publiques). Enarque et Polytechnicien, Bernard Zimmern a préféré poursuivre sa carrière professionnelle dans le secteur privé, en créant sa propre entreprise aux Etats-Unis qui conquit plusieurs marchés au Japon. En juin 1998, Bernard Zimmern a publié aux éditions Odilon-Média l'ouvrage *A tout fonctionnaire son chômeur*, et en janvier 2001 aux éditions Plon *Les profiteurs de l'Etat*.

Rencontre en date du vendredi 4 février 2000.

BIBLIOGRAPHIE ET REFERENCES

Ouvrages sur l'épargne

- *Au cœur de l'économie, l'épargne*, d'Alexis Petitjean - Editions Hatier - Collection *Optiques économie* - janvier 1993
- *Epargne et investissement*, de Michel Refait - Editions PUF - Collections *Que sais-je ?* - juin 1998

Ouvrages sur le capital-risque

- *Le capital-risque*, de Marc Bertonèche et Lister Valéry - Editions PUF - Collection *Que sais-je ?* - mars 1987
- *Financer les PME autrement, une approche française : SIPAREX (1978-1998)*, d'Alain Borderie - Editions Maxima - 1998

Ouvrages sur l'actionnariat

- *Le profit partagé*, de Philippe Douste-Blazy - Editions Plon - Collection *Demain* - 2000

Ouvrages sur l'épargne de proximité

- *Et si on délocalisait en France ?* de Georges Chavanes - Editions Interfaces - Diffusion Editions de l'Harmattan - mai 1994

Ouvrages sur les Business Angels

- *A tout fonctionnaire son chômeur*, de Bernard Zimmern - Editions Odilon-Média - juin 1998
- *Business Angel : une solution pour financer les start-up*, de Gildo Pallanca-Castor, Jean-Paul Cailloux et François Cazalas - Editions de l'organisation - 2000

Ouvrages sur Georges Pompidou

- *Pompidou capitaine d'industries*, de Bernard Esambert - Editions Odile Jacob - mars 1994

Ouvrages sur le Second Empire

- *Napoléon III*, de Louis Girard - Editions Fayard - Collection *Pluriel* - 1986
- *Louis-Napoléon le Grand*, de Philippe Séguin - Editions Grasset - 1990
- *Louis-Napoléon revisité*, d'Alain Minc - Editions Gallimard - 1997

- *Pourquoi réhabiliter le Second Empire*, actes du colloque présidé par Jean Tullard - Editions Bernard Giovanangeli - juillet 1998

Ouvrages sur l'histoire de la banque

- *Histoire de la Banque*, de Jean Rivoire - Editions PUF - Collection *Que sais-je ?* - septembre 1987

Ouvrages d'économie générale

- *Les grandes économies*, de Yves Barou et Bernard Keizer - Editions du Seuil - Collection *Points économie*
- *Macrofinance et Marchés financiers*, de Christian Saint-Etienne - Editions Economica - Collection *Poche économie appliquée* - février 1998

Ouvrages sur les fonds de pensions et l'épargne-retraite

- *La fin des retraites*, d'André Babeau - Editions Hachette - Collection *Pluriel* - 1985

Ouvrages divers et de réflexion générale

- *Dans l'arène*, de Richard Nixon - Editions Tsuru - 1990
- *L'horreur économique*, de Viviane Forrester - Editions Fayard - 1996
- *La révolution conservatrice américaine*, de Guy Sorman - Editions Fayard - 1983
- *Combat pour le bon sens*, de René Monory - Editions Albin Michel - 1982
- *Le Mal Français*, d'Alain Peyrefitte - Editions Plon - 1976
- *Avec l'aide de Dieu*, de George Walker Bush - Editions Odile Jacob septembre 2000
- *Le noeud gordien*, de Georges Pompidou - Editions Plon - 1974
- *Les Français*, de Valéry Giscard d'Estaing - Editions Plon et Compagnie 12 - 2000
- *Le troisième conflit mondial*, de Bernard Esambert - Editions Plon - 1977

TABLE DES MATIERES

www.ingramcontent.com/pod-product-compliance
Lightning Source LLC
LaVergne TN
LVHW010640051026
849532LV00001B/130
9782747513524